HISTOIRE

DE

L'AFRIQUE SEPTENTRIONALE

(BERBÉRIE)

DEPUIS LES TEMPS LES PLUS RECULÉS

JUSQU'A LA CONQUÊTE FRANÇAISE (1830)

PAR

Ernest MERCIER

TOME TROISIÈME

PARIS
ERNEST LEROUX, ÉDITEUR
28, RUE BONAPARTE, 28

HISTOIRE
DE
L'AFRIQUE SEPTENTRIONALE

III.

DU MÊME AUTEUR

Histoire de l'établissement des Arabes dans l'Afrique septentrionale, selon les auteurs arabes. 1 vol. grand in-8, avec deux cartes. — MARLE (Constantine). — CHALLAMEL (Paris), 1875.

Le cinquantenaire de l'Algérie. — L'Algérie en 1880. 1 vol. in-8. — CHALLAMEL (Paris), 1880.

L'Algérie et les questions algériennes. 1 vol. in-8. — CHALLAMEL, 1883.

Comment l'Afrique septentrionale a été arabisée. Brochure in-8. — MARLE, 1874.

La bataille de Poitiers et les vraies causes du recul de l'invasion arabe. Mémoire publié par la *Revue historique*. — Paris, 1878.

Constantine, avant la conquête française (1837). Notice sur cette ville à l'époque du dernier bey (avec une carte). — Mémoire publié par la Société archéologique de Constantine, 1878. — BRAHAM, éditeur.

Constantine au XVI° siècle. Elévation de la famille El Feggoun. — Société archéologique de Constantine. 1878. — BRAHAM, éditeur.

Notice sur la confrérie des Khouan Abd-el Kader-el Djilani, publiée par la Société archéologique de Constantine, 1878.

Les Arabes d'Afrique jugés par les auteurs musulmans. (*Revue africaine*, n° 98, 1873).

Examen des causes de la croisade de saint Louis contre Tunis (1278). (*Revue africaine*, n° 94).

Episodes de la conquête de l'Afrique par les Arabes. Kocéila. La Kahena. — Mémoire publié par la Société archéologique de Constantine, 1883.

Les Indigènes de l'Algérie. Leur situation dans le passé et dans le présent. Revue libérale, 1884.

Le Cinquantenaire de la prise de Constantine (13 octobre 1837). Brochure in-8. — BRAHAM, éditeur à Constantine (Octobre 1887).

Commune de Constantine. Trois années d'administration municipale. Brochure in-8. — BRAHAM, éditeur à Constantine (Octobre 1887).

La loi municipale de 1884 dans l'application. (Nevers, impr. GOURDET). 1889.

La France dans le Sahara et au Soudan. (LEROUX, éditeur). 1889. In-8.

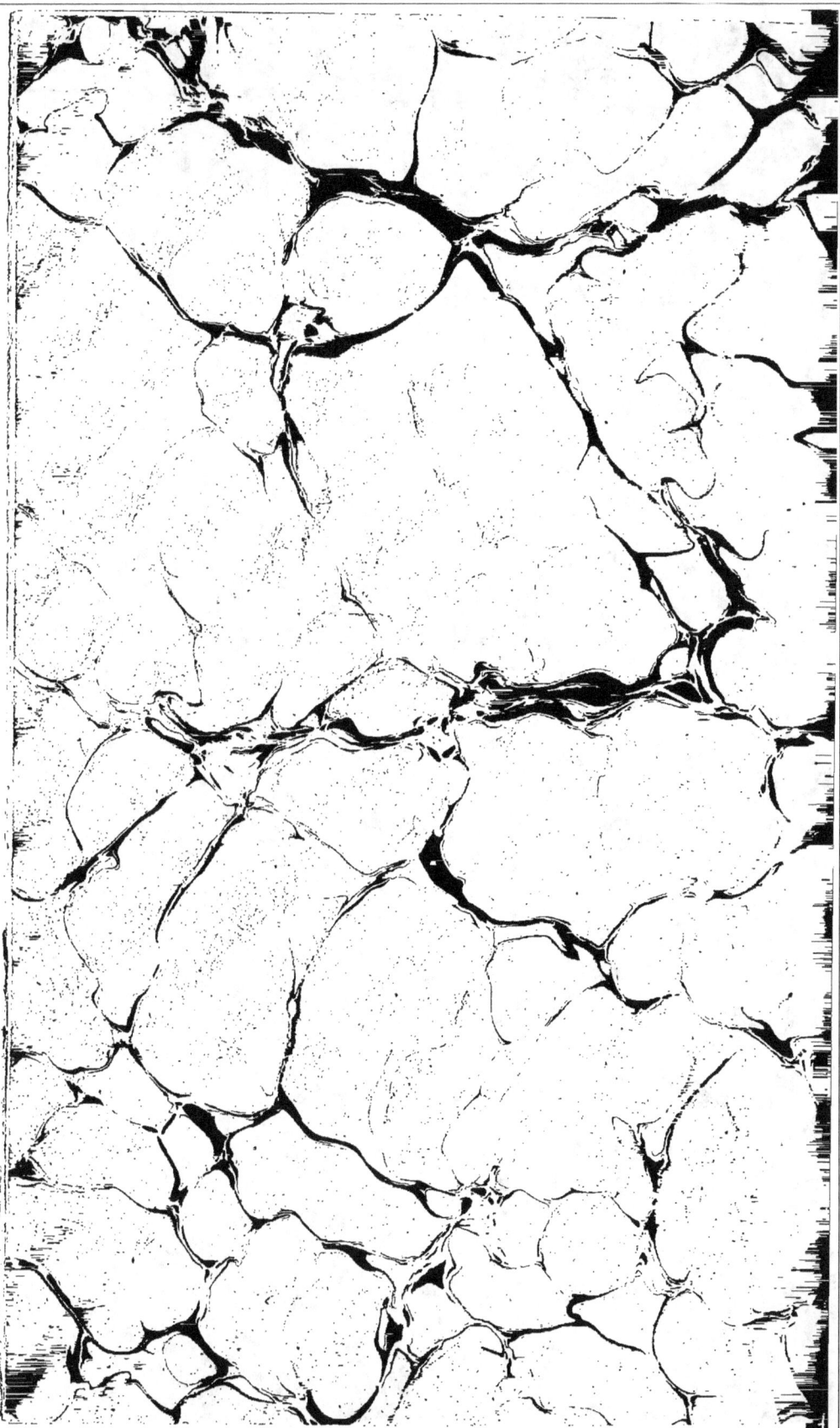

HISTOIRE

DE

L'AFRIQUE SEPTENTRIONALE

(BERBÉRIE)

DEPUIS LES TEMPS LES PLUS RECULÉS

JUSQU'A LA CONQUÊTE FRANÇAISE (1830)

PAR

Ernest MERCIER

TOME TROISIÈME

PARIS
ERNEST LEROUX, ÉDITEUR
28, RUE BONAPARTE, 28

—

1891

HISTOIRE
DE L'AFRIQUE SEPTENTRIONALE
(BERBÉRIE)

QUATRIÈME PARTIE
PÉRIODE TURQUE ET CHERIFIENNE
1515-1830

CHAPITRE Ier
ÉTAT DE L'AFRIQUE SEPTENTRIONALE AU COMMENCEMENT DU XVIe SIÈCLE

Affaiblissement des empires berbères. — Formation de nouvelles provinces et de petites royautés indépendantes; féodalité indigène et marabouts. — Puissance de l'empire turc. — Les cherifs marocains. — État de l'Espagne. — État de l'Afrique Septentrionale. Cyrénaïque et Tripolitaine. Tunisie. Province de Constantine. Province d'Alger. — Province d'Oran. Mag'reb. — Notice sur les cherifs hassani et saadiens. — Résumé de la situation. — Progrès de la science en Berbérie; les grands docteurs; le Souflsme; les confréries de Khouan.

AFFAIBLISSEMENT DES EMPIRES BERBÈRES. — Avec le XVIe siècle, la Berbérie est entrée dans une phase nouvelle. Décors et acteurs, tout change, et, comme prélude, le chrétien abhorré s'empare d'Oran, de Bougie, de Tripoli, de presque tout le littoral marocain de la Méditerranée et de l'Océan; il s'y installe en maître, tient Alger sous le feu de ses canons, et a reçu la soumission de Dellis, de Tenès, de Mostaganem et de bien d'autres places. Ainsi, de ces puissants empires qui ont maintenu l'Afrique septentrionale courbée sous le joug de Berbères régénérés: les Almoravides, les Almohades, les Merinides, les Abd-el-Ouadites, les Hafsides, il ne reste que le souvenir, car les tristes descendants de ces trois dernières dynasties achèvent de mourir, non seulement sans gloire, mais trop souvent sans dignité: celui de Tlemcen est déjà venu à Burgos apporter humblement sa soumission au roi catholique et implorer son appui, c'est-à-dire une honteuse tutelle ; celui de Tunis ne tardera pas à l'imiter. Quant à l'empire de Fès, il se dissout dans l'impuissance résultant des compétitions et de l'anarchie. A peine ces sultans ont-ils conservé quelque autorité dans les villes de l'intérieur ; le reste de l'empire n'obéit plus à personne. En un mot, toutes ces dynasties sont caduques et se survivent.

C'est que l'unité de la race berbère, qui, malheureusement pour elle, n'a jamais été bien complète, s'est émiettée, s'est fondue au cours des longues années de guerres intestines que nous avons retracées dans les volumes précédents. L'élément arabe-hilalien, par son introduction il y a cinq siècles, a rompu, modifié, dispersé, grâce à une action lente, l'élément indigène, qui cependant l'a absorbé, mais ne se retrouve ou ne se reconnaît que dans les montagnes élevées et dans l'extrême sud ; partout ailleurs, il n'y a plus ni Berbères, ni Hilaliens, mais seulement une population hybride, qui, en maints endroits, va prendre ou a déjà pris de nouveaux noms[1].

FORMATION DE NOUVELLES PROVINCES ET DE PETITES ROYAUTÉS INDÉPENDANTES. — FÉODALITÉ INDIGÈNE ET MARABOUTS. — Le pays lui-même tend au fractionnement, et de nouvelles provinces, de nouvelles capitales, de nouveaux chefs-lieux vont avoir leur vie propre. L'autorité de ces gouvernements, étant plus faible, ne pourra s'étendre aussi loin, et partout, au sein de cette anarchie, se formeront de petites royautés : à Touggourt, en plein Sahara, comme à Koukou dans la Grande-Kabilie, et les maîtres de ces démocraties prendront le titre de sultan ou de roi. Ailleurs, les chefs des grandes tribus rénovées, émirs, jouant au sultan, viendront dans les vieilles cités royales, comme Constantine, dont ils se sont érigés les protecteurs, exiger des descendants de leurs anciens maîtres le tribut du vasselage. C'est une véritable féodalité qui se fonde ; et cependant, dans ces villes, qu'elles se nomment Tunis, Kaïrouan, Constantine, Tlemcen ou Fès, florissent des écoles de savants remarquables ; mais, c'est là le seul reste de leur ancienne splendeur, et, dans un tel moment, ce genre de supériorité n'a guère d'utilité pratique. Les marabouts commencent à former, dans les campagnes, des centres religieux dont l'influence sera autrement importante.

L'islamisme est donc en péril dans l'Afrique du Nord. La chrétienté, entraînée par un puissant empereur, va sans doute

---

1. Nous nous sommes appliqué, dans le 2ᵉ volume, à suivre pas à pas cette transformation. (Voir ses tables.)

reprendre pied sur ces rivages, et la civilisation refleurira dans ce Tell où elle a brillé d'un si vif éclat, dix siècles auparavant. Hélas, pas encore ! Les guerres acharnées, les rivalités des nations chrétiennes et aussi les découvertes et les conquêtes de l'Amérique détourneront, encore une fois, de l'Afrique l'attention de l'Europe et permettront à une puissance étrangère de recueillir sans peine le fruit des efforts réalisés, depuis cinquante ans, par les Espagnols et les Portugais.

Puissance de l'Empire Turc. — Cette puissance nouvelle est celle des Turcs, dont nous avons suivi de loin le développement. Après avoir failli être détruits par Timour, ils n'ont pas tardé à relever la tête. Mohammed I a rendu à l'empire ottoman son éclat, et bientôt Mourad II s'est lancé dans les provinces danubiennes, a menacé la Hongrie et enveloppé Constantinople. En 1453, Mohammed II, son fils, prend d'assaut cette métropole et met fin à l'empire d'Orient. La conquête de la Grèce et de la Morée, de la Bosnie, de l'Illyrie, de la plupart des îles de l'archipel, suit cette victoire. L'Italie est menacée, mais Rhodes retient les Turcs par sa glorieuse résistance, et le grand conquérant meurt, en laissant une succession disputée par ses deux fils (1481). Cependant Selim I, qui paraît avoir hérité des qualités guerrières de son grand-père, monte sur le trône en 1512, et l'ère des grandes conquêtes, interrompue depuis trente ans, renaît. Il s'empare d'abord d'une partie de la Perse, du Diarbekir et du Kurdistan, et menace la Syrie, l'Arabie et l'Egypte. Lorsqu'il aura ainsi assuré ses frontières au Midi et à l'Est, il se tournera vers l'Occident. Ainsi le jeune empire turc est encore dans la période ascendante, et sa puissance n'a pas atteint tout son rayonnement[1].

Les Cherifs marocains. — A l'opposé, dans la région saharienne du Maroc, d'où sont partis presque tous les marabouts qui se sont répandus depuis deux siècles dans la Berbérie, des Arabes, se disant Cherifs, descendants de Mahomet, ont acquis une grande autorité indépendante et lutté, pour leur compte, quelquefois avec succès, contre les Portugais établis sur le littoral océanien ; ils se préparent à renverser les Merinides et à prendre en main le gouvernement de l'empire du Mag'reb. Nous résumons plus loin leur histoire[2].

1. El-Kaïrouani, p. 305 et suiv. — Mallouf, *Précis de l'histoire ottomane*, p. 19 et suiv.
2. *Nozhet-el-Hadi*, texte arabe de Mohammed-el-Oufrani, publié par M. Houdas (Leroux 1888), p. 3 et suiv. du texte arabe, 5 et suiv.

ÉTAT DE L'ESPAGNE. — La mort prématurée d'Isabelle, le règne de Jeanne, l'introduction des Flamands en Espagne, et, enfin, le second mariage de Ferdinand, avaient enrayé, presque détruit, l'œuvre d'unification commencée par les « rois catholiques ». Cependant, Philippe étant mort, et Jeanne incapable de régner, Ferdinand revint de Naples en Espagne et se fit décerner de nouveau la régence, qu'il exerça au nom de son petit-fils, Charles, prince régnant, élevé en Flandre sous la direction de Maximilien, tandis que Ferdinand, fils puîné de Philippe, restait en Espagne, jouissant de la tendresse et des préférences de son aïeul. Nous avons vu le grand rôle joué par Jiménès, cardinal d'Espagne, dans la direction des affaires de la Castille, durant l'absence du roi d'Aragon, et les conditions dans lesquelles il s'était résigné à la retraite. Ferdinand entendait, en effet, gouverner seul le double royaume.

En 1512, à la suite de la mort de Gaston de Foix, les Français furent chassés de l'Italie; Ferdinand arrachait ensuite la Navarre à Jean d'Albret, et celui-ci n'avait d'autre ressource que de réclamer le secours de la France. François, duc d'Angoulême, futur roi, ayant conduit une expédition dans le but de le rétablir sur son trône, entreprit une campagne, qui aboutit à un désastre dont la vallée de Roncevaux, déjà fatale à nos armes, fut le théâtre.

Peu de temps après, Ferdinand, abreuvé d'ennuis et de chagrins domestiques, rempli de craintes pour l'avenir, rendait l'âme (22 janvier 1516). Il n'avait pu empêcher son petit-fils Charles de prendre la couronne de Castille, qu'il aurait tant désiré voir passer sur la tête de Ferdinand, frère de ce dernier, mais il chargeait de sa tutelle le vieux Jiménès, âgé alors de quatre-vingts ans. L'Aragon et Naples étaient légués par lui à sa fille, Jeanne la folle, avec retour, après elle, à la couronne de Castille. Le cardinal, malgré son grand âge, accepta courageusement cette nouvelle charge, qu'il dut se résoudre à partager avec Adrien d'Utrecht, précepteur de Charles, destiné à occuper le trône de Saint-Pierre. Quant à Charles V, alors âgé de seize ans, il tenait sa cour à Bruxelles, et rien ne pouvait faire deviner en lui le grand empereur qui devait dominer le seizième siècle, réunir sur sa tête neuf couronnes et essayer d'étendre la main sur la Berbérie.

Vers le même temps, la France voyait aussi un changement de souverain: François Ier, futur rival de Charles-Quint, montait sur le

---

traduction de M. Houdas (Leroux, 1889): excellent ouvrage qui éclaire complètement cette période de l'histoire du Maroc. — Abbé Godard, *Histoire du Maroc*, pass. — Diégo de Torrès, *Histoire des Chérifs*, p. 7 et s.

trône, et, comme prélude de leur rupture, ou plutôt comme gage de l'abandon des droits de la France sur les Deux-Siciles, on fiançait à ce dernier la jeune fille de celui qui devait être le vaincu de Pavie.

Enfin les Maures restés en Espagne (Morisques), en sacrifiant leur foi, commençaient à se révolter contre les tracasseries dont ils étaient l'objet ; ils allaient traverser encore de dures épreuves, persécution aussi impolitique qu'imméritée, et, poussés à bout, causer de graves embarras au gouvernement espagnol [1].

État de l'Afrique septentrionale. — Examinons maintenant la situation de l'Afrique septentrionale, en passant en revue chaque région isolément.

Cyrénaïque et Tripolitaine. — De la Cyrénaïque nous ne dirons plus rien : c'est un pays qui nous échappe, en raison de son éloignement, et qui demeure livré à lui-même dans une indépendance pour ainsi dire absolue.

L'histoire de Tripoli nous est mieux connue. Vers la fin du xv° siècle, la population de cette ville, sur laquelle les souverains hafsides de Tunis ne peuvent plus exercer d'action, se déclare libre, et ses chefs, pour couvrir leur usurpation, se rattachent par une soumission nominale aux sultans merinides. En réalité, c'est le vieil esprit communaliste berbère qui s'y est réveillé, et, de 1460 à 1510, la capitale des Syrtes obéit à un conseil de notables, élus, sans doute, et présidés par un cheikh. Nous avons vu qu'en 1510, les Espagnols, sous le commandement de Navarro, s'en sont emparés, non sans lutte, et que Tripoli a été rasé par les vainqueurs. Remise, l'année suivante, au représentant du vice-roi de Sicile, cette vieille cité ne tardait pas à se relever de ses ruines.

Les tribus arabes hilaliennes de la famille de Soleïm dominaient toujours dans les régions environnantes, mais elles avaient subi la loi commune en se laissant absorber par la population indigène, tandis que, dans le Djebel Nefouça, au sud, et l'île de Djerba, au nord-ouest, le vieux sang berbère se maintenait intact, sous la garde de l'hérésie Kharedjite : tels étaient ces sectaires à l'époque d'Abou-Yezid, au xii° siècle, tels ils se trouvaient au xvi°; tels nous les rencontrons de nos jours [2].

Tunisie. — Le sultan Abou-Abd-Allah-Mohammed occupait tou-

---

1. Rosseeuw Saint-Hilaire, *Histoire d'Espagne*, t. VII, pass.
2. *Annales Tripolitaines* (Féraud), Revue afric., n° 159, p. 207 et suiv. — El Kaïrouani, p. 269 et suiv. — Cheikh-Bou-Ras, pass.

jours, à Tunis, le trône hafside. Mais sa puissance ne s'étendait guère au delà de cette ville et nous avons dit de quelle façon il chercha à se procurer de nouvelles ressources en fournissant son appui à Aroudj et à son frère.

Tout l'intérieur de la Tunisie était livré aux Arabes. C'étaient d'abord les Chabbïïn ou Chabbïa, chefs religieux d'une fraction des Mohelhel, qui avaient formé, auprès de Kaïrouan, à Chabba, une véritable royauté, et dominaient en maîtres jusqu'aux portes de Tunis et, vers l'ouest, jusqu'à la province de Constantine, dont les tribus limitrophes étaient leurs vassales. Des aventuriers de toute origine fournissaient leur appui aux Chabbïa, toujours hospitaliers pour les brigands, d'où qu'ils vinssent.

Derrière eux étaient les Oulad-Saïd, autres Arabes dont nous avons souvent parlé, pillards incorrigibles, mis hors la loi par le gouvernement hafside et exclus du corps des musulmans par les légistes, qui assimilaient à la *guerre sainte* toute campagne entreprise contre eux.

Les villes du littoral oriental, comme celles du Djerid, avaient repris leur autonomie et vivaient sous l'égide de leurs vieilles institutions municipales, à la condition de payer aux Arabes, leurs « protecteurs », les redevances et charges que ceux-ci leur imposaient[1].

Province de Constantine. — Bougie était aux mains des Espagnols depuis 1510, et Djidjeli occupée par les corsaires turcs. A Constantine, commandait un prince hafside, le plus souvent indépendant et dont l'autorité n'était guère reconnue qu'à Bone, à Collo, et dans la région intermédiaire. Toutes les plaines et les plateaux de l'est obéissaient à cette forte tribu berbère arabisée dont nous avons indiqué les transformations, les Houara, devenus les Henanecha, ayant à leur tête la famille féodale des *Harar*, reconnaissant alors la suzeraineté des Chabbïa de Tunisie. Les Nemamcha, dans la direction de Tebessa, et les Harakta, dans la région de la ville actuelle d'Aïn-Beïda, tribus analogues comme origine et formation à celle des Henanecha, appuyaient celle-ci au sud; tandis qu'à l'ouest, près de Constantine, se trouvaient les restes d'un groupe arabe hilalien, les Dreïd, fort affaiblis, et destinés à disparaître avant peu. Dans le Djebel-Aourès, l'élément berbère Zenète avait repris une indépendance presque complète,

---

1. El-Kaïrouani, p. 267 et suiv. — *Annales Tunisiennes* (par Rousseau), p. 12 et suiv. — Féraud, *Les Harars* (Revue afric., nos 103 à 107). Le même, *Kitab-el-Adouani*, pass.

et ces indigènes étaient désignés sous le nom générique de Chaouïa (pasteurs).

Le Zab, le Hodna et les parties montagneuses qui s'étendent au nord de ces régions, étaient sous la domination des Arabes Daounouïda, commandés par la famille féodale des Bou-Aokkaz, dont un membre portait le titre de *Cheikh des Arabes*. Une de leurs principales fractions, celle des Oulad-Snoula, dominait particulièrement à Constantine. Les autres Daounouïda venaient, à époques fixes, y chercher les redevances qu'ils exigeaient de toutes les villes de la région moyenne du Tel et des Oasis.

Dans la plaine, s'étendant à l'ouest de Constantine, les restes de la tribu des Sedouïkech s'étaient transformés en s'arabisant, et avaient pris ou allaient prendre de nouveaux noms (Abd-en-Nour, Telar'ma, etc).

Toute la région montagneuse s'étendant au sud de Bougie et de Djidjeli, occupée par des populations kabiles, avait recouvré sa liberté. Mais, sur la lisière de la plaine de la Medjana, une famille féodale, ayant pour chef cet Abd-el-Aziz dont nous avons parlé dans le volume précédent, et qui devait être l'ancêtre des Mokrani, avait fondé une véritable royauté à la Kalâa des Beni-Abbès.

Enfin, dans l'extrême sud, à Touggourt, chef-lieu de la région d'oasis de l'Ouad-Rir', une dynastie, celle des Ben-Djellab, dont l'ancêtre paraît avoir été un pèlerin venu de l'Ouest, ou peut-être un gouverneur merinide, s'était établie et tenait sous son autorité ces contrées sahariennes [1].

Province d'Alger. — Nous savons que les Espagnols avaient occupé un îlot, le Peñon, dans le port même d'Alger, et qu'ils avaient reçu la soumission des autres villes maritimes de la province. Depuis l'affaiblissement de l'autorité zeyanite, Alger avait reconquis son indépendance municipale ; mais les Thâaleba, ces Arabes mâkiliens dont nous avons indiqué pas à pas la marche, ayant fini par atteindre la Mitidja, y avaient établi leur domination en expulsant les Berbères Mellikch, leurs prédécesseurs. Ce résultat avait été obtenu en dépit des défaites et des répressions à eux infligées

---

1. Féraud, *Les Harars* (loc. cit.). — Le même, *Aïn Beïda* (Revue africaine, n° 96). — Le même, *Les Ben-Djellab* (Revue afric., n° 136). — Le même, *Histoire de Bougie* (Recueil de la Soc. archéol. de Constantine, vol. XIII). — Le même, *Histoire de Djidjeli* (Ibid., vol. XIV). — Le même, *Notice sur les Abd-en-Nour et sur les tribus de la province de Constantine* (Ibid., 1864 et vol. XIII).

par les souverains zeyanites, notamment par Abou Hammou II. Maîtres de la Mitidja, ces Arabes devaient l'être d'Alger ; il est probable qu'ils se contentèrent d'abord d'exiger des tributs et redevances ; mais, à l'époque par nous atteinte, leur cheikh, Salem-et-Toumi, avait quitté la vie de la tente pour s'installer en souverain dans la ville, fait bien digne de remarque et qui indique à quel degré de faiblesse la population locale était tombée.

Dans la Grande-Kabilie, une nouvelle dynastie, rivale de celle des seigneurs de la Kalâa des Beni-Abbès, s'était fondée à Koukou, au cœur même des montagnes du Djerdjera, et son chef, Ahmed-ben-el-Kadi, avait pris le titre de sultan et commandait aux populations belliqueuses de cette région.

A l'opposé, Ténès a un cheikh, Moulaï-Abd-Allah, descendant de Mendil, qui prend aussi le titre de roi et s'est reconnu tributaire de l'Espagne.

Le groupe des tribus zenètes de la famille des Toudjine, qui avait occupé le massif de l'Ouarensenis, et, de là, les montagnes situées au nord du Chelif, où ses rameaux s'étaient fondus ou mélangés avec les anciens Mag'raoua, vivait dans l'indépendance la plus complète[1].

Province d'Oran. — Nous avons vu dans quelles conditions les Espagnols se sont établis à Oran et ont commencé des courses dans l'intérieur, portant leurs armes victorieuses jusqu'au Djebel-Amour.

L'émir de Tlemcen, Abou-Abd-Allah-Mohammed, devenu le vassal du roi catholique, est contraint, par le traité qu'il a souscrit, de fournir aux garnisons d'Oran et de Mers-el-Kebir les vivres nécessaires. Déshonoré par cette humiliation, il est sans force dans sa propre capitale, honni et méprisé de tous, de plus, sans ressources, ce qui l'oblige à écraser d'impôts ses sujets ou à permettre le pillage des Juifs. Dans ces conditions, le commerce avec les étrangers et avec l'extrême sud, qui a rendu autrefois Tlemcen si prospère, cesse et les fondoucks se ferment, car ces transactions ne peuvent subsister qu'en s'appuyant sur la sécurité. Si ce n'était la protection des Espagnols d'Oran, dont le chef porte le titre de « *Capitaine général de la ville d'Oran, de Mers-el-Kebir et du*

---

1. Haédo, *Rois d'Alger* (traduction de Grammont), Revue afric., n°* 139, p. 53. — Sander-Rang, *Fondation de la régence d'Alger*, t. I, p. 80 et suiv. — De Grammont, *Hist. d'Alger*, p. 22 et suiv. — *Chronique des Barberousse*, de F. Lopez Gomara. — *Lettres arabes relatives à l'occupation espagnole* (Revue afric., n° 100, p. 114 et suiv.)

royaume de Tlemcen », le triste règne du descendant de Yar'moracen ne tarderait pas à prendre fin. Du reste, ses jours sont comptés et il doit mourir naturellement en 1516.

Les Espagnols, avons-nous dit, parcourent en maîtres la province d'Oran. Ils ont adopté le système de la r'azia, et sont assistés dans leurs expéditions par des indigènes déjà soumis et qu'ils appellent *moros de paz* ; mais ces courses aventureuses ne sont pas toujours fructueuses et l'on n'a pas oublié le terrible échec de la r'azia de Fistel[1].

Maroc (Mag'reb). — L'Espagne et le Portugal occupaient presque tous les ports de la Méditerranée et de l'Océan. Azemmor, le bassin inférieur de l'Oum-er-Rebïa et le littoral du Sous étaient tributaires du Portugal, qui en retirait des revenus importants. Cependant, à Fès, le souverain merinide (de la branche des Beni Ouattas) assistait, impuissant, à ces conquêtes du chrétien en Afrique. Sa capitale et les environs, voilà ce qui lui restait du vaste empire fondé par Abd-el-Hakk, et encore, y était-il à peine en sécurité, menacé sans cesse par des intrigues de palais et les compétitions de ses parents. La province de Maroc avait dû être cédée par lui à un tributaire, Moulaï-Nacer-ben-Gantouf, des Hentata, allié aux Merinides.

Mais, si son royaume était ainsi entamé au nord et à l'ouest par le chrétien, il avait cessé de lui appartenir dans le sud pour passer aux mains des cherifs.

Notice sur les cherifs Hassani et Saadiens. — Vers la fin du XIIIᵉ siècle, des pèlerins du Mag'reb, conduits par un Emir-er-Rekeb, originaire de Sidjilmassa, se lièrent à Yenbouc, port de l'Iémen, avec des cherifs descendants d'Ali, gendre du prophète. On sait, en effet, que Mahomet avait donné cette ville en fief à Ali et que les cherifs de Yenbouc prétendent être de sa postérité. Ils leur vantèrent tellement la richesse de Sidjilmassa qu'ils en décidèrent plusieurs à les suivre. L'un d'eux, El-Hassan-ben-Kassem, se fixa à Sidjilmassa, que nous appellerons bientôt Tafilala, et ses enfants se multiplièrent en grand nombre dans la contrée. Il est l'ancêtre des cherifs Hassani, ou Filali, de Sidjilmassa, dont un descendant occupe encore le trône de Fès. Un autre se fixa dans la vallée de l'Ouad-Derâa et y forma la souche

---

1. *Inscriptions d'Oran et de Mers-el-Kebir*, par le général de Sandoval (Rev. afric., nᵒˢ 87 à 95). — *Complément de l'histoire des Beni-Zeiyan*, par l'abbé Bargès, p. 418 et suiv. — Suarès, *Mers-el-Kebir et Oran*, par Berbrugger (Rev. afric., nᵒˢ 52 à 61).

des cherifs Saadiens. Des généalogistes ont prétendu que son origine n'était pas absolument précise, en tant que cherif, descendant du prophète. Mais ses contemporains le tinrent pour tel et cela ne nous offre qu'un intérêt secondaire.

Les cherifs saadiens vécurent dans la plus complète obscurité jusque vers le commencement du xvi° siècle. Ils eurent alors pour chef un certain Abou-Abd-Allah-Mohammed, qui se fit appeler *El-Kaïm-bi-Amr-Allah*, surnom significatif qui peut se traduire de deux manières: *celui qui exécute l'ordre de Dieu* ou *celui qui se lève par l'ordre de Dieu*. Or, se lever, dans cette acception, signifie : se révolter.

Il avait accompli le pèlerinage de la Mekke, s'était lié avec un grand nombre de savants et avait acquis un certain renom dans les contrées méridionales du Mag'reb jusqu'à Maroc. Les victoires des Portugais sur le littoral océanien, leur occupation de postes dans le Sous, avaient eu un déplorable retentissement chez les fidèles, d'autant plus que la faiblesse du sultan mérinide ne pourrait laisser aucun espoir de revanche. Ce prince cherchait, avant tout, à protéger le nord-ouest: Tanger, Acila, El-Araïch, Badis, et c'était plus que suffisant pour l'absorber. Quant au Sous, il demeurait abandonné à lui-même, bien que relevant nominalement du chef de Maroc. Les habitants de cette province, divisés et sans chef, se rendirent alors auprès d'un de leurs plus saints marabouts nommé Ben-Mebarek, pour le prier de se mettre à leur tête et de les conduire contre l'ennemi. Mais le santon s'y refusa et leur dit : « Il y a à Tagmadarète, dans le pays de Derâa, un cherif prédisant qu'une grande gloire est réservée à ses deux fils. Adressez-vous à lui, et vos désirs seront comblés ! »

Vers la même époque, un personnage du Sous, nommé Sidi-Barkate, qui avait eu des relations avec les Portugais pour l'échange des prisonniers, proposa à ceux-ci une transaction, par laquelle on ne devait plus, de part et d'autre, faire des prisonniers ; mais les chrétiens ne pouvaient traiter avec un chef sans mandat. C'est pourquoi les gens du Sous allèrent à l'Ouad-Derâa, et firent si bien qu'ils ramenèrent les cherifs Abou-Abd-Allah-el-Kaïm et ses deux fils Abou-l'Abbas et Mohammed-el-Mehdi (vers 1509).

Abou-Abd-Allah rendit visite au marabout Ben-Mebarek à Agg, dans le Sous-el-Akça ; peu après, il reçut les députations des tribus lui offrant leur soumission, et notamment des Masmouda du Grand-Atlas. En 1511, à Tedci, près de Taroudent, les populations du Sous lui prêtèrent le serment de fidélité. Aussitôt, le cherif marche, suivi d'une foule nombreuse, contre les musulmans soumis aux Portugais ; puis il attaque les chrétiens et leur livre plusieurs combats où il obtient l'avantage. Ces succès, après tant de défaites, eurent un retentissement considérable et lui attirèrent de nombreux partisans.

A la suite de discussions survenues avec des cheikhs locaux, Abou-Abd-Allah-el-Kaïm retourna dans le pays de Derâa, mais ses anciens compagnons étant venus l'y chercher, il les invita à reconnaître comme chef, son fils aîné, Abou-l'Abbas-Ahmed-el-Aradj, ce qu'ils firent (1512). Ce prince multiplia les attaques contre les Portugais d'Azemmor et de Safi. Mais Fernand d'Altaïde, gouverneur de Safi, et Pedro de Souça, gouverneur d'Azemmor, soutenus par les chefs indigènes Yahïa et Meïmoun, résistèrent avec avantage aux efforts des Marabouts et leur firent éprouver des pertes sensibles. Sur ces entrefaites, les gens du Haha et du Chiadma députèrent leurs cheikhs à Abou-Abd-Allah-el-Kaïm pour l'appeler chez eux. Cédant encore à leurs instances, le cherif se rendit à Afour'al avec son fils aîné, en laissant dans le Sous son second fils, Mohammed-el-Mehdi, chargé de le représenter et d'y maintenir son autorité. Taroudent devint la capitale de celui-ci (1515)[1].

Résumé de la situation. — Le tableau que nous venons de présenter de la Berbérie, vers 1515, montre à quel degré d'anarchie est tombée la population musulmane, et combien l'autorité y est émiettée. C'est une période de transition, décisive pour l'histoire d'un peuple, car il n'en peut sortir que par une rénovation ou par l'asservissement. Or, la rénovation n'est possible que comme conséquence de deux puissants mobiles : un profond sentiment national ou une réforme religieuse, et ne se manifeste par conséquent que dans certaines conditions de temps ou de milieu. L'asservissement est donc fatal, et, au moment où le chrétien semble sur le point de le réaliser à son profit, c'est le Turc qui va, sans peine et sans grands efforts, se rendre maître de la majeure partie du pays, tandis que les cherifs s'approprieront le Mag'reb.

Certes, on peut reprocher aux Turcs leurs principes et leurs procédés de gouvernement, mais personne ne méconnaîtra leur génie, dans cette circonstance, et chacun admirera avec quelle intelligence pratique ils ont compris la situation et tiré parti de leurs faibles moyens d'action, ce qui a eu comme conséquence de soustraire, pour trois siècles, la Berbérie à la domination des puissances chrétiennes.

Tel est le service qu'ils ont rendu à l'Islam. Il ne nous appar-

---

1. *Mozhet-el-Hadi*, p. 4 et suiv. du texte arabe, 8 et suiv. de la traduction Houdas. — Abbé Godard, *Hist. du Maroc*, p. 417 et suiv. — Diégo de Torrès, *Hist. des Chérifs*, p. 25 et suiv.

tient pas de leur en savoir gré, mais l'impartialité forcera encore de reconnaître qu'en un nombre d'années relativement peu grand, ils ont expulsé les Espagnols de leurs conquêtes, courbé sous leur joug tous les roitelets, les chefs de tribu et les fauteurs de discorde qui se disputaient le pouvoir, et rétabli, avec la sécurité, une administration quasi régulière.

Progrès de la science en Berbérie. Les grands docteurs. — Le Soufisme. — Les confréries. — Nous avons, par système, laissé dans l'ombre la situation scientifique et littéraire dont le vaste champ d'étude ne serait pas en rapport avec le cadre de ce précis; mais nous ne pouvons nous dispenser de faire ressortir, avant de reprendre le récit purement historique, l'état de la Berbérie, par rapport au mouvement religieux qui s'est opéré dans les années précédentes.

Disons d'abord que la science musulmane, caractérisée par l'étude de la religion et du droit qui en dépend, s'est propagée jusque dans les plus petites bourgades et a fait pénétrer la pratique des doctrines et du rite de Malek dans l'extrême sud. Les grandes écoles du moyen âge, qui ont illustré certaines cités de l'Espagne et de l'Afrique, n'existent plus, mais il s'en est formé partout, même dans les villes secondaires, telles que Ceuta, Ténès, Mazouna, et tant d'autres petites écoles dont les légistes ne sont pas sans renom ni sans valeur; de là cette unité si remarquable dans la pratique de la religion et de la loi musulmane en Berbérie. Tenboktou, la capitale du Soudan, avait aussi son école, et ce n'était pas la moins brillante : trois générations de légistes nègres, les Ben-Baba, l'illustrèrent. C'est donc avec raison que Cherbonneau a dit à ce sujet : «On peut conclure que, pendant les XIV°, XV° et XVI° siècles, la civilisation et les sciences florissaient au même degré sur presque tous les points du continent que nous étudions; qu'il n'existe peut-être pas une ville, pas une oasis, qu'elles n'aient marquées de leur empreinte ineffaçable[1] ».

Sans nous arrêter aux grands historiens du XIV° et du XV° siècle, Abd-er-Rahman Ibn-Khaldoun, l'auteur auquel nous avons tant emprunté, son frère Yahïa, historien des Beni-Zeyane; l'imam Et-Tensi, d'une famille originaire de Ténès, comme son nom l'indique; Ibn-Konfoud, de Constantine, et tant d'autres, non plus qu'à Kalaçadi, qu'on a surnommé le dernier mathématicien de l'Espagne et qui vint finir ses jours en Tunisie, où il avait étudié et professé (1486),

---

1. *Essai sur la littérature arabe au Soudan* (Rec. de la Soc. archéol. de Constantine, 1854-55, p. 1 et suiv.)

nous parlerons particulièrement des légistes et auteurs d'ouvrages religieux qui ont été les fondateurs des sectes actuelles ou les modèles des marabouts dont le rôle va intervenir puissamment.

Citons d'abord Ibn-Merzoug, savant légiste du xiv° siècle, ayant résidé, pour la plus grande partie de sa vie, à Tlemcen, où sa famille a fourni des légistes remarquables pendant deux cents ans et qui a eu l'honneur de former le grand apôtre du *Soufisme*, le cheikh Mohammed-Es-Senoussi. Ce docteur naquit à Tlemcen vers 1427, d'une famille originaire des Beni-Senous, et profita des leçons du fameux Ben-Zegri et du non moins illustre Abd-er-Rahmam-Et-Thâalebi, dont nous parlerons plus loin. Il mourut dans sa ville natale en 1490, et on ne doit pas le confondre avec le fondateur de la secte toute nouvelle des *Senoussiya*.

Le *Soufisme*, d'origine orientale, dérive de la doctrine du *Touhid*, ou unité absolue de Dieu absorbant tout. C'est la règle de la suppression volontaire de l'individualité pour se concentrer en Dieu et bannir toute pensée de joie, toute préoccupation terrestre. Le soufi doit être vêtu d'une laine grossière (*Souf*), mot qui paraît être la véritable étymologie de cette appellation, et vivre en ascète dans la prière et l'extase, jusqu'au jour où il plaira à Dieu de le rappeler à lui. C'est la doctrine du fatalisme, opposée à celle du libre arbitre, que la secte des Kadria avait soutenue non sans éclat: « Cette doctrine (le Soufisme), — a dit excellemment Brosselard[1], — est-elle autre chose que le fatalisme mitigé, devant aboutir nécessairement, par l'abaissement des caractères et l'affaiblissement des volontés, au fatalisme sans mélange, c'est-à-dire à l'abdication de soi et à la dégradation de la raison humaine? Cette doctrine est rangée par les Sonnites au nombre des articles de foi, elle règne sans partage, depuis plusieurs siècles, au sein de l'Afrique musulmane, où elle est acceptée comme un des principes fondamentaux du dogme. Or, il s'agit d'une société où la religion est unie par des liens étroits à tous les actes de la vie civile et politique. Est-ce donc trop se hasarder que de voir dans cette répudiation volontaire du libre-arbitre humain, une des causes prépondérantes de l'affaiblissement social où en sont réduits les peuples qui en font profession? »

Les Soufi formaient une confrérie dans laquelle on n'était admis qu'après une initiation et des épreuves. Le cheikh Senoussi reçut *l'ouerd*, ou initiation, d'un des chefs de l'ordre, Sid Ibrahim-et-Tazi, qui lui *cracha dans la bouche*, selon le rituel, pour lui transmettre les vertus propres au soufi. Le nouvel adepte ne tarda

---

1. *Revue africaine*, n° 28, p. 254, 255.

pas à devenir le chef de la secte et l'apôtre du Soufisme en Berbérie. Il écrivit de nombreux ouvrages, parmi lesquels son *Akida* (ou article de foi), présenté sous diverses formes, a obtenu le plus grand succès et se trouve dans toutes les mains. Nul doute que l'action du Soufisme n'ait contribué, par le détachement des choses terrestres, répandu dans les esprits, à la réussite si surprenante des Turcs.

Un autre mystique de la même époque fut le docteur Abou-Zeïd-Abd-er-Rahmane-el-Thâalebi, né près d'Alger, en 1385, et se rattachant comme origine aux Arabes Thâaleba. Dans sa jeunesse, il visita les principales écoles du Mag'reb et de l'Orient pour acquérir la science aux meilleures sources ; puis il professa longtemps à Tlemcen, composa un grand nombre d'ouvrages et mourut, en 1471, à l'âge de 70 ans. Les Algériens lui élevèrent un tombeau et une mosquée[1], et, d'après une tradition, son corps serait également dans un autre cercueil, dans la tribu des Guechtoula (Grande Kabilie), ce qui lui a valu le surnom de *Bou-Kabrèïne* (l'homme aux deux tombeaux). Il est le fondateur de la secte des Khouan de Sidi-Abd-er-Rahmane, si répandue en Algérie, et qui a joué un certain rôle dans son histoire, notamment lors de la révolte de 1871.

Nous avons tenu à indiquer dans quelles conditions les confréries de Khouan se sont formées et propagées en Berbérie. Celle des adeptes de Sidi-Abd-el-Kader-el-Djilani (ou Ghilani) existait déjà, depuis plus de trois siècles, mais elle se rattachait plus particulièrement aux Fatemides ; les nouvelles confréries lui empruntèrent une partie de ses rites et de ses formules d'admission, tout en ayant des tendances différentes ; mais le résultat direct de ces associations a été d'achever la destruction de tout lien national et de le remplacer par des affiliations purement religieuses exclusives de toute idée de patrie et soumises à l'impulsion du chef, qui réside souvent à l'étranger[2].

1. Au-dessus du jardin Marengo.
2. *Takmilet-Ed-Dibadj*, par Ahmed-ben-Baba de Tenboktou, pass. — Cherbonneau, *Ecrivains de l'Algérie au moyen-âge* (Revue afric., n° 79). — Brosselard, *Inscriptions arabes de Tlemcem* (Revue afric., avril 1859, juillet 1861). — Cherbonneau, *Essai sur la littérature arabe au Soudan* (Annuaire de la Soc. archéol. de Constantine, 1854-55, p. 1 et suiv.). — Abbé Bargès, *Complément de l'histoire des Beni-Zeyane*, p. 360 et suiv. — Arnaud, *Etudes sur le Soufisme* (Revue afric., n° 185, p. 350 et suiv. — E. Mercier, *Notice sur la confrérie des Khouan de Sidi Abd-el-Kader-el-Djilani* (1868).

CHAPITRE II

ÉTABLISSEMENT DE L'AUTORITÉ TURQUE EN BERBÉRIE
1515-1530

Les Algériens appellent Aroudj. — Aroudj s'empare de Cherchel et d'Alger, où il met à mort le cheikh Salem. — Expédition infructueuse de Diégo de Véra contre Alger. — Aroudj s'empare de Ténès et de tout le pays compris entre cette ville et Alger. — Usurpation d'Abou-Hammou III à Tlemcen. Aroudj est appelé par les habitants de cette ville. — Fuite d'Abou-Hammou. Aroudj est accueilli à Tlemcen comme un libérateur. — Aroudj fait périr Abou-Zeyane et ses parents à Tlemcen. Les Espagnols s'emparent de la Kalâa des Beni-Rached. — Fuite et mort d'Aroudj. — Abou-Hammou est rétabli sur le trône de Tlemcen. — Khéïr-ed-Dine fait hommage du royaume d'Alger à Sélim I et reçoit, de lui, des secours. — Expédition de Hugo de Moncade contre Alger; son désastre devant cette ville. — Guerre entre Khéïr-ed-Dine et Ben-el-Kadi. Khéïr-ed-Dine défait, se réfugie à Djidjeli. — Les Kabiles et Ben-el-Kadi maîtres d'Alger. — Khéïr-ed-Dine défait et tue Ben-el-Kadi, rentre en maître à Alger et rétablit son autorité dans la province. — Révolte dans la province de Constantine contre les Turcs. — Mort du Hafside Moulaï Mohammed. — Usurpation de son fils Hassen. — Khéïr-ed-Dine s'empare du Peñon et crée le port d'Alger.

Les Algériens appellent Aroudj. — Nous avons laissé Aroudj, rentrant, « la rage dans le cœur », à Djidjeli, après sa tentative infructueuse, son nouveau désastre devant Bougie. Khéïr-ed-Dine, son frère, essaya de réparer leurs pertes en se lançant audacieusement sur mer, où il fit de nouvelles et importantes captures, tandis qu'Aroudj scellait définitivement son alliance avec Ahmed-bed-el-Kadi, cheikh ou roi de Koukou. Peut-être avait-il fait contre lui, dans le cours de l'hiver 1515-16, ainsi que l'affirme Haëdo, une expédition dans laquelle les armes à feu avaient triomphé de la valeur des Kabiles mal armés. Mais cela n'est rien moins que prouvé; et dans tous les cas, cette alliance détacha de lui Abd-el-Aziz, chef des Beni-Abbès, qui l'avait soutenu jusqu'alors.

Le 22 janvier 1516 eut lieu la mort du souverain catholique, et cet événement produisit en Berbérie une certaine agitation, les indigènes se considérant, en général, comme déliés des engagements consentis vis-à-vis du défunt. A Alger surtout, l'effervence fut grande, car la population n'était pas seulement blessée dans ses sentiments par la présence des Espagnols sur l'îlot du Peñon, mais elle se trouvait, par ce fait même, empêchée de se livrer à la course et privée des ressources de cette industrie. Salem-et-Toumi, le cheikh arabe qui y commandait, se laissa alors entraîner par un mouvement populaire, à solliciter l'appui de ces corsaires turcs, dont les prouesses arrivaient à Alger sur les ailes de la renommée ; une députation fut envoyée à Djidjeli et Aroudj la reçut avec autant de surprise que de joie, saisissant cette occasion comme un retour inespéré de la fortune.

Aroudj s'empare de Cherchel et d'Alger où il met a mort le cheikh Salem. — Aussitôt, Aroudj se prépara avec son activité ordinaire à marcher sur Alger. Il réunit tous les navires dont il disposait, au nombre de 15 ou 16 voiles, qu'il chargea de matériel, de canons et d'une partie de ses compagnons levantins ; en même temps, Ben-el-Kadi recevait l'ordre de grouper ses contingents, puis toutes ces forces partaient pour Alger. Quoi qu'en disent les chroniques algériennes, nous pensons, selon la version d'Haédo, qu'Aroudj prit la route de terre. Parvenu dans la Metidja, il se porta d'abord sur Cherchel, où l'un de ses anciens lieutenants, du nom de Kara-Hassen, s'était établi en maître quelque temps auparavant, avait obtenu l'appui de la population formée en majorité de Maures de Grenade et de Valence, et était parti de ce port pour faire d'heureuses courses sur mer. Or, Barberousse ne voulait pas de rival sur ses flancs. Kara Hassen espéra le fléchir par une humble soumission, mais son ancien chef le fit mettre à mort, puis, laissant à Cherchel une petite garnison, se rendit à Alger.

La population de cette ville, ayant à sa tête le cheikh Salem, sortit au devant de lui et l'accueillit comme un libérateur. Sans perdre de temps, Aroudj fit placer ses canons en batterie contre le Peñon et, après une sommation fièrement repoussée par le commandant espagnol, donna l'ordre d'ouvrir le feu. Cette démonstration, qui n'était au fond qu'une fanfaronnade, ne fut suivie d'aucun résultat, et, chose inévitable, l'opinion publique changea d'orientation, d'autant plus que les Turcs se rendaient insupportables par leurs exigences et leurs insolences. Salem, qui avait été le premier à s'apercevoir de sa faute, car Aroudj le traitait avec le plus grand dédain, cherchait le moyen de la réparer en se débarassant de son hôte.

Dans de telles conjonctures, la décision était indispensable. Cette qualité, qui manquait au cheikh, était la caractéristique de son adversaire; aussi eut-il bientôt dressé et exécuté son plan. Il pénétra dans le bain où Salem se rendait l'après-midi et l'étrangla de ses propres mains. Revenant ensuite, avec un groupe d'hommes dévoués, il joua la surprise, appela tous les corsaires aux armes et, pendant que les habitants de la ville, terrifiés par une telle audace, se réfugiaient dans leurs demeures, Aroudj montait à cheval, suivi de la soldatesque, et se faisait proclamer roi d'Alger.

Les citadins entrèrent alors en pourparlers avec les Espagnols du Peñon et s'entendirent avec les Thâaleba de la plaine pour expulser les Turcs. Mais Aroudj découvrit la conspiration, arrêta les principaux chefs en pleine mosquée et les fit décapiter. De sévères exécutions, l'arrestation de quiconque essaya même un blâme indirect, consolidèrent son autorité en enlevant aux Algériens toute velléité de résistance.

Ainsi le premier Barberousse avait réalisé le projet par lui caressé depuis longtemps : il était maître d'un royaume important et disposait de trois ports, Alger, Cherchel et Djidjeli, sans parler de Djerba[1].

Expédition infructueuse de Diego de Vera contre Alger. — Le succès d'Aroudj, son audace causèrent aux principicules indigènes une terreur que l'avenir ne devait que trop justifier, et ce fut vers le chrétien que les musulmans se tournèrent afin d'obtenir assistance. Déjà, le fils de Toumi, réfugié d'abord à Oran, était passé en Espagne pour demander vengeance. Le cheikh de Ténès, celui de Mostaganem redoublèrent d'instances auprès du cardinal Jiménès et furent appuyés par le gouverneur d'Oran[2].

Enfin la garnison du Peñon se trouvait dans un état fort critique, contrainte de faire apporter jusqu'à son eau d'Espagne ou des îles; il fallait à tout prix la secourir et écraser dans son berceau la nouvelle puissance qui venait de se former. A la fin de septembre 1516, une flotte de trente-cinq voiles portant près de 3,000 hommes de débarquement quitta l'Espagne sous le commandement de Diégo de Vera. Le 30, elle aborda dans l'anse où se trouve le faubourg Bab-el-Oued et, le débarquement s'étant opéré

---

1. Haëdo, *Rois d'Alger*, traduction de Grammont (Revue afric., n°ˢ 139 et suivants). — Sander-Rang, *Fondation de la régence d'Alger*, t. I, p. 61 et suiv. — De Grammont, *Hist. d'Alger*, p. 21 et suiv. — Watbled, *Etablissement de la domination turque en Algérie* (Revue afric., n° 101, p. 352 et suiv. — Walsin Esterhazy, *Domination turque*, p. 122 et suiv. — E. d'Aranda, *Antiquités de la ville d'Alger*, Paris, 1667, p. 12 et suiv.

2. Voir *Lettres arabes de l'époque de l'occupation espagnole en Algérie* (Revue afric., n° 100, p 315 et suiv.).

sans peine, le général étendit ses lignes sur les pentes qui s'élèvent vers la Kasba.

Les Arabes de la plaine, qui avaient promis leur concours, se tenaient à distance, dans l'expectative. Quelques jours se passèrent en escarmouches sans importance; puis, le vent ayant changé, la flotte se trouva fort exposée dans cette rade ouverte, avec des îlots à fleur d'eau, et le général ordonna la retraite. C'était le moment attendu par Aroudj; aussitôt, il sort de la ville à la tête de ses troupes et charge les Espagnols qui fuient en désordre et se voient attaqués de l'autre côté par les Arabes. Le désastre fut aussi rapide que complet. Quinze cents prisonniers, un grand nombre de tués, voilà le bilan de cette expédition, que la tempête acheva en coulant plus de la moitié des vaisseaux.

AROUDJ S'EMPARE DE TENÈS ET DE TOUT LE PAYS COMPRIS ENTRE CETTE VILLE ET ALGER. — Ainsi, tout réussissait à Barberousse. Son frère, Khéïr-ed-Dine, venu le rejoindre avec la flotte et les prises, lui avait amené leur troisième frère, Ishak, et cette association d'hommes hardis et dévoués les uns aux autres allait permettre à Aroudj de tirer parti de son succès dont l'effet avait été considérable en Berbérie et en Espagne. La première victime devait être le cheikh de Tenès, dont on connaissait les relations avec les Espagnols. Laissant Alger sous le commandement de son frère et traînant à sa suite des otages garantissant la sécurité de cette ville, Aroudj s'avança en maître à travers la Mitidja, culbuta les Zenètes qui, en grand nombre, sous le commandement de Moulaï Abd-Allah, essayèrent de l'arrêter à Ouédjer, et entra à Tenès pendant que le cheikh se réfugiait dans le sud. Les arquebusiers turcs avaient porté la terreur partout et aucune population indigène ne paraissait disposée à leur résister (juin-juillet 1517).

A l'est, les vaisseaux de Khéïr-ed-Dine avaient pris possession de Dellis, de sorte que l'empire de Barberousse s'étendait jusqu'au delà de cette ville. Dans la plaine et les premières montagnes, les indigènes avaient offert leur soumission et s'étaient obligés à servir le tribut.

Ces succès vertigineux étaient bien faits pour griser un homme tel qu'Aroudj; son audace et son ambition allaient causer sa perte.

USURPATION D'ABOU-HAMMOU III A TLEMCEN. AROUDJ EST APPELÉ PAR LES HABITANTS DE CETTE VILLE. — Cependant, à Tlemcen, Abou-Abd-Allah-Mohammed, fils de Thabeti, était mort (1516), sans laisser d'héritier en état de prendre la direction des affaires. C'était la porte ouverte aux compétitions. Abou-Zeyane, frère cadet de l'émir défunt, essaya de recueillir l'héritage ; mais son oncle Abou-Hammou, soutenu par une partie des gens de la ville et les Arabes de l'extérieur, vint l'attaquer dans son propre palais et, s'étant rendu maître de sa personne, le jeta en prison.

Ce succès eût été sans conséquence dans l'état d'affaiblissement de l'empire zeyanite, si le nouvel émir n'avait compté sur un appui effectif : celui des chrétiens. Abou-Hammou III écrivit en conséquence au gouvernement de Castille et conclut avec lui un nouveau traité par lequel il s'obligea à servir au roi Charles V un tribut annuel de 12,000 ducats et à lui fournir, comme vassal, douze chevaux et six gerfauts mâles. Moyennant l'exécution de ces engagements, il serait protégé par l'Espagne. Le gouverneur d'Oran reçut des ordres en conséquence.

Mais la situation était telle à Tlemcen, la population, comme la famille royale, si divisée, que la tranquillité y était impossible. Les partisans d'Abou-Zeyane, les légistes, outrés des complaisances d'Abou-Hammou pour les *infidèles*, songèrent à appeler à leur secours le champion de l'Islam, le fameux Baba Aroudj, dont les victoires transportaient de joie tous les vrais musulmans. Une députation lui fut adressée, alors qu'il se trouvait à Tenès, ou dans la Mitidja, et les délégués n'eurent pas de peine à obtenir de lui la promesse d'une intervention. C'était, pour le chef turc, l'occasion d'étendre ses conquêtes vers l'ouest, et il se mit en devoir d'organiser son expédition. Les Tlemcéniens, dans leur aveuglement, allaient attirer sur eux de nouveaux malheurs.

Fuite d'Abou-Hammou ; Aroudj est accueilli à Tlemcen comme un libérateur. — Ayant reçu à Tenès, des renforts et de l'artillerie envoyés par son frère Kheïr-ed-Dine, Aroudj se mit en route vers l'ouest, à la tête d'un corps expéditionnaire composé de quinze à seize cents arquebusiers et janissaires, levantins ou maures andalous, augmentés bientôt d'un certain nombre de volontaires indigènes (fin 1517). Sa marche fut probablement rapide ; sinon on ne s'expliquerait guère l'inaction du gouverneur d'Oran « et de la province de Tlemcen ».

Se tenant, du reste, à une distance raisonnable du littoral, Barberousse passa par la Kalâa des Beni-Rached, ville berbère, à une journée à l'est de Maskara, et fut si bien accueilli par les habitants de ce poste fortifié par la nature et par l'art qu'il se décida à l'occuper, afin d'assurer ses communications et pour enlever aux Espagnols d'Oran les ressources qu'ils tiraient de cette région, comme centre d'approvisionnement. Ishak, le frère aîné des Barberousse, y fut laissé, avec trois cents soldats levantins ; puis, Aroudj continua sa route, précédé par la renommée que ses succès lui avaient acquise.

Abou-Hammou jugea toute résistance inutile dans ces conditions ; il prit la fuite et alla demander asile et vengeance aux Espagnols d'Oran. Peut-être, ainsi que certains documents l'affirment, trouvant la route de cette ville déjà occupée, se réfugiat-il à Fès ; cela n'a pas une grande importance, mais on y voit la preuve des contradictions qui se rencontrent à chaque pas dans les chroniques de cette époque.

Aussitôt après le départ d'Abou-Hammou, la population de Tlemcen mit en liberté sa victime Abou-Zeyane : puis elle se porta, avec ce dernier, à la rencontre du libérateur, des glorieux champions de l'Islam. L'entrevue fut des plus cordiales. Cependant on fit jurer à Baba-Aroudj, sur le Koran, qu'aucun désordre ne serait commis et que les propriétés et les vies de tous seraient respectées ; après quoi, on entra en grande pompe dans la ville, au bruit des acclamtions du peuple.

AROUDJ FAIT PÉRIR ABOU-ZEYANE ET SES PARENTS A TLEMCEN. — LES ESPAGNOLS S'EMPARENT DE LA KALAA DES BENI-RACHED. — Trop souvent, pour les peuples comme pour les individus, les jours de joie n'ont pas de lendemain. Les habitants de Tlemcen en firent l'expérience ; les exigences, la brutalité des Turcs révoltèrent aussitôt les citadins qui les avaient accueillis comme des sauveurs. Cédant à leurs instances, Abou-Zeyane voulut faire entendre quelques timides observations aux oppresseurs. C'était, pour Aroudj, le prétexte cherché. Il pénétra dans le Mechouar à la tête de ses gardes, se saisit d'Abou-Zeyane et le fit aussitôt pendre aux traverses de la galerie du palais ; ses fils subirent le même sort et furent attachés autour de lui. Mais cette exécution ne lui suffisait pas. Il voulait détruire jusqu'au dernier, les membres de la famille royale de Tlemcen et, étant parvenu à arrêter soixante-dix d'entre eux, il les fit jeter dans le grand bassin dont on peut voir encore les vestiges dans cette ville, s'amusant de leurs angoisses et de leurs luttes contre la mort et aidant lui-même à rejeter dans l'eau ceux qui essayaient d'en sortir. Le massacre d'un grand nombre de citoyens occupa ensuite ses sicaires et le pays gémit sous la plus affreuse tyrannie.

Cependant, Abou-Hammou, réfugié à Oran, pressait le marquis de Comarès d'agir contre l'envahisseur et, en présence des derniers événements, il n'y avait plus à hésiter. Charles V venait d'arriver en Espagne, amenant avec lui de bonnes troupes.

Aussitôt, le marquis alla lui présenter ses hommages et lui faire connaître la situation du pays, et obtint un renfort d'une dizaine de mille hommes. Avec son coup d'œil militaire, le gouverneur espagnol jugea fort bien la situation et résolut d'abord d'enlever la Kalâa des Beni-Rached, afin de couper la retraite aux Turcs et de les isoler. Abou-Hammou et les Arabes y bloquaient depuis quelque temps les janissaires. Martin d'Argote, le meilleur capitaine espagnol, fut envoyé vers lui avec un renfort. Mais la place était vaillamment défendue par Ishak, frère d'Aroudj, et ses yoldachs commandés par Iskander, rompus à tous les genres de guerre, à tous les dangers.

On se trouvait alors vers la fin de janvier 1518. L'arrivée des Espagnols exaspéra les Turcs qui tentèrent plusieurs sorties fort meurtrières de part et d'autre. Désespérant enfin de pouvoir tenir plus longtemps, ils demandèrent et obtinrent une capitulation honorable. Mais, à peine étaient-ils sortis de leurs remparts, que les Arabes se jetèrent sur eux. Une lutte acharnée s'engagea, à laquelle l'armée assiégeante ne tarda pas à prendre part. Tous les Turcs, y compris Ishak et Iskander, périrent en luttant dix contre un [1].

Les Espagnols attaquent Tlemcen. — Fuite et mort d'Aroudj. — Abou-Hammou est rétabli sur le trône de Tlemcen. — La nouvelle de la chute de la Kalâa, de la mort d'Ishak et des préparatifs des Espagnols parvint en même temps à Aroudj et, si son courage n'en fut pas ébranlé, la plus élémentaire prudence lui conseilla de chercher un appui, car il ne pouvait plus attendre de secours d'Alger. Il se tourna alors vers le souverain merinide de Fès et sollicita son alliance, en lui représentant le danger qui résulterait pour lui de l'occupation de Tlemcen par les Espagnols. On ignore exactement le résultat de cette démarche : mais il est probable, comme les historiens espagnols l'affirment, qu'il obtint de lui des promesses d'intervention.

Pendant ce temps, le marquis de Comarès, avec ses meilleures troupes et un grand nombre d'auxiliaires arabes commandés par

1. Sander-Rang, *Fondation de la régence d'Alger*, t. I, p. 98 et suiv. — *Documents sur l'occupation espagnole* (E. de la Primaudaie, Revue afric., n° 110, p. 149 et suiv.). — Abbé Bargès, *Complément de l'histoire des Beni-Zeiyane*, p. 431. — Watbled, *Etablissement de la domination turque en Algérie* (Revue afric., n° 101, p. 357 et suiv. — De Grammont, *Hist. d'Alger*, p. 25, 26. — E. d'Aranda, *Antiquités de la ville d'Ager*, p. 24 et suiv. — Zohrat-en-Naïrat (trad. Rousseau) p. 16 et suiv.

Abou-Hammou, arrivait sous les murs de Tlemcen et en commençait le siège. Aroudj, dont l'effectif de Turcs et de rénégats était peu considérable (cinq cents environ), et qui ne pouvait compter sur la fidélité des Tlemcéniens, n'osa pas sortir de la ville pour essayer d'arrêter la marche de l'ennemi. Mais il organisa la résistance derrière ses remparts, avec autant d'habileté que de courage. Pendant six mois, les assiégés n'avancèrent que par l'emploi de la poudre ; néanmoins il arriva un moment où le premier Barberousse dut renoncer à défendre ses lignes, pour se retrancher dans les rues et enfin se renfermer dans le Mechouar. Il aurait pu y tenir longtemps encore, mais les habitants de Tlemcen, voyant l'occasion de se venger de lui et de ses suppôts, s'entendirent avec les Espagnols et, ayant obtenu des Turcs la permission d'entrer dans le Mechouar pour y visiter la mosquée à l'occasion de la fête de la rupture du jeûne, en ouvrirent la porte à leurs affidés et se mirent à massacrer Osmanlis et renégats. Aroudj avait pu se retrancher dans un réduit d'où on communiquait avec l'extérieur par une poterne. La nuit venue, il sortit de la ville par cette issue, suivi d'une poignée d'hommes portant toutes les valeurs qu'il avait pu enlever aux trésors des souverains zeyanites, et gagna le large.

On a beaucoup discuté sur la direction prise par Aroudj, dans sa fuite. Haëdo affirme qu'il se sauva sur la route d'Oran et fut rejoint par les Espagnols au Rio-Salado. Cette version a été reproduite par le Dr Shaw et défendue dans ces derniers temps par M. de Grammont ; mais tous les historiens arabes indiquent la montagne des Beni-Zenassen, comme la direction de la fuite du corsaire et plusieurs historiens, parmi lesquels Berbrugger, ont démontré, à notre avis, que cette tradition est d'accord avec la logique des faits et même avec les indications des auteurs espagnols. Comment admettre, en effet, qu'Aroudj, attendant de jour en jour l'arrivée de l'armée du sultan de Fès, n'ait pas pris la direction de l'ouest et se soit lancé sur la route même d'Oran, centre de ses ennemis ?

Les Turcs fuyaient donc vers le couchant, sur le chemin d'Oudjda, lorsqu'on s'aperçut de leur départ. Aussitôt, Espagnols et Arabes se lancèrent à leur poursuite. On dit qu'Aroudj, se voyant serré de très près, employa un stratagème renouvelé des anciens et qui consistait à semer sur sa route des pièces d'or et des objets précieux pour attirer la cupidité de ses ennemis et ralentir l'ardeur de la poursuite. Quoi qu'il en soit, un groupe d'une quarantaine de cavaliers espagnols, conduits par l'enseigne Garcia Fernandez de la Plaza, était près d'atteindre les fuyards. On avait franchi plus de 90 kilomètres et atteint la plaine de Debdou, lorsque Aroudj se décida à se lancer vers la montagne des Beni-Zenassen. Il se retrancha dans une ruine située sur un des premiers contreforts, près du Marabout de Sidi-Moussa et, avec la poignée de janissaires qui lui restait, opposa une résistance désespérée, combattant lui-même comme un lion. Mais l'ardeur de ses adversaires n'était pas moindre et, après une lutte héroïque, tous les Turcs furent tués. Aroudj périt de la main de l'enseigne, qui reçut plus tard de Charles V, un diplôme lui accordant le droit de reproduire dans ses armoiries le souvenir de ce glorieux fait d'armes[1].

La tête d'Aroudj fut apportée à Tlemcen, puis à Oran, quant à ses vêtements, qui étaient de velours rouge, brodés d'or, on les expédia en Espagne, où ils finirent par être déposés au monastère de Saint-Gérôme de Cordoue ; ils y furent transformés, paraît-il, en chape d'église. Baba-Aroudj avait, au dire d'Haëdo, 44 ans, lorsqu'il fut tué. « D'une taille moyenne, il était robuste, infatigable et très vaillant : il avait la barbe rousse, les yeux vifs et lançant des flammes, le nez aquilin, le teint basané. »

Les vainqueurs furent accueillis à Tlemcen par les acclamations de tous. Abou-Hammou reprit alors possession de sa capitale et s'engagea à servir chaque année au gouverneur « une redevance de 12,000 ducats d'or, plus douze chevaux et six faucons femelles » (1518).

S'il faut en croire Haëdo, le sultan de Fès ne tarda pas à s'approcher de la frontière, à la tête de contingents importants ; mais, apprenant la défaite et la mort de son allié, il licencia ses troupes et rentra dans sa capitale[2].

Kheïr-ed-Dine fait hommage du royaume d'Alger a Selim I et

---

1. Voir le texte de ce diplôme donné en appendice par Gomara dans sa *Chronique des Barberousse*.
2. Abbé Bargès, *Complément de l'histoire des Beni-Zeyane*, p. 435 et suiv. — Berbrugger, *La mort du fondateur de la régence d'Alger* (Revue afric. 1859-60, p. 25 et suiv.). — Sauder-Raug, *Fondation de la régence d'Alger*, t. I, p. 103. — De Grammont, *Histoire d'Alger*, p. 26, 27 et *Revue afric.*, 1878, p. 388. — Watbled, *Etablissement de la domination turque* (Revue afric. 1873, p. 357 et suiv.). — Berbrugger, *Le Pégnon d'Alger*, p. 58 et suiv. — Haëdo, *Epitome des rois d'Alger* (Revue afric., 1880, p. 77 et suiv.). — Gomara, *Chronique des Barberousse*, passim. — *Nozhet-El-Hadi*, p. 19-20. — *Dourdjet-en-Nacher*, diction. biogr. (article Abou-l'Abbas-ben-Melouka). — Cheikh-Bou-Ras (trad. Arnaud, Revue afric., nos 149, 150. — D'Aranda, *loc. cit.*, p. 32.

REÇOIT DE LUI DES SECOURS. — Le désastre d'Aroudj eut un profond retentissement dans toute l'Afrique septentrionale. Bientôt, ce fut à qui romprait tout lien avec les Turcs, d'autant plus qu'une nouvelle attaque des Espagnols contre Alger était imminente. La Kabilie, à la voix d'Ahmed-ben-el-Kadi, se mit en état de révolte. Tenès et Cherchel firent de même ; enfin le roi de Tunis somma Kheïr ed Dine de reconnaître sa suzeraineté. Voilà à quels difficultés le frère d'Aroudj eut tout d'abord à faire face, sans parler de l'hostilité de plus en plus caractérisée des Algériens à son encontre. Tout autre aurait abandonné la partie ; mais Kheïr-ed-Dine avait l'âme aussi fermement trempée que son frère, avec un esprit politique beaucoup plus développé. Il comprit qu'il ne fallait plus compter sur l'appui des populations africaines et jugea qu'il ne lui restait qu'un seul espoir de conserver sa conquête ; c'était d'en offrir la suzeraineté à la Porte.

Selim I, surnommé Youvouz (l'inflexible), sultan des Turcs, venait de se couvrir de gloire par la conquête de la Syrie et de l'Arabie ; il était maître de la Mekke et de Médine et avait reçu, à Damas, le serment de fidélité des émirs de l'Arabie et des cheikhs de la Syrie et du Liban (1516) ; puis il était entré en souverain à Jérusalem, avait traversé la Palestine, envahi l'Egypte et défait les Mamlouks de Touman-Bey, souverain de ce pays (janvier 1517). Enfin il ne tardait pas à s'emparer du Caire. Touman-Bey, fait prisonnier, était pendu (15 avril 1517), et l'empire des Mamlouks-Tcherkès détruit. Ainsi la victoire restait constamment fidèle à ce prince, dont les succès portèrent la renommée à son comble. Après avoir organisé ses nouvelles conquêtes, préparé et complété sa flotte, Selim rentra à Constantinople et ajouta à ses titres celui de « serviteur des deux villes sacrées et nobles »[1].

C'est dans ces conjonctures que le sultan des Ottomans reçut l'hommage de Kheïr-ed-Dine ; saisissant avec empressement l'occasion d'étendre son autorité sur la Berbérie, Selim adressa au deuxième Barberousse le titre de Bey des Beys[2], ou de Pacha, avec le droit de battre monnaie, et lui expédia des troupes et des munitions. Quatre mille volontaires levantins, auxquels les privilèges des Yoldachs (janissaires) avaient été accordés, débarquèrent sur la plage de Bab-el-Oued. Il était temps que ce secours arrivât, car la population d'Alger, d'accord avec les Arabes de la plaine, allait se révolter et les Espagnols approchaient (1518-19)[3].

---

1. Mallouf, *Précis de l'histoire ottomane*, p. 23 et suiv.
2. Beglarbeg (ou Beylarbey).
3. Nous n'ignorons pas que, selon divers documents, tels que le

EXPÉDITION D'HUGO DE MONCADE CONTRE ALGER. SON DÉSASTRE DEVANT CETTE VILLE. — Le roi d'Espagne avait enfin compris la nécessité d'agir vigoureusement en Afrique, s'il ne voulait pas perdre le fruit des efforts de ses prédécesseurs[1]. Ainsi, pendant que le gouverneur d'Oran redoublait d'activité pour vaincre Aroudj à Tlemcen, le vice-roi de Sicile, Hugo de Moncade, un des meilleurs officiers de l'école du Grand-Capitaine, avait reçu l'ordre de réunir une flotte, portant un effectif imposant, et d'aller écraser dans l'œuf la royauté des corsaires. Malheureusement pour la chrétienté, l'expédition éprouva des retards et les Espagnols ne surent pas profiter de la stupeur causée chez les musulmans par la mort d'Aroudj pour marcher sur Alger et occuper la place.

S'ils eussent agi ainsi, il est plus que probable que les secours envoyés de Constantinople n'auraient même pu débarquer et que les Ottomans se seraient vus contraints de renoncer à la suzeraineté de l'Afrique. Les Espagnols devaient durement expier leur négligence.

Hugo de Moncade ayant enfin quitté la Sicile, vers la fin de 1518[2], aborda d'abord à Oran d'où ses troupes allèrent effectuer, dans l'intérieur, des razias destinées à assurer leurs approvisionnements. Soit que les Espagnols eussent agi sans discernement et exercé leurs déprédations sur les amis comme sur les ennemis, soit pour toute autre cause, il paraît hors de doute qu'ils tournèrent contre eux l'esprit des indigènes. Le roi de Tlemcen, Abou-Hammou, qui avait reçu l'ordre d'appuyer l'expédition en amenant par terre ses contingents sous les murs d'Alger, fut très froissé de ces procédés et éprouva de réelles difficultés à organiser sa colonne.

Enfin la flotte de quarante navires, portant 5,000 hommes de bonnes troupes, mit à la voile dans le courant de l'été 1519, et

---

Razaouate et le Zohrat-en-Naïrate, la démarche de Kheïr-ed-Dine auprès de La Porte n'aurait eu lieu qu'après l'attaque d'Alger par les Espagnols, dont nous allons parler. Contre MM. de Rotalier et Vayssettes, nous adoptons l'opinion de Haëdo à laquelle se sont rangés MM. Berbrugger et de Grammont.

1. Il se conformait, du reste, au testament politique de son aïeul qui lui recommandait « *de travailler à faire la guerre aux Maures, à la condition toutefois que ce ne serait pas pour ses sujets une cause de dommage et de ruine.* » Général de Sandoval (traduct. Monnereau), *Les inscriptions d'Oran* (Revue afric.), n° 88, p. 276.

2. Nous rappelons que la plupart de ces dates sont incertaines et que les auteurs de l'époque se trouvent généralement en contradiction ; nous nous bornons à indiquer celles qui nous semblent les plus probables, sans entrer, pour chacune, dans des dissertations oiseuses.

vint aborder au fond du golfe d'Alger, près de l'embouchure de l'Harrach. Le débarquement s'effectua sans trop de difficultés et, après quatre ou cinq jours de combat, l'armée couronna les hauteurs et s'établit sur le mamelon dit Koudiat-es-Saboun, où s'élève maintenant le fort l'Empereur (18 août). La position conquise était importante, et Hugo de Moncade voulait poursuivre ses avantages en attaquant la ville; mais d'autres officiers jugèrent qu'il était préférable d'attendre l'arrivée d'Abou-Hammou et de ses contingents, fatale résolution dont Kheïr-ed-Dine profita avec une remarquable habileté. Ayant envoyé un petit corps faire le simulacre d'incendier le camp et les barques qui reliaient les assiégeants à la flotte, il entraîna les Espagnols établis sur les hauteurs à quitter leurs lignes pour courir au secours du camp et, ce résultat obtenu, effectua une sortie de toutes ses forces, s'empara des batteries espagnoles, et chassa vers la mer, comme un troupeau débandé, ces braves soldats, vétérans des guerres d'Europe. Les Turcs en firent un grand carnage.

Il ne restait plus qu'à se rembarquer; mais une tempête s'était déchaînée dans le golfe et l'opération se fit dans les plus mauvaises conditions. Vingt-six navires furent jetés à la côte, et, pendant que les Algériens se livraient au pillage des vaisseaux, des bataillons entiers mettaient bas les armes et étaient massacrés par les Yoldachs.

GUERRE ENTRE KHEÏR-ED-DINE ET BEN-EL-KADI. — KHEÏR-ED-DINE, DÉFAIT, SE RÉFUGIE A DJIDJELI. — Le succès de Kheïr-ed-Dine assurait définitivement le triomphe de l'autorité turque en Afrique. Cependant le vainqueur n'eut guère le loisir d'en profiter. La Kabilie, en effet, était menaçante et il fallait arrêter son effervescence avant que le roi de Tunis ait eu le temps de faire parvenir des secours à Ben-el-Kadi. Ainsi les ennemis des Turcs, au lieu d'unir leurs efforts pour les écraser, s'offraient successivement à leurs coups. Par l'ordre de Kheïr-ed-Dine, son lieutenant Kara Hassen pénétra dans la Kabilie à la tête d'un corps de troupes choisies, battit Ahmed-ben-el-Kadi, le chassa de ses montagnes et le poursuivit jusqu'à Collo dont il s'empara (1519). On dit que, de là, il marcha sur Constantine et força cette ville à reconnaître l'autorité turque; mais, de même que pour tous les faits relatifs à cette époque, les renseignements sont contradictoires et ne permettent pas de l'affirmer.

De Bône, où il était réfugié, Ben-el-Kadi adressa un appel désespéré au sultan de Tunis qui s'empressa de lui envoyer un secours de troupes régulières, à la tête desquelles il rentra en maître dans le Djerdjera ; sans perdre de temps, il appela tous les les Kabiles aux armes pour marcher sur Alger. Une masse de guerriers de toute race, porteurs d'armes de toutes sortes, répondit à son appel.

Le danger était pressant. Kheïr-ed-Dine se porta sans hésiter contre l'ennemi à la tête de toutes ses forces ; mais Ben-el-Kadi commençait à connaître les Turcs ; les laissant, avec leur témérité habituelle, s'engager au milieu du pays, il les attendit dans le territoire des Flisset-Oum-el-Leïl. L'armée tunisienne y était retranchée et, à peine le combat avait-il commencé entre elle et les Turcs, que les Kabiles se jetèrent sur ces derniers, les mirent en déroute et en firent un grand carnage. Cette fois le désastre était complet et Kheïr-ed-Dine ne pouvait même plus regagner Alger, dont la route lui était barrée. Ce fut au prix de grands dangers qu'il parvint à sauver sa vie et à atteindre Djidjeli, berceau de sa puissance. Son royaume, qu'il avait su défendre contre les attaques des chrétiens et des indigènes, était perdu, mais la mer lui restait. Ses navires l'avaient rejoint à Djidjeli et il reprit avec ardeur et succès ses courses d'autrefois, en s'appuyant, comme par le passé, sur l'île de Djerba (1520).

Les Kabiles et Ben-el-Kadi, maîtres d'Alger. — Après la défaite des Turcs, toute la Kabilie, descendue comme une avalanche dans la plaine de la Mitidja, l'avait mise au pillage. Cependant, Ahmed-ben-el-Kadi était entré à Alger, où il avait été bien accueilli, mais la malheureuse population de cette ville s'était bientôt aperçue qu'elle n'avait échappé à la tyrannie des Turcs que pour être victime de la rapacité des Kabiles, ces anciens serviteurs des beldis.

Cherchel et Tenès avaient, en même temps, secoué le joug des Turcs et, en vérité, on ne peut s'expliquer l'indolence des Espagnols dans cette conjoncture. Un corps de sept à huit mille hommes partant d'Oran par la voie de terre, aurait alors reçu et assuré la soumission de tout le pays. Il est vrai que Charles V était absorbé par ses luttes contre les révoltes de son propre pays, d'abord celle de Valence (1519), puis celle de la Castille (1520) et enfin la plus terrible, celle des Comuneros (1520-21). L'Espagne traversait une de ces crises de croissance par lesquelles passent les nationalités ; elle devait en triompher, mais au prix de ses conquêtes de Berbérie.

Kheir-ed-Dine défait et tue Ben-el-Kadi, rentre en maître a Alger et rétablit son autorité dans la province. — Cependant

Kheïr-ed-Dine, dans l'intervalle de ses courses sur mer, avait trouvé le loisir de resserrer les liens d'amitié qui l'unissaient à Abd-el-Aziz, chef berbère de la Kalâa des Beni-Abbès, rival de Ben-el-Kadi de Koukou, d'étendre son influence sur la région orientale jusqu'à Constantine et de renouer des relations avec Alger, dont la population, lasse de la domination des Kabiles, appelait, de cœur, son retour. On peut être surpris que les Ottomans eussent abandonné ainsi à lui-même l'homme qui leur avait donné la suzeraineté de l'Afrique. Mais il faut dire que le sultan Selim était mort le 15 septembre 1520 et que son fils, Soliman I, qui devait mériter les surnoms du « Magnifique » et du « Législateur », était retenu en Orient, avec toutes ses forces, par des entreprises telles que la conquête de Rhodes. Cette île, défendue par le grand maître des chevaliers de Jérusalem, Villiers de l'Ile-Adam, résista à tout l'effort des Ottomans, jusqu'au 15 septembre 1525, date de sa chute. Mais ce succès avait été acheté à un prix tel que Soliman devait employer plusieurs années à se refaire, à préparer sa grande campagne de Hongrie, tandis que les chevaliers de Jérusalem obtenaient de Charles V l'île de Malte et Tripoli. Ainsi, Kheïr-ed-Dine demeurait abandonné à lui-même, mais la course était fructueuse, l'argent, les armes, les munitions abondaient.

Aussi, en 1525, jugea-t-il le moment venu de reconquérir, avec ses seules forces, son royaume. Soutenu par les contingents d'Abd-el-Aziz, il se mit en route vers l'ouest et défit son adversaire, Ben-el-Kadi, à l'Ouad-Bougdoura. Le roi de Koukou voulut cependant lutter encore et disputer au vainqueur le passage du col des Beni-Aicha (actuellement Ménerville), mais il fut mis en déroute et bientôt ses propres soldats, gagnés, dit-on, par l'or de Barberousse, l'assassinèrent et apportèrent sa tête à son ennemi. La route d'Alger était ouverte : Kheïr-ed-Dine y rentra en maître et rétablit son autorité sur toute la Mitidja et les montagnes environnantes (1527). Puis ce furent Cherchel et Tenès qui durent subir sa vengeance et dont les chefs furent empalés. El-Haoussine, frère d'Ahmed-ben-el-Kadi, avait pris le commandement de la révolte en Kabilie ; mais, après deux années d'efforts stériles, il se décida à se soumettre au Turc.

Révolte dans la province de Constantine contre les Turcs. Mort du hafside Moulaï-Mohammed. Usurpation de son fils Hassen. — Dans l'Est, la situation n'était pas aussi favorable pour les Ottomans. A peine Kheïr-ed-Dine s'était-il éloigné, que Constantine se mettait en état de révolte. Abd-el-Aziz lui-même, cheikh des

Beni-Abbès, qui avait sans doute été victime de la duplicité des Turcs, se soulevait contre eux.

En 1526, Moulaï-Mohammed, souverain hafside de Tunis, était mort et avait été remplacé par son plus jeune fils, Moulaï-Hassen, au détriment de ses trois frères. La mère du nouveau sultan, qui avait été l'âme de l'intrigue, le poussa à se débarrasser par l'assassinat de ses compétiteurs évincés ; deux d'entre eux périrent, mais le troisième, Rached, étant parvenu à fuir, essaya en vain de soulever, à son profit, les Arabes de la Tunisie, chez lesquels il avait trouvé asile ; il se décida alors à se rendre auprès de Kheïr-ed-Dine pour réclamer justice et protection, sans s'apercevoir qu'il s'adressait au plus dangereux ennemi de sa dynastie.

Des révoltes avaient éclaté de tous côtés, en Tunisie, contre Moulaï-Hassen. A Souça, El-Koléï, un de ses parents, se déclara indépendant ; à Kaïrouan, un marabout des Chabbïa, nommé Sidi Arfa, proclama la restauration almoravide, en reconnaissant comme khalife un certain Yahïa, comparse, qui se disait originaire des Lemtouna. Cet homme devait se faire prendre peu après, à Tunis. Les Oulad Saïd, avec cette vitalité particulière aux tribus arabes, s'étaient reconstitués et étaient devenus si puissants, que Moulaï-Hassen, pour avoir la paix, avait dû se résoudre à les laisser prélever 80,000 dinars (pièces d'or) sur le pays.

Tandis qu'il luttait, sans grand avantage, contre ses ennemis, réduit par eux à la possession de Tunis et de sa banlieue, le sultan hafside eut l'heureuse inspiration d'envoyer à Constantine, pour en prendre le commandement, un de ses officiers, nommé Ali-ben-Farah. Sous son habile et ferme direction, la paix, la sécurité ne tardèrent pas à être rétablies dans la province qui, depuis quelques années, était demeurée en proie aux bandes de brigands. Cette restauration d'une ferme autorité ne fut sans doute pas du goût d'Abd-el-Aziz, cheikh des Beni-Abbès, car il se décida à se rapprocher des Turcs et à faire la paix avec eux (1528).

Kheïr-ed-Dine s'empare du Peñon et crée le port d'Alger. — Kheïr-ed-Dine avait obtenu de nouveaux succès maritimes. Toute la région comprise entre Djidjeli et Mostaganem reconnaissait son autorité directe ou sa suzeraineté ; il était temps d'en finir avec les Espagnols du Peñon, établis, pour ainsi dire, au cœur de sa capitale ; c'était non seulement une gêne et une honte, mais encore, leur occupation empêchait d'entreprendre un travail urgent, l'appropriation du port, qui n'offrait à sa marine aucune sécurité, ni contre la tempête, ni contre les attaques de l'ennemi, de sorte qu'il fallait tirer à force de bras les vaisseaux sur le rivage.

En avril ou mai 1529, le pacha fit sommer le gouverneur du Peñon de se rendre. C'était un brave militaire du nom de Martin de Vargas et, bien qu'il n'eût avec lui qu'à peine deux cents hommes, mal nourris, mal payés, et qu'il manquât de tout, grâce à l'incurie incroyable de l'administration espagnole, il répondit par un énergique refus. Aussitôt les Turcs, qui avaient établi une batterie sur le rivage, ouvrirent le feu contre le fort ; lorsque les ouvrages furent détruits, ils donnèrent l'assaut et ne tardèrent pas à s'en rendre maîtres, malgré le courage des Espagnols qui luttèrent en désespérés. Presque tous furent tués ; vingt-cinq seulement, couverts de blessures, eurent le malheur d'être faits prisonniers (27 mai 1529). Loin d'honorer leur courage, Kheïr-ed-Dine les traita durement, et fit périr sous le bâton le vieux et brave Vargas.

Aussitôt on se mit à l'ouvrage : les fortifications qui regardaient la ville furent rasées et les matériaux servirent à relier entre eux les îlots, de sorte que le môle actuel se trouva rattaché à la terre par une jetée. Les tours de l'îlot furent seules conservées et on y établit des signaux. Enfin, les Turcs étaient maîtres chez eux et ils avaient leur port.

Cet événement eut, en Afrique et en Europe, un retentissement qui, s'il n'était pas en rapport avec son importance réelle, se justifiait par ses conséquences morales. Abou-Hammou était mort à Tlemcen en 1528, son frère Abou-Mohammed-Abd-Allah, qui lui avait succédé, profita de cette circonstance pour rompre avec les Espagnols et envoyer à Kheïr-ed-Dine son hommage de vassalité. Le marquis de Comarès, gouverneur d'Oran, était alors en Espagne, où il avait dû se rendre pour se disculper des accusations de désordre et de prévarication, trop justifiées, qui avaient été portées contre lui[1].

---

1. El-Kaïrouani, p. 270 et suiv. — Rousseau, *Annales Tunisiennes*, p. 12 et suiv. — Vayssettes, *Histoire des beys de Constantine* (Rec. de la Soc. archéol. de Constantine 1867).— Elie de la Primaudaie, *Documents inédits* (Revue afric., n° 111, p. 161 et suiv.). — De Grammont, *Hist. d'Alger*, p. 24 et suiv. — Haédo, *Rois d'Alger* (Rev. afric., n° 140, p. 118 et suiv.).— Général de Sandoval, *Inscript. d'Oran* (Revue afric., n° 88, p. 278 et suiv.). — Sander-Rang, *Fondation de la régence d'Alger*, t. I, p. 115 et suiv., t. II, p. 106. — *Complément de l'histoire des Beni-Zeyane*, p. 446 et suiv. (abbé Barges). — Rosseeuw Saint-Hilaire, *Histoire d'Espagne*, t. VI, passim.— Marmol, *Afrique*, passim. — *Nozhet-El-Hadi*, p. 174 du texte arabe. — Cheikh-Bou-Ras (Revue afric., n° 159, p. 472). — Zohrat-en-Naïra (trad. Rousseau), p. 65 et suiv.

L'autorité turque est, cette fois, établie en Afrique. En vain, l'élément indigène, représenté par Ben-el-Kadi et Abd-el-Aziz, a essayé de résister, la rivalité de ces Berbères, les a, comme toujours, perdus. Les derniers descendants des dynasties indigènes, Hafsides et Zeyanites ont contribué, par leurs divisions, au succès de l'étranger : Espagnol et Ottoman. C'en est fait de la nationalité Berbère. Mais, que dire de l'incapacité des Espagnols, si hardis, si vigoureux sous le règne des rois catholiques, si faibles, si nuls sous un homme de la valeur de Charles V. C'est que celui-ci n'est plus un simple roi d'Espagne ; il a été élevé à l'empire, et il doit lutter contre son plus rude ennemi, son rival, le roi de France. Cette guerre absorbe toutes ses forces, et, en même temps, il faut qu'il défende l'Autriche menacée par Soliman, qui a déjà envahi la Hongrie, qu'il lutte contre la Réforme, qu'il s'occupe de régler et d'organiser les conquêtes de ses généraux dans le nouveau monde. En vérité, c'est trop de soins, et, dans le partage qu'il doit faire, les affaires d'Afrique sont, sinon abandonnées, du moins ajournées ; malheureusement, en politique, l'occasion manquée ne se représente plus à point nommé, et Charles V, l'ayant laissée échapper, devait s'en repentir cruellement.

CHAPITRE III

CONQUÊTES ESPAGNOLES EN BERBÉRIE. — LUTTES CONTRE LES TURCS
1530-1541

Charles V en Italie et en Allemagne; situation des Espagnols en Berbérie; descente infructueuse de Doria à Cherchel. — Kheïr-ed-Dine, capitan-pacha, vient, avec une flotte turque, attaquer Tunis et s'en rend maître. — Fuite de Moulaï-Hassen. — Charles-Quint prépare l'expédition de Tunis; Kheïr-ed-Dine y organise la résistance. — Expédition de Charles V contre Tunis; il s'empare de cette ville et rétablit Moulaï-Hassen comme tributaire. — Tunis se repeuple; occupation de Bone par les Espagnols. — Kheïr-ed-Dine saccage Port-Mahon, puis retourne en Orient, laissant Alger sous le commandement de Hassan-Ag'a. — Situation de la province d'Oran; luttes des Espagnols contre les indigènes. — Campagnes de Moulaï-Hassen en Tunisie; affaire de Bone. — Apogée de l'influence espagnole en Afrique.

CHARLES V EN ITALIE ET EN ALLEMAGNE. SITUATION DES ESPAGNOLS EN BERBÉRIE. DESCENTE INFRUCTUEUSE DE DORIA A CHERCHEL. — Pendant que la Berbérie voit le succès définitif du deuxième Barberousse, Charles V est en Italie (1529) et prend, de gré ou de force, possession du pays que François I⁺ʳ lui a abandonné comme rançon de sa liberté. En même temps, Soliman, après avoir ravagé la Hongrie, a entrepris une nouvelle expédition et assiégé Vienne, à la tête de 100,000 hommes; mais il a dû reculer devant la résistance acharnée des chrétiens qui ont oublié un instant les rivalités nées de la réforme pour repousser l'envahisseur. On sait que le roi de France a conclu une secrète alliance avec les Turcs et que Soliman prépare une nouvelle attaque contre Vienne. Cependant Charles est bien maître de l'Italie; le 24 février 1530 il ceint, à Bologne, la couronne impériale, puis il part pour l'Allemagne, afin d'organiser la résistance contre son double ennemi, la réforme et le Turc.

Ainsi l'Espagne et l'Afrique demeurent livrées à elles-mêmes; toutes les forces actives sont en Italie ou en Allemagne. Quant aux petites garnisons des postes du littoral berbère, elles restent abandonnées, comme l'a été celle du Peñon, et c'est en vain que les braves soldats qui les commandent supportent la misère et, ce qui est pire, l'indifférence du maître pour lequel ils souffrent. Forcés de vivre sur le pays, les gouverneurs espagnols se font détester des indigènes, aussi bien à Oran qu'à Bougie ; en même temps, les chrétiens leur reprochent de les accabler d'exactions. Les troupes sont mal payées, les emplois ne sont occupés que par des prête-noms. A Oran, les Beni-Amer, seuls parmi les indigènes, restaient fidèles et sûrs, étant trop compromis vis-à-vis de leurs coreligionnaires pour rompre. Dans les relations entre Oran et Tlemcen il y a eu de graves désaccords. L'émir zeyanite les attribue à la rapacité du gouverneur espagnol, mais nous en connaissons la vraie cause, qui est l'alliance secrète de Kheïr-ed-Dine avec ce prince.

En 1531, la rupture éclate. Mohammed, fils de l'Emir, en profite pour se révolter contre son père et le bloquer à Tlemcen. Il réclame des secours aux Espagnols d'Oran, mais c'est en vain que le docteur Lebrija, corrégidor de cette ville[1], supplie l'impératrice de lui envoyer des secours et de faire rentrer le marquis de Comarès. « Si dans les circonstances actuelles, il n'est pas ici, dit-il, je ne sais pour quelles circonstances il se réserve ». Enfin au mois d'août, don A. de Bazan de Zagal vient, par surprise, s'emparer du port de Honeïne, d'où Tlemcen tirait ses approvisionnements.

Cependant, en Espagne, les derniers succès de Kheïr-ed-Dine ont eu un profond retentissement dont l'écho parvient à Charles, alors occupé à conclure avec les Luthériens la convention d'Augsbourg. De là, l'empereur adresse à Doria l'ordre de faire une nouvelle tentative contre les Barbaresques et, au mois de juillet 1531, l'amiral part de Gênes, avec vingt galères, portant 1500 hommes de débarquement. Il aborde inopinément à Cherchel, s'empare de cette ville et délivre un millier de captifs chrétiens qui y gémissaient. Mais les Turcs se sont réfugiés dans la citadelle pendant que les troupes se débandent pour se livrer au pillage. Profitant alors de ce désordre, les Yoldach font une sortie, massacrent isolément une partie des envahisseurs et forcent les autres à regagner en toute hâte les galères. C'est encore un échec.

L'année suivante, Soliman a, de nouveau, envahi l'Autriche et est venu mettre le siège devant Vienne. Charles marche contre lui, en personne, à la tête des catholiques et des luthériens réconciliés, pour la circonstance ; mais le sultan, qui a épuisé ses forces

---

1. Le corrégidor (ou surveillant) était placé auprès du gouverneur avec des fonctions civiles et une mission de surveillance (Revue afric., n° 112, p. 284 et suiv.).

afin de réduire une place sans importance, ne l'attend pas ; il rentre dans ses limites après une retraite désastreuse[1].

KHEÏR-ED-DINE, NOMMÉ CAPITAN-PACHA, VIENT AVEC UNE FLOTTE TURQUE ATTAQUER TUNIS ET S'EN REND MAITRE. — FUITE DE MOULAY-HASSEN. — La dernière défaite essuyée par Soliman sous les murs de Vienne sembla l'avoir détourné pour toujours de la conquête de l'Autriche et ce fut vers la Méditerranée qu'il reporta ses yeux. Or, il lui fallait non seulement une flotte, mais encore un amiral, afin de lutter contre Doria qui venait de lui enlever Coron et Patras. Il pensa à Kheïr-ed-Dine, dont il avait reçu tant de preuves de fidélité et de talent, et l'appela auprès de lui avec le titre de Capitan-Pacha. Le second Barberousse, laissant Alger sous le commandement de son meilleur lieutenant, l'eunuque Hassan-Ag'a, renégat sarde, se rendit à Constantinople en emmenant une flotte de dix galères avec autant de fustes (mai 1533). Il expliqua alors au grand seigneur son plan, qui consistait à bloquer les Espagnols chez eux, après les avoir chassés de l'Afrique ; puis à attaquer simultanément les îles de la Méditerranée et les côtes de l'Italie, de façon à ne laisser à Doria aucun refuge, aucun point de ravitaillement. Mais, il était nécessaire, avant tout, de chasser de Tunis le faible descendant de la dynastie hafside, qu'on savait prêt à se jeter dans les bras des chrétiens, dès qu'il serait menacé. Soliman accepta avec empressement ces propositions et confia au Capitan-Pacha quatre-vingts galères, huit mille soldats et les sommes d'argent nécessaires.

Le prince hafside, Rached, était allé en Orient pour obtenir justice ; son rétablissement sur le trône servit de prétexte à l'expédition. Mais, au moment de partir, on le jeta dans une prison d'où il ne devait plus sortir. En août 1533, Kheïr-ed-Dine débarqua à Bône, sans doute pour opérer sa jonction avec les troupes venues d'Alger. Il paraît même s'être avancé jusqu'à Constantine et avoir obtenu la paix dans cette province avec le rétablissement de l'autorité turque.

Le 13 juin 1534, la flotte turque mit à la voile et fit d'abord une station à Benzert, où elle fut bien accueillie. Puis des galères furent

---

[1]. De Grammont, *Alger sous la domination turque*, p. 25, 26. — Mallouf, *Histoire Ottomane*, p. 29. — Rosseeuw Saint-Hilaire, *Hist. d'Espagne*, t. VII, p. 94 et suiv. — Haédo, *Rois d'Alger* (Revue afric., n° 140, p. 127). — Général de Sandoval, *Inscriptions d'Oran* (Revue africaine), n° 88. — Elie de la Primaudaie, *Documents inédits des archives de Simancas* (Revue afric., n°s 110-111).

expédiées en avant, dans la direction de Tunis (15 août). Lorsque les habitants de cette ville aperçurent leurs voiles, ils crurent avoir affaire aux chrétiens ; mais des émissaires, venus de Benzert, apprirent que ces navires étaient musulmans et qu'ils ramenaient dans la capitale « *le fils de la négresse* », nom donné au prince Rached. En vain, Moulaï-Hassen essaya d'organiser la résistance ; il était détesté, tant à cause de ses cruautés que de ses débauches, et bientôt il ne lui resta d'autre parti à prendre pour sauver sa vie, que de fuir avec sa mère chez les Arabes de l'intérieur. Le 16 août, Kheïr-ed-Dine étant débarqué à la Goulette, des députations de Tunis vinrent se présenter afin de saluer le souverain légitime, Rached. Mais le malheureux prince était, comme on l'a dit, resté en prison à Constantinople et la réponse faite aux Tunisiens ne leur laissa aucun espoir. Ils rentrèrent en toute hâte à la ville pour apporter la fatale nouvelle et aussitôt l'on fit courir après Moulaï-Hassen, afin de le ramener.

Le 18 au matin, Kheïr-ed-Dine était devant la porte d'El-Djezira avec 9,000 hommes de troupes ; en même temps le sultan hafside arriva, suivi de 4,000 cavaliers arabes, qui, voyant la force de l'ennemi, ne voulurent pas s'approcher. Cependant les Tunisiens s'étaient armés à la hâte et luttaient contre les Turcs répandus dans la ville. On combattit ainsi sans grand avantage de part ni d'autre, mais la résistance était épuisée et, le lendemain, les soldats de Kheïr-ed-Dine mettaient la ville au pillage, bien que les Tunisiens se fussent rendus à merci. Moulaï-Hassen, qui avait rejoint les Arabes, faillit être livré par eux à son ennemi et ce ne fut pas sans peine ni sacrifices qu'il parvint à leur échapper.

Kheïr-ed-Dine proclama alors la déchéance de la dynastie hafside et accorda une amnistie générale. Trois mille Tunisiens et, parmi eux, des femmes et des enfants, en grand nombre, avaient été massacrés, et la capitale se trouvait en proie à la soldatesque étrangère, prélude d'un pillage plus inhumain encore. Le vainqueur s'occupa sans retard de fortifier la ville, surtout du côté de la Goulette ; puis il s'appliqua à étendre son autorité sur l'intérieur et fit accepter une garnison turque à Kaïrouan. Moulaï-Hassen s'étant réfugié à Constantine, il envoya contre cette ville un corps de six cents Turcs ; mais ceux-ci furent arrêtés par une résistance inattendue de la ville de Badja, à cheval sur la route, et durent se replier après avoir perdu du monde. Le pacha entra alors en pourparlers avec les tribus des Dreïd et Henanecha de la province de Constantine, tributaires des Chabbïa de Kaïrouan, leur renouvela les privilèges qu'ils tenaient des Hafsides et, grâce à leur concours, put reprendre possession de Constantine. Les principales villes maritimes de Tunisie avaient envoyé leur soumission aux Turcs[1].

CHARLES-QUINT PRÉPARE L'EXPÉDITION DE TUNIS. — KHEÏR-ED-DINE Y ORGANISE LA RÉSISTANCE. — Le nouveau succès de Kheïr-ed-Dine acheva de décider l'empereur Charles V à entreprendre sans retard une grande expédition en Afrique. Moulaï-Hassen s'était réfugié auprès de lui pour implorer son concours et, de tous côtés, arrivaient des renseignements positifs sur Tunis et les forces dont les Turcs pouvaient disposer. Ce fut une véritable croisade que l'empereur prépara à Barcelone. Là se concentrèrent les envois en hommes, en argent, en vaisseaux expédiés de toute l'Italie espagnole, du Saint-Siège, de Malte, du Portugal, des Flandres, de l'Allemagne.

La situation de Kheïr-ed-Dine, tenu au courant de ces préparatifs, devenait critique. Le Capitan-Pacha s'empressa de demander des secours au sultan. Mais celui-ci, retenu en Asie par la nécessité de réprimer des révoltes survenues dans ses nouvelles conquêtes, ne put distraire, sur le moment, aucune force, et Barberousse demeura livré à lui-même. Il redoubla d'énergie pour tirer parti de ses ressources insuffisantes et s'appliqua surtout à fortifier le passage de la Goulette, en barrant l'isthme par une épaisse muraille, faite en partie de pierres, en partie de pieux contre lesquels on entassa des sacs à terre ; le tout fut garni de canons et l'on creusa un large fossé en avant. De l'autre côté du canal on éleva des retranchements de même nature qui furent reliés aux précédents par un pont. Quant aux galères, douze des meilleures furent laissées au mouillage de la Goulette et les autres abritées dans le canal du lac ou tirées à terre et désemparées pour l'armement des batteries.

Les forces dont Kheïr-ed-Dine disposait ne se composaient que d'environ sept mille soldats, dont cinq mille Turcs, levantins et renégats, et deux mille Tunisiens ; mais la population, surexcitée par les prédications faites dans les mosquées, était disposée à se conduire bravement pour repousser l'attaque de l'infidèle. Il avait comme lieutenants deux hommes hardis : Sinane le juif et Ali, dit *Caccia-Diavolo* (chasse-diable). Dans un faubourg, se trouvait

---

1. *Annales Tunisiennes* (Rousseau), p. 13 et suiv. — Sandoval, t. II, p. 190. — Elie de la Primaudaie, *Documents inédits* (Rev. afr., n° 112, p. 267 et suiv., n° 113, p. 344). — Haédo (*Revue africaine*, n° 140, p. 128 et suiv.) — Rosseuw Saint-Hilaire, *Hist. d'Espagne*, t. VII, p. 145 et suiv. — El-Kaïrouani, p. 271 et suiv.

établie une colonie de chrétiens ou de Maures Andalous (Mozarabes), qu'on désignait, pour cela, sous le nom de Rebadi (Rebatines). Dix mille captifs chrétiens étaient retenus dans les fers et le soin de leur garde devait paralyser en partie la défense ; aussi le Capitan voulut-il les faire massacrer, mais son ordre ne fut pas exécuté, soit qu'on n'en eût pas le temps, soit que ses soldats s'y fussent refusés. Enfin, il est probable que son lieutenant Hassan-Ag'a lui amena quelques forces d'Alger, puisque nous allons le retrouver avec lui.

EXPÉDITION DE CHARLES V CONTRE TUNIS. IL S'EMPARE DE CETTE VILLE ET RÉTABLIT MOULAÏ-HASSEN, COMME TRIBUTAIRE. — Le 31 mai 1535, l'empereur Charles V quitta Barcelone, avec une flotte de 400 voiles, dont 90 galères, portant une armée d'une trentaine de mille hommes de débarquement. Les navires formaient trois divisions :

celle d'Espagne, de Gênes et de Flandre se composant de 124 gros navires et galères et de 24 bricks, le tout, sous le commandement d'André Doria ;

celle de Portugal, 27 voiles, commandée par A. de Saldanha ;

et celle d'Italie, 64 gros navires et galères, commandée par don Alvar de Bazan, dit El-Zagal.

Les vieilles troupes espagnoles d'Italie étaient sous les ordres du marquis de Guast. Celles d'Espagne avaient pour chef le duc d'Albe ; Maximilien de Piétra-Buena commandait la division allemande (7,000 hommes) ; le prince de Salerne la division italienne (4,000 hommes) ; l'infant Luis, la division portugaise (2,000 hommes) ; enfin le marquis de Mondejar, la cavalerie (1,500 hommes).

L'immense armada avait comme objectif et lieu de concentration la baie de Cagliari. Vers le 15 juin elle y était entièrement réunie, mettait à la voile et, après une courte traversée, abordait à Karthage, le 16, au même emplacement que saint Louis, trois siècles auparavant. Le débarquement, opération toujours difficile, ne fut pas inquiété, ce qui étonnerait de la part de Kheïr-ed-Dine, si l'on ne savait quelle était la faiblesse de son effectif ; cette tactique, du reste, avait fort bien réussi à Alger. Aussitôt, on commença les opérations du siège, c'est-à-dire l'attaque des défenses préparées à la Goulette. Les Turcs tentèrent diverses sorties de nuit et de jour et obtinrent quelques avantages ; mais ils furent bientôt contraints de rester derrière leurs murailles. Moulaï-Hassen, qui était parti d'avance pour réunir « ses nombreux partisans », ne tarda pas à paraître suivi seulement de 150 cavaliers.

Le 14 juillet, la Goulette tomba au pouvoir des Espagnols, après une courte et vigoureuse canonnade ; la garnison turque se replia alors sur la ville, en longeant le lac, après avoir perdu beaucoup de monde dans la défense et la retraite. Cent quarante canons, dont plusieurs portant la marque de France, furent trouvés dans la redoute[1] ; les vainqueurs s'emparèrent aussi de 87 vaisseaux turcs portant 300 canons. L'effet moral fut considérable et, dès lors, le succès assuré ; en effet, la résistance des Turcs avait été aussi acharnée à la Goulette, qu'elle devait être faible devant Tunis.

L'empereur en profita habilement et, au lieu de rester dans l'inaction comme son prédécesseur Louis IX, il se porta, dès le 17, sur Tunis. Kheïr-ed-Dine sortit à sa rencontre avec ses meilleures troupes et un grand nombre d'auxiliaires arabes qui se tenaient à distance. Parvenu à environ six kilomètres de la ville, au lieu dit Kherbet-el-Kelekh, il fit prendre position à ses troupes pour attendre l'ennemi qui s'avançait dans un grand désordre, souffrant de la chaleur et du manque d'eau. L'étroitesse de la route, bordée de fondrières, avait en outre causé un encombrement indescriptible, et il est probable que, si les Turcs les avaient attaqués plus tôt, au lieu de les attendre, la déroute des chrétiens eût été complète. Lorsqu'on fut en présence, dans la plaine qui permettait à l'armée de l'empereur de se déployer, les troupes espagnoles retrouvèrent leurs vertus guerrières avec leurs avantages tactiques et le combat s'engagea vigoureusement.

Pendant ce temps, les esclaves chrétiens se révoltaient à Tunis et, soutenus par les renégats, s'emparaient de la Kasba. Cet événement jeta le trouble parmi les Turcs ; néanmoins ils combattirent avec courage et se maintinrent à peu près dans leurs positions. Mais, après la révolte de Tunis, la situation de Kheïr-ed-Dine n'était plus tenable, car les chrétiens, maîtres de la ville, avaient tourné contre lui ses propres canons et les Arabes s'apprêtaient à l'attaquer. Il prit aussitôt son parti et décampa pendant la nuit, avec ses Turcs, en abandonnant ses femmes et ses richesses dans la Kasba. Il marcha d'abord vers le sud et ses soldats souffrirent beaucoup de la chaleur, du manque d'eau et de vivres, ainsi que des attaques incessantes des indigènes. Ayant alors obtenu la protection du cheikh Ahmed-ben-Merabot, maître

---

1. On sait que François Ier, en haine de Charles V, avait fait alliance avec Soliman, et il n'est pas surprenant qu'il ait fourni des secours à son représentant à Tunis.

du Djebel-er-Reças, il put, grâce à lui, échapper à un désastre certain et prendre la direction de l'ouest.

Le lendemain matin, une députation des gens de Tunis vint, avec les captifs chrétiens, au camp de l'empereur, lui remettre humblement les clefs de la cité et implorer sa clémence, en faisant ressortir qu'on ne pouvait les rendre responsables de la résistance d'un étranger, qui s'était établi chez eux par la force, moins d'un an auparavant. Mais la soldatesque, et surtout les nombreux aventuriers venus d'Allemagne et d'Italie, qui composaient une partie de l'armée, ne l'entendaient pas ainsi ; on leur avait promis trois jours de pillage ; ils ne voulaient pas y renoncer. Moulaï-Hassen, dont le devoir était d'intercéder de toutes ses forces en faveur de sa capitale, ne paraît pas avoir fait le moindre effort dans ce sens, si même il n'a pas insisté pour que le pillage eût lieu, ainsi que l'affirment plusieurs annalistes, afin de se venger du dédain que la population lui avait montré. Le 21 juillet, Charles V fit son entrée à Tunis et, pendant trois jours entiers, cette malheureuse ville demeura livrée à la fureur de la soldatesque et supporta un des pillages les plus affreux dont l'histoire ait conservé le souvenir : ni l'âge, ni le sexe, ne trouvèrent grâce devant la cupidité des vainqueurs. Beaucoup de gens furent massacrés dans les mosquées où ils avaient espéré trouver un refuge ; d'autres se sauvèrent dans la campagne, mais ce fut pour tomber entre les mains des Arabes qui les guettaient et exigeaient d'eux des rançons considérables, sinon ils les livraient aux chrétiens, par lesquels ils avaient été poursuivis jusqu'à Zar'ouane.

Les juifs furent massacrés en grand nombre et les survivants se virent, pour la plupart, réduits en esclavage. Enfin, après ces trois horribles journées, le pillage cessa : 70,000 indigènes y avaient péri, dit-on ; le reste de la population de Tunis était en fuite, et ce fut dans de telles conditions que Moulaï-Hassen reprit possession de sa capitale. L'empereur conclut alors, avec le souverain hafside, un traité par lequel ce dernier se reconnut son vassal, s'engagea à rembourser les frais de la guerre et à servir à l'empereur une redevance de 12,000 ducats d'or payable en deux termes (juillet et janvier), plus six chevaux et douze faucons, lui abandonna le commerce du corail, s'obligea à mettre en liberté tous les captifs chrétiens détenus dans ses états et à ne pouvoir repousser ni gêner aucun sujet de l'Empire, à vivre en bonne intelligence avec l'empereur, à ne pas secourir les corsaires, ni recevoir de Maures d'Espagne, nouveaux convertis[1], et à recon-

---

1. Cette stipulation s'explique par ce fait que les Maures de Valence

naître les conquêtes faites ou à faire en Afrique sur les Turcs par les Espagnols. En outre, il cédait à l'empereur la position de la Goulette et la plage de Karthage, avec le droit, pour ses flottes, d'y séjourner et de s'y ravitailler. Bône et Africa (El-Mehdïa) devaient rester aussi entre les mains des Espagnols.

L'empereur, de son côté, s'engagea à protéger les Tunisiens ; à ne pouvoir les retenir comme esclaves et à placer à Tunis un consul et un juge chargés de trancher les contestations entre chrétiens.

Charles V laissa à Moulaï-Hassen un corps de 200 hommes à sa disposition dans la Kasba, puis il retourna à son camp de Karthage, d'où il prépara la construction du fort de la Goulette, et surveilla l'embarquement de l'armée. Peu de jours après, ayant réglé minutieusement les conditions de la dislocation de l'armée expéditionnaire et les règles de la politique à suivre en Afrique, il s'embarqua lui-même et passa en Sicile, où il était appelé par d'autres soins [1].

TUNIS SE REPEUPLE. OCCUPATION DE BÔNE PAR LES ESPAGNOLS. — D. Bernardino de Mendoza, laissé au commandement de la Goulette par l'empereur, s'occupa aussitôt de la construction de la forteresse commandant le chenal. Il prit ses matériaux dans les ruines environnantes et, comme la quantité n'était pas suffisante, en fit venir de Sicile.

Pendant ce temps, Moulaï-Hassen essayait de rappeler dans sa capitale les débris de la population ; peu à peu ce qu'il en restait revint et les cultivateurs s'établirent de nouveau à Radès et à la Marsa. Le prince hafside, soutenu par le cheikh Abd-el-Malek, des Oulad-Bellil, effectua même une sortie jusqu'auprès de Kaï-

---

et de Grenade, restés en Espagne, sous le couvert d'une conversion peu sincère, s'étaient mis en révolte peu de temps auparavant, avaient tenu le gouvernement en échec et été secourus par les Barberousse qui, ensuite, avaient favorisé le transport de 60,000 d'entre eux à Alger et autres villes de la région.

1. *Documents inédits des archives de Simancas*, publiés par Élie de la Primaudaie (Revue afric., n°s 112, 114, 116, 117, 118, 119, 120. 122.) — Haédo, *Rois d'Alger* (Revue afric., n° 141.) — Rousseau, *Annales Tunisiennes*, p. 16 et suiv. — De Grammont, *Hist. d'Alger*, p. 38, 39. — El-Kaïrouani, p. 274 et suiv. — Rosseeuw Saint-Hilaire, *Hist. d'Espagne*, t. VII, p. 150 et suiv., 268 et suiv. — Sander-Rang, *Régence d'Alger*, t. I, p. 265 et suiv., 313 et suiv. — Cahen, *Les Juifs dans l'Afrique septentrionale*, (Rec. de la Soc. archéol. de Constantine, 1867, p. 267).

rouan, dans l'espoir d'arracher cette région à la domination des Chabbîa, mais il ne put obtenir aucun avantage.

Quant à Kheïr-ed-Dine, que nous avons laissé en retraite vers l'ouest, il fractionna son armée, après avoir passé la frontière de la Tunisie, et chargea son lieutenant Hassan-Aga, d'aller à Constantine, avec 1,200 Turcs, et d'y maintenir son autorité ; puis il se rendit à Bône où il retrouva ce qui restait de ses galères, s'embarqua avec son monde et fit voile pour Alger. Il était temps, car l'amiral André Doria apparaissait devant le golfe, au moment où Barberousse levait l'ancre.

Le 16 août, avant de quitter Tunis, l'empereur avait chargé le marquis de Mondejar de prendre possession de Bône, avec ordre d'y laisser 800 hommes de garnison, sous le commandement d'Alvar Gomez de Bazan El-Zagal. Peu de jours après, ce dernier, avec quelques galères, se présenta devant la ville, où il fut reçu à coups de canons. La flotte étant ensuite arrivée, sous le le commandement de Mondejar, cet officier prit, sans trop de difficultés, possession de la Kasba et de la cité (fin août). La ville était à peu près déserte. Quelques Turcs seulement en défendaient les remparts. Ils prirent la fuite. Les soldats du marquis pillèrent les maisons vides, brisant jusqu'aux « marbres et choses qu'ils ne pouvaient emporter », et traînèrent le butin vers le rivage pour le charger sur les navires. Après une station de sept à huit jours, la flotte reprit le large ; selon les ordres de l'empereur, 600 hommes occupèrent la Kasba et 200 la ville, avec un peu d'artillerie mal approvisionnée. Cette garnison, surtout celle de la ville, était absolument insuffisante : de plus, les hommes étaient mécontents, malades et démoralisés.

Cependant les indigènes ne tardèrent pas à revenir et Don Alvar tenta d'entrer en relations avec les Arabes de la plaine (Beni-Merdas) ; mais ceux-ci, qui étaient venus, semble-t-il, en reconnaissance, reparurent bientôt accompagnés de deux ou trois cents Turcs de Constantine et les hostilités recommencèrent, de sorte que les Espagnols vécurent dans une situation fort précaire, livrés à eux-mêmes et contraints de se procurer, de gré ou de force, des ressources chez les indigènes du voisinage. Le gouverneur demandait instamment une augmentation de l'effectif de la garnison ; mais, par lettre de Messine, datée du 24 octobre 1535, l'empereur la réduisit à 600 hommes et ordonna de raser les murailles de la ville et de se borner à l'occupation de la Kasba et d'une tour.

A Bougie, la situation n'était pas meilleure ; Ben-el-Kadi entretenait des hostilités constantes contre les Espagnols ; cependant, comme il était peut-être davantage l'ennemi de Barberousse, le commandant de cette place eut soin de le faire prévenir du désastre de Tunis, sachant que les Kabiles ne manqueraient pas de l'attendre au passage. Mais Kheïr-ed-Dine se garda bien de passer par terre, et d'exposer ses soldats aux coups de Ben-el-Kadi.

Les documents espagnols parlent souvent d'un chef indigène, fils de Moulaï Abd-Allah, converti au christianisme sous le nom de Fernando, et ayant acquis, par ce fait, aux yeux des Espagnols le titre d'*infant*. Résidant à Bougie, il est pour eux une cause de dépenses et de complications de toute sorte, sans grand profit. On lui sert une pension fixe de 5,000 à 6,000 ducats, qui est loin de lui suffire [1].

Kheïr-ed-Dine saccage Port-Mahon, puis retourne en Orient, laissant Alger sous le commandement de Hassan-Aga. — Nous avons laissé Kheïr-ed-Dine cinglant vers Alger, où il semblait naturel qu'il restât quelque temps pour réparer ses désastres. Mais il était de ceux que les revers stimulent, au lieu de les abattre : loin de perdre son temps dans l'oisiveté, il fit activement construire des vaisseaux et réparer ceux qui lui restaient et, bientôt, reprit la mer avec trente-deux navires. S'étant présenté inopinément devant Mahon, en arborant les couleurs chrétiennes, il se vit accueilli avec joie par les habitants qui avaient appris les récents succès de l'empereur et croyaient que Barberousse avait péri ; mais ils furent bientôt cruellement détrompés. Après avoir mis au pillage la ville et une partie de l'île, Kheïr-ed-Dine rentra à Alger, rapportant six mille captifs et un riche butin.

Les plaintes des Majorquins parvinrent à Rome au moment où l'empereur recevait les hommages et les compliments de la chrétienté pour avoir détruit le rempart des infidèles et, si leur écho était trop lointain pour troubler l'orgueil du vainqueur et le concert de louanges de ses courtisans, ceux qui connaissaient les affaires du pays purent se convaincre que la besogne n'était qu'à moitié faite.

Après avoir obtenu cette satisfaction, à défaut de revanche plus sérieuse, Kheïr-ed-Dine fit voile pour Constantinople, où il était appelé par le sultan qui voulait à tout prix l'opposer à Doria et aux Vénitiens. Il ne devait plus revoir cette Berbérie, berceau de sa gloire, où il avait espéré fonder un empire ; car, sans parler des grands services qu'il était destiné à rendre dans le Levant, comme

---

1. *Documents des archives de Simancas* (Revue afric., n° 113, p. 349 et suiv., n° 122, p. 83 et suiv.).

Capitan-Pacha, ni Soliman, ni son allié le roi de France, n'étaient désireux de voir un tel homme disposer en Afrique d'une puissance qu'il n'aurait pas manqué de rendre indépendante dès que l'occasion le lui aurait permis. Il arriva sain et sauf à Constantinople, en dépit de la croisière active faite par Doria sur les côtes de Berbérie (fin 1535). Hassan-Ag'a, rappelé de Constantine, avait été laissé par lui à Alger comme bey ; cet eunuque renégat ne manquait ni de courage, ni d'habileté, et il sut se montrer à la hauteur de la position où la fortune l'appelait[1].

SITUATION DE LA PROVINCE D'ORAN. LUTTES DES ESPAGNOLS CONTRE LES INDIGÈNES. — Revenons dans la province d'Oran, d'où nous avons été tenus éloignés par l'importance des événements de Tunisie. La situation des Espagnols n'y était guère modifiée. Moulaï-Mohammed surnommé Abou-Serhane el-Messaoudi, roi de Tlemcen, qui avait succédé, en 1528, à Abou-Hammou III, attendait la solution des événements de Tunisie afin de se prononcer, selon leur issue, pour les Turcs ou pour les chrétiens. Son fils Mohammed, toujours en état de révolte contre lui, avait la protection occulte des Espagnols, et la province était parcourue par des partis de condottiers travaillant pour leur compte et venant enlever du butin jusqu'aux portes d'Oran.

Un autre membre de la famille zeyanite, nommé Abd-er-Rahmane-ben-Redouane, aïeul du prince détrôné Moulaï Abd-Allah, qui paraissait avoir une certaine influence dans le pays, vint se réfugier à Oran et offrir ses services aux Espagnols pour lesquels il tint la campagne. Appuyé par un corps de troupes chrétiennes, il alla même, à la tête des contingents des Arabes soumis, attaquer le caïd des Beni-Rached, du côté de Tibda, sur l'Isser, où il devait être rejoint par des amis de Tlemcen (fin juin 1535). Mais ce renfort ne vint pas et, après quelques premiers succès obtenus par Ben-Redouane et dont il ne sut pas tirer parti, en ne voulant pas marcher sur Tlemcen, ses adhérents arabes l'abandonnèrent en partie et se joignirent aux lances des Beni-Rached et à leur goum d'auxiliaires. Chargés avec fureur, les Espagnols, aussi bien que les Arabes fidèles de Ben-Redouane, prirent la fuite dans tous les sens et l'expédition se termina par un véritable désastre. Un certain nombre de soldats chrétiens, qui s'étaient retranchés dans un

---

1. *Fondation de la régence d'Alger*, Sander-Rang (t. II, p 1 et suiv.). — De Grammont, *Hist. d'Alger*, p. 39, 40, 56. — Haédo, loc. cit., p. 227. — *Documents des archives de Simancas* (Revue afric., n° 121).

petit fort, se trouvèrent forcés de se rendre et furent conduits à Tlemcen avec les trophées de la victoire, parmi lesquels quatre canons.

Telle était la situation dans la province d'Oran, lorsque la nouvelle des succès de l'empereur et de la prise de Tunis y parvint. Elle fit aussitôt changer la disposition générale des esprits. Ben-Redouane, qui tenait la campagne et brûlait de prendre sa revanche, en profita pour opérer une fructueuse razia sur ses ennemis, avec le concours des Espagnols d'Oran. Il n'en fallut pas davantage pour amener Moulaï-Mohammed, roi de Tlemcen, à solliciter la paix. Il adressa donc, le 5 septembre, à l'empereur, un projet de traité, signé de sa main, et par lequel il se reconnaissait le vassal de l'Espagne, à la condition d'être protégé par elle, et s'obligeait à lui servir une redevance de 1,000 doublons. Il s'engageait en outre à lui remettre les prisonniers chrétiens qu'il détenait, mais stipulait que Ben-Redouane et ses adhérents ne pourraient pas être accueillis ni soutenus par les Espagnols et que, si l'empereur s'emparait des villes d'Alger, de Cherchel et de Tenès, il ne conserverait que ces ports et lui livrerait leur territoire. De son côté, Ben-Redouane cherchait à rester le protégé des Espagnols et recevait d'eux des secours et des encouragements.

Mais, en Espagne, on n'était nullement disposé à se lier avec un prince sans force réelle et dont on avait éprouvé la duplicité, ou au moins la versatilité. Le comte d'Alcaudète reçut donc la mission de traiter avec lui, pour la forme, en s'arrangeant de façon à réserver à l'empereur toute sa liberté. Le tribut de Tlemcen devait être affecté à l'amélioration des fortifications d'Oran et de Mers-el-Kebir. Il ne paraît pas que ce traité ait alors reçu de sanction officielle, car Ben-Redouane continua à tenir la campagne et les captifs restèrent à Tlemcen[1].

GUERRES DE MOULAÏ-HASSEN EN TUNISIE. — AFFAIRE DE BONE. — En Tunisie, Moulaï-Hassen avait obtenu la soumission de la contrée voisine de sa capitale à l'est. Mais Monastir, Souça, Sfaks, El-Mehdïa étaient résolument contre lui. A Tunis, même, le parti turc avait de nombreux adhérents dans les faubourgs. Kaïrouan était également divisée en deux sofs d'égale force. A l'ouest, Benzert avait fait sa soumission, et Moulaï-Hassen était allé, en

---

1. *Documents des archives de Simancas* (Revue afric., n°s 114, 116, 117, 118, 119, 120, 121 passim). — Abbé Bargès, *Complément de l'histoire des Beni-Zeyane*, p. 449 et suiv.

personne, faire démanteler sous ses yeux les remparts de cette ville (fin 1535).

En 1536, la situation fut loin de s'améliorer, si l'on en juge par les instances de Moulaï-Hassen auprès de l'empereur, à l'effet d'obtenir des troupes régulières qui lui auraient permis de chasser les quelques Turcs restés dans le pays et leurs partisans, de réduire à la soumission les Chabbïa de Kaïrouan et enfin de soumettre les villes dissidentes. Si ces renforts ne pouvaient lui être donnés, le roi de Tunis déclarait que sa situation n'était plus tenable et demandait à être transporté en Espagne. Mendoza, de son côté, priait qu'on lui confiât des navires et 1,500 hommes avec lesquels il se faisait fort de se rendre maître d'El-Mehdïa. Il confirmait que la position de Moulaï-Hassen était impossible à Tunis.

L'année suivante (1537), le marabout Sidi Arfa parvint à soulever Kaïrouan et sa région. Cédant alors aux instances de Moulaï-Hassen, l'empereur donna l'ordre au vice-roi de Sicile de lui fournir des troupes et d'envoyer des vaisseaux contre Souça. Avec ce renfort, le roi hafside marcha par terre pour seconder le débarquement. Mais cette double opération se termina par un pitoyable échec.

Cependant, en 1539, André Doria vint, avec des forces imposantes, obliger à la soumission les villes de Klibïa, Souça, Monastir et Sfaks, où des gouverneurs hafsides furent placés. Kaïrouan restait en état de révolte et Moulaï-Hassen brûlait de se venger des humiliations éprouvées par lui sous ses murs. Vers 1540, il emmena la garnison chrétienne de Monastir et, l'ayant adjointe à ses contingents, vint prendre position à Batn-el-Karn, non loin de la ville sainte d'Okba. Il y était à peine installé que les gens de Kaïrouan, qui avaient déjà travaillé ses adhérents, opérèrent une grande sortie pendant la nuit et surprirent son camp. Abandonné par les Arabes, Moulaï-Hassen dut s'ouvrir un passage à la pointe de son épée et, grâce au courage des soldats espagnols, parvint à rentrer à Tunis, en laissant tous ses bagages aux mains des rebelles. Monastir, Souça, Sfaks et Klibïa se lancèrent de nouveau dans la révolte et acceptèrent la protection du corsaire Dragut-Pacha.

Pendant que la Tunisie était le théâtre de ces événements, un fait déplorable se passait à Bône : Don Alvar Gomez, reniant tout un passé d'honneur, poignardait de sa propre main le payeur qui avait, sans doute, découvert de graves malversations, et tentait ensuite de se tuer, après une scène de violence inouïe. On constata qu'il avait détourné la plus grande partie de l'argent mis à sa disposition, de sorte que la garnison de Bône était dans la plus extrême misère[1] (sept. 1540).

APOGÉE DE L'INFLUENCE ESPAGNOLE EN AFRIQUE. — Nous voici parvenu à l'époque de la plus grande extension de l'autorité espagnole en Afrique. L'année 1541 va marquer le point de départ de sa décadence.

Actuellement, des garnisons espagnoles sont établies à Oran, La Goulette, Bône, Bougie, Honeïn. Les chevaliers de Malte détiennent Tripoli et Djerba et, partout où la flotte de Doria se montre, le drapeau de l'Islam s'incline devant celui du roi catholique. Ainsi, presque tous les ports du littoral algérien et tunisien sont, plus ou moins, tributaires de l'empire. Enfin, les représentants de deux puissantes dynasties indigènes, Moulaï-Hassen, à Tunis, et Moulaï-Mohammed à Tlemcen, sont les vassaux de l'empereur, dont ils ne cessent de réclamer l'appui.

Comment se figurer que cette domination va prendre fin au moment même où la conquête semble faite ? C'est que les succès des Espagnols sont demeurés isolés et sans lien les uns avec les autres, et que le grand effet obtenu par des victoires comme la prise de Tunis n'a pas été complété ; c'est que les princes indigènes sur lesquels les chrétiens s'appuient sont sans force morale ni matérielle, déconsidérés, honnis, au point que les musulmans préfèrent se livrer à la tyrannie des étrangers turcs, que de reconnaître leur autorité. Par quelle étrange erreur, Charles V, après avoir vu les choses par lui-même, a-t-il replacé Moulaï-Hassen sur le trône hafside, au lieu de conserver et d'occuper sa conquête ? Enfin, si le littoral est soumis en grande partie, l'intérieur demeure absolument libre et ses populations ne reconnaissent aucune autorité. Comment se fait-il aussi que, depuis six longues années, l'empereur n'ait pas tiré vengeance de l'affaire de Marjoque, en venant occuper Alger ? C'est qu'il est obligé de répartir ses forces et son attention partout, dans l'ancien et le nouveau monde, de lutter contre les révoltes de ses sujets, en Espagne, en Italie, dans les Flandres ; de réduire par la ruse ou par la force les protestants d'Allemagne ; de repousser les attaques incessantes des Turcs et, enfin, de soutenir un long duel contre son rival, le roi de France. Ici, nous sommes obligé de reconnaître que c'est grâce à l'alliance de François Ier et de

---

1. Rousseau, *Annales Tunisiennes*, p. 21, 22. — El-Kaïrouani, p. 278. — *Documents des archives de Simancas* (Revue afric., n°s 1, 121, 123). — Féraud, *Les Harars* (Revue afric., n° 104, p. 141).

Soliman que l'œuvre de l'empereur va être enrayée en Berbérie, et que le royaume turc pourra se fonder définitivement, comme si l'on prévoyait qu'il était réservé à nous seuls de le détruire et de lui succéder, trois siècles plus tard.

Mais une des causes de la faiblesse de l'occupation espagnole est l'abandon dans lequel ses malheureuses garnisons sont laissées. Sans solde, sans vivres, sans secours d'aucune sorte, les commandants espagnols, dans leurs lettres, répètent tous la même note, et cet état précaire, misérable, leur enlève toute force matérielle et tout prestige, quand il ne les pousse pas à des scandales comme celui de Bône.

Le comte d'Alcaudète se plaint que les approvisionnements d'Oran sont épuisés ; qu'on manque de blé, la récolte ayant été mauvaise ; que les soldats ne sont pas payés depuis plus d'un an et demandent à rentrer en Castille (mai 1536). Souvent, il ne peut pas faire partir les messagers, car le payeur répond invariablement qu'il n'a pas d'argent. Enfin des vivres sont débarqués et le gouverneur écrit le 5 juin 1536 : « Il était temps, car nous n'avions plus de pain et les vivres commençaient à manquer. Je pensais que nous recevrions en même temps l'argent de la solde ; il n'en est rien, c'est très fâcheux, les soldats souffrent beaucoup et ne trouvent personne qui consente à leur faire crédit ».

Après l'affaire de Bône, un inspecteur constate que les soldats étaient dans une telle misère, d'autant plus que beaucoup d'entre eux avaient femmes et enfants, qu'ils étaient sur le point de se faire maures. Aussi supplient-ils qu'on les ramène en Espagne. La situation affreuse de ces malheureux paraît provenir de ce que le roi de Tunis avait été chargé de leur servir la paie. Mais le prince hafside le contestait absolument et rien ne l'établit d'une manière péremptoire.

La position n'est pas meilleure à Bougie. Perafan de Ribera, qui commande cette place, écrit à l'empereur, le 4 juin 1535, que tous les jours sa petite garnison de 600 hommes diminue par les départs clandestins de ses soldats, qui préfèrent aller tenter la fortune aux Indes : « La solde n'est pas entièrement payée, ajoute-t-il, puisqu'elle est en retard de 18 mois. Les soldats crient contre le payeur qui leur vend les vivres trop cher et protestent que leur solde *s'en va par morceaux* ». Aussi demande-t-il également à être relevé de son commandement[1].

---

1. *Documents des archives de Simancas* (Revue afric., n⁰ˢ 111 à 123). — Rosseeuw Saint-Hilaire, *Hist. d'Espagne*, t. VII, p. 186 et suiv. — Mallouf, *Histoire Ottomane*, p. 29 et suiv. — De Hammer, *Histoire de l'empire Ottoman*, t. V, passim.

Ce n'est pas avec de tels procédés qu'on pouvait compléter et assurer la conquête de la Berbérie. On se contentait de succès isolés avec une occupation restreinte et c'est en procédant ainsi que la France a perdu dix années, au début de sa conquête de l'Algérie. L'Espagne, si riche alors en hommes de guerre, manqua d'un Bugeaud, et Charles Quint, absorbé par tant de soins divers, laissa passer l'heure de la fortune.

CHAPITRE IV

DÉCLIN DE L'OCCUPATION ESPAGNOLE

1541-1550

Charles V décide l'expédition d'Alger.— Débarquement dans la baie d'Alger la sommation est repoussée. — L'armée enlève les hauteurs de Koudiat-es-Saboun; sortie des assiégés ; horrible tempête. — Désastre de l'armée et de la flotte espagnoles. Départ de Charles V. — Hassan est nommé pacha. Il force Ben-el-Kadi à la soumission. — Le Hafside Moulaï-Hassen passe en Europe pour chercher du secours; son fils Ahmed-Soultan s'empare de l'autorité. Défaite de Moulaï-Hassen à Tunis. — Expédition de Hassan Pacha à Tlemcen; il y rétablit Moulaï-Abou-Zeyane. — Défaite des Espagnols *au défilé de la chair*. Le comte d'Alcaudète s'empare de Tlemcen et y rétablit Moulaï-Abd-Allah. — Echecs des Espagnols dans la province d'Oran. Moulaï-Abou-Zeyane s'empare de Tlemcen. Mort d'Abou-Abd-Allah. — Hassan Pacha est remplacé par El-Hadj-Bechir Pacha. Révolte de Bou-Trik. Hassan, fils de Kheïr-ed-Dine, pacha d'Alger.— Expédition du pacha Hassan-ben-Kheïr-ed-Dine à Tlemcen. Attaque infructueuse de Mostaganem par Alcaudète. — Evènements de Mag'reb. Règne du cherif Abou-l'Abbas; ses succès; il partage le Mag'reb avec les Merinides. Son frère, Mohammed-el-Mehdi, usurpe l'autorité. Ses luttes contre le sultan merinide. Il s'empare de Fès.

Charles V décide l'expédition d'Alger. — Dès le lendemain de la prise de Tunis, Charles V avait résolu l'occupation d'Alger et il dut regretter, plus tard, de n'avoir pas mis aussitôt son projet à exécution en profitant du prestige immense de sa victoire sur Kheïr-ed-Dine. Le pillage de Port-Mahon ne fit que le confirmer dans sa résolution ; il commença dès lors à préparer l'expédition d'Alger ; mais il voulait la conduire en personne et était, comme nous l'avons dit au chapitre précédent, appelé et retenu de tous côtés par les affaires d'Europe. L'organisation de cette entreprise dura donc plus de cinq ans, ce qui, loin d'avoir été un avantage, permit aux Algériens de se faire à cette idée et de se préparer à la résistance.

Forcé d'ajourner l'action militaire, l'empereur essaya de faire pièce au roi de France, qui avait conclu et resserré l'alliance turque, en détachant Kheïr-ed-Dine du service de Soliman. Au courant de son secret désir, il lui fit offrir de le reconnaître comme souverain indépendant de la Berbérie, ne doutant pas qu'il en triompherait ensuite, lorsqu'il serait livré à lui-même. La négociation fut longuement et habilement menée ; elle parut sur le point de réussir (nous possédons à cet égard de curieux documents), mais, soit qu'elle ait été portée à la connaissance du sultan, soit pour toute autre cause, Kheïr-ed-Dine préféra, au dernier moment, tout révéler à son maître et, en lui restant fidèle, obtenir de nouveaux avantages.

Le comte d'Alcaudète, de son côté, avait entamé une négociation du même genre avec Hassan-Ag'a, gouverneur d'Alger. Celui-ci semble avoir davantage prêté l'oreille aux propositions espagnoles ; à moins que cette attitude n'ait été de sa part qu'une habileté de plus. Quoi qu'il en soit, il est établi qu'il promit au comte de livrer Alger à l'empereur, à la condition que la démonstration fût telle qu'on ne pût le soupçonner de trahison. Mais il nous semble que, dans tout cela, l'habileté chrétienne a, encore une fois, été victime de la finesse orientale, qu'il est difficile de surpasser en fait de duplicité.

L'expédition d'Alger avait enfin été fixée pour l'année 1541. Malheureusement, l'empereur fut retenu en Allemagne jusqu'au mois d'août, et à peine s'était-il mis en route pour l'Italie, qu'il apprit les nouveaux succès remportés en Hongrie par Soliman avec la coopération de Kheïr-ed-Dine et de sa flotte sur les côtes ; la victoire de Bude a livré aux Turcs la Hongrie de Zapoly ; mais rien ne retint Charles, et, malgré les appels de ses sujets, malgré les conseils, les supplications de Doria et du duc d'Albe, lui faisant ressortir que la saison était trop avancée, il décida que l'expédition aurait lieu dans la deuxième quinzaine d'octobre, et s'embarqua lui-même, vers la fin de septembre, pour les îles Baléares, où elle devait être concentrée. Il est probable que les promesses de Hassan-Ag'a au comte d'Alcaudète ne furent pas sans influence sur cette fatale détermination [1].

DÉBARQUEMENT DANS LA BAIE D'ALGER. LA SOMMATION EST REPOUSSÉE. — Les forces devant prendre part à l'expédition se concentrèrent à Mahon. Elle se composait de 24,000 hommes de guerre,

---

1. Lafuente, *Hist. d'Espagne*, t. XII passim. — De Grammont, *Hist. d'Alger*, p. 57, 58. — Rosseuw Saint-Hilaire, *Hist. d'Espagne*, t. VII, p. 249 et suiv. — Sander-Rang, *Fondation de la régence d'Alger*, t. II, p. 46 et suiv. — *Négociations entre Hassan Ag'a et le Comte d'Alcaudète* (Revue afric. 1865, p. 379 et suiv.). — *Négociations entre Charles-Quint et Kheïr-Ed-Dine* (Revue afric., 1871, p. 138 et suiv.).

12,000 marins et 2,000 chevaux, avec un immense matériel. Le tout fut chargé sur 65 galères et 450 transports. Les plus grands noms de l'Espagne y figuraient et, parmi ces chefs se trouvait Cortez, le brillant conquistador du Mexique. Les troupes étaient en partie formées des vieilles bandes justement célèbres et les chevaliers de Malte y avaient amené un corps de plus de 500 hommes commandés par leurs meilleurs officiers. Le 18 octobre, on leva l'ancre et le lendemain l'armada était en vue des côtes d'Afrique. Le 20 au matin, elle passa devant la ville et alla s'abriter au fond du golfe ; mais la mer était fort houleuse et ce ne fut que le 23 au matin que l'on put effectuer le débarquement. L'armée s'établit sur le rivage, à gauche de l'embouchure de l'Harrach. Il était temps que chacun quittât les cales des navires où l'on était entassé et ballotté depuis tant de jours et de nuits. De là, l'empereur adressa à Hassan-Aga une sommation d'avoir à lui livrer Alger. Il lui rappelait son récent succès à Tunis et lui annonçait, dans le cas où il n'enlèverait pas la ville de vive force, son intention de passer l'hiver, s'il le fallait, en Afrique.

Cependant, à Alger, chacun se préparait à la lutte et le chef surexcitait le courage de tous, en rappelant les échecs constants des chrétiens devant la ville et en promettant l'arrivée prochaine de Kheïr-ed-Dine. Il fallait en effet compter beaucoup sur soi-même et sur le concours des éléments pour oser résister au puissant empereur, avec un effectif que nous pouvons évaluer tout au plus à 1,500 janissaires et 5,000 ou 6,000 Maures andalous, récemment amenés d'Espagne, plus les reïs et les gens de la ville, ces derniers mal armés et fort indisciplinés. Hassan répondit avec une fierté insolente à la sommation du roi, lui remémora les échecs honteux des chrétiens devant Alger et lui dit qu'il n'était même pas capable d'enlever le moindre des châteaux de Berbérie. C'est ainsi que les promesses faites au comte d'Alcaudète furent réalisées, à moins qu'il ne faille y voir une bravade destinée à masquer le vrai dessein.

L'ARMÉE ENLÈVE LES HAUTEURS DU KOUDIAT-SABOUN. SORTIE DES ASSIÉGÉS. HORRIBLE TEMPÊTE. — Il ne restait qu'à combattre et, le 24, l'armée se mit en marche. L'avant-garde était formée par les Espagnols sous le commandement de Fernand de Gonzague. Au centre, se tenait le roi avec les troupes allemandes ; les Maltais et Siciliens, avec les chevaliers de Malte, composaient l'arrière-garde, sous le commandement de C. Colonna. Une nuée d'Arabes attaquant le flanc gauche, il fallut, pour s'en débarrasser, enlever les hauteurs et cette opération fut brillamment exécutée par les Siciliens et le corps de Bône, qui couronnèrent bientôt le mamelon dit Koudiat-es-Saboun, où s'élève maintenant le fort l'Empereur. Charles y installa son quartier général, tandis que le reste de l'armée s'échelonnait sur les pentes jusqu'au rivage, où l'arrière-garde forma l'extrême droite.

Pourquoi, après ce beau succès, l'empereur, maître de la situation, ne marcha-t-il pas immédiatement sur Alger? Cela ne peut s'expliquer que par la certitude qu'il avait du succès. Il voulut entrer dans la ville à son heure et fut confirmé dans sa sécurité par les renseignements qu'il reçut et par la démarche d'un émissaire de Hassan, venu dans la soirée pour le prier de laisser libre la porte Bab-el-Oued, afin de permettre la sortie de ceux qui voulaient fuir.

Fatal retard! Vers neuf heures du soir, le vent s'éleva et bientôt une épouvantable tempête se déchaîna sur le golfe, trempant et glaçant les soldats à jeun, démoralisés et sans abri, mouillant les poudres, et, chose plus grave, jetant les uns contre les autres les nombreux navires et les poussant, désemparés, à la côte. Une chance inespérée se présentait. Hassan la saisit habilement en faisant sortir, au point du jour, ses janissaires les plus déterminés sous le commandement d'El-Hadj-Bechir. Les Italiens, qui formaient l'avant-garde, surpris par cette attaque imprévue, dans de semblables conditions, se jetèrent en désordre sur le centre et ce fût grâce au courage des chevaliers de Malte que ce petit échec ne se changea pas en désastre. Leur attitude courageuse permit à Colonna de rallier ses hommes et bientôt ce fut au tour des janissaires de plier et de rentrer en désordre dans la ville.

A peine le bey eut-il le temps de faire fermer derrière eux la porte Bab-Azoun. Au milieu des balles et des flèches, Ponce de Balaguer, chevalier de Savignac, vint audacieusement planter son poignard dans la porte.

Charles V, dont la constance avait été admirable pendant cette terrible nuit, était monté à cheval en apprenant l'audacieuse sortie des assiégés et s'était avancé avec les lansquenets, ce qui permit aux chevaliers de Malte survivants, de se mettre en retraite. Cette escarmouche n'avait pas eu une grande importance; mais la tempête redoublait de violence et l'armée, de l'amphithéâtre où elle était établie, voyait successivement venir à la côte cent quarante navires. Les indigènes, rangés sur le rivage comme des bêtes de proie, saluaient chaque naufrage de cris horribles, et il fallut envoyer plusieurs compagnies pour protéger les naufragés.

Cependant, si les vivres avaient été débarqués, — et, véritablement, on ne peut comprendre par quelle négligence ils étaient restés sur la flotte, — rien n'était perdu, car les assiégés ne semblaient nullement disposés à tenter de nouveau le sort d'un combat hors des murs. Mais cette immense agglomération d'hommes n'avait rien à manger, rien pour s'abriter. De plus, la tempête continuait et Doria avait envoyé au roi, par un habile nageur, un appel désespéré le suppliant de renoncer à son entreprise pour éviter un désastre plus complet ; il lui annonçait qu'il quittait ce funeste golfe et allait l'attendre derrière le cap Matifou. L'empereur, qui avait montré jusqu'alors tant de fermeté et même d'entêtement, oublia que Doria cédait peut-être à la prudence exagérée des vieilles gens et que, de plus, ayant toujours déconseillé l'expédition, il ne pouvait que s'exagérer la gravité de la situation ; il ne se rendit pas compte, qu'établi au Koudiat-es-Saboun, ayant à ses pieds une ville dépourvue de défenseurs, il en était le maître s'il pouvait attendre, jusqu'au premier moment, une de ces éclaircies qui suivent de près les tempêtes d'Afrique. Quant aux soldats, leur désespoir éclatait en voyant leurs derniers vaisseaux les abandonner et l'on ne pouvait les convaincre que cette mesure de prudence assurait leur salut. Dès le 25 au soir, Charles V avait décidé la retraite pour le lendemain et ordonné qu'on abattît tous les chevaux, à commencer par les siens, afin de fournir aux troupes quelque nourriture.

Désastre de l'armée et de la flotte espagnoles. Départ de Charles V. — Le 26 au matin, l'armée commença sa retraite et mit toute la journée pour s'établir derrière le ruisseau (O. Khenis). Le lendemain, 27, elle se forma en une véritable colonne de retraite, avec les Espagnols et les chevaliers de Malte à l'arrière-garde. Comme toujours, en pareil cas, des nuées d'assaillants, sortis on ne sait d'où, harcelèrent l'armée démoralisée et épuisée. Il fallut encore passer l'Harrach débordé, puis le Hamis et enfin, le samedi 29, on atteignit le cap Matifou, où les vaisseaux échappés au naufrage s'étaient réfugiés et où l'on trouva des vivres.

Il serait difficile de se représenter l'étonnement des défenseurs d'Alger à la vue de cette retraite, si l'on ne savait que ces gens ont pour principe de ne paraître surpris de rien. A Matifou, les chefs de l'armée tinrent un conseil de guerre et opinèrent pour le rembarquement et le départ, à l'exception de deux d'entre eux : F. Cortez, qui avait résisté à des revers autrement sérieux, et le comte d'Alcaudète, qui connaissait bien le pays et les gens ; il est inutile d'ajouter qu'on ne les écouta pas. Cortez alla même jusqu'à solliciter l'honneur de tenter l'entreprise à ses risques et périls avec quelques volontaires choisis. Mais Doria insista pour qu'on quittât le plus tôt possible ce rivage inhospitalier, et son avis prévalut. Dès le 1er novembre, le rembarquement commença et, comme la mer devenait encore menaçante, on laissa partir isolément les bateaux chargés. Deux d'entre eux vinrent à la côte et l'on vit marins et soldats échappés aux flots tomber sous le couteau des indigènes. L'empereur, resté jusqu'à la fin, ne quitta le rivage que le 3, et fut forcé de fuir devant la tempête et de chercher un refuge à Bougie, où il se rendit compte de l'état de la place et ordonna d'en réparer et compléter les défenses. Mais c'était en vain qu'on avait espéré trouver des vivres dans ce poste où tout le monde souffrait de la faim. Enfin, le 18 novembre, Charles V quitta ce refuge et rentra en assez triste état le 2 décembre, à Carthagène, où ses sujets l'accueillirent avec joie, car le bruit de sa mort avait couru.

Ainsi finit cette expédition d'Alger à laquelle il n'avait manqué qu'un peu de persistance et de constance pour qu'elle réussît ; cet échec, le premier sérieux que Charles V eût éprouvé, apprit à l'empereur que la fortune sourit surtout aux jeunes et que le succès abandonne parfois les puissants de la terre au moment où ils croient l'avoir fixé pour toujours. Les pertes éprouvées par l'empereur devant Alger furent considérables : un grand nombre de navires échoués, tout son matériel, près de deux cents pièces de canon et enfin, si l'on s'en rapporte aux chiffres musulmans, 12,000 hommes, noyés, massacrés ou prisonniers, tel fut le bilan de cette malheureuse expédition [1].

HASSAN EST NOMMÉ PACHA ; IL FORCE BEN-EL-KADI A LA SOUMISSION. — Si le désastre de Charles V devant Alger avait eu en Europe un douloureux retentissement, l'effet produit en Berbérie, dans un autre sens, fut peut-être plus considérable. Hassan en adressa un récit détaillé à la *Sublime Porte* par un envoyé spécial que Keïr-ed-Dine présenta lui-même au sultan. Soliman le combla de présents pour son maître, auquel il conféra le titre de pacha, gouverneur d'Alger. A son retour, une grande assemblée fut convoquée au diwan et on y lut les lettres du Grand Seigneur. Ce furent alors des réjouissances sans fin dans cette ville, que le vrai

---

1. De Grammont, *Hist. d'Alger*, p. 65, 66. — Rosseeuw Saint-Hilaire, *Hist. d'Espagne*, t. VII, p. 254 et suiv. — *Archives de Simancas* (Revue afric., nos 122, 123). — Marmol, *Afrique*, l. IV. — Haëdo, *Revue africaine*, no 141, p. 221 et suiv., 228 et suiv. — Sander-Rang, *Fondation de la régence d'Alger*, t. II, p. 48 et suiv., 241 et suiv. — Walsin Esterhazy, *Domination Turque*, p. 145 et suiv. — Zobrat-en-Naïra (trad. Rousseau), p. 93 et suiv.

Dieu avait si manifestement protégée. « Alger, dit un auteur musulman de l'époque, ressembla alors à une jeune épouse, qui contemple avec complaisance sa beauté et ses ornements et jouit d'un bonheur ineffable ».

Parmi ceux qui faisaient éclater ces transports d'allégresse, les plus bruyants furent, peut-être, les Juifs qui, ayant trouvé à Alger un refuge contre les persécutions des Espagnols, avaient entrevu avec une véritable terreur l'éventualité de retomber sous le joug de leur marâtre. De même qu'à la suite du succès de 1518, les rabbins Iechiche, Alasbi, Tasvah et Sarfati composèrent des poésies en actions de grâces, et l'anniversaire du désastre des Espagnols fut célébré jusqu'à ces derniers temps par les Juifs d'Alger [1].

Désirant tirer tout le parti possible de son succès, Hassan-Pacha prépara une grande expédition contre Ahmed-ben-el-Kadi, qui avait donné tant de preuves d'hostilité contre les Turcs et qui paraît même être descendu de ses montagnes pour porter secours à Charles V, ce que la rapidité des événements ne lui permit pas d'accomplir. Au printemps de l'année 1542, il envahit la Kabilie, à la tête d'une armée de 6,000 hommes dont 3,000 Turcs, armés de mousquets, et le reste formé d'auxiliaires arabes et andalous, avec douze canons. Le roi de Koukou n'essaya pas de lutter contre de telles forces ; il s'empressa d'offrir sa soumission, de payer les amendes, d'accepter toutes les charges que le pacha lui imposa et de s'engager à lui être fidèle et à lui servir tribut. Comme garantie, il lui remit son fils Ahmed, âgé de 15 ans, en otage [2].

De la Kabilie, Hassan pénétra dans le Hodna, puis dans le Zab, et contraignit les Oulad-Saoula et Biskra à la soumission. D'après Féraud, citant un auteur musulman en vain cherché par nous, le pacha serait passé par Constantine, à son retour, et aurait remis dans cette ville, à Ali-Bou-Aokkaz, chef des Daouaouida, le titre de « *Cheikh-el-Arab,* » avec le commandement sur les tribus semi-sahariennes venant, chaque année, faire pacager leurs troupeaux dans les plaines situées au sud-ouest de Constantine. Le reste de la province obéissait à la famille des Harar, chefs des Henanecha, tributaires des Chabbïa de la Tunisie (1542) [3].

---

1. Cahen, *Les Juifs dans l'Afrique septentrionale* (Rec. de la Soc. archéol. de Constantine, 1867, p. 167).

2. *Fondation de la régence d'Alger*, p. 68, 69. — Haédo, *Rois d'Alger* (loc. cit.), p. 230, 231.

3. Féraud, *Les Ben-Djellab* (Revue afric., n°s 135 et suiv.). — Le même, *Les Harars,* (Revue afric., n° 103 et suiv.)

LE HAFSIDE MOULAÏ-HASSEN PASSE EN EUROPE POUR CHERCHER DU SECOURS. SON FILS, AHMED-SOULTAN, S'EMPARE DE L'AUTORITÉ. DÉFAITE DE MOULAÏ-HASSEN A TUNIS. — Nous avons dit qu'un corsaire du nom de Dragut, renégat grec, avait, après la croisière de Doria sur les côtes de Tunisie, entraîné de nouveau ces régions à la révolte. El-Mehdïa était son quartier général où il vivait en souverain indépendant, allié et soutien des Chabbïa de Kaïrouan et de leur chef Sidi-Arfa. Son audace et ses succès portaient sa renommée jusque sous les murs de Tunis et rendaient de plus en plus illusoire l'autorité de Moulaï-Hassen. Ce prince se décida, en 1542, à se transporter en Italie, pour, de là, porter ses doléances à l'empereur, alors à Augsbourg ; mais, comme il n'avait confiance en personne parmi ses coreligionnaires, il déposa, en partant, son trésor et ses pierreries à la Goulette et les confia au gouverneur espagnol, Don Francisco de Tavar ; de plus, il chargea un navire de marchandises de toutes sortes qu'il devait vendre en Italie. Mais, à peine était-il arrivé en Europe, d'où, sans perdre de temps, il avait déjà envoyé des armes et des munitions, qu'il reçut du commandant de la Goulette les nouvelles les plus alarmantes : son fils Ahmed-Soultan, qui commandait à Bône, était accouru à Tunis, appelé par le cheikh de Bab-el-Djezira, Omar-el-Djebali, et, grâce à son appui, s'était emparé de l'autorité.

Aussitôt, Moulaï-Hassen pressa ses enrôlements et ne tarda pas à revenir à la tête d'environ 2,000 aventuriers recrutés dans le midi de l'Italie, et commandés par le Napolitain Lofredo. Mais son fils s'était préparé à la résistance ; grâce à la surexcitation du fanatisme irrité des complaisances du sultan pour les chrétiens et de la subordination qu'il avait acceptée, il avait réuni des forces considérables qui avaient pris position en avant de la ville, entre Kherbet-el-Kelekh et Saniat-el-Annab. Moulaï-Hassen s'avança bravement contre l'ennemi ; mais ses soldats ne tinrent pas et se trouvèrent bientôt en déroute : 500 d'entre eux furent recueillis par les Espagnols de la Goulette et tous les autres, y compris leur chef, périrent par le fer des musulmans.

Quant à Moulaï-Hassen, il tomba, en fuyant, dans un bourbier d'où on le retira non sans peine. Revêtu d'un burnous qui cachait la fange dont il était couvert, il fut conduit devant son fils. Après l'avoir accablé de reproches, Ahmed-Soultan consulta ses amis sur le traitement qui devait lui être infligé et le résultat fut de le mettre en demeure de choisir entre la réclusion perpétuelle ou la perte de la vue. Le malheureux prince ayant opté pour ce dernier parti eut les yeux crevés par l'ordre de son fils, qui lui laissa alors une certaine liberté, le sachant tellement déconsidéré qu'il n'était plus dangereux. Plus tard, le vieux roi parvint à s'échapper et chercha un refuge chez les chrétiens. Il accusa ensuite don F. de Tavar de lui avoir pris toutes ses richesses, ainsi qu'il résulte d'une curieuse déclaration conservée aux archives de Simancas.

Ahmed-Soultan paraît avoir eu à lutter tout d'abord contre son oncle Moulaï Abd-el-Malek, placé sur le trône par les Espagnols de la Goulette, qui avaient reçu des renforts. Mais ce prince, étant mort, trente-six jours après son élévation, fut remplacé par son fils Mohammed. Aussitôt Ahmed-Soultan, soutenu par Dragut, le parti turc et les Arabes, chassa Mohammed de Tunis et le força à se réfugier à la Goulette.

Resté définitivement maître de l'autorité à Tunis, Ahmed afficha sa sympathie pour les Turcs et sa haine contre les chrétiens. Chose curieuse, la petite troupe de mercenaires espagnols qui avait été laissée à son père par Charles V devint son plus solide appui, grâce au dévouement de son chef Juan, qui avait pris les mœurs et le costume musulmans. Cet homme fut le véritable maître à Tunis et y exerça sur tous une sanguinaire tyrannie. Ahmed forma aussi un corps de trois mille cavaliers appelés les Zemannïa, bien armés et bien montés, qu'il employa surtout à combattre les Arabes rebelles, particulièrement les Oulad-Saïd ; on les traita comme de simples infidèles. Ils étaient restés dans l'abaissement depuis les sévères punitions que leur avait infligées le khalife Abou-Omar dans le siècle précédent [1].

EXPÉDITION DE HASSAN-PACHA A TLEMCEN. IL Y RÉTABLIT MOULAÏ ABOU-ZEYANE. — Dans l'Ouest, les affaires n'étaient pas plus favorables pour les Espagnols. Nous avons dit qu'Abou-Mohammed, roi de Tlemcen, menacé ou soutenu, tour à tour, par les Turcs d'Alger ou les chrétiens d'Oran, entretenait des relations avec les uns et avec les autres. Après la prise de Tunis, par Charles V, il se rapprocha de ces derniers et présenta même un projet d'alliance qui ne fut jamais ratifié ; mais l'échec de l'empereur devant Alger le ramena vers Hassan-Pacha ; celui-ci, du reste, à peine de retour de son expédition dans la Kabilie et la province de Constantine, prépara une colonne dont la destination était Tlemcen (fin 1542).

Bientôt, on apprit dans l'Ouest que Hassan était sorti d'Alger à la tête d'une armée imposante composée de mousquetaires

---

1. El-Kaïrouani, p. 279 et suiv. — *Archives de Simancas* (Revue afric., n° 124, p. 265 et suiv.). — Marmol, *Afrique*, pass. — A. Rousseau, *Annales Tunisiennes*, p. 23, 24.

turcs, de cavaliers et de fantassins arabes et kabiles, avec 10 canons de campagne. La situation d'Abou-Mohammed était d'autant plus critique que ses deux fils, Abou-Abd-Allah-Mohammed et Abou-Zeyane-Ahmed, étaient en révolte contre lui. Ici, nous devons confesser qu'en présence de la pauvreté des documents indigènes et de la confusion faite par les auteurs chrétiens entre le père, Abou-Mohammed, son fils Abou-Abd-Allah-Mohammed et son frère Abd-Allah, il nous est difficile de savoir si le premier régnait encore à Tlemcen. Peut-être était-il mort en 1540, comme le pense M. l'abbé Barges. Dans tous les cas, le second, que nous appellerons à l'avenir Abou-Abd-Allah, est maître de Tlemcen, lorsque les Turcs en approchent. Il sort à leur rencontre, accable le pacha de protestations de dévouement et lui ouvre les portes de la ville. Mais Abou-Zeyane-Ahmed s'est assuré la protection des Turcs et c'est lui qui est placé sur le trône, tandis qu'Abou-Abd-Allah, pour sauver sa vie, est contraint de se réfugier auprès des Espagnols d'Oran. Hassan-Pacha rentra à Alger, laissant à Tlemcen environ 400 Turcs, auprès du roi. Il s'arrêta, en passant, à Mostaganem, et y laissa un représentant de son autorité.

Défaite des Espagnols au défilé de la chair. — Le comte d'Alcaudète s'empare de Tlemcen et y rétablit Moulaï Abou-Abd-Allah. — Ces résultats étaient trop préjudiciables à l'autorité espagnole pour que le gouverneur d'Oran ne cherchât pas à les atténuer. Réunissant un corps d'un millier de soldats réguliers, auquel il adjoignit 400 cavaliers arabes, il plaça cette colonne sous les ordres de Don Alonzo Martinez de Agulo et la lança contre Tlemcen. De nombreux contingents d'indigènes soumis devaient la renforcer en chemin. Au lieu de ce secours, les Espagnols se trouvèrent bientôt entourés par des masses de cavaliers commandés par Abou-Zeyane lui-même, dans un défilé où, ne pouvant se développer, ils perdirent tous leurs avantages et furent bientôt massacrés, pour ainsi dire jusqu'au dernier, y compris leur chef. Ce déplorable échec est appelé par les historiens espagnols : *Défaite du défilé de la chair* (Chaabet-el-Leham), janvier 1543.

Alcaudète, rendant compte de ce désastre, réclama, pour en tirer vengeance, des renforts qui lui furent envoyés sans retard. En février, le gouverneur, accompagné de ses trois fils et du prétendant Abou-Abd-Allah, quitta Oran à la tête d'une armée de 14,000 fantassins et 500 cavaliers. Les contingents des tribus du Tessala et les Beni-Moussa-ben-Abd-Allah vinrent se ranger sous ses drapeaux.

Abou-Zeyane essaya en vain d'arrêter l'orage qui le menaçait par l'offre d'une importante rançon. Tout était inutile et la parole ne restait qu'aux armes. Le caïd des Beni-Rached, El-Mansour, dont nous avons déjà parlé, conduisit bravement contre les chrétiens ses contingents, dont les écrivains espagnols évaluent le nombre à 20,000 cavaliers. La bataille fut livrée à l'occasion du passage de l'Isser. Cette fois, grâce aux bonnes dispositions prises par le comte et à l'importance de ses forces, il remporta une victoire décisive. Peu après, l'armée espagnole rencontrait, sous les murs de Tlemcen, le roi Abou-Zeyane lui-même, soutenu par ses 400 Turcs, et entouré d'une nuée de guerriers; il y eut un rude combat qui se termina de nouveau par la victoire du comte d'Alcaudète et la fuite d'Abou-Zeyane et des débris du corps turc vers la Kalâa, d'autres disent dans les plaines d'Angad, ce qui paraît plus probable.

Abou-Abd-Allah reçut le serment de la population, mais, s'il faut en croire Marmol, les chrétiens renouvelèrent ce qui s'était passé à Tunis, en soumettant la ville au pillage le plus complet[1]. Les juifs, surtout, furent dépouillés ou réduits en esclavage. Après une expédition contre Abou-Zeyane, qui essuya une nouvelle défaite, dans la plaine d'Angad, le comte d'Alcaudète reprit la route d'Oran, traînant à sa suite un butin considérable, parmi lequel se trouvaient les canons perdus en 1535, à la défaite de Tibda. Mais la longueur de son convoi l'exposait, sur une file interminable, aux attaques des Arabes, qui étaient revenus en très grand nombre, et ce ne fut qu'après avoir couru de véritables dangers et abandonné presque tout son butin, que le comte put rentrer à Oran. C'était, en résumé, bien des dépenses et beaucoup de pertes pour un médiocre résultat (mars)[2].

---

1. D'après un curieux ouvrage du temps publié par M. Francisque Michel, dans le *Bulletin de Géographie et d'Archéologie d'Oran* (avril-juin 1889, p. 101 et suiv.), le comte, ne pouvant obtenir de secours en argent de l'empereur, avait entrepris l'expédition à ses frais, ce qui expliquerait, sans le justifier, le pillage.

2. Abbé Bargès, *Complément de l'histoire des Beni-Zeyane*, p. 449 et suiv. — L. Fey, *Hist. d'Oran*, p. 85 et suiv. — Marmol, *Afrique*, t. II, p. 345 et suiv. — De Grammont, *Hist. d'Alger*, p. 70, 71. — Haëdo, *Rois d'Alger* (Revue afric., n° 141). — *Archives de Simancas* (Rev. afric., n° 123). — Général de Sandoval (Revue afric., n° 88, p. 280). — Gorguos, *Les Espagnols pendant l'occupation d'Oran* (Revue afric., t. II, p. 28 et suiv.). — Francisque Michel, *Dialogues sur les guerres d'Oran*, loc. cit., p. 118 et suiv.

ECHECS DES ESPAGNOLS DANS LA PROVINCE D'ORAN. — MOULAÏ-ABOU-ZEYANE S'EMPARE DE TLEMCEN. MORT D'ABOU-ABD-ALLAH. — Le comte d'Alcaudète, ayant appris, dès son arrivée à Oran, que les Turcs s'étaient fortifiés à Mostaganem, y fit aussitôt une expédition ; mais il constata que cette place était en état de défense, avec 1,500 Turcs et des canons garnissant les remparts, et dut renoncer à l'attaquer. Après avoir passé trois jours à Mazagran, il ordonna la retraite et se vit entouré, comme au retour de Tlemcen, par les Arabes, qui ne cessèrent de le harceler jusqu'aux portes d'Oran (commencement d'avril).

A Tlemcen, le roi tributaire n'avait pas joui longtemps de son succès. A peine, en effet, les Espagnols s'étaient-ils éloignés, que Moulaï Abou-Zeyane revenait l'attaquer chez lui. Abou-Abd-Allah sortit bravement à sa rencontre, le défit et s'acharna même un peu trop à sa poursuite. Il revint enfin vers Tlemcen, comptant avoir quelques jours de tranquillité. Mais, quel ne fut pas son étonnement de trouver les portes de la ville fermées ! Les habitants, ne pouvant lui pardonner les malheurs qu'il leur avait attirés en amenant les chrétiens, s'étaient révoltés et avaient rappelé Moulaï Abou-Zeyane, qui ne tarda pas à accourir d'un autre côté.

Forcé de fuir devant celui-ci, Abou-Abd-Allah se réfugia à Oran et poussa le comte d'Alcaudète à entreprendre une expédition avec lui. Les Espagnols s'avancèrent, au nombre de deux mille, dans la direction de Maskara : mais la fortune était décidément contre eux, ils éprouvèrent une nouvelle défaite au combat d'Ez-Zeïtoun, et durent effectuer une retraite non moins désastreuse que les précédentes et dans laquelle le gouverneur faillit périr.

Abou-Abd-Allah, qui voulut tenir encore la campagne, ne tarda pas à tomber entre les mains des partisans de son frère. Ils le mirent à mort et envoyèrent sa tête à Tlemcen[1]. A la suite de tous ces échecs, le comte d'Alcaudète rentra en Espagne pour y chercher des renforts, (juin)[2].

HASSAN-PACHA EST REMPLACÉ PAR EL-HADJ-BECHIR-PACHA. —

---

1. Nous ne dissimulerons pas que nous ne sommes pas sûr que cet Abou-Abd-Allah ne fût pas le père, Abou-Mohammed-Abd-Allah, car la mort de ce dernier résulte de simples conjectures.

2. Guin, *Entreprises des Espagnols pendant la première occupation d'Oran* (Revue afric., n° 178, p. 312 et suiv.). — *Mémoires de Suarez Montanez* (Revue afric., n°s 57, 61). — Haëdo (loc. cit.). — Francisque Michel, *Dialogues sur les guerres d'Oran*, p. 134.

Révolte de Bou-Trik. Hassan, fils de Kheïr-ed-Dine, pacha d'Alger. — Vers la fin de l'année 1543, Hassan-Pacha cessa d'exercer l'autorité suprême à Alger, soit qu'il eût été renversé par une de ces révolutions militaires dont nous verrons tant d'exemples, soit qu'il eût été atteint par une grave maladie, soit enfin que sa destitution fût venue de la Porte même, ce qui semble le plus probable. En effet, ses succès constants, ses aptitudes remarquables au gouvernement du pays, avaient dû susciter contre lui bien des jalousies, particulièrement de la part du Capitan-Pacha et de sa famille. Hassan rentra dans l'obscurité et mourut en 1545, ainsi que cela résulte de l'inscription de son tombeau. Si la reconnaissance avait été unitée chez les Turcs, Hassan avait certainement mérité une éclatante récompense, car ses services furent inappréciables. Mais cela n'entrait pas dans leur système ; et du reste dans tous les pays, la politique n'a rien de commun avec la justice.

Le pouvoir fut alors dévolu à El-Hadj-Bechir, officier turc qui s'était distingué lors de la défense de la ville contre Charles V ; il aurait même, s'il faut en croire Marmol, entraîné le conseil de défense à résister aux propositions de Hassan tendant à livrer la place à l'empereur. Dès que la nouvelle du changement de pacha fut connue, une révolte éclata dans la tribu des Kir'a, près de Miliana, à la voix d'un chef que les chroniques appellent Bou-Trik. Le commandant turc de Miliana ayant eu l'imprudence de sortir de son poste, suivi d'une faible escorte, fut surpris par les rebelles et périt avec toute sa troupe. Mais El-Hadj-Bechir avait, à la nouvelle de ce soulèvement préparé une colonne expéditionnaire, et bientôt il sortit d'Alger à la tête de 5,000 hommes, comprenant 4,000 Turcs ou renégats, pourvus d'armes à feu, 600 spahis et le reste de Maures andalous. Les rebelles, qui avaient déjà envahi la plaine de la Mitidja, furent promptement rejetés vers la montagne ; là, ayant voulu résister, ils furent défaits en plusieurs rencontres, et enfin dispersés. Bou-Trik, poursuivi, alla jusque dans le Maroc chercher un refuge auprès du roi de Fès (avril-mai 1544).

Kheïr-ed-Dine, qui n'avait jamais renoncé à sa souveraineté d'Afrique, apprit en Orient la retraite de Hassan. Il venait de passer toute l'année 1543 sur les côtes de France, à la tête des flottes combinées de François Ier et de Soliman, en vertu du traité unissant ces deux princes. Après avoir ravagé le littoral italien, il était venu à Marseille vendre son butin et ses esclaves et prendre le commandement des galères françaises. Puis il avait conduit ces forces vers l'Italie et s'était emparé de Nice. Le roi de France, comprenant combien était grande l'ambition personnelle de Barberousse, l'avait alors abandonné à lui-même, en rappelant les navires français. Au commencement de 1544, le Capitan-Pacha cingla vers l'est, ravagea de nouveau les côtes d'Italie et rentra à Constantinople.

Le sultan ne put lui refuser la nomination de son fils Hassan au gouvernement d'Alger, et le nouveau pacha alla prendre possession de son poste (fin juin 1544)[1].

EXPÉDITION DU PACHA HASSAN BEN KHEÏR-ED-DINE A TLEMCEN. ATTAQUE INFRUCTUEUSE DE MOSTAGANEM PAR ALCAUDÈTE. — Le comte d'Alcaudète, ayant enfin obtenu 4,000 hommes de troupes, rentra à Oran vers 1546. Il y trouva le caïd El-Mansour qui l'attendait avec impatience pour l'entraîner encore sur la route de Tlemcen, lui promettant l'appui des tribus des Beni-Amer, Rached et autres. Dès les premiers beaux jours de l'année 1547, le comte se mit en campagne et s'avança jusque vers Aïn-Temouchent, où il attendit les contingents annoncés ; mais la nouvelle qu'il y trouva fut de toute autre nature.

Le pacha Hassan, fils de Kheïr-ed-Dine, qui avait déjà jeté ses vues sur les régions de l'ouest, reçut sans doute un appel de Moulaï Abou-Zeyane, lui annonçant les préparatifs des Espagnols. Il se mit en route, à la tête de 3,000 Turcs ou renégats armés de mousquets, avec 1,000 spahis et 10 canons, rallia, en passant, un contingent de 2,000 cavaliers amenés par Hamid-el-Abdi, cheikh de Ténès et, faisant diligence, rejoignit les chrétiens sur la route de Tlemcen et les força à se retourner et à lui faire face. Les deux armées s'observaient, cherchant le moment favorable d'en venir aux mains, lorsque le pacha reçut, par un envoyé *français*, la nouvelle de la mort de son père. Il se décida aussitôt à rentrer à Alger, de crainte qu'en son absence on ne se servît de ce prétexte pour le renverser (août).

Le comte poursuivit les Turcs, qui avaient passé par Mostaganem, et s'empara de Mazagran. Il commença ensuite à canonner les remparts de la ville et ne tarda pas à lui donner l'assaut. Mais le pacha avait pu y faire entrer des renforts et, malgré le courage des Espagnols, qui multiplièrent leurs attaques et plantèrent plu-

---

1. Devoulx, *El-Hadj-Pacha* (Revue afric., n° 46, p. 290 et suiv.). — Haëdo, *Rois d'Alger* (Revue afric., n° 141, p. 233 et suiv.).— De Grammont, *Hist. d'Alger*, p. 72 et suiv. — Rosseeuw Saint-Hilaire, *Hist. d'Espagne*, t. VII, p. 306 et suiv. — Marmol, *loc. cit.* — Sander-Rang, *Fondation de la régence d'Alger*, t. II, p. 72 et suiv.

sieurs fois l'étendard de Castille sur les murailles, les assiégés purent les repousser jusqu'à l'arrivée des troupes de Tlemcen, soutenues par un nombre considérable de cavaliers auxiliaires.

La partie était encore perdue et il fallait se décider à la retraite. On leva le camp pendant la nuit ; mais les assiégés, prévenus, se mirent à la poursuite des Espagnols et furent rejoints par des nuées d'Arabes. Toute la journée du lendemain se passa en combats, dans lesquels l'héroïsme des chefs chrétiens empêcha cette retraite de se changer en un épouvantable désastre. Deux jours après, les débris de la colonne rentraient à Oran (1er septembre 1547)[1].

A son retour à Alger, le pacha reçut la confirmation de la mort de son père, en même temps que sa nomination de Beylarbeg d'Afrique.

Peu de temps après ces événements, don B. de Mendoza étant venu à Mers-el-Kébir avec sa flotte, le comte d'Alcaudète espéra, grâce à son appui, s'emparer enfin de Mostaganem. Il réunit, à cet effet, ses troupes et s'avança jusqu'à Arzéou. Mais, Mendoza ayant été rappelé avec ses navires, il ne put donner suite à son projet et se borna à exécuter des r'azia sur les indigènes de cette région (nov.)[2].

ÉVÉNEMENTS DE MAG'REB. — RÈGNE DU CHÉRIF ABOU-L'ABBAS ; SES SUCCÈS ; IL PARTAGE LE MAG'REB AVEC LES MÉRINIDES ; SON FRÈRE MOHAMMED-EL-MEHDI USURPE L'AUTORITÉ. SES LUTTES CONTRE LE MÉRINIDE DE FÈS ; IL S'EMPARE DE CETTE VILLE. — Les événements importants survenus en Algérie et en Tunisie nous ont fait négliger le Mag'reb proprement dit. Ce pays, il est vrai, a continué à voir toutes ses forces absorbées par des luttes intestines sans intérêt et sur lesquelles, il faut le reconnaître, nous manquons de détails positifs. Les Portugais établis à Ceuta, à Tanger et dans différents

---

1. La date de ces événements n'est pas précise ; nous avons adopté, au milieu des variantes, la plus probable, qui est donnée dans les *Dialogues sur les guerres d'Oran*. Il y a, entre Haëdo et Marmol, auteurs dont toutes les dates sont suspectes, des différences variant entre 1545 et 1548. Celle de la mort de Kheïr-ed-Dine, si elle était exactement connue, trancherait le différend.

2. Général de Sandoval, *Inscriptions d'Oran et de Mers-el-Kébir* (Revue afric., n° 88, p. 281, 282.). — Haëdo, *Rois d'Alger* (Revue afric., n°s 141, 142). — Marmol, *Afrique* (loc. cit.). — De Grammont, *Hist. d'Alger*, p. 73, 74. — Léon Fey, *Hist. d'Oran*, p. 88 et suiv. — Abbé Bargès, *Complément à l'histoire des Beni-Zeyane*, p. 453 et suiv. — Francisque Michel, *Dialogues sur les guerres d'Oran*, p. 145 et suiv.

ports de l'Océan, essayèrent encore d'affermir leur autorité par diverses entreprises durant les années 1515 à 1517. Parmi plusieurs héros portugais, un certain Lope Barriga se distingua dans ces guerres et devint la terreur des musulmans. Mais ensuite la face des choses changea : les Portugais éprouvèrent de véritables désastres dans lesquels leurs meilleurs guerriers furent tués ou faits prisonniers ; et, comme la puissance métropolitaine s'affaiblissait, ils demeurèrent livrés à eux-mêmes et ne purent protéger leurs tributaires.

Nous avons vu ci-devant que les chefs arabes appelés cherifs saadiens, avaient acquis un certain renom en combattant les chrétiens établis sur le littoral du Sous et s'étaient taillé, dans le Sous et le Deràa, un royaume indépendant des Beni-Merine. En 1516, le fondateur de la dynastie, Abd-Allah-el-Kaïm, mourut à Afour'al ; il laissa deux fils : Abou-l'Abbas-el-Aaradj, l'aîné, qui lui succéda, et Abou-Abd-Allah-Mohammed-Cheikh-el-Mehdi, qui garda le commandement du Sous méridional.

Les deux frères vécurent d'abord en bonne intelligence, appliqués surtout à la guerre contre les Portugais. Dans une course malheureuse, le brave N. Fernandez d'Altaïde fut tué, et Lope Barriga fait prisonnier. Peu après, les cherifs parvenaient à faire assassiner Yahïa-ben-Tafout : la cause des chrétiens perdit ainsi ses plus fermes soutiens, tandis que la puissance des deux chefs musulmans se renforçait et qu'ils étendaient leur autorité jusqu'au cœur des montagnes des Hentata. Les cheikhs des tribus de ces régions vinrent faire leur soumission à Abou-l'Abbas et, comme ils tenaient en réalité les clefs de la ville de Maroc, ils la lui ouvrirent (1520). D'après l'« Histoire des Cherifs » de Diégo de Torrès, les Cherifs se seraient rendus maîtres de Maroc en mettant à mort par trahison le prince Moulaï Nacer-Bou-Chantouf, qui y commandait, et cela en l'année 1519. Ils auraient ensuite envoyé leur soumission à Moulaï-Mohammed, roi de Fès, en s'engageant au paiement d'un tribut et s'obligeant à abandonner le quint des prises. Mais peu à peu ils évitèrent d'exécuter ces engagements et paraissent avoir contracté alliance avec les chefs dissidents et Moulaï-Edris.

Le sultan merinide Moulaï-Mohammed sortit de Fès à la tête d'une armée considérable et marcha contre l'usurpateur. Trop faible pour lutter en rase campagne, Abou-l'Abbas se renferma dans Maroc, en répara les fortifications et les garnit d'archers et même de canons. Arrivé sous ses murs, le souverain en entreprit le siège qui se prolongea durant de longs mois. La population commençait à souffrir et à murmurer et la situation semblait compromise, malgré l'arrivée de Mohammed-el-Mehdi, avec des renforts. Sur ces entrefaites, Moulaï-Mohammed reçut l'avis que ses parents s'étaient révoltés à Fès et avaient pris possession de l'autorité. Dès le lendemain il leva le siège et rentra à Fès, poursuivi par les Cherifs qui, au retour, firent une expédition heureuse contre les Portugais, à Safi.

En 1528, le sultan merinide tenta une autre campagne contre le cherif qui avait soumis la région jusqu'à Tedla. Les deux rivaux se rencontrèrent à Enmal et se livrèrent une sanglante bataille qui demeura indécise et fut suivie d'une trêve. Peu après, avait lieu la mort du sultan merinide Mohammed, qui était remplacé par son fils Ahmed. Huit ans plus tard, en 1536, la guerre recommence ; au mois d'août, les adversaires se battent à Bou-Agba, sur un affluent de l'Ouad-el-Abid, et, cette fois, les Merinides sont défaits[1].

Mais les dévots musulmans, las de ces tueries et de ces luttes sans résultat, s'interposent alors et leurs légistes finissent par obtenir la conclusion d'une paix par laquelle le cherif Abou-l'Abbas est reconnu souverain de toute la région du sud, jusqu'à Tedla, et le sultan merinide conserve le reste de son royaume, depuis Tedla jusqu'au Magr'eb central.

Dans cette même année 1536, Mohammed-el-Mehdi, qui n'était pas seulement un guerrier, mais un véritable colonisateur et avait doté Taroudent de constructions magnifiques et propagé la culture de la canne à sucre dans le Sous, voulut à tout prix avoir un port d'expédition et vint mettre le siège devant Santa-Cruz du Cap-d'Aguer, occupé par les Portugais. S'en étant emparé, non sans peine, il put, grâce à l'industrie d'un juif converti, établir de nouveaux moulins à sucre sur l'Oued-Sous, et donner à cette production une grande extension.

La prise de Sainte-Croix fut un beau succès qui lui procura des armes et des munitions en quantité. Parmi les captifs se trouvait le gouverneur don Guttierez de Monroy avec ses deux enfants : D. Loys et D^{lle} Mencia. Le vainqueur s'éprit de cette jeune fille et voulut lui faire partager sa couche, offrant même de l'épouser ; mais ni menaces, ni prières, ni mauvais traitements, ne purent la décider à abandonner sa religion. Elle était durement détenue dans un cachot, lorsqu'un religieux arriva de Portugal pour racheter les captifs, particulièrement les femmes ; mais le

---

1. Diégo de Torrès place cette bataille, sur laquelle il fournit des détails paraissant circonstanciés, en 1526 ; il y fait mourir le fils du sultan merinide et Abou-Abd-Allah, dernier roi de Grenade, décédé depuis longtemps et dont l'épitaphe a été retrouvée à Tlemcen.

cherif taxa à un tel prix sa bien-aimée que le religieux dut y renoncer et répondre à ses réclamations qu'il ne pouvait abandonner cent personnes pour une. Mencia, désespérée, se livra alors au cherif qui l'épousa régulièrement et la laissa « *vivre à sa guise, porter le costume espagnol, avec épée et poignard, et dîner à table haute, comme aurait fait un roi chrétien* ». Elle succomba, peu après, aux suites d'une couche avant terme et le cherif faillit en mourir de chagrin.

Mais ce roman ne fit qu'une courte diversion dans la carrière ambitieuse de Mohammed-el-Mehdi. Il avait expulsé les chrétiens du Sous et son renom s'était répandu en Berbérie comme celui d'un libérateur de l'Islam. Cette gloire excita au plus haut point la jalousie de son frère. En 1537, la rupture éclata entre eux à la suite d'une entrevue, dans laquelle Abou-l'Abbas avait voulu traîtreusement tuer son frère. Celui-ci vint assiéger Safi (1539). Les Portugais, bien que surpris, firent une résistance énergique ; les femmes mêmes avaient été armées. Cependant la place allait succomber lorsque des secours leur arrivèrent d'Azemmor, sur des navires commandés par un brave capitaine juif, nommé Samuel. Une furieuse sortie, opérée grâce à ces renforts, contraignit le cherif à lever le siège qui durait depuis six mois. Don Juan de Portugal fit démanteler et évacuer ensuite cette place, trop difficile à défendre et ne présentant pas d'avantages en rapport avec les sacrifices ; le roi de Maroc put alors en prendre possession. Peu après, Abou-l'Abbas, ayant encore marché contre son frère, fut défait et pris. Mohammed-el-Mehdi, après lui avoir donné de grands témoignages de respect, le fit conduire à Taroudent, tandis que Moulaï-Zidane, fils aîné d'Abou-l'Abbas, courait s'enfermer à Maroc et, de là, tâchait d'obtenir l'appui des Portugais et des Mérinides. Enfin les deux frères finirent par signer un traité aux termes duquel chacun d'eux fut reconnu roi indépendant d'une partie du Mag'reb. Mohammed conserva les provinces de Taroudent, Derfia et le pays des Zenaga, à l'ouest ; Abou-l'Abbas eut pour lui la souveraineté de Maroc, de Tafilala, des Heskoura et de Tedla. Il fut en outre décidé que l'héritier présomptif serait Mohammed-el-Harrane, fils aîné d'El-Mehdi, comme plus âgé et, après lui, Moulaï-Zidane, fils d'Abou-l'Abbas. Ce dernier retourna en grande pompe à Maroc.

Mais Abou-l'Abbas brûlait de tirer une éclatante vengeance de tant d'humiliations. Mohammed-el-Medhi, de son côté, n'était pas homme à se laisser surprendre. Mis au courant des intentions de son frère, il s'empressa de le devancer en marchant contre lui. Le 19 août 1543, ils en vinrent aux mains ; après une longue lutte, le roi de Maroc fut encore vaincu et réduit à la fuite. Le lendemain Moulaï Abd-el-Kader, autre fils de Mohammed-el-Mehdi, ayant marché rapidement sur Maroc, à la tête de 4,000 hommes, s'en rendit maître et s'installa dans le palais de son oncle; peu après, celui-ci arrivait presque seul et, voulant se faire ouvrir la porte de la ville, apprenait la perte de sa capitale. Le lendemain Mohammed-el-Mehdi y fit son entrée; un de ses premiers soins fut de rendre la liberté à Guttierez de Monroy, père de sa chère Mencia. Ce fut, dit D. de Torrès, le premier, voire même le dernier acte vertueux qu'oncques fit ce tyran, tout le cours de sa vie.[1] »

Réfugié chez un cheikh, Abou-l'Abbas envoya ses deux fils à Fès pour solliciter l'assistance du sultan merinide. Mais tout fut inutile et, en 1544, les deux frères eurent une entrevue pathétique, après laquelle Abou-l'Abbas consentit à aller s'établir à Tafilala, en abandonnant Maroc. Dès que le cherif Mohammed-el-Mehdi se trouva seul maître du pouvoir, il rompit les traités qui liaient son prédécesseur au roi de Fès et se prépara à l'attaquer. Le sultan merinide, voulant le prévenir, s'avança avec toutes ses forces et les deux ennemis se rencontrèrent près de Fechtala, au delà de l'Ouad-el-Abid, qui formait la limite des deux royaumes. Le cherif y remporta une victoire complète dans laquelle son adversaire, Ahmed, fut blessé et fait prisonnier. Ayant obtenu de celui-ci la cession de Meknès, comme condition de sa mise en liberté, il se porta avec lui par la montagne, sur Fès, espérant s'en rendre maître. Mais, dans cette ville, Moulaï Abou-Hassoun, beau-frère ou frère du sultan, et qui, selon le Nozhet-el-Hadi, avait été précédemment renversé par Ahmed, avait pris le pouvoir et fait reconnaître l'autorité nominale de Nacer, fils aîné de son frère. Puis il avait organisé la résistance. Mohammed-el-Mehdi, ne pouvant rien obtenir, se décida à rentrer à Maroc avec son prisonnier (1547). La mère du sultan écrivit alors au khakan Soliman, pour se plaindre de l'agression du cherif au mépris des traités, et requérir son intervention; s'il faut en croire Diégo de Torrès qui, présent à cette époque, mérite une attention spéciale, un ambassadeur de la Porte arriva, l'année suivante, à Maroc, pour sommer le cherif de mettre en liberté Ahmed. Mais l'effet obtenu fut tout autre : Mohammed réunit aussitôt une armée importante dont il confia le commandement à son fils Mohammed-el-Harran. Ce prince, soutenu par les Arabes d'Azr'ar, envahit cette région et vint escarmoucher jusque sous les murs de Fès. Au mois d'août 1549, le roi merinide obtint sa liberté en laissant au cherif la

---

1. Page 145.

ville de Meknès, que son fils se décida à lui abandonner. Une trêve de cinq ans fut signée entre eux à cette occasion.

Mais, sous le prétexte qu'on l'avait averti que le prince merinide, appuyé par les chrétiens, allait venir l'attaquer, le cherif prépara une nouvelle expédition, et à la fin du mois de septembre, sortit de Maroc, à la tête d'une armée de 30,000 hommes. Après une journée de repos à Meknès, il arriva à Fès et en commença le siège. Moulaï Abou-Hassoun dirigeait habilement la défense ; après plusieurs combats, le roi de Maroc dut se borner à un blocus rigoureux. La disette ne tarda pas à se faire sentir et poussa les assiégés à proposer divers accommodements qui ne furent pas acceptés. Le sultan merinide alla même, dit-on, jusqu'à offrir au cherif la ville-neuve de Fès, de sorte que la rivière qui sépare les deux villes aurait formé la limite des deux royaumes ; plusieurs sorties furent tentées et une armée de secours arriva de Tafilala ; mais, mollement conduite, elle ne put débloquer la ville. Cependant Fès résistait encore et la situation des assiégeants n'était pas belle, en raison de l'âpreté de l'hiver et des masses d'eau qui envahissaient le camp. Le cherif fut même sur le point de lever le siège ; puis, changeant d'avis, il fit construire de véritables maisons pour son armée, suivant le conseil d'un marchand espagnol de sa suite, qui lui rappelait la fondation de Sainte-Foi, par Ferdinand, lors du siège de Grenade. L'effet moral de cette résolution sur les assiégés fut décisif ; décimés par la famine et la maladie, ils firent entendre des clameurs et, dans ces conjonctures, Abou-Hassoun essaya en vain de persuader au sultan Ahmed qu'il ne lui restait, pour sauver son honneur, qu'à vendre sa vie dans une sortie désespérée ; écœuré d'une telle lâcheté, il sortit nuitamment de la ville et gagna Velez, d'où il s'embarqua pour l'Espagne.

Avec lui disparurent toute énergie et tout sentiment d'honneur ; bientôt une députation vint offrir la reddition de la ville, sous certaines restrictions. Mais le cherif se sentait maître de la situation ; il refusa tout accommodement, puis fit annoncer que quiconque viendrait à son camp la nuit suivante aurait la vie sauve ; la plupart des défenseurs profitèrent de cette offre. Il ne restait plus au sultan qu'à se livrer au vainqueur, ce qu'il fit avec la plus grande lâcheté, à son camp où il se prosterna à ses pieds pour éviter la mort. Le 15 février 1550, le cherif fit son entrée dans la capitale merinide. Nous allons voir, maintenant, le sultan du Mag'reb relever l'autorité dans cette vaste région et intervenir activement dans les affaires d'Algérie.

Quelque temps auparavant, le gouverneur espagnol du Peñon

de Velez, s'étant laissé surprendre par les indigènes, fut massacré avec toute la garnison. Ainsi l'Espagne perdit cette place qui lui avait coûté déjà tant de sucrifices (décembre 1522). Puis ce fut au tour du port de R'assaça : les soldats chrétiens, après avoir assassiné leur commandant, livrèrent la place aux Rifins et se firent musulmans (1534) [1].

1. *Nozhet-El-Hadi*, p. 17 et suiv. du texte arabe, 33 et suiv. de la traduction Houdas. — *Villes maritimes du Maroc*, (Élie de la Primaudaie), Revue afric., n⁰ˢ 95 à 100. — Diégo de Torrès, *Hist. des Chérifs*, p. 38 et suiv. à 233. — Berbrugger, *La canne à sucre et les cherifs du Maroc au XVIe siècle* (Revue afric., n° 32, p. 116 et suiv.). — Abbé Godard, *Maroc*, p. 417 et suiv.

CHAPITRE V

LUTTES DES TURCS, DES CHERIFS ET DES ESPAGNOLS. — EXTINCTION DES DYNASTIES MERINIDE ET ZEYANITE

1550-1557

Le cherif marocain s'empare de Tlemcen. Il est défait par les Turcs qui restent maîtres de Tlemcen. — Occupation d'El-Mehdia par les Espagnols. Rappel du pacha Hassan; prise de Tripoli par Sinane-Pacha. — Salah-Reïs, Beylarbeg d'Afrique; son expédition à Touggourt et dans l'ouad Rir'. Guerre contre Abd-el-Aziz, roi des Beni-Abbès. — Salah-Reïs, après une course aux Baléares, marche contre le cherif de Fès, pour rétablir le merinide Abou-Hassoun. — Succès de l'armée algérienne; le cherif abandonne Fès. Rétablissement du merinide Abou-Hassoun. — Les Turcs rentrent à Alger. Le cherif Mohammed-el-Mehdi s'empare de Tafilala, défait et met à mort Abou-Hassoun et rentre en possession de Fès. — Salah-Reïs enlève Bougie aux Espagnols. — Mort de Salah-Reïs; Hassan-Corso conduit une expédition contre Oran, puis est rappelé par ordre de la Porte. — Révolte de Hassan-Corso. Le pacha Mohammed-Tekelerli s'empare d'Alger. Il est assassiné par les Yoldach. Hassan, fils de Kheir-ed-Dine, revient à Alger. — Le pacha Hassan fait assassiner Mohammed-el-Mehdi au Maroc. Règne du cherif Moulaï Abd-Allah. — Appréciation du caractère de Mohammed-el-Mehdi, fondateur de l'empire des cherifs saadiens. — Extinction des dynasties merinide et zeyanite. — Appendice : Chronologie des souverains merinides et zeyanites.

Le cherif marocain s'empare de Tlemcen. Il est défait par l'armée algérienne, qui occupe Tlemcen. — Les succès du cherif Mohammed-el-Mehdi eurent un tel rentenstissement que la population, si malheureuse et si inquiète de Tlemcen, conçut l'espoir d'être relevée par lui de ses humiliations et protégée contre les entreprises de ses deux ennemis : les Espagnols et les Turcs. Une députation, envoyée à Fès, trouva le conquérant tout disposé à entreprendre une campagne qui concordait si bien avec ses idées ambitieuses. Il se mit donc activement à préparer son expédition. Mais le pacha d'Alger n'était nullement curieux de laisser les Marocains conquérir pour eux une ville dont les Turcs se considéraient comme suzerains. Il fallait les détourner de leur projet en les entraînant d'un autre côté, au nom des intérêts généraux de l'Islam, et il paraît qu'il fut convenu entre le beylarbeg et le cherif, si même un traité précis n'existât pas entre eux, que les troupes d'Alger viendraient prendre position en avant de Mostaganem, et qu'après avoir opéré leur jonction avec celles de l'Ouest, elles attaqueraient de conserve les Espagnols d'Oran et les chasseraient de cette province (1550).

Après avoir nommé son fils, Mohammed-el-Harran, héritier présomptif, gouverneur de Taroudent et du Sud, et un autre de ses fils, Abd-el-Kader, à Maroc, le cherif s'occupa activement de réunir les forces nécessaires à l'expédition de Tlemcen. Pendant ce temps, une armée de 5,000 mousquetaires, commandée par le renégat Hassan-Corso, appuyée par 1,000 spahis et 8,000 Kabiles, amenés par Abd-el-Aziz, chef des Beni-Abbès, qui s'était récemment rapproché des Turcs, quitta Alger et s'avança jusqu'à Mostaganem. Au commencement de l'année 1551, Mohammed-el-Harran amena de Taroudent et de Maroc 21,000 cavaliers à Fès. Son père lui adjoignit 10,000 fantassins, parmi lesquels 5,000 renégats armés de mousquets, et, au mois de mars, il se mit en marche vers l'est ; étant arrivé à Tlemcen, il entra sans coup férir dans cette ville que Moulaï Abou-Zeyane abandonna précipitamment pour se réfugier chez les Espagnols d'Oran (10 juin). Le fils du cherif s'avança ensuite dans les plaines de la province d'Oran, imposant partout son autorité aux tribus, tout en se gardant de molester en rien les Espagnols ou leurs tributaires, puis il rentra à Fès où il mourut de maladie.

Mais les Turcs n'entendaient nullement se laisser jouer de cette façon. Un groupe des Beni-Amer, fuyant devant les Marocains, était venu à leur camp en réclamant assistance. Hassan-Corso se porta résolument contre les envahisseurs, déjà dans la vallée du Chelif. Averti de l'approche de l'armée algérienne, le général cherifien qui commandait un corps de troupes dans cette région, commença sa retraite et voulut mettre en sûreté son butin. Mais il fut entièrement défait et périt en combattant. Le commandant de Tlemcen, pour le cherif, ayant demandé avec instance du renfort, le prince Abd-el-Kader fut appelé de Maroc et envoyé en toute hâte, accompagné de ses deux frères Moulaï Abd-Allah et Moulaï Abd-er-Rahman au secours de Tlemcen, avec une vingtaine de mille lances. Il y arriva en janvier 1552 et, le 15 du même mois, l'armée turque campa sous les murs de cette ville. Abd-el-Kader lança contre elle sa cavalerie, mais les Turcs, avec leurs mousquets, la reçurent par une fusillade nourrie qui porta le désordre dans les rangs de ces brillants cavaliers, armés encore de la lance et du bouclier. Abd-el-Kader, en voulant arrêter ce mouvement, s'avança aux premiers rangs et fut tué. Aussitôt, la panique se répandit dans son armée et les Algériens en profitèrent pour redoubler d'efforts et assurer la victoire. Ils purent couper la tête du fils du cherif, mais n'osèrent pousser trop loin leur succès. Le lendemain, Moulaï Abd-Allah, qui avait pris le commandement, ordonna la retraite et fut poursuivi par l'ennemi jusqu'à la Moulouia. Le courage des Kabiles et de leur chef, Abd-el-Aziz, avait beaucoup contribué à la victoire.

Revenant alors sur ses pas, Hassan-Corso occupa sans difficulté Tlemcen, et la malheureuse ville eut encore à subir les fureurs de la soldatesque et les exigences de ses chefs. Puis il y laissa le caïd Saffah, avec 500 janissaires, et rentra à Alger, rapportant comme trophée la tête du fils du cherif. L'armée y fut accueillie par de grandes démonstrations de joie. Le pacha était alors occupé à faire construire, sur le Koudiat-es-Saboun, la forteresse à laquelle on donna son nom (Bordj Moulaï-Hassan) et que nous avons appelée : « fort l'Empereur ». Il commença aussi divers autres travaux d'utilité ou d'assainissement [1].

OCCUPATION D'EL-MEHDÏA PAR LES ESPAGNOLS. RAPPEL DU PACHA HASSAN. PRISE DE TRIPOLI PAR SINANE-PACHA. — Cependant, le reïs (capitaine) Dragut, continuait à infester la Méditerranée : partant de son port de refuge, ou si l'on veut de sa capitale, El-Mehdïa, il ne cessait de courir sus aux navires espagnols que pour aller ravager les côtes de l'Italie ou des îles, encouragé, dit-on, par les présents et l'appui du roi de France, Henri II. Cette situation était intolérable et, en 1551, don Juan de Vega, vice-roi de Sicile, reçut l'ordre de s'emparer d'El-Mehdïa. Dans le mois d'août, la flotte espagnole parut inopinément devant cette ville et en commença le siège. Dragut était à Tripoli : il arriva au plus vite pour s'opposer à l'attaque des chrétiens, mais se vit contraint de reprendre la mer, et, le 10 septembre 1551, D. Juan de Vega enleva la place de vive force, réduisant en esclavage les musulmans qui n'avaient pas péri. 1,500 hommes de garnison y furent laissés avec de bons approvisionnements, sous le commandement de D. Alvar, fils du vice-roi.

Cet échec, exploité en Orient par le parti français et notamment par M. d'Aramon, qui, envoyé à Alger, n'avait rencontré que hauteur et dédain chez le pacha, entraîna le rappel de Hassan. Le fils de Kheïr-ed-Dine quitta Alger, à la fin de septembre, laissant le commandement par intérim au caïd Saffah, avec le titre de Khalifa.

---

1. *Nozhet-El-Hadi*, p. 29 et suiv. du texte arabe, 53 et suiv. de la trad. — Abbé Godard, *Maroc*, p. 464 et suiv.

Dans le même mois d'août, la flotte ottomane, de 140 voiles, sous le commandement de Sinane-Pacha, était venue attaquer Tripoli. Cette ville se trouvait alors sous l'autorité du commandeur Gaspar de Vallier, n'ayant à sa disposition que 600 soldats calabrais et siciliens et 30 chevaliers de Malte. Dragut et un autre corsaire, nommé Mourad-Ag'a, vinrent coopérer à cette expédition. Sinane-Pacha attaqua Tripoli par mer et par terre. La position des assiégés était certainement critique, mais les troupes siciliennes manquèrent de courage et les braves chevaliers eurent la douleur de voir la ville tomber au pouvoir des musulmans, presque sans combat. Mourad-Ag'a en fut nommé gouverneur.

Peu après la reddition, apparut la flotte de Doria, venant au secours de Tripoli. Les vaisseaux turcs coururent alors le plus grand danger et ne furent sauvés que par l'habileté et l'audace de Dragut qui les mit à l'abri sous l'île de Djerba. Comme récompense, le corsaire reçut de la Porte le commandement de Lépante, et d'une flotte de 40 galères (1551)[1].

SALAH-RÉÏS, BEYLARBEG D'AFRIQUE. — SON EXPÉDITION A TOUGGOURT ET DANS L'O. RIR'. — GUERRE CONTRE ABD-EL-AZIZ, ROI DES BENI-ABBÈS. — Au mois d'avril 1552, arriva à Alger le nouveau beylarbeg d'Afrique ; c'était un Égyptien, du nom de Salah-Reïs, qui avait été formé à l'école des deux Barberousse ; il en avait l'énergie et possédait l'expérience des hommes et des choses de l'Afrique ; le sultan ne pouvait faire un meilleur choix, aussi n'avait-il pas hésité à l'enlever au commandement de la marine qu'il lui avait confié après la mort de Kheïr-ed-Dine. A peine arrivé à Alger, le nouveau pacha, ayant appris que le jeune prince de la famille Ben-Djellab, qui régnait dans l'oasis de Touggourt, s'était révolté contre son autorité et avait entraîné les oasis voisines dans sa rébellion, décida une grande expédition vers l'extrême Sud. Au mois d'octobre, il quitta Alger, à la tête de 3,000 arquebusiers turcs ou renégats, 1,000 cavaliers et seulement deux pièces de canon, pour ne pas alourdir sa marche. Parvenu dans la Medjana, il reçoit le contingent des Beni-Abbès, se composant de 8,000 hommes commandés par leur roi Abd-el-Aziz ; puis on pénètre dans le Hodna, de là dans le Zab et l'on se trouve bientôt

---

1. A. Rousseau, *Annales Tunisiennes*, p. 24. — Féraud, *Annales Tripolitaines* (Revue afric., n° 159, p. 209, 210). — Général de Sandoval, *Inscriptions d'Oran* (Revue afric., n° 88, p. 282). — De Grammont, *Histoire d'Alger*, p. 76, 78. — Walsin Esterhazy, *Domination Turque*, p. 151.

sous les murs de Touggourt. Ben-Djellab, surpris, n'avait pas eu le temps de se préparer. Néanmoins il essaya de résister, espérant que ses alliés, les autres principicules du Sahara, viendraient à son secours. Mais il n'en fut rien et, après une canonnade de trois jours, la ville fut emportée d'assaut et livrée au pillage ; les habitants survivants se virent réduits en esclavage. Le beylarbeg alla ensuite attaquer Ouargla, qui subit le même sort, mais dont le cheikh ne l'attendit pas et lui envoya de loin sa soumission.

Salah-Reïs rétablit, comme tributaires, les cheikhs d'Ouargla et de Touggourt dans leurs principautés ; puis, il reprit la route d'Alger, traînant à sa suite un butin immense. Sa première expédition avait été un coup de maître ; malheureusement le partage des prises amena une rupture entre Abd-el-Aziz et le pacha qui prêta sans doute l'oreille aux calomnies de Hassan-Corso, ennemi personnel du roi des Beni-Abbès, depuis l'expédition qu'ils avaient faite de concert à Tlemcen. Aussitôt les luttes commencèrent entre les Beni-Abbès et les Turcs et prirent un caractère d'acharnement extrême. Salah ayant, dans ce même hiver, marché contre son ancien allié, pénétra dans les montagnes kabiles et livra, à Bouni, une bataille dans laquelle il défit les Beni-Abbès et où périt Fâdel, frère du roi. Mais ce succès avait été obtenu au prix de tels efforts que le pacha dut aussitôt se mettre en retraite, opération toujours dangereuse dans les guerres d'Afrique et qu'il n'exécuta qu'avec la plus grande difficulté. L'année suivante, une expédition commandée par Mohammed, propre fils du pacha, aboutit à un véritable désastre, au milieu de ces terribles montagnes des Beni-Abbès. Enfin, en 1554, Sinane-Reïs conduisit une autre expédition, qui paraît avoir suivi la route de Sour-el-R'ozlane et du Hodna. Abd-el-Aziz y trouva l'occasion de remporter sur les Turcs une nouvelle victoire, à l'Ouad-el-Leham, près de Mecila [1].

SALAH-REÏS, APRÈS UNE COURSE AUX BALÉARES, MARCHE CONTRE LE CHÉRIF DE FÈS POUR RÉTABLIR LE SULTAN MÉRINIDE. — Au mois de juin 1553, Salah-Reïs, en exécution des conventions conclues entre lui et l'envoyé du roi de France, quitta Alger et cingla sur Majorque qu'il espérait surprendre. Dragut, récemment élevé au pachalik de Tripoli, devait concourir, avec les vaisseaux de M. de

---

1. Féraud, *Les Ben-Djellab* (Revue afric., n° 136). — Haëdo, *Revue africaine*, n° 142, p. 271 et suiv.). — De Grammont, *Hist. d'Alger*, p. 78, 79.

la Garde, à bloquer la flotte du duc d'Albe pour la retenir au loin. Mais les chrétiens étaient sur leurs gardes, bien armés et décidés ; ce fut à peine si les Algériens purent piller quelques bourgades ; ils furent contraints, par la garnison de Mahon, de se rembarquer, non sans pertes sérieuses. Le beylarbeg alla ensuite croiser sur les côtes d'Espagne et finit par s'emparer d'une flotte portugaise qui cherchait à débarquer Abou-Hassoun le merinide, sur les côtes du Mag'reb, avec un corps de trois cents soldats portugais obtenus de don Juan. Il avait en vain sollicité l'appui de l'empereur Charles, et était allé pour cela jusqu'en Allemagne. Abou-Hassoun ne tarda pas à décider le pacha à faire une expédition contre le cherif : une incursion sur la frontière de Tlemcen par les Marocains en fournit le prétexte.

Le cherif Mohammed-el-Mehdi, après avoir encore vu mourir son fils Abd-er-Rahman, qu'on l'accusa d'avoir empoisonné, avait eu à lutter contre une révolte des Berbères de l'Atlas et, comme il supposait que le sultan merinide et ses parents en étaient les instigateurs, il les fit tous mettre à mort le même jour, dans les différentes localités où ils étaient détenus (août 1552). Puis, il marcha en personne contre les rebelles de l'Atlas et soumit à son autorité la région voisine de Taroudent. Bien malgré lui, étant donné l'état de révolte de l'Atlas, le cherif dut rentrer à Fès, car il avait reçu la nouvelle de la prochaine attaque des Turcs.

En effet, Salah-Reïs, ayant réuni une armée de 6,000 mousquetaires et 1,000 spahis, se mit en marche, vers la fin de septembre 1553, emmenant avec lui Abou-Hassoun. Un corps de 4,000 cavaliers auxiliaires, fournis par Ben-el-Kadi de Koukou, qui s'était rapproché de lui depuis sa rupture avec son rival Abd-el-Aziz, le rejoignit en route. L'artillerie était desservie par 80 chrétiens captifs, auxquels on avait promis la liberté s'ils se conduisaient avec bravoure et dévouement. En même temps, une flotte de 22 navires cingla vers le port de R'assaça en Mag'reb, afin que le pacha pût s'y réfugier et se faire ramener à Alger, en cas d'échec. Aucune précaution, on le voit, n'avait été négligée.

Mohammed-el-Mehdi, de son côté, n'était pas resté inactif. 30,000 chevaux et 10,000 hommes de pied se trouvaient concentrés près de Fès, avec une vingtaine de canons et, comme il avait appris que les Turcs s'étaient arrêtés à Tlemcen, semblant hésiter à continuer une si aventureuse expédition, il résolut, malgré le conseil de ses officiers, de marcher contre eux. Laissant à Fès, pour le représenter, son fils Moulaï Abd-Allah, il partit au commencement de novembre et se dirigea sur Taza, où il établit son quartier général.

Cependant les Turcs avaient franchi la frontière et s'avançaient en bon ordre. Vers le 5 décembre, ils prirent position à quelque distance de Taza, en vue du camp des Marocains, et s'y fortifièrent. On s'observa d'abord de part et d'autre, sans paraître désireux d'engager l'action. Puis, Salah-Reïs résolut de tenter une surprise de nuit sur le camp du cherif et en chargea un corps de 1,500 hommes choisis. Cette attaque réussit à merveille et ce fut en vain que les officiers marocains essayèrent de rallier les Arabes effrayés par les détonations de l'artillerie et fuyant dans tous les sens. Salah soutint habilement sa colonne d'attaque, et l'armée cherifienne fut bientôt contrainte de se replier derrière la forteresse, sur une hauteur. Le surlendemain, Mohammed-el-Mehdi fit commencer la retraite sur Fès en masquant le mouvement par un engagement de cavalerie.

Après avoir reçu un renfort de 600 lances, amenées de la province de Velez par les fils de Moulaï Abou-Hassoun, Salah-Reïs se mit en marche à son tour, dans la direction de Fès, où le cherif était rentré triomphalement le 16.

Succès de l'armée algérienne. — Le cherif abandonne Fès. — Rétablissement du merinide Abou-Hassoun. — Le 3 janvier 1554, l'armée algérienne campa en arrière du Sebou, à environ six kilomètres de Fès. Dès le lendemain, le cherif, divisant sa nombreuse cavalerie en trois corps, s'avança pour livrer bataille. Moulaï Abd-el-Moumène, son fils, commença, à la tête du premier corps, le passage de la rivière; mais aussitôt, Abou-Hassoun, entouré de ses enfants, fondit sur eux suivi de ses deux mille lances, et l'on combattit de part et d'autre avec acharnement, pour le passage du gué. Les Turcs d'un côté, le cherif de l'autre, restèrent spectateurs de cet engagement, se réservant les uns pour les autres, et chacun se retira dans ses lignes, vers le soir. Moulaï Abou-Hassoun, qui avait combattu comme un lion et s'était multiplié, eut les honneurs de la journée; il reçut même, en secret, des députations des gens de Fès venant le féliciter. Dans la nuit du 4 au 5, les Turcs, ayant levé leur camp, passèrent le Sebou et s'établirent auprès de la vieille ville, dans une position où ils se retranchèrent soigneusement, aidés, dit-on, par les habitants.

Le cherif, qui était dans la ville neuve, sortit le 5, à 8 heures du matin, en grande pompe. « Il montait un cheval aubère grand et beau, richement harnaché; lui, était habillé d'écarlate et allait en priant et fort allègrement à voir. Il fut salué d'une grande salve et acclamations, selon leur coutume, par ceux qu'il avait apprêtés ce jour là pour combattre, qui pouvaient être environ 20,000 chevaux »[1]. Moulaï Abd-el-Moumène, chargé encore de l'attaque, se précipita avec furie sur les retranchements turcs et y pénétra, suivi des plus braves guerriers. Malheureusement il ne fut pas soutenu et les Algériens, revenus de leur stupeur, eurent le temps de se reformer et de leur couper la retraite, les mitraillant et massacrant ainsi à leur aise, de sorte que le jeune cherif se vit forcé de fuir vers la montagne, après avoir traversé les lignes ennemies. Quant à son père, qui s'était borné à faire, de loin, « certaines conjurations », et n'avait pu décider le reste de sa cavalerie à charger, il rentra à Fès « enseignes déployées » sur les deux heures de l'après-midi. Moulaï Abd-Allah envoyé par le cherif à la vieille ville, pour l'empêcher d'ouvrir ses portes aux Algériens, y fut très mal accueilli et, comme il ne brillait ni par le courage ni par la constance, il s'empressa de revenir auprès du sultan, son père.

Le nuit suivante, Moulaï Abou-Hassoun et Salah-Reïs entrèrent dans la vieille ville, dont les habitants leur ouvrirent les portes et où ils furent reçus en libérateurs. A cette nouvelle, le cherif se décida à se retirer à Maroc pour y attendre le départ des Turcs et revenir en forces, lorsque le merinide serait abandonné à lui-même par ses alliés. Vers dix heures du soir, il sortit, avec toute sa famille et une escorte de 500 cavaliers choisis, par une poterne, dans la direction du Maroc, laissant son trésor et la ville aux soins du caïd Ali-ben-Bou-Beker, en lui ordonnant de ne donner avis de son départ qu'après minuit. Cette nouvelle fut accueillie par des imprécations et des cris de désespoir; puis, beaucoup de gens se précipitèrent vers les portes pour fuir et rejoindre le cherif. Le caïd Ali partit vers trois heures ; quant aux contingents arabes, il s'étaient dispersés.

Au point du jour, Salah-Reïs et Moulaï Abou-Hassoun firent leur entrée dans la nouvelle-ville, au son de la musique, des détonations de l'artillerie et des cris d'allégresse. Les vainqueurs s'installèrent dans le palais que le cherif venait de quitter et s'emparèrent du trésor et d'une foule d'objets précieux ; en même temps, le pillage commença. Les Turcs et les renégats s'y distinguèrent, comme toujours, par leur rapacité. Cependant Abou-Hassoun avait pris en main les rênes du pouvoir, et son premier soin avait été de chercher à fournir aux Turcs l'indemnité promise de 400,000 mithkal, pour se débarrasser d'eux[2].

---

1. Nous citons les paroles si originales de Diégo de Torrès, présent à l'action (p. 357, 358).

2. Diégo de Torrès, *Hist. des Cherifs*, p. 331 et suiv. — Haëdo,

Les Turcs rentrent a Alger. Le cherif Mohammed-El-Mehdi s'empare de Tafilala, défait et met a mort Abou-Hassoun et rentre en possession de Fès. — En attendant le versement de la contribution merinide, Salah-Reïs envoya un corps de 500 Turcs et renégats prendre possession de Velez. Personne, plus que Moulaï Abou-Hassoun, ne désirait le départ de ces hôtes qui se faisaient abhorrer de tous par leur arrogance et agissaient en maîtres, au nom de la Porte. Plusieurs fois, les citadins avaient failli leur faire un mauvais parti. Enfin, la somme fut réunie et versée et l'armée algérienne prit la route de l'Est ; mais on se quitta, de part et d'autre, fort mécontent, par suite de froissements inévitables dans ces conditions : Salah-Reïs et ses compagnons rapportaient cependant un riche et important butin (mai 1554). Le pacha fit des stations à Mostaganem, Tlemcen et Tenès et, dès son arrivée à Alger, s'empressa d'expédier en Orient une partie de ses prises.

La situation du souverain merinide, après le départ de ses protecteurs, n'était certainement pas brillante. Il tâcha néanmoins d'en tirer le meilleur parti possible, rappelant à lui tous les partisans de sa dynastie, toutes les victimes du cherif, et essayant d'employer l'industrie des captifs chrétiens pour fabriquer ce qui lui manquait en fait d'armes et de munitions. En même temps, il écrivit au cherif Abou-l'Abbas, toujours interné à Tafilala, et signa avec lui un traité, par lequel il s'obligeait à rendre à celui-ci le royaume de Maroc, s'il l'aidait à vaincre son frère Mohammed-el-Medhi. Mais ce dernier ne restait pas inactif, d'autant plus que la convention conclue par son frère avec le merinide n'était pas ignorée de lui. A la fin de juin, il marcha en personne sur Tafilala, envoya son fils Moulaï Abd-Allah sur la route de Fès, pour contenir Abou-Hassoun, et laissa Maroc sous le commandement de son autre fils, Abd-el-Moumène. Parvenu en face de Tafilala, Mohammed-el-Mehdi posa son camp dans un endroit propice et commença le siège. Pendant ce temps, Abou-Hassoun, sorti de Fès avec des forces importantes, surprenait Moulaï Abd-Allah dans son camp, le mettait en déroute et poursuivait les fuyards pendant plus de six heures. Abou-Hassoun et ses fils se battirent avec le plus grand courage et furent pour beaucoup dans le succès, tandis que Moulaï Abd-Allah fuyait lâchement, selon son habitude, en abandonnant sa tente au vainqueur.

Rois d'Alger (Rev. afric., n° 142. p. 275 et suiv.). — De Grammont, *Hist. d'Alger*, p. 80. — Walsin Esterhazy, *Domination Turque*, p. 151, 152. — *Nozhet-El-Hadi*, p. 27 et suiv. du texte arabe, 52 et suiv. de la trad.

Aussitôt après ce succès, le Merinide envoya un courrier à Tafilala pour annoncer son arrivée ; mais sa missive étant tombée entre les mains du cherif, celui-ci, s'il faut en croire D. de Torrès, fit fabriquer des lettres dans lesquelles Abou-Hassoun prévenait le frère du cherif qu'il avait été entièrement battu par Abd-Allah et, qu'en conséquence, il ne pouvait le secourir ; puis il envoya ces fausses nouvelles aux assiégés, par un serviteur qui se donna comme le courrier du roi de Fès. Victime de ce stratagème, Abou-l'Abbas rendit la ville, qu'il n'espérait plus pouvoir défendre. C'était un succès inespéré ; le cherif envoya son frère, sous bonne escorte, à Maroc ; quant à lui, il se porta directement sur Fès, et rejoignit en route son fils Abd-Allah qui avait rallié les fuyards de son armée.

Abou-Hassoun marcha bravement contre son ennemi. Voyant le moment arrivé de la lutte décisive, le cherif, qui avait emmené avec lui les trois fils aînés de son frère, parmi lesquels il redoutait surtout Zidane, en raison de sa hardiesse et de son courage, les fit décapiter devant sa tente, au lieu dit Messellema et, le lundi 1ᵉʳ août, les deux rivaux en vinrent aux mains. Abou-Hassoun avait divisé son armée en quatre corps, le premier sous les ordres de son fils Nacer, le second, de son autre fils Messaoud et le troisième, du cheikh de Debdou ; il se réserva le commandement de la réserve. Le cherif, de son côté, avait formé trois corps. Moulaï Abd-Allah commandait le premier, où se trouvaient un certain nombre de renégats et de Turcs ; le caïd Ali-ben-bou-Beker, le second, et lui-même, le troisième.

La bataille s'engagea avec vigueur et déjà le succès semblait se prononcer pour Abou-Hassoun, lorsqu'un partisan dévoué du cherif, qui s'était introduit auprès du roi de Fès comme déserteur de la cause cherifienne, le tua traîtreusement d'un coup de lance dans le dos. Cette nouvelle, se propageant aussitôt dans les deux armées, fit changer la face des choses et assura le succès de Mohammed-el-Mehdi ; malgré le courage des fils du merinide, la journée fut perdue pour eux. Le lendemain, le cherif proclama une amnistie pour tous ceux qui viendraient vers lui et le reconnaîtraient ; ce moyen lui réussit aussi bien que précédemment. Les fils d'Abou-Hassoun se réfugièrent à Meknès et, de là, gagnèrent El-Araïche, où ils s'embarquèrent pour l'Espagne. Mais ils furent rencontrés par un navire chrétien qui s'empara de leur vaisseau après un combat dans lequel ils trouvèrent la mort. Ainsi s'éteignit la dynastie merinide.

Le 25 août, le cherif Mohammed-el-Mehdi fit son entrée à Fès, où il fut reçu avec solennité. Cette fois, il avait de nombreuses vengeances à exercer et ne s'en fit pas faute. De plus, il exigea une rançon considérable de la malheureuse population qui avait eu tant de pillages et d'exactions à supporter dans ces dernières années. Mais aucune considération ne le toucha et ses vengeances eurent un caractère de froide et lâche cruauté ; en outre, il destitua Fès de son rang de capitale, lui laissa comme gouverneur son fils Moulaï Abd-Allah, et rentra à Maroc, pressé de s'occuper de la révolte des Berbères de l'Atlas qui durait toujours [1].

SALAH-REÏS ENLÈVE BOUGIE AUX ESPAGNOLS. — A peine de retour à Alger, Salah-Reïs s'occupa activement d'organiser une expédition contre Bougie. Rien ne peut donner une idée de l'abandon dans lequel ce malheureux poste était laissé : à peine contenait-il 500 hommes de garnison, mal armés, manquant de tout ; ses canons n'étaient pas capables de faire feu et les fortifications, que l'empereur avait, en 1511, donné l'ordre de compléter, étaient encore dans un triste état. L'ingénieur Librano, chargé de les reconstruire, avait soulevé un conflit contre le gouverneur, Don Luis de Peralta, et l'un et l'autre ne cessaient d'adresser au gouvernement central plainte sur plainte. Mais, à ce moment, le puissant empereur, dompté par la maladie, aigri par les revers, préparait dans les Flandres son abdication, négligeant les principales affaires de l'état et s'intéressant fort peu à un petit poste d'Afrique.

Après avoir donné l'ordre d'expédier sur Bougie 22 galères chargées du gros matériel et de l'artillerie, Salah-Reïs quitta Alger, vers la fin du mois de juin 1555, à la tête de 3,000 Turcs et renégats. A son passage par la Kabilie, son allié, Ben-el-Kadi, lui amena les contingents de cette région formant un effectif considérable, et bientôt cette immense armée descendit dans la vallée de l'Ouad-Sahel, tandis que la flotte mouillait au fond du golfe. Par hasard, la barre de la Soumam n'existait pas, ce qui permit aux galères de pénétrer dans la rivière et de décharger leur cargaison sur les berges. Le débarquement de l'artillerie et du matériel, le transport du canon sur les collines prirent un temps considérable et ce fut seulement le 15 septembre que les assiégeants se trouvèrent en état d'ouvrir le feu.

La garnison espagnole, répartie dans les forts par petits groupes, avait dû assister impassible à ces préparatifs ; en deux jours le château de l'empereur, appelé par les indigènes Bordj-Moussa

1. *Nozhet-El-Hadi*, p. 26, 27 du texte arabe, 56 et suiv. de la trad. — Diégo de Torrès, *Histoire des Cherifs*, p. 378 et suiv. — Abbé Godard, *Maroc*, p. 465 et suiv.

(et par nous fort Barral), fut renversé par les feux convergents de deux batteries de siège de 6 à 8 pièces, ce qui s'explique par les déplorables conditions dans lesquelles cette construction avait été élevée : « chaque boulet y faisait une brèche ». Don Pedro, qui y commandait avec 150 hommes, reçut l'ordre de l'évacuer et rentra à la Kasba par le souterrain la faisant communiquer avec cet ouvrage, après avoir fait sauter ce qui restait debout. Le fort de la mer (bordj Abd-el-Kader), résista pendant cinq jours. Sur les 60 hommes qui le défendaient, 43 encore vivants furent fait prisonniers. Le commandant et le reste de la garnison s'étaient réfugiés dans la Kasba, où la défense était énergique ; mais le canon des assiégeants y eut bientôt pratiqué des brèches. Le 27, les Turcs se lancèrent à l'assaut. Ils furent repoussés après une lutte acharnée ; cependant Peralta jugea dès lors la résistance inutile et céda à la proposition du pacha lui offrant une capitulation honorable et la promesse de la liberté à tous ; il devait en outre leur fournir les vaisseaux nécessaires pour les rapatrier en Espagne (28 septembre).

Mais ces conditions ne furent pas exécutées ; les Espagnols valides se virent réduits en esclavage, et tous entièrement dépouillés même de leurs vêtements. Seuls, le commandant et l'officier L. Gondinez furent chargés sur une mauvaise barque avec 120 compagnons, tous blessés ou hors d'âge, et on les abandonna au gré des flots. Après avoir supporté de grandes souffrances, ces malheureux abordèrent à Alicante. Peralta, arrêté, fut traduit devant un conseil de guerre et condamné à mort en punition de sa faiblesse ; car on ne peut admettre qu'il ait, comme on l'en a accusé, stipulé pour lui seul et quelques amis, en traitant avec Salah-Reïs. Le bourreau lui trancha la tête à Valladolid.

Ainsi la fortune favorisait toutes les entreprises du pacha. Il laissa à Bougie 400 hommes de garnison sous le commandement d'Ali-Sardou et rentra à Alger rapportant un riche butin. Des ordres furent laissés par lui pour que les fortifications de Bougie fussent remises en état et complétées. L'Espagne avait occupé Bougie pendant 45 ans [1].

MORT DE SALAH-REÏS. HASSAN-CORSO CONDUIT UNE EXPÉDITION CONTRE ORAN, PUIS EST RAPPELÉ PAR ORDRE DE LA PORTE. — Après ce

---

[1]. *Documents des archives de Simancas* (*Lettres de l'ingénieur Librano et Mémoire de Peralta*). Revue afric., n° 124, p. 267, 280 et suiv. — Haëdo, *Rois d'Alger* (loc. cit., p. 278 et suiv.). — Féraud, *Hist. de Bougie* (Rec. de la Soc. archéol., de Constantine 1869, p. 257 et suiv. — De Grammont, *Hist. d'Alger*, p. 81, 82.

facile succès, il n'est pas surprenant que Salah-Reïs ait songé à expulser d'Oran les Espagnols. Jugeant, avec raison, qu'il ne fallait pas perdre de temps, il sollicita de la Porte de puissants renforts et prépara son expédition dans un vaste camp, dressé au cap Matifou. Mohammed, propre fils du beylarbeg, chargé de porter en Orient les trophées de Bougie et d'obtenir les renforts demandés, réussit à merveille et amena bientôt à Matifou 40 galères portant 6,000 hommes. Le sultan ordonnait, qu'après avoir enlevé Oran aux infidèles, l'armée allât jusqu'au Maroc, châtier le cherif qui avait osé le braver et dont on connaissait les négociations avec les Espagnols d'Oran. Le gouverneur de cette ville s'était effectivement engagé à mettre à sa disposition une armée importante, à condition qu'il la payât, et à coopérer avec lui à une attaque contre Alger pour en chasser les Turcs. Mais il exigea la consignation de la somme d'avance par le cherif qui, de son côté, demandait la remise d'un des fils du comte d'Alcaudète en otage, et ces difficultés retardèrent la conclusion de la convention ; puis ce fut Philippe II, lui-même, qui ajourna l'autorisation nécessaire.

4,000 Turcs et 30 galères avaient déjà été groupées par Salah-Reïs, au moyen des forces dont il disposait, et il allait donner le signal du départ, lorsqu'il fut frappé par la peste qui régnait alors à Alger et expira dans l'espace de vingt-quatre heures, à l'âge de 70 ans (1556).

Bien que le beylarbeg eût atteint un âge qui ne permettait pas de compter sur de longs services, sa mort inopinée, dans un tel moment, fut pour la Porte un véritable malheur. Sans attendre les ordres du sultan, le Khalifa, Hassan-Corso, se mit à la tête de l'armée et prit la route de l'ouest, tandis que la flotte cinglait vers Mostaganem où devait être le quartier-général. Après une station dans cette localité, les navires chargés de l'artillerie allèrent aborder à la plage de Aïn-Trouk, au pied du cap Falcon. Les canonniers escaladèrent alors, avec leur matériel, les hauteurs, contournèrent le plateau du Santon et vinrent descendre, non sans audace, en avant de Ras-el-Aïn.

L'armée étant arrivée par terre, le siège commença aussitôt. Deux batteries furent installées au sud et à l'ouest de la ville et, après une courte résistance, le château des Saints fut emporté et ses défenseurs périrent sous le fer des vainqueurs. Ce premier succès encouragea les assiégeants qui redoublaient d'ardeur, lorsqu'un ordre du sultan, apporté par le renégat Euldj-Ali, prescrivit le renvoi de toutes les galères dans l'archipel pour les opposer à André Doria. Dans ces conditions, il ne restait à Hassan-Corso qu'à lever le siège et à se mettre en retraite, ce qu'il fit, inquiété par les Espagnols, qui lui enlevèrent même une partie de son artillerie[1].

Révolte de Hassan-Corso. — Le pacha Mohammed-Tekelerli s'empare d'Alger. Il est assassiné par les Yoldachs. — Hassan, fils de Kheïr-ed-Dine, revient a Alger. — La brusque entrave mise par la Porte aux succès de Hassan-Corso devant Oran, le retour de l'armée algérienne dans de pénibles conditions, au moment où elle semblait certaine du succès, avaient profondément blessé les Yoldachs. Cette irritation fut portée à son comble lorsqu'on apprit la nomination du turc Mohammed-Tekelerii pacha, comme beylarbeg d'Alger. Les janissaires, agissant sans doute sous la pression de leur général Hassan-Corso, jurèrent de ne pas recevoir le nouveau chef et des ordres furent expédiés aux commandants des ports pour qu'ils le repoussassent, s'il se présentait.

Dans le mois de septembre 1556, le nouveau beylarbeg, venant d'Orient avec une escadre de 8 galères, se présenta devant Bône, que les Turcs occupaient alors, et fut reçu à coups de canons; plus loin, à Bougie, il rencontra même accueil. Enfin il arriva au cap Matifou et salua par un coup de canon, selon l'usage, mais la garnison du fort, loin de lui répondre avec courtoisie, lui fit comprendre que ses intentions étaient hostiles. Le pacha se trouvait fort embarrassé, n'ayant pas avec lui de forces suffisantes pour attaquer Alger. Il était même sur le point de retourner en Orient, lorsqu'il reçut, de la corporation des reïs, ou corsaires d'Alger, la proposition de lui ouvrir l'entrée du port. Ces marins, en effet, qui enrichissaient la ville des produits de la course, étaient fort irrités des exigences et de la suprématie des Yoldachs. Grâce à eux, Mohammed-Tekelerli pénétra, de nuit, dans le port, débarqua son monde et se porta, au milieu de grandes acclamations et suivi par les reïs et la foule, sur le palais. En vain Hassan-Corso, se voyant perdu, essaya de sauver sa vie par une soumission tardive. Le beylarbeg le fit charger de chaînes et, peu après, on le jetait contre les crochets de la porte Bab-Azzoun, où il demeura suspendu par le flanc durant trois jours, avant de mourir. Ali-Sardo, commandant de Bougie, ayant été appelé à Alger, subit la torture et le supplice du pal. Ainsi l'autorité resta au représentant de la

---

1. Général de Sandoval, *Les inscriptions d'Oran* (Revue afric., n° 88, p. 283, 284). — *Documents des archives de Simancas* (Revue afric., n° 124, p. 268 et suiv.). — Haëdo, *Rois d'Alger* (Rev. afric., n° 142, p. 283 et suiv.). — Fey, *Hist. d'Oran*, p. 93, 94. — De Grammont, *Hist. d'Alger*, p. 83.

Porte et l'arrogance des Yoldachs fut abaissée, tandis que celle des reïs devenait d'autant plus grande.

Cependant, le beylarbeg ne jouit pas longtemps de son succès. A la fin d'avril 1557, Mohammed-Tekelerli, ayant quitté Alger, soit pour fuir la peste qui désolait cette ville, soit pour aller aux bains des Bir'a, fut surpris dans son camp, près du cap Caxime, par un groupe de janissaires, conduits par le caïd Youssof, renégat calabrais, commandant de Tlemcen, qui était accouru pour venger la mort de son chef, Hassan-Corso. En même temps, d'autres Yoldachs conjurés s'emparaient des portes, car les reïs étaient presque tous partis en course. Le pacha eut le temps de sauter à cheval et de fuir à toute bride vers Alger ; mais il trouva les portes fermées et fut accueilli par des huées ; il se réfugia alors dans la petite koubba de Sidi-Yakoub, près du fort l'Empereur, où ses ennemis l'atteignirent et le tuèrent. Les janissaires se répandirent ensuite dans la ville, la mirent au pillage et exercèrent de sanglantes représailles contre leurs adversaires et tous les serviteurs du pacha, pour la plupart renégats. Youssof étant mort sur ces entrefaites, soit de la peste, soit dans quelque bagarre, les Yoldachs reconnurent provisoirement l'autorité du caïd Yahïa, vieillard qui avait déjà exercé divers commandements et qui sut faire rentrer la ville dans le calme.

Ces nouvelles causèrent en Orient une grande inquiétude. Aussi le sultan, connaissant la puissance des souvenirs laissés à Alger par les Barberousse et l'influence que Hassan, fils de Kheïr-ed-Dine, y avait conservée, se décida à l'y renvoyer comme beylarbeg. Dans le mois de juin, Hassan arriva avec une flotte de 20 navires, jeta l'ancre dans le port et prit, sans difficulté, possession du pouvoir [1].

LE PACHA HASSAN FAIT ASSASSINER MOHAMMED-EL-MEHDI AU MAROC. RÈGNE DU CHERIF MOULAÏ ABD-ALLAH. — Vers le mois de juin 1557, le cherif Mohammed-el-Mehdi, voulant profiter des troubles dont Alger était le théâtre et de l'affaiblissement de la garnison de Tlemcen, vint, à la tête d'une armée, attaquer cette ville, ou peut-être y envoya-t-il simplement un corps expéditionnaire, sous le commandement d'un de ses fils et du caïd Mansour. Les Espagnols

---

1. De Voulx, *Première révolte des Janissaires* (Revue afric., n° 85.) — Watbled, *Documents inédits sur l'assassinat du pacha Mohammed Tekelerli* (Revue afric., n° 89, p. 335 et suiv.). — Haédo, *loc. cit.*, n°s 143, 144. — De Grammont, *loc. cit.*, — *Documents des archives de Simancas* (Revue afric., n° 124, p. 284 et suiv.).

d'Oran devaient l'aider dans cette entreprise ; mais il attendit en vain leurs contingents, soit que le comte d'Alcaudète fût alors en Europe pour solliciter l'envoi de troupes, soit que la faiblesse de la garnison ne permit pas de dégarnir ses remparts. Les assiégeants s'emparèrent de la ville, mais ne purent se rendre maîtres du Mechouar où les Turcs, au nombre de 100, se retranchèrent, sous le commandement du caïd Saffah. L'armée cherifienne se retira, laissant à Tlemcen le caïd Mansour avec quelques troupes sous le canon des Turcs du Mechouar.

Cependant Hassan, fils de Kheïr-ed-Dine, en apprenant, à son arrivée à Alger, ces nouvelles, se décida à se débarrasser de son dangereux voisin de l'Ouest par l'assassinat, puisqu'il ne pouvait l'attaquer en face. Le Khakan, effrayé de la puissance du cherif et de certaines rodomontades qui étaient venues jusqu'à lui[1], irrité de son alliance avec les Espagnols, avait donné au pacha l'ordre de lui envoyer sa tête. Hassan trouva alors un de ses officiers, homme résolu, nommé Salah-Kahïa, qui se chargea d'aller en plein Maroc tuer le cherif. Ayant choisi, à cet effet, un groupe de cavaliers déterminés, il arriva avec eux à Fès et se présenta à Moulaï Abd-Allah comme déserteur des étendards du beylarbeg. Le fils du cherif, sachant que son père avait une haute estime pour un groupe de Turcs passés à son service, lors de la précédente expédition, leur fit bon accueil et les lui envoya à Maroc où ils furent incorporés dans cette garde. Au mois de septembre, Mohammed-el-Mehdi, malgré son grand âge, organisa une expédition contre les Berbères rebelles du Deren et y emmena ses Turcs. Un jour qu'il stationnait dans une localité appelée Aglaguel, il s'amusa à faire évoluer devant lui ses cavaliers turcs et ceux-ci en profitèrent pour s'approcher de sa tente ; puis le kahïa Salah, étant descendu de cheval, s'approcha comme pour le saluer ; en se baissant, il porta la main à son cimeterre; à cette vue, un affranchi cria au cherif de fuir, mais celui-ci, s'embarrassant dans une corde, roula à terre, et les conjurés se jetèrent sur lui et lui coupèrent la tête ; après avoir tué le fidèle serviteur et enlevé de la tente les objets de valeur, ils remontèrent à cheval et prirent la route du cap d'Aguer où ils espéraient trouver des vaisseaux qui les auraient ramenés à Alger. Ils atteignirent le littoral sans encombre, mais n'y trouvèrent aucun navire et, changeant de direction, se portèrent sur Taroudent que la garnison cherifienne leur abandonna.

1. Le cherif aurait manifesté l'intention d'aller s'emparer de la Mekke et de chasser le « sultan des poissons, » — ainsi appelait-il, le puissant chef des Turcs, — du trône du Khalifat.

L'assassinat du souverain avait jeté le plus grand trouble dans l'armée. La nouvelle en étant parvenue à Maroc, le prince Abd-el-Moumène laissa cette ville sous le commandement du caïd Ali-ben-Bou-Beker et rejoignit le camp. Il envoya d'abord à Maroc, le corps mutilé de son père, puis se mit à la poursuite des Turcs. A l'approche des cherifiens, le kahïa Salah et ses compagnons sortirent de Taroudent et prirent la route de Sidjilmassa, mais ils furent atteints par Abd-el-Moumène et, malgré une résistance acharnée, périrent en combattant. D'après une tradition rapportée par le Nozhet-el-Hadi, quelques Turcs, porteurs de la tête du cherif, seraient parvenus à s'échapper et à gagner Alger ; de là, le lugubre trophée aurait été envoyé en Orient et cette tête serait restée accrochée à une muraille de Constantinople, jusqu'à ce qu'elle tombât en poussière.

Après avoir ainsi vengé son père, Abd-el-Moumène rentra à Maroc, où il trouva son frère Abou-Mohammed-Abd-Allah, arrivé de Fès et ayant pris en main l'autorité. Il apprit alors, qu'après son départ de Maroc, le caïd Ali avait fait mettre à mort le vieux cherif Abou-l'Abbas-el-Aaradj et sept de ses enfants ou neveux, qui étaient détenus avec lui dans cette ville.

Peu après, Moulaï Abou-Mohammed-Abd-Allah était officiellement reconnu à Maroc comme successeur de son père. Il nomma son frère, Abd-el-Moumène, gouverneur de Fès et partagea les autres commandements entre ses frères et neveux. Abd-Allah était alors un homme de 40 ans, de taille moyenne, aux grands yeux noirs, à la figure ronde, au teint foncé, avec des traits vulgaires. Il prit le surnom d'El-R'aleb-b'Illah (le vainqueur par l'appui de Dieu) et ce que nous savons de son peu de courage donne un caractère particulier à ce surnom. Nous allons voir se manifester de plus tristes effets de sa mauvaise nature (1557)[1].

APPRÉCIATION DU CARACTÈRE DE MOHAMMED-EL-MEHDI, FONDATEUR DE L'EMPIRE DES CHERIFS SAADIENS. — Le rôle de Mohammed-el-Mehdi, dans la fondation de l'empire des cherifs saadiens du Mag'reb se substituant à celui des Merinides, a été trop important pour que nous ne lui consacrions pas un paragraphe spécial. Nous avons dit les premiers succès des deux frères, combattant pour la foi contre les chrétiens, dans la voie tracée par leur père. La supériorité de Mohammed-el-Mehdi sur son frère aîné, Abou-l'Abbas,

---

1. *Nozhet-El-Hadi*, p. 36 et suiv. du texte arabe, 67 et suiv. de la trad. — Diégo de Torrès, *Hist. des Chérifs*, p. 394 et suiv. — Abbé Godard, *Maroc*, p. 467 et suiv.

était manifeste et ne tarda pas à le pousser à prendre le pouvoir ; les maladresses de son frère lui en fournirent l'occasion, mais il y a lieu d'être surpris de sa longanimité pour lui ; car, selon les usages du temps, il ne manquait pas de prétextes pour le mettre à mort. Il fit, il est vrai, périr ses fils aînés, mais les circonstances étaient critiques, alors qu'il venait à peine de triompher d'eux à Tafilala, et qu'il avait en face de lui un adversaire aussi redoutable qu'Abou-Hassoun, avec lequel ils étaient alliés.

La souplesse d'esprit de Mohammed-el-Mehdi égalait son courage et sa ténacité. S'il n'était tombé victime d'un guet-apens réalisé dans les mêmes conditions que celui dans lequel il avait fait périr Abou-Hassoun, il est certain, qu'allié aux Espagnols, il aurait causé de terribles embarras à l'empire turc d'Alger. Ce fut, en outre, un administrateur ; et, comme il lui fallait de l'argent, il s'appliqua à refondre et à réorganiser le système des impôts que l'impuissance des derniers Merinides avait laissé tomber en désuétude, supprima les exemptions et contraignit chacun au payement. Il se rappela que le cadastre avait été établi par Abd-el-Moumène sur les terres du Mag'reb, et frappa d'un impôt foncier les parties productives.

La plupart des contribuables payaient en nature, mais suivant des tarifs anciens qu'il revisa, leur laissant le choix de solder en espèces. Il put, ainsi, faire exécuter des travaux d'utilité publique tels que le port d'Agadir, sur l'Océan, et l'endiguement de l'Oum-Er-Rebïa. Ce fut à lui qu'on dut également l'extension de la fabrication du sucre dans le Sous, ce qui devint, pour l'empire, une source productive de revenus.

La suppression des faveurs accordées aux marabouts lui aliéna un grand nombre d'entre eux qui regrettaient le temps des Merinides. Mais il sut les surveiller et tenir en bride. Torrès, qui le connaissait bien, nous le peint au physique de la manière suivante : « Il était de moyenne taille, fort en ses membres, le visage rond, les yeux grands et joyeux ; il était blanc, avec deux dents d'en haut fort grandes[1], la barbe longue et grise, faite en rond, portait les cheveux frisés ». Il laissait six enfants : trois fils et trois filles. C'était un homme instruit et, malgré son origine, assez porté à se rapprocher des chrétiens. Il avait absolument abandonné les coutumes bédouines pour prendre les usages raffinés de ses prédécesseurs merinides[2].

---

1. On sait que les Arabes considèrent le développement des deux incisives supérieures médianes comme un caractère de la noblesse de race (chorf).

2. Diégo de Torrès, *Hist. des Chérifs*, p. 399, 400. — *Nozhet-El-*

EXTINCTION DES DYNASTIES MERINIDE ET ZEYANITE. — Les événements relatés dans ce chapitre font connaître la disparition définitive des dynasties merinide et abd-el-ouadite qui régnaient depuis trois siècles sur les deux Mag'reb, mais avaient depuis longtemps perdu toute force et toute indépendance.

Abou-Hassoun, le dernier des Merinides, lutta courageusement et, au lieu de la mort du guerrier qu'il était en droit d'attendre, succomba sous les coups d'un traître ; sa figure ne manque pas d'intérêt, sinon de grandeur, et sa fin couronne honorablement les derniers jours de sa dynastie. Nous avons dit que ses fils périrent misérablement en cherchant à aborder en Espagne. Désormais cette dynastie n'a plus de représentants connus.

Quant au descendant du rude Yar'moracene, il ne sut pas tomber avec honneur. Humble serviteur des Espagnols, ce prince, que nous trouvons désigné sous le nom de Moulaï-Hassen, et qui, du reste, n'était peut-être qu'un des prétendants qui se sont arraché si honteusement le pouvoir pendant les derniers jours de leur dynastie, vint, avec sa famille, chercher un refuge auprès des chrétiens d'Oran (vers 1534). Il y mourut de la peste, trois ans plus tard ; son fils, baptisé sous le nom de Carlos, ayant le puissant Charles V pour parrain, passa en Espagne et s'éteignit obscurément dans une province de Castille[1].

APPENDICE

CHRONOLOGIE DES SOUVERAINS MERINIDES ET ZEYANITES

SULTANS MERINIDES	DATE DE L'AVÉNEMENT
Othman Aderg'al, fils d'Abd-el-Hak. . . .	1217
Mohammed, frère du précédent.	1239
Abou-Yah'ia-Abou-Beker, frère des précédents	1244
Omar, fils du précédent.	1258
Abou-Youssof-Yakoub, quatrième fils d'Abd-el-Hak.	1259
Abou-Yakoub-Youssof, dit En-Nacer-li-Dine-Allah.	fin mars 1286

Hadi, p. 23 et suiv., 38 et suiv. du texte arabe, 70 et suiv. de la traduction.

1. Abbé Bargès, *Complément de l'histoire des Beni-Zeyane*, p. 464, 465.

SULTANS MERINIDES (suite)	DATE DE L'AVÈNEMENT
Abou-Thabet-Amer, petit-fils du précédent.	14 mai 1307
Abou-Rebïa-Slimane, frère du précédent.	fin juillet 1308
Abou-Saïd-Othmane, fils de Yakoub.	novembre 1310
Abou-Ali, son fils (à Sidjilmassa).	1315
Abou-l'Hassen-Ali, fils d'Abou-Saïd.	octobre 1331
Abou-Einane, fils du précédent.	juillet 1348
Es-Saïd, fils du précédent.	30 novembre 1358
Abou-Salem-Ibrahim, frère du précédent.	juillet 1359
Abou-Omar-Tachefine, frère du précédent.	19 septembre 1361
Abd-el-Halim, petit-fils d'Abou-Saïd.	novembre 1361
Abou-Zeyane-Mohammed, petit-fils d'Abou-l'Hacen.	fin 1361
Abd-el-Halim, susnommé, à Sidjilmassa.	fin 1361
Abd-el-Moumène, frère du précédent, le remplace à Sidjilmassa.	nov. et déc. 1362
Abd-el-Aziz, fils d'Abou-l'Hacen.	novembre 1366
Es-Saïd II, fils du précédent.	23 octobre 1372
Abou-l'Abbas-Ahmed, fils d'Abou-Salem.	juin 1374
Abd-er-Rahman-ben-Ifelloucen, à Maroc.	id.
Abou-l'Abbas, seul.	septembre 1382
Mouça, fils d'Abou-Einane.	mai 1384
El-Montaçar, fils d'Abou-l'Abbas.	août 1384
El-Ouathek, fils d'Abou-l'Fâdel.	oct.-nov. 1386
Abou-l'Abbas, susdit, pour la 2ᵉ fois.	septembre 1387
Abou-Farès, fils du précédent.	fin 1393
Abou-Saïd (ou Moulaï-Saïd), régnait vers.	1411
Saïd, Yakoub, ses deux frères, régnaient vers.	1421
Abd-Allah, fils d'Abou-Saïd.	1423
Mohammed, fils d'Abou-Einane.	?
Ahmed.	?
Lacune.	
Moulaï Bou-Hassoun régnait vers.	1458
Abd-Allah régnait vers.	1470
Moulaï-Saïd régnait vers.	1471
Moulaï-Ahmed.	?
Moulaï Nacer-Bou-Gantouf-el-Hentati, à Maroc.	1502
Moulaï-Mohammed, fils de Moulaï-Saïd.	1508
Moulaï-Ahmed, fils de Moulaï-Mohammed à Fès.	de 1520 à 1550

SULTANS MERINIDES (suite)	DATE DE L'AVÈNEMENT
Interruption par Mohammed-el-Mehdi, le cherif.	1550
Moulaï-Abou-Hassoun.	6 janvier 1554
Sa mort.	1 août 1554

EMIRS ABD-EL-OUADITES (OU ZEYANITES)	
Yar'moracène-ben-Zeyane.	1235
Othmane I, fils du précédent.	mars 1283
Abou-Zeyane I, fils du précédent.	1304
Abou-Hammou I, frère du précédent.	avril 1308
Abou-Tacheficne I, fils du précédent.	fin juillet 1318
Sa mort et 1re occupation merinide.	1 mai 1337
Abou-Saïd-Othman.	septembre 1348
Abou-Thabet.	juin 1352
2e occupation merinide.	juillet 1352
Abou-Hammou II.	janvier 1359
Est renversé en 1360 et remonte sur le trône la même année.	1360
Est renversé en 1370 et remonte sur le trône en	1372
— 1383 — en	1384
— 1387 — en	décembre 1387
Abou-Tachefine II, fils du précédent.	novembre 1389
Abou-Thabet-Youçof, fils du précédent.	1393 (Règne 40 j.)
Abou-l'Hadjadj, oncle du précédent.	1393 (Règne 10 m.)
Abou-Zeyane, frère du précédent.	novembre 1393
Abou-Mohammed-Abd-Allah, frère du précédent.	1398
Abou-Abd-Allah, dit El-Ouathek et Ibn-Khou-la, frère du précédent.	1401-1402
Moulaï-Saïd, frère du précédent.	1411
Abou-Malek-Abd-el-Ouahad, frère du précédent.	novembre 1411
Abou-Abd-Allah-Mohammed, fils d'Abou-Tachefine II.	1424
Abou-Malek susdit, 2e fois.	1428
Abou-Abd-Allah-Mohammed susdit, 2e fois.	1430
Abou-l'Abbas-Ahmed, fils d'Abou-Hammou II.	1431
Abou-Zeyane-Mohammed, fils d'Abou-Thabet, à Alger.	1438
El-Metaoukkel, fils du précédent, à Tenès.	1439

EMIRS ABD-EL-OUADITES (OU ZEYANITES) (suite)	DATE DE L'AVÈNEMENT
El-Metaoukkel, seul roi à Tlemcen. . . .	1461
Abou-Thabet-Mohammed, dit Thabeti. . .	1474
Abou-Abd-Allah-Mohammed, fils du précédent.	1505
Il devient vassal de l'Espagne.	1512
Abou-Zeyane, frère du précédent.	1516
Abou-Hammou III, oncle du précédent. . .	1516
Aroudj s'empare de Tlemcen et rétablit Abou-Zeyane.	fin 1517
Abou-Hammou III, rétabli par les Espagnols.	1518
Moulaï Mohammed-Abd-Allah, frère du précédent.	1528
Moulaï Abou-Zeyane-Ahmed, frère (ou fils) du précédent.	fin 1542
Moulaï Abou-Abd-Allah.	mars 1543
Moulaï Abou-Zeyane, susdit.	juin 1543
Occupation turque.	1550
Moulaï-Hassen se réfugie à Oran vers. . .	1554

CHAPITRE VI

DERNIÈRES LUTTES DE LA CHRÉTIENTÉ CONTRE LES TURCS POUR LA POSSESSION DE LA BERBÉRIE

1558-1570

Expédition infructueuse du beylarbeg Hassan contre le Maroc. — Attaque de Mostaganem par les Espagnols; désastre de l'armée. — Luttes du beylarbeg Hassan contre les Beni-Abbès; mort d'Abd-el-Aziz; son frère Amokrane lui succède. — Le cherif Moulaï Abd-Allah, après avoir fait périr ses parents, propose une alliance à Philippe II. — Expédition du duc de Médina-Céli contre Tripoli : il est défait par Piali-Pacha; désastre de l'expédition. — Le beylarbeg Hassan prépare une expédition contre le Mag'reb; il est déposé par les Yoldach; puis revient, pour la troisième fois, à Alger. — Expédition du beylarbeg Hassan contre Oran. — Héroïque défense de Mers-el-Kebir par Martin de Cordova. — Arrivée de la flotte chrétienne; le Beylarbeg lève le siège. — Siège de Malte par les Turcs; le beylarbeg Hassan est nommé capitan-pacha. — Gouvernement du pacha Mohammed, fils de Salah-Reïs. Révolte de Constantine; le pacha y rétablit son autorité. — Euldj-Ali, beylarbeg d'Alger. Il marche contre le hafside Ahmed et s'empare de Tunis. — Révolte des Maures d'Espagne. Ils sont vaincus et dispersés.

EXPÉDITION INFRUCTUEUSE DU BEYLARBEG HASSAN CONTRE LE MAROC. — Dans le mois de février 1558, le beylarbeg Hassan, espérant profiter de l'effet produit par l'assassinat du cherif, se mit en marche vers l'ouest, à la tête d'une armée imposante et, en même temps, envoya sa flotte à R'assaça, pour l'y recevoir en cas d'échec. Le nouveau cherif, Moulaï Abd-Allah, ou peut-être son frère, Moulaï Abd-el-Moumène, sortit à sa rencontre et lui offrit la bataille, près de l'Ouad-el-Leben, dans le canton de Fès. Les Turcs paraissent y avoir été battus et contraints de se réfugier sur une montagne. Ayant alors appris que les Espagnols d'Oran et leurs alliés se disposaient à lui couper la retraite, Hassan congédia ses auxiliaires, se replia en bon ordre sur le littoral et gagna R'assaça où ses vaisseaux l'attendaient; puis il rentra à Alger et ses panégyristes passèrent sous silence ce grave échec qui consacrait la succession du nouveau cherif.

Haédo place l'expédition de Hassan en juin 1557, c'est-à dire aussitôt après son arrivée à Alger et avant l'assassinat du cherif. Le *Nozhet-el-Hadi* nous donne heureusement la date exacte de cette expédition. (Djoumada-el-Aoula, 965)[1].

ATTAQUE DE MOSTAGANEM PAR LES ESPAGNOLS. — DÉSASTRE DE L'ARMÉE. — Nous avons vu, dans le chapitre précédent, que le comte d'Alcaudète n'avait pu soutenir le cherif dans sa tentative sur Tlemcen, de sorte que les Turcs étaient restés maîtres du Mechouar. Le gouverneur d'Oran se trouvait alors en Espagne, multipliant les démarches, les prières même, afin d'obtenir les renforts nécessaires pour une action décisive à exécuter de concert avec le cherif ; mais le roi Philippe II était retenu au loin et le grand conseil, comme toutes les réunions dans lesquelles la responsabilité de la décision se subdivise, n'aboutissait à rien ; fâcheux retard qui permettait au beylarbeg de se débarrasser par l'assassinat de son plus redoutable ennemi. Ce fut après cet événement, qui renversait toutes les combinaisons du comte, qu'on lui accorda enfin 6,500 hommes, alors qu'il eût mieux valu persister dans le refus, puisqu'il était trop tard, et attendre une autre occasion.

Au commencement de l'été 1558, ces troupes d'élite s'embarquèrent à Malaga et vinrent se concentrer à Oran. Le comte se décida alors à les employer à une expédition contre Mostaganem et s'entendit à cet effet avec le caïd Mansour, de Tlemcen, qui lui promit l'appui de nombreux contingents. Mostaganem enlevé, l'armée victorieuse pénétrerait dans la province d'Alger, et après avoir pris Miliana, qui commande la route du Magr'eb, viendrait bloquer la capitale des Turcs. Ce plan, qui aurait pu avoir de grandes chances de succès l'année précédente, avec le concours d'une puissante armée cherifienne, était bien hardi, maintenant qu'on avait laissé, à un homme aussi énergique que Hassan, le temps de préparer sa résistance.

Le 22 (ou le 26) août, l'armée espagnole, forte d'une dizaine de mille hommes, avec de l'artillerie et du matériel, quitta Oran et fut rejointe par le caïd Mansour amenant des goums. On arriva sans encombre à Arzéou ; mais on commença alors à être inquiété par les Turcs de Tlemcen et leurs partisans qui attaquaient la queue de la colonne. Enfin, le quatrième jour, après avoir traversé les marais de la Makta, l'armée atteignit Mazagran. Cette place fut enlevée, à la suite d'un brillant combat.

Sur ces entrefaites, quatre galiottes chargées de munitions et de

---

1. *Nozhet-El-Hadi*, p. 50 du texte arabe, 91 et suiv. de la trad. — Haédo, *loc. cit.*, p. 352.

vivres, qui avaient été expédiées d'Oran, furent prises dans le golfe d'Arzéou, sous les yeux de l'armée, par les galères des reïs d'Alger. L'effet moral de ce contre-temps fut déplorable, car, non seulement l'armée commençait à souffrir de la faim, mais encore elle manquait de projectiles et on dut en fabriquer à la hâte avec les pierres du fort de Mazagran. Dans de telles conditions, un général plus hardi, ou plus jeune, aurait brusqué l'attaque en faisant comprendre à ses soldats qu'il n'y avait pas d'autre chance de salut. Les troupes, du reste, ne manquaient pas d'ardeur et, dès le lendemain, elles s'avancèrent contre Mostaganem et repoussèrent avec une telle vigueur une sortie des Turcs, que quelques Espagnols escaladèrent le mur d'enceinte et y plantèrent le drapeau de Castille. Peut-être, comme certains auteurs l'ont écrit, si cette initiative avait été soutenue, se fût-on rendu maître de la place ; mais le comte fit sonner la retraite et procéder à un siège régulier.

On apprit alors que le beylarbeg Hassan accourait d'Alger, avec 5 ou 6,000 hommes de troupes régulières, et que des goums nombreux l'avaient rejoint en route ; les assiégés reprirent courage. Bientôt, l'armée de secours apparut. A cette vue, le comte d'Alcaudète, comprenant sa faute, ordonna, la rage dans le cœur, un nouvel et furieux assaut qui fut repoussé, grâce au concours de l'armée algérienne. Il ne restait plus qu'à partir, et cette retraite qui, si elle avait été ordonnée dès l'approche de l'armée algérienne, aurait pu s'effectuer en bon ordre, commença la nuit même, dans un désordre inexprimable, au milieu des lamentations des blessés et des malades qu'on abandonnait à la fureur de l'ennemi. Heureux ceux qui étaient morts glorieusement dans les journées précédentes ! Le comte d'Alcandète se jeta au devant des fuyards, pour les ramener au combat, et fut renversé de son cheval et foulé aux pieds par ses soldats qui le laissèrent dans les remparts de Mazagran. Son fils, don Martin, fit les plus louables efforts pour sauver l'honneur du nom castillan, mais tout demeura inutile. Les goums du caïd Mansour avaient fui ou s'étaient joints à l'ennemi, de sorte que les Espagnols, affolés, poursuivis l'épée dans les reins par les Turcs de Monstaganem, poussés vers la mer par des nuées de cavaliers, venaient se jeter éperdus contre le corps des Turcs de Tlemcen, commandés par le renégat Eludj-Ali, et étaient égorgés. Le désastre fut complet ; à peine quelques hommes parvinrent-ils à Oran : tout le reste avait été massacré ou pris (9 septembre). Cette défaite fut le plus rude coup porté à l'occupation espagnole d'Oran ; la garnison se trouva, depuis lors, constamment bloquée et aucun indigène n'osa rester fidèle. Don Martin avait été fait prisonnier ; on lui remit le cadavre de son père et il obtint de l'expédier à Oran, où il fut inhumé ; sa perte fut vivement ressentie, car il avait rendu les plus grands services et connaissait bien les hommes et les choses du pays ; malheureusement, l'Espagne était trop occupée ailleurs, et le capitaine-général d'Oran demeurait abandonné, sans forces, malgré ses demandes pressantes. Peu après, le 19 septembre, avait lieu la mort de Charles V, auquel on cacha le désastre d'Oran[1].

LUTTES DU BEYLARBEG HASSAN CONTRE LES BENI-ABBÈS. — MORT D'ABD-EL-AZIZ ; SON FRÈRE AMOKRANE LUI SUCCÈDE. — Ainsi, toutes les tentatives faites pour détruire l'empire turc de Berbérie se retournaient contre leurs auteurs. Le fils de Kheïr-ed-Dine rentra glorieusement à Alger, et, tranquille sur la frontière occidentale, s'occupa de préparer une expédition contre Abd-el-Aziz, roi de la Kalâa des Beni-Abbès, dont la puissance avait augmenté et qui menaçait ouvertement Bougie. Uni à Ben-el-Kadi de Koukou, dont il avait épousé la fille, le beylarbeg cédait aussi aux instances de ce chef, qui lui promettait le concours des guerriers de la Kabilie du Djerdjera. Un grand nombre de renégats furent enrôlés et l'armée algérienne présenta bientôt un effectif imposant. Peut-être, ainsi que le prétendent certains auteurs, les Turcs tentèrent-ils d'abord, dans la région des Beni-Abbès, quelques expéditions qui n'aboutirent qu'à des échecs. Dans tous les cas, le beylarbeg résolut de marcher en personne contre son ennemi et, au mois de septembre 1559, il quitta Alger à la tête d'un corps important de mousquetaires turcs soutenus par des contingents kabiles et arabes ; il s'avança jusque dans la plaine de la Medjana, où il construisit ou releva le fort du même nom, y plaça deux cents hommes de garnison et alla ensuite au lieu dit Zammora et y éleva un autre fort qui reçut une garde égale en nombre à celle de Medjana. Son but était, non seulement de contenir les turbulents Beni-Abbès, mais d'assurer les communications avec Constantine, dont la route était presque toujours interceptée.

Hassan rentra à Alger, laissant en outre de ces forces, un corps de 400 Turcs, appuyé par des goums arabes en observation. Mais, à peine était-il parti, qu'Abd-el-Aziz fondit sur le corps d'observation et le tailla en pièces. A cette nouvelle, la garnison

---

1. Haëdo, *loc. cit.*, p. 354 et suiv. — Général de Sandoval, *Les inscriptions d'Oran* (Revue afric., n° 89, p. 353 et suiv.).— De Grammont, *Hist. d'Alger*, p. 89. — Valsin Esterhazy, *Domination turque*, p. 155 et suiv. — Rosseeuw Saint-Hilaire, *Hist. d'Espagne*, t. VIII, p. 197 et suiv. — L. Fey, *Hist. d'Oran*, p. 98 et suiv.

de Bordj-Medjana évacua le fort, que le chef des Beni-Abbès vint démanteler.

Le beylarbeg organisa aussitôt une nouvelle expédition et, soutenu par les contingents de Ben-el-Kadi, marcha contre la Kalâa des Beni-Abbès. Abd-el-Aziz y avait réuni toutes ses forces ; il tenta d'opposer à ses ennemis une résistance sérieuse ; mais la tactique des Turcs et la discipline de leurs renégats triomphèrent du courage des Kabiles. Bientôt, Ben-el-Kadi fit flotter ses étendards sur le château de son rival. A cette vue, Abd-el-Aziz, enflammant le courage de ses guerriers, les ramène, par un mouvement tournant, contre les Turcs, qu'il parvient à couper et à isoler sur un mamelon couronné du cimetière de sa famille, où ils s'étaient retranchés. Il les assaille avec fureur et la victoire semblait certaine, lorsqu'il tombe percé de coups de feu. Cette mort arrêta le mouvement des Beni-Abbès, tandis que les Turcs, reprenant courage, sortaient de leurs retranchements et les forçaient à la retraite. Le cadavre d'Abd-el-Aziz resta entre les mains des Yoldachs qui envoyèrent sa tête à Alger.

Les Beni-Abbès élurent alors comme chef le frère d'Abd-el-Aziz, nommé Amokrane[1] ; et celui-ci, moins chevaleresque peut-être que son prédécesseur, sut éviter les grandes batailles contre les Turcs, mais, en les inquiétant sans cesse, les força à évacuer un pays où ils éprouvaient des pertes continuelles et manquaient de tout. Dans cette campagne, le beylarbeg avait obtenu, comme succès, la mort de son ennemi. Mais il se trouvait que celui qui l'avait remplacé était peut-être plus dangereux et que la route de Constantine restait interceptée ; le résultat de tant d'efforts était donc négatif. Amokrane ne tarda pas à étendre son autorité vers l'est et vers le sud[2].

LE CHERIF MOULAÏ ABD-ALLAH, APRÈS AVOIR FAIT PÉRIR SES PARENTS, PROPOSE UNE ALLIANCE A PHILIPPE II. — Nous avons vu, au chapitre précédent, qu'après avoir pris le gouvernement de l'empire du

---

1. Ce nom, qui s'ajoute généralement à celui de Mohammed, signifie en berbère l'*aîné*, par opposition à Amziane, le *cadet* ; sur le nom Amokrane les indigènes ont formé l'adjectif relatif *mokrani*, devenu le nom patronymique de la famille. Il y a un curieux rapprochement à faire entre les conditions de la mort du rebelle Mokrani, en 1871, et celle du fondateur de sa maison, Abd-el-Aziz.

2. Féraud, *Les Mokranis seigneurs de la Medjana* (Rec. de la Soc. archéol. de Constantine, 1871-1872, p. 223 et suiv.). — De Grammont, *Hist. d'Alger*, p. 90, 91. — Haëdo, *loc. cit.*, p. 357 et suiv. — Marmol et Gramaye, passim.

Mag'reb, le chérif Abou Mohammed-Abd-Allah avait confié à ses frères le commandement des principales villes. C'est ce qui nous a amené à penser que le beylarbeg Hassan avait été repoussé, dans sa tentative sur Fès, par Moulaï Abd-el-Moumène, prince hardi et habile qui commandait cette place. Le nouveau sultan, peu aimé, en raison de sa cruauté et de son peu de courage, ne tarda pas à prendre ombrage de la popularité dont jouissaient ses frères et neveux ; de là à décider leur mort, il n'y avait pas loin. Ayant donc appelé trois d'entre eux, son frère qui commandait à Taroudent et ses deux neveux, gouverneurs de Derâa et de Meknès, il leur fit trancher la tête, ainsi qu'au caïd Ali-ben-Bou-Beker, à Maroc. Il manda ensuite auprès de lui son frère Moulaï Abd-el-Moumène, commandant de Fès ; mais celui-ci, après avoir répondu qu'il allait se rendre à Maroc, partit, au mois de février 1559, puis, changeant de direction, gagna rapidement la frontière passa à Tlemcen et, de là, vint à Alger demander aide et protection au beylarbeg. Bien accueilli par Hassan, auquel il donna de précieux renseignements sur le Mag'reb, il reçut, avec une des filles du pacha, le gouvernement de Tlemcen, où il alla s'installer.

Ces événements décidèrent le chérif Abd-Allah à reprendre les pourparlers avec le roi d'Espagne, afin de s'entendre pour une action commune contre les Turcs. S'il faut en croire l'historien marocain Ibn-el-Kadi, cité dans le *Nozhet*, le sultan de Maroc aurait abandonné aux chrétiens, comme gage de son bon vouloir, le port de Badis. Philippe II était alors fermement décidé à agir en Afrique ; mais il venait de donner des ordres pour une grande expédition contre Tripoli et, n'ayant pas de forces disponibles, il dut ajourner sa réponse aux propositions du chérif.[1]

Expédition du duc de Médina-Céli contre Tripoli. Il est défait par Piali-Pacha. Désastre de l'expédition. — Le roi d'Espagne, cédant aux plaintes qui lui arrivaient de la Méditerranée et aux représentations des Cortés, préparait effectivement une grande expédition. Afin qu'elle eût plus de force, il avait tenu à lui donner le caractère d'une croisade pour laquelle il avait obtenu l'appui de la parole du Saint-Père. Tripoli, quartier général du célèbre corsaire Dragut, avait été choisi comme but de l'entreprise. Ainsi, on voulait d'abord débarrasser la Méditerranée centrale et dégager

---

1. *Nozhet-el-Hadi*, p. 49 du texte arabe, 89 de la trad. — Diégo de Torrès, *Hist. des Cherifs*, p. 412 et suiv. — Abbé Godard, *Maroc*, p. 468 et suiv.

les chevaliers de Malte que le corsaire musulman, maître de Gozzo, gênait considérablement, au lieu de frapper la puissance turque d'Afrique au cœur, c'est-à-dire à Alger ; et le roi d'Espagne abandonnait ainsi à eux-mêmes le Maroc, Alger et Oran, ses plus dangereux et plus proches voisins.

Juan de la Cerda, duc de Médina-Céli, vice-roi de Sicile, reçut le commandement de l'expédition et réunit sous ses ordres 54 galères de combat et 60 vaisseaux de transport. Philippe II lui avait confié 11,000 hommes de bonnes troupes. De même que lors des précédentes entreprises, on perdit un temps précieux et ce ne fut qu'à la fin d'octobre 1559 que la flotte mit à la voile ; la tempête la dispersa et les navires durent chercher un refuge à Malte et à Syracuse, où il fallut réparer ceux qui étaient endommagés. Le découragement, avec les maladies son cortège ordinaire, avaient fortement atteint l'armée lorsqu'on remit à la voile. Au mois de février 1560, la flotte abordait à Djerba et s'en emparait après une série de combats sans importance. Dragut n'avait pas perdu son temps ; non seulement il avait admirablement fortifié Tripoli, mais encore il avait pu faire prévenir le sultan du danger qu'il courait et demander des renforts. La temporisation inexplicable du duc de Médina-Céli assura la réussite de l'audacieux corsaire. Au lieu de brusquer l'attaque de Tripoli, le commandant de l'expédition voulut, en effet, se fortifier dans l'île pour y avoir un solide point d'appui et, quand il se décida à quitter son mouillage, la flotte turque (86 galères), ployant sous les voiles, fondit sur les navires chrétiens ; 19 galères et 14 transports qui n'avaient pas eu le temps d'appareiller furent coulés ou devinrent, en un instant, la proie de l'amiral turc, Piali-Pacha, dont l'audace et la décision venaient de sauver Tripoli. En outre, 5,000 soldats espagnols étaient prisonniers (15 mars).

Tel fut le bilan de cette triste expédition ; le général chrétien qui, dans le danger, n'avait su prendre aucune décision, se borna à rallier à Malte les débris de son expédition, afin de regagner la Sicile (mai). Cependant, à Djerba, un officier, nommé don Alvar de Sande, avait été laissé, avec une petite garnison, pour défendre la forteresse. Pressés par un ennemi nombreux et bien approvisionné, les Espagnols, manquant de tout, se défendirent avec un véritable héroïsme ; et, quand tout moyen matériel de résister eut disparu, Sande, se mettant à la tête de ses derniers soldats, se jeta sur les lignes turques, y fit une trouée et parvint à gagner le rivage ; mais, entouré par ses ennemis, couvert de blessures, il finit par être fait prisonnier après avoir vu tomber tous ses compagnons.

Les Turcs élevèrent en cet endroit, avec les cadavres chrétiens, un ossuaire qui n'a disparu qu'en 1846[1].

LE BEYLARBEG HASSAN PRÉPARE UNE EXPÉDITION CONTRE LE MAG'REB. IL EST DÉPOSÉ PAR LES YOLDACHS, PUIS REVIENT, POUR LA TROISIÈME FOIS, A ALGER. — Cependant, à Alger, le beylarbeg, résolu à venger l'humiliation que le cherif lui avait fait éprouver, et se rendant compte du danger de son alliance avec les Espagnols, préparait activement une grande expédition. A cet effet, il avait conclu la paix avec Amokrane, chef des Beni-Abbès, en le reconnaissant comme roi tributaire ; puis, ne voulant pas emmener ses renégats espagnols, dans la crainte que les janissaires ne s'emparassent du pouvoir en son absence, il s'appliqua à former un corps de Kabiles zouaoua. Mais ces mesures, en humiliant les Yoldachs et en déjouant leurs projets, portèrent leur irritation à son comble et bientôt ils conspirèrent contre le maître qui prétendait échapper à leurs caprices. Dans le mois de juin 1561, les conjurés pénétrèrent par surprise, de nuit, dans le palais et s'emparèrent du beylarbeg et de ses plus dévoués partisans. Ils n'osèrent cependant attenter à ses jours et se contentèrent de l'embarquer et de l'envoyer en Orient avec une députation d'officiers, chargés de l'accuser, devant le grand-seigneur, de viser à l'indépendance et de se plaindre des humiliations que ce Koulour'li[2] imposait aux vrais Turcs.

Hassan, agha des janissaires, qui avait été l'âme du complot, resta maître du pouvoir à Alger. Mais trois mois ne s'étaient pas écoulés qu'une flotte entrait dans le port et débarquait le capidji Ahmed-Pacha, chargé de tout faire rentrer dans l'ordre. Les officiers compromis furent arrêtés et expédiés en Orient où ils eurent la tête tranchée. Au mois de mai de l'année suivante (1562), Ahmed-Pacha mourut subitement et l'on attribua son décès au poison, ce qui n'a rien d'impossible.

A cette nouvelle, Soliman se décida à renvoyer à Alger Hassan, fils de Kheïr-ed-Dine, qui n'avait pas eu de peine à se disculper des accusations portées contre lui. Dans le mois d'août, le beylarbeg vint, pour la troisième fois, prendre la direction des affaires à Alger. 18 galères avaient été mises à son service pour le cas où

---

1. *Annales Tunisiennes* (Rousseau), p. 25, 26. — El-Kaïrouani, p. 288, 289. — Rosseeuw Saint-Hilaire, *Hist. d'Espagne*, t. VIII, p. 367 et suiv. — De Grammont, *Hist. d'Alger*, p. 91, 92. — Marmol, lib. VI, cap. XLI.

2. Koulour'li (ou Coulougli), enfant de Turc et de femme africaine.

il aurait rencontré de la résistance ; mais il n'en fut rien : les habitants de la ville et les reïs lui firent un accueil enthousiaste, car les uns et les autres étaient excédés de l'arrogance des Yoldachs. A peine débarqué, Hassan reprit, avec activité, la préparation d'une grande expédition vers l'ouest, mais cette fois son objectif était Oran.

Quelque temps auparavant, le cherif Moulaï Abd-el-Moumène avait été assassiné, à Tlemcen, par un agent de son neveu, gouverneur de Fès, pour le sultan. L'assassin, après avoir gagné sa confiance en se présentant, selon l'usage, comme un mécontent, l'avait tué d'un coup de feu en pleine mosquée et avait pu, ensuite, gagner le Maroc[1].

EXPÉDITION DU BEYLARBEG HASSAN CONTRE ORAN. — Le roi d'Espagne, au courant de ces dispositions, ne demeurait pas inactif ; comme il craignait une révolte des Morisques, secrètement travaillés par des agents turcs, il ordonna leur désarmement absolu. En même temps il réunissait à Malaga un corps de 4,000 hommes d'élite et des vaisseaux dont il donna le commandement à J. de Mendoza. Cette flotte, ayant mis à la voile le 19 octobre 1562, essuya une horrible tempête qui la jeta dans la baie de la Herrandura ; 22 galères y firent naufrage et la plus grande partie des soldats, y compris le général, trouvèrent la mort dans les flots. Ainsi, la ville d'Oran demeurait abandonnée à ses propres forces et ce fut seulement l'année suivante que huit petites galères, trompant, à la faveur du brouillard, les croiseurs turcs, purent apporter aux Espagnols quelques secours en hommes et en munitions. Mais, à Oran, les fortifications avaient été mises en état par des ingénieurs spéciaux et, ce qui valait mieux, la ville était défendue par deux hommes de cœur, fils de l'ancien gouverneur : don Martin de Cordova[2], qui commandait Mers-el-Kebir, et don Alonzo, comte d'Alcaudète, à Oran.

Au commencement de février 1563, le beylarbeg Hassan, après avoir expédié son matériel et son artillerie sur une nombreuse flotte, commandée par le reïs Cochupari, se mit en route vers l'ouest, à la tête de l'armée expéditionnaire, laissant Alger sous l'autorité de son khalifa Ali-Chetli. Les forces du beylarbeg

---

1. De Grammont, *Hist. d'Alger*, p. 94, 95. — Haédo, *Rois d'Alger*, loc. cit., p. 360 et suiv. — Diégo de Torrès, *Hist. des Chérifs*, p. 419 et suiv.

2. Le même qui avait été fait prisonnier au désastre de Mostaganem et avait été racheté quelque temps auparavant.

se composaient de 15,000 mousquetaires (Turcs et renégats), un millier de spahis et environ 10,000 montagnards Zouaoua et Beni-Abbès. Le caïd turc de Constantine y figurait avec un contingent et toutes les tribus alliées avaient envoyé leurs goums ou rejoignirent la colonne en route.

Parvenu à Mostaganem, le Beylarbeg y retrouva sa flotte, fit loger ses approvisionnements à Arzéou et envoya les vaisseaux bloquer Mers-el-Kebir et Oran. Le commandant de Tlemcen, arrivé avec quelques forces, fut laissé à la Makta pour protéger Mostaganem et Arzéou. En quelques jours, toutes les tribus soumises aux Espagnols avaient fait le vide et envoyé leurs cavaliers aux Turcs. Trois d'entre elles seulement restèrent fidèles (avril 1563).

Héroïque défense de Mers-el-Kebir par Martin de Cordova. — Le 15 avril, Hassan quitta son campement d'Arzéou et marcha sur Oran ; après s'être emparé de la tour des Saints, il contourna la ville, escalada les hauteurs et se porta sur Mers-el-Kebir. Un petit fort, sous le vocable de San-Miguel, au point culminant, fut enlevé par les Turcs, malgré la résistance énergique de sa garnison qui fut entièrement massacrée. Mais les musulmans y avaient perdu beaucoup de monde et leur confiance avait reçu un premier ébranlement (4 mai). Retardés par le mauvais temps, les navires turcs arrivèrent enfin et débarquèrent du matériel. Disons, non sans regret, que trois caravelles françaises, chargées d'artillerie, s'y trouvaient. Aussitôt l'attaque de Mers-el-Kebir commença avec une violence extrême ; les assiégeants y concentrant toutes leurs forces, la forteresse ne tarda pas à présenter l'aspect d'un monceau de ruines. Mais l'héroïque officier qui la commandait, soutenu par 450 soldats, non moins braves, ne se laissait ébranler par rien et résistait à cinq assauts, du 4 au 6 mai. Cette ténacité semblait à tous de la folie. A une dernière sommation du beylarbeg, représentant à don Martin l'inutilité de la résistance, celui-ci répondit fièrement : « Si le pacha juge la brèche tellement praticable, que ne tente-t-il l'assaut ? » (9 mai). Les remparts de la face ouest étaient rasés. Hassan, plein de fureur, lança 12,000 hommes à l'assaut et les appuya de ses meilleurs guerriers. Pendant quatre heures on combattit avec un acharnement extrême et les musulmans parvinrent à s'emparer du bastion des Génois et à y planter leur drapeau ; mais ils n'y restèrent pas et furent bientôt chassés de leur conquête. Le beylarbeg ne pouvait en croire ses yeux.

Cependant une lutte aussi inégale devait avoir un terme ; la petite garnison de Mers-el-Kebir était décimée et commençait malgré tout, à se laisser aller au découragement, lorsqu'elle reçut d'Oran un message apporté par un hardi nageur : le marquis annonçait à son frère l'arrivée prochaine de la flotte qu'on réunissait à Malaga. C'était le salut, et dès lors les assiégés reprirent confiance. Depuis le grand assaut, les Turcs canonnaient la forteresse sans interruption et, lorsqu'ils avaient constaté de nouveaux dégâts, ils se lançaient encore à l'escalade ; quatre fois, du 11 mai au 5 juin, ils furent repoussés. Quelques renforts avaient pu, il est vrai, être introduits dans la place. Enfin, le beylarbeg, ayant appris l'arrivée imminente de la flotte chrétienne, voulut, à tout prix, s'emparer de Mers-el-Kebir et se mit lui-même à la tête d'une colonne d'assaut. On dit, qu'après avoir en vain cherché à enflammer le courage de ses gens, en leur représentant combien il était honteux d'être ainsi tenu en échec par une poignée d'hommes derrière des ruines, il jeta son propre turban dans le rempart en criant : « *Je mourrai pour votre déshonneur !* » et que ses soldats durent employer la force pour l'empêcher d'aller le chercher au milieu de la mitraille. Ce jour encore, il fallut se résigner à la retraite, malgré de nouveaux efforts dans lesquels le caïd de Constantine trouva le trépas.

Arrivée de la flotte chrétienne. Le beylarbeg lève le siège. — Le 7 juin, la flotte chrétienne, commandée par don F. de Mendoza, parut dans la rade. Son chef, se croyant plus près de terre qu'il ne l'était réellement, fit carguer les voiles, dans l'espoir de demeurer inaperçu plus longtemps, mais il fut pris par le vent de terre, ce qui l'obligea à courir des bordées. L'amiral Cochupari en profita pour appareiller et faire prendre la fuite à la plupart de ses navires en serrant la terre. Il parvint ainsi à en sauver une grande partie après un engagement assez sérieux. La flotte espagnole ne put s'emparer que de cinq galiottes turques et quatre barques françaises dont les équipages furent traités comme *Maures blancs*.

Abandonné par sa flotte, le beylarbeg n'avait plus qu'une chose à faire : lever le siège et se mettre en retraite. Il s'y décida, la mort dans l'âme, et reprit, fort triste, le chemin qu'il avait parcouru plein de confiance quelques mois auparavant.

L'héroïque défense de Mers-el-Kebir avait sauvé l'occupation espagnole d'Oran. Ce succès, qui relevait l'honneur castillan de bien des défaillances, fut vivement applaudi en Espagne. Le comte d'Alcaudète reçut le titre de vice-roi de Navarre. Quant à Don Martin, il fut fait commandeur et devait recueillir, avant peu, la succession de son frère. Lope de Vega illustra le souvenir de ce glorieux fait d'armes par une pièce intitulée « *Le siège d'Oran* », malheureusement perdue. Sans retard, le roi ordonna la réparation des ouvrages défensifs de Mers-el-Kebir et d'Oran, et cette ville recouvra bientôt son ancienne prospérité.

Après son succès devant Oran, la flotte espagnole alla attaquer le Peñon de Velez dont elle s'empara assez facilement ; puis, continuant sa route, elle pénétra dans la rivière de Tétouane, qui servait de refuge aux pirates mag'rebiens, et coula, à son embouchure, des navires chargés de pierres, destinés à intercepter le passage. Ainsi l'Espagne, après tant d'échecs, obtenait enfin quelques succès en Berbérie[1].

Siège de Malte par les Turcs. Le beylarbeg Hassan est nommé capitan-pacha. — L'échec de l'armée turque fut douloureusement ressenti en Orient, et le vieux Soliman décida qu'il fallait débarrasser la Berbérie des chrétiens. On devait commencer par les chevaliers de Malte, contre l'avis de Dragut et du pacha Euldj-Ali, qui voulaient, au contraire, procéder de l'ouest à l'est. Les pachas d'Alger et de Tripoli reçurent l'ordre de coopérer à l'expédition dont le commandement fut donné à Moustafa-Piali pacha. 180 galères, 45,000 hommes et 63 pièces de siège furent confiés à l'amiral et, au printemps de l'année 1565, la puissante flotte mit à la voile. Le 18 mai, elle arrivait à Malte, et Piali ne tardait pas à y être rejoint par Dragut, amenant les forces du pachalik tripolitain et par le beylarbeg Hassan, avec les meilleurs soldats d'Alger.

La défense était dirigée par le commandeur P. de la Valette, qui n'avait avec lui que 700 chevaliers et 8,500 hommes de troupes ; c'était avec des forces si minimes qu'il allait tenir en échec la puissance musulmane. Le premier effort des assaillants se porta sur le fort Saint-Elme, dont ils se rendirent maîtres, non sans peine. Le glorieux Dragut fut tué dans la tranchée, dès le début des opérations, et son corps, rapporté à Tripoli, y reçut la sépulture. Le premier succès des Turcs leur avait coûté trop cher ; cependant La Valette demeurait livré à lui-même et c'est à peine s'il avait reçu un renfort de 7 à 800 hommes, alors qu'il attendait une armée.

1. Général de Sandoval, *Inscriptions d'Oran et de Mers-el-Kébir* (loc. cit., p. 356 et suiv.). — Haédo, *loc. cit.*, p. 364 et suiv. — Rosseeuw Saint-Hilaire, *Hist. d'Espagne*, t. VII, p. 371 et suiv. — L. Fey, *Hist. d'Oran*, p. 102 et suiv. — De Grammont, *Hist. d'Alger*, p. 97 et suiv. — Walsin Esterhazy, *Domination turque*, p. 159 et suiv. — Djoumani, cité par Gorguos, *Revue afric.*, t. II, p. 30, 31.

Le beylarbeg Hassan, à la tête de ses Yoldachs, pressait le fort Saint-Michel ; il donna l'assaut le 15 juillet, mais, malgré leur ardeur, les Turcs furent repoussés sur toute la ligne et le siège continua avec les péripéties ordinaires. Les chrétiens, décimés, semblaient dans l'impossibilité de résister bien longtemps, mais l'énergie de La Vallette suppléait à tout et inspirait aux plus découragés, à défaut de confiance, l'esprit d'abnégation et de sacrifice. Les Turcs, de leur côté, souffraient horriblement de la peste, entourés par les cadavres des leurs. Enfin, le 5 septembre, 28 galères portant 12,000 hommes de troupes, amenées par le vice-roi de Sicile, parvinrent à aborder sur le rivage occidental de l'île et à débarquer cet important renfort.

L'entreprise était manquée et, sans attendre l'arrivée des chrétiens, le chef des Turcs ordonna la levée du siège et le rembarquement. Il se fit dans le plus grand désordre. Cependant, l'armée de secours ne parut que le 8 sous les murs de la ville. Moustafa pacha, qui avait cru son effectif plus considérable et qui redoutait surtout la colère du sultan, se décida à remettre son monde à terre pour tenter encore le sort des armes. Mais il n'y trouva qu'une nouvelle défaite où il perdit 3,000 hommes, après quoi il s'éloigna sans retour. Le beylarbeg Hassan et Euldj-Ali, qui s'étaient conduits dans toute cette campagne avec la plus grande bravoure et avaient perdu la moitié de leur effectif, demandèrent en vain la permission de rester dans l'île et de continuer l'entreprise pour leur compte.

Soliman fut profondément irrité de l'échec de ses armes et promit de venir en personne se venger. Mais il mourut l'année suivante, dans le cours d'une nouvelle campagne contre la Hongrie (6 sept. 1566), à l'âge de 68 ans, après un glorieux règne de 48 années. Son fils, Selim II, lui succéda. Peu après, Piali-Pacha étant mort, le sultan se souvint des services du beylarbeg Hassan et, pour l'en récompenser, le nomma capitan-pacha. Le beylarbeg quitta définitivement Alger, au commencement de l'année 1567, afin d'aller occuper en Orient le haut emploi que son père avait illustré. Il fut remplacé par le pacha Mohammed, fils de Salah-Reïs[1].

GOUVERNEMENT DU PACHA MOHAMMED, FILS DE SALAH-RÉÏS. — Ré-

---

1. Rosseuw Saint-Hilaire, *Hist. d'Espagne*, t. VIII, p. 376 et suiv. — Féraud, *Ann. tripolitaines* (loc. cit., p. 210). — De Grammont, *Hist. d'Alger*, p. 99, 100. — El-Kaïrouani, p. 288. — Haédo, *Rois d'Alger* (loc. cit.), p. 367 et suiv. — N. Mallouf, *Précis de l'hist. ottomane*, p. 30 et suiv.

volte de Constantine. — Le pacha y rétablit son autorité. — Le nouveau pacha avait trouvé Alger en proie à l'anarchie, conséquence de l'absence prolongée du beylerbeg et ravagée par le double fléau de la famine et de la peste. Il s'appliqua d'abord à rétablir la paix et la sécurité dans la ville et les environs, et essaya d'amener une entente entre les Yoldachs et les réïs, en décidant ceux-ci à leur permettre de participer à la course. Mais les causes de l'hostilité qui les divisait étaient trop profondes pour qu'un rapprochement réel fût possible.

Sur ces entrefaites, vers la fin de l'été 1567, un aventurier valencien, du nom de Juan Gascon, tenta audacieusement de s'emparer d'Alger par surprise. S'étant introduit dans le port, par une nuit obscure, il chargea une partie de ses hommes d'incendier la flotte des réïs, qui y était entassée, au retour des courses d'été; quant à lui, il alla surprendre et massacrer le poste de la porte de la Marine. Si ses compagnons avaient eu une résolution égale, il est possible que cette folle tentative eût été couronnée de succès. Mais ils n'osèrent ou ne surent remplir le rôle qui leur était assigné et donnèrent aux Algériens le temps de revenir de leur surprise. Gascon voulait néanmoins conserver le poste qu'il avait conquis, mais ses hommes l'entraînèrent avec eux et le forcèrent à regagner son navire. Poursuivi par les réïs, il se vit bientôt entouré et eut le malheur d'être pris et amené à Alger, où il expira dans les tourments.

Dans la province de l'Est, l'anarchie était complète. Non seulement les tribus ne reconnaissaient, pour ainsi dire, aucune autorité, mais le chef-lieu lui-même était divisé en deux partis : celui des Hafsides, ayant à sa tête la famille religieuse des Abd-el-Moumène, maître de tout le quartier de Bab-el-Djabia, et celui des Turcs, reconnaissant comme chefs les membres d'une famille de légistes, les Ben-el-Feggoun, qui avaient déjà enlevé aux Abd-el-Moumène une partie de leurs prérogatives, notamment le titre et les avantages d'Emir-er-Rekeb, chargé de la conduite de la caravane des pèlerins de l'Ouest [1].

Le parti des vieux Constantinois venait de se révolter : ce qui restait de la garnison turque avait été chassé et les soutiens de leurs adversaires massacrés ou molestés. Abd-el-Kerim-ben-el-Feggoun, venu à Alger avec le mufti, pour exposer leurs doléances au pacha Mohammed, le décida à intervenir.

Dans le courant de l'hiver 1567-1568, le représentant du sultan

---

1. Consulter à ce sujet notre travail « *Élévation de la famille El-Feggoun.* »

marcha sur Constantine où il entra en maître, les habitants n'ayant pas osé se défendre. Il punit de mort quiconque avait pris part à la sédition et réduisit en esclavage ceux qui s'étaient simplement compromis. S'il faut en croire Marmol qui, du reste, attribue cette expédition au successeur du pacha Mohammed, la ville aurait même été livrée au pillage. Après avoir frappé sur les habitants une contribution de 60,000 doblas (de six réaux et demi), il reprit la route d'Alger, laissant dans l'Est, comme gouverneur, Ramdane-bey, dit Tchoulak [1].

EULDJ-ALI, BEYLARBEG D'ALGER. IL MARCHE CONTRE LE HAFSIDE AHMED ET S'EMPARE DE TUNIS. — A peine de retour de son expédition de Constantine, Mohammed-Pacha apprit qu'il était remplacé par Euldj-Ali et, au mois de mars 1568, le nouveau beylarbeg vint prendre possession de son poste. C'était un renégat, comme son surnom (Euldj) l'indique, originaire de l'Italie méridionale, pris fort jeune par les musulmans et qui avait ramé longtemps dans les chiourmes, refusant obstinément d'abandonner sa religion ; il avait reçu pendant cette partie de son existence le surnom d'El-Fartas (le teigneux ou le chauve) ; désespérant d'obtenir sa liberté, il avait fini par abjurer le christianisme, comme tant d'autres à cette époque, et pris le nom d'Ali. Son énergie et son intelligence lui avaient bientôt fait obtenir le commandement d'un navire et il était devenu un des meilleurs lieutenants de Hassan, fils de Kheïr-ed-Dine, et de Dragut. Au siège de Malte, il se distingua, comme nous l'avons dit, et obtint la succession de Dragut à Tripoli.

Le nouveau beylarbeg arrivait avec l'intention bien arrêtée de porter à l'Espagne de grands coups, tant en Afrique que chez elle. Aussi, son premier soin fut-il de réunir une armée importante qu'il destinait à agir contre Oran, pendant qu'une révolte générale des Maures de Grenade, préparée de longue main, éclaterait et retiendrait chez eux les Espagnols. Il fit même partir pour Mazouna et Mostaganem une partie de son effectif et envoya des navires du côté d'Alméria, afin de coopérer au mouvement insurrectionnel ; mais la conjuration ayant été découverte en Espagne, le mouvement fut ajourné, et il fallut renoncer à cette entreprise.

Euldj-Ali se tourna alors vers la Tunisie où régnait, sans au-

---

1. Vayssettes, *Hist. de Constantine sous la domination turque* (Soc. archéol., 1867. p. 321 et suiv.). — De Grammont, *Hist. d'Alger*, p. 191 et suiv. — Haëdo, *Rois d'Alger* (loc. cit., p. 371 et suiv.).

cune gloire, le hafside Hameïda, appelé aussi Ahmed-Soultan, son ennemi personnel, en état d'hostilité ouverte avec les Espagnols de la Goulette et en guerre contre ses sujets, particulièrement les O. Saïd et les Chabbïa. Ces derniers avaient vu Dragut, leur ancien protecteur, se tourner contre eux et mettre à mort Mohammed-Taïeb, fils de leur cheikh Sidi-Arfa. Abd-es-Samed, devenu chef de la famille, émigra alors chez les Droïd de la province de Constantine, avec lesquels il était allié, et, grâce à leur appui, soumit à son autorité les tribus de la frontière (O.-Saïd, Hemamma, O. Rezeg, O. Manû); puis il forma une ligue dans laquelle entrèrent les Henanecha, Nemamecha et Harakta, c'est-à-dire toutes les populations de l'Est de la province de Constantine. Il put alors exercer, de nouveau, son autorité en Tunisie et dominer dans les plaines de Kaïrouan.

La croisade que les puissances chrétiennes préparaient contre le Turc était connue de tous ; le beylarbeg savait qu'il était appelé à jouer un grand rôle dans le duel maritime dont la Méditerranée allait être le théâtre et il jugeait nécessaire que Tunis fût en sa possession. En octobre 1569, il se mit en marche vers l'est, à la tête de 5,000 mousquetaires réguliers, et s'adjoignit en chemin les contingents des Kabiles, les goums des Amraoua et ceux des Garfa et autres tribus de la province de Constantine. A l'annonce de son approche, Ahmed-Soultan était sorti de Tunis, mais il n'avait avec lui que ses spahis, appelés Zemasnïa, au nombre de 3,000, plus 1,600 Arabes nomades. La rencontre eut lieu près de Badja et l'armée turque triompha sans difficulté des Tunisiens qui furent poussés, l'épée dans les reins, jusqu'à la Medjerda. Cette rivière, étant débordée, arrêta un instant l'armée d'Euldj-Ali : cependant il parvint à la franchir et, s'étant mis sur les traces du prince hafside, lui infligea une nouvelle défaite près de Sidi Ali-el-Hattab. Ahmed rentra alors à Tunis ; mais, jugeant toute résistance inutile, il réunit sa famille et les valeurs qu'il put emporter et partit dans la direction de R'adès. De là il put traverser le lac dans un endroit où la profondeur de l'eau était moindre et se réfugier chez les Espagnols du fort de Chekli. Après l'avoir reconnu, ceux-ci lui ouvrirent la porte et le recueillirent.

Euldj-Ali ne tarda pas à paraître ; il entra à Tunis sans coup férir, accueillit la soumission des Zemasnia et s'appliqua activement à rétablir la paix. Après un séjour de quatre mois dans sa nouvelle conquête, il reprit la route d'Alger, laissant Tunis sous le commandement de son caïd, Ramdane, avec un millier de Turcs, autant de Zouaoua et les forces de son prédécesseur (fin 1569). Quant à Ahmed, il passa en Espagne et s'efforça de justifier auprès de Philippe II, sa conduite antérieure, le suppliant de lui fournir le moyen de remonter sur le trône[1].

Révolte des Maures d'Espagne. Ils sont vaincus et dispersés. — Nous avons dit, dans le volume précédent, qu'après la conquête du royaume de Grenade, les Maures restés en Espagne, qui avaient d'abord obtenu l'autorisation de conserver leur culte et leurs mœurs, s'étaient vus mis en demeure d'accepter le christianisme ou d'émigrer. Beaucoup d'entre eux émigrèrent alors en Berbérie. Mais un grand nombre n'avait pu se décider à abandonner patrie et fortune et s'était soumis à une conversion pour la forme. Le fanatisme espagnol, surexcité sous le règne de Philippe II, ne devait pas supporter la tiédeur de ces pseudo-chrétiens. Déjà, en 1526, des mesures restrictives prescrites par Charles V et appliquées au royaume de Valence avaient provoqué une insurrection des Maures de cette contrée, suivie d'une nouvelle émigration en Afrique ou dans la province de Grenade, dont les Morisques avaient acheté, à prix d'or, la liberté de conserver leur costume et une partie de leurs usages.

Mais en 1560, sur les instances des Cortès, les libertés des Grenadins furent considérablement réduites et bientôt un décret royal leur retira, ainsi que nous l'avons vu, le droit de porter des armes ; enfin, en 1566, à la suite d'une enquête présidée par le Grand-Inquisiteur, on défendit aux Maures de parler l'arabe, *en public ou chez eux*, de *porter leur costume*, de *fréquenter les étuves* et de continuer la pratique d'autres usages traditionnels. On leur ordonna encore d'apporter tous leurs ouvrages arabes pour qu'on les brûlât ; mais cela ne suffisait pas, on leur prescrivit de renoncer à cette vie intérieure qui soustrait la famille à la curiosité publique, et ils durent tenir leurs portes grandes ouvertes pour que chacun pût les surveiller, principalement à l'occasion des fêtes, telles que mariages, baptêmes, etc. Des punitions très dures pour les moindres infractions sanctionnèrent ces lois.

Cette fois, les Maures se convainquirent que l'Espagne les rejetait et qu'il ne leur restait plus qu'à émigrer ou à mourir. La colère de ces opprimés fit explosion et se traduisit par une insurrection générale partie des Alpujarras. Un teinturier, du nom de Ben-Fredj, était à sa tête et nous avons vu que les Turcs d'Alger

---

1. El-Kaïrouani, p. 290 et suiv. — Rousseau, *Ann. tunisiennes*, 26, 27. — De Grammont, *Hist. d'Alger*, p. 103 et suiv. — Haëdo, *Rois d'Alger* (Revue afric., n° 144, p. 406 et suiv.). — Féraud, *Les Harars*, (Revue afric., n° 104, p. 142 et suiv.).

devaient y prendre une part active, au printemps de 1568 ; la révolte fut retardée jusqu'au commencement de janvier 1569. En quelques jours, tout le pays se trouva sous les armes. Les insurgés proclamèrent, comme roi, un prétendu descendant des Oméyades, nommé Mohammed, dans une cérémonie d'investiture, rappelant les rites de la belle époque des khalifes espagnols. Puis, ils procédèrent au massacre de toutes les populations chrétiennes, isolées au milieu d'eux et se livrèrent aux plus odieuses cruautés.

Le comte de Tendilla, qui commandait la province, s'appliqua, avec autant d'habileté que de modération, à rétablir la paix et il y serait certainement arrivé, malgré le peu de moyens matériels dont il disposait ; mais cela ne faisait pas l'affaire des fanatiques : il fallait du sang, des expiations terribles, implacables, et d'autres chefs furent chargés d'opérer contre les rebelles. Ce fut alors une guerre de destruction, dans laquelle on massacra tout ce qui tomba sous la main, sans distinction d'âge ni de sexe ; on détruisit même les villes, les monuments, les travaux, et, comme la révolte s'était étendue dans le sud-ouest on changea en solitudes ces fertiles contrées, autrefois si prospères, au fur et à mesure qu'on les conquérait. Le roitelet (El-Reyezuelo), comme les Espagnols appelaient Mohammed, ayant été livré, s'étrangla de ses propres mains ; mais un certain Ibn-Abbou, homme d'une énergie invincible, avait ramassé cette triste couronne et continuait à tenir la campagne dans les régions les plus abruptes des Alpujarras. Don Juan d'Autriche vint, au mois d'avril, prendre la direction de la campagne ; cependant ce ne fut que vers la fin de l'année qu'on lui laissa le champ libre. Cédant à la fougue de son tempérament, le fils de Charles V entraîna ses soldats à travers les neiges et les précipices, chassant les rebelles de tous leurs repaires et réduisant Ibn-Abbou à la dernière extrémité.

On pouvait considérer la révolte comme vaincue, bien que le roi maure eût encore, autour de lui, 400 ou 500 hommes. Il ne tarda, pas du reste, à être pris et tué. Mais le dernier acte du drame restait à jouer : un décret ordonna l'expulsion des Morisques du royaume de Grenade et la confiscation de tous leurs biens. L'on vit alors les derniers débris de cette mal- heureuse population, réunis en troupeaux, poussés vers les hauts plateaux de la nouvelle Castille, de l'Estramadure et de la Galice, où on les répartit au milieu des paysans demi-sauvages de ces régions, en les chargeant de les initier à la pratique de leurs arts et de leur industrie agricole.

Ce fut comme la revanche de cette brillante conquête du viie siècle qui avait livré à la brutalité des premiers musulmans, Berbères et Arabes, la population romanisée et civilisée de l'Espagne. Là encore, les descendants expièrent cruellement les fautes de leurs ancêtres. Cette fois, la race maure d'Espagne a définitivement quitté son berceau : son individualité, comme nation, a disparu, mais c'est à peine si une occupation de douze siècles a amené un mélange superficiel des deux éléments ethniques, tant la barrière morale que forment les mœurs, et particulièrement la religion, a de force pour diviser des hommes, que tout tendrait à rapprocher. Malgré les persécutions, la vitalité de cette race n'est pas éteinte ; elle va s'affirmer encore dans les provinces reculées où on a espéré la noyer. Il faudra à l'Espagne de nouvelles luttes pour en triompher et elle n'y parviendra qu'en la rejetant de son sein[1].

1. Rosseuw Saint-Hilaire, *Hist. d'Espagne*, t. VIII, p. 419 et suiv., t. IX, p. 268 et suiv. — D. H. de Mendoza, *Hist. de la rébellion des Maures de Grenade*, pass. — Marmol, *Rébellion et châtiment des Morisques*, passim.

CHAPITRE VII

LES TURCS ET LES CHERIFS DÉFINITIVEMENT MAITRES DE LA BERBÉRIE. — EXTINCTION DES HAFSIDES

1570-1578

Euldj-Ali organise la flotte algérienne et prend part à la bataille de Lépante. — Euldj-Ali, nommé capitan-pacha, est remplacé à Alger par Arab-Ahmed. — Révolte de Constantine; les Beni Abd-el-Moumène sont écrasés et l'autorité turque définitivement rétablie. — Don Juan d'Autriche s'empare de Tunis et place Moulaï-Mohammed sur le trône hafside. — Les Turcs, sous le commandement de Sinano-Pacha, viennent attaquer Tunis; dispositions des Espagnols. — Siège et prise de la Goulette et de Tunis par les Turcs. — Maroc : Mort du cherif Moulaï Abd-Allah; son fils Mohammed lui succède; Abd-el-Malek, oncle de celui-ci, obtient contre lui l'appui des Turcs. — Abou-Merouane-Abd-el-Malek, soutenu par les Turcs, s'empare de Fès, puis il lutte contre son neveu Mohammed et le force à la fuite. — Bataille de l'Ouad-el-Mekhazen (el-Keçar-el-Kebir). Mort du cherif Abd-el-Malek. Défaite et mort de Don Sébastien. — Le cherif Abou-l'Abbas-Ahmed-el-Mansour souverain du Maroc. — L'Espagne renonce aux grandes luttes pour la possession de l'Afrique. Alger sous le pacha Hassan-Veneziano. — Appendice : Chronologie des souverains hafsides.

EULDJ-ALI ORGANISE LA FLOTTE ALGÉRIENNE ET PREND PART A LA BATAILLE DE LÉPANTE. — La campagne de Tunis n'avait pas empêché Euldj-Ali de donner tous ses soins à l'organisation d'une flotte, secondé fort habilement par un autre renégat, du nom de Mami-Corso, chef des rèïs: A la fin de l'année 1569, il disposait de nombreux vaisseaux, bien armés et bien commandés, à la tête desquels il se mit lui-même, et sillonna en tout sens la Méditerranée, s'emparant des navires chrétiens, enlevant des captifs sur les côtes et luttant bravement contre la marine de guerre de ses ennemis. Alger regorgea de butin et les rèïs, formant une corporation (Taïffe) puissante, acquirent décidément la prépondérance sur les Yoldachs. Le beylarbeg se préparait à attaquer les Espagnols de la Goulette, lorsqu'il reçut du sultan l'ordre d'amener toutes ses forces maritimes en Orient pour repousser la croisade chrétienne.

Le 25 mai 1570, un traité, solennellement proclamé dans l'église Saint-Pierre de Rome, consacra l'alliance des chrétiens d'Espagne, d'Italie et d'Allemagne contre le Turc. Les navires vénitiens, génois et papalins se réunirent, à Messine, à ceux d'Espagne conduits par don Juan d'Autriche chargé du périlleux honneur de commander la flotte et de la mener à la victoire. Deux cent galères de combat et cent vaisseaux de charge, portant ensemble 80,000 hommes, constituèrent cette formidable armada, à laquelle Ali-Pacha, grand amiral turc, pouvait opposer 250 galères, montées par une centaine de mille hommes. Le beylarbeg d'Alger, Euldj-Ali, fournissait à ce contingent d'excellents navires admirablement commandés.

Le 9 octobre, eut lieu la rencontre des deux flottes, en face de Lépante. Dans ce duel mémorable dont les conséquences furent si importantes pour l'Europe entière, l'escadre algérienne, formant l'aile gauche, joua un rôle glorieux. Euldj-Ali ayant voulu tourner les galères génoises, commandées par Giov. Doria, comme les Égyptiens venaient de le faire pour les Vénitiens, amène ses adversaires à modifier la ligne de bataille pour lui résister et, aussitôt, il se précipite hardiment dans le vide produit entre les Génois et le centre. Après une lutte acharnée avec la capitane de Malte, il s'en empare. Mais nous ne reproduirons pas les détails de cette lutte homérique dans laquelle l'héroïsme fut égal de part et d'autre. La flotte d'Alger contrebalança le plus longtemps le succès et, lorsque le reste des navires turcs était détruit ou en fuite, Euldj-Ali combattait encore; à la fin, entouré d'ennemis, il se vit forcé d'abandonner ses prises et de fuir à force de rames. Il sauva ainsi 40 galères; tout le reste de la flotte turque avait été coulé, pris ou brûlé.

Le désastre fut immense pour les Turcs : dès lors leur expansion se trouva arrêtée et ils durent se borner à conserver ce qu'ils occupaient. Le prestige de leurs grands conquérants avait disparu et Selim II n'était pas de taille à le relever. Ainsi, pour une fois qu'une partie des puissances chrétiennes unissaient leurs forces contre leurs audacieux ennemis, quel résultat couronnait ce moment d'abnégation, dans l'intérêt commun ! Combien, avec un peu d'entente, il leur eût été facile de mettre fin à l'empire des corsaires d'Afrique ! Mais le beau mouvement qui avait réuni à Lépante les rivaux de la veille ne devait pas avoir de lendemain, et la chrétienté, paralysée par ses jalousies, allait supporter encore, pendant deux siècles et demi, la situation intolérable faite à la Méditerranée et à ses rivages par les Barbaresques. La victoire de Lépante, du reste, devait marquer, aussi bien la décadence de l'Espagne, que celle de la Turquie[1].

1. Rosseeuw Saint-Hilaire. *Hist. d'Espagne*, t. IX, p. 295 et suiv. —

EULDJ-ALI EST NOMMÉ CAPITAN-PACHA ET REMPLACÉ A ALGER PAR ARAB-AHMED. — La mort du Capitan-Pacha, à Lépante, porta naturellement le sultan à jeter les yeux, pour le remplacer, sur celui qui s'était si bravement conduit dans cette bataille et avait su conserver à son maître le noyau d'une flotte. Comblé de faveurs, surnommé « *l'épée de l'empire* », Euldj-Ali reçut en outre l'héritage du grand-amiral, avec ordre de s'occuper de la reconstitution d'une flotte de guerre, tout en conservant le titre et les prérogatives de beylarbeg d'Afrique. Aidé de ses fidèles reïs, il se mit activement à la besogne et fit envoyer, pour le représenter à Alger, un de ses khalifa, Arab-Ahmed. C'était un mulâtre, originaire d'Alexandrie, qui sut, par son énergie, calmer les factions. Il travailla en outre à améliorer les fortifications de la ville, car il était averti que l'Espagne préparait une nouvelle expédition contre l'Afrique.

Ce fut alors que les citadins d'Alger, irrités de la subordination humiliante dans laquelle les tenaient les Turcs, n'échappant à la tyrannie des Yoldachs que pour tomber sous celle des reïs, écrivirent au roi de France, Charles IX, afin de lui demander un roi, espérant, par ce sacrifice, échapper à leurs oppresseurs ; cela prouve combien les Français avaient augmenté leurs relations avec Alger dans ces dernières années et quelle influence ils y possédaient ; on connaissait du reste leur alliance avec le sultan, et enfin ils étaient les ennemis de l'Espagnol abhorré. Malheureusement Charles IX était très peu au courant de la situation réelle du pays et, tout en paraissant disposé à envoyer son frère, le duc d'Anjou, à Alger, il crut devoir entamer, à ce sujet, une négociation avec le suzerain Selim II. Qu'on juge de la stupeur de notre ambassadeur à Constantinople lorsqu'il se vit chargé d'ouvrir des pourparlers à ce sujet avec le sultan ! C'était le meilleur moyen d'enterrer cette proposition, peu sérieuse peut-être, mais ne pouvant avoir quelque chance de réussite qu'en la traitant directement. Notre commerce y gagna que les instructions les plus sévères furent adressées d'Orient au pacha d'Alger pour que le pavillon français fût respecté (1572)[1].

RÉVOLTE DE CONSTANTINE. — LES BENI-ABD-EL-MOUMENE SONT ÉCRASÉS ET L'AUTORITÉ TURQUE RÉTABLIE DÉFINITIVEMENT. — Vers cette époque (1572), une nouvelle révolte éclata à Constantine contre

---

De Grammont, *Hist. d'Alger*, p. 107, 108. — Haédo, *Rois d'Alger* (Revue afric., n° 144, p. 401 et suiv.).

1. Haédo, *loc. cit.*, p. 419 et suiv. — De Grammont. *Hist. d'Alger*, p. 112 et suiv.

l'autorité turque. La garnison de cette ville avait sans doute été fortement réduite, depuis le départ du caïd Ramdane pour Tunis et les factions avaient relevé la tête. On avait même vu les Arabes, probablement les Oulad-Saoula, qui y dominaient autrefois, venir faire des excursions jusqu'aux portes de Constantine, enlever des citadins importants et exiger de fortes rançons de leurs familles. Les Beni-Abd-el-Moumene, soutenus par les habitants de la basse ville, étaient à la tête de ce mouvement, tandis que le parti turc obéissait à Abd-el-Kerim-ben-el-Feggoun qui avait su obtenir l'adhésion de la majorité des membres de la Djemaa (conseil). Les rebelles, ayant triomphé, exercèrent d'implacables vengeances et ternirent leur succès par des cruautés inutiles.

Des renforts furent probablement expédiés d'Alger par le khalifa, et bientôt les Turcs rentrèrent en possession de Constantine. « Les maisons des particuliers, dit M. Vayssettes, furent livrées au pillage, les enfants furent impitoyablement massacrés, et les habitants vaincus durent plier sous le joug de l'étranger[1] ». D'après une tradition recueillie sur place par Cherbonneau, « le chef de la famille des Abd-el-Moumene ayant été attiré au camp des Turcs, fut mis à mort en dépit de son caractère religieux ; on dit même que son cadavre aurait été écorché et que sa peau, bourrée de paille, aurait été envoyée à Alger en manière de trophée[2]. »

Dès lors, le rôle politique de cette famille fut terminé et la domination des Oulad-Saoula prit fin. Le titre de cheikh-el-Islam se trouva définitivement dévolu aux Ben-el-Feggoun, avec celui d'Emir-er-Rekeb. Les Arabes Daouaouida se virent l'objet des faveurs de l'autorité, mais sans jamais obtenir la puissance de leurs prédécesseurs les Oulad-Saoula. Ils dominèrent sur les régions s'étendant au sud-ouest, tandis que les Dréïd et les Harars, vassaux des Chabbïa, étaient maîtres à l'est et au sud-est. La révolte qui précède fut le dernier acte de la résistance de la population indigène de Constantine contre l'autorité turque.

Don Juan d'Autriche s'empare de Tunis et place Moulaï-Mohammed sur le trone hafside. — Nous avons dit que l'Espagne préparait une nouvelle expédition contre une des possessions turques de l'Afrique. Don Juan, le glorieux vainqueur de Lépante, reçut le commandement de ces forces qui se concentrèrent, dans

---

1. *Hist. de Constantine sous les beys* (Rec. de la Soc. archéol. de Constantine, 1867, p. 310 et suivantes.).
2. *Annuaire de la Soc. archéol. de Constantine*, 1856-57.

l'été de l'année 1573, en Sicile. Euldj-Ali, de son côté, n'était pas resté inactif. La flotte turque était reconstituée et il avait reçu de son maître l'ordre de s'opposer aux tentatives des Espagnols. Deux fois, dans le cours de cette année 1573, le Capitan-Pacha prit la mer avec toutes ses forces ; mais la tempête dispersa ses navires, en leur infligeant de graves avaries qui forcèrent Euldj-Ali à une inaction momentanée. Don Juan en profita habilement pour quitter le mouillage dans les premiers jours d'octobre et cingler sur Tunis, avec 138 navires de guerre, portant 27,500 hommes de débarquement. Favorisés par le temps, les Espagnols abordèrent à la Goulette sans rencontrer d'ennemis et s'avancèrent contre Tunis sous la protection de ce fort. Les quelques Turcs qui gardaient la ville, avec Ramdane-Pacha, ne tentèrent même pas une résistance inutile. Ils se retirèrent à Kaïrouan, où les Chabbïa les recueillirent, tandis que les Espagnols prenaient possession de Tunis.

Philippe II n'avait autorisé l'expédition de Tunis qu'en ordonnant à son frère naturel de détruire toutes ses fortifications, y compris le fort de la Goulette, élevé à si grands frais. Les idées alors en faveur dans la métropole consistaient à ruiner tous les retranchements pouvant servir aux Turcs sur le littoral, de façon à les exposer, sans résistance possible, aux attaques des indigènes de l'intérieur. Mais Don Juan rêvait alors une sorte de royauté africaine dont il aurait été le titulaire et, au lieu d'exécuter les instructions du roi d'Espagne, il s'appliqua à consolider sa conquête. Tout d'abord, il releva le trône hafside et y plaça, non Moulaï-Ahmed, qui prétendait avoir provoqué l'intervention espagnole et qui fit des difficultés pour accepter la position de roi tributaire, mais son frère, Moulaï-Mohammed, beaucoup plus coulant. Puis il confia le commandement de Tunis à un officier éprouvé, le comte de Serbelloni, en le chargeant de construire une vaste forteresse entre le lac et la ville. Il lui laissa 4,000 hommes de troupes espagnoles et à peu près autant d'Italiens qui furent occupés sans relâche à la construction de la forteresse, travaillant même le dimanche, grâce à un bref du pape les y autorisant.

Le fort de la Goulette, bien armé et approvisionné, fut laissé sous le commandement de Porto-Carrero. Ce fut seulement après avoir pris ces dispositions que don Juan se décida à exécuter les ordres pressants de Philippe II, en abandonnant sa conquête.

Les Tunisiens avaient évacué la ville à l'approche des chrétiens et s'étaient retirés au Djebel-Reças ; ils rentrèrent peu à peu, mais leurs maisons avaient été dévastées, ou même étaient encore occupées par les chrétiens, et ils durent subir leur contact, surtout dans le quartier de Bab-el-Djezira, tandis que celui de Bab-es-Souïka conservait sa physionomie musulmane. La forteresse de Bab-el-Behar s'élevait rapidement, et Moulaï-Mohammed, fidèle aux stipulations qu'il avait acceptées, aidait de toutes ses forces le comte de Serbelloni, en partageant avec lui le pouvoir[1].

LES TURCS, SOUS LE COMMANDEMENT DE SINANE-PACHA, VIENNENT ATTAQUER TUNIS. DISPOSITIONS DES ESPAGNOLS. — La reprise de Tunis par le vainqueur de Lépante avait eu à Constantinople un retentissement fâcheux et peu s'en était fallu que le Capitan-Pacha perdît, pour ce fait, sa position et sa vie. Il fallait, à tout prix, se venger de cette surprise et personne ne s'y épargna. Les pachas d'Alger et de Tripoli réunirent toutes leurs forces, tandis que l'on préparait en Orient une expédition formidable en se donnant rendez-vous pour le mois de juillet 1574 devant Tunis. Les Espagnols que Don Juan y avait laissés, prévenus de ces dispositions, ne perdaient pas leur temps, mais ils n'étaient pas en nombre suffisant et n'avaient cependant rien à attendre de Philippe II, irrité au plus haut point d'une occupation faite malgré lui. Dès les premiers jours de l'été, le pacha de Tripoli amena un contingent de 4,000 hommes qu'il adjoignit aux Turcs de Kaïrouan, sous les ordres du caïd Helder (ou Kheder) et aux goums de cette région, formant un effectif de près de 5,000 cavaliers; puis, arriva le contingent de Constantine et de Bône, fort de 2,000 hommes. Tous, alors, se portèrent sur Tunis afin de bloquer la ville au sud; mais le manque de ressources pour subsister força bientôt ce rassemblement à reculer vers la montagne.

Le 13 juillet, la flotte turque d'Orient parut en rade; elle ne tarda pas à aborder près du cap Karthage, et y débarqua, sans difficultés, ses troupes et son matériel. Sinane-Pacha commandait l'expédition, et Euldj-Ali la flotte; peu après, le khalifa d'Alger, Arab-Ahmed, arriva par mer avec un corps de troupes important.

Les Espagnols avaient organisé la défense de la manière suivante : P. de Porto-Carrero commandait le fort de la Goulette, avec quatre compagnies de troupes espagnoles et cinq d'Italiens. Le fort et l'îlot de Chekli furent confiés au brave Don J. de Zamoguerra. Enfin, 2,000 hommes, Espagnols et Italiens, étaient dans la forte-

---

1. El-Kaïrouani, p. 296 et suiv. — Haédo, *Rois d'Alger*, loc. cit., p. 414. — E. de la Primaudaie, *Documents inédits* (Revue afric., n° 124, p. 293 et suiv.).— Rousseau, *Annales Tunisiennes*, p. 28 et suiv. — De Grammont, *Hist. d'Alger*, p. 114, 115.

resse de Bab-el-Behar, sous le commandement de Serbelloni ; le reste fut réparti dans la ville et les avant-postes. Les malades et toutes les bouches inutiles avaient été rigoureusement renvoyées au préalable. Moulaï-Mohammed se tenait à portée, attendant des contingents d'auxiliaires qui ne semblaient pas très décidés à venir.

Siège et prise de la Goulette et de Tunis par les Turcs. — Aussitôt après son débarquement, Sinane-Pacha, s'étant mis en rapport avec le caïd Heïder, de Kaïrouan, le chargea d'attaquer Tunis par les faubourgs, ce qu'il fit à la tête de 4,000 Turcs et, dès le 17, les Espagnols étaient réduits à évacuer tous les postes avancés pour se retrancher dans la forteresse. Cette retraite s'effectua en bon ordre. Pendant ce temps, le pacha d'Alger attaquait le fort de la Goulette, du côté de Karthage et, le 17, la tranchée était ouverte. Le 21, il commençait également le feu depuis le rivage de R'adès. Bientôt les murailles se trouvèrent fortement endommagées et les assiégeants arrivèrent jusqu'au pied des remparts, ce qui poussa Carrero à demander des renforts au commandant en chef (1er août).

Mais Serbelloni avait lui-même fort à faire pour réparer ses brèches et repousser l'ennemi par des sorties incessantes dont le nombre alla jusqu'à sept dans le même jour. Cependant il put, en dégarnissant le fort de Chekli, et avec le secours de volontaires, envoyer quelques renforts à la Goulette. Les assiégeants voulurent alors empêcher les communications entre ces trois forts par l'étang et, à cet effet, s'en approchèrent au moyen d'un ouvrage en terre et y lancèrent des bateaux plats.

Cependant des troupes turques étant encore arrivées d'Alger, accompagnées d'auxiliaires arabes, les attaques contre la forteresse de Bab-el-Behar redoublèrent d'énergie. En même temps, Serbelloni recevait une nouvelle demande de renforts de Carrero, plus pressante que la première, car elle semblait laisser entrevoir un découragement complet. La situation était fort grave : néanmoins, le gouverneur, qui avait offert d'aller lui-même prendre le commandement de la Goulette, parvint à y envoyer du monde en dégarnissant ses propres remparts. Il était temps ; le lendemain 20, les Turcs livrèrent un assaut furieux qui fut repoussé par Carrero, mais au prix de pertes très sérieuses. Le 22, ils recommencèrent, et, le 23, se rendirent maîtres du fort de la Goulette. Presque toute la garnison fut massacrée, à l'exception de deux ou trois cents hommes, parmi lesquels Carrero, réduits en esclavage. Les assiégeants purent alors reporter tous leurs efforts contre la ville.

Serbelloni ne possédait plus guère que 1,200 soldats valides, mais fatigués et cependant résolus. Le 27, Sinane-Pacha et Euldj-Ali avaient établi leur camp sous la ville et ouvraient, contre la forteresse, le feu de puissants canons, tout en poussant la sape jusque sous ses murs et couronnant leurs tranchées de bons arquebusiers qui tiraient à courte distance sur quiconque paraissait.

Forcés de tenir tête à tant d'attaques diverses, les Espagnols perdaient chaque jour une quarantaine d'hommes : malgré cela, leur courage ne faiblissait pas, car on attendait à toute heure des secours réclamés instamment au roi de Sicile.

Le 6 septembre, les Turcs tentèrent un assaut général et firent sauter par la mine un des bastions, qui s'écroula en entraînant dans le même sort chrétiens et musulmans. Après une lutte acharnée durant depuis le matin, les Turcs se retirèrent, vers midi, en abandonnant de nombreux morts et même leurs échelles. Le 8, les mêmes faits se renouvelèrent ; les Espagnols restaient les maîtres, mais chacune de ces deux journées leur avait coûté 150 hommes et à peine restait-il dans le fort 600 combattants ; les murs n'existaient plus et les malheureux chrétiens étaient obligés de courir d'un endroit à un autre, selon que les points étaient plus ou moins menacés. Cependant le 11, une attaque générale fut encore repoussée.

Le 13, les assiégeants, ayant fait une nouvelle mine, se précipitèrent à l'assaut ; mais Serbelloni, à la tête de quelques soldats espagnols et italiens, les repoussa. Tout à coup, on crie que les Turcs pénètrent par une autre brèche ; il y court presque seul et est fait prisonnier. Cette fois la forteresse était prise et la défense avait épuisé absolument tous les moyens en son pouvoir. Il est probable que, si Carrero avait déployé une énergie égale à celle de Serbelloni, la Goulette, dont les fortifications étaient autrement sérieuses que celles de Bab-el-Behar, n'aurait pas si promptement succombé.

Zamoguerra, qui tenait encore dans le fort de Saint-Jacques (Chekli), avec une cinquantaine de braves, se décida alors à capituler et fut envoyé en Orient avec Serbelloni.

Les Turcs étaient bien définitivement maîtres de Tunis, mais à quel prix leur victoire avait-elle été achetée ! Néanmoins lorsque la nouvelle de ce succès parvint en Orient et qu'on vit débarquer les nombreux canons et les captifs des Turcs, parmi lesquels le hafside Moulaï-Mohammed et le gouverneur Serbelloni, la métropole de l'Orient retentit d'acclamations enthousiastes et l'on oublia les défaites passées et les pertes actuelles. Heider-Pacha, laissé à Tunis avec des forces sérieuses, fut chargé d'organiser l'administration turque ; Arab-Ahmed, pacha d'Alger, dont l'ambassadeur de France avait demandé le remplacement, rentra en Orient et ce fut le caïd Ramdane qui recueillit sa succession[1].

MORT DU CHERIF MOULAÏ ABD-ALLAH; SON FILS MOHAMMED LUI SUCCÈDE. — ABD-EL-MALEK, ONCLE DE CELUI-CI, OBTIENT CONTRE LUI L'APPUI DES TURCS. — L'importance des événements dont le Mag'reb central et l'Ifrikiya ont été le théâtre nous a fait négliger l'histoire du Maroc et il convient de nous reporter de quelques années en arrière pour reprendre la suite du récit.

Nous avons laissé Moulaï Abd-Allah régnant au Maroc en vulgaire despote, après avoir tué ou éloigné presque tous ses frères et neveux, et s'efforçant, dans sa haine contre les Turcs, d'entretenir avec le roi d'Espagne de bonnes relations. Il s'occupait aussi d'embellir sa capitale, de la doter d'écoles, de mosquées et d'un hôpital et d'augmenter ses palais et ses jardins, enfin il cantonna les juifs dans un quartier (ou Mollah). Quant aux événements particuliers, les chroniques ne rappellent qu'un violent tremblement de terre en 1569, une grande invasion de sauterelles en 1570, et une explosion de poudrière en 1573. La terreur, plus peut-être qu'une soumission sincère, tenait le pays en repos et quiconque avait le malheur de provoquer la jalousie ou les soupçons du cherif était impitoyablement puni de mort, quel que fût son caractère ou sa notoriété. Les légistes l'accusaient tout bas de transgresser plus d'une prescription essentielle du Koran, notamment la défense de boire des boissons fermentées, et de se livrer aux pratiques de l'alchimie ; mais cela ne se répéta qu'après sa mort. En 1572, ayant été averti que le roi de Portugal, Don Sébastien, préparait une grande expédition contre le cap d'Aguer, il en fit activement réparer et compléter les fortifications.

Dans le courant de Ramadan de l'année 981, Moulaï Abd-Allah-el-Raleb devint fort malade d'une affection chronique dont il souffrait depuis longtemps et expira le 27 dudit mois (30 janvier 1573). Le lendemain, son fils Abou-Abd-Allah-Mohammed, qui était son khalifa à Fès, reçut le serment de la population et succéda à son père ; c'était un demi-nègre, instruit, mais dur et sanguinaire ; il prit le surnom d'El-Metouekkel, et on le désigna

---

1. *Documents des archives de Simancas : Rapports de Serbelloni et de Zamoguerra sur la perte de Tunis et de la Goulette* (Revue afric., n°s 124, p. 294 et suiv., 125, p. 361 et suiv., 126, p. 461 et suiv.). — El-Kaïrouani, p. 320 et suiv. — Haëdo, *Rois d'Alger*, loc. cit., p. 415. — Rousseau, *Annales Tunisiennes*, p. 31 et suiv. — De Grammont, *Hist. d'Alger*, p. 118, 119. — Rosseeuw Saint-Hilaire, *Hist. d'Espagne*, t. IX, p. 320 et suiv.

plus tard sous celui d'El-Mesloukh (l'*écorché*). Son premier soin fut de mettre à mort un de ses frères et de jeter en prison un autre que son jeune âge sauva. Deux oncles du nouveau sultan, Moulaï Abd-el-Malek et Abou l'Abbas-Ahmed, qui étaient à Sidjilmassa au moment où Moulaï Abd-Allah avait fait tuer plusieurs de leurs frères, prirent la fuite et se réfugièrent auprès des Turcs de Tlemcen, puis ils gagnèrent Alger ; de là Abd-el-Malek se rendit en Orient afin d'exposer ses doléances au nouveau sultan. Mais ce souverain accueillit assez mal le solliciteur. Sur ces entrefaites l'expédition de Tunis ayant quitté l'Orient, Abd-el-Malek s'y adjoignit et, après la prise de cette ville, il eut l'adresse de faire tenir rapidement la nouvelle du succès des musulmans à sa mère, demeurée à Constantinople. Celle-ci se présenta alors au Grand-Seigneur, lui annonça la bonne nouvelle et obtint de lui, comme récompense, l'engagement de soutenir son fils dans ses revendications. Pour cette raison, et cédant sans doute aux conseils du Capitan-Pacha, Euldj-Ali, le sultan ordonna à son représentant d'Alger de conduire dans le Mag'reb une expédition, afin de rétablir Abd-el-Malek sur le trône.

Le Khakan Mourad III succéda à son père, Selim, vers la fin de l'année 1574, et entre les contradictions des auteurs arabes, il nous a été impossible de reconnaître auquel des deux s'appliquent les faits ci-dessus.

En 1564, une expédition formée de navires d'Espagne, de Portugal, de Malte et de Gênes, sous le commandement de D. Garcia de Tolède, vint attaquer Velez et, malgré la résistance du commandant turc, Kara-Moustafa, s'en rendit maître. Depuis lors, cette place est restée à l'Espagne [1].

ABOU-MEROUANE ABD-EL-MALEK, SOUTENU PAR LES TURCS, S'EMPARE DE FÈS ; PUIS IL LUTTE CONTRE SON NEVEU MOULAÏ-MOHAMMED ET LE FORCE A LA FUITE. — Déférant à l'ordre du sultan, le pacha Ramdane, dès son retour à Alger, s'occupa de préparer l'expédition au Maroc, de concert avec Abd-el-Malek. Il s'engagea à y conduire 4,000 arquebusiers turcs et des auxiliaires, mais à la condition qu'ils seraient payés, moyennant une somme déterminée par étape. Or, le prétendant ne possédait absolument rien et dut se borner à des promesses hypothéquées sur son succès futur. Au commencement de l'année 1575, l'armée expéditionnaire se mit en route et

---

1. *Nozhet-El-Hadi*, p. 50 et suiv. du texte arabe, 91 et suiv. de la trad. — Diégo de Torrès, *Hist. des Chérifs*, p. 423 et suiv. — Général de Sandoval, *Inscriptions d'Oran et de Mers-el-Kébir* (Revue afric., n° 89, p. 360). — Abbé Godard, *Maroc*, p. 469 et suiv.

fut rejointe par un grand nombre d'auxiliaires. Lorsqu'on fut arrivé sur la frontière, Abd-el-Malek demanda la faveur de prendre les devants avec une petite troupe de réguliers et d'auxiliaires, persuadé que les soldats de son neveu n'oseraient pas le combattre et passeraient de son côté.

Cependant, Moulaï-Mohammed n'était pas resté inactif ; il avait formé un corps important de Maures andalous, pour renforcer ses troupes ordinaires et les retenir au besoin. Apprenant que son oncle avait pénétré avec peu de monde dans la région de Fès, il sortit à sa rencontre et lui offrit le combat à Er-Rokn, dans le canton des Beni-Ouarthine. Il pensait, en raison de la supériorité numérique de ses troupes, triompher sans peine ; mais Abd-el-Malek, qui était resté populaire au Maroc, avait écrit aux principaux chefs et obtenu leur adhésion. Aussi, à peine Moulaï-Mohammed avait-il donné au corps andalou l'ordre d'attaquer, qu'il le vit, conduit par son chef, Saïd-ed-Dor'ali, passer sous la bannière du prétendant. Le chérif comprit alors qu'il ne pouvait plus compter sur ses soldats et, renonçant à la lutte, prit la fuite dans la direction de Maroc.

Vers la fin de mars 1576, Abou-Merouane-Abd-el-Malek fit son entrée à Fès et fut proclamé sous les noms d'*El-Moatacem* et d'*El-R'azi-fi-Sebil-Allah* (celui qui s'appuie en Dieu et celui qui combat dans la voie de Dieu), aux applaudissements du peuple. Il voulait aussitôt se mettre à la poursuite de son neveu. Mais il fallait au préalable régler les comptes avec les Turcs, dont l'appui avait été tout moral. A cet effet il se fit avancer des sommes importantes par les négociants et versa à chaque Turc 400 oukia (valant de 30 à 40 centimes) à titre de *bakchiche*. Il leur donna encore 10 canons, parmi lesquels cette fameuse pièce à dix bouches que le père Dan et le voyageur Shaw virent plus tard, sur la batterie des Andalouses à Alger[1]. Il ajouta une quantité de bijoux et d'objets en nature, ne parvenant qu'à grand'peine à satisfaire leur avidité. Enfin, il les décida à partir, chargés de butin, et les accompagna jusqu'au Sebou. Débarrassé de ces hôtes exigeants, il réunit ses soldats et les troupes de son neveu, passées à son service, et marcha sur Maroc. Moulaï Mohammed sortit à sa rencontre et lui offrit le combat au lieu dit Khandek-er-Rihane, près de Cherrate, dans la région de Salé ; mais il fut entièrement défait et contraint de se réfugier à Maroc. Abd-el-Malek lança contre lui son frère Abou-l'Abbas-Ahmed, ; à l'approche de celui-ci, Mohammed se jeta dans les montagnes de l'Atlas, de sorte que Maroc tomba sans coup férir aux mains des deux frères.

1. Ces auteurs, il est vrai, ne lui donnent que sept bouches.

Abd-el-Malek se mit ensuite à la recherche de son neveu qui l'entraîna à travers les montagnes, sans lui permettre de l'atteindre, et parvint à gagner le Sous, ce qui décida le sultan à rentrer à Maroc. Son frère, Abou-l'Abbas, avait reçu de lui le commandement de Fès. Réunissant alors une bande de malandrins et d'aventuriers, Mohammed se porta brusquement sur Maroc. Abd-el-Malek marcha contre lui, mais son neveu, prenant un chemin détourné, lui échappa et se présenta devant la capitale où il fut introduit grâce à la complicité de certains habitants. Cependant, Setti-Meriem, sœur d'Abd-el-Malek, enfermée dans la Kasba avec 3,000 arbalétriers, résista à tous les assauts de Mohammed, ce qui donna au sultan le loisir d'accourir en même temps que son frère Abou-l'Abbas qu'il avait appelé. Aussitôt, Mohammed évacua la ville et se réfugia, selon son habitude, dans le Sous, poursuivi par Abou-l'Abbas : le sultan parvint alors à pénétrer dans Maroc dont la population lui tenait toujours les portes fermées. Ce furent les principaux de Guerrara qui le firent entrer par une brèche.

Pendant ce temps, Abou-l'Abbas mettait en déroute son neveu Mohammed et le forçait à fuir dans l'Atlas. De là, le prince détrôné parvint à gagner Tanger, ou Velez, puis passa en Espagne dans l'espoir d'obtenir l'appui des chrétiens. Cette fois, Abou-Merouane-Abd-el-Malek restait maître du royaume ; il reçut la soumission de tous ses sujets, et envoya son frère Abou-l'Abbas occuper le commandement de Fès[1].

BATAILLE DE L'OUAD-EL-MEKHAZEN (EL-KÇAR-EL-KEBIR). MORT DU CHERIF ABD-EL-MALEK. — DÉFAITE ET MORT DE DON SÉBASTIEN. — Après avoir en vain essayé d'obtenir l'appui de Philippe II, Moulaï-Mohammed se rendit auprès de Don Sébastien, roi de Portugal, qui, nous l'avons vu, préparait depuis longtemps une expédition contre le Maroc. Ce prince accueillit favorablement ses ouvertures, mais en taxant son intervention à un haut prix : tout le littoral du Mag'reb devait être cédé aux Portugais et le cherif ne conserverait de pouvoir que sur l'intérieur, comme tributaire. Mohammed se soumit à tout. L'ardeur de Don Sébastien était extrême : il

---

1. *Nozhet-El-Hadi*, p. 62 et suiv du texte arabe. 107 et suiv. de la trad. — Bou-Ras, *Djelal-Ed-Dine Sid-El-Hadj-Mohammed*, poèmes (pass.). — Général Dastugue, *La bataille d'Al-Kazar-El-Kébir* (Revue afric., n° 62, p. 130 et suiv.). — De Grammont, *Hist. d'Alger*, p. 117, 118. — Haëdo, *Rois d'Alger*, loc. cit., p. 426 et suiv. — Abbé Godard, *Maroc*, p. 471.

réunit ses forces, appela aux armes tous les chevaliers et reçut de Philippe II, qui n'était nullement fâché de voir son voisin se lancer dans une entreprise aussi hasardeuse, un corps de troupes espagnoles. En même temps, ce souverain lui envoya la couronne de son grand-père Charles V, pour surexciter son ardeur, tout en lui adressant des conseils de prudence qu'il savait bien ne pas devoir être suivis par ce jeune homme de vingt-trois ans, au caractère ardent.

Le chérif était repassé en Afrique pour réunir ses adhérents, nombreux à ce qu'il affirmait, et, en exécution du traité, il avait livré aux Portugais le havre d'Acila, où l'on n'avait cessé d'expédier du matériel. Enfin, au commencement de l'été 1578, l'armée expéditionnaire fut chargée sur une immense flotte qui aborda heureusement à Acila. Moulaï-Mohammed l'attendait avec quelques cavaliers seulement. Il conseillait de s'emparer tout d'abord de Tétouane, d'El-Kçar-el-Kebir et d'El-Araïche, afin d'avoir des points d'appui sérieux avant de se porter en avant ; mais cet avis si sage ne prévalut pas et l'armée alla s'établir au lieu dit Tahedarte. Quel était l'effectif de l'armée chrétienne ? Les auteurs musulmans l'évaluent à plus de 100,000 hommes, avec 200 pièces de canon, sans parler de 25,000 marins, demeurés sur les navires ; mais les écrivains espagnols et portugais réduisent considérablement ce chiffre, qui ne dépassait sans doute pas celui de trente mille combattants.

Cependant à Maroc, Moulaï Abd-el-Malek se préparait activement à la lutte, tandis que son frère, Abou-l'Abbas-Ahmed, réunissait les contingents de l'Est, à Fès. En attendant, il écrivit à Don Sébastien : « Vous avez fait un grand acte de courage en passant la mer pour venir m'attaquer ; mais si réellement vous êtes aussi brave que vous voulez le paraître, attendez-moi là où vous êtes et je ne tarderai pas à venir vous trouver; sinon vous êtes un chien, fils de chien. » Le piège était grossier ; cependant le chevaleresque Sébastien s'y laissa prendre.

Lorsqu'ils furent prêts, les deux frères se portèrent chacun de leur côté vers le nord. Abd-el-Malek, très malade, voyageait en litière : mais, lorsqu'il se fut rendu compte de la forte position occupée par l'armée chrétienne, en arrière de l'Ouad-el-Mekhazen, il ne perdit pas sa présence d'esprit et, s'adressant encore à l'amour-propre de son adversaire, lui écrivit : « J'ai fait seize étapes pour me rapprocher de vous, n'en ferez-vous pas une pour venir à ma rencontre ? »

Aussitôt le bouillant Sébastien ordonna de se porter en avant et même de franchir l'Ouad-el-Mekhazen, large et profond en cet endroit, au moyen du seul pont qui existât ; puis il s'avança encore et établit son camp auprès de Kçar-Ketama (ou El-Kçar-el-Kebir). Abd-el-Malek rangea alors son armée en bataille, mais il eut soin d'envoyer un parti de cavaliers couper le pont sur les derrières des chrétiens. Les ennemis se jetèrent les uns contre les autres et l'action s'engagea avec une extrême vivacité ; pendant ce temps le chérif cessait de vivre dans sa litière. Le renégat Redouane, qui se trouvait près du sultan, en eut seul connaissance et, montrant une rare présence d'esprit, il continua à transmettre les ordres à haute voix, comme venant de son maître, tout en faisant avancer la litière.

Moulaï Abou-l'Abbas se couvrit de gloire dans cette bataille et grâce à son ardeur communicative, ne tarda pas à faire plier les lignes chrétiennes. Une panique inexplicable entraîna alors l'armée portugaise dans une déroute insensée, et cette tourbe de gens effarés se trouva tout à coup sur les rives de l'Ouad-el-Mekhazen, dont le pont n'existait plus ; en vain les premiers arrivés cherchèrent un gué : poussés par la cohue, ils furent jetés dans le fleuve et y périrent, sans en excepter Don Sébastien lui-même (1 août 1578). La bataille n'avait duré qu'un peu plus de quatre heures.

Quant à Moulaï-Mohammed, le nègre, ainsi que l'appellent les chroniques chrétiennes, il essaya de trouver un gué à l'écart, mais ne fut pas plus heureux, et se noya dans l'Ouad-el-Kous, où son corps fut retrouvé ; on l'écorcha, et sa peau, bourrée de paille, fut envoyée à Maroc et promenée ignominieusement dans diverses localités. Le désastre des chrétiens fut complet : à peine une soixantaine d'entre eux, selon le dire de Don S. de Calderon, parvint à se sauver ; tout le reste avait péri dans le combat, s'était noyé dans le fleuve ou était prisonnier. Le cardinal Don Henri, oncle de Don Sébastien, qui prit en main la direction des affaires de Portugal, après la mort de son neveu, se hâta de faire la paix avec le chérif et envoya au Maroc des sommes considérables pour racheter les prisonniers[1].

Le chérif Abou-l'Abbas-Ahmed-el-Mansour, souverain du Maroc. — La victoire de l'Ouad-el-Mekhazen, connue dans notre histoire sous le nom de Bataille des Trois Rois, ou d'Al-Kazar-el-Kebir,

---

1. *Nozhet-El-Hadi*, p. 73 et suiv. du texte arabe, 131 et suiv. de la trad. — Général Dastugue, *La bataille d'Al-Kazar-El-Kébir*, loc. cit., p. 134 et suiv. — E. de la Primaudaie, *Villes maritimes du Maroc* (Revue afric., n° 95, p. 400). — Haëdo, *Rois d'Alger*, loc. cit., p. 427 et suiv. — Abbé Godard, *Maroc*, p. 471 et suiv.

consolida l'avènement au trône d'Abou-l'Abbas-Ahmed, qui était pour une bonne part dans le succès et reçut à cette occasion le surnom d'El-Mansour (le victorieux).

En réalité, cette brillante victoire avait été préparée par Abd-el-Malek, dont la prudence égala l'habileté ; son frère recueillit le fruit de ses efforts ; il sut se montrer à la hauteur de son rôle et porter à son apogée la gloire de la dynastie saadienne, ainsi que nous le verrons plus loin. Le nouveau sultan était alors âgé de trente ans ; il avait la taille haute, les joues pleines, les épaules larges, le teint légèrement jaune, les traits réguliers, les yeux et les cheveux noirs. Il était né à Fès et avait reçu une solide éducation complétée par ses voyages ; comme son frère, il avait adopté le costume et divers usages des Turcs. Sa mère, la dame Messaouda, destinée à mourir en odeur de sainteté en 1590, était une femme remarquable. Lorsque son fils fut au pouvoir, elle s'appliqua à doter Maroc de constructions utiles.

A son arrivé à Fès, dans le mois de septembre, Abou-l'Abbas-Ahmed-el-Mansour fut accueilli avec enthousiasme par les troupes et la population qui lui prêtèrent le serment de fidélité. Peu après, il reçut, s'il faut en croire le Nozhet-el-Hadi, des félicitations du sultan, du pacha d'Alger, du roi de France et de celui d'Espagne, ainsi que les ambassadeurs du régent de Portugal [1].

L'Espagne renonce aux grandes luttes pour la possession de l'Afrique. Alger sous le pacha Hassan Veneziano. — L'indifférence avec laquelle Philippe II apprit la nouvelle du désastre de l'Ouad-el-Mekhazen ne s'expliquerait pas si l'on ne savait qu'il était absolument dégoûté des campagnes d'Afrique et fort occupé par ses guerres du nord de l'Europe. Il avait même cherché à traiter avec la Porte et ses offres avaient été repoussées, grâce surtout à l'intervention de Euldj-Ali, qui exigeait au préalable l'évacuation d'Oran et de Mers-el-Kebir, mesure à laquelle la cour d'Espagne était presque ralliée, en raison des dépenses causées par cette occupation. Après avoir hésité et s'être fait remettre rapports sur rapports, le roi se prononça pour le maintien, et les pourparlers avec le sultan furent rompus. En 1577, Don Diégo de Cordova, troisième marquis de Comarès, nommé « capitaine général des royaumes de Tlemcen et de Tenès, gouverneur de la ville d'Oran et de la place de Mers-el-Kebir », vint prendre pos-

---

1. *Nozhet-El-Hadi*, p. 78 et suiv. du texte arabe, 140 et suiv. de la trad.

session de son commandement et continuer la série des petites expéditions ordinaires, sans gloire, sinon sans danger.

A Alger, un renégat vénitien, du nom de Hassan-Véneziano, était venu, au mois d'avril 1577, remplacer Ramdane-Pacha, envoyé à Tunis. C'était un homme d'une rare énergie, mais violent et cupide, qui sut maîtriser les Yoldachs et les réïs et faire obéir chacun à Alger. Cervantès, captif dans cette ville pendant qu'il la gouvernait, nous a laissé de lui un portrait peu flatteur ; il est vrai qu'il avait eu cruellement à souffrir de ses brutalités. En 1578, Hassan alla ravager, pendant l'été, les côtes des Baléares et les rivages de l'Espagne. Puis, craignant que l'armada qui s'organisait à Cadix ne fût destinée à une expédition en Afrique, il s'appliqua à compléter et réparer les fortifications d'Alger. Le pays, à peine débarrassé de la peste, souffrait de la disette causée par une sécheresse prolongée.

Les grandes luttes contre l'Espagne et le Portugal sont actuellement terminées, et les Turcs demeurent maîtres incontestés de l'Ifrikiya et du Mag'reb central, comme les cherifs saadiens du Mag'reb. L'histoire du pays est entrée dans une nouvelle phase[1].

CHRONOLOGIE DES SOUVERAINS HAFSIDES

Abou-Zakaria, petit-fils d'Abou-Hafs.	1228-29
Abou-Abd-Allah, dit El-Mostancer, son fils. . .	1249
Abou-Zakaria-Yahïa, dit El-Ouathek et El-Makhloûâ.	1277
Abou-Ishak, fils d'Abou-Zakaria I.	1279
Ahmed-ben-Abou-Amara (usurpateur).	fin 1282
Abou-Hafs, fils d'Abou-Zakaria I	1284
Abou-Zakaria II, fils d'Abou-Ishak I, à Bougie. .	1284
Mohammed-Abou-Acida, fils d'El-Ouathek. . .	1295
Abou-l'Baka-Kahled I, fils d'Abou-Zakaria II à Bougie.	1300
Abou-Beker, dit Ech-Chehid, petit-fils d'Abou-Zakaria I.	1309
Abou-l'Baka-Kaled I, seul Khalife.	1309

---

1. Général de Sandoval, *Inscriptions d'Oran et de Mers-el-Kébir* (Revue afric., n° 89, p. 360, 361 et n° 90, p. 434 et suiv.) — Haëdo, *Rois d'Alger*, loc. cit., p. 430. — De Grammont, *Hist. d'Alger*, p. 121, 122.

Abou-Yahïa-Abou-Beker, dit El-Metaoukkel, à Constantine et à Bougie.	1311
Abou-Yahïa-Zakarïa-el-Lihyani.	1311
Abou-Dorba, dit El-Mostancer.	1317
Abou-Yahïa-Abou-Beker, seul Khalife.	1318
Abou-Hafs-Omar, fils du précédent.	
Abou-l'Abbas, fils du précédent.	1346
1re occupation merinide.	1347
El-Fadel, fils d'Abou-Yahïa-Abou-Beker, à Constantine et à Bougie.	1348
Abou-Zeïd-Abd-er-Rahmane à Constantine.	
Abou-Abd-Allah-Mohammed à Bougie.	fin 1348
El-Fadel, fils d'Abou-Yahïa, à Tunis	1349
Abou-Ishak II, Ibrahim, à Tunis.	1350
Occupation merinide de Bougie.	1353
Abou-l'Abbas, frère d'Abou-Zeïd, à Constantine.	1354
2e occupation merinide de toute l'Ifrikiya.	1357
Abou-Ishak II, à Tunis (restauration).	1357
Abou-l'Abbas, à Constantine (restauration).	1360
Abou-Abd-Allah, à Bougie (restauration).	1364
Abou-l'Abbas, seul maître de la province de Constantine.	1366
Abou-l'Baka II, fils d'Abou-Ishak II, à Tunis.	1369
Abou-l'Abbas, seul maître de l'empire.	1370
Abou-Farès-Arzouz, son fils	1394
Moulaï Abou-Abd-Allah.	1434
Abou-Omar-Othmane, frère du précédent.	1435
Abou-Zakarïa-Yahïa, petit-fils du précédent.	1488
Abou-Abd-Allah-Mohammed.	1494
Abd-el-Aziz, à Constantine, vers.	1510
Abou-Beker, à Constantine, vers.	1511
Moulaï-Hassen, fils de Abou-Abd-Allah-Mohammed, à Tunis.	1526
1re occupation turque.	1534
Moulaï-Hassen, à Tunis (restauration).	1535
Ahmed-Soultan, fils du précédent.	1542
2e occupation turque.	fin 1569
Moulaï-Mohammed, tributaire de l'Espagne.	1573
Etablissement de la domination turque.	1574

CHAPITRE VIII

ORGANISATION POLITIQUE DES TURCS. — SITUATION DE L'AFRIQUE EN 1578

Examen des causes de la réussite des Turcs et de l'échec des Espagnols en Afrique. — Organisation et hiérarchie de la milice (ou des Yoldachs). — Les pachaliks d'Afrique. — Service de la milice. — Forces auxiliaires. — Algérie : le Pacha, les Kraça, le Diwan, les Reïs. — Administration des villes : Hakem, Cheikh-el-Blad, Mouftî, Cadi, Cheikh-el-Islam ; Beït-el-Maldji.—Ressources financières du pachalik d'Alger.—Beylik de l'Ouest ou d'Oran. — Beylik de Titeri ou du Sud. — Beylik de Constantine ou de l'Est. — Commandements relevant du pachalik d'Alger. — La marine du pachalik d'Alger ; la course et le partage des prises maritimes.— Pachalik de Tunis. — Pachalik de Tripoli. — Relations commerciales des puissances chrétiennes et particulièrement de la France avec les Turcs de Berbérie ; privilèges accordés.— L'esclavage en Berbérie ; voies et moyens du rachat des captifs.

EXAMEN DES CAUSES DE LA RÉUSSITE DES TURCS ET DE L'ÉCHEC DES ESPAGNOLS EN AFRIQUE. — Après soixante années de luttes incessantes pour obtenir la suprématie dans l'Afrique du Nord, les Turcs sont restés définitivement maîtres du terrain que les Espagnols leur abandonnent, ne conservant de toutes leurs conquêtes que la précaire occupation d'Oran. Philippe II, absorbé par d'autres guerres, craignant de favoriser les vues ambitieuses de son frère Don Juan, renonce à la politique traditionnelle de ses ancêtres, essaie de se rapprocher de son ennemi héréditaire, le grand-seigneur (khakan), et ne veut plus entendre parler de cette Afrique où il n'a trouvé que déboires. A côté de lui, le Portugal, sans chef, sur le point de passer sous l'autorité de princes étrangers, terrifié outre mesure par le désastre de l'Ouad-el-Mekhazen, est près de renoncer à ses possessions du Maroc et va se les laisser successivement enlever par les Cherifs.

Ainsi, l'islam triomphe encore du christianisme et, cependant, ce ne sont pas les populations du pays qui ont repoussé l'étranger : au contraire, les représentants de leurs vieilles dynasties : hafsides, zeyanites et merinides, l'ont appelé bien des fois pour les aider à chasser le Turc et remonter sur le trône, même en se soumettant à l'humiliante condition de roi tributaire. L'Osmanli, on peut le dire, n'a pas été appuyé sérieusement par la population indigène ; les Kabiles lui ont au contraire opposé une vive résistance et, s'il a obtenu, par-ci par-là, le concours des cavaliers arabes ou des tribus berbères arabisées, c'est l'appât du pillage ou l'entraînement religieux qui lui a amené ces adhérents, la veille au service des princes berbères et passant, après un échec, dans le camp opposé, même s'il porte la bannière espagnole. En réalité, l'anarchie, qui depuis près de deux siècles avait détruit en Berbérie toute force gouvernementale, l'extinction de la nationalité indigène par l'effet lent de l'immigration hilalienne, avaient préparé l'asservissement de l'Afrique septentrionale à l'étranger. Les rois catholiques avaient brillamment commencé cette conquête ; mais leurs successeurs, absorbés par d'autres soins, laissèrent échapper le moment de la compléter et l'initiative hardie des Barberousse appela sur ce théâtre le Turc, dont les succès vertigineux et la puissance ébranlaient la chrétienté et menaçaient la vieille Europe. Les Ottomans trouvèrent d'abord en Berbérie ce qui leur manquait : des marins et des navires pour opposer aux flottes combinées des chrétiens, et Kheïr-ed-Dine leur permit de lutter contre Doria. Mais ils avaient obtenu d'autres appuis manifestes ou dissimulés, et ce n'est pas sans regret que nous prononçons ici le nom de notre pays. François I*r*, l'allié de Soliman, Henri II, Charles IX, favorisèrent incontestablement la réussite des Turcs. La haine contre Charles V, le danger que sa puissance faisait courir à notre patrie, justifiaient à leurs yeux cette alliance, mais l'historien impartial jugera peut-être l'excuse insuffisante.

Enfin, il faut reconnaître que, si les Espagnols se montrèrent bien des fois, dans leurs expéditions d'Afrique, pleins de courage chevaleresque, ils furent, trop souvent, d'une maladresse et d'une impéritie impardonnables. L'échec de Charles V devant Alger en est un exemple frappant. On est étonné de l'absence de notions exactes sur le pays, du manque absolu de plan chez ces conquérants si voisins de l'Afrique, établis à Oran, à Bougie et à Tripoli, depuis le commencement du siècle, et en rapports séculaires avec ses habitants. Comment s'expliquer enfin l'abandon dans lequel ces postes d'occupation sont laissés, malgré les plaintes, les réclamations, les supplications parfois si éloquentes de leurs commandants ? Comment justifier l'impassibilité avec laquelle le vice-roi de Sicile laisse les Turcs reprendre, en dernier lieu, Tunis, presque en vue de son île, sans même chercher à les inquiéter par une banale démonstration ?

En résumé, le succès définitif des Turcs a tenu à des causes de diverse nature, concourant dans différents sens, à ce résultat, mais la responsabilité en retombe de tout son poids sur Philippe II, qui, même avant la bataille de Lépante, avait renoncé aux conquêtes en Afrique et, après la transgression de ses ordres, par Don Juan à Tunis, mit une sorte d'amour-propre, ou tout au moins une incroyable obstination à abandonner à elle-même sa conquête. S'il avait envoyé quelques mille hommes au secours des héroïques défenseurs de la Goulette et de Tunis, la victoire des Turcs se serait probablement changée en un irréparable désastre ; et peut-être les Ottomans se seraient-ils éloignés pour toujours de l'Afrique.

ORGANISATION ET HIÉRARCHIE DE LA MILICE OU DES YOLDACHS[1]. — Ces faits constatés, il nous reste à étudier l'organisation politique du gouvernement des Turcs en Berbérie ; il sera nécessaire d'entrer dans quelques détails sur leurs procédés d'administration, afin de se rendre compte des moyens qui ont permis aux pachas et aux beys ottomans de gouverner, pendant deux siècles et demi, la plus grande partie de l'Afrique septentrionale, sans rien coûter à la Porte et en lui fournissant, au contraire, des tributs plus ou moins importants. Certes les hommes qui ont résolu ce problème méritent plus de justice qu'ils n'en ont trouvé jusqu'à présent chez les historiens européens. Ils ont eu, en outre, le mérite de rétablir en Berbérie le respect de l'autorité, d'arrêter les empiètements des Arabes, en un mot, de faire cesser l'anarchie. Leur machine gouvernementale et leur système d'administration ont une physionomie particulière, absolument brutale, mais sont plus perfectionnés qu'on ne le croit généralement et, dans tous les cas, bien appropriés au but.

Nous allons prendre cette organisation de son point de départ, qui est le *janissaire*, et la suivre dans ses développements en Berbérie : mais nous prions de remarquer qu'à l'époque par nous atteinte, si la plupart des rouages fonctionnent, plusieurs cependant doivent être complétés ou modifiés plus tard ; cette organisation sera à peu près définitive dans le siècle suivant.

1. Les renseignements qui suivent sont pris particulièrement aux sources suivantes : Walsin Esterhazy, *Domination turque*, p. 162 et suiv., 233 et suiv. — De Grammont, *Hist. d'Alger*, p. 47 et suiv., 125 et suiv., 228 et suiv. — Carette, *Algérie* (Univ. pittor.), p. 242 et suiv. — Vayssettes, *Hist. de Constantine sous les beys* (Soc. archéol. de Constantine, 1867-68-69). — Fédermann et Aucapitaine, *Organisation du Beylik de Titeri* (Revue afric., n°s 52, 62 à 65). — Robin, *Organisation des Turcs dans la grande Kabylie* (Revue afric., n°s 98, 99). — Rousseau, *Annales Tunisiennes*, p. 32 et suiv. — El-Kaïrouani, p. 427 et suiv. — Haëdo, *Rois d'Alger*, loc. cit.

Le Janissaire (*Yenitcheri* ou *Yoldach*) devait être un Levantin musulman. Il était incorporé dans un bataillon ou *Ourta*, sous le titre d'*Ani-Yoldach* (jeune soldat) et recevait une solde de 3 fr. 60 par mois, payée généralement tous les quatre mois, et qui allait en augmentant chaque année jusqu'à un maximum de 130 fr. par an; il avait droit, en outre, à des vivres en nature lorsqu'il était en garnison ou en colonne.

Au bout de trois ans, il devenait *Aski-Yoldach* (vieux soldat); puis *Bach-Yoldach* (sorte de chef d'escouade), commandant une tente (*khebba* ou *seffara*) de 16 à 20 hommes.

Dans le bataillon, les huit plus anciens soldats devenaient *Soldachi*; puis ils passaient, à l'ancienneté, successivement :

Oukilhardji (sorte de sergent-major);
Odobachi (lieutenant);
Bouloukbachi (capitaine);
Et *Agabachi* (commandant).

Le plus ancien, parmi ces derniers, était *Kahïa* (colonel) et, après un temps assez court, devenait *Ag'a* (général).

Mais il ne faudrait pas attacher à ces assimilations un caractère qu'elles n'ont pas. Ces grades étaient des fonctions temporaires, assurant des avantages spéciaux, sans changer la solde régulière qui était celle du vétéran. Ces fonctions avaient une durée très courte et, lorsque le yoldach les avait toutes remplies, il recevait le titre de Mansoulag'a, était mis à la retraite, et ne pouvait plus exercer de commandement militaire; mais il était, de droit, membre du *Diwan* (conseil de gouvernement), et pouvait être nommé à des emplois civils.

Telle était cette organisation qui mettait le pouvoir entre les mains de la milice turque, tout en maintenant entre ses membres une égalité destinée à contenir les ambitions; dans le principe, les Levantins seuls étaient admis à en faire partie. Mais ces Turcs arrivaient en Berbérie comme célibataires et y épousaient des femmes du pays. Leurs enfants formèrent cette race croisée qui reçut le nom de *Koulour'li*; ils obtinrent d'entrer dans la milice, sans pouvoir prétendre aux commandements supérieurs ni aux emplois civils.

Chaque groupe de yoldachs, en garnison dans un pays, formait ce qu'on appelait un *Oudjak* où *Odjac* (fourneau) et ce nom a servi, par extension, à désigner le gouvernement lui-même.

Les pachaliks d'Afrique. — Les possessions turques d'Afrique formèrent trois pachaliks.

Celui d'Alger, comprenant les provinces d'Alger, d'Oran et de

Constantine. Il resta, jusqu'à la mort de Euldj-Ali (1587), sous l'autorité d'un beylarbeg (bey des beys), ayant, en effet, sous ses ordres trois beys; ceux de Titeri, d'Oran et de Constantine, ainsi que nous l'expliquerons tout à l'heure. Après sa mort, l'Algérie fut administrée par des pachas, envoyés d'Orient, nommés pour trois ans, et centralisant le pouvoir à Alger. Leur autorité fut peu à peu annihilée et remplacée par celle des deys, élus par la milice.

Celui de Tunis, occupé par un pacha, qui partagea ensuite le pouvoir avec le dey ou les beys. Ce pachalik devint héréditaire dans la famille des beys, à partir de 1705.

Et celui de Tripoli, étendant son autorité jusque sur le Fezzan, au sud, et la Cyrénaïque, à l'est.

Bien que se conformant aux règles générales du gouvernement turc, chaque pachalik eut, dans la pratique, une organisation particulière, ce qui nous forcera de l'étudier à part.

Service de la milice. — Le service du yoldach se divisait en trois catégories :

Celui de *nouba,* ou de garnison ;
Celui de *mahalla,* ou d'expédition ;
l'un et l'autre d'un an environ.

Après quoi, sauf le cas de nécessité urgente, il lui était accordé une année de *khezour,* ou repos.

Chaque nouba se composait d'une ou de plusieurs seffara (escouades), selon l'importance du poste à occuper. Elle était commandée par un *ag'a*, assisté d'un *kahya*, d'un *bouloukbachi*, d'un *odobachi* et d'un *oukilhardji*; ces cinq officiers formaient le diwan, chargé de rendre la justice aux Turcs et aux Koulour'lis de la localité et de statuer sur toutes les affaires.

Les Nouba ou garnisons étaient renouvelées tous les ans ou tous les six mois ; quant aux expéditions, il y en avait généralement deux par an, celle d'été et celle d'automne. Elles avaient pour but principal la rentrée des impôts. Les autres expéditions, s'appliquant à des cas particuliers, n'avaient rien de fixe, ni comme composition, ni comme époque.

A chaque garnison était adjoint un groupe de bombardiers et canonniers.

L'effectif des Yoldachs dans la Berbérie a toujours été faible. Il a rarement atteint une vingtaine de mille hommes et se trouvait exactement, en 1830, de 1978 soldats pour toute l'Algérie, répartis en 86 seffara.

Forces auxiliaires. — Ce n'est pas, on le comprend, avec un

effectif de troupes aussi faible que les Turcs pouvaient maintenir dans l'obéissance toute la contrée. Aussi songèrent-ils, dès le principe, à tirer parti des forces indigènes. Nous avons vu Salah-Reïs et ses successeurs former des corps de fantassins réguliers au moyen des Kabiles Zouaoua ; nous en avons trouvé encore, en 1838, et ils nous ont donné les premiers éléments de nos Zouaves. A Tunis, ainsi qu'on l'a dit ci-devant, des Spahis avaient été formés sous le nom de Zemasnïa.

Mais, ce qui fut spécial aux Turcs et leur donna une force réelle, toujours disponible, ce fut l'organisation de colonies militaires, établies dans les domaines de l'État ou les régions conquises et dont les colons, en échange des terres et des exemptions d'impôt qu'on leur concéda, furent tenus d'entretenir un cheval et de fournir, en tout temps, le service militaire et les corvées de guerre.

Ces auxiliaires reçurent les noms d'*Abid*, lorsqu'ils étaient nègres, et, dans les autres cas, de *Douaïrs*, pluriel de *Daïra* (cavalier) et de *Zemoul*, gens de *Zemala* (ou de campement). Nous parlerons d'eux en détail. Ainsi se constituèrent de nouvelles tribus guerrières formées des éléments les plus disparates, sans aucun lien avec les populations locales et qui devinrent, pour les Turcs, des auxiliaires précieux et formèrent des avant-postes servant à protéger leurs établissements. On les désigna sous le titre de tribus *Makhezen* (ou de l'État) et leurs cavaliers sous celui de *Mekhaznis* ; elle ne payaient pour tout impôt qu'une faible redevance dite : droit de l'éperon (*Hak-ech-Chebir*).

Les Ottomans imposèrent en outre aux populations de toute race l'obligation de fournir, en sus des tributs réguliers, des contingents sous le nom de *Goum* et des moyens de transport et des vivres sous forme de réquisition. Des caïds, nommés par les pachas et les beys, furent placés à la tête de ces groupes qu'ils eurent la latitude d'administrer selon leur bon plaisir, la seule restriction imposée consistant dans le droit de révocation, suivi de mise à mort et de confiscation des biens, conservé par les Turcs.

Enfin, certains grands chefs, comme Ben-el-Kadi ou Ben-Amokrane en Kabilie, les Ben-Djellab à Touggourt, et tant d'autres véritables petits sultans, devinrent les tributaires du gouvernement turc.

Tels furent à grands traits les moyens employés en Berbérie par les représentants de la Porte pour administrer et maintenir dans l'obéissance les populations de l'Afrique. Ajoutons que les Turcs ne négligèrent pas une influence qui leur fut fort utile, celle des marabouts dont nous avons parlé dans le premier chapitre, leur accordant sans cesse concessions et avantages de toutes sortes, de façon à les opposer aux chefs indigènes et à être renseignés par eux sur tous leurs actes.

Examinons maintenant les conditions particulières de chaque pachalik.

ALGÉRIE. — LE PACHA, LES KRAÇA, LE DIWAN, LES REÏS. — L'Algérie, comprenant les Beylik de *Titeri*, de *Constantine* et d'*Oran* et les caïdats indépendants, de *Blida*, du *Sebaou*, du *pays nègre* et de *La Calle*, avait son administration centralisée à Alger, entre les mains du Beylarbeg ou du pacha et, plus tard, du dey.

Le pacha avait comme auxiliaires les membres du gouvernement local, formant autour de lui une sorte de conseil des ministres et désignés sous le nom de *Kraça* (de *Kourci*, trône). C'étaient :

1° L'*Oukil-el-Hardj*, sorte de ministre de la marine, chargé, en outre de l'approvisionnement, de la comptabilité du matériel et des munitions.

2° Le *Khaznadji*, ou *Khaznadar*, trésorier en chef, ministre des finances.

3° Le *Khodjet-el-Kheïl*, directeur des haras et administrateur du Domaine de l'Etat (makhezen).

4° L'*Ag'a*, ou *Bach-Ag'a*, chef des troupes régulières et des tribus makhezen.

5° Enfin, dans certains cas, le *Beït-el-Maldji*, dont nous parlerons plus loin.

Au-dessous de ces Kraça, citons encore :

Le *Khalifa*, ou lieutenant du pacha, son bras droit.

Le *Bach-Kâteb*, secrétaire en chef.

Le *Bach-Seïar*, courrier de cabinet.

Les *Drogmans*, turcs et arabes.

Les *Chaouch-el-Kourci*, chargés de transmettre les ordres du pacha, souvent de les exécuter de leurs mains et de protéger le maître.

Et, enfin, une foule d'autres agents plus infimes, formant la maison militaire et civile du pacha.

A côté de ces fonctionnaires, entièrement à la dévotion et au choix du pacha, on créa un pouvoir destiné à lui faire contrepoids et qui, trop souvent, escamota l'autorité à son profit, mais sans jamais pouvoir la garder. C'était le *diwan*, formé d'anciens militaires, presque tous *mansoulag'as*. Cette composition laisse présumer que le Diwan fut porté à s'occuper particulièrement des intérêts de la milice et à s'opposer sans cesse aux tentatives d'émancipation des pachas. Ainsi ce conseil qui, dans le principe, avait surtout pour mission de veiller au maintien de la suprématie de la Porte, ne cessa-t-il d'empiéter sur les prérogatives du pacha et de lutter contre lui. Le diwan se réunissait trois fois par semaine et recevait les plaintes et les réclamations du public par l'intermédiaire d'un interprète turc, parlant l'arabe, car il rendait d'abord la justice et s'occupait ensuite de questions administratives et militaires et de politique internationale.

Mais, à Alger, il existait une autre force, celle des Reïs, formant une corporation (*Taïffe*) avec laquelle tout le monde dut compter, même les Yoldachs, car leur industrie si fructueuse, la course, les rendit populaires chez les citadins et leur donna la richesse avec la puissance. Aussi luttèrent-ils souvent contre les deux autres pouvoirs, et les miliciens turcs, qui les écrasaient sous leur fierté et les avaient exclus de toute ingestion dans le gouvernement, finirent-ils par solliciter d'eux la faveur de participer à la course et aux prises. Les reïs formaient une corporation appelée la *Taïffe* des *Reïs*.

Qu'on juge de l'étonnement d'un pacha arrivé d'Orient et tombant au milieu de cette complication, sans même connaître la langue du pays ! On verra à quelles anomalies cette confusion de pouvoirs se heurtant, s'annihilant les uns les autres, conduisit, et quelles erreurs d'appréciation elle provoqua chez les puissances chrétiennes.

ADMINISTRATION DES VILLES : HAKEM, CHEIKH-EL-BLAD, MOUFTI, CADI, CHEIKH-EL-ISLAM, BEÏT-EL-MALDJI. — L'administration de la ville d'Alger était confiée, comme dans toutes les cités importantes, à un *Cheikh-el-Blad*, sorte de maire, agent du Makhezen, et prenant souvent part au diwan. Ce fonctionnaire avait des attributions très étendues pour la police, la sécurité et la gestion des intérêts locaux. Il était secondé par un conseil de ville et un grand nombre d'employés nommés par lui. Dans certaines localités, il portait le nom de *Hakem*.

La justice proprement dite et le soin de faire respecter les prescriptions de la religion étaient confiés aux cadis et aux mouftis des deux rites (Maleki et Hanafi), et leur réunion formait le Medjelès, chargé de la revision des sentences des cadis. Quelquefois, on tenait un lit de justice présidé par le pacha ou, dans les beylik, par les beys avec l'assistance des légistes et hauts fonctionnaires. Dans certaines villes, le *cheikh-el-Islam* était au-dessus des moufti, comme chef de la religion.

Le *Beït-el-Maldji* administrait la caisse du *Beït-el-Mal* et était chargé, comme tel, de recouvrer les revenus des biens hobousés [1],

---

1. Le hobous, ou ouakof, est une constitution immobilière, ou même

d'entretenir ces biens, de fournir aux dépenses des établissements religieux, de venir en aide aux pauvres et particulièrement aux pèlerins, de faire enterrer les indigents, de représenter les droits des absents et de recueillir les successions en déshérence.

RESSOURCES FINANCIÈRES DU PACHALIK D'ALGER. — Voici quelles étaient les ressources diverses du gouvernement turc algérien.

1° L'*achour* (ou dîme) prélevé sur les produits du sol et légalement dû au prince, selon les règles mêmes du Koran. Sa conversion se faisait presque toujours en argent, et donnait prise à l'arbitraire des agents locaux. On peut y ajouter le *Zekat*, dans le principe aumône religieuse prescrite par le Koran, et que les Turcs ont transformé en impôt sur les troupeaux et bêtes de somme.

2° Le *Hokor* ou fermage des terres du Makhezen, servi par des tenanciers les occupant, à raison d'un prix fixe par charrue (Zouidja ou Djabda), plus des corvées et fournitures diverses en nature.

3° La *Gharama* ou *Lezma*, impôt de capitation frappant les nomades, les gens des oasis (ou leurs palmiers), et certaines régions de la Kabilie, où l'unité agricole n'est pas la charrue.

Dans les beyliks, ces impôts étaient recouvrés par les soins des beys qui les centralisaient entre leurs mains et envoyaient ou apportaient, deux fois par an, au printemps et à l'automne, la redevance à eux imposée, sous le nom de *Denouche,* dont nous donnerons la composition pour chacun d'eux. Les caïds de Blida, des nègres, du Sebaou et de La Calle servaient aussi, mais ces deux derniers assez irrégulièrement, des tributs de diverse nature.

A ces revenus, qu'on peut appeler ordinaires, il faut ajouter les ressources extraordinaires qui étaient peut-être les plus importantes et que nous classons comme suit :

1° La part du Pachalik sur le produit de la course, en général du cinquième, et dont nous parlerons dans un paragraphe spécial.

2° Les tributs imposés aux nations européennes, en paix avec la Régence, pour qu'elles fussent à l'abri des attaques des Corsaires.

mobilière, faite généralement au profit d'un établissement religieux, mais qui n'a son effet que lorsque toutes les substitutions prévues par le fondateur sont épuisées. C'est, proprement, le moyen de soustraire ses biens aux partages entre les héritiers et de les maintenir intacts dans la famille, par la descendance masculine.

3° Les *Aouaïd* ou cadeaux à la charge des mêmes nations, à l'occasion de l'avènement d'un pacha, du renouvellement d'un traité ou d'autres circonstances moins rares, telles que les fêtes religieuses musulmanes, une victoire du sultan, la naissance d'un fils, etc.

4° Le produit des ventes de captifs et d'épaves.

5° Les redevances imposées aux concessionnaires de privilèges et les droits et taxes perçus, dans les ports, sur les navires et les marchandises importées et exportées.

6° Les droits d'investiture, amendes, confiscations revenant au Makhezen.

BEYLIK DE L'OUEST OU D'ORAN. — Lorsqu'il quitta la province d'Oran, en 1563, le beylerbeg Hassan, fils de Kheïr-ed-Dine, laissa le commandement de la région de l'Ouest au bey Bou-Khedidja, auquel il confia 80 tentes de Yoldachs (environ 1,600 hommes), en lui assignant, comme résidence, la petite ville de Mazouna, au nord du Chelif dans les montagnes du Dahra, où il était certain que les Espagnols ne viendraient pas le chercher. De là, le bey était prêt à porter secours à Mostaganem et à la Kalâa des Beni-Rached, d'où il donnait la main à la nouba de Tlemcen.

Tel fut l'embryon du beylik de l'Ouest. De Mazouna, les Turcs étendirent leur autorité jusqu'à Miliana et ensuite, dans toute la province d'Oran. La grande tribu des Beni-Amer resta, à peu près seule, fidèle aux Espagnols.

Plus tard, les beys de l'Ouest choisirent comme séjour Maskara d'où ils menaçaient plus directement Oran, et enfin cette ville, après en avoir chassé deux fois les Espagnols. De même que leurs collègues, ils s'appuyaient sur des tribus Makhezen qu'ils formèrent de divers éléments et qui reçurent les noms de *Douaïrs, Mehals* et *Zemala,* ainsi que sur des colonies, nègres dans l'origine, appelées pour cela *Abid*. Ces dernières prirent une grande extension et reçurent dans leur sein des indigènes blancs, tout en conservant le nom d'*Abid-Zemala,* divisés en *Cheraga* (de l'Est) et *R'araba* de l'Ouest.

Les autres tribus furent placées sous le commandement de caïds et d'ag'a, relevant du bey, et ainsi se formèrent, dans la province de l'Ouest, des familles féodales soumises à l'autorité turque, mais comme des feudataires maîtres chez eux à la condition de payer le tribut et de coopérer, avec leurs goums, aux colonnes et expéditions. Les Hachem de R'eris ancêtres d'El-Hadj-Abd-el-Kader ben Mahi-ed-Dine, Sidi-L'Aribi de la Mina, ben Ismaël et ben Kaddour, les O. Sidi Cheikh du sud, nous ont transmis le type de ces feudataires.

La fonction la plus importante du bey, celle qui réclamait tous ses soins, consistait à assurer la remise du Denouche au pacha. A cet effet, deux colonnes, celle du printemps et celle de l'automne, parcouraient, chaque année, les tribus pour hâter les recouvrements ; « puis, aux mêmes époques, le bey envoyait à Alger, par son Khalifat, 100,000 réaux boudjou [1] au pacha, plus une certaine quantité d'esclaves mâles et femelles, de haïks, de bornous blancs et noirs, de peau rouge dite *filali*, des chevaux de *gada* (hommage) ; des chevaux et des mulets de bât, etc., etc. Le bey devait se rendre en personne à Alger tous les trois ans pour porter le *denouche*, consistant en 40,000 réaux boudjou, indépendamment de la *lezma* ordinaire apportée par le Khalifa, une quantité considérable d'esclaves, de haïks, etc., et une *sirat* de quarante chevaux de premier choix, etc. [2] »

Les fonds du tribut (Denouche) étaient versés au pacha par les *Sefar*, courriers du bey. Ils comprenaient, en outre de ce qui précède, les redevances particulières payées par les fermiers de privilèges, les indemnités que les villes étaient tenues de verser pour le pacha, entre les mains de la Nouba, à chaque changement de garnison et les produits de vingt autres sources du même genre.

Mais le bey n'avait pas seulement à satisfaire le pacha ; sur toute sa route les mains se tendaient : chefs de poste, caïds, marabouts, simples yoldachs, tous devaient être gratifiés. Cela n'était rien encore. L'Ag'a, le Khaznadji et le Khodjet-el-Kheil venaient le recevoir à l'entrée de la ville et le conduisaient à la demeure qui lui était assignée comme séjour. Aussitôt, les visites commençaient et il fallait contenter tout le monde, proportionnellement à son rang, depuis les Kraça jusqu'au dernier chaouch ; la liste était interminable et malheur au bey qui trompait l'attente de ces avidités.

Les communications entre Alger et l'Ouest étaient assurées par les tribus Makhezen, établies sur la route et aux gîtes d'étapes (*Konak*), qui étaient au nombre de sept entre Oran et Miliana. Il en était de même sur la route de Mazouna à Mostaganem et de cette ville à Maskara et à Tlemcen.

Des *chouafs* (espions ou vigies), établis dans les endroits propices, tenaient les postes turcs au courant des nouvelles pouvant les intéresser.

BEYLIK DE TITERI, OU DU SUD. — Ce commandement fut établi

---

1. Valant 1 fr. 80.
2. Walsin Esterhazy, *Domination turque*, p. 239, 240.

par Hassan, fils de Kheïr-ed-Dine, qui nomma, en 1548, Redjeb premier bey de Titeri, résidant à Médéa[1].

Voici quelles étaient les limites de ce beylik :

Au nord, les montagnes des Beni-Salah, des Beni-Messaoud et des Mouzaïa.

A l'est, le Ouennour'a, en englobant la tribu de ce nom, la région de Sour-el-R'ozlane (Aumale), et les tribus des Arib et des Beni-Slimane.

A l'ouest, les Oulad-Khelil et le caïdat du Djendel, inclus.

Et au sud, le Djebel-Sahari et les Lar'ouate.

Il était divisé en quatre groupes :

Le *Tell septentrional*, situé au nord de Médéa.

Le *Tell méridional*, au sud de cette ville.

La circonscription du *Dira* à l'est, avec Sour-el-R'ozlane, comme chef-lieu.

Et la circonscription du *Sahara*, au sud de la précédente.

Ce beylik comprenait un certain nombre de tribus Abid, Zemoul et Douaïr, particulièrement Makhezen. Les autres étaient soumises et obéissaient à des caïds relevant du bey.

Enfin, il renfermait de nombreux azels, ou terres domaniales à la disposition du bey et même particulièrement du pacha, sur lesquelles vivaient des tenanciers payant un fermage (*Hokor*) et devant des corvées de travail pour le labourage et la moisson (*Touiza*), des fournitures de paille, orge et autres denrées, et enfin étant soumis aux réquisitions de bêtes de somme et convoyeurs pour les colonnes. Certaines tribus devaient donner, dans la même occasion, un cheval de guerre harnaché.

Les tribus makhezen formant, avec les descendants des Turcs et des Koulour'lis, les *Djouad*, classe militaire privilégiée, qu'on a appelée à tort une noblesse, ne payaient d'autre impôt que l'achour (dîme des produits de la terre). Les autres, et les nomades et semi-nomades étaient soumis, en outre de l'achour et du zekate, à la Gherama (formée de redevances diverses selon les populations auxquelles elle s'appliquait) et à des livraisons de toute sorte, en nature, ainsi qu'à la *Difa* et à l'*Alfa*, fourniture de vivres pour les officiers, soldats et fonctionnaires de passage et pour leurs montures. Enfin des droits importants frappaient chaque objet sur les marchés.

---

1. Selon la liste donnée par Florian Pharaon (*Revue afric.*, t. II, p. 302 et suiv.), ses successeurs furent Yahia-Bey en 1568 et Ramdane Pacha en 1575 ; mais cela paraît contestable, au moins pour ce dernier.

L'investiture d'un nouveau bey ou un événement important dans sa famille donnait lieu à la fourniture de cadeaux (Aouaïd) par les tribus.

Le bey, en principe, était nommé pour trois ans ; il était responsable de son beylik vis-à-vis du pacha, auquel il devait strictement rendre compte de son administration et fournir, sans retard, la redevance semestrielle et, tous les trois ans, le grand denouche. Il était reçu à Alger à peu près de la même manière que le bey d'Oran, et devait arriver avec ses chouchs, ses spahis, ses mekaheli (porte-fusils), ses étendards et sa musique ; en entrant en ville, il jetait de la monnaie au peuple, sur son passage.

« Le bey avait avec lui 20 chevaux de Gada ; il apportait, pour être versé au trésor, 60,000 réaux boudjou (108,000 francs) ; de plus une pareille somme destinée à être distribuée à titre d'Aouaïd entre les grands dignitaires, les fonctionnaires de second ordre et toute la domesticité du pacha, y compris le barbier, qui n'était pas d'ailleurs le moindre personnage.

« Le pacha recevait un cadeau particulier, 8,000 francs en or renfermés dans une bourse de soie. En échange de tous ces présents, le bey recevait, comme témoignage de sa nouvelle investiture, un yatagan d'or et un caftan brodé d'or, dont il restait revêtu pendant son séjour à Alger ; il restituait ce vêtement au moment du départ, et on lui donnait alors une belle gandoura, mais de moindre valeur.

« Chaque matin, à la pointe du jour, le bey se rendait chez tous les membres du Diwan et au conseil du matin, chez le pacha ; il était conduit au palais par le *Caïd-Ez-Zebel*[1]. Il demeurait sept jours à Alger. Le premier jour, il était traité et défrayé par le Khaznadji, le deuxième chez l'Ag'a, le troisième chez le Khoudjet-el-Kheil, et le quatrième chez l'Oukil-el-Hardj[2] ».

Quant au Denouche ordinaire, de printemps et d'automne, il était apporté à Alger par le Khalifa. Il se composait de vingt-quatre mille boudjou pour le pacha et les Kraça et autant pour le trésor, plus sept chevaux de Gada et un grand nombre d'objets et de denrées en nature. En outre, tous les trois mois, un Seyar, ou courrier du bey, allait porter à Alger environ 2,000 boudjou. A

---

1. Littéralement le *Caïd du Fumier*, sorte de commissaire de police, chargé de la propreté des rues ; il était armé d'un long bâton et muni d'une lanterne.

2. Fédermann et Aucapitaine, *Notice sur le Beylik de Titeri* (Revue afric., nº 64, p. 290, 291.)

cela s'ajoutaient encore les fermages et produits des azel ou terres domaniales.

Chaque année, trois colonnes parcouraient le beylik et, en vérité, ce n'était pas trop, pour faire rentrer tous les impôts qui pesaient lourdement sur le producteur.

La maison particulière du bey et les fonctionnaires dont il était entouré rappelaient, en plus petit, le palais du pacha. Il avait, comme force permanente, en outre de la nouba régulière, une troupe de yoldachs d'origine turque, qu'on appelait les *Zebantout* (célibataires), d'une centaine d'hommes, sur le contrôle desquels il était lui-même inscrit. Sa garde du corps était formée par une douzaine de *Mekahelis*, cavaliers armés de fusils et dont l'un portait sur sa tête le *Dhalila* (parasol), sept *Alalema* portaient ses étendards (Allama). Le surplus de ses forces était constitué par les cavaliers des tribus makhezen et les goum soumis.

Le bey résidait à Médéa et tenait, tous les vendredis, audience publique dans son palais de Djenane-el-Bey. Il y présidait, le même jour, un conseil, où les caïds assistaient et où étaient traitées les affaires administratives; Médéa, comme toutes les villes importantes, était sous l'autorité d'un Hakem, sorte de maire, avec des pouvoirs très étendus.

Les principaux postes de ce beylik, occupés par une nouba turque, généralement établie dans un fort, étaient:

Médéa;
Sour-el-R'ozlane (Aumale);
Bordj-Bouïra (ou Hamza);
Bordj-Sebaou (jusqu'en 1770);
Berouagouïa;
Et Sour-Souari (chez les O. Souari).

D'autres points furent occupés plus ou moins temporairement.

BEYLIK DE CONSTANTINE OU DE L'EST. — Ce beylik comprenait toute la province de Constantine actuelle, jusqu'à l'Ouennour'a et le Djerdjera à l'ouest, et jusqu'au delà des oasis de l'Ouad-Rir', au sud. C'était le plus important des trois, pour la richesse, l'étendue et le nombre des habitants.

Comme ses collègues du Sud et de l'Ouest, le bey de Constantine était nommé par le pacha d'Alger, sans autre règle que son libre choix, et révocable de la même façon.

Il exerçait, dans son commandement, un pouvoir à peu près illimité, à la condition d'assurer régulièrement le versement du denouche ordinaire, deux fois par an, et de porter, lui-même, à Alger, le denouche triennal.

Chaque année, une colonne de 1,500 Turcs partait d'Alger, en passant soit par le col des Beni-Aïcha (Ménerville), Bou-Haroun, Sour-el-R'ozlane, le Ouennour'a et la Medjana, soit par l'Ouad-Zitoun, Hamza, les portes de Fer et la Medjana, et arrivant au printemps dans les plaines situées entre Sétif et Constantine, où elle était rejointe par le cheikh-el-Arab qui la conduisait dans le sud, pour assurer la rentrée de l'impôt et maintenir la paix. A l'automne suivant, 1,250 Turcs rentraient à Alger et 250 restaient à Constantine, soit à la Kasba, soit campés sur le bord du Remel, pour former la colonne d'hiver.

Quant à la garnison proprement dite, elle était de trois cents yoldachs environ, servant à relever, tous les ans, les garnisons des petits postes dont les principaux étaient :

>Bône ;
>Bougie ;
>Collo ;
>Djidjeli ;
>Mila ;
>Zemmoura (dans la Medjana) ;
>Biskra ;
>Negaous ;
>Tebessa.

Le denouche ordinaire, qui était apporté à Alger par le Khalifa, se composait en moyenne de :

>100,000 réaux bacita (valant 2 fr. 50 la pièce) ;
>50 juments ;
>100 mulets ;
>300 bœufs ;
>3,000 moutons ;

Plus 20 outres de beurre fondu, 20 charges de *Mahouer* (couscous fin), du *Ferik* (blé vert concassé) à la saison, des dattes, des olives, des peaux de bêtes féroces, des *bernous* et des *haïks* du Djerid, des calottes de Tunis, etc.

Il fallait une véritable expédition pour transporter tout ce butin et, bien souvent, acheter le passage des portes de Fer ou échanger des coups de fusil avec les Kabiles de cette région auxquels les beys de Constantine finirent par servir une redevance fixe en moutons et en argent pour avoir la voie libre. A Alger, le khalifa commençait par prélever et offrir les cadeaux d'usage au pacha, aux kraça et à tous les fonctionnaires ; le reste était versé dans les caisses de la Régence. Après être resté huit jours à Alger, le khalifa partait avec la colonne, rapportant au bey la confirmation de ses pouvoirs ou amenant son successeur.

Le bey et l'administration beylicale siégeaient à Constantine dans le vaste immeuble de Dar-el-Bey[1]. Les fonctionnaires étaient à peu près les mêmes qu'ailleurs, mais le beylik de l'Est était plus important que les autres et sa situation le rendait, en quelque sorte, indépendant. Le conseil de gouvernement formait donc une petite cour.

Ce qui lui donnait surtout un caractère particulier, c'était l'importance des feudataires relevant du bey et des caïds qu'il nommait au commandement des grandes tribus. Passons-les en revue.

Le *cheikh* des *Beni-Abbès*, dont l'un, Si-Ahmed-Amokrane, (fondateur de la famille Mokrani), avait étendu son autorité sur toute la plaine de la Medjana, sur celle du Hodna et les montagnes environnantes. Il avait même soumis le Zab, avec Biskra, à l'est, et les Oulad-Naïl du sud-ouest. Mais ses successeurs ne purent conserver ce vaste empire et durent se borner au titre de : « *Seigneurs de la Medjana et des Beni-Abbès.* »

Le *cheikh-el-Arab*, commandant les tribus arabes du Zab et du Hodna, venant, en été, dans les montagnes qui bordent, au sud, la plaine des Abd-en-Nour. Ce commandement avait été confié, ainsi que nous l'avons dit, à la famille des Bou-Aokkaz, chefs des Daouaouida, dont un des derniers descendants a été notre khalifa Ali-Bey.

Les *cheikhs* des *Henanecha*, grande tribu s'étendant entre Souk-Ahras, le littoral jusques et y compris La Calle, Guelma et Tebessa. Ces chefs étaient alors les Harar et les Ben-Chennouf : ils s'appuyaient sur les Chabbïa, leurs suzerains, et étaient en rivalité avec les Daouaouida qu'ils rencontraient au sud de Constantine, leurs terrains de parcours étant séparés par l'O. Bou-Merzoug.

Enfin les *Ben-Djellab*, sultans de Touggourt.

A ces chefs, viendront dans quelques années, s'ajouter :

Les caïds des villes de Mila, Tebessa, Zemmoura et Mecila ;

Le *Caïd des Harakta,* Berbères arabisés de la région d'Aïn-Beïda.

Celui des *Abd-en-Nour,* nouvelle tribu formée des restes des

---

1. Actuellement transformé en maisons par une Société immobilière et traversé par une rue carrossable.

Berbères-Sedouikech et de divers autres éléments ; ceux de l'*Aourès*, du *Dir* (Tebessa), du *Bellezma* ;

Ceux des *Zardeza*, de *Skikda*, des *Oulad-Braham* ; ceux des *Telar'ma*, des *Amer-Cheraga*, *Kçar-et-Tir*, *Oulad-Derradj* ;

Enfin, celui du *Ferdjioua*, dont la famille Ben-Achour est devenue titulaire ; et celui du *Zouar'a*, fief des Ben-Azz-ed-Dine, d'origine beaucoup plus récente.

De même que ses collègues, le bey de Constantine forma des tribus makhzen de *Zemoul* et de *Daïra*.

Les *Zemoul* de Constantine étaient d'abord des palefreniers soignant les chevaux du bey et des bergers gardant ses troupeaux. Peu à peu, ils devinrent de véritables guerriers ; leur nombre augmenta et ils formèrent la grande tribu composée d'éléments divers qui s'étendit au sud de Constantine dans la plaine d'Aïn-Melila.

Les *Daïra*, sous le commandement d'un ag'a, étaient répartis dans différents postes où ils formèrent de véritables petites tribus : au *Sera* (près de Mila), à l'Oued-Bou-Slah (Ferdjioua), à l'Oued-Zenati et près de Constantine.

En outre, les beys de l'Est eurent presque toujours à leur solde un corps de fantassins kabiles (Zouaoua).

Quant aux impôts et revenus, ils étaient de même nature que dans les autres beyliks : mais le nombre des Azels, ou terrains domaniaux, était beaucoup plus considérable et leurs revenus en proportion.

COMMANDEMENTS RELEVANT DU PACHALIK D'ALGER. — En outre des trois beyliks, existaient un certain nombre de districts ou de villes placées directement sous l'autorité du pacha ou obéissant à des chefs indépendants, n'ayant aucune relation avec les beys.

Dans la première catégorie, il faut placer toute la plaine de la Mitidja avec les montagnes qui l'enserrent, jusqu'à Miliana, à l'ouest, et au col des Beni-Aïcha, à l'est.

Dellis, Blida, Cherchel, Tenès étaient commandés par des caïds, ou des Hakem, et recevaient d'Alger une garnison turque.

Comme chef tributaire indépendant, le plus puissant était le roi de Koukou, de la famille Ben-el-Kadi, maître de la Kabilie de Djerdjera, que nous avons vu successivement l'allié et l'adversaire des Barberousse et qui avait fini par accepter la domination turque. C'était un feudataire absolument maître chez lui et n'ayant d'autre obligation que de servir une redevance, dont nous ignorons le chiffre, au pachalik d'Alger et de lui fournir son concours militaire. Nous verrons les Turcs s'appliquer sans relâche à réduire son autorité et empiéter sur son territoire.

Ils formeront des Zemala, composées, dans le principe, de nègres affranchis, et mettront des garnisons turques aux Beni-Djennad (Tizi-Ouzzou) et aux Guechtoula (Bordj-Bou-R'eni), se reliant à Bordj-Bouira (Hamza). Mais il restera toujours, au centre de la Grande-Kabilie, autour de ces Beni-Raten, chez lesquels nous avons construit le fort National, un groupe considérable de Kabiles indépendants.

LA MARINE DU PACHALIK D'ALGER. LA COURSE ET LE PARTAGE DES PRISES MARITIMES. — La régence d'Alger, fondée par des corsaires, tira une partie de sa force de la marine. Aussi les Barberousse et leurs successeurs appliquèrent-ils tous leurs soins à son organisation. Nous avons dit que le port d'Alger fut tracé et créé en grande partie par Kheïr-ed-Dine. Son fils, Hassan, et Salah-Reïs continuèrent ses travaux. Pour utiliser les talents de leurs esclaves et afin de n'être au besoin tributaires de personne, ils organisèrent de véritables chantiers de construction. A cet effet, ils firent d'abord exploiter les forêts des environs de Cherchel par les esclaves. Mais les bois, du reste assez médiocres, furent bientôt épuisés et il fallut chercher ailleurs. La région de la Kabilie orientale, vers Djidjeli, particulièrement le territoire occupé par les Beni-Four'al, leur fournit des bois remplissant toutes les conditions voulues et, pour assurer l'alimentation, les pachas organisèrent le service qu'ils appelèrent la *Karrasta*.

Un caïd (ou *Ouzir-el-Karrasta*), sorte d'ingénieur, chef du service, résida à Bougie pour le diriger, avec l'aide d'un khoudja (secrétaire); quant aux bois, ils étaient préparés par ses soins dans la montagne et traînés jusqu'à trois anses sur le rivage : à l'embouchure de l'Ouad-Zeïtoun, au petit port de Ziama, et à l'embouchure de l'Ouad-Taza, où des navires venaient les prendre. Des marabouts des environs de Djidjeli, membres de la famille Amokrane (Mokrani), avaient le monopole de la direction des opérations dans la montagne.

Pour ce qui est de la course, elle était réglée d'une manière précise, soit que les vaisseaux appartinssent à la régence ou à un reïs particulier ou à une association de reïs.

Chaque navire de course comprenait un équipage déterminé, et était commandé par un *reïs* (capitaine), qui n'obtenait ce titre qu'en passant un examen devant une commission de reïs, présidée par le plus ancien d'entre eux, qui portait le titre de *koptan* ou amiral. Cet examen avait lieu dans le kiosque qui sert de logement à l'amiral, à Alger, où le koptan était installé et, comme les capitaines marins étaient généralement illettrés ou étrangers renégats, il ne portait que sur des questions toutes pratiques. Un *reïs-et-trik*, chargé de prendre le commandement des prises pour les amener à Alger, lui était adjoint, ainsi qu'un capitaine en second et toute une hiérarchie de gradés. Un *khodja* tenait la comptabilité et le journal du bord et dressait l'inventaire des prises.

Pour être à l'abri de l'attaque des navires de guerre des nations avec lesquelles la régence était en paix, le reïs recevait du consulat, au départ, une pièce destinée à sa sauvegarde ; de même, les vaisseaux marchands de cette nation devaient être nantis d'une pièce semblable. Lorsque les corsaires les rencontraient, comme il arrivait fréquemment qu'ils n'eussent pas dans leur équipage de gens sachant lire l'écriture des chrétiens, ils se bornaient à rapprocher les deux textes et malheur aux pauvres marchands si *l'aspect* des deux *cartes* n'était pas le même. Souvent, du reste, les ennemis voyageant sous un drapeau qui n'était pas le leur parvenaient à les tromper en présentant un papier quelconque.

Selon Haédo, les forces des corsaires algériens se composaient, en 1581, de :

35 galiotes, dont 2 de 24 bancs, 1 de 23 bans, 11 de 22 bans, 8 de 20 bans, 10 de 18 bans, 1 de 19 et 2 de 15 ;

Et d'environ 25 frégates (non pontées) de 8 à 13 bancs.

Ces forces allèrent sans cesse en augmentant et, vers 1606, un corsaire flamand, du nom de Danser (ou Dansa), introduisit l'usage des vaisseaux ronds et contribua beaucoup au développement de la marine.

La régence, avons-nous dit, exerçait une action directe sur la course au moyen d'un service dit « des prises » à la tête duquel était le *khodjet-el-Bandjek* (secrétaire du cinquième) ou *El-R'enaïm* (des prises). « Ce fonctionnaire, — dit de Voulx, — choisi parmi les khodja ou lettrés turcs, dirigeait toutes les opérations préalables au partage, faisait débarquer et vendre les marchandises, acquittait les frais, remettait aux ayants-droit les allocations que leur accordaient les règlements en usage, prélevait les droits de l'Etat, dont il était tenu de faire personnellement le versement au trésor, et procédait enfin à la répartition du produit net. Il tenait les écritures relatives à ces opérations, faites avec le concours de peseurs, de changeurs, de mesureurs et de crieurs publics et avait sous ses ordres un chaouch musulman, un chaouch juif et des hommes de peine. »

Le captureur n'avait droit qu'à sa part de la cargaison et des captifs. Quant à la coque, elle appartenait à l'odjak représenté par le pacha ou le dey, qui la faisait démolir et vendre, ou réparer et armer en course.

L'état percevait, sur le produit brut, le cinquième (*bandjek* en turc) accordé par le Koran au chef des guerriers comme représentant du prince et par suite de Dieu, quelquefois le huitième seulement.

Le directeur du port (*Caïd-el-Marsa*), le ministre de la marine (*oukil el-Hardj*) et de nombreux fonctionnaires prélevaient ensuite des droits particuliers ; certains marabouts ou les gardiens de leurs tombeaux y participaient également.

On retranchait ensuite le montant des frais de déchargement, transport, pesage, vente, change, etc.

Tous ces prélèvements opérés, le produit net était partagé en deux parts égales, dont l'une appartenait au propriétaire du navire qui était le plus souvent l'odjak lui-même. L'autre moitié était répartie entre les officiers et l'équipage, selon les règles fixées, en attribuant des primes spéciales à ceux qui s'étaient distingués dans l'affaire.

Grâce au « *registre des prises maritimes* » qui nous a été conservé, nous savons, au moins pour le dernier siècle et pour le commencement de celui-ci, d'une manière exacte, le chiffre et la valeur des prises faites par les Algériens sur la marine de guerre et de commerce des puissances chrétiennes. Ces chiffres sont d'une triste éloquence et la lecture de tels documents ramène toujours à la pensée cette reflexion : comment les puissances européennes ont-elles pu supporter si longtemps de telles pertes, de semblables humiliations ?

Le père Dan estime à plus de 20 millions la valeur des biens capturés par les seuls pirates algériens, au commencement du xviie siècle, dans l'espace d'une vingtaine d'années.

Ainsi la course à Alger était une institution d'état, à laquelle peu à peu tout le monde fut associé : Reïs, Yoldachs, renégats et même citadins. « Tout Alger, dit M. de Grammont, se mêlait de la course : les grands étaient armateurs ; les petits marchands et les baldis se cotisaient pour acheter et équiper un navire à frais communs : les femmes elles-mêmes, nous apprend le vice-consul Chaix, vendaient leurs bijoux pour prendre part à ces fructueuses opérations. »

« Lorsqu'ils rentrent de course, dit à son tour Haëdo, tout Alger est content parce que les négociants achètent des esclaves et des marchandises apportées par eux..... On ne fait rien que boire, manger et se réjouir, etc. »

Le retour de chaque corsaire ramenant des prises était salué par des acclamations unanimes, auxquelles s'unissaient les salves de l'artillerie. Le pacha allait souvent en personne saluer les hardis marins et choisir, parmi la file des esclaves, qui montaient tristement, chargés de fers, par la porte de la marine, ceux qu'il prenait pour sa part, puis les autres étaient poussés comme un vil troupeau vers le bagne et sur le marché.

Ne sachant s'unir pour se soustraire aux attaques des pirates d'Alger, les puissances chrétiennes et particulièrement Naples, le Portugal, la Hollande, le Danemark, la Suède se soumirent à l'obligation humiliante de payer un tribut, sous le titre de Lezma, afin d'être épargnés par les Reïs.

Ces redevances atteignirent jusqu'à une moyenne de 100,000 fr. pour chaque état, sans parler des objets en nature : mâts, cordages, canons, munitions, bijoux qu'on exigeait en sus ; et encore les Reïs trouvèrent-ils des moyens fort ingénieux pour rançonner, quand même, leurs nationaux.

Les peuples qui étaient en paix avec l'odjak payaient presque autant par les cadeaux (Aouaïd) qu'ils devaient fournir et qui donnaient lieu à des difficultés sans nombre, dont les consuls étaient victimes si le moindre retard se produisait ou que la valeur des cadeaux fût jugée trop faible[1].

Pachalik de Tunis. — L'organisation du pachalik de Tunis ressembla beaucoup, dans le principe, à celle de l'odjak d'Alger, et les détails dans lesquels nous sommes entrés dispensent de nous appesantir sur un grand nombre de points.

Comme à Alger, le pouvoir fut d'abord entre les mains des Yoldachs dont la hiérarchie était la même. Le gouvernement appartenait au pacha, représentant du beylarbeg, assisté d'un *diwan*, ou conseil, formé d'abord des *Odabachi* et des *Bouloukbachi*. Les troupes étaient exclusivement commandées par des *ag'a*, à peu près indépendants du pacha. Mais bientôt l'arrogance de ces soldats devint insupportable et provoqua une révolution contre eux : en 1590, les Bouloukbachi furent surpris et massacrés dans la Kasba. Sinane-Pacha avait laissé à Tunis 4,000 hommes de troupes, divisés en 40 sections, ayant chacune à sa tête un vétéran ou *dey* (littéralement : oncle maternel). Un de ces *dey*

---

1. De Voulx, *La marine de la régence d'Alger* (Revue afric., n° 77, p. 384 et suiv. — Le même, *Le registre des prises maritimes* (Revue afric., n°s 85 à 94 inclus. — Mgr Pavy, *La piraterie musulmane* (Revue afric., t. II, p. 337 et suiv.). — Féraud, *Exploitation de la Karasta* (Revue afric., n°s 71, 73, 74) et *Hist. de Bougie*, p. 285 et suiv. — De Grammont, *Hist. d'Alger*, p. 128 et suiv. — Haëdo, *Description d'Alger*, pass. — Dan, *Hist. de Barbarie*, l. III. — E. d'Aranda, *Voyage et captivité à Alger*, pass.

reçut le commandement en chef de l'armée, ou le partagea avec l'*ag'a* ou le *bey*. Le pacha ne conserva qu'une autorité fort affaiblie ; enfin le diwan n'eut plus le droit de disposer des troupes contre le vœu du *dey*.

Cette administration assez compliquée, et créant partout une sorte de dualisme, allait causer bien des difficultés jusqu'au jour où le pouvoir deviendrait héréditaire dans la famille du bey actuel.

Peu à peu, cependant, l'autorité turque s'étendit dans la Tunisie et triompha, non seulement de l'opposition armée des Chabbïa, des environs de Kaïrouan, et des Oulad-Saïd, ces abominables pillards, contre lesquels de véritables croisades furent organisées, mais encore des montagnards « presque tous insoumis » selon l'expression d'El-Kaïrouani et des villes indépendantes telles que Gabès, Sfaks, Gafsa et autres, où l'esprit municipal berbère s'était maintenu à peu près intact, malgré toutes les révolutions et dominations qu'elles avaient supportées. Mais, à la fin du xvie siècle, la puissance des Chabbïa est encore prépondérante en Tunisie, dans l'est de la province de Constantine, et dans le Sahara, où ils ont comme auxiliaires des brigands désignés sous le nom de Troud, craints et détestés par tous.

La course constitua, de même qu'à Alger, un des revenus les plus fructueux ; le dey se rendait lui-même à la Goulette pour présider à la vente et au partage des prises[1].

PACHALIK DE TRIPOLI. — Nous ne pourrions que répéter ce que nous venons de dire à l'égard de Tunis, si nous voulions entrer dans les détails de l'organision de ce pachalik. Adossée aux montagnes des Nefouça, occupées par des Zenètes kharedjites à peu près indépendants, voisine de l'île de Djerba habitée par une population semblable, la ville de Tripoli, chef-lieu d'une province peu fertile et peu productive, éloignée des grandes voies maritimes, fut le siège d'un commandement bien moins important que les autres.

C'est un pays que nous perdrons presque de vue, d'autant plus que les documents précis nous font défaut sur son histoire intérieure.

RELATIONS COMMERCIALES DES PUISSANCES CHRÉTIENNES ET PARTICULIÈREMENT DE LA FRANCE AVEC LES TURCS DE BERBÉRIE. — PRIVILÈGES

---

1. El-Kaïrouani, p. 338, 381, 481 et suiv. — Rousseau, *Annales Tunisiennes*, p. 32, 33. — Féraud, *Kitab-el-Adouani* (Rec. de la Soc. archéol. de Constantine 1868).

ACCORDÉS. — L'alliance de François Ier avec Soliman, l'appui que ses successeurs prêtèrent, ouvertement ou d'une manière occulte, aux Turcs de Berbérie, dans leurs luttes contre les Espagnols, conférèrent à la France une situation privilégiée qui aurait pu, dans bien des occasions, se transformer en protectorat ; mais l'ignorance absolue des conditions réelles où se trouvait le pays empêcha le gouvernement central d'en profiter. Trop souvent, aussi, les conventions signées par un pacha ou un dey n'étaient pas exécutées par ceux qui avaient arraché le pouvoir au signataire et se le disputaient.

En 1564, à la suite des réclamations faites à la Porte par notre ambassadeur, celui-ci obtint que nos intérêts seraient représentés à Alger par un consul. Le Marseillais Berthole, nommé à cette fonction, arriva le 15 septembre pour en prendre possession ; mais les Algériens refusèrent péremptoirement de le recevoir ; en 1576, le capitaine Sauron, désigné comme consul à Alger, fut également repoussé, une première fois ; mais, sur les représentations énergiques de notre ambassadeur à Constantinople, des ordres précis furent expédiés au pacha et, l'année suivante, il était installé dans sa charge. Dès lors, notre nation eut toujours un représentant à Alger, en vertu des capitulations, et ces premiers agents, qui étaient d'abord de simples délégués de la ville de Marseille, ne tardèrent pas à tenir leur charge du roi. Dans le principe, la chambre de commerce de Marseille subvenait aux dépenses de son délégué et lui fournissait les cadeaux nécessaires à l'entretien des bonnes relations ; elle continua, même lorsque la charge de consul fut devenue royale, à intervenir activement. D'autres nations, jalouses de cette faveur, s'empressèrent d'envoyer aussi des agents commerciaux ; mais celui de la France demeura le premier officiellement reconnu, et son influence resta prépondérante.

Les commerçants provençaux et languedociens avaient, à l'imitation des Pisans, des Génois, des Vénitiens et des Barcelonais, installé des comptoirs à Collo, à Bône, à Merça-el-Kharez (La Calle). En 1561, la Porte accorda, comme privilège, aux Français de s'y établir définitivement et d'y construire. Ce fut alors qu'une compagnie languedocienne dirigée par Didier et Linchès, négociants marseillais, construisit le fort connu sous le nom de Bastion de France, près de La Calle, et des magasins dans cette localité, ainsi qu'auprès de Bône, de Collo et de Stora. De ces points, les concessionnaires accaparaient tout le commerce de la province de Constantine, échangeant les marchandises françaises contre les grains, les cuirs, la cire, le miel du pays ; ils se livraient aussi à la pêche du corail. Ces entreprises commerciales n'enrichirent pas ceux qui les avaient créées, car ils cédèrent leurs privilèges au sieur de Moissac, sous la direction duquel elles devinrent, paraît-il, fructueuses, car en 1577, un certain Nicole fonda une compagnie rivale et vint faire concurrence à ses compatriotes. Mais les concessionnaires réclamèrent vigoureusement pour le maintien de leurs droits.

Quelques années auparavant, les Lomellini, de Gênes, avaient obtenu (en 1543) l'île de Tabarque, avec le privilège des pêcheries comme rançon de Dragut, dont ils s'étaient emparés [1].

L'ESCLAVAGE EN BERBÉRIE. VOIES ET MOYENS DU RACHAT DES CAPTIFS. — Par suite de l'extension donnée à la course en Berbérie, le nombre des captifs chrétiens réduits en esclavage augmenta considérablement ; dans le premier tiers du xviie siècle, leur chiffre, pour Alger seulement, était de 20 à 30,000, la plupart espagnols, portugais, italiens et insulaires de la Méditerranée ; mais on y comptait en outre bon nombre de Hollandais, de Danois, de Moscovites et même d'Anglais et de Français pris sous pavillon ennemi. Le premier soin de ceux qui avaient le malheur de tomber aux mains des corsaires turcs consistait à se faire passer pour très pauvres et à dissimuler leur nom et leur identité. Aussitôt, en effet, qu'un captif était soupçonné d'appartenir à une bonne famille capable de faire un sacrifice important pour le racheter, ses maîtres devenaient intraitables sur le chapitre de la rançon et il lui était d'autant plus difficile d'obtenir sa liberté.

Dès leur arrivée dans le port où les conduisait le captureur, ils étaient menés au marché (*Badestan*) où le *Khodja* les vendait à la criée. Au préalable le pacha ou le bey venait choisir lui-même sa part de prises et avait, après l'adjudication, un droit de préemption. Les uns étaient ensuite conduits au bagne et employés aux plus durs travaux ; ou bien, on les rivait par leur chaîne au banc d'une galère. Rien de plus misérable que leur condition : aussi, pour échapper à leurs souffrances, un grand nombre d'entre eux se résignaient-ils à abandonner la foi de leurs pères et, comme renégats (Euldj), voyaient parfois s'ouvrir devant eux une carrière brillante. Tant que le captif était présumé en état de se faire racheter ou échanger et pendant les longues négociations néces-

---

[1]. *Aperçu sur les consuls français* (Revue afric., n° 91). — De Grammont, *Hist. d'Alger*, p. 53 et suiv. et *Relations de la France avec la Régence* (Revue afric., n°^{s} 164 à 171). — De Voulx, *Les archives du consulat de France à Alger*, p. 2 et 3.

saires, il jouissait d'une liberté relative, bien que comptant parmi les forçats. Mais si les pourparlers échouaient ou qu'une circonstance irritât la populace contre les chrétiens, on lui coupait les moustaches et on le faisait travailler aux plus pénibles, aux plus humiliants métiers. Ainsi, perdre la barbe était considéré comme le prélude des plus mauvais traitements.

Quant à ceux que des particuliers achetaient, ils étaient le plus souvent conduits dans des jardins des environs, où ils menaient une existence relativement douce. Cependant, s'ils tombaient sur de mauvais maîtres, ou qu'ils se conduisissent mal, ils s'exposaient à de cruels châtiments et même à la mort. Le père Dan nous a longuement retracé les supplices des malheureux esclaves. Cervantès, qui était resté longtemps prisonnier, en parle avec éloquence, dans sa nouvelle intitulée « *le Captif* » (Don Quichotte). Mais, en général, le patron, qui avait intérêt à conserver son capital, voyait sa férocité naturelle tempérée par la cupidité. Certains esclaves abusaient même de ce sentiment pour faire à leurs maîtres les plus vilains tours, témoin le flamand Caloen dont d'Aranda nous a retracé l'histoire picaresque[1].

Le captif pauvre, oublié, soumis à toutes les avanies, vivant dans le milieu le plus corrompu, ayant fini par perdre tout espoir de salut, souvent malade de corps, se laissait aller au chagrin ou au désespoir, ne voyant de délivrance que dans la mort ou l'abjuration ; et s'il résistait à ces fatalités, il ne pouvait guère échapper à l'ivrognerie et à tous les vices et devenait menteur et voleur, infligeant à ses compagnons d'infortune les mauvais tours qu'on lui avait fait supporter à son entrée dans cet enfer. Les tentatives d'évasion étaient très fréquentes, surtout lorsque les esclaves voyaient, dans le port, des navires de leur nation. Mais leurs maîtres n'entendaient pas raillerie sur ce point et exigeaient la restitution des fugitifs qui avaient pu, en traversant des dangers sans nombre, gagner le bord au moment de l'appareillage. Dans ce cas, les reïs se mettaient à la poursuite du navire et c'est à coups de canon qu'ils appuyaient leurs réclamations. Ainsi le malheureux esclave n'y gagnait, en général, qu'un redoublement de tortures et de mauvais traitements.

La charité chrétienne, heureusement, s'était ingéniée pour apporter des remèdes à tant de maux. Les *Trinitaires* et les pères de *Notre-Dame-de-la-Merci* comme leurs aînés les *Rescatadores* (Rédempteurs), espagnols, s'employaient, avec un dévouement admi-

---

1. *Captif et patronne* (Revue afric., n° 46, p. 302 et suiv.) et Emmanuel d'Aranda (*Captivité d'*), ouvrage déjà cité.

rable, au rachat des malheureux captifs. Ces ordres avaient obtenu des privilèges des rois de France, depuis François Ier, les autorisant à faire des quêtes « dans les villes, bourgs, villages et paroisses du royaume ». Ils avaient réalisé ainsi des sommes importantes au moyen desquelles le père Dan constate, en 1635, que son ordre seul avait pu racheter ou échanger 37,720 esclaves. Les Trinitaires devaient consacrer à cette œuvre le tiers de leurs revenus et les autres s'obligeaient à y employer « leurs biens, leur liberté et leur existence même ».

Les négociations de rachat, toujours très longues, donnaient aux religieux l'accès dans les bagnes. C'est alors que les captifs leur révélaient leur condition réelle et que les pères pouvaient retrouver ceux pour lesquels ils avaient reçu des commissions spéciales de leurs familles. Quelquefois, lorsque les fonds leur manquaient, ou pour garantir un échange, ils se transformaient en esclaves, remplissant ainsi à la lettre les obligations de leur ordre.

Mais leur action ne se bornait pas à la délivrance matérielle des esclaves : il les assistaient, les soutenaient dans leurs épreuves, leur prodiguaient des soins dans la maladie et enterraient chrétiennement leurs restes. Ils fondèrent même des hôpitaux et des chapelles où les captifs trouvaient les secours du corps et de l'âme. Ces religieux, par leur abnégation, leur courage, leur patience surent bien souvent forcer la considération et l'amitié des musulmans ; on vit même ces derniers contraindre leurs esclaves à remplir leurs devoirs religieux, car il les trouvaient alors plus soumis et plus honnêtes[1].

---

1. Le P. Dan, *Les Illustres captifs* (Revue afric., nos 157 à 163). — Mgr Pavy, *La piraterie musulmane* (Revue afric., t. I, p. 337 et suiv.). — Berbrugger, *Voies et moyens du rachat des captifs chrétiens* (Revue afric., n° 64, p. 325 et suiv.). — Le même, *Captif et patronne à Alger*, loc. cit. — J. Marcel (*Tunis*) dans l'*Univ. pittor.*, p. 126 et suiv. — De Grammont, *Hist. d'Alger*, p. 133 et suiv. — Haédo, *Rois d'Alger et Topographie d'Alger*, pass. — Cervantès, *Don Quichotte*, Hist. de l'*Esclave*, 1re partie. — E. d'Aranda, *Voyages et captivité à Alger*, pass. — *Charte des hôpitaux chrétiens d'Alger en 1694* (Revue afric., n° 44, p. 233 et suiv.).

CHAPITRE IX

PRÉPONDÉRANCE DE L'EMPIRE DES CHERIFS SAADIENS
CONQUÊTE DU SOUDAN

1578-1598

Règne du cherif El-Mansour; il désigne son fils, El-Mamoun, comme héritier présomptif. — Hassan-Véneziano, pacha d'Alger. Ses cruautés. Révoltes générales. Il est remplacé par Djafer-Pacha. — Conflit entre le sultan Mourad et le cherif El-Mansour. Il se termine par une trêve et le rappel d'Euldj-Ali. — Le cherif El-Mansour soumet à son autorité le Touate et Tigourarine. Organisation de son armée. — Alger de 1582 à 1588. Mort d'Euldj-Ali, dernier beylarbeg; les pachas triennaux. — Notice sur la dynastie des Sokya, rois du Soudan. El-Mansour somme Ishak-Sokya de lui payer tribut. — El-Mansour prépare l'expédition du Soudan. Elle quitte Maroc sous le commandement du pacha Djouder. — Défaite d'Ishak-Sokya par les Cheriflens; prise de Tenboktou. — Le pacha Mahmoud achève la conquête du Soudan. Mort d'Ishak-Sokya. — Construction de la Badiaa par El-Mansour. Révolte et chute de son neveu En-Nacer. — Révolte de Tripoli. Expédition de Kheder, pacha d'Alger, contre les Beni-Abbès. — Modifications dans le gouvernement de Tunis; les deys. Othmane-Dey rétablit l'autorité. — Les pachas triennaux à Alger; anarchie dans cette ville. — État de l'Afrique Septentrionale à la fin du xvi° siècle.

RÈGNE DU CHERIF EL-MANSOUR. IL DÉSIGNE SON FILS EL-MAMOUN COMME HÉRITIER PRÉSOMPTIF. — Nous avons laissé le cherif Abou-l'Abbas, après la victoire d'El-Kçar-el-Kebir et la mort de son frère Abou-Merouane-Abd-el-Mulek, entrant à Fès, au milieu du plus grand enthousiasme et prenant possession de l'autorité. Abou-l'Abbas-Ahmed, dit El-Mansour, et surnommé plus tard Ed-Dehbi (le doré) était alors un homme de trente ans, plein de vigueur et d'intelligence.

De retour à Maroc, il s'appliqua à organiser l'administration de son vaste royaume; mais il ne tarda pas à tomber gravement malade et faillit mourir après de longues souffrances (1579). Cependant il se remit et l'empire cherifien échappa ainsi à un grand danger; dès que le sultan fut à peu près rétabli, les grands de l'Etat se réunirent et décidèrent qu'il était urgent qu'El-Mansour désignât son héritier présomptif, afin d'éviter des luttes et des compétitions si la mort le surprenait, ainsi que cela avait failli arriver. La réunion chargea de ce message délicat le caïd Moumen-ben-R'azi dont les longs services lui permettaient plus de familiarité. Loin de prendre en mauvaise part cette initiative, El-Mansour l'approuva, mais avant de se décider définitivement il voulut consulter Dieu par la prière et se donner le temps de la réflexion ; quelques jours après, dans une séance solennelle où assistaient les principaux du royaume, il proclama solennellement son fils Mohammed-Cheikh el-Mamoun, comme héritier présomptif, ce qui fut confirmé par le serment des assistants. Dans le mois de mars 1581, le sultan s'avança, en grande pompe, jusqu'au Tensift, pour y avoir une entrevue avec El-Mamoun, mandé de Fès, dont il l'avait nommé Khalifa, mais ce ne fut qu'à la fin de mai que ce prince arriva. En approchant de son père, il descendit de cheval et s'avança, pieds nus, vers lui entre les deux armées. Il se prosterna devant El-Mansour qui était resté en selle, puis lui baisa le pied, pendant que son père lui souhaitait la bienvenue et le félicitait de la belle tenue de ses troupes. Peu après, eut lieu la cérémonie officielle d'investiture d'El-Mamoun, héritier présomptif. Le sultan obligea ses autres fils à le reconnaître comme son futur successeur, et leur partagea les grands commandements de Mag'reb, après quoi il rentra à Maroc, tandis que son fils aîné reprenait la route de Fès (1583)[1].

Hassan-Véneziano, pacha d'Alger. Ses cruautés. Révoltes générales. Il est remplacé par Djafer-Pacha. — Pendant que le Magr'eb était le théâtre de ces événements, Alger avait à supporter la tyrannie d'un maître violent et brutal, le renégat Hassan-Véneziano, d'abord esclave de Dragut, puis élève d'Euldj-Ali. Chacun trembla sous sa dure main, particulièrement les esclaves chrétiens pour lesquels ce renégat était sans pitié. La milice, aussi bien que les Reïs, fut obligée de courber la tête, effrayée par les châtiments auxquels les uns et les autres se virent exposés. En 1578, Hassan, fit une course contre les Baléares et rapporta un riche butin. Comme on craignait un retour offensif des Espagnols, il s'appliqua à compléter les défenses d'Alger, notamment à reconstruire le bordj Moulaï-Hassan, clef de la position.

Durant les années 1579 et 1580, le pays fut en proie à la famine, conséquence de sécheresses prolongées, et bientôt la peste apparut et fit de nombreuses victimes. Mais ces calamités ne firent que surexciter l'avarice de Hassan : il imposa de nouvelles taxes à

---

1. *Nozhet-el-Hadi*, p. 78 et suiv., 98 et suiv. du texte arabe, 140 et suiv. de la trad. — Abbé Godard, *Maroc*, p. 474 et suiv.

cette malheureuse population ruinée et décimée, si bien que la patience finit par se lasser et que les citadins évacuèrent la ville et se joignirent aux indigènes de l'intérieur, Arabes et Berbères, déjà en état de révolte, pendant que les Yoldachs pillaient leurs maisons et que les Reïs, eux-mêmes, se soulevaient contre l'oppresseur. Une telle situation ne pouvait être maintenue : Hassan fut rappelé en Orient et un vieil eunuque, le pacha Djafer, vint prendre le commandement d'Alger et y rétablit assez promptement la paix. Les citadins purent alors rentrer chez eux, tandis que les janissaires étaient envoyés en expédition. Ce prétexte, dont le but n'échappa pas à la milice, irrita profondément ces hommes indisciplinés ; ils résolurent aussitôt de se défaire par l'assassinat d'un chef aussi gênant ; mais ils avaient compté sans leur hôte : informé du complot, Djafer surprit inopinément les conjurés et fit trancher la tête aux plus compromis (fin avril 1581).

Dans le mois suivant (mai), Euldj-Ali arriva à Alger, avec une flotte de 60 galères, dans le but d'organiser contre le Mag'reb une expédition. Il pressait, depuis longtemps, le sultan Mourad de l'y autoriser, en lui représentant, non sans raison, que les Cherifs fondaient un empire indépendant de sa puissance et émettaient la prétention de prendre le titre de sultan n'appartenant qu'au Grand-Seigneur[1].

CONFLIT ENTRE LE SULTAN MOURAD ET LE CHERIF EL-MANSOUR. IL SE TERMINE PAR UNE TRÊVE ET LE RAPPEL D'EULDJ-ALI. — Prévenu à temps des dispositions d'Euldj-Ali et des Ottomans à son égard, le cherif El-Mansour vint aussitôt à Fès pour organiser la défense, lever des troupes et approvisionner les places et les ports. En même temps, il voulut tenter encore de la voie de la conciliation et fit partir pour l'Orient une ambassade chargée de riches cadeaux et confiée au caïd Ahmed-ben-Oudda et au célèbre écrivain Abou-l'Abbas-el-Houzali. Partis de Tetouane, les envoyés rencontrèrent en route les vaisseaux d'Euldj-Ali, et furent amenés à ce puissant amiral qui s'appliqua, sous un air de fausse bonhomie, à les détourner de leur projet. « *Le trou est trop grand pour la pièce* », dit-il. Grâce à ces moyens, il parvint à détourner le caïd Ahmed de sa mission et à le retenir.

Mais il n'avait pas pris garde à El-Houzali qui continua sa route ; arrivé à Constantinople, cet envoyé s'exprima avec tant

---

1. De Grammont, *Hist. d'Alger*, p. 119, 120. — Haëdo, *Epitome des rois d'Alger* (Revue afric., n° 144, p. 429 et suiv.). — *Nozhet-el-Hadi*, p. 85 du texte arabe, 151 et suiv. de la trad.

d'éloquence devant le Khakan Mourad, qu'il le décida à accepter ses présents en même temps que ses propositions de paix, et, comme le sultan avait besoin d'Euldj-Ali pour réduire la révolte dont l'Arabie était alors le théâtre, il chargea le jeune ambassadeur du message qui rappelait Euldj-Ali et interdisait l'expédition de Mag'reb. Selon Haëdo, les janissaires d'Alger auraient envoyé en Orient une députation, accompagnée du marabout Sidi-Betteka, pour protester contre l'expédition préparée et dénoncer au sultan les vues ambitieuses d'Euldj-Ali ; si le fait est vrai, on s'explique d'autant mieux l'accueil fait à l'envoyé marocain par Mourad.

El-Houzali reprit « *en volant de joie* », dit l'auteur du Nozha, la route de l'Ouest, et se présenta au Capitan-Pacha, un mois après l'avoir quitté. Euldj-Ali, qui s'était vu sur le point de réaliser le rêve de sa vie, en devenant maître de la Berbérie, dut, plein de rage et de regret, obéir à son maître et quitter, pour la dernière fois, Alger (commencement de 1582). Le pacha Djafer, nommé à un autre poste, l'accompagna en Orient[1].

LE CHERIF EL-MANSOUR SOUMET A SON AUTORITÉ LE TOUATE ET TIGOURARINE. ORGANISATION DE SON ARMÉE. — Ainsi El-Mansour échappa à un danger qui l'avait effrayé au point de le porter à requérir l'assistance du roi d'Espagne, Philippe II. Celui-ci avait même fait une démarche auprès de la Porte, mais s'était heurté à cette condition préalable, toujours la même: l'évacuation des points occupés encore par l'Espagne en Berbérie, avant même d'entrer en pourparlers.

Peu de temps après, un prétendant, nommé El-Hadj-Karkouch, leva l'étendard de la révolte dans les montagnes des R'omara et le pays du Hebet, où il prit le titre de *Prince des Croyants* ; mais il ne tarda pas à être arrêté et mis à mort (1585). Le Cherif rentra en grande pompe à Maroc et, comme il était maintenant tranquille sur sa frontière orientale et qu'il disposait de forces importantes, préparées pour résister à l'attaque des Turcs, il songea à les employer à des conquêtes utiles. Depuis longtemps la vaste région d'oasis de Touate et Tigourarine (le Gourara), au centre du Sahara, avait secoué toute autorité, par suite de l'affaiblissement de la puissance merinide et cessé de servir aucun tribut au gouvernement de Magr'eb. Ce fut vers ces régions éloignées que le Cherif se décida à porter ses armes.

1. *Nozhet-el-Hadi*, p. 86-87 du texte arabe, 151 et suiv. de la trad. — Haédo, *Rois d'Alger*, (Revue afric., n° 145, p. 10 et suiv.).

Ayant formé un corps expéditionnaire, nombreux et bien pourvu d'armes à feu, il en confia le commandement à ses généraux Ahmed-ben-Barka et Ahmed-ben-Haddad, et le lança vers le sud. Partis du Maroc, les soldats cherifiens atteignirent la région d'oasis du Gourara et du Touat, en soixante-dix étapes, et sommèrent les habitants de rentrer dans le devoir; mais ce fut en vain. Après quelques jours d'attente les opérations commencèrent; il fallut prendre d'assaut chaque oasis, car les Sahariens les défendirent avec leur courage habituel; la supériorité de la tactique et des armes donna enfin la victoire aux généraux d'El-Mansour, (fin 1581).

Ce succès causa au sultan de Maroc une vive satisfaction et le porta à jeter ses regards plus loin encore, vers le sud. En attendant, il s'appliqua à compléter l'organisation de son armée. Dans le principe, les cherifs n'avait rien changé aux habitudes des Arabes pour le costume, la manière de combattre et la nourriture en campagne. Puis, sous le règne d'Abou-l'Abbas, qui avait résidé en Orient, on adopta les usages, règlements militaires et habillements des Turcs et levantins, mais cette imitation maladroite avait heurté toutes les traditions locales, sans donner de résultats bien satisfaisants; El-Mansour, avec son esprit pratique, modifia toute l'organisation militaire, en appropriant les réformes aux moyens et au personnel dont il disposait, de façon à tirer le meilleur parti de chaque élément.

Les renégats et affranchis et les levantins, choisis avec soin, constituèrent ses meilleurs soldats, la pépinière de ses généraux et même de ses ministres. Ils formèrent un corps d'élite, coiffé d'un casque ou bonnet jaune doré, orné de plumes d'autruche de couleurs diverses; ces soldats se tenaient sur deux rangs, en face de la tente du sultan; on les nommait les *Blak*. D'autres formaient un corps armé à la turque et appelé *Slag*. Ils portaient un bonnet dont le bout leur retombait sur la poitrine, et étaient ornés de plumes d'autruche sur le front et à la ceinture. Puis venaient les hallebardiers et piquiers. D'autres furent organisés en gardes du corps (*Kobdjia*), chargés particulièrement de veiller sur la personne du sultan et son palais. Enfin les Chaouchs, sortes d'officiers d'état-major avaient pour mission de transmettre ses ordres aux chefs de corps et de faire marcher au combat.

Après ce premier élément, on doit placer celui des Maures andalous, excellents soldats, formés à la discipline espagnole, arquebusiers et archers de mérite, qui prétendaient avoir le même rang et les mêmes prérogatives que les renégats, affranchis et levantins.

Enfin, la cavalerie arabe continuait à être employée comme

auxiliaire des spahis réguliers et était chargée particulièrement d'éclairer et de flanquer les colonnes et d'accompagner les convois.

Voici quel était l'ordre de marche de l'armée.

En tête s'avançait le corps dit « armée du Sous », où figuraient en grand nombre, les contingents de cavalerie arabe ; il était suivi du corps des Cheraga, tribu privilégiée des environs de Fès, l'un et l'autre en colonne double, sous le commandement de l'affranchi Moustafa-Bey : l'armée du Sous obéissait au caïd Omar.

Puis venaient les affranchis, renégats et levantins, formant un corps, et les Maures andalous, un autre corps, marchant en colonnes parallèles. Les premiers étaient commandés par le caïd Mahmoud et les seconds par le caïd Djouder ; au-dessus de chacun d'eux flottaient des étendards au milieu d'un groupe de Boulouk-bachi.

L'état-major général, précédé par le grand tambour, dont le son s'entendait au loin, et les joueurs de clarinettes et de fifres, ayant au centre le sultan, suivait, entouré par les *Bïak ;* les *Slag* et les hallebardiers, à droite et à gauche. Le parasol, porté par des cavaliers *Bïak*, s'élevait sur la tête du prince ; à côté de lui un grand étendard blanc était déployé et, alentour, d'autres cavaliers dressaient leurs lances ; le tout était accompagné et précédé d'autres drapeaux et d'enseignes. Le son des tambours et des clarinettes « enflammait l'ardeur des braves et donnait du courage à ceux qui en manquaient. » L'ensemble de cet appareil inspirait le respect et la crainte.

Puis venait le corps des canonniers entouré par les Spahis réguliers en deux colonnes sous le commandement du Beylarbeg[1].

ALGER, DE 1582 à 1588. PROGRÈS DE LA COURSE. MORT D'EULDJ-ALI, DERNIER BEYLARBEG. LES PACHAS TRIENNAUX. — Après le départ d'Euldj-Ali pour l'Orient, avec le pacha Djafer, ce fut Ramdane qui vint encore une fois, à Alger, prendre la direction des affaires. Cette ville se trouvait toujours en proie à l'anarchie : les Reïs, irrités de la disgrâce d'Euldj-Ali, étaient en quelque sorte les maîtres et le nouveau pacha arrivait d'Orient avec des ordres formels pour faire cesser la course à l'égard des Français et donner réparation aux gens de ce pays dont les navires avaient été capturés, notamment par le corsaire Mourad. En tout temps cette mission eût été difficile à remplir pour un homme énergique ;

---

1. *Nozhet-el-Hadi*, p. 115 et suiv., 162 et suiv. du texte arabe, 195 et suiv. de la trad., d'après le Menahel-et-Sefa.

mais la confier, dans ces circonstances, à Ramdane était renoncer d'avance au succès. Mami-Arnaute, chef de la Taïffe, se mit à la tête de la résistance et le pacha s'empressa de lui laisser le champ libre, en se réfugiant dans la campagne (1582).

Dès que ces nouvelles furent connues, Hassan-Vénéziano, qui tenait la mer du côté de la Corse, revint à Alger et s'empara ipso facto de l'autorité. C'était le triomphe des Reïs ; car avec un tel maître, on était sûr que la course allait reprendre son essor. Quant à Ramdane, il reçut le commandement de Tripoli, alors en pleine révolte, et ne tarda pas à y mourir de mort violente.

Pendant les années qui suivirent, Mourad-Reïs, Mami-Arnaute et d'autres corsaires moins célèbres ne cessèrent de parcourir la Méditerranée, prenant de vive force les navires des puissances ennemies ou ceux qui leur paraissaient suspects, paraissant inopinément sur les côtes de l'Espagne, de la Corse, de la Sicile, de la Sardaigne, ravageant la banlieue de Barcelone, rançonnant les environs de Gênes, d'Amalfi, le rivage romain, pillant les îles Canaries, où Mourad enleva 300 personnes parmi lesquelles la propre famille du gouverneur, semant partout l'effroi et la désolation et apportant à Alger un butin considérable et des captifs sans nombre.

Ce fut, on peut le dire, le beau moment de la course et des Reïs. Le pacha Hassan ne dédaignait pas d'y prendre part en personne et il poussa même l'audace jusqu'à venir se cacher derrière les îles marseillaises pour y attendre, au passage, l'amiral Colonna. Mais celui-ci, prévenu à temps, put éviter l'embuscade tendue à sa flotte. Ce fut alors que Hassan, pour se dédommager, alla faire une descente auprès de Barcelone et délivrer 10,000 Morisques avec lesquels il entretenait des relations et qui purent, sur ses galères, se réfugier en Afrique. Un seul échec sérieux paraît avoir troublé cette ère de succès. En août 1585, l'amiral Doria parvint à surprendre la flotte algérienne sur les côtes de la Corse, lui infligea une cruelle défaite et s'empara de 18 galères.

Dans le mois de juin 1587, eut lieu, en Orient, la mort du beylarbeg d'Afrique, Euldj-Ali et le sultan en profita pour supprimer cette importante fonction. Il délégua, depuis lors, dans ses possessions d'Afrique, des pachas, nommés par lui, pour trois ans seulement. Nous verrons plus loin le résultat de cette mesure au point de vue de l'administration de l'Afrique et de la suzeraineté ottomane. En 1587, le pacha Hassan quitta pour toujours le gouvernement d'Alger ; il fut remplacé par Dali-Ahmed, premier pacha triennal, qui paraît avoir été un simple corsaire, car toute la durée de son commandement se passa en expéditions maritimes, non moins audacieuses que celles de ses prédécesseurs, et rien ne parut changé à Alger[1].

Notice sur la dynastie des Sokya, rois du Soudan. El-Mansour somme Ishak-Sokya de lui payer tribut. — Revenons à Maroc où nous avons laissé le sultan El-Mansour organisant son armée et préparant une nouvelle campagne vers l'extrême Sud. Il en fut détourné pendant quelque temps par les faits relatifs à l'occupation des postes chrétiens du Magr'eb par les Espagnols. Les troupes de cette nation avaient, en effet, remplacé celles de Portugal depuis l'annexion de ce royaume par Philippe II ; mais cette occupation était de plus en plus précaire et les Castillans ne paraissent pas avoir eu, avec les indigènes, les mêmes succès que leurs prédécesseurs, dans les rencontres pacifiques ou guerrières. En 1588, les Espagnols de Ceuta se laissèrent attirer dans une embuscade et cette ville faillit leur être enlevée par surprise. L'année suivante, ils se décidèrent à évacuer Acila, où la situation n'était plus tenable ; mais ils eurent soin de faire sauter la citadelle en se retirant. Ainsi la fortune était fidèle au Cherif qui gagnait chaque jour du terrain et rentrait en possession des points occupés depuis longtemps par les Portugais. Pour conserver ces avantages, il fit construire deux forteresses auprès d'El-Araïch.

Jetons maintenant nos regards vers l'extrême Sud.

Le Soudan ou Nigritie obéissait alors, au moins dans la partie centrale et occidentale, à une famille de rois nègres, la dynastie des Sokya. Un de ses membres nommé El-Hadj-Mohammed, ayant, vers la fin du xve siècle, effectué le pèlerinage de la Mekke, avait reçu du fantôme de khalife abbasside, résidant en Egypte, le titre de *lieutenant du prince des croyants dans le Soudan*, titre honorifique, mais qui le mettait en règle vis-à-vis de la religion et devait le préserver des attaques des souverains musulmans du Nord. Il s'obligeait du reste à régner selon les principes orthodoxes de la Sonna.

Ce prince remarquable fut, en quelque sorte, le civilisateur du Soudan. Tenboktou, une de ses capitales, brilla d'un vif éclat, non seulement comme métropole de la Nigritie, marché des transactions les plus importantes, mais, ce qui semblera plus curieux, comme foyer des lumières et centre d'une école de légistes dont le renom s'étendit sur toute l'Afrique septentrionale. Les princi-

---

1. De Grammont, *Hist. d'Alger*, p. 122 et suiv. — Haédo, *Rois d'Alger*, loc. cit., p. 21 et suiv. — Féraud, *Annales Tripolitaines*, loc. cit., p. 210. — *Négociations françaises dans le Levant*, pass.

paux de ces docteurs furent les membres de la famille Ben-Baba, dont l'un, Ahmed-Baba, était alors à la tête de l'école ; il a laissé de nombreux ouvrages parmi lesquels le *Tekimilet-ed-Dibadj*, sorte de dictionnaire biographique des savants du Mag'reb, formant, comme son titre l'indique, le complément du *Dibadj* (d'Ibn-Farhoun).

A El-Hadj-Mohammed Sokya, succéda son fils Daoud, lequel, après un long et paisible règne, fut remplacé par son fils Ishak, que nous trouvons sur le trône à l'époque par nous atteinte.

Il était difficile, à un orthodoxe comme le cherif de Maroc, de trouver un motif pour attaquer un souverain musulman aussi paisible qu'Ishak-Sokya ; mais El-Mansour le prit dans sa qualité d'Imam, seul successeur légal du souverain temporel et spirituel. En effet, le Koran dispose (sour. 33, verset 25) que l'Imam doit exiger la soumission, même par les armes, des autres princes musulmans indépendants et le service d'un tribut destiné, en principe, à l'entretien des armées pour la guerre sainte. Enfin, il découvrit et les légistes certifièrent, la loi en main, que les mines sont sous la direction absolue de l'Imam. Or, l'oasis de Tar'azza, située à environ vingt-cinq journées au sud des Tufilala (Sidjilmassa), renfermait des mines de sel, servant à l'approvisionnement de toute cette partie du Sahara, et sur lesquelles les rois de Tenboktou percevaient un droit dont l'origine se perdait dans la nuit des temps.

El-Mansour écrivit à Ishak-Sokya pour le sommer de reconnaître son autorité comme Imam et de lui servir une redevance d'un mithkal (pièce d'or valant de 10 à 12 francs), par charge de sel enlevée de Tar'azza [1].

El-Mansour prépare l'expédition du Soudan. Elle quitte Maroc sous le commandement du pacha Djouder. — Ishak-Sokya répondit à El-Mansour par un refus péremptoire, lui faisant remarquer qu'il ne s'occupait pas de ce qui se passait chez lui et revendiquant le droit d'administrer seul son royaume. Le Cherif réunit alors le grand conseil pour lui soumettre la question. « J'ai l'intention, dit-il, d'entreprendre une expédition contre le roi de la Nigritie, afin de placer sous mon autorité cette région qui est très riche et peut me fournir de grandes ressources pour l'entretien de mes

---

1. *Nozhet-El-Hadi*, p. 88 et suiv. du texte arabe, 155 et suiv. de la trad.— De Slane, *Revue afric.*, t. I, p. 287 et suiv.— Cherbonneau, *Essai sur la littérature arabe au Soudan* (Rec. de la Soc. archéol. de Constantine, 1854-55, p. 1 et suiv.). — Abbé Godard, *Maroc*, p. 475 et suiv.

armées et me permettre d'augmenter la gloire de l'Islamisme. Quant au droit, il n'est pas contestable, puisque ce souverain n'appartient pas à la tribu de Koreïch et, par conséquent, ne peut détenir le pouvoir au détriment d'un cherif. »

L'assemblée resta froide devant cette communication ; enfin comme le prince, impatienté, exigeait une réponse, quelques membres essayèrent timidement de présenter des observations : « Le Soudan était bien éloigné ; la traversée du désert périlleuse et peut-être vaudrait-il mieux suivre l'exemple des anciennes dynasties du Maroc, lesquelles s'étaient toujours abstenues de tentatives aussi hasardeuses. Or, — conclurent-ils, — nous n'avons pas la prétention d'être plus forts que les anciens. »

Mais El-Mansour leur répliqua avec véhémence : « Votre timidité ne fait que me confirmer dans ma résolution. Car, tous les jours, de simples particuliers traversent ce désert que vous déclarez impraticable, soit seuls, soit avec des caravanes. Et ce que des marchands, réduits à leurs propres ressources, accomplissent sans peine, je ne pourrais pas le faire ? » Il entra ensuite dans des considérations pour expliquer l'abstention des Almohâdes, des Merinides et des Zeyanites ; puis il fit remarquer que la Nigritie était un pays fort riche, plus productif que l'Ifrikiya et que ses habitants ignoraient la stratégie et ne se servaient encore que de flèches et de lances. Enfin, il termina ainsi : « Vous avez parlé des anciens, mais croyez-vous qu'ils n'ont rien laissé à faire aux modernes ? Soyez persuadés au contraire, que nous pouvons maintenant nous lancer dans des voies qui leur étaient fermées ! »

Dès lors, il ne restait aux membres de l'assemblée qu'à approuver et ils s'empressèrent de le faire en s'extasiant sur la justesse de coup d'œil du sultan et la puissance de sa dialectique. Aussitôt ce prince s'occupa de réunir une puissante armée qu'il plaça sous le commandement du pacha Djouder, dont nous avons déjà vu le nom, et, vers le milieu d'octobre 1590, cette immense colonne quitta Maroc et s'avança vers le sud [1].

Défaite d'Ishak-Sokya par les cherifiens. Prise de Tenboktou. — Ishak-Sokya, de son côté, avait, selon El-Fichtali, réuni une armée de 140,000 combattants bien pourvue d'armes et accompagnée de magiciens (fabricants de fétiches) [2] et de jeteurs de sort.

---

1. *Nozhet-El-Hadi*, p. 90 et suiv. du texte arabe, 157 et suiv. de la trad. — De Slane, *Revue afric.*, t. I, p. 291 et suiv.
2. Simadonna d'après le texte de M. Houdas et non Sitamna, comme l'indique de Slane.

Avec de telles forces, il s'établit solidement en avant de Tenboktou et attendit l'ennemi. Les troupes cherifiennnes étaient en route depuis quatre mois et demi, lorsque, en mars 1591, elles se trouvèrent en présence des nègres de Sokya. Les aborder résolument et les mettre en déroute fut l'affaire d'un instant ; puis on poursuivit dans tous les sens ces malheureux qui, pour éviter la mort, s'efforçaient de protester qu'ils étaient musulmans, mais sans arrêter la férocité de leurs ennemis. Après cette grave défaite dont l'effet moral fut considérable, Ishak-Sokya s'empressa de passer le Niger et de chercher un refuge à Gar'ou (ou Gaou), son autre capitale, située à environ 400 kilomètres vers l'est, tandis que l'armée cherifienne faisait son entrée à Tenboktou et mettait au pillage cette ville, ainsi que les cités environnantes. La résistance des lettrés et notamment d'Ahmed-Baba, contre les envahisseurs, fut énergique. Ils ne cessèrent de protester contre la violence qui leur était faite *comme sujets des Khalifes hafsides de Tunis*, si bien, que le général se décida à les faire arrêter. Ben-Baba fut chargé de chaînes, après avoir eu la douleur de voir piller sa bilbiothèque. « Elle contenait 1,600 volumes, a-t-il dit dans son autobiographie, et j'étais, de tous les membres de ma famille, celui qui en possédait le moins ! » Une caravane chargée de dix mille mithkal (de 5 grammes) d'or et d'une grande quantité d'objets précieux, avec 200 esclaves, fut expédiée au sultan de Maroc.

Cependant Djouder se lança sans tarder à la poursuite de Sokya et vint mettre le siège devant Gar'ou. Le roi nègre, qui s'était fortifié avec soin, perdit bientôt tout espoir de résister avec succès et offrit à son adversaire d'accepter sans réserve les conditions que le Cherif lui avait imposées dans le principe, s'obligeant à se reconnaître son vassal et à lui servir un tribut annuel, en outre d'une forte indemnité de guerre. Le général transmit à Maroc ces propositions et essaya de maintenir le blocus ; mais la réponse ne pouvait parvenir rapidement ; les troupes étaient fatiguées et malades ; aussi Djouder se décida-t-il à lever le siège et à rentrer à Tenboktou [1].

Le pacha Mahmoud achève la conquête du Soudan. Mort d'Ishak-Sokya. — A Maroc, la nouvelle des succès de l'armée expéditionnaire avait été accueillie avec enthousiasme ; mais ce fut bien autre

---

1. *Nozhet-El-Hadi*, p. 93 et suiv. du texte arabe, 163 et suiv. de la trad. — Cherbonneau, *Essai sur la littérature arabe au Soudan*, loc. cit. — Abbé Godard, *Maroc*, p. 476 et suiv.

chose lorsque le premier convoi arriva. El-Mansour, qui avait dû vaincre les préjugés de tous, triomphait. Quelques temps après, au lieu de l'avis de la capitulation du roi nègre qu'il attendait, il reçut l'annonce de la retraite des troupes et la proposition de paix. Sa colère fut terrible et, sur l'instant, le pacha Djouder perdit le fruit de l'habileté avec laquelle il avait conduit la campagne. Le conquérant de la Nigritie fut destitué, et le pacha Mahmoud alla prendre le commandement des troupes expéditionnaires.

Parvenu à Tenboktou, Mahmoud se porta aussitôt, avec toutes ses forces, sur Gar'ou et en recommença le siège qu'il poussa avec vigueur. La position d'Ishak-Sokya fut bientôt si critique qu'il se décida encore à fuir, en repassant le Niger et à chercher un refuge à Koukia. Mais les Cherifiens se mirent à sa poursuite et le serrèrent de si près que le malheureux prince finit par succomber à la fatigue et à l'inquiétude. Sa mort termina la campagne. Dès lors tout le Soudan, y compris le Sénégal actuel, jusqu'à la limite du Bornou, appartint au souverain de Maroc. El-Fechtali affirme que le sultan de Bornou se hâta d'envoyer sa soumission au général cherifien.

Le pacha Mahmoud organisa aussitôt sa conquête et commença à expédier à Maroc des caravanes de chameaux chargés de poudre d'or, des produits de toute nature et des esclaves. « Tous les jours, dit notre auteur, les marteaux étaient occupés à la frappe de la monnaie d'or, si bien que l'on put payer tous les fonctionnaires au moyen de cette monnaie pure de tout alliage. L'or devint si abondant au Maroc, sous le règne d'El-Mansour, que ce prince reçut le surnom de *Dehbi* (doré). » Après avoir achevé la pacification du Soudan, Mahmoud renvoya la majeure partie de l'armée avec de nouveaux présents et resta dans le pays comme gouverneur général. Ben-Baba, prisonnier de guerre, fut expédié par lui à Maroc (1593)[1].

CONSTRUCTION DE LA BADIAA PAR EL-MANSOUR. RÉVOLTE ET CHUTE DE SON NEVEU EN-NACER. — El-Mansour avait entrepris, depuis quelque temps, la construction d'un vaste palais à Maroc, cité toute remplie de monuments laissés par les dynasties berbères. Il voulait, lui aussi, élever un souvenir durable de son règne. Les richesses inépuisables envoyées du Soudan lui permirent d'étendre encore ses plans et d'orner de la manière la plus splendide la Badiaa (la merveille), nom qu'il donna à cet ensemble de palais et

---

1. *Nozhet-El-Hadi*, p. 94 et suiv. du texte arabe, 165 et suiv. de la trad. — Abbé Godard, *Maroc*, p. 476 et suiv.

de jardins. Le Nozha entre à ce sujet dans les détails les plus circonstanciés et nous n'en reproduirons que le trait suivant : El-Mansour faisait venir des pays étrangers les matériaux les plus rares et payait le marbre de Carare avec du sucre de ses fabriques du Haha, de Chefchaoua et de Maroc, poids pour poids[1].

Mais il fut distrait de ces occupations par une nouvelle révolte. Après la victoire de l'Ouad-el-Mekhazene et l'avènement d'El-Mansour, un fils d'El-R'aleb, nommé En-Nacer, commandant de Tedla, refusa de reconnaître le nouveau sultan et alla offrir ses services aux Portugais, puis aux Espagnols. Durant plusieurs années, il mena une existence errante, puis fut envoyé par le roi de Castille à Mellila, où il s'était ménagé des intelligences parmi les Berbères du Rif (1594). Avec l'appui de ces populations il marcha hardiment sur Taza, s'en rendit maître et frappa des contributions sur les régions environnantes. Surpris, non moins qu'effrayé des succès du prétendant, El-Mansour lance contre lui une première armée qui est mise en déroute. L'héritier présomptif, El-Mamoun, à la tête des troupes, entre en campagne. Il chasse le prétendant de Taza, le force à chercher un refuge dans le Djebel-Zebib, l'y poursuit, l'atteint, le met de nouveau en déroute, le tue et envoie sa tête à Maroc (1595). El-Mansour ressentit la plus grande joie de cette victoire qu'il annonça à tous les souverains avec lesquels il était en relations[2].

RÉVOLTE DE TRIPOLI. EXPÉDITION DE KHEDER, PACHA D'ALGER, CONTRE LES BENI-ABBÈS. — Tandis que le Mag'reb était le théâtre de ces événements importants, dont nous n'avons pas voulu interrompre le récit, le pacha Dali-Ahmed quittait Alger, emportant de grandes richesses, et cinglait vers Tripoli, où la révolte, qui avait coûté la vie à Ramdane-pacha, durait toujours. Un marabout de la montagne, nommé Yahia, en avait été l'instigateur. Quatre années plus tard, vers 1584, un autre chef arabe, appelé Nouar, s'était posé en compétiteur du précédent et l'avait vaincu et mis à mort. Les Turcs, bloqués dans la citadelle, se décidèrent à appeler à leur secours les chevaliers de Malte. Ce fut sur ces entrefaites et avant même que cette demande eût été suivie d'effet, en raison de l'indécision des chrétiens, que Dali-Ahmed reçut l'ordre de secourir Tripoli et d'y rétablir l'autorité ottomane. Arrivé dans le

---

1. Page 103.
2. *Nozhet-El-Hadi*, p. 100 et suiv. du texte arabe, 175 et suiv. de la trad. — Abbé Godard, *Maroc*, p. 477 et suiv.

port, le pacha y trouva 50 galères amenées d'Orient par le Capitan Hassen. Avec de telles forces, les Turcs eurent bientôt débloqué la Kasba et repris possession de la ville. Mais les révoltés tenaient toujours la campagne et, après plusieurs rencontres sans résultat, Hassen dut rentrer en Orient, laissant à Dali-Ahmed le soin d'assurer la pacification. Peu après, le chef des rebelles, livré par ses anciens partisans, fut écorché vif et l'on envoya, à Constantinople, sa peau bourrée de paille (1589) ; quant à Dali-Ahmed, il fut tué dans le cours de cette campagne.

Kheder-pacha avait reçu le commandement d'Alger où il était arrivé en août 1589. De même que ses prédécesseurs, il donna tous ses soins à la course et encouragea les exploits des glorieux reïs que nous connaissons ; il se produisit même ce fait curieux que le Grand-Seigneur envoya à Alger des ordres pour autoriser la course contre les galères de Marseille, afin de punir cette ville qui était passée du côté de la ligue, contre son excellent ami, le roi de France.

Cependant, les populations kabiles, groupées avec les Beni-Abbès par leur chef Sidi-Mokrane, s'étaient mises, depuis quelque temps, en état de révolte et ne cessaient d'intercepter les communications avec Constantine. Une fraction des Hachem de la province d'Oran, étant venue offrir ses services aux maîtres de ce pays, avait été bien accueillie et établie par eux dans la plaine de la Medjana ; de sorte que le « roi » des Beni-Abbès tenait en même temps la route de la montagne et celle de la plaine.

Cette situation était intolérable et Kheder-pacha résolut d'y mettre fin. En 1590, ayant réuni une armée de 12,000 arquebusiers et 1,000 spahis réguliers avec un goum important, il marcha contre la Kalâa (des Beni-Abbès) où Mokrane l'attendait, soutenu par 30,000 cavaliers. Mais le pacha était trop prudent pour s'engager dans des vallées où il n'aurait pu déployer ses forces. Aussi dut-il se contenter d'établir le blocus de la montagne et d'occuper ses troupes à des dévastations stériles ; tout se borna donc à des escarmouches et cette situation aurait pu se prolonger longtemps, si un marabout ne s'était interposé afin d'amener une trêve entre les belligérants. Toutefois, les Beni-Abbès ne purent obtenir le départ de l'armée turque que par le versement d'une contribution de 30,000 écus (environ 150,000 francs)[1].

---

1. Féraud, *Annales Tripolitaines*, loc. cit., p. 211. — Le même, *Notice sur les Mokrani* (Rec. de la Soc. archéol. de Constantine 1871-72, p. 232 et suiv.). — Berbrugger, *Epoques militaires de la grande Kabylie*, p. 101 et suiv. — Haëdo, *Rois d'Alger*, loc. cit., p. 100 et suiv. — De Grammont, *Hist. d'Alger*, p. 138 et 139.

Modifications dans le gouvernement de Tunis. Les deys. Othmane-Dey rétablit l'autorité. — La suppression de la charge de Beylarbeg d'Afrique devait avoir son contre-coup à Tunis. Le pouvoir, ainsi que nous l'avons dit, était, en réalité, entre les mains des Bouloukbachis, formant le diwan ; leur arrogance et leur tyrannie ne tardèrent pas à irriter contre eux les janissaires eux-mêmes, dont l'organisation était essentiellement égalitaire. Les Yoldachs résolurent de mettre un terme à cette situation et, un beau jour de la première quinzaine d'octobre 1591, ils envahirent la salle où le diwan était réuni, massacrèrent les Bouloukbachis et s'emparèrent de l'autorité. L'oukil-el-Hardj, Toubal-Redjeb, d'accord avec les conjurés, avait caché la clef de la salle d'armes, de sorte que les membres du diwan furent égorgés sans même avoir pu se défendre.

Après ce succès, les Yoldachs se fractionnèrent en 300 groupes qui élurent chacun un des leurs, portant le titre de *dey* (oncle), et auquel ils déléguèrent le pouvoir. Cette nombreuse assemblée, réunie à la Kasba, forma le nouveau diwan, sous la présidence de l'un des deys, le Rhodien Ismaïl, homme énergique, qui sut conserver le pouvoir durant trois ans ; après quoi, il réunit ses richesses et partit pour l'Orient, sous le prétexte d'effectuer le pèlerinage (1593). Son successeur, Moussa-Dey, se heurta aux difficultés qu'Ibrahim avait, sans doute, pressenties et ne tarda pas à se démettre de sa lourde charge.

Deux de ses collègues, Kara-Safar et Othmane, se disputèrent son héritage ; mais ce dernier, plus jeune et plus hardi, sut se rendre maître de la Kasba, par un coup de force, et obliger son compétiteur à se réfugier à Alger. Les autres deys ne tardèrent pas à s'incliner devant l'énergie d'Othmane et, enfin, Tunis eut un gouvernement ; car le nouveau chef avait les qualités de l'administrateur. L'anarchie était partout, dans la ville, dans sa banlieue, dans l'intérieur. Il remit tout en ordre et sut déjouer les conspirations ourdies contre lui par les gens qui vivaient du trouble.

Il s'appuya sur deux fonctionnaires, par lui institués, et qui, dans le principe, devaient être les auxiliaires du dey. L'un, le *bey*, reçut le commandement des troupes, et l'autre, le *Koptan*, celui de la marine. Le développement et l'organisation de la course reçurent tous ses soins et il s'appliqua à réduire la puissance des reïs et à la subordonner à celle du dey. Le diwan, entièrement soumis à son influence, cessa d'être une entrave et devint au contraire le plus ferme appui du chef. Quant au pacha que la Turquie persista à envoyer à Tunis comme représentant officiel, il fut dépouillé de toute autorité effective et ne conserva que quelques honneurs souvent contestés [1].

LES PACHAS TRIENNAUX A ALGER. ANARCHIE DANS CETTE VILLE. — A Alger, le pacha Châbane avait remplacé, en 1592, Kheder, contre lequel de nombreuses plaintes avaient été adressées au sultan. Mami-Arnaute fut délégué, avec quelques Bouloukbachis, pour lui présenter les doléances du diwan. Mais on commençait à trouver en Orient que les janissaires d'Afrique étaient bien difficiles à gouverner. Aussi leur montra-t-on une intention fermement arrêtée de ne plus se prêter à leurs caprices.

Châbane administra avec une certaine douceur et s'appliqua, comme ses devanciers, à l'extension de la course. Mais le pays eut à traverser une de ces crises que nous retrouvons périodiquement et qui se caractérisent par les mots : famine et peste. Ces malheurs étaient promptement oubliés, lorsque Mourad-Reïs, Mami-Arnaute et autres corsaires, renégats de tous les pays, rentraient au port traînant à leur suite de riches prises. Le Saint-Siège, Florence, le vice-roi des deux Siciles, les chevaliers de Malte luttaient avec courage contre ces écumeurs de mer et leur faisaient quelquefois payer cher des succès médiocres, ou expier, à leur tour, par une dure captivité, les exploits passés ; mais l'Espagne semblait plongée dans la léthargie, depuis ses échecs sur les côtes de la Manche ; et la France demeurait neutre lorsqu'elle ne prêtait pas son aide aux pirates.

On attribue à Châbane l'établissement d'un poste turc sur les ruines d'Auzia, à Sour-el-R'ozlane, ce qui semble indiquer que les communications avec Constantine, par la Kabilie, étaient toujours interrompues. De Sour, les colonnes passaient, soit par l'Ouad-Okheris, soit par le Hodna, pour se rendre dans la province de l'Est.

En 1595, Châbane, ayant achevé sa période triennale, rentra en Orient laissant le commandement à un intérimaire du nom de Moustafa que nous retrouverons avant peu. Ce fut Kheder-pacha qui vint reprendre la direction des affaires, et il est inutile de dire qu'il en profita pour se venger de ses ennemis. Dans ce but, on affirme qu'il poussa les Koulour'lis à de sanglantes attaques contre les Yoldachs et les Reïs dont ils avaient tant à se plaindre. Les citadins paraissent avoir assisté impassibles à ces querelles ; quant aux Kabiles, ils fournirent leur appui aux Koulour'lis. De tels

1. El-Kaïrouani, p. 340 et suiv. — Rousseau, *Annales Tunisiennes*, p. 35 et 36.

procédés de gouvernement ne pouvaient être tolérés. Khoder fut rappelé après avoir exercé le pouvoir un an à peine et l'action de l'ambassadeur français semble avoir contribué grandement à sa destitution. Au mois de septembre 1500, Moustafa-Pacha vint, à son tour, le remplacer ; mais il ne put, au milieu du déchaînement des passions, rétablir le calme. L'anarchie continua donc à braver toute autorité et les choses en vinrent à ce point que les gens de la Grande-Kabilie descendirent en armes de leurs montagnes et, après avoir pillé les campagnes, poussèrent l'audace jusqu'à attaquer Alger qu'ils tinrent bloquée durant onze jours[1].

ETAT DE L'AFRIQUE SEPTENTRIONALE A LA FIN DU XVI° SIÈCLE. — Les Turcs, délivrés des attaques des grandes puissances chrétiennes en Afrique, n'avaient pas encore su tirer parti de cette période de paix pour modifier leur première organisation intérieure et remédier aux inconvénients qu'elle portait en elle. A Alger, comme à Tunis, comme à Tripoli, on était arrivé promptement à l'anarchie et, si les nations chrétiennes s'étaient bien rendu compte de la situation, il est plus que probable qu'elles eussent renouvelé leurs entreprises contre les Barbaresques, d'autant plus que la puissance ottomane allait en s'affaiblissant. Mourad III était mort, en 1595, et avait été remplacé par son fils Mohammed III, sous le règne duquel la plupart des conquêtes turques en Hongrie et en Autriche devaient être perdues. Mais l'audace des corsaires masquait la faiblesse de l'Odjak de Berbérie.

Philippe II s'était, pour les causes que nous avons indiquées, absolument détourné de l'Afrique : il songea même à évacuer Oran, pour ne conserver que Mers-el-Kebir ; mais le Grand-Conseil de Castille s'y opposa et le prince Vespasien Colonna vint, en 1575, à Oran, avec le titre de gouverneur-général et la mission de remettre cette place en état de défense ; du reste, la situation des Espagnols y était toujours aussi précaire. Constamment bloqués ils se vengeaient de cette humiliation en pratiquant le déplorable système de la r'azia. Depuis longtemps le roi d'Espagne était en proie à la maladie et ne sortait plus de son palais où il vivait muré comme un souverain oriental. Enfin le 13 septembre 1598, il rendit l'âme après un long règne de quarante-deux ans, dans lequel il avait laissé perdre tous les résultats obtenus en Afrique

---

1. Haëdo. *Rois d'Alger*, loc. cit., p. 113 et suiv. — De Grammont, *Hist. d'Alger*, p. 139 et suiv. — Berbrugger, *Epoques militaires de la grande Kabylie*, p. 104. — Robin. *Organisation des Turcs dans la grande Kabylie* (Revue afric., n° 98, p. 134).

par ces prédécesseurs. Ruinée par ses guerres, atteinte dans son commerce, son industrie et son agriculture par l'expulsion des Juifs et des Maures, l'Espagne était dans une décadence complète. Son successeur, le triste petit-fils de Charles V, Philippe III, n'avait rien de ce qui eût été nécessaire pour lui rendre sa grandeur.

En Berbérie, à la fin de ce siècle, la prépondérance appartient sans conteste au Maroc. La conquête du Soudan a porté à son apogée la gloire de la dynastie saadienne ; son renom s'est étendu au loin et cependant une famille rivale, à laquelle ses successeurs devront céder la place si brillamment occupée, ne va pas tarder à entrer en scène. El-Mansour, jugeant qu'il n'avait plus rien à craindre, a mis en liberté Ahmed-ben-Baba, le savant de Tenboktou, en 1596. Amené en présence du sultan, qui se tenait selon son habitude sur une estrade, caché aux yeux de tous par un rideau, le savant nègre, loin de se confondre en remerciements et en protestations, interpella fièrement le maître, en l'invitant à faire disparaître ce velum. Il lui rappela à ce sujet un verset du Coran où il est dit que « Dieu seul parle aux mortels par révélation ou derrière un voile[1] ». Or, il n'avait sans doute pas la prétention de s'assimiler à Dieu.

L'argument était irrésistible et le tyran dut s'exécuter : « Pourquoi, lui dit alors le savant nègre, avez-vous laissé piller ma maison et ma bibliothèque par vos soldats ? Pourquoi m'a-t-on chargé de chaînes et conduit ici avec tant de brutalité que, dans une chute que j'ai faite, je me suis brisé la jambe ? Pourquoi enfin m'avez-vous détenu pendant quatre années ? » Ainsi le prisonnier devenait l'accusateur et nous avons tenu à rapporter ses fières paroles. El-Mansour se justifia comme il put en s'appuyant sur les nécessités politiques et sur l'opposition faite par Ben-Baba et son école contre la conquête du Soudan. Et, comme le savant nègre, serrant toujours son sujet, lui demandait pourquoi il n'avait pas cherché à conquérir Tlemcen, les régions du Mag'reb central et de l'Ifrikiya, beaucoup plus proches, le sultan répondit que, d'après une tradition, le prophète aurait dit : « Laissez les Turcs tranquilles, tant qu'ils vous laisseront tranquilles ». Mais Ahmed-Baba lui présenta à cet égard des objections prises dans le même ordre d'idées et qu'il serait trop long de reproduire ici.

A sa sortie du palais, il fut entouré par tous les hommes instruits de Maroc, le suppliant de les initier à ses connaissances et on le conduisit, en cortège, à la mosquée des cherifs, où il se décida, après quelque résistance, à commencer ses cours. Sa re-

---

1. Sourate, 42, v. 60.

nommée se répandit bientôt dans tout le nord de l'Afrique. La science était vengée du despotisme. Quelques années plus tard, il obtint du successeur d'El-Mansour l'autorisation de rentrer dans sa chère patrie[1].

1. Général de Sandoval, *Inscriptions inédites d'Oran et de Mers-el-Kébir* (Revue afric., n° 90, p. 435 et suiv.). — L. Fey, *Hist. d'Oran*, p. 111 et suiv. — Cherbonneau, *Littérature arabe au Soudan* (loc. cit., p. 32 et suiv.). — De Slane, *Conquête du Soudan* (Revue afric., t. I, p. 297 et suiv.). — Ben-Baba, *Tekmilet-ed-Dibadj*, pass. — *Nozhet-el-Hadi*, p. 97 et suiv. du texte arabe, 170 et suiv. de la trad.

CHAPITRE X

DOMINATION TURQUE. — DÉCADENCE DE LA DYNASTIE SAADIENNE

1598-1610

Alger sous les pachas Hassan-Bou-Richa et Slimane-Vénitien. Révoltes kabiles. — Révolte d'El-Mamoun à Fès contre son père El-Mansour; il est vaincu et mis en prison. — Mort du sultan El-Mansour. Luttes entre ses fils. El-Mamoun s'empare de Fès. — El-Mamoun-Cheikh défait ses frères Zidane et Abou-Farès et reste seul maître de l'autorité. — Kheder, pacha d'Alger pour la troisième fois. — Il est mis à mort par ordre de la Porte. Mission de M. De Brèves à Tunis et à Alger. — La Tunisie sous l'administration du dey Othmane; ses succès sur mer et dans la province; descente des Toscans à Bône. — Campagne infructueuse de Moustafa-Pacha contre les Espagnols d'Oran. — Expulsion des derniers Maures d'Espagne. — Guerres entre les fils du chérif El-Mansour. Anarchie générale au Maroc. El-Mamoun reste maître de Fès et Zidane de Maroc.

Alger sous les pachas Hassan-Bou-Richa et Slimane-Vénitien. Révolte kabile. — Le pacha Dali-Hassan-Bou-Richa avait remplacé Moustafa à Alger en 1599. Avant toute chose, il devait faire droit aux demandes de la France, appuyées par M. de Vias, consul royal, représentant Henri IV dans cette ville, et chargé d'instructions très précises. Notre nation avait obtenu en Orient une prépondérance garantie par les capitulations et l'ambassadeur français parlait haut à Constantinople ; malheureusement les reïs barbaresques ne tenaient pas grand compte des menaces de la Porte et se plaignaient sans cesse de ce qu'ils appelaient les fraudes faites sous notre pavillon. Dali-Hassan ne put rien obtenir de la Taïffe ; bien au contraire, les Reïs enlevèrent de nouveaux trafiquants du midi de la France et, comme M. de Vias insistait avec énergie pour obtenir réparation, il fut maltraité et finalement jeté en prison. Le pays, du reste, continuait à être livré à lui-même et les Kabiles venaient faire des incursions jusqu'aux portes d'Alger.

Sur la demande de notre ambassadeur à Constantinople, Dali-

Hassan fut remplacé par le renégat vénitien Slimane. Ce dernier, ayant, peu après son arrivée, entrepris une expédition contre les Kabiles, fut entièrement battu et contraint de rentrer au plus vite derrière ses remparts (1600). L'année suivante, il s'avança dans le but de prendre sa revanche jusqu'à Djamâ-es-Saharidj ; mais ce fut pour éprouver un nouveau désastre.

Vers le même temps, c'est-à-dire en l'année 1601, l'Espagne s'appropriant le projet d'un aventurier français nommé Roux, voulut surprendre Alger et chargea de l'expédition l'amiral Doria : 70 navires portant 10,000 hommes de débarquement lui furent confiés à cet effet, mais, au lieu de profiter, ainsi que le promoteur comptait le faire, des calmes du cœur de l'été, il ne mit à la voile qu'à la fin d'août et rencontra des vents contraires qui l'empêchèrent de s'approcher rapidement de la côte et par suite de débarquer, car les musulmans avaient eu le temps de se mettre en défense. En outre de l'action du temps, les jalousies et le manque d'union des chefs des divers éléments constitutifs de l'expédition furent pour beaucoup dans son échec.

En 1603, une nouvelle tentative fut faite à l'instigation d'un religieux, le P. Mathieu, qui avait été longtemps détenu à Koukou dans la grande Kabilie où il s'était créé des relations. Ce fut vers le port de Zeffoun qu'il mena l'expédition composée de quatre galères, sous le commandement du vice-roi de Majorque. Là, s'étant fait mettre à terre, il espérait retrouver ses amis et notamment Abd-Allah, neveu du roi de Koukou ; mais, trahi par ceux dont il avait reçu les promesses, il se vit bientôt entouré de gens hostiles et fut massacré, sans que ses compagnons, restés sur les galères, osassent lui porter secours. Abd-Allah se rendit alors à Alger et présenta au pacha Slimane la tête du P. Mathieu et celles de quelques chrétiens tués avec lui, à l'effet de réclamer une récompense. Mais le Turc ne lui donna rien, sous le prétexte qu'il aurait fallu lui remettre non les têtes, mais les prisonniers vivants. Le pacha Kheder vint ensuite, pour la troisième fois, prendre le commandement d'Alger (mai 1604)[1].

RÉVOLTE D'EL-MAMOUN A FÈS. IL EST VAINCU ET MIS EN PRISON. — Revenons au Maroc, où un grave dissentiment s'accentuait, de jour en jour, entre le sultan El-Mansour et son fils le cheikh El-

---

1. De Grammont, *Hist. d'Alger*, p. 141 et suiv. — Le P. Dan, *Hist. de Barbarie*, p. 114, 116. — De Grammont, *Relation de J. Conestaggio* (Revue afric., n° 154, p. 290 et suiv.).

Mamoun, héritier présomptif. Ce jeune homme qui, plus jeune, semblait doué de brillantes qualités, se laissait, à mesure qu'il prenait de l'âge, dominer par ses passions. De plus, il s'entourait particulièrement d'Arabes, contrairement aux instructions de son père, et les comblait de ses faveurs. Le Nozha contient la reproduction in-extenso des lettres fort prolixes qu'El-Mansour lui adresse à ce sujet, dans le but de l'amener à changer son genre de vie et ses procédés d'administration. Mais la situation ne fit qu'empirer et El-Mamoun, ne tenant aucun compte des observations qui lui étaient faites, se livra aux caprices sanguinaires provoqués par les mignons dont il était entouré.

En vain ses conseillers et ses officiers essayèrent de l'arrêter sur cette pente : un tollé général s'éleva contre lui et il fallut qu'El-Mansour se décidât à agir, puisque ses réprimandes et ses menaces n'avaient d'autre résultat que d'augmenter le mal. Le sultan se disposa alors à se transporter à Fès pour mettre un terme à de tels scandales ; mais El-Mamoun, ayant appris son dessein, réunit ses soldats, leur distribua des gratifications et des vêtements et se prépara à se rendre à Tlemcen avec ses partisans, afin de ramener avec lui les Turcs. C'était ce que son père redoutait le plus ; aussi El-Mansour s'empressa-t-il de renoncer ostensiblement à son projet ; essayant de la douceur, il écrivit à son fils en lui offrant le pardon, à la condition qu'il allât occuper le gouvernement de Sidjilmassa et du Derâa qu'il lui conférait, avec la disposition du produit des impôts de ces deux provinces. Le cheikh El-Mamoun sembla d'abord accepter ces offres, qui ne manquaient pas d'avantages et, un jour, il sortit de Fès et prit la route du Sud ; mais, soit que ce fût une feinte, soit qu'il eût réellement changé d'avis, il tourna bientôt bride et rentra dans la ville.

Ces faits se passèrent, sans doute, dans le cours de l'année 1601 et la première moitié de 1602. La situation devenait fort embarrassante pour El-Mansour ; il voulut tenter encore une fois de la persuasion et dépêcha à son fils une députation de notables et de légistes de Maroc, qui s'efforcèrent, par le raisonnement ou la menace, de le ramener à la raison et à l'obéissance. El-Mamoun changea alors d'attitude et, comme il affectait de n'avoir de plus grand désir que de vivre en paix avec son père, les ambassadeurs crurent avoir réussi et rentrèrent, pleins de joie et d'espoir, à Maroc. Mais l'illusion fut de courte durée : le sultan n'en fut pas dupe et il se prépara à une action décisive : son fils, Zidane, qui commandait à Tedla, reçut de lui l'ordre de faire garder la route de Takbalet par cent cavaliers ; l'affranchi Messaoud fut placé dans les mêmes conditions, à cheval sur celle de Salé et, vers la fin de l'année 1602, El-Mansour, laissant Maroc sous le commandement de son autre fils Abou-Farès, sortit de cette ville à la tête de 12,000 cavaliers et marcha rapidement sur Fès.

Le sultan était déjà campé à Daroudj, près de Meknès, que son fils ignorait encore sa sortie de Maroc. Cependant, surpris d'être sans nouvelles, El-Mamoun envoya des éclaireurs en reconnaissance et ceux-ci découvrirent l'armée et vinrent, en toute hâte, prévenir leur maître ; convaincu de l'inutilité de toute résistance, le rebelle monta aussitôt à cheval et se réfugia à Fechtala, dans la chapelle (Zaouïa) du saint Abou-Ech-Chita, auprès du fleuve Ouerg'a ; ses compagnons de débauche et quelques adhérents dévoués l'accompagnèrent ou le rejoignirent et organisèrent la défense.

A cette nouvelle, El-Mansour envoya le pacha Djouder et le caïd Mansour-en-Nebili soutenus par des forces imposantes, avec ordre de lui amener le rebelle et la menace des plus terribles châtiments s'ils le laissaient fuir. Mais El-Mamoun se garda bien de se livrer aux officiers de son père, et ce ne fut qu'après un combat acharné que ceux-ci parvinrent à s'en rendre maîtres. El-Mansour le fit étroitement emprisonner à Meknès, puis il entra, en grande pompe, à Fès et reprit possession de l'autorité.

Il restait à statuer sur le sort du rebelle. Sa mère, Khizrane, ayant envoyé au sultan une députation de cheikhs de Maroc pour lui certifier qu'il était corrigé et disposé à se soumettre, El-Mansour dit à ces personnages d'aller à Meknès, afin d'interroger le prisonnier et de juger par eux-mêmes de son état ; mais ils ne tardèrent pas à revenir absolument découragés, l'ayant trouvé dans les dispositions d'esprit les plus déplorables, sans avoir pu obtenir de lui qu'il s'inquiétât d'autre chose que du sort de ses mignons. El-Mansour demanda alors aux légistes une consultation sur ce cas et tous conclurent qu'il ne restait qu'à le faire mourir, puisqu'il n'y avait aucun espoir de le ramener à de meilleurs sentiments ; mais le sultan ne put s'y résoudre. Comment, leur dit-il, aurais-je la dureté d'ordonner le supplice de mon fils ?

Peu après, laissant, à Fès, Zidane comme Khalifa, il reprit la route de Maroc. La peste ravageait cette ville et nous trouvons dans le Nozha des lettres bien curieuses adressées par le sultan à son fils Abou-Farès et dans lesquelles il lui donne des instructions minutieuses à cette occasion, l'invitant à se rendre à Salé pour fuir le fléau, lui prescrivant l'emploi journalier de thériaques et autres remèdes ; indiquant les précautions à prendre, pensant à tous, grands et petits ; s'occupant en détail de ses affaires, comme un bon propriétaire, et allant jusqu'à recommander de soigner de telle ou telle façon une jument baie.....[1]

MORT DU SULTAN EL-MANSOUR. LUTTES ENTRE SES FILS. EL-MAMOUN S'EMPARE DE FÈS. — Tandis qu'El-Mansour s'occupait, avec cette sollicitude inquiète, du sort des siens, il ressentit les premières atteintes de la terrible maladie, le mercredi 3 octobre 1603. Comme il se trouvait à peu de distance de Fès, il se fit rapporter dans cette ville, où il expira le lundi suivant (8 oct.). On l'enterra le même jour à Fès supérieur, et, plus tard, son corps fut transporté à Maroc et placé dans le cimetière des cherifs. Ainsi disparut, après un règne de 25 années, le plus grand prince de la dynastie des cherifs saadiens. Grâce à son habileté, favorisée par les circonstances, il porta à son apogée l'empire des cherifs du Mag'reb, sut se débarrasser des Turcs et contrebalancer, dans l'ouest de l'Afrique, l'autorité politique et religieuse du khakan des Ottomans. Il possédait, à un haut degré, le génie de l'organisation, ayant profité de son séjour en Orient pour retenir les innovations susceptibles d'être appliquées dans le Mag'reb, soit à l'armée, qu'il sut rendre redoutable, soit aux usages de la cour. La conquête du Soudan lui mit dans les mains des ressources pécuniaires qu'il employa non seulement à l'embellissement de sa capitale, mais encore au développement des industries locales et à la construction d'ouvrages de défense sur le littoral et sur les frontières.

Un grand nombre d'usages, ainsi que le cérémonial de cour introduits par El-Mansour, étaient calqués sur ceux de l'Orient. Cependant, il exerçait son autorité d'une façon assez paternelle et en réminiscence des premiers khalifes, tenait, tous les mercredis[2], un lit de justice, où chacun était admis à présenter ses réclamations. Comme tous les souverains dépensiers, il exigea de lourds impôts et fut très sévère pour leur perception. Sans être sanguinaire, il n'hésitait pas à rendre des sentences de mort, lorsqu'il le jugeait indispensable.

La révolte de l'héritier présomptif, suivie de si près par la mort du sultan, compliquait d'une manière fâcheuse la transmission du pouvoir. Aussitôt après la cérémonie des funérailles, les notables et les légistes de Fès se réunirent pour délibérer sur le choix du successeur et élurent son fils Zidane auquel ils prêtèrent serment. Puis ils envoyèrent une députation aux gens de Maroc pour les

---

1. *Nozhet-el-Hadi*, p. 177 et suiv. du texte arabe, 288 et suiv. de la trad.

2. Le mercredi fut appelé pour cela *Youm-ed-Diouane*.

engager à faire comme eux ; mais ceux-ci refusèrent péremptoirement et proclamèrent, le vendredi suivant, leur gouverneur, autre fils d'El-Mansour, nommé Abd-Allah Abou-Farès, qui prit le titre d'El-Ouathek-b'Illah. Ainsi l'empire était déjà divisé en deux tronçons. De plus, Zidane craignait l'influence d'El-Mamoun que son père avait épargné et qui pouvait sortir de sa prison d'un instant à l'autre. Pour s'assurer de lui, ou, plus probablement, afin de le tuer, il voulut le faire amener de Meknès par le pacha Djouder ; mais celui-ci le conduisit à Maroc, et le livra à Abou-Farès qui le remit en prison.

Cependant les deux frères se préparaient, de part et d'autre, à entrer en lutte, et bientôt Zidane s'avança à la tête de ses troupes, sur la route de Maroc. De son côté, Abou-Farès envoya, à sa rencontre, des troupes disponibles sous le commandement de son fils Abd-el-Malek, assisté du pacha Djouder. Ses partisans, craignant l'habileté et le courage de son adversaire, lui conseillèrent alors de mettre en liberté El-Mamoun et de l'envoyer à l'armée, comptant, avec raison, sur l'influence qu'il aurait sur les troupes de Zidane, dont il était aimé. Cet avis était bon, mais il y avait un réel danger à placer à la tête de forces imposantes un homme tel qu'El-Mamoun, et son frère ne se décida à briser ses fers qu'après lui avoir fait solennellement jurer qu'il lui demeurerait fidèle et ne chercherait pas à s'approprier le pouvoir.

El-Mamoun partit avec six cents cavaliers d'origine diverse, vétérans de l'expédition du Soudan, et rejoignit l'armée à l'Oum-er-Rebïa. Il fut accueilli avec enthousiasme et bientôt on en vint aux mains à Mouata, près de l'Oum-er-Rebïa. La bataille se termina par la défaite de Zidane, dont les soldats passèrent, en grande partie, sous les étendards de son frère. Abou-Farès avait recommandé à ses adhérents d'arrêter El-Mamoun, aussitôt après la victoire, si le succès se prononçait en sa faveur ; mais personne n'osa le faire et les partisans fidèles du prince de Maroc se bornèrent à le laisser seul.

Rentré précipitamment à Fès et prévenu que le cheikh El-Mamoun arrivait sur ses traces, Zidane voulut organiser la résistance et appeler aux armes les gens de la ville, mais il se heurta à un refus formel et bientôt la population se prononça pour son compétiteur. Il ne restait à Zidane qu'à abandonner la place. Il réunit sa famille, ses objets précieux et, entouré de ses partisans, prit la route de Tlemcen, harcelé par ses adversaires, ce qui ne l'empêcha pas d'atteindre sans encombre Oudjda, où il séjourna ; après quoi il partit pour Sidjilmassa.

Pendant ce temps, le cheikh El-Mamoun faisait son entrée à

Fès, accueilli par les acclamations enthousiastes de la population, dont la joie fut de courte durée (commencement 1604 [1]).

EL-MAMOUN-CHEIKH DÉFAIT SES FRÈRES ZIDANE ET ABOU-FARÈS, ET RESTE SEUL MAITRE DE L'AUTORITÉ. — Une fois en possession de Fès, le cheikh El-Mamoun, sans tenir compte de ses serments, se fit reconnaître comme sultan et renvoya à Maroc ceux de ses soldats qui voulaient rester fidèles à son frère ; puis il commença à exercer des représailles sanglantes contre les légistes et autres personnages qui l'avaient abandonné lors de sa chute ; mais il lui fallait de l'argent et, comme les confiscations dont il avait frappé ses adversaires ne lui suffisaient pas, il réunit les principaux commerçants et les contraignit à lui faire des avances considérables.

Tout en se livrant sans retenue à ses passions désordonnées, El-Mamoun se préparait à la lutte. Il ne tarda pas à faire marcher sur Maroc une armée de 3,000 hommes choisis, dont il confia le commandement à son fils Abd-Allah. Abou Farès s'avança contre son neveu et lui livra bataille au lieu dit Aguelmin ou Mers-er-Remad ; mais il fut mis en déroute, après un combat acharné, ne put opérer sa retraite sur Maroc et se vit contraint de chercher un refuge à Mesfioua.

Entré en vainqueur à Maroc, Abd-Allah abandonna cette malheureuse ville à la fureur et à la cupidité de la soldatesque. On dit qu'il donna lui-même l'exemple du désordre et du sacrilège, en pénétrant dans le harem de son aïeul El-Mansour et en violant ses concubines. A l'exemple de son père, il scandalisa les musulmans par ses débauches, buvant ouvertement des liqueurs fermentées, n'observant pas le jeûne du Ramadan et foulant aux pieds tout ce que son origine et ses traditions lui faisaient un devoir de respecter (1ers jours de février 1607) [2].

KHEDER-PACHA A ALGER. IL EST MIS A MORT PAR ORDRE DE LA PORTE. MISSION DE M. DE BRÈVES A TUNIS ET A ALGER. — Les conséquences du retour de Kheder-Pacha à Alger ne se firent pas attendre pour la France, car il avait voué à ce pays une haine aveugle. Il ne reconnaissait, du reste, aucune autorité, aucun droit ; c'est le type du parfait pirate. Son premier acte fut de s'emparer de six mille sequis envoyés par la Porte pour indemniser des négociants français, victimes des spoliations des corsaires, et, aux cou-

---

1. *Nozhet-el-Hadi*, p. 145 et suiv., 188 et suiv. du texte arabe, 237 et suiv., 707 et suiv. de la trad. — Abbé Godard, *Maroc*, p. 478 et suiv.
2. *Nozhet-el-Hadi*, p. 190 et du texte arabe, 308 et suiv. de la trad.

rageuses réclamations de notre représentant, M. de Vias, il répondit par des brutalités et des violences ; mais cela n'était pas assez : il arma une escadre qui vint inopinément surprendre l'établissement commercial du Bastion de France, le mit au pillage et massacra ou réduisit en captivité son personnel (1604).

Cette fois la mesure était comble. Henri IV exigea une réparation éclatante. Au mois de mai 1605, M'hammed-Kouça vint prendre le commandement d'Alger et, en exécution des ordres à lui donnés par le Khakan, il commença par mettre à mort Kheder. On l'étrangla ; il fut enterré près de la mosquée de Sidi Abder-Rahman, où son épitaphe a été retrouvée il y a quelques années. M. de Castellane, envoyé par la France, arriva sur ces entrefaites à Alger, pour obtenir la liberté des employés du Bastion et une juste réparation des dommages causés. Mais les yoldachs se mirent en rébellion contre l'autorité de leur suzerain et s'opposèrent par la force à ce qu'aucune satisfaction fût donnée.

Pendant qu'Alger était le théâtre de ces faits, M. Savary de Brèves, ambassadeur de France à Constantinople, arrivait à Tunis, accompagné de Kouça-Moustafa, envoyé de la Porte, afin d'exiger, en vertu du traité signé entre le sultan et Henri IV, l'exécution d'un firman qui prescrivait la mise en liberté de tous les Français détenus en Berbérie et le règlement des indemnités dues pour actes de piraterie. Mahomet III était mort en 1603, et avait été remplacé par son fils Ahmed I, âgé de 14 ans, et c'est de lui, ou de ses conseillers, que les ordres ci-dessus émanaient. Après une première station à Tripoli, où il exécuta ses instructions, M. de Brèves débarqua à la Goulette le 21 juin, et se rendit aussitôt à Tunis.

Le lendemain 25, il assista au diwan des yoldachs et y fit donner lecture des ordres dont il était porteur. L'Agha des janissaires était d'avis de se soumettre au firman, mais le dey Othman se leva, avec violence, et protesta que jamais il ne supporterait pareille humiliation. La situation devenait dangereuse pour le représentant de la France, lorsque Mourad-Reïs, présent à la séance et qui, malgré ses 80 ans, exerçait encore le métier de corsaire et avait une grande influence sur tous, prit la défense de M. de Brèves et calma l'ardeur du dey. Notre envoyé essaya alors de lier partie avec ce défenseur d'autant plus inattendu qu'il avait été l'objet de nombreuses plaintes pour ses rapts sur les Français ; mais ses exigences étaient grandes et M. de Brèves hésitait à s'y soumettre, lorsqu'on apprit que deux vaisseaux français, richement chargés, venaient d'être capturés à Bizerte par les corsaires. Repoussant alors toute compromission, l'ambassadeur ne craignit pas de menacer ; mais Othmane n'était pas homme à se laisser intimider, d'autant plus qu'il se sentait soutenu par l'opinion publique. Les rapports allèrent en s'aigrissant et la situation de l'envoyé français devint si critique qu'il se décida à se rembarquer. Sur ces entrefaites, arriva à Tunis un message de M. de la Guiche et des consuls de la ville de Marseille pressant M. de Brèves de conclure un traité indispensable aux intérêts du commerce.

Notre ambassadeur, faisant alors le sacrifice de sa vie, rentra fièrement à Tunis et, traversant une population hostile, étonnée de son courage, se fit jour, de gré ou de force, et se présenta aux yoldachs révoltés. Cette audace, au moment où tout semblait perdu, fut couronnée de succès, car il obtint, du diwan et d'Othman dey, un traité stipulant l'échange des prisonniers et un accord pour les opérations commerciales.

M. de Brèves quitta la Goulette le 29 août et fit voile pour Alger, où il tomba au milieu de l'anarchie dont nous avons parlé. Encouragé par son succès de Tunis, l'ambassadeur se rendit aussitôt au diwan et lui fit connaître les ordres de la Porte, prescrivant la mise en liberté des captifs français, la fixation d'indemnités et le rétablissement du Bastion. Mais ces prétentions provoquèrent une véritable révolte. Kouça-Moustafa, envoyé du sultan, fut chassé et maltraité et M. de Brèves dut regagner son navire contre lequel les yoldachs braquèrent leurs canons. Pendant ce temps, le pacha, qui ne voulait pas se prêter aux caprices de la soldatesque, était maltraité et séquestré malgré son grand âge (il était octogénaire) et ne tardait pas à rendre l'âme. Ce fut encore Mourad-Reïs qui s'interposa et amena une transaction stipulant l'échange des prisonniers, mais réservant la question du rétablissement des comptoirs de La Calle et de Bône. M. de Brèves dut se contenter de cette demi-satisfaction. Moustafa prit, à Alger, la direction des affaires avec le titre de pacha[1].

La Tunisie sous l'administration du dey Othmane. Ses succès sur mer et dans la province. Descente des Toscans à Bône. — Sous la ferme autorité du dey Othmane, la Tunisie avait recouvré une certaine tranquillité. Malheureusement ce pays était, depuis 1601, ravagé par une épidémie qu'on appela la *peste de la plume*, ac-

---

1. De Grammont, *Hist. d'Alger*, p. 143 et suiv. — De Voulx, *La tombe de Khedeur-Pacha* (Revue afric., n° 94, p. 272 et suiv.).— Rousseau, *Annales Tunisiennes*, p. 38 et suiv. — Féraud, *Annales Tripolitaines* (Revue afric., n° 159, p. 211).

compagnée, comme à l'habitude, par la disette. Le dey s'appliqua au développement de la course et les marins tunisiens luttèrent plus d'une fois avec avantage contre les chevaliers de Malte, leurs audacieux et irréconciliables voisins. Dans le mois d'août 1605, pendant que M. de Brèves était encore à la Goulette, cinq galères de Malte se perdirent sur l'île de Zimbre, non loin du cap Bon. Les chevaliers retirèrent tout ce qu'ils purent de leurs vaisseaux et se retranchèrent dans l'île, où ils ne tardèrent pas à être assaillis par un grand nombre de Tunisiens. Ils repoussèrent d'abord leurs agresseurs après leur avoir infligé des pertes sérieuses. Mais leur résistance ne pouvait se prolonger et ils semblaient voués à une perte certaine, lorsqu'un navire de commerce, forcé de chercher un abri auprès de l'île, entra en communication avec eux et parvint à les sauver presque tous. Il était temps, car les musulmans ne tardèrent pas à revenir en forces et à s'emparer des chrétiens qui restaient encore et de tout le matériel abandonné.

Mais, tandis que les Tunisiens obtenaient ce mince succès, dix galères, dont trois de Malte et sept de Sicile, abordaient inopinément à Hammamet, dans le golfe de ce nom, et s'emparaient de la ville. Peu après, les habitants, qui l'avaient évacuée, revenaient avec l'appui de nombreux Arabes, et, étant parvenus à surprendre les chrétiens, les forçaient à se rembarquer, non sans en avoir massacré un grand nombre. Cet état permanent d'hostilités n'avait pas peu contribué à rendre difficile la tâche de M. de Brèves, d'autant plus que de nombreux Français se trouvaient parmi les chevaliers de Malte.

Selon El-Kaïrouani, Othmane aurait effectué plusieurs expéditions dans l'intérieur et se serait avancé, dans le Sahara, jusqu'au pays de Sedada (?) dont il aurait fait la conquête. Les Chabbïa paraissent avoir été chassés par lui de la Tunisie. Ce pays connut enfin quelques années de paix et de tranquillité. En 1608, il fit assassiner son bey, Mohammed, qui, paraît-il, conspirait contre lui. Il s'était rendu célèbre par ses succès sur mer, mais le dey était fort jaloux de toutes les supériorités.

Vers cette époque (1607), le grand-duc de Toscane lança contre Bône une expédition confiée aux chevaliers de Saint-Étienne, sous le commandement du connétable Piccolomini. Cette attaque avait, paraît-il, été préparée contre Alger, où les Toscans devaient venir incendier les galères des reïs dans le port. Un juif livournais, en rapport d'affaires avec ceux-ci, les aurait mis sur leurs gardes et, la surprise n'ayant pu avoir lieu, on se serait tourné d'un autre côté. Neuf galères et cinq transports ayant abordé dans le havre, débarquèrent 2,000 hommes de troupes, à la tête desquels le connétable s'empara de la ville. Mais les Turcs eurent le temps de se retrancher dans la Kasba et d'appeler à leur secours le bey de Constantine. Bientôt, Mohammed-ben-Farhate, bey de l'Est, accourut à la tête de ses forces ; les chrétiens l'attendaient de pied ferme et lui infligèrent une défaite dans laquelle il trouva la mort, après avoir vu tomber la plupart de ses soldats. Les Toscans se rembarquèrent alors, en toute sécurité, emportant un butin considérable [1].

CAMPAGNE INFRUCTUEUSE DE MOUSTAFA-PACHA CONTRE LES ESPAGNOLS D'ORAN. — Moustafa pacha, qui avait pris la direction des affaires à Alger après le décès de M'hammed, reçut un appel pressant des indigènes de la province d'Oran toujours en guerre contre les chrétiens. Le gouverneur espagnol, D. J. Ramirès de Guzman, homme de guerre actif et énergique, ne cessait de faire des razzias dans lesquelles il enleva à ses adversaires une quantité considérable de bestiaux et de butin et 1,900 prisonniers en dix-sept expéditions. C'était dans l'espoir de tirer une éclatante vengeance de ces humiliations que les tribus indigènes s'étaient décidées à requérir le secours des Turcs. Moustafa marcha aussitôt vers l'ouest à la tête de ses forces disponibles, mais Don Guzman, appuyé par les contingents des Arabes fidèles et particulièrement des Beni-Amer, sortit à sa rencontre avec 480 fantassins réguliers, 120 cavaliers et quatre pièces de canon et le mit en déroute à deux lieues de la ville, après lui avoir tué une partie de son effectif. Quant aux Espagnols, ils rentrèrent à Oran sans avoir éprouvé de pertes sérieuses (fin avril 1606). D. Ramirès de Guzman, qui sut donner un certain éclat à son commandement, avait fondé, en 1605, à Oran une école militaire pour les officiers ; il mourut prématurément, en 1608, et fut enterré dans cette ville.

Dégoûté de toute entreprise du côté d'Oran, Moustafa-Pacha se tourna alors vers la Kabilie et parvint à se faire concéder le droit de placer une garnison turque à Djamâ-Saharidj, afin de commander la route de l'Est. Certaines traditions indiquent que ce pacha aurait succombé à la peste qui s'était propagée et causait de grands ravages dans le pays, mais sa disparition avait une autre cause, car nous le retrouverons plus tard. Un certain Redouane paraît avoir exercé l'autorité à Alger de 1607 à 1610.

1. Rousseau, *Annales Tunisiennes*, p. 40 et suiv. — El-Kaïrouani, p. 342 et suiv. — Féraud, *Les Harars* (Revue afric., n° 104, p. 144, 145. — Vayssettes, *Hist. des beys de Constantine* (Rec. de la Soc. archéol. de 1867, p. 329 et suiv.).

C'est encore en cette année 1607, que l'agent de la compagnie anglaise appelée *Turkey-Company*, en résidence à Alger, obtint ou acheta l'autorisation d'établir des comptoirs à Stora et à Collo, en concurrence avec les négociants provençaux et languedociens qui avaient ce privilège. Il en résulta de nouvelles réclamations de la part du représentant de la France, mais sans plus de succès que précédemment [1].

EXPULSION DES DERNIERS MAURES D'ESPAGNE. — Nous avons suivi de loin les phases de la campagne poursuivie, depuis plus d'un siècle, par l'Espagne contre la population maure établie dans cette contrée, qu'elle avait embellie et enrichie par son travail. En vain les Maures avaient émigré en grand nombre après la chute des des royaumes de Valence et de Grenade, lorsqu'au mépris traités on leur avait imposé le baptême ; en vain les persécutions les avaient portés à des révoltes désespérées, suivies de massacres et de nouvelles déportations ; en vain ces malheureux avaient été brutalement arrachés de leurs foyers et poussés comme des troupeaux vers les plateaux du centre, où ils s'étaient trouvés noyés au milieu de populations chrétiennes de mœurs différentes de celles du Midi et exposés à une surveillance, à une inquisition de tous les instants..... Les Morisques — comme on les appelait — se relevaient toujours et, grâce à leur patience, à leur goût du travail, à leur industrie, ne tardaient pas à redevenir nombreux et puissants.

Le fanatisme religieux qui, en s'accentuant de part et d'autre, dans un sens différent, avait séparé, divisé les deux éléments de population un instant rapprochés, finit par créer entre eux une incompatibilité absolue. Dans ces conditions, le plus faible devait disparaître et, comme la haine religieuse n'était pas suffisante, puisque ces malheureux parias s'étaient inclinés devant les exigences de leurs maîtres, les Espagnols, qui avaient si mal profité de leurs travaux et de leur industrie, leur reprochèrent de ruiner le pays ; ils produisaient à meilleur marché, ils fournissaient une main-d'œuvre moins chère que celle des nationaux et, étant économes, ne concourant ni au service de l'armée, ni à celui des couvents, « ils accaparaient la fortune publique ».

Victimes de ces passions aveugles, les Maures se sentirent définitivement perdus et nous les avons vus entrer en relations avec les Turcs d'Alger et solliciter, plus d'une fois, leur appui. Au com-

---

1. Général de Sandoval. *Les inscriptions d'Oran* (Revue afric., n° 91, p. 439 et suiv.). — De Grammont, *Hist. d'Alger*, p. 147.

mencement du xvii° siècle, la situation avait atteint sa phase la plus critique : le bannissement définitif était réclamé avec insistance, depuis dix ans, par une école ayant à sa tête Ribera, archevêque de Valence ; les Morisques, de leur côté, préparaient un soulèvement général ; mais il leur fallait un appui et ils pensèrent naturellement à l'ennemi séculaire de l'Espagne, à la France, après avoir en vain essayé d'amener le cherif de Maroc à entreprendre une nouvelle invasion. Entrés en relations avec Henri IV, par l'intermédiaire du duc de Caumont-La-Force, ils avaient offert, en 1602, de fournir un contingent de 100,000 hommes ; plusieurs envoyés vinrent conférer avec eux à ce sujet. Pendant les années 1603 et 1604, des Maures, ou leurs délégués, se rendirent en France et toutes les conditions de l'entente furent réglées en détail. Pendant que la flotte algérienne tiendrait la mer pour empêcher l'arrivée des secours d'Italie ou des îles, l'armée expéditionnaire débarquerait à Denia où 80,000 Morisques viendraient la rejoindre et recevraient des armes ; après quoi on se rendrait facilement maître du royaume de Grenade. Des sommes importantes devaient, au préalable, être versées par les Maures au château de Pau.

La révolte d'Espagne, appuyée par la France, entrait dans le vaste plan appelé le « Grand Dessein » d'Henri IV et l'on sait que le poignard de Ravaillac vint le détruire. Mais de tels projets ne pouvaient être préparés de si longue main dans un pays comme l'Espagne et demeurer secrets. Mis au courant, le roi Philippe III se décida à ordonner le bannissement et signa, le 22 septembre 1609, l'édit d'expulsion des Maures du royaume de Valence. Trois jours leur étaient donnés pour se mettre en route vers les ports d'embarquement qui leur étaient désignés. La brièveté de ce délai, la rigueur avec laquelle l'édit fut mis à exécution frappèrent les bannis de stupeur et leur enlevèrent jusqu'à l'idée de la résistance. Spoliés, maltraités, décimés, ils furent poussés vers la côte et entassés sur des navires. Ceux d'entre eux qui échappèrent aux souffrances de toute sorte, aux meurtres, aux naufrages, furent déposés, ou plutôt jetés sans discernement, sur divers points de la côte de Berbérie, où ils tombèrent plus d'une fois victimes de la rapacité des indigènes.

Cependant, ceux qui abordèrent en Tunisie furent bien accueillis par le dey Othmane qui leur fit distribuer les premiers secours et les établit dans les campagnes environnantes. C'est à ces proscrits que l'on doit, en grande partie, les plantations d'oliviers de cette région. D'autres furent reçus à Bône, dans les mêmes conditions. Enfin, tout le littoral en profita plus ou moins. Quelques Morisques cherchèrent un refuge en France ; ils y trouvèrent une protection médiocrement généreuse. Cependant on leur facilita les moyens de passer en Afrique.

Le 2 décembre suivant les Maures d'Andalousie et de Murcie furent, à leur tour, frappés de l'ordre d'expulsion ; puis le 27 avril 1610, ceux d'Aragon et enfin ceux de Catalogne eurent le même sort ; cette fois l'Espagne était bien débarrassée des Morisques et son appauvrissement ne pourrait plus leur être imputé[1].

GUERRES ENTRE LES FILS DU CHERIF EL-MANSOUR. ANARCHIE GÉNÉRALE. EL-MAMOUN RESTE MAITRE DE FÈS ET ZIDANE DE MAROC. — Revenons au Mag'reb, où nous avons laissé Abd-Allah, fils d'El-Mamoun, maître de Maroc, se livrant aux plus odieux excès (fév. 1607). Les habitants de cette ville, las de la tyrannie de leurs vainqueurs, appelèrent alors Zidane qui, de Sidjilmassa, où il avait imposé son autorité, avait parcouru en maître le Deràa et était entré dans le Sous. « Venez, même seul, — lui écrivirent-ils, — nous vous recevrons ». Se rendant à cet appel, Zidane s'approcha de la ville, à la faveur de la nuit, et des citoyens en armes le rejoignirent. Le général d'Abd-Allah, nommé Aares, fut mis à mort par eux et l'usurpateur se vit bientôt assiégé par la population abritée derrière les murs des jardins. On combattit avec acharnement et il fut fait un véritable carnage des troupes de Fès. Après avoir perdu presque tous ses adhérents, Abd-Allah se décida à la fuite et alla rejoindre son père à Fès, où il parvint à peu près seul.

Le cheikh El-Mamoun fut consterné de ce revers. Il voulait, aussitôt, en tirer vengeance par l'envoi d'une nouvelle armée, mais l'argent manquait et on ne pouvait en demander encore aux commerçants, car il ne leur avait pas encore rendu les précédents emprunts. Il s'empara des richesses et des biens de ses généraux, et après avoir partagé ces valeurs entre ses créanciers et ses partisans, il parvint encore à enflammer l'ardeur des troupes. Et, comme les gens de Fès brûlaient du désir de venger les leurs, massacrés à Maroc, Abd-Allah put se mettre en route à la tête d'un effectif puissant.

Zidane fit marcher contre lui le pacha Moustafa avec des forces considérables, recrutées à Maroc et dans les environs. La bataille eut lieu à l'Ouad-Tesfelfet, sur la route de Salé, et se termina par la défaite de Moustafa, qui y perdit environ 9,000 hommes. Aus-

---

1. Rosseeuw Saint-Hilaire, *Hist. d'Espagne*, t. X, p. 470 et suiv. — De Grammont, *Hist. d'Alger*, p. 144. — El-Kaïrouani, p. 344, 345.

sitôt, Abd-Allah marche sur Maroc ; mais les gens de cette ville, au nombre de 36,000 environ, se portent à sa rencontre, lui offrent le combat à Ras-el-Aïn et sont encore mis en déroute. Zidane évacue Maroc et cherche un refuge dans les montagnes les plus abruptes, tandis qu'Abd-Allah entre en vainqueur dans la capitale et la traite plus durement encore que la fois précédente.

Un groupe important des gens de Maroc, réfugié dans le Djebel-Djelz (ou Guilez), reconnut alors comme sultan un petit-fils du cheikh El-Mehdi, nommé Moulaï-Mohammed, fils d'Ad-el-Moumen, homme juste et estimé. Abd-Allah ayant marché contre eux, fut défait à son tour, et se vit, encore une fois, contraint d'évacuer Maroc, où Moulaï-Mohammed entra en maître (20 février 1608).

Mais la population versatile de cette ville ne tarda pas à rappeler Zidane. Moulaï-Mohammed, ayant voulu le repousser, fut mis en déroute et dans l'obligation de lui abandonner la capitale. On apprit alors que le cheikh El-Mamoun, après avoir rallié les fuyards de l'armée de son fils, avait formé un nouveau corps expéditionnaire qui s'avançait vers Maroc, sous le commandement d'Abd-Allah (avril). Zidane marcha contre lui et, après diverses opérations, le mit en déroute, sur l'ouad Bou-Regreg. Zidane pardonna aux troupes de Fès, et les prit à son service. Puis il lança contre cette ville le pacha Moustafa ; après avoir reçu la soumission de Fès, ce général chercha à s'emparer du cheikh, de son fils Abd-Allah, d'Abou-Farès et de son fils Abd-el-Malek, qui s'étaient réfugiés à El-Kçar-el-Kebir.

Mais le cheikh, prévenu à temps, parvint à s'embarquer à El-Araïch, avec sa mère et ses caïds, tandis que Abd-Allah et Abou-Farès gagnaient Stah-beni-Ouarthene. Zidane vint les y relancer et prendre position à Arouararte, où il fut rejoint par les derniers adhérents de ses adversaires, ce qui força Abd-Allah et Abou-Farès à fuir encore. Sur ces entrefaites, Zidane, ayant appris qu'une révolte avait éclaté à Maroc, s'empressa d'y rentrer. Aussitôt, Abd-Allah et Abou-Farès se portèrent sur Fès. Moustafa sortit pour les repousser, mais ayant été, dans le combat, renversé de son cheval, il fut pris et tué et l'armée mise en déroute, après un grand carnage. Abd-Allah, accompagné de son oncle Abou-Farès, rentra alors en possession de Fès (21 août 1609). Malgré ce regain de succès, Abd-Allah avait perdu toute confiance et bientôt les Cheraga, qui avaient contribué grandement à la victoire, résolurent de le mettre à mort et d'élire son oncle Abou-Farès. Mais le fils du cheikh les prévint en faisant étrangler Abou-Farès sous ses yeux (septembre).

Pendant ce temps le cheikh, que nous avons vu s'embarquer à El-Araïch, avait fait voile vers l'Espagne. S'étant présenté à Philippe III, il lui demanda des secours et de l'argent pour reconquérir le Mag'reb, où il régnerait comme vassal, lui offrant de laisser en otage sa famille. Mais le roi exigea, avant tout, la remise d'El-Araïch et le cherif s'empressa d'y accéder (fin 1609). Débarqué à Badis, il y reçut une députation des légistes de Fès, venus pour lui annoncer les succès de son fils. Ceux-ci furent très étonnés de trouver leur sultan sous la protection des chrétiens, qui saluèrent la nouvelle par des salves d'allégresse. Le cheikh voulut alors procéder à la remise d'El-Araïch ; mais il rencontra une vive opposition aussi bien de la part de l'armée que de la population et ce ne fut qu'après un combat sanglant qu'il put exécuter sa promesse. La population musulmane ayant été chassée de la ville, le caïd El-Djarni la livra au comte de Saint-Germain, délégué du roi d'Espagne (décembre 1610).

La lâcheté du fils d'El-Mansour, sa trahison au profit des *mécréants*, eurent un effet considérable et révoltèrent contre lui tous les bons musulmans. Le cherif Ahmed-Edris-el-Hassani parcourut le pays, en appelant les fidèles à la guerre sainte, afin de reprendre El-Araïche. Mais le cheikh envoya contre ces fanatiques un de ses généraux qui les força à renoncer à leur projet. Il écrivit ensuite aux savants de Fès pour se disculper en leur exposant que les chrétiens le retenaient prisonnier et qu'il n'avait obtenu sa liberté qu'au prix de l'abandon d'El-Araïch. Il les invita, même, à reconnaître par une fetoua (consultation légale), qu'il avait, en cette circonstance, agi selon les règles de la loi. Mais les principaux docteurs prirent la fuite ou se cachèrent afin de ne pas approuver une semblable infamie, et il ne se trouva que de misérables faméliques pour y mettre leur signature.

Ainsi l'empire des cherifs, porté à un si haut degré de puissance par El-Mansour, dont le règne vient à peine de finir, est en pleine décomposition. C'est comme protestation contre les complaisances des derniers Merinides à l'égard des chrétiens qu'il a été fondé et, déjà, le petit-fils de celui dont la sainte indignation a armé le bras, fait pis encore et a moins d'excuse que le dernier descendant d'Abd-el-Hak. C'était pousser trop loin le mépris de la conscience musulmane et il aurait été inouï qu'on pût à ce point impunément violer ses propres principes, ses traditions, sa raison d'être [1].

---

1. *Nozhet-el-Hadi*, p. 194 et suiv. du texte arabe, 314 et suiv. de la trad. — Elie de la Primaudaie, *Villes maritimes du Maroc* (Revue afric., n° 96, p. 464). — Abbé Godard, *Maroc*, p. 479.

CHAPITRE XI

LUTTES DES PUISSANCES CHRÉTIENNES CONTRE LES CORSAIRES
PUISSANCE DES MARABOUTS AU MAROC

1610-1624

Affaire des canons du corsaire Dansa. Rupture des Turcs d'Alger et de Tunis avec la France. Mort du dey Othmane. — Maroc; assassinat du cheikh El-Mamoun. — Le marabout Abou-Mahalli prépare une révolte; il s'empare de Sidjilmassa; sa participation au meurtre d'El-Mamoun. — Tentatives infructueuses de Zidane pour reprendre Fès. Abou-Mahalli entre en maître à Maroc. Fuite de Zidane. — Le Marabout Yahia défait et tue Abou-Mahalli et remet Maroc à Zidane. — Anarchie à Fès. Abd-Allah reste maître du pouvoir. Les Espagnols occupent Mammoura. — Rapprochement des pachaliks d'Alger et de Tunis avec la France. Massacre des Turcs à Marseille. Nouvelle rupture; représailles. — Croisières des Anglais et des Hollandais. — Ravages de la peste. — Guerre civile au Maroc. Révolte de Mohammed-Zerouda. Il s'empare de Fès. Abd-Allah lui reprend cette ville. Luttes intestines à Fès. Mort d'Abd-Allah. — Zidane à Maroc. Puissance des Marabouts de Salé, de Dela et de Sidjilmassa.

AFFAIRE DES CANONS DU CORSAIRE DANSA. — RUPTURE DES TURCS D'ALGER ET DE TUNIS AVEC LA FRANCE. — MORT DU DEY OTHMANE. — Nous avons déjà parlé d'un corsaire flamand, nommé Simon Dansa (ou Danser), qui était venu, vers 1606, se mettre au rang des reïs et leur avait appris la manœuvre des vaisseaux ronds. Ses succès l'avaient rendu populaire et plusieurs capitaines européens l'avaient rejoint et imité. Il jouissait d'une grande considération dans la Taïffe, mais toutes les sollicitations de ses compagnons n'avaient pu le décider à abjurer sa religion; il avait, paraît-il, des relations fréquentes avec Marseille, où résidait sa femme et, soit qu'il se trouvât assez riche, soit qu'il aspirât à une existence plus calme et plus honnête, il chercha, après trois ans de course, à obtenir son pardon et à rentrer dans le giron de la société chrétienne. Une circonstance imprévue lui en fournit les moyens. Le 14 décembre 1608, il captura un navire espagnol sur lequel se trouvaient dix jésuites qui furent vendus aux enchères. Or, le reïs Simon s'étant employé pour leur rachat, entra à cette occasion en relations avec le père Coton, confesseur d'Henri IV, qui s'intéressait à eux ; Dansa promit leur liberté à ses frais, en échange de son pardon. Ces conventions acceptées et exécutées, il partit d'Alger, annonçant qu'il allait en course comme à son habitude. Mais il cingla directement sur Marseille, y fit sa soumission entière et complète, et donna au duc de Guise deux canons en bronze qui, paraît-il, lui avaient été prêtés par le beylik d'Alger[1].

À la suite des traités obtenus par M. de Brèves, suivis de l'échange des prisonniers, une amélioration s'était produite dans les rapports des pachaliks de Tunis et d'Alger avec la France. La fuite du reïs Simon causa une émotion considérable, hors de proportion avec le fait en lui-même ; et la conséquence fut une nouvelle explosion de mauvais sentiments à l'égard des Français ; en un mot, l'œuvre si péniblement conclue par l'ambassadeur fut détruite. Mais il fallait un prétexte pour manifester l'hostilité et signifier la rupture. Les canons de Dansa le fournirent : sur l'ordre du diwan, sommation fut adressée au gouvernement français, non seulement d'avoir à restituer les canons, mais encore de punir le coupable, et, comme la Cour ne daigna pas répondre, les hostilités commencèrent, tant de la part des Algériens que des Tunisiens. En quelques mois, le commerce français éprouva des pertes considérables.

Moustafa-Kouça était revenu prendre, en 1610, le commandement d'Alger et avait trouvé les Kabiles ravageant la plaine de la Mitidja et menaçant la capitale. Il entreprit contre eux une série d'expéditions, les balaya de la plaine et les poursuivit jusqu'au cœur de leurs montagnes. On dit qu'il entra en maître à Koukou, ce qui n'est pas prouvé ; en tout cas, il força les Kabiles à la conclusion d'une trêve.

Dans le mois d'août de cette année 1610, les chevaliers de Saint-Étienne vinrent, avec les galères toscanes, croiser jusque devant le port d'Alger ; puis ils surprirent et détruisirent de fond

---

1. Il est probable que l'oisiveté n'allait pas au caractère de Dansa, ou que la chambre de commerce de Marseille jugea, non sans raison, qu'elle pourrait tirer un bon parti de ses aptitudes et de ses connaissances spéciales. Nous possédons en effet, dans les archives de l'Amirauté de Marseille (1555 à 1621, f° 291), le texte d'une convention conclue avec lui et par laquelle il s'oblige à entretenir trois vaisseaux, montés de 420 hommes au maximum, et à les employer à la protection du commerce contre les corsaires de Barbarie ; 2,200 livres lui sont affectées pour une campagne de six mois et le droit de statuer sur les prises est réservé au duc de Guise. Nous savons aussi que S. Dansa fut pris par les corsaires et qu'il se trouvait retenu en 1610 à Tunis, où il fut racheté plus tard.

on comble la petite ville de Brechk, port entre Cherchel et Tenès. Longeant ensuite la côte dans la direction de l'est, ils essayèrent de surprendre quelque autre port et, après avoir échangé des bordées avec les batteries de Djidjeli, rentrèrent à Livourne, chargés de butin.

La famine sévit sur le Mag'reb central, pendant les années 1611 et 1612, et la détresse fut telle que les Algériens se décidèrent à expulser les derniers réfugiés maures qui n'avaient pu trouver à se caser. Après leur avoir assigné un délai de trois jours, ils poussèrent la barbarie jusqu'à massacrer ceux qui étaient restés.

Le 30 septembre 1610, eut lieu à Tunis la mort du dey Othmane, véritable fondateur de la régence tunisienne. Son gendre, Youssof, soldat de fortune, qu'il avait désigné comme le plus digne de lui succéder, fut élu dey. C'était un homme actif et intelligent, qui sut compléter l'œuvre de son prédécesseur. Il s'appliqua au développement de la course et sut retenir deux corsaires chrétiens, les reïs Sanson et Ouardia, qui apportèrent à Tunis des prises nombreuses et finirent par accepter la foi musulmane. Les courses contre les indigènes de l'intérieur et la construction de nombreux édifices dans sa capitale occupèrent exclusivement le nouveau dey[1].

Maroc ; assassinat du cheikh El-Mamoun. — Nous avons laissé, au Maroc, El-Mamoun parlementant avec les légistes de Fès pour les amener à se prononcer en sa faveur, afin de détruire le déplorable effet produit par la remise d'El-Araïch aux chrétiens. Ayant été rejoint par des aventuriers de la pire espèce, il parcourut le Fehas, que ses gens mirent au pillage, puis alla s'emparer de Tetouane ; le mokaddem Ahmed-Nekcis s'enfuit de cette ville et ne cessa de circuler dans la région et d'exciter les cheikhs contre El-Mamoun, si bien qu'un groupe se décida à le tuer. Une embuscade lui fut tendue par le mokaddem Mohammed-ben-Bou-el-Lif, au lieu dit Fedj-el-Fers, et il périt, avec un de ses fils et son escorte (2 septembre 1612). Les meurtriers se rendirent aussitôt à Tetouane et s'emparèrent de ses richesses consistant surtout en espèces et pierres précieuses qu'El-Mamoun portait toujours avec lui. Selon le Nozha, les chrétiens de Tanger auraient, à la nouvelle de sa mort, fait main basse sur un navire chargé de valeurs de toute sorte, appartenant au défunt, qui le leur avait confié. Cepen-

---

1. De Grammont, *Hist. d'Alger*, p. 148 et suiv. — El-Kairouani, p. 345, 346. — Rousseau, *Annales Tunisiennes*, p. 43 et suiv. — Le P. Dan, *Hist. de Barbarie*, p. 505. — De Grammont, *Documents Algériens* (Revue afric., nos 174 et suiv.).

dant les cadavres étaient restés abandonnés sur place sans que personne osât y toucher et ce ne fut qu'après un certain nombre de jours que les gens de Tetouane vinrent les relever et leur donner une sépulture décente.

Plus tard le corps du cheikh El-Mamoun et celui de son fils furent transférés et enterrés à Fès. Telle fut la fin de ce prince qui était destiné à continuer la grande œuvre d'El-Mansour et que ses passions jetèrent hors de la voie tracée devant lui. C'était du reste un homme instruit et sans aucun préjugé[1].

LE MARABOUT ABOU-MAHALLI PRÉPARE UNE RÉVOLTE; IL S'EMPARE DE SIDJILMASSA; SA PARTICIPATION AU MEURTRE D'EL-MAMOUN. — L'assassinat d'El-Mamoun par les cheikhs et mokaddems de la province de Tetouane est la première manifestation importante des progrès des sectes religieuses en Berbérie et de leur action occulte. On devine, en effet, dans cette initiative, l'exécution aveugle d'un ordre venu de l'extérieur. Les renseignements qui suivent nous en donnent la confirmation.

En 1561, était né à Sidjilmassa un certain Abou-l'Abbas-Ahmed-ben-Abd-Allah, dit Abou-Mahalli, d'une bonne famille berbère arabisée, se rattachant aux Mag'raoua ou aux Lemtouna. Il se fit remarquer, dès sa jeunesse, par son assiduité pour l'étude et sa piété. Etant venu à Fès, il reçut les leçons d'excellents maîtres, notamment d'Admed-Baba, et fut pris en amitié par un saint, nommé Sidi Mohammed-ben-Mebarek-ez-Zaari, auprès duquel il demeura dix-huit années.

Abou-Mahalli s'était d'abord lancé à corps perdu dans le soufisme, puis il avait adopté les règles de la confrérie des Rahmaniens. Il avait écrit divers ouvrages et soutenu plus d'une controverse. Sa réputation de science et de sainteté s'étant répandue, il commença à recevoir des visites de divers points. Ses paroles étaient empreintes de mysticisme; mais, dans plusieurs occasions, il était sorti de sa réserve pour se déclarer le vrai mehdi et annoncer que la dignité de sultan lui était réservée. Une fois même un fakir, présent à l'assemblée, s'écria : « Oui, tu seras sultan pendant trois ans moins un quart ! » Il prêchait surtout la nécessité de mettre fin aux abus et de rétablir la pratique des règles de la religion dans leur pureté. Depuis, le mehdi Ibn Toumert, les sujets d'excitation à la révolte contre le gouvernement établi sont, on le voit, toujours les mêmes; ils n'ont pas changé jusqu'à nos jours et

---

1. *Nozhet-el-Hadi*, p. 199, 200 du texte arabe, 322 et suiv. de la trad. — Abbé Godard, *Maroc*, p. 479.

l'histoire des insurrections, dans la Berbérie musulmane, est identique à toutes les époques.

Abou-Mahalli essaya, sans succès, d'entraîner le peuple à sa suite ; ce que voyant, son maître Sidi-Mohammed-ez-Zaari lui donna le conseil de retourner vers Sidjilmassa, sa patrie. Il lui remit son bâton, son burnous et ses sandales, et le fit partir avec sa bénédiction. Parvenu dans la région de l'Ouad-Saoura, le réformateur se proclama ouvertement *le mehdi*, se dit chargé par Dieu de rétablir, sur ses vraies bases, la pratique de la religion, et réunit autour de lui de nombreux adhérents pour entreprendre la guerre sainte. Il écrivit alors aux chefs des tribus et aux notables des villes, les sommant de faire cesser les pratiques hétérodoxes et de se conformer strictement à la Sonna. Il proclama la déchéance des fils d'El-Mansour, comme coupables d'avoir perdu l'État par leurs compétitions et leurs rivalités personnelles, sans parler du scandale de leur conduite.

La nouvelle de l'expulsion des musulmans d'El-Araïch et de la remise de cette place aux infidèles par El-Mamoun, le décida à entamer la lutte. À la tête de 400 ou 500 fanatiques, auxquels il avait persuadé que les balles ne perceraient pas leur peau et tomberaient mortes en les touchant, il marche sur Sidjilmassa, met en déroute le gouverneur de cette ville, El-Hadj-el-Mir, qui s'était avancé à sa rencontre, avec des forces imposantes, et entre dans l'oasis, au milieu des acclamations enthousiastes (1611-12). Établi en maître dans cette oasis, il s'empressa d'appliquer ses principes de gouvernement et reçut des députations venues de tous les points du Mag'reb pour le féliciter. Nul doute que le meurtre d'El-Mamoun n'ait été préparé par lui, au moyen d'ordres secrets transmis par ses Khouane (confrères rahmaniens)[1].

TENTATIVES INFRUCTUEUSES DE ZIDANE POUR S'EMPARER DE FÈS. ABOU-MAHALLI ENTRE EN MAITRE A MAROC. FUITE DE ZIDANE. — Quelque temps après la remise d'El-Araïch aux chrétiens, Zidane ayant appris qu'Abd-Allah se disposait à marcher sur cette ville pour la délivrer, s'avança contre Fès et mit en déroute son neveu qui était venu lui offrir le combat. Il envoya alors un héraut dans la ville pour proclamer son avènement. Mais cet officier ayant été maltraité, Zidane livra Fès à la brutalité de ses soldats ; puis, regrettant sa violence, fit cesser le pillage et alla s'établir à l'Ouad-Fas. Les notables vinrent humblement se soumettre à lui

---

1. *Nozhet-el-Hadi*, p. 200 et suiv. du texte arabe, 324 et suiv. de la trad.

et il leur pardonna. Abd-Allah, entouré de nombreux adhérents, ayant ensuite pris position à Ras-el-Ma, Zidane marcha contre lui ; mais ce fut pour éprouver un nouveau désastre, à la suite duquel il se décida à rentrer à Maroc. Dès lors il renonça, d'une manière définitive, à toute prétention sur Fès, se bornant à conserver les provinces méridionales, si toutefois cela était possible.

Dès que la nouvelle des succès d'Abou-Mahalli fut parvenue à Maroc, Zidane envoya contre lui une armée commandée par son frère Abd-Allah, dit Ez-Zebda. Le rebelle alla l'attendre dans la province de Derûa et lui infligea une défaite où périrent 3,000 de ses soldats. La renommée d'Abou-Mahalli s'en accrut considérablement et il demeura définitivement maître des provinces de Sidjilmassa et de Derûa. Sur ces entrefaites, le caïd Younos, abandonnant Zidane dont il avait à se plaindre, rejoignit le marabout et le mit au courant de la situation du sultan, puis il l'entraîna vers Maroc. Zidane s'empressa d'évacuer sa capitale et de chercher un refuge à Safi ; on dit même qu'il fut sur le point de passer en Espagne pour requérir l'assistance du roi chrétien.

Pendant ce temps, Abou-Mahalli, entré en triomphateur à Maroc, s'était installé dans le palais du sultan. Là, entouré de l'appareil de la royauté, il oubliait très vite son humble origine, ne trouvant plus les abus aussi détestables depuis qu'il en profitait. Un jour, les fakirs, ses khouane, étant venus le voir, le félicitaient de leur mieux de son élévation, émettant l'espoir qu'elle profiterait au triomphe des bons principes ; et, comme l'un d'eux restait muet, Abou-Mahalli lui demanda la cause de son silence. « Je vous répondrai par un apologue, lui dit le fakir, si vous me promettez de ne pas le prendre en mal. » En ayant reçu l'assurance, il ajouta : « *Les gens qui jouent à la Koura*[1] *se précipitent en se bousculant pour prendre la pelotte ; cent, deux cents personnes la poursuivent en criant, en se renversant et se piétinant, sans prendre garde à ceux qui, dans cette lutte, ont quelque membre cassé ou même y laissent la vie. Eh bien, ouvrez la pelotte et vous verrez qu'elle n'est faite qu'avec des guenilles et des rognures de drap usé !* » Abou-Mahalli saisit l'allusion, versa des larmes et dit : « Hélas, nous voulions rétablir la religion et nous l'avons perdue ! »[2]

---

1. Grosse pelotte que l'on jette en l'air et que les joueurs doivent prendre et lancer de nouveau sans qu'elle touche terre.
2. *Nozhet-el-Hadi*, p. 206 et suiv., 239 et suiv. du texte arabe, 325 et suiv. de la trad.

Le Marabout Yahïa défait et tue Abou-Mahalli et remet Maroc à Zidane. — Cependant Zidane, après avoir cherché en vain le moyen de rentrer en possession de l'autorité, se décida à solliciter le concours d'un marabout très influent, nommé Yahïa ben-Abd-el-Mounaam (Nâmoun) Daoudi, dont la Zaouïa, fondée par son aïeul, était dans le Djebel-Deren (Grand-Atlas) ; de là, son influence s'était étendue sur tout le Sous. Le succès d'Abou-Mahalli n'était pas sans avoir suscité la jalousie de ses collègues, race éminemment envieuse, aussi le marabout Yahïa accepta-t-il, avec empressement, la proposition. Il appela, sans retard, aux armes les guerriers de toutes les tribus reconnaissant son autorité religieuse et se mit en marche sur Maroc (octobre 1612). Parvenu à Foum-Tanoute, à deux étapes de cette ville, il reçut une provocation d'Abou-Mahalli, l'invitant à descendre dans la plaine pour vider leur différend. « Le chacal, lui dit-il, se cache pour attaquer ; mais le lion se jette ouvertement sur sa proie ! » Sans relever ses fanfaronades, Yahïa lui donna rendez-vous à la montagne de Djilez, qui domine Maroc. « C'est là, conclut-il, que Dieu punira le méchant et élèvera celui qui mérite la gloire ! » puis il fit avancer l'armée et prit position au Djebel-Djilez.

Abou-Mahalli sortit bravement à sa rencontre et engagea l'action ; mais une des premières balles l'atteignit à la gorge et le tua sur place. Aussitôt son armée se débanda et le marabout entra en vainqueur dans la capitale ; la tête de son prédécesseur fut ignominieusement accrochée à la muraille[1]. Une fois établi dans le palais, Yahïa ne sembla pas pressé de retourner vers sa Zaouïa, au milieu des hautes montagnes. Zidane lui écrivit alors pour rappeler les conditions dans lesquelles il lui avait fourni son secours, et l'inviter à céder la place. Obéissant malgré lui à la pression de ses auxiliaires berbères, le marabout, finit par s'y décider et le sultan, rentré à Maroc, reprit la direction des affaires. Yahïa demeura son protecteur dans le Sous, ne lui ménageant pas les réprimandes et recherchant toute occasion d'étendre sa propre autorité[2].

Anarchie à Fès. Abd-Allah reste maitre du pouvoir. Les Espagnols occupent Mammoura. Pendant que le sud et le nord du Mag'reb étaient le théâtre de ces événements, Fès, au centre, avait

---

1. Elle y resta une douzaine d'années et fut ensuite enterrée par ses partisans dans le jardin de la Zaouïa de Sidi-Bel-Abbas-Es-Sebti.

2. *Nozhet-el-Hadi*, p. 210 et suiv. du texte arabe, 342 et suiv. de la trad.

vu, en mars 1611, une révolte de la population causée par l'arrogance et l'inconduite des Cheraga. Abd-Allah se trouvait à Salé et ce fut un certain Sliman-ez-Zerhouni qui prit la direction de ce mouvement populaire, dans lequel un grand nombre de Cheraga et de gens de Tlemcen furent massacrés. Accouru en toute hâte, Abd-Allah trouva les portes fermées et, un jour, les habitants, dans une sortie, le firent prisonnier : cependant ils n'osèrent le tuer et ne tardèrent pas à le mettre en liberté ; on l'accompagna même à sa demeure dans la ville-neuve, où il vécut sans bruit.

Sur ces entrefaites, la nouvelle de la mort du cheikh El-Mamoun étant arrivée, Abd-Allah voulut se faire reconnaître à Fès et dans la province. Il obtint même l'appui de Slimane et du légiste El-Merboue, le Lamti. Mais les gens de Fès, qui le détestaient, se réunirent dans la mosquée d'El-Karouïne, décidèrent qu'ils n'accepteraient pas pour sultan le fils de celui qui avait vendu El-Araïch aux chrétiens, répudièrent leurs anciens favoris, Slimane et El-Merboue, et élurent de nouveaux chefs. La ville était alors désolée par une famine qui dura du printemps de l'année 1613 à l'été de 1614, et coûta la vie à un nombre considérable de personnes : ses environs et ses faubourgs en furent dépeuplés. Cette situation était aggravée par la plus triste anarchie. Enfin, au commencement de l'année 1617, Slimane, par un acte d'audace, ressaisit le pouvoir. Mais, le 12 février, il fut assassiné par El-Merboue, lui-même, pendant un enterrement. Ainsi, la vieille ville resta au pouvoir d'El-Merboue et de ses compatriotes du faubourg des Lamta. Mais bientôt les amis et parents de Slimane vinrent l'attaquer, et El-Merboue, étant tombé dans un piège, dut chercher son salut dans la fuite ; il revint l'année suivante avec un certain Abd-er-Rahmane-ben-el-Khennoud, de Zerhoun, qu'il prétendait faire reconnaître et le siège de la ville commença.

Cependant, Abd-Allah, toujours maître de Fès-la-Neuve, fit surprendre et tuer, par un de ses caïds, le prétendant. Les gens de la vieille-ville, las de cette situation, envoyèrent alors leur soumission à Abd-Allah qui leur accorda le pardon le plus complet. El-Merboue essaya de fuir, mais il fut arrêté par le cheikh des Beni-Hassan, qui le livra au prince ; celui-ci le mit en liberté (mai 1617).

Cette anarchie offrait aux chrétiens d'excellentes occasions pour reprendre leur situation en Mag'reb. Malheureusement les idées en Espagne étaient tournées d'un autre côté. Cependant, au mois d'août 1614, une flotte espagnole, sous le commandement de Don Luis Fajardo, s'empara de Mam'moura (Mehedīa). « *Elle délogea de la rivière certains Anglais, auxquels elle* servait de retraite et de dépôt pour leur butin, avec grand profit pour eux et les marchands maures. »[1] Après avoir fortifié la ville, qui reçut le nom de San-Miguel de Ultramar, il y laissa une garnison et se retira. Dans le but de réagir contre l'impression causée par ces événements, Abd-Allah envoya une partie de ses troupes entreprendre des opérations contre Tétouane, toujours aux mains des rebelles (1617)[2].

RAPPROCHEMENT DES PACHALIK D'ALGER ET DE TUNIS AVEC LA FRANCE. MASSACRE DES TURCS A MARSEILLE. NOUVELLE RUPTURE. REPRÉSAILLES. — Nous avons dit qu'après la rupture de la France avec Tunis et Alger, la course recommença de plus belle. En quelques années les pertes des seuls armateurs de Marseille s'élevèrent à plus de deux millions de livres. Tout en réclamant l'assistance de l'État, cette ville continua à organiser elle-même sa défense, comme elle l'avait déjà fait en 1610, en subventionnant Simon Donsa. Elle arma cinq gros navires et deux pataches, et en confia le commandement à des officiers éprouvés. En même temps, le chevalier de Vincheguerre (Vinciguerra), qui devint plus tard commandeur de l'ordre de Malte, et dont le père représentait, à Tunis, la communauté de Marseille, travaillait activement à la conclusion d'une paix durable entre Youssof-Dey et cette ville. Enfin, dans le courant de l'année 1617, étant parvenu à arrêter les bases de ce traité qui stipulait la mise en liberté immédiate et réciproque des captifs des deux pays, il eut la satisfaction de rentrer à Marseille, amenant les délégués tunisiens munis de pleins pouvoirs pour signer le traité. Youssof-Dey témoigna, en cette circonstance, la meilleure volonté pour nos nationaux. Aussi Vincheguerre, dans ses lettres, recommanda-t-il aux Marseillais de traiter le plus doucement possible les prisonniers tunisiens.

La croisière de l'escadre de Marseille sur les côtes de Berbérie, fort habilement conduite, eut bientôt pour résultat de calmer les esprits à Alger, d'autant plus, qu'en même temps, les galères de Gênes et de Toscane ne cessaient de sillonner la Méditerranée et de donner la chasse aux corsaires. Le pacha, Housseïn-Cheikh, était disposé à un rapprochement avec la France ; malheureusement, son pouvoir, contesté sans cesse, manquait de sanction et les représailles exercées venaient à chaque instant tout remettre

1. D'Avity. *Le Monde*, 1640.
2. *Nozhet-el-Hadi*, p. 233 et suiv. du texte arabe, 387 et suiv. de la trad. — Elie de la Primaudaie, *Villes maritimes du Maroc* (Revue afric., n° 97). — Abbé Godard, *Maroc*, p. 479 et suiv.

en question. En 1617, Kouça-Moustafa arriva à Alger, pour la troisième fois, mais il fut remplacé au bout de quelques mois par Slimane-Katania, qui eut beaucoup de peine à obtenir l'autorisation de débarquer, parce que les Reïs le soupçonnaient d'être favorable à la France; la milice, de son côté, ne lui permit pas d'assister au diwan.

Vers la fin de cette année 1617, des prisonniers turcs, rachetés par les échevins de Marseille, furent amenés à Alger où ils devaient être échangés contre nos nationaux. Mais, lorsqu'ils eurent été débarqués, la population se refusa de rendre les captifs chrétiens et, pour compléter la manifestation, les yoldachs décidèrent, de nouveau, la destruction des établissements français de La Calle, que le duc de Guise avait chargé M. de Castellane de relever. L'expédition mit aussitôt à la voile, surprit les Français et, après une courte lutte dans laquelle plusieurs d'entre eux trouvèrent la mort, les autres furent faits prisonniers et amenés à Alger. A la suite de ces événements, la Porte renvoya Houssein-cheikh, pour la représenter dans cette ville. Son action, habilement secondée par notre nouveau consul, M. Chaix, les ordres apportés d'Orient et surtout la menace d'une attaque prochaine du duc de Guise décidèrent les Algériens à demander la paix. Deux ambassadeurs partirent pour la France avec M. de Castellane et allèrent jusqu'à Tours afin de présenter leurs compliments au roi. Le 21 mars 1619, un traité, rappelant les stipulations précédentes et confirmant les capitulations, fut signé, et les envoyés, comblés de présents, reprirent la route du midi, accompagnés par M. de Moustiers, représentant le roi, pour l'achèvement de la négociation. L'ambassade séjourna à Marseille où tous les esclaves turcs détenus dans les chiourmes devaient leur être livrés: il fallut attendre qu'on les amenât des divers ports où ils furent débarqués; de plus, les Algériens ne voulaient pas rentrer sans rapporter les fameux canons de Dansa; le tout causa des retards considérables.

Sur ces entrefaites, dans le mois de février 1620, un bateau de Marseille, portant une riche cargaison et se croyant en sécurité, grâce à la conclusion de la paix, se laissa accoster, dans le golfe du Lion, par le corsaire Redjeb-Reïs d'Alger. Abusant de la confiance trop grande des Français, les Algériens se jetèrent subitement sur eux, massacrèrent l'équipage composé de trente-six personnes, pillèrent le navire et le sabordèrent. Cependant deux jeunes gens avaient échappé à la mort, en se tenant cachés; ils purent boucher les trous, empêcher le navire de couler bas et finirent par échouer sur les côtes de Sardaigne, d'où on les ramena à Marseille. Le récit qu'ils firent de cet odieux attentat surexcita la fureur populaire, d'autant plus que les victimes avaient beaucoup de parents et d'amis dans la ville : chacun s'arme et l'on se porte en foule vers l'hôtel où les échevins de Marseille avaient logé les ambassadeurs et où l'on réunissait les prisonniers algériens libérés. Les musulmans s'y barricadent et se défendent pendant un jour et une nuit, avec l'énergie du désespoir. En vain l'autorité essaye de les protéger et fait appel à la force armée. Les soldats pactisent avec l'émeute et, comme le peuple a mis le feu à une maison voisine, pour déloger les Turcs, ceux-ci sont forcés de sortir de leur refuge et la foule les massacre. Quarante-huit musulmans périrent dans cette déplorable affaire, et l'on ne put sauver que douze de leurs compagnons.

Il est facile de se représenter l'effet que produisit à Alger la nouvelle de ce triste événement. En vain la répression fut-elle rapide et très dure, puisque le parlement d'Aix condamna, le 21 mai 1620, quatorze coupables à mort et d'autres aux galères. En vain les consuls de Marseille tentèrent-ils de justifier leurs nationaux, en faisant ressortir que le véritable promoteur était Redjeb-Reïs par son odieuse violation du droit des gens, et en rappelant qu'ils avaient déployé tous leurs efforts, au péril même de leur vie, pour empêcher ces excès. Leur réponse, du reste, fut interceptée par une galère de Toscane qui s'était emparée du navire ramenant le commissaire turc auquel elle avait été remise. Ces retards ne faisaient qu'exciter la fureur de la population. Le 8 août, une véritable insurrection éclata. Tous les Français furent arrachés de leurs demeures, maltraités et jetés au bagne, après avoir failli être brûlés vifs. Puis, les Reïs se lancèrent à la poursuite des vaisseaux qui naviguaient sous la foi des traités et en capturèrent un grand nombre.

Selon les renseignements fournis le 18 octobre 1628, par M. de Guillermy à M. de Peyresc, voici le relevé des prises faites par les Algériens de 1613 à 1621 :

447 navires hollandais
193 — français.
56 — allemands.
60 — anglais.
120 — espagnols.

Plus un grand nombre de barques enlevées sur les côtes d'Espagne, de France et des îles. A ce chiffre, il faut ajouter toutes les prises coulées ou brûlées en mer, ou non amenées à Alger.

La flotte de France sortit alors, sous le commandement de

l'amiral de Gondi, et fit éprouver quelques pertes aux corsaires, faible dédommagement de tant de désastres. Le duc de Guise en profita pour relever le Bastion ; mais à peine s'était-il retiré, que le personnel était de nouveau massacré ou réduit en esclavage. Cette destruction se fit contre la volonté des indigènes du pays qui tenaient beaucoup au comptoir, en raison des avantages qu'ils en retiraient ; cela explique l'empressement de la compagnie à le relever [1].

Croisières des Anglais et des Hollandais dans la Méditerranée. Ravages de la peste. — Cette recrudescence de la piraterie, cette fureur qui n'épargnait personne finirent cependant par secouer l'apathie des gouvernements du nord de l'Europe. Imitant la France et les puissances maritimes de l'Italie, l'Angleterre et la Hollande se décidèrent à agir vigoureusement dans la Méditerranée. En 1620, le roi Jacques 1er, cédant aux instances de l'ambassadeur d'Espagne, envoya dans la Méditerranée une escadre royale, composée de six navires portant 1,500 hommes et 230 canons : l'amiral Mansel, qui la commandait, se présenta inopinément devant Alger, à l'effet de traiter de la mise en liberté des captifs (décembre). Après avoir été berné par les Turcs, l'amiral se décida à lever l'ancre, non sans envoyer quelques boulets vers la ville. Il essaya aussi, mais sans succès, de s'emparer des navires se trouvant dans le port ; puis, il alla faire une descente aux environs, et y commit quelques dégâts. Le pacha Kheder, qui était alors revêtu de l'autorité, refusa, malgré ces manifestations, de traiter avec les Anglais, qui durent se retirer sans avoir rien obtenu.

Durant le cours des années suivantes, le capitaine Lambert effectua, pour les Hollandais, de nouvelles croisières dans lesquelles, employant les moyens usités par les pirates barbaresques, il captura un grand nombre de leurs vaisseaux. En 1624, ayant sur ses galères des prisonniers algériens retirés des navires qu'il leur avait enlevés, il se présenta devant Alger et somma le gouvernement local de lui livrer les esclaves hollandais qu'il détenait, faute de quoi il pendrait ses captifs à la vue même de la ville, et, comme on ne tint aucun compte de sa menace, il fit attacher à ses vergues tous les musulmans qu'il avait pris. Quelques jours après,

1. De Grammont, *Hist. d'Alger*, p. 151 et suiv. — Féraud, *La Calle 1878*, *Alger*. — Rousseau, *Annales Tunisiennes*, p. 47. — De Grammont, *Relations entre la France et la régence d'Alger* (Revue afric., n° 134, p. 188 et suiv.

il revint avec d'autres prisonniers et adressa à Alger une nouvelle sommation dans les mêmes termes. Aussitôt le peuple se souleva et, s'étant porté au diwan, força les Turcs à restituer les prisonniers et même ce qui restait des cargaisons enlevées aux Hollandais.

En 1622, les Tunisiens, sans doute pour se mettre à l'abri des attaques des croiseurs, avaient signé un traité de paix avec les Hautes-Puissances (Pays-Bas). Depuis 1621, la peste ravageait toute l'Afrique septentrionale. A Tunis on la nomma peste de Sidi-Belkris. Elle y fit de nombreuses victimes et s'étendit dans la province de Constantine. Le bey de l'Est, nommé Hassen, y succomba (oct. 1622). A Alger, l'épidémie ne fut pas moins meurtrière : elle enleva, parmi d'autres victimes, le consul de France, M. Chaix. Selon une lettre de M. de Guillermy, du 18 octobre 1623, la population d'Alger aurait perdu de la peste 50 à 60,000 personnes, chiffre évidemment exagéré[1].

GUERRE CIVILE AU MAROC. RÉVOLTE DE MOHAMMED-ZER'OUDA. IL S'EMPARE DE FÈS. ABD-ALLAH LUI REPREND CETTE VILLE. LUTTES INTESTINES A FÈS. MORT D'ABD-ALLAH. — Nous avons laissé à Fès Abd-Allah cherchant à étendre et à affermir son autorité. Les Lamta, établis dans le quartier qui portait leur nom, ne cessaient de lui susciter des difficultés dont El-Merboue, leur compatriote, était le promoteur. En 1619, ce chef ayant été tué, le cherif frappa le quartier des Lamta d'une amende de 80,000 pièces d'or, ce qui détermina l'émigration d'une partie d'entre eux.

Sur ces entrefaites, les gens de la province de Hebet se mirent en état de révolte et proclamèrent sultan un autre fils du cheikh, nommé Mohammed-Zer'ouda. Réunis par un certain El-Hassen-ben-Reisoun, autour du marabout de Sidi Abd-es-Selam-ben-Mechiche, ils lui prêtèrent serment de fidélité, en lui imposant l'obligation de rétablir les saines pratiques de la religion. A cette nouvelle, Abd-Allah sortit de Fès et marcha contre son frère : mais il fut défait, et Mohammed Zer'ouda entra en vainqueur dans la capitale (juillet 1619). Dans les premiers jours d'août les deux frères se mesurèrent de nouveau à Meknès et, cette fois, Abd-Allah obtint la victoire et rentra à Fès, où il proclama une amnistie générale. Néanmoins les luttes continuèrent entre les divers quar-

1. De Grammont, *Hist. d'Alger*, p. 157 et suiv. — El-Kairouani, p. 349. — Rousseau, *Annales Tunisiennes*, p. 48, 517. — Vayssettes, *Hist. de Constantine sous les Beys*, loc. cit., p. 131. — De Grammont, *Lettre de M. de Guillermy* (Revue afric., n° 134, p. 136). — Lieutenant-colonel Playfair, *Episodes de l'hist. des relations de la Grande-Bretagne* (Revue afric., n° 130, p. 306).

tiers de la ville, jusqu'en mars 1620, époque où l'on conclut enfin la paix. Abd-Allah reprit alors les opérations contre son frère Mohammed, qu'il défit une dernière fois, à Beht, et réduisit à la fuite.

Ainsi délivré de ce compétiteur, Abd-Allah se laissa aller aux caprices de sa nature dépravée, et la capitale gémit sous la tyrannie de ses soudards. « Tous les jours, dit le Nozha, le caïd Mami allait piller les maisons et rapportait à son maître 10,000 pièces d'or. » En même temps, Tetouane se révoltait sous l'impulsion du Mokaddem Ahmed-Nekcis, ce qui donne lieu de supposer que cette ville s'était précédemment soumise ; un chef, nommé Cherif Amr'ar, se déclara indépendant à Meknès ; d'autres rebelles se rendirent maîtres du Vieux-Fès, de sorte qu'Abd-Allah se trouva réduit à la possession de la nouvelle ville.

Ce dernier ne sortait pas de l'état d'ivresse, si bien qu'il finit par succomber à ses excès. Il fut remplacé par son frère Abd-el-Malek (mai 1624) ; mais rien ne se trouva changé à Fès, ou plutôt la situation ne fit qu'empirer, car le nouveau sultan avait les mêmes vices que son prédécesseur.

ZIDANE A MAROC. PUISSANCE DES MARABOUTS DE SALÉ, DE DELA ET DE SIDJILMASSA. — A Maroc, Zidane continuait à régner obscurément, luttant sans cesse contre l'influence toujours croissante des marabouts. « Il n'eut pas une année de tranquillité pendant son règne — dit le Nozha — et ses luttes contre les descendants d'El-Mansour causèrent la ruine du Mag'reb, particulièrement de Maroc. » Selon le même ouvrage, il aurait, à une époque qui n'est pas indiquée, requis l'assistance de la Porte, en adressant au sultan dix kintar d'or, par son secrétaire Abd-el-Aziz-Thâalebi. Le Khakan lui aurait alors envoyé 12,000 soldats turcs ; mais une tempête aurait fait sombrer les vaisseaux les portant, à l'exception d'un seul, chargé de quelques hommes ; il nous est impossible d'émettre une opinion sur ce fait, qui ne se trouve confirmé nulle part à notre connaissance.

L'empire des Cherifs saadiens est, on le voit, en pleine décomposition. Suivant l'exemple donné par les aïeux de ceux-ci, un siècle auparavant, des marabouts se disposent à leur arracher le pouvoir comme ils l'ont fait eux-mêmes à l'égard de la dynastie merinide. En outre de ceux dont nous avons parlé, le plus en vue de ces futurs prétendants est Sidi-Mohammed-el-Aïachi, de Salé, disciple du saint Sidi Abd-Allah-ben-Hassoun-es-Selassi. Désigné par ses succès dans la guerre sainte contre les chrétiens établis sur le littoral, il a été nommé, par Zidane, caïd d'Azemmor et du Fehas. Avec les nouveaux moyens dont il disposait, il redoubla d'activité et finit par rendre la situation des Espagnols de la Mammoure intolérable, en les forçant à demeurer enfermés derrière leurs murailles. Les Andalous (Maures) de Salé, dont les contingents avaient déserté les drapeaux du sultan, furent l'objet de ses rigueurs, ce qui n'eut d'autre conséquence que de les pousser à la révolte. Le marabout El-Aïachi, qui se tenait à distance, se fit alors délivrer, par les chefs des tribus et les cadis de Tamesna et de Tuza, un diplôme l'invitant à prendre la direction de la guerre sainte. Il recommença donc ses expéditions, s'attacha à presser les chrétiens établis à Merça-el-Halk (près d'El-Araïch), depuis 1614, et acquit un grand renom.

Un autre chef religieux dont l'influence commençait à s'étendre était Mohammed, fils d'Abou-Beker-ben-Amor, chef de la Zaouïa de Dela, dans les montagnes, et appartenant à une famille berbère, les Medjate, des Sanhaga. Sa Zaouïa était un centre d'études qui attirait tous les indigènes de la contrée et, comme Mohammed y professait depuis longtemps, ses élèves, restés en relations avec lui, venaient de loin le consulter et tenaient grand compte de ses avis. C'était un homme sage, demeurant à l'écart des choses de la politique ; mais ses fils, oubliant ses conseils, ne devaient pas imiter sa réserve. Enfin, dans le Sous, le marabout Yahïa s'était emparé de Taroudent et cherchait à réunir autour de lui un parti assez puissant pour lui permettre d'étendre son autorité. Il devait mourir en 1675, sans avoir pu réaliser le rêve de toute sa vie. Abou-l'Hassen-Semlali, auquel il avait enlevé Taroudent, ne cessa de lui faire de l'opposition et, lui ayant survécu, reprit dans le Sous la prépondérance qu'il avait eue autrefois.

A Sidjilmassa, les descendants du cherif El-Hassan-ben-Kassem, dont nous avons parlé au chapitre 7, s'étaient multipliés et avaient acquis une grande prospérité. L'un d'eux, Moulaï-Ali, avait pris part aux guerres contre les chrétiens, puis s'était emparé du pays d'Akdedj, dans le Soudan, vers la fin du xve siècle. Il laissa deux fils, dont le premier laissa à son tour quatre fils, et le second, qui avait pris la direction de sa Zaouïa, neuf. L'un d'eux, nommé Ali, devint aussi le père de neuf enfants, parmi lesquels le plus remarquable fut Moulaï-Cherif, qui devait laisser quatorze enfants. A l'époque que nous avons atteinte, Moulaï-Cherif, chef de la Zaouïa, est le plus puissant marabout du pays ; il s'appuie sur Abou-l'Hassen-Ali, du Sous, et est bien secondé par ses fils, dont l'aîné, M'hammed, a été promis, selon diverses prédictions, à de hautes destinées[1].

1. *Nozhet-el-Hadi*, p. 232 et suiv., 260 et suiv., 281 et suiv. — *Et-Tordjeman* (trad. Houdas, p. 2 et 3).

CHAPITRE XII

LES GRANDS CHEFS INDIGÈNES DE LA PROVINCE DE CONSTANTINE
MISSION DE SANSON NAPOLLON

1624-1633

Les tribus de la province de Constantine. Formation des familles féodales. Extinction de la puissance des Chabbïa. — Fractionnement des Henanecha; leurs chefs les Harar et les Ben-Chennouf.— Les Daouaouida et leurs chefs les Bou-Aokkaz. Les Oulad-Mokrane de la Kalâa et de la Medjana.— Expédition du pacha Khosrou contre Tlemcen et la Grande-Kabilie. Campagne contre les Tunisiens. Fixation de la frontière.— Mission de Sanson Napollon à Alger. Il obtient la paix avec la France et le rétablissement des établissements de la Calle dont il est nommé directeur. — Luttes de Napollon contre ses rivaux. Violation de la paix par les Français. — Représailles des Algériens. Napollon triomphe de ses accusateurs. Sa mort à l'attaque de Tabarca. — Situation à Tunis. Insurrection des indigènes. Victoires de Hammouda-Bey. Disparition des Ben-Chennouf. Les O. Saïd sont anéantis.

Les tribus de la province de Constantine. Formation des familles féodales. Extinction de la puissance des Chabbïa. — Nous venons d'indiquer l'importance prise au Maroc par les marabouts et leur participation à la politique. Dans la province de Constantine, la réaction de l'élément indigène s'est accentuée également, mais sous une autre forme, celle des chefs de tribus qui ont formé des familles féodales. Leurs membres vont également prendre une part active à la marche des affaires, et il convient d'examiner leur situation, afin d'apprécier les transformations opérées.

Les Henanecha, qui dominaient sur toute la partie orientale de la province de Constantine, à cheval sur la frontière tunisienne, des hauts plateaux à la mer, avaient pour suzerains les Chabbïa. Lorsque Abd-es-Samed, émir de ces derniers, avait dû quitter la Tunisie, il s'était avancé, avec l'appui des Drëïd, jusqu'au sud de Constantine, en refoulant les Oulad-Saoula, anciens maîtres du pays; abandonnant ensuite aux Daouaouida les régions situées à l'ouest du Bou-Merzoug, il avait soumis à son autorité les plateaux près d'Aïn-Beïda et Tebessa et, de là, s'était avancé en vainqueur jusque dans le Sahara. Aïn-Chabrou, près de Tebessa, était devenu son centre, entre le Tel et le Sahara. Une famille religieuse, dont le chef, Abd-el-Hamid, s'était attiré un grand renom dans le pays, en rendant impartialement la justice aux nomades et aux telliens, provoqua par son indépendance la colère du puissant chef des Chabbïa, dont il n'avait pas voulu servir les caprices. Abd-es-Samed le fit périr ainsi que les mâles de sa famille. Un seul d'entre eux, nommé El-Mebarek, échappa au massacre et alla se réfugier à Khenguet-Sidi-Nadji, dans l'Aourès, où il fonda la Zaouïa si renommée qui y existe encore.

Cet audacieux attentat eut pour effet de déterminer l'explosion d'une révolte générale contre les Chabbïa dont la tyrannie avait fini par excéder tout le monde. Leur surprise fut d'autant plus grande que leur pouvoir semblait moins contesté ; en un jour tout changea et, dès lors, ils n'eurent plus un instant de répit : traqués, poursuivis, trahis, ils n'évitèrent de tomber sous les coups des Henanecha ou des Daouaouïda que pour être pris par les Turcs. Après avoir vu périr son fils dans un rude combat contre ces derniers, au lieu dit Guiber, Abd-es-Samed se réfugia dans le Djebel-Chechar, montagne de l'Aourès méridional, où il fonda aussi une Zaouïa ; les autres membres de sa famille furent dispersés et la puissance de cette dynastie, un moment si grande, fut éteinte pour toujours.

Les conséquences de la chute des Chabbïa furent considérables. Les Drëïd, qui avaient été leurs plus fermes soutiens, se virent chassés des environs de Constantine, dispersés, et leurs débris se cantonnèrent à Ouks, auprès de Tebessa. Les Nehed et Khoumir, collecteurs d'impôts des Chabbïa dans le sud, furent réduits à se retrancher dans les montagnes situées à l'est de La Calle, d'où ils étaient peut-être originaires.

FRACTIONNEMENT DES HENANECHA ; LEURS CHEFS LES HARAR ET LES BEN-CHENNOUF. — Le groupe de Berbères Houara et Nefzaoua, arabisés et transformés, qu'on avait désignés jusqu'alors sous le nom de Henanecha, vit se détacher de lui des fractions, véritables essaims qui vécurent d'une existence propre ; ce furent :

Les Nemamcha, obéissant à des chefs nommés les Oulad-Rechache et qui étaient cantonnés sur les plateaux, au sud de Tebessa, où ils vivaient de l'existence semi-nomade.

Les Harakta, tribu de mœurs semblables, mais peut-être plus sédentaire, occupant les environs d'Aïn-Beïda. Ils obéissaient à la famille du cheikh Aïssa.

Un autre groupe se forma aux Garfa, entre Aïn-Beïda et Guelma, autour de la famille Ben-Merad.

Enfin, dans l'Aourès, un certain Ammar-el-Amrani groupa d'autres Bedouins d'origine diverse, qui furent appelés Amamra, en souvenir de son nom.

Quant aux Henanecha proprement dits, ils formèrent deux groupes principaux, l'un, vers la Tunisie, sous l'autorité de la famille Ben-Chennouf, appuyé par un groupe des Oulad-Saoula et dominant la ville du Kef et la région qui s'étend à l'ouest ; et l'autre à Kalâat-es-Senanc, à l'est de Tebessa, forteresse naturelle, servant de capitale aux chefs, les Harar.

LES DAOUAOUÏDA ET LEURS CHEFS LES BOU-AOKKAZ. LES OULAD-MOKRANE DE LA KALAA ET DE LA MEDJANA. — Nous avons dit plus haut que les Oulad-Saoula, attirés, en partie, du côté du Kef par les Ben-Chennouf, affaiblis après leur longue suprématie, avaient vu leurs derniers débris repoussés dans l'extrême sud par les Chabbïa. Une autre branche des Daouaouïda, descendante des Yakoub-ben-Ali[1], ayant à sa tête la famille des Bou-Aokkaz, avait hérité, en partie, de leur suprématie sur Constantine, bien diminuée par l'établissement des Turcs. Ils avaient reçu de ceux-ci le titre de cheikh-des-Arabes et dominaient dans le Zab et le Sahara de Biskra et jusqu'aux montagnes qui bordent la plaine des Abd-en-Nour, au sud. Le cheikh des Henanecha, à l'est, celui des Arabes, au sud-ouest, se disputaient et se partageaient la prépondérance des plateaux de la province.

Plus à l'ouest, dans la plaine de la Medjana, étaient les Mokrani, étendant leur autorité sur les Beni-Abbès, au nord, et la région de Mecila, au sud. Lors des grandes conquêtes faites par Amokrane, à la fin du siècle précédent, le domaine des Douaouïda avait été fortement entamé et il en était résulté une ardente rivalité entre les deux familles ; mais Sidi-Nacer, fils et successeur d'Amokrane, n'avait pas hérité de ses qualités guerrières. Il préférait l'étude à la gloire et s'était renfermé dans sa Zaouïa de la Kalâa. Or, les tribus du sud, qui s'étaient compromises pour son père, n'entendaient pas être abandonnées ainsi. D'autre part, les Beni-Abbès étaient mécontents de sa timidité et de sa paresse. Ils s'entendirent avec les gens du sud et, étant parvenus à l'attirer hors de la Kalâa, le massacrèrent avec son escorte. Ainsi finit la royauté de la Kalâa des Beni-Abbès. Ces faits se passèrent, sans doute, dans les premières années du xviie siècle.

Cependant, deux fils de Sidi-Nacer avaient échappé au massacre. L'un d'eux, Sidi-Betteka fut recueilli par les Hachem,

---

1. Voir ce nom à la table du IIe volume.

groupe détaché des Hachem de la province d'Oran qui étaient venus se mettre au service de son aïeul Amokrane, ainsi que nous l'avons dit. Ils étaient établis dans la Medjana et devinrent les plus fermes soutiens de la famille Mokrani, dont le jeune chef, Sidi-Betteka, sut relever la puissance et causer aux Turcs de graves embarras, en s'opposant au passage de leurs colonnes, s'ils ne composaient pas avec lui. Il tira vengeance de la trahison des Beni-Abbès et étendit son autorité sur la Medjana, le Hodna et les régions du sud-ouest. Malgré les prières des Beni-Abbès, il ne voulut jamais retourner à la Kalâa. Un autre fils de Sidi-Nacer, nommé Mohammed, alla vers le nord, dans les montagnes qui avoisinent Djidjeli, fonder une Zaouïa qui est restée en la possession de cette branche de la famille Mokrani, jusqu'à ce jour.

L'abaissement des Oulad-Mokrane avait favorisé l'extension de la puissance des Daouaouïda, dont le chef, Ahmed-ben-Ali (bou-Aokkaz), avait accordé sa fille en mariage à Sidi-Nacer ou à un de ses frères. Le cheikh daouadi avait sa deïra, son principal campement, dans le Zab, d'où il rayonnait sur divers points de son vaste territoire ; mille cavaliers étaient toujours prêts à l'accompagner. Il mourut en 1602, et fut successivement remplacé par son fils Ali, puis par son petit-fils Ahmed, en 1616. Enfin celui-ci étant décédé en 1622, le commandement échut à son fils Sakheri, homme énergique que nous allons voir entrer en scène[1].

EXPÉDITIONS DU PACHA KHOSROU CONTRE TLEMCEM ET LA GRANDE KABILIE. CAMPAGNE CONTRE LES TUNISIENS. FIXATION DE LA FRONTIÈRE. — En 1624, le pacha Khosrou, qui commandait à Alger, employa le meilleur moyen pour mettre fin aux querelles et à l'anarchie : il fit expédition sur expédition et occupa ainsi l'activité de la milice. Il paraît avoir d'abord visité la province d'Oran et s'être avancé en maître jusqu'à Tlemcen. La garnison de cette ville, en butte à l'hostilité de la population, se trouvait dans une situation assez précaire. Après y avoir rétabli le respect de l'autorité turque, il rentra à Alger et prépara une campagne contre la Kabilie. Le roi de Koukou, Ammar-ben-el-Kadi, était mort en 1618 ; son frère, qui l'avait remplacé, renouvela, paraît-il, certains traités conclus précédemment entre sa famille et l'Espagne. Cette situa-

---

1. Féraud, *Les Harars, seigneurs des Henanecha* (Revue afric., n°° 103, 104 et 105. — Le même, *Les Ben-Djellab, sultans de Touggourt* (Revue afric., n° 155, p. 360 et suiv.). — Le même, *Les Mokrani, seigneurs de la Medjana* (Rec. de la Soc. archéol. de Constantine, 1871-72, p. 236 et suiv.). — El-Kaïrouani, pass.

tion, exploitée auprès des Turcs par un fils du précédent roi, lui avait fait obtenir un appui au moyen duquel il put s'emparer du pouvoir après s'être défait de son oncle par l'assassinat. Mais, bientôt, une rupture se produisit entre lui et ses protecteurs ; les otages kabiles furent massacrés à Alger, et l'état de guerre recommença. Khosrou entra en maître Koukou, dans cette même année 1624 ; mais nous ne possédons aucun détail précis sur sa campagne. Peu de temps après, une nouvelle révolte ayant éclaté à Tlemcen nécessita l'envoi d'un corps de 1,200 Turcs qui y rétablirent la paix. Une sévère répression fut jugée indispensable : les personnages les plus compromis furent écorchés vifs et l'on envoya à Alger leur peau, bourrée de paille.

Ces expéditions dans l'intérieur n'empêchaient pas le pacha de protéger la course. Ce fut encore une belle période pour les Reïs, dont l'audace ne connut plus de bornes et qui, guidés par des renégats ou volontaires de tous les pays, ne se contentèrent pas du champ restreint que leur offrait la Méditerranée : ils se lancèrent sur le vaste Océan. Mourad-Reïs alla, en 1627, avec trois vaisseaux, faire une descente en Islande. Il en ramena 400 prisonniers, avec un riche butin. Khosrou mourut de la peste à la fin de cette année 1627.

Des difficultés, qui s'étaient déjà produites pour la délimitation de la frontière, entre la province de Constantine et la Tunisie, et avaient amené une sorte de traité, en 1614, se renouvelèrent alors, par suite des empiètements des Ben-Chennouf du Kef sur le beylik Constantinois. Le nouveau pacha, nommé Houssein, adressa au gouvernement tunisien une véritable sommation d'avoir à ne pas franchir ses bornes. Mais le dey de Tunis n'était pas homme à se laisser morigéner par le pacha d'Alger. Il repoussa son message de la même façon et, des deux côtés, on se prépara à la guerre.

Au printemps de l'année 1628, l'agha d'Alger se mit en route vers l'est, rallia, à Constantine, les forces régulières et les contingents des tribus arabes et continua sa marche sur le Kef à la tête de 300 tentes de janissaires, avec neuf canons. Le dey de Tunis avait aussi envoyé une armée, composée de 480 tentes, avec 55 pièces de canons, plus les contingents des tribus indigènes. Taïeb-ben-Chennouf, son allié, était sur la frontière ; il réussit, de concert avec le goum des Oulad-Saïd, à attirer les Algériens dans un terrain choisi, où ils leur firent éprouver de grandes pertes et les placèrent dans une situation tellement critique que ceux-ci étaient sur le point de s'en remettre à la générosité des Tunisiens. Mais cela ne faisait pas l'affaire de Ben-Chennouf et des Oulad-Saïd, qui ne tenaient nullement à voir les Turcs tirer tout le profit de leur succès. Changeant donc d'attitude, ils passèrent du côté de la colonne d'Alger et l'aidèrent à écraser entièrement l'armée de Tunis, au lieu dit Es-Settara (mai 1628). Le dey Youssof accepta alors les propositions de paix que ses officiers lui transmirent et ratifia le traité conclu avec les Algériens pour la délimitation de la frontière qui fut fixée comme suit :

Dans la région du sud: l'Ouad-Serate; puis, vers le nord, l'Ouad-Mellag, en passant par El-Kirech, Keleub-et-Tirane jusqu'à Ras-Djebel-el-Hafa et, de là, jusqu'à la mer.

Le poste qui avait causé la rupture devait, en outre, être démoli, et il fut stipulé que, quiconque parmi les sujets de chaque pays passerait la frontière désignée ci-dessus, serait considéré, de fait, comme appartenant à l'autre et ne pourrait être réclamé [1].

MISSION DE SANSON DE NAPOLLON A ALGER. IL OBTIENT LA PAIX AVEC LA FRANCE ET LE RÉTABLISSEMENT DES COMPTOIRS DE LA CALLE DONT IL EST NOMMÉ DIRECTEUR. — Cependant, les pertes éprouvées par la France, depuis la rupture avec Alger, étaient si énormes qu'il fallait, à tout prix, y mettre un terme. Le gouvernement de Louis XIII songea enfin à conclure des arrangements avec les Algériens eux-mêmes, au lieu de continuer à présenter ses réclamations auprès de l'allié traditionnel, le Grand-Seigneur, et à rapporter de Constantinople des firmans conférant toutes sortes d'avantages, mais qui étaient protestés sur place, par ceux auxquels l'exécution incombait. Il jeta, avec beaucoup de bonheur, les yeux sur un gentilhomme ordinaire de sa chambre, chevalier de Saint-Michel, nommé Sanson de Napollon, corse d'origine, ancien consul à Alep, de 1614 à 1616, et qui, en 1623, avait rempli fort intelligemment une mission dans le Levant. De là, il était venu à Tunis avec deux Capidjis de la Porte, et avait trouvé le gouvernement et la population fort irrités contre les Français à la suite de nouveaux succès remportés par les chevaliers de Malte, dont un grand nombre appartenaient à notre nation en paix avec la régence. Il avait pu, néanmoins, accomplir heureusement sa mission, car il possédait la pratique de la diplomatie et des usages musulmans, bagage indispensable pour traiter avec eux.

Dans le mois de mai 1626, Napollon débarqua à Alger et entra aussitôt en relations avec les personnages influents, reïs, renégats membres du diwan ou de la milice, leur offrant des cadeaux et ne

---

1. Rousseau, *Annales Tunisiennes*, p. 45 et suiv. — De Grammont, *Hist. d'Alger*, p. 158 et suiv. — El-Kaïrouani, p. 349. — Féraud, *Les Harars* (loc. cit., p. 167). — Le P. Dan, *Hist. de Barbarie*, pass.

craignant pas de les recevoir chez lui. C'était un excellent moyen et les affaires se trouvaient en bonne voie, lorsque des adversaires ou des jaloux insinuèrent au pacha et au diwan que cet envoyé était un imposteur et que ses pouvoirs et les firmans du Khakan étaient falsifiés. La situation devenait critique pour l'ambassadeur ; mais il avait l'esprit assez fertile et connaissait suffisamment son terrain pour s'en tirer. On expédia à Constantinople des délégués chargés d'éclaircir l'affaire ; après de longs mois ils rapportèrent la justification éclatante du « capitaine Sanson ». Enfin, dans l'automne 1627, les bases de la convention étaient arrêtées et, bientôt Napollon se rendait en France pour les soumettre au roi. Là, les difficultés recommencèrent, bien qu'il eût obtenu, en principe, l'approbation du souverain et un arrêt, en date du 6 novembre, « prescrivant à toute commune dont les natifs étaient détenus en esclavage de verser à l'ambassade 200 livres par tête. » En effet il fallait des sommes considérables pour ces rédemptions et l'achat des cadeaux d'usage ; or, Napollon avait déjà un découvert résultant de ses précédentes missions et il ne pouvait en obtenir le paiement ; de plus, il fallait absolument rapporter les fameux canons de Dansa et celui qui les détenait n'était nullement disposé à les rendre. Abreuvé de dégoûts de toute sorte, l'habile et heureux négociateur allait renoncer à son œuvre, lorsque les consuls et députés du commerce de Marseille se décidèrent, encore une fois, à prendre ces dépenses à leur compte.

Aussitôt qu'il eut réuni de l'argent en quantité suffisante, Napollon partit, bien que n'apportant pas les canons, et débarqua à Alger, le 17 septembre 1628. On l'attendait avec impatience et bien des mains se tendirent pour participer à ses largesses. Grâce à la clé d'or, il obtenait, deux jours après, le vote unanime de la paix perpétuelle par le diwan et, comme sanction, la peine de mort frappant quiconque la violerait. Les contractants s'obligeaient à respecter leurs rivages et leurs navires respectifs et à ne prendre, les uns aux autres, ni captifs, ni marchandises. On devait, en un mot, se traiter en amis, en alliés, et la France avait le droit de commercer en Berbérie et d'y établir des consuls. Les Algériens devaient, en outre, déléguer à Marseille un de leurs principaux citoyens qui y resterait comme une sorte d'otage.

Mais ce n'était pas tout : le lendemain, un privilège particulier autorisait notre nation à relever et à administrer le Bastion de France, cette concession obtenue en Orient et dont les Algériens avaient toujours contesté le principe. Le commerce des cuirs et de la cire de toute la région était monopolisé entre les mains des concessionnaires, lesquels s'obligeaient à servir, au pacha d'Alger, une redevance de 26,000 doblas par an, sur quoi, moitié serait affectée à la solde de la milice et moitié versée au trésor.

Par une clause spéciale, il était demandé que le capitaine Sanson Napollon fût chargé, pendant toute sa vie, de l'administration du Bastion et dépendances, avec pleins pouvoirs. On pourrait croire que cet habile homme avait su, par les moyens dont il disposait, se faire la part belle; cela est possible, néanmoins on doit voir ici autre chose, c'est-à-dire le désir légitime des Algériens de continuer à avoir affaire avec un homme les comprenant et sachant s'entendre avec eux. Il faut avoir vu de près combien l'absence de certaines facultés rend difficiles les affaires avec les musulmans, pour comprendre le désir naïvement exprimé par les Algériens; et, après tout, personne n'avait à y perdre. Le diwan, le pacha, les principaux fonctionnaires écrivirent aux consuls de Marseille pour les remercier et leur exprimer tout le contentement qu'ils avaient éprouvé dans leurs relations avec le « capitaine Sanson ».

Il y avait donc lieu d'espérer qu'une ère nouvelle allait s'ouvrir pour les relations pacifiques entre les deux pays. Enfin, les deux canons de Dansa, rachetés au duc de Guise, par la ville de Marseille, moyennant 30,000 livres tournois, ainsi qu'il résulte d'une quittance encore aux archives de cette ville, avaient été restitués aux Algériens.

Après s'être occupé activement de la mise en liberté des captifs français et du règlement des questions pendantes, Napollon partit pour Bône et La Calle. Il releva les constructions du Bastion, rouvrit les comptoirs de Bône et de La Calle, et créa un grand marché d'achat et d'échange, au cap Rose. Il avait, avec lui, un personnel nombreux et choisi, bien armé, bien pourvu de vivres et de munitions; des prêtres, des médecins, des pharmaciens, tout ce qui était nécessaire pour les besoins de l'âme et du corps, et une petite flotte. En outre, des corailleurs exerçaient leur industrie sous la protection des établissements. Les indigènes accouraient en foule, trouvant dans nos comptoirs bon accueil et probité. Le commerce de Marseille en profita, aussitôt, dans la plus large mesure, de sorte que ses sacrifices se trouvaient largement couverts. Napollon offrit même de lui fournir tout le grain dont elle aurait besoin[1].

---

1. De Grammont, *Hist. d'Alger*, p. 165 et suiv. — Le même, *La mission de Sanson Napollon* (Revue afric., n°s 124 et suiv.). — Le même, *Les deux canons de Simon Dansa*. — On ne saurait trop féliciter M. de Grammont, de la publication de si riches documents inédits sur cette intéressante affaire.

LUTTES DE NAPOLLON CONTRE SES RIVAUX. VIOLATION DE LA PAIX PAR LES FRANÇAIS. — Mais il n'est pas toujours facile de faire le bien en se dévouant à son pays ; la réussite provoque la jalousie et trop de gens vivent du trouble, pour qu'ils ne considèrent pas le rétablissement de l'ordre comme une atteinte directe à leurs droits. Napollon se vit d'abord l'objet des dénonciations de compatriotes, les frères Fréjus, qui, auparavant, avaient à Alger une certaine influence, et, chose profondément triste, ils parvinrent à former, à Marseille, un parti hostile à celui qui rendait de si inappréciables services à cette ville. Le capitaine Sanson eut alors cette amertume d'être obligé de se défendre contre des accusations ineptes, notamment de s'être fait musulman, ou perfides, comme celle de concussion, car on osa lui reprocher de s'être approprié les fonds à lui confiés pour le rachat des captifs ; or, ayant reçu 82,190 livres à cet effet, il en avait dépensé 272,000, et eut beaucoup de peine à rentrer dans ses avances. A cette rivalité s'en joignit une autre, plus redoutable encore, celle des Lomellini, de Gênes, qui avaient obtenu précédemment la concession de l'île de Tabarca et de la pêche du corail dans cette région. Tous les moyens furent employés par eux pour faire échouer le directeur des établissements ; après avoir essayé, en vain, de soulever contre lui les indigènes de La Calle, ils faillirent, en exploitant les passions de ses rivaux de Marseille, obtenir qu'on l'invitât à résider à Alger !

Enfin, ce qui était plus naturel, les autres nations ne voyaient pas sans une vive jalousie la prépondérance française s'établir en Berbérie. C'est probablement ce qui décida la Hollande à envoyer à Alger Cornelis Pinacker, en 1623 et 1626, comme ambassadeur près des « vice-rois d'Alger », pour essayer d'obtenir également des avantages particuliers [1].

Napollon était assez habile et assez sûr de lui-même pour triompher de cette guerre de petitesses ; sa philosophie lui permettait de s'élever au-dessus de ces misères, ainsi qu'on en jugera par ce passage de sa lettre du 4 février 1629 aux « consuls et gouverneurs de Marseille ».

« *L'on m'écrit que tout le peuple de Marseille murmure contre moy, de quoi je suis bien marry et, dans un côté, content ; car toujours s'est veu parmi le peuple que celui qui désire servir le public est le plus mal veu, parce que l'envie déchire et les per-*

---

[1]. Archives de l'État à La Haye. Rapports de Cornélis Pinacker sur les missions de 1623 à 1626.

sonnes mal affectionnant désirent de couvrir le bienfait d'un homme de bien. »

Il continuait néanmoins à s'employer avec activité pour le bien de tous et avait lié d'excellentes relations avec Youssof, dey de Tunis, qui rencontrait à Marseille une véritable hostilité et avait éprouvé plus d'un déboire, sans cependant renoncer à ses bonnes dispositions pour nos nationaux. Malheureusement des faits autrement graves vinrent se mettre à la traverse de son œuvre. Une chaloupe, montée par 16 Turcs d'Alger, ayant rencontré une barque de La Ciotat, lui demanda assistance sur la foi des traités ; mais, à peine les musulmans furent-ils à bord, qu'on les massacra jusqu'au dernier ; peu après, une tartane d'Alger se laissait prendre et amarriner de la même façon par un bateau d'Arles, et son équipage conduit à terre était vendu et envoyé aux galères. L'effet produit par ces deux violations du droit des gens fut considérable, surtout à Alger ; aussi l'otage Hamza, en pressentant le contre-coup, s'empressa-t-il de prendre la fuite de Marseille, et pour se justifier auprès de ses compatriotes, il fit un tableau très inexact des dispositions des Marseillais à leur égard. C'est alors que les esprits étaient surexcités au plus haut degré par ces événements, qu'un troisième fait, non moins déplorable, se produisait. Vers la fin de novembre 1629, le chevalier de Razilly, qui ramenait de Maroc une ambassade envoyée par le roi de France, rencontra, non loin de Salé, un bateau corsaire, commandé par un certain Mahmed-Khodja, qui avait entrepris cette course pour des Boulouk bachis d'Alger. Il s'en empara sans résistance et les gens qui le montaient furent vendus comme des esclaves.

Représailles des Algériens. Napollon triomphe de ses accusateurs. Sa mort à l'attaque de Tabarca. — A Alger, vers le même temps, le parti des yoldachs avait profité du coup porté à la puissance des reïs par leurs défaites et les pertes que l'amiral Ribera leur avait infligées au combat naval de Barcelone, pour arrêter une vingtaine des plus turbulents d'entre eux et les interner à Bougie, avec un certain nombre de Koulour'lis, leurs partisans, soit, en tout, plus de 150 personnes. Ainsi, l'élément levantin, comprenant les renégats, avait pris le dessus et c'était le parti de la paix qui triomphait.

Cédant aux conseils de Napollon, la ville de Marseille avait, dans cette même année 1629, envoyé à Alger comme consul, mais sans lui en donner le titre officiel, le capitaine Ricou. Il avait été bien accueilli par tous et paraissait devoir rendre d'excellents services ; tout semblait pour le mieux, au point de vue des intérêts français, lorsque les trois violations successives du traité que nous avons relatées vinrent détruire les résultats obtenus au prix de tant d'efforts.

La colère des Algériens fut indescriptible : tous les Français présents dans la ville, y compris le capitaine Ricou, furent maltraités et traînés au bagne. De plus, les reïs armèrent leurs navires et coururent sus aux bateaux français, naviguant, à leur tour, sans défiance. A la première nouvelle de ces faits, Napollon s'empressa de venir à Alger, (janvier 1630), et d'employer son influence et son adresse pour en atténuer les conséquences ; malheureusement le coup était porté et ce ne fut qu'avec beaucoup de peine et à force d'argent qu'il put obtenir la mise en liberté du consul et de ses compagnons. En même temps il écrivait lettre sur lettre à Marseille pour solliciter la réparation due aux Algériens et la mise en liberté de leurs compatriotes. Quant au consul Ricou, après avoir échappé à ces avanies, il ne songea qu'à rentrer en France et à résigner sa charge ; il se répandit en plaintes, ne craignant pas d'accuser celui auquel il devait la liberté, Napollon, d'être l'auteur de tout ce qui arrivait de fâcheux, parce que, malgré tout, on le voyait conserver de bonnes relations avec les Turcs et, sans doute, aussi, parce que Ricou se faisait inconsciemment l'organe de son chancelier, le sieur Blanchard. Cet étrange consul poussait les Marseillais à rendre Napollon responsable du maintien de la paix qu'il avait conclue, et disait aux Algériens de s'en prendre au même de tous les dommages qu'ils éprouveraient de la part des Français !

Ne pouvant obtenir son rappel, Ricou quitta Alger comme un fuyard, en mars 1631, et Blanchard prit enfin la direction des affaires ; mais ce fut pour se voir insulter en plein diwan et jeter aux fers, où il fut détenu pendant vingt-quatre heures. Peu après, ayant eu le tort de faciliter l'évasion de captifs français, il fut de nouveau mis au bagne, couvert d'opprobre et soumis aux plus durs travaux. Ce fut pour lui une occasion de renouveler ses plaintes et ses dénonciations contre Napollon ; mais il n'en retira aucun profit personnel. Les bonnes relations de la France avec Alger étaient rompues et 2,000 de nos compatriotes, avec le consul, gémissaient dans les fers.

Quant à Napollon, il avait eu le plus grand bonheur qui puisse advenir aux victimes de la calomnie. Le cardinal de Richelieu, mis en défiance contre lui par les dénonciations de ses ennemis l'accusant de travailler pour lui et non pour la France, ainsi que cela semblait résulter de sa nomination à vie, décida qu'il y avait lieu à enquête sur place. Par commission royale, en date du 8 octobre 1631, M. de l'Isle, chargé de constater les faits en Berbérie, arriva le 11 avril 1632 au Bastion, examina tout avec le plus grand soin, contrôla les comptes, entendit les gens et reconnut que la gestion de Napollon ne donnait prise à aucun reproche et qu'il n'avait cessé d'agir dans l'intérêt bien entendu de la France. Comme conséquence, il renouvela solennellement son investiture, le 29 avril, en présence des troupes et de la garnison, dont il reçut le serment. Ce fut un grand succès et une noble vengeance pour l'homme qui avait rendu de si grands services à son pays et cette éclatante justification dut le consoler de bien des amertumes.

Mais la haine de ses ennemis en fut encore avivée et ils redoublèrent d'efforts pour lui nuire ; ils persuadèrent enfin à la cour que des modifications devaient être apportées au traité de 1628 et Napollon fut mandé à cet effet en France. Depuis longtemps, le gouverneur du Bastion méditait un projet hardi pour mettre fin à la concurrence déloyale et aux intrigues des Génois de Tabarca. Il consistait à leur enlever cette île et Napollon se décida à brusquer l'opération avant de partir. Grâce à des intelligences qu'il entretenait dans le fort par l'intermédiaire d'un boulanger, il connut l'effectif de la garnison et, sur la promesse que lui fit cet homme de lui ouvrir la porte, il partit, le soir du 11 mai 1633, avec toutes les forces qu'il put réunir et aborda, de nuit, dans l'île. Mais le traître sur lequel il comptait avait prévenu ses compatriotes les Génois ; aussi, dès que les Français approchèrent du fort, ils furent reçus par une terrible fusillade et se virent attaqués corps à corps par leurs ennemis, sortis de l'embuscade. Napollon, après avoir abattu deux Génois, fut tué d'une balle dans le front : en vain ses compagnons encore valides voulurent-ils regagner les vaisseaux ; ils périrent presque tous, et cette fatale expédition se termina par un désastre. La disparition prématurée de Sanson Napollon fut une perte irréparable pour les intérêts français en Afrique. Nul doute que, s'il avait pu conserver l'administration des établissements pendant un certain temps, il n'eût assuré la prépondérance de la France et la sécurité du commerce dans cette région. Nous allons voir quelle importance le Bastion avait acquise par les relations qu'il entretenait avec tous les indigènes de la province. Napollon représente pour nous le seul homme qui, jusqu'alors, se fût rendu un compte exact des affaires de Berbérie et de la façon de les traiter. C'est ce qui nous a décidé à donner à cet épisode un développement peut-être hors de proportion avec le cadre de ce précis[1].

1. De Grammont, *Hist. d'Alger*, p. 170 et suiv.— Le même, *La mission de Sanson Napollon* (Revue afric., n⁰ˢ 136, 137).

SITUATION A TUNIS. INSURRECTION DES INDIGÈNES. VICTOIRES DE HAMMOUDA-BEY. DISPARITION DES BEN-CHENNOUF. LES OULAD SAID SONT ANÉANTIS. — A Tunis, la situation, sans être bonne, avait été bien moins tendue avec la France, en raison des dispositions bienveillantes de Youssof, dey dont l'autorité était plus effective qu'à Alger et, aussi, de l'action de son bey, Mourad, renégat d'origine corse, fait esclave dans sa jeunesse, et qui, par sa bienveillance pour les chrétiens prisonniers, avait mérité des remerciements du pape Urbain VIII. Sous sa protection, de nouveaux capucins s'établirent à Tunis, avec le titre de *procureurs des esclaves*, et furent les véritables fondateurs de l'église catholique de cette ville.

Les passions étaient moins violentes à Tunis qu'à Alger. Aussi diverses puissances purent-elles y entretenir des relations plus ou moins suivies. La Hollande y envoya des missions en 1619, 1620, 1621, et 1625, et y installa comme consul, de 1625 à 1629, ce Lambert Verhoer dont nous avons parlé, rude marin, connaissant toutes les ruses des Reïs et des Turcs.

Après la guerre de 1628, le pays était resté en état d'insurrection et, dans le cours de l'année suivante, les Arabes avaient défait une nouvelle armée turque envoyée contre eux. Le danger fut même assez pressant pour que le dey se décidât à solliciter l'appui du diwan d'Alger. Mais les Algériens avaient alors d'autres soins ; en outre la Kabilie était en révolte ; aussi la demande de Tunis fut-elle repoussée. Bientôt, même, une nouvelle rupture éclata entre les deux pachaliks, et eut pour conséquence quelques pirateries au préjudice de l'un et de l'autre.

En 1631, le principal officier du dey Youssof, nommé Ali-Thabet, qui avait le titre de pacha, bien mérité par d'importants services, mourut et fut remplacé par Mourad-Bey, que nous appellerons, à l'avenir, pacha. Le titre de bey échut alors à son fils Mohammed, connu plus généralement sous le nom de Hammouda. C'était un guerrier habile, qui s'appliqua à rétablir la paix dans la régence et sut tirer une éclatante vengeance des Ben-Chennouf et des Oulad-Saïd. Exploitant l'ambition de Ali-el-Hannachi, chef des Harar de Kalâat-Senane, il sut le brouiller avec Taïeb-ben-Chennouf. Les hostilités commencèrent. Attaqué de deux côtés, poussé avec vigueur par le bey Hammouda bien secondé par ses collègues Ramdane et Redjeb, Ben-Chennouf périt les armes à la main, avec la plupart des siens ; le reste de sa famille fut expulsé du Kef et perdit toute puissance. Ali-el-Hannachi, chef des Harar, resta ainsi le maître de ces tribus et de leur vaste territoire.

Mohammed-bey (Hammouda) se mit alors aux trousses des

Oulad-Saïd, ces traîtres pour lesquels les auteurs musulmans n'ont pas assez d'expressions de haine et de malédictions, les poursuivit, les décima et les réduisit à un tel état de misère qu'ils durent se disperser dans les tribus et même cacher leur origine, préférant, pour employer les termes d'El-Kaïrouani, « se dire juifs, que d'avouer la vérité ». Les principaux de cette tribu ayant été pris et conduits à Tunis furent empalés sur le marché aux bestiaux, à la satisfaction de tous les bons citoyens.

Enfin, l'oasis d'El-Hamma se trouvait en état de révolte depuis sept années, ayant toujours su résister aux efforts des troupes turques. Hammouda en entreprit le siège et, la pressant jour et nuit, sans lui laisser un instant de répit, finit par l'enlever les armes à la main. L'oasis fut pillée par les vainqueurs ; on massacra les hommes et les femmes furent réduites en servitude. Puis le bey rappela les habitants émigrés qui n'avaient pas pris part à la dernière lutte et leur permit de relever les murs de leurs habitations, à charge par eux de payer un tribut important [1] (1631-1634).

A Tripoli, les Turcs ayant adopté la même hiérarchie qu'à Tunis, les pachas n'y avaient ni force ni autorité. En 1624, un certain Mohammed-Cherif étant dey, Louis XIII chargea le sieur Bérenguer du rachat des captifs français dans cette localité. La mission de cet envoyé fut couronnée de succès et un sieur Du Molin fut nommé consul à Tripoli (1630). L'année suivante, le dey Mohammed-Cherif était massacré. Le levantin Mohammed, originaire de Chio, le remplaça. C'était un homme actif et guerrier ; à la suite d'une révolte des tribus de la Cyrénaïque, il alla à Ben-Ghazi, et y construisit un fort. Il fit en outre des courses dans le sud et soumit à son autorité l'oasis d'Audjela, depuis longtemps indépendante. Quelque temps auparavant, l'île de Djerba avait définitivement cessé de relever de Tripoli pour être rattachée au pachalik de Tunis [2].

---

1. El-Kaïrouani, p. 350 et suiv., 386 et suiv. — Rousseau, *Annales Tunisiennes*, p. 46 et suiv. — Féraud, *Les Harars* (loc. cit., p. 197 et suiv.). — *Lettres de Thomas d'Arcos à Peiresc* (Revue afric., n° 189, p. 169 et suiv.).— *Archives de l'Etat à La Haye* (section Tunisie, classée par M. H. H. Van der Burgh).

2. Féraud, *Annales Tripolitaines* (loc. cit., p. 211).

CHAPITRE XIII

ABAISSEMENT DE LA DYNASTIE SAADIENNE. — PUISSANCE DES MARABOUTS AU MAROC. RÉVOLTE DE BEN-SAKHERI DANS L'EST

1627-1641

Maroc: succès du marabout El-Aïachi. — Mort d'Abd-el-Malek à Fès et de Zidane à Maroc. Règne d'Abd-el-Malek-ben-Zidane. — Règne d'El-Oualid. Il est assassiné. Son frère Mohammed-Cheikh, le jeune lui succède. — Prépondérance des marabouts de Dela. Le sultan de Maroc est défait par leur chef Mohammed-el-Hadj qui s'empare de Fès, de Meknès et de Tedla. Le marabout El-Aïachi est vaincu par lui; sa mort. — Moulaï Cherif à Sidjilmassa. Il est fait prisonnier par Abou-Hassoun, marabout du Sous. Son fils, Moulaï-Mohammed, s'empare de l'autorité à Sidjilmassa. Ses conquêtes. — Anarchie à Alger. Révolte des Koulour'lis. Mission de M. Le Page pour la France. Son insuccès. — Démonstrations françaises devant Alger. Rupture définitive. Destruction des établissements de La Calle. — Exécution du cheikh El-Arab à Constantine. Révolte générale de la province. Ben-Sakheri dévaste les environs de la ville. — Défaite des Turcs d'Alger par Ben-Sakheri à Guédjal. — Destruction de la flotte algérienne et tunisienne par les Vénitiens à Vélone. — Nouvelle défaite des Turcs en Kabilie. Ils sont sauvés par un marabout qui leur impose l'obligation de rétablir le Bastion. — Tunisie : mort du dey Youssof. Le pacha Osta-Mourad lui succède; sa mort. Il est remplacé par Ozen-Khoudja. Coup de main des chevaliers de Malte.

Maroc ; succès du marabout El-Aïachi. Mort d'Abd-el-Malek a Fès et de Zidane a Maroc. Règne d'Abd-el-Malek-ben-Zidane. — Nous avons laissé au Maroc le marabout El-Aïachi se disposant à reprendre la direction de la guerre, après avoir obtenu des légistes une fetoua lui en reconnaissant le droit, à défaut de l'autorisation du prince. Il triompha sans difficulté de ses adversaires et s'appliqua, presque exclusivement, à harceler les chrétiens d'El-Araïch, leur tendant des embuscades, s'emparant de leurs convois et ne leur laissant pas un instant de repos. Tanger et El-Halk-el-Kobra furent aussi l'objet de ses attaques et de celles des gens de Fès. La garnison d'El-Halk ayant été attirée au dehors et massacrée en grande partie, El-Aïachi jugea qu'il pourrait surprendre ce poste; mais il lui fallait des échelles, il en fit demander aux Maures de Salé et comme ceux-ci avaient mis du retard à les expédier, les

Espagnols finirent par être prévenus et on accusa de cette trahison les Andalous.

Cependant, à Fès, Abd-el-Malek, qui avait succédé à son frère, mort en octobre 1624, ne régna, si toutefois on peut appeler régner la continuation de l'existence peu princière d'Abd-Allah, que jusqu'en 1627, année de son décès. Quelques jours plus tard, le 14 septembre 1627, Zidane terminait aussi, à Maroc, son long et triste règne. Il mourut, en laissant un grand nombre d'enfants, parmi lesquels nous citerons Abd-el-Malek, qui avait déjà été désigné par lui comme héritier présomptif, El-Oualid, Abou-l'Abbas-Ahmed et Mohammed-Cheikh, le jeune. Abd-el-Malek se fit aussitôt reconnaître ; c'était un débauché, incapable et indigne de régner. Ses frères Mohammed-Cheikh et El-Oualid se mirent, sans plus tarder, en révolte contre lui et, après plusieurs combats, furent vaincus et dépouillés, mais parvinrent à mettre en sûreté leurs personnes.

Pendant ce temps, Abou-l'Abbas-Ahmed, autre fils de Zidane, se rendait maître de Fès (4 novembre), s'y faisait proclamer sultan, et frappait des monnaies à son nom. Peu après, s'étant emparé traîtreusement de son cousin Mohammed-Zer'ouda, il le fit mettre à mort dans la Kasba (fin mai 1628) ; mais, deux mois plus tard, il était arrêté à son tour, et incarcéré dans le château du Nouveau-Fès (fin juillet). C'est ici qu'il faut placer la deuxième ambassade envoyée au Maroc par le roi de France. M. de Razilly, chargé de pleins pouvoirs était débarqué à Safi en 1629, dans le but d'obtenir de Zidane le redressement de différents griefs ; mais, s'étant rendu à Maroc sur la foi des promesses du sultan, il fut incarcéré et n'obtint sa liberté qu'avec la caution des négociants de Safi. Il devait protester contre les avanies infligées à nos consuls et eut à en supporter de plus grandes encore. En 1629, M. de Razilly revint au Maroc ; s'étant présenté à Salé il ne put y débarquer. Ce ne fut qu'en 1630 qu'il revint et obtint toutes les satisfactions et un traité favorable à la France.

Cependant Abd-el-Malek lui-même ne devait pas avoir un long règne. Le 10 mars 1631, il fut, étant ivre, assassiné par les renégats à Maroc[1].

Règne d'El-Oualid. Il est assassiné. Son frère Mohammed-Cheikh, le jeune lui succède. — Le jour même de la mort d'Abd-el-Malek, son frère, El-Oualid, se fit reconnaître par la population à

---

1. *Nozhet-el-Hadi*, p. 248 et suiv. du texte arabe, 403 et suiv. de la trad. — Abbé Godard, *Maroc*, p. 481 et suiv.

Maroc. « Il se distinguait, dit le Nozha, par sa douceur et sa vertu. » Cependant, ses premiers actes consistèrent à se débarrasser successivement de ses parents: cousins, neveux et frères. qu'il fit mettre à mort sans bruit ; c'était l'application au Maroc du fameux kanoun du sultan Mahomet II. Peut-être, du reste, possédait-il, relativement aux derniers chérifs dont nous avons vu se succéder les tristes règnes, beaucoup de vertus et même de douceur. Un de ses frères, Mohammed-Cheikh, le jeune, trouva grâce devant lui, c'est-à-dire qu'il se contenta de le tenir en prison. El-Oualid était passionné pour la musique et en faisait exécuter jour et nuit ; du reste, il rappelait ses parents par plus d'un défaut et n'avait rien de ce qui eût été nécessaire pour relever un empire entamé de toute part, sans force et sans honneur.

Le jeudi, 19 février 1636, El-Oualid fut assassiné par les renégats, à la suite d'une querelle misérable, si la version du Nozha est exacte. Ces auxiliaires ayant réclamé avec insistance leur solde, en faisant ressortir qu'ils n'avaient rien à manger, le chérif leur répondit par moquerie: « Eh bien, mangez des écorces d'oranges !» Profondément blessés par cette inepte plaisanterie, quatre renégats résolurent de s'en venger et tuèrent, par surprise, leur maître.

Après la mort du sultan, les gens de Maroc hésitèrent sur le choix de son successeur, puis finirent par se prononcer pour son frère, Mohammed-Cheikh, le jeune. Les caïds le retirèrent de prison et, le 18 février, il fut solennellement proclamé à Maroc. C'était un homme doux et bienveillant ; mais il lui manquait peut-être l'énergie indispensable dans un pareil moment et, à coup sûr, les moyens matériels lui faisaient défaut. Il n'hérita guère que de la capitale et de sa banlieue ; le reste de l'empire était entre les mains des marabouts qui cherchaient à s'arracher les provinces les uns aux autres, sans même s'inquiéter du fantôme de sultan. Quant au trésor public, il était vide et l'armée n'existait pour ainsi dire plus [1].

PRÉPONDÉRANCE DES MARABOUTS DE DELA. LE SULTAN DE MAROC EST DÉFAIT PAR LEUR CHEF MOHAMMED-EL-HADJ QUI S'EMPARE DE FÈS, DE MEKNÈS ET DE TEDLA. LE MARABOUT EL-AÏACHI EST VAINCU PAR LUI. SA MORT. — Dans les dernières années, la notoriété de la Zaouïa de Dela et de son chef Mohammed, fils d'Abou-Beker-ben-Amor, s'était encore étendue: tous les Berbères du centre avaient les yeux fixés sur elle. A la fin de l'année 1636, le vieux Mohammed

---

1. *Nozhet-el-Hadi*, p. 245 et suiv. du texte arabe et 404 et suiv. de la trad.

mourait à l'âge de 80 ans et sa dernière recommandation, adressée à toute sa famille réunie, fut de l'engager à s'abstenir de toute participation aux affaires politiques. Mais ses nombreux enfants ne l'entendaient pas ainsi. Comment, du reste, résister à la pression extérieure qui semblait leur forcer la main? Mohammed-el-Hadj, le fils aîné, devenu chef de la Zaouïa, était un homme instruit, énergique et ambitieux dont les visées ne tardèrent pas à se manifester.

Le sultan, Mohammed-Cheikh II, voyant ses dispositions, lui envoya un message dans lequel il lui rappelait que son père avait reconnu l'autorité d'El-Oualid, et l'invitait à l'imiter. Après la prière il passa à la menace; et rien n'est curieux à lire comme les lettres échangées à ce sujet entre le cherif et la Zaouïa, lettres reproduites in-extenso dans le Nozhet-el-Hadi; après cela, la parole ne pouvait être qu'aux armes. Mohammed-el-Hadj se mit en devoir d'étendre ses conquêtes. Il s'empara successivement de Fès, de Meknès, ainsi que des campagnes environnantes et, enfin, de tout le territoire de Tedla, et reçut la soumission des Berbères de la Moulouïa. Le sultan de Maroc s'étant décidé à marcher contre lui, la rencontre eut lieu à Bou-Agba, sur l'Ouad-el-Abid, et se termina par la défaite du cherif. Reconnaissant alors la popularité dont jouissait le marabout de Dela, parmi les indigènes du Mag'reb, Mohammed-Cheikh rentra à Maroc et renonça à s'occuper de ce qui se passait au delà de l'Ouad-el-Abid. Ainsi Mohammed-el-Hadj resta maître de la région septentrionale, avec Fès comme capitale (1640).

Nous avons vu plus haut que le marabout El-Aïachi, dans ses luttes contre les Espagnols, avait accusé les Maures de Salé de l'avoir trahi au profit des chrétiens. Il consulta les légistes les plus célèbres pour savoir quel genre de punition ces prévaricateurs de l'Islam méritaient, et obtint des fetoua proclamant qu'ils devaient être frappés de mort. Le marabout se rendit à Salé et livra, pendant trois jours, les Andalous à la fureur de ses fanatiques adhérents. Un grand nombre de Maures périrent dans cette boucherie. Salé avait en effet recueilli les derniers expulsés d'Espagne et ils y avaient formé une colonie de 5 à 6,000 réfugiés, gens industrieux, braves et marins hardis.

Cependant quelques groupes parvinrent à se réfugier chez les chrétiens; d'autres gagnèrent Alger, d'autres allèrent à Maroc; enfin, plusieurs d'entre eux purent atteindre Fès et demander justice au marabout de Dela. Mohammed-el-Hadj, comme tous les marabouts, n'aimait pas ses rivaux et, depuis longtemps, la notoriété dont jouissait El-Aïachi, sa renommée de vaillance, lui portaient ombrage. Mais il fallait un prétexte pour rompre; il essaya d'abord de s'interposer dans l'intérêt des Andalous. El-Aïachi repoussa dédaigneusement sa requête. C'était la rupture : aussitôt les marabouts de Dela, ayant réuni leurs contingents, marchèrent contre lui ; mais El-Aïachi les mit en déroute ; puis il détacha des Espagnols, les Arabes à eux soumis, et alla faire une démonstration contre Tanger.

A son retour de cette campagne, El-Aïachi rencontra les marabouts de Dela, appuyés par leurs fidèles Berbères qui l'attendaient sur la limite du canton d'Azr'ar et dut accepter le combat. Cette fois, la victoire se tourna contre lui : un grand nombre de ses adhérents furent massacrés et lui-même, ayant eu son cheval tué, n'eut d'autre ressource que de se réfugier chez les Arabes Kholt. Mais ses hôtes, pour lesquels la perfidie était de tradition, l'assassinèrent et, lui ayant coupé la tête, l'envoyèrent à Salé (mars 1641). La mort d'El-Aïachi fut accueillie avec un soupir de soulagement par les Espagnols. Les chroniques rapportent même qu'ils en célébrèrent la nouvelle par trois jours de fêtes. Les Maures de Salé étaient vengés ; enfin, Mohammed-el-Hadj était débarrassé d'un dangereux compétiteur. Ainsi, dans cette époque troublée, il se trouva bien peu de musulmans pour rendre hommage à ce brave champion, qui avait tant de fois exposé sa vie en luttant contre « *l'infidèle dont la présence souillait le sol de l'Islam* »[1].

MOULAÏ-CHERIF A SIDJILMASSA. IL EST FAIT PRISONNIER PAR ABOU-HASSOUN, MARABOUT DU SOUS. SON FILS, MOULAÏ-M'HAMMED S'EMPARE DE L'AUTORITÉ A SIDJILMASSA. SES CONQUÊTES. — Revenons à Sidjilmassa où nous avons laissé un autre marabout, Moulaï-Cherif, étendant sa prépondérance dans ces régions sahariennes. Seuls, les gens de Tabouaçamte, oasis fortifiée (Kçar), à environ 20 kilomètres au sud de Tafilala, s'étaient déclarés ses ennemis et avaient appelé à leur aide les marabouts de Dela, tandis que Cherif requérait l'assistance d'Abou-l'Hacen-Semlouli, dit Abou-Hassoun, son ami, maître du Sous. Les hommes d'armes de la Zaouïa et ceux d'Abou-Hassoun se trouvèrent réunis dans l'oasis et faillirent en venir aux mains. Cependant, grâce à une lettre de Mohammed-el-Hadj, conjurant les musulmans de ne pas détruire leurs forces dans des luttes fratricides, on finit, de part et d'autre, par terminer la querelle au moyen d'une transaction (1633).

Mais il est des cas où les réconciliations sont impossibles et de-

---

1. *Nozhet-el-Hadi*, p. 254 et suiv., 270 et suiv. du texte arabe, 449 et suiv. de la trad. — Abbé Godard, *Maroc*, p. 485 et suiv.

viennent caduques aussitôt qu'elles ont été acceptées ou imposées : ce n'est qu'un retard, plus ou moins long, apporté à la lutte. Les gens de Tabouaçamte se déclarèrent les serviteurs religieux (Khoddam) d'Abou-Hassoun et s'appliquèrent, par tous les moyens, à amener une brouille entre les deux marabouts. Sur ces entrefaites, Moulaï-M'hammed, fils aîné de Moulaï-Cherif, étant parvenu, par un stratagème, à pénétrer de nuit dans ledit Kçar, avec 200 guerriers, massacra tous les gens qu'il put saisir et s'empara de leurs biens. Son père, Cherif, s'empressa d'accourir pour profiter de cette victoire et jouir de la volupté de la vengeance ; mais les parents des victimes, échappés au massacre, coururent porter leurs doléances à Abou-Hassoun, véritable suzerain du pays, lequel fit aussitôt partir une colonne pour Sidjilmassa et écrivit aux gens de Tabouaçamte, sur lesquels il pouvait compter, de s'emparer par ruse de Cherif. On se saisit de lui, au mépris des lois de l'hospitalité, après l'avoir attiré par une invitation ; puis on l'expédia à Abou-Hassoun, qui se contenta de l'enfermer dans une Kalâa (forteresse) ; il lui donna, comme servante, une esclave, qui devait être la mère de Moulaï-Ismaïl (1637-38).

Quelque temps après, Cherif obtint sa liberté, moyennant une forte rançon fournie par son fils, Moulaï-M'hammed. Celui-ci, exploitant l'irritation causée à Sidjilmassa par les exigences des agents d'Abou-Hassoun, lesquels, au dire des chroniqueurs, en étaient arrivés à tout taxer, l'ombre, en été, le soleil, en hiver, ne tarda pas à les chasser de l'oasis, dont il fut reconnu chef par les habitants. Il s'appliqua alors à former son armée ; puis il fit la conquête des oasis sahariennes situées à l'est de Sidjilmassa (1640). Il était en outre constamment en guerre avec les gens de la Zaouïa de Dela et avec Abou-Hassoun du Sous [1].

Vers la même époque, une révolution nationale relevait le trône de Portugal. Le duc de Bragance était proclamé roi, à Lisbonne, sous le nom de Jean IV et ce mouvement se propageait jusque dans les postes d'occupations du Mag'reb, dont les garnisons espagnoles étaient expulsées et remplacées par des soldats portugais (1640-41) [2].

ANARCHIE A ALGER. RÉVOLTE DES KOULOUR'LIS. MISSION DE M. LE

---

1. *Nozhet-el-Hadi*, p. 281 et suiv., 299 et suiv. du texte arabe, 466 et suiv. de la trad. — *Et-Tordjeman*, trad. Houdas, p. 3 et suiv., texte arabe, p. 5 et suiv. de la trad.

2. Rosseeuw Saint-Hilaire, *Hist. d'Espagne*, t. 11, p. 36 et suiv.

PAGE POUR LA FRANCE. SON INSUCCÈS. — Revenons à Alger et reprenons le récit des événements à partir de la date de la mort de Napoléon. En 1633, la ville était de nouveau en proie à l'anarchie. Le vieux pacha Houssein, qui y commandait de droit, n'avait aucune autorité effective ou morale. Les Yoldachs et le diwan étaient les vrais maîtres, surtout depuis l'expulsion des Koulour'lis. Cependant la Taïffe des reïs, dont la puissance avait éprouvé un moment de dépression, se relevait chaque jour sous la direction de son chef, le renégat Ali-Bitchinine (Piccinino). Ce corsaire, depuis longtemps à Alger, avait acquis des richesses considérables dont il employa une partie à la construction de vastes bagnes où séjournaient sans cesse 500 captifs lui appartenant, en outre de ceux qui ramaient sur ses galères, et une belle mosquée contiguë, qui sert actuellement d'église, sous le vocable de saint Augustin. Il avait contracté alliance avec le roi de Koukou, en épousant une de ses filles, ce qui lui donnait une grande influence sur les Kabiles, toujours nombreux.

Chaque jour, le pacha abandonnait une prérogative au diwan ; il s'était vu enlever la disposition de presque toutes les ressources financières, mais on lui avait laissé la charge de payer la milice au moyen de quelques revenus domaniaux ; enfin les Yoldachs se présentèrent un jour, tumultueusement, en apportant leurs marmites renversées pour réclamer la solde en retard et, comme le pacha ne pouvait rien leur donner, il fut maltraité et mis en prison. Les Koulour'lis, depuis leur expulsion, s'étaient rapprochés peu à peu d'Alger, et se tenaient dans les environs ; ils jugèrent ce moment propice pour prendre leur revanche. Au commencement de juillet 1633, ils rentrèrent dans la ville, par petits groupes, sous des déguisements ; puis se jetèrent sur divers postes occupés par les Turcs et s'en emparèrent, non sans effusion de sang. Malheureusement pour eux, les Reïs, leurs amis, étaient presque tous en course, et les Yoldachs, voyant à qui ils avaient affaire, ne tardèrent pas à se grouper et à charger furieusement les Koulour'lis, après avoir fermé les portes de la ville. Ceux-ci firent bonne contenance et reculèrent pied à pied, jusqu'à l'ancienne Kasba où ils voulurent pénétrer par la force. Pendant qu'ils luttaient ainsi, les réserves de poudre emmagasinées dans cette forteresse prirent feu, on ne sait au juste de quelle manière, et déterminèrent une épouvantable explosion. La Kasba et 500 maisons s'écroulèrent, ensevelissant environ 6,000 personnes. Presque tous les Koulour'lis étaient morts ; quant à ceux qui avaient échappé à ce désastre, ils furent facilement arrêtés et périrent dans les tortures. Quelques-uns parvinrent cependant à gagner la Kabilie, où ils retrouvèrent d'autres des leurs, et se groupèrent.

Après bien des tergiversations le gouvernement français s'était décidé à donner un successeur à Napollon. Le 15 juillet 1634, débarqua à Alger le sieur Sanson Le Page, nommé par le roi directeur des établissements français ; il était accompagné d'un religieux trinitaire, venant opérer le rachat des captifs, le père Dan, auquel nous devons d'intéressants détails sur cette époque si pauvre en documents. Introduit au diwan, il fit part des intentions conciliantes de sa nation et, promettant la remise des captifs musulmans détenus en France, obtint un grand adoucissement au sort des esclaves français et de leur consul, mais non leur liberté. Peu de jours après, arriva d'Orient le nouveau pacha, nommé Youssof, homme intelligent, mais très cupide et qui tenait avant tout à rentrer dans les dépenses par lui faites pour obtenir sa nomination. Tout lui devint matière à trafic. Il fut impossible à Le Page d'achever la conclusion de la convention relative à l'échange des captifs ; parti d'Alger le 21 septembre, il alla visiter les établissements de Bône et de La Calle et rentra à Marseille le 9 octobre. En somme, il avait échoué dans sa mission et l'on put déjà regretter la perte de Napollon qui, certainement, eût été plus habile et plus heureux.

Il ne restait qu'à essayer l'emploi de la force et le gouvernement français ordonna aussitôt la formation d'une escadre contre les pirates de la Méditerranée. Nos amiraux ne tardèrent pas à faire expier aux corsaires d'assez minces succès, si bien que ceux-ci se tinrent à distance raisonnable de nos côtes. La croisière de de Sourdis et d'Harcourt, en 1636, causa aux Algériens la plus grande frayeur et ils s'empressèrent de réparer leurs fortifications, se croyant sous le coup d'une attaque imminente. Ils se dédommagèrent sur l'Italie, la Sardaigne et la Sicile, où la résistance n'était pas organisée. En août 1636, pendant la foire de Messine, les Algériens firent une descente auprès de cette ville et mirent tout au pillage ; puis ils enlevèrent 700 personnes en Calabre. Le vice-roi ne s'en débarrassa qu'en appelant à son secours les chevaliers de Malte. L'année suivante, ils ravagèrent les côtes des îles de la Méditerranée et en rapportèrent de nombreux captifs. Youssof fut alors remplacé par Ali-Pacha, homme sans énergie, ignorant les conditions particulières du pays, et bien incapable de rétablir le respect de l'autorité turque. Quant à Youssof, il emporta en Orient des économies considérables [1].

---

1. De Grammont, *Hist. d'Alger*, p. 181 et suiv. — Le même, *Rela-*

Démonstrations françaises devant Alger. Rupture définitive. Destruction des établissements de la La Calle. — Mais Le Page tenait absolument à obtenir la conclusion d'une paix lui permettant de prendre par lui-même la direction des Etablissements. Grâce à ses démarches, le commandeur Mantin reçut ordre d'armer une escadre de douze gros vaisseaux pour le conduire à Alger, où il devait s'occuper de la mise en liberté d'un certain nombre de captifs et proposer la revision de quelques articles du traité de 1628. Retardée par diverses causes et notamment par le soin de charger les esclaves turcs destinés aux échanges, la flottille ne put appareiller de Toulon que le 7 novembre 1637. Mais elle fut prise par les mauvais temps qui la dispersèrent. Deux navires, l'*Intendant* et l'*Espérance,* arrivèrent seuls devant Alger, le 19. Ils saluèrent; on leur rendit le salut, mais le point de ralliement était le cap Matifou, où aucune voile ne se trouvait, et ils n'osèrent entrer dans le port, malgré l'invitation qui leur en fut faite. Le Page se contenta d'adresser par une chaloupe un mémoire de réclamations auquel il attendit en vain, jusqu'au 29, qu'on fît réponse. Ces négociations s'étaient faites sous bannière blanche ; les Français arborèrent alors la bannière rouge, en signe de rupture, et se retirèrent. Trois jours plus tard, le commandeur de Chasteluz arriva dans la rade, traînant à sa suite deux navires algériens qu'il avait enlevés et dont il avait mis à la chiourme les équipages, en donnant la liberté aux esclaves chrétiens qu'ils portaient. Après être resté en panne 48 heures, sans rien obtenir, il mit à la voile et rentra à Marseille.

Ces manifestations avaient causé aux Algériens de vives craintes; mais, une fois le danger passé, ce sentiment fit place à la colère et le parti qui aurait été disposé à accepter les clauses du traité ne conserva que de rares partisans, réduits bientôt au silence. Il eût fallu, dans cette conjoncture, un consul intelligent et ferme, pour calmer l'effervescence et faire entendre la voix de la raison. Par malheur M. Piou, notre représentant, n'avait aucune des qualités nécessaires et son intervention produisit un effet opposé au but. Piou faillit être brûlé vif et put s'estimer heureux d'être jeté au cachot. Mais cela n'était pas suffisant pour calmer le ressentiment des Yoldachs: la paix avec la France fut définitivement rompue et la destruction immédiate et définitive des établissements de La Calle décidée, sans qu'on s'aperçût que le trésor allait y perdre la

---

tions avec la Régence (Revue afric., n° 138, p. 414 et suiv.). — *Gazette de France,* années 1635 et suiv. — E. Süe, *Correspondance de de Sourdis* (t. II, p. 360 et suiv.).

redevance de 26,000 doblas que les concessionnaires servaient si exactement. Ali-Bitchenine ayant été particulièrement chargé de cette mission, partit aussitôt pour l'est. Il débarqua inopinément au Bastion, arrêta tout le personnel, qui ne fit aucune résistance, chargea matériel et prisonniers sur ses navires, et reprit la route d'Alger, où il arriva à la fin du même mois de décembre. Trois cent dix-sept chrétiens, employés aux concessions, furent les uns vendus et les autres, placés sur les galères, rivés au banc des forçats.

EXÉCUTION DU CHEIKH EL-ARAB A CONSTANTINE. RÉVOLTE GÉNÉRALE DE LA PROVINCE. BEN-SAKHERI DÉVASTE LES ENVIRONS DE LA VILLE. — Dans le mois de juillet de cette même année 1637, un grave événement s'était accompli à Constantine. M'hammed-ben-Sakheri-ben Bou-Aokkaz, chef des Daouaouïda, étant venu selon la coutume à Constantine, fut retenu par le bey de cette ville, nommé Mourad, à son Konak (bivouac) de l'Ouad-Remel [1]. Nous ignorons au juste ce que le bey pouvait lui reprocher, sans doute quelque retard dans le service des redevances et cadeaux d'usage ; peut-être des actes d'indiscipline ou des tendances ambitieuses. Toujours est-il qu'il écrivit au pacha d'Alger, en lui demandant l'autorisation de punir le chef arabe d'une façon exemplaire. L'ayant obtenue, il lui fit trancher la tête, ainsi qu'à son fils Ahmed, et à six personnages influents qui l'accompagnaient, après les avoir ignominieusement exposés dans la tente des criminels. Les têtes de ces derniers furent envoyées à Constantine et accrochées au rempart. Celles du cheikh et de son fils purent être soustraites à cet opprobre.

Une telle violence, ou plutôt une semblable trahison produisit, chez les Arabes des hauts-plateaux de l'Est, une émotion considérable et l'on sut bientôt qu'Ahmed-ben-Sakheri, frère du cheikh M'hammed-Bou-Aokkaz, se préparait à en tirer vengeance. Sur ces entrefaites, eut lieu la destruction des établissements de la Calle, par les Turcs d'Alger. Or, les indigènes avaient noué des relations commerciales de plus en plus intimes avec le Bastion ; ils en retiraient des avantages sérieux pour l'écoulement de leurs produits et, comme les Harars, suzerains de la région, servaient d'intermédiaires à ces transactions, le chef de cette famille, Khaled-es-Srérr, manifesta hautement son irritation contre les Turcs, dont il avait déjà eu à se plaindre. Ahmed-ben-Sakheri était un auxiliaire tout trouvé ; les deux chefs mirent leur haine en

---

1. En dessous de l'emplacement actuel des meules de l'administration.

commun, s'assurèrent le concours de toutes les tribus sur lesquelles ils exerçaient une influence et, au printemps suivant, (1638), la révolte éclata comme une traînée de poudre, à l'ouest, au sud et à l'est de Constantine. Marchant sur cette ville à la tête d'une nuée de cavaliers, Ben-Sakheri, auquel s'était joint, sans doute, le contingent des Henanecha, défit les troupes régulières et les volontaires qui s'étaient portés au devant de lui et, après leur avoir tué 25 hommes, les força à se refugier derrière leurs murailles. Passant alors sous les remparts, il descendit dans la vallée et porta le ravage et l'incendie dans toute la région comprise entre El-Menia (le pont d'Aumale) et le Hamma supérieur, coupant les arbres, crevant les canaux, brûlant les gourbis ; durant trois jours, tout fut pillé ou en flammes, depuis Mila jusqu'au rocher de Constantine. « Partout où il apprenait qu'il existait un village où se trouvaient des céréales, dit une chronique indigène, il le faisait saccager ; il dévasta ainsi la contrée jusqu'à Mila et réduisit les populations à la dernière extrémité. »

Défaite des Turcs d'Alger par Ben-Sakheri a Guedjal. — Cependant, Mourad, bey de Constantine, avait réclamé instamment des secours au pacha d'Alger et bientôt le caïd Youssof partit de cette ville, avec deux cents tentes, soit environ 4,000 hommes. Le bey, de son côté, disposait de près de 2,000 soldats et d'auxiliaires indigènes assez nombreux. Il quitta Constantine à la tête de ces forces et s'avança vers l'ouest, en rétablissant la paix sur son passage. Ben-Sakheri s'était retiré dans la direction de Mila et retranché aux environs de Guédjal, entre la localité précédente et Sétif. Là, il avait appelé à lui les Arabes du sud et de l'ouest qui étaient accourus en nombre considérable.

Le 20 septembre, les Turcs d'Alger, ayant concerté leur mouvement avec la colonne de Constantine, attaquèrent bravement Ben-Sakheri, pleins de confiance dans l'effet ordinaire de leur discipline et des armes à feu sur des gens armés seulement de lances et de sabres, et combattant sans art, tandis que Mourad le chargeait sur ses derrières. Mais, soit que l'assaut du bey de Constantine eût été mollement conduit, ou que, ainsi que Youssof le lui reprocha, il eût abandonné les Turcs d'Alger à leur malheureux sort, ceux-ci, après avoir déchargé leurs armes dont l'effet fut en partie annulé par les lignes de chameaux servant d'abris à leurs adversaires, ne tardèrent pas à être entourés et écrasés par des nuées d'Arabes qui en firent un grand carnage. Les débris de cette colonne rentrèrent en désordre à Alger et leur chef accusa Mourad-Bey de trahison.

Ainsi, la victoire restait aux rebelles. On ignore ce que fit, après le combat, le bey de Constantine, mais il est probable qu'il vint couvrir cette ville. S'il faut en croire le père Dan, il déclara, pour se justifier, que le caïd Youssof avait traité secrètement avec Ben-Sakheri, en offrant à celui-ci de lui livrer le meurtrier de son frère ; mais les faits contredisent cette tradition, puisque le cheikh des Arabes concentra toutes ses forces pour écraser celui avec lequel il aurait été d'accord [1].

DESTRUCTION DE LA FLOTTE ALGÉRIENNE ET TUNISIENNE PAR LES VÉNITIENS A VELONE. — Mais, comme le dit la sagesse des nations, un malheur n'arrive jamais seul. Quelque temps auparavant, la flotte des reïs avait été mise à réquisition par le Khakan pour soutenir la lutte maritime contre Venise. Le trône de Constantinople était enfin occupé par un homme énergique, Mourad IV, qui venait de conquérir la Perse et paraissait disposé à reprendre les traditions interrompues de ses glorieux ancêtres. Ce ne fut pas sans difficultés que la Taïffe se décida à répondre à l'appel du maître ; enfin, une vingtaine de galères, bien armées et bien pourvues, firent voile vers l'est, sous la conduite de l'amiral Ali-Bitchenine. Huit galères tunisiennes faisaient partie de cette flotte, qui ravagea d'abord les côtes de l'Adriatique ; ayant été assaillie par la tempête, elle chercha, pour son malheur, un refuge dans le petit port de Velone. Les Reïs, qui, sans doute, n'étaient pas pressés de se rendre auprès du Grand-Seigneur, y séjournèrent plus que de raison ; pendant ce temps, Capello, amiral de Venise, s'approcha de Velone et, tout à coup, attaqua les vaisseaux algériens, plongés dans la sécurité et dont une partie des équipages était à terre. Le désastre fut complet. Ali-Bitchnine parvint à fuir avec quelques galères, mais tout le reste fut pris ou coulé : 1,500 Algériens tués, 3,500 esclaves chrétiens mis en liberté, douze galères et deux brigantins capturés par les Vénitiens, quatre galères coulées, tel fut le bilan de cette journée. Alger supporta lourdement le poids de ces pertes. Le coup était rude et le sultan Mourad IV voulut en atténuer l'effet par la rigueur avec laquelle

---

1. Féraud. *Les Ben-Djellab* (Revue afric., n° 155, p. 365 et suiv.). — Le même, *Les Harars* (Revue afric., n° 105, p. 200). — De Grammont, *Relations de la France* (loc. cit., p. 433). — Berbrugger, *Révolte de Ben-Sakheri* (Revue afric., t. X, p. 337 et suiv.). — Le P. Dan, *Hist. de Barbarie*, p. 132 et suiv. — Vayssettes, *Constantine sous les Beys* (cit., p. 333 et suiv.). — Féraud, *Révolte de Ben-Sakheri* (Revue afric., n° 57, p. 179 et suiv.).

il sévit contre les Vénitiens et par les promesses de compensations importantes qu'il adressa aux Algériens.

Mais il est inutile d'ajouter que les Vénitiens arrangèrent l'affaire au moyen de gratifications données aux fonctionnaires influents de la Porte et d'une indemnité que le sultan garda en entier. Quant aux navires et aux sommes promises aux Algériens, ils ne devaient jamais les recevoir. Pour comble de malheur, la disette et la peste ravageaient le pays et, à ces deux calamités, vinrent s'ajouter les tremblements de terre.[1]

NOUVELLE DÉFAITE DES TURCS EN KABILIE. ILS SONT SAUVÉS PAR UN MARABOUT QUI LEUR IMPOSE L'OBLIGATION DE RÉTABLIR LE BASTION. — Dans le courant de l'été 1639, une nouvelle colonne turque quitta Alger, avec la mission de venger le désastre de Guédjal. Mais elle se fit cerner dans les montagnes kabiles et là, manquant d'eau et de vivres, faillit périr ; c'est alors qu'un marabout vint s'interposer et sauver les Turcs ; mais il leur imposa les conditions suivantes auxquelles le caïd dut souscrire :

1° Les Turcs ne réclameront pas aux rebelles les impôts échus.

2° Ils rentreront directement à Alger, sans se détourner, ni à droite ni à gauche.

3° Ils laisseront relever le Bastion et les établissements français, afin que les opérations commerciales reprennent et que l'argent, ainsi répandu dans le pays, permette aux indigènes de payer leurs impôts.

4° Enfin, une amnistie sera accordée aux Koulour'lis.

Il résulte de ce fait remarquable que l'influence des Harars s'étendait fort loin vers l'ouest, et que Ben-Sakheri se montra, dans cette circonstance, le défenseur des intérêts des populations de l'est qui avaient été particulièrement touchées par la suppression des établissements. Nous ignorons, du reste, la localité qui fut le théâtre de ce combat ainsi que le nom du marabout sauveur; nous serions assez porté à le placer dans les montagnes voisines de Sétif ; mais la stipulation relative aux Koulour'lis nous démontre aussi l'influence de leurs alliés du Djerdjera, et cela nous ramène près de la Grande Kabilie, sans doute dans la région des Bibanc. Dès lors, car cette dernière condition fut exécutée, se forma, au confluent de l'Isser et de l'Ouad-Zitoun, près du Fondouk, une colonie de Koulour'lis, qui prit le nom de Zouïtna, et que nous retrouverons plus tard.

1. De Grammont, *Hist. d'Alger*, p. 186 et suiv. — Le même, *Relations de la France* (loc. cit., p. 434 et suiv.).

Ce nouvel échec, cette nouvelle humiliation, ajoutée à tant de malheurs et à la manifestation de l'ingratitude du Khakan, détermina l'explosion de la rage populaire. L'ag'a, Hamza-Khoudja, chef des troupes, fut massacré, et cette victime expiatoire calma les passions soulevées.

Cependant, la nouvelle du concours inespéré fourni par le marabout kabile aux intérêts du Bastion ne tarda pas à parvenir en France, sans doute par les lettres des esclaves ayant appartenu aux Concessions. Dès la fin de 1639, du Coquiel, gentilhomme de la Chambre, chargé d'entreprendre des négociations avec le diwan, vint à Alger, où il trouva les esprits bien disposés à un arrangement, et bientôt les conventions furent arrêtées. Du Coquiel était autorisé à relever les établissements, et les Algériens, par l'art. 23, *s'obligeaient à les respecter même en cas de guerre avec la France.* Enfin, la redevance à servir au pachalik était fixée à 34.000 doblas, soit une augmentation de 8,000 doblas. Le nouveau directeur alla réinstaller le personnel des établissements, puis il rentra à Alger. Le consul Piou venait d'y mourir de la peste et était remplacé provisoirement par un négociant lyonnais Th. Picquet, dont l'action avait été fort utile pour la conclusion de l'arrangement.

Ali-pacha avait, quelque temps auparavant, été remplacé par un certain cheikh Houssein, qui succomba au fléau peu après son arrivée. Le pacha Youssof[1] vint alors prendre la direction des affaires et signa, le 7 juillet 1640, le traité préparé avec du Coquiel et que ce gentilhomme emporta en France pour le soumettre à la sanction royale. Mais le cardinal de Richelieu refusa de l'approuver, le jugeant moins favorable que celui de Napollon et estimant « qu'il met les sujets de sa majesté en état d'être pris et pillés » alors que nos capitulations « avec la Porte » nous accordaient des avantages plus considérables. Ainsi, l'état de guerre continua entre les Algériens et la France ; les malheureux captifs, qui avaient entrevu la liberté, durent ajourner la réalisation de leurs espérances ou se résoudre à l'apostasie. Le Bastion, heureusement, était relevé et les affaires avaient repris leurs cours en dépit de la sagesse des gouvernants[2].

---

1. Le titre d'Abou l'Djemal (le père des gracieusetés) qu'on ajoute quelquefois à son nom n'en fait pas partie et, si on l'exprime, il doit le précéder.
2. De Grammont, *Hist. d'Alger*, p. 190 et suiv. — Le même, *Relations de la France* (loc. cit., p. 438 et suiv.). — *Correspondance de de Sourdis*, t. II, p. 414 et suiv. — Le P. Dan, *Hist. de Barbarie*, p. 51

TUNISIE : MORT DU DEY YOUSSOF. LE PACHA OSTA-MOURAD LUI SUC-
CÈDE, SA MORT. IL EST REMPLACÉ PAR OZEN-KHOUDJA. COUP DE MAIN
DES CHEVALIERS DE MALTE. — Le 30 novembre 1637, avait eu lieu à
Tunis la mort du dey Youssof, après un règne de 27 ans. Dans
cette longue période et grâce au concours d'excellents officiers tels
que Ali-Thabet, Mourad-Pacha et Hammouda-Bey, il avait rétabli
la paix dans l'intérieur, fait rayonner son autorité sur les oasis et
les villes depuis longtemps indépendantes, et rattaché l'île de
Djerba à la Tunisie. Tunis lui dut, en outre, de nombreuses constructions et fondations d'utilité publique.

Mourad-Pacha lui succéda, après s'être débarrassé d'un sérieux
compétiteur, nommé Mani. Il s'occupa avec sollicitude de l'administration du pays et, pour fixer les Maures andalous, toujours
nombreux aux environs de la ville, les établit à Rar-el-Melah
(Porto-Farina), où ils formèrent une colonie qu'on protégea en
construisant un fort. La course fut florissante sous son administration. Mais Tunis, ayant concouru à la formation de la flotte
barbaresque envoyée en Orient, supporta comme Alger le désastre
de Velone, où ses huit galères furent perdues. Ce malheur causa
une véritable consternation à Tunis ; cependant l'autorité de Mourad n'en fut pas ébranlée. « Il sut, dit El-Kaïrouani, se faire
craindre des soldats ; c'était au point que, sous son règne, les Juifs
même n'étaient pas inquiétés et n'éprouvaient aucune injustice. »

En juin 1640, il cessa de vivre et fut remplacé par Ali-Khoudja,
dit Ozen-Khoudja, que les Yoldachs portèrent au pouvoir d'une
voix unanime. Le nouveau dey prenait le pouvoir dans des
circonstances assez défavorables, car le pays était, encore une
fois, en proie à la disette. Pour surcroît de malheur, les chevaliers
de Malte, conduits par le landgrave d'Osia, exécutèrent, le 24
août 1640, un audacieux coup de main, en pénétrant à la Goulette
en dépit des fortifications et des canons turcs et venant incendier
ou enlever, dans le port même, plusieurs navires des reïs tunisiens.
Pour prévenir le retour de ce fait, le dey ordonna la construction d'un nouveau fort à la Goulette.[1]

et suiv. — *Gazette de France*, année 1640. — Berbrugger, *Epoques militaires de la Grande Kabylie*, p. 110 et suiv. — Le même, *Notes sur la
révolte de Ben-Sakheri* (Revue afric., n° 59, p. 337 et suiv.).

1. El-Kaïrouani, p. 351 et suiv., 389 et suiv. — Rousseau, *Annales
Tunisiennes*, p. 48 et suiv.

CHAPITRE XIV

LUTTES DES CORSAIRES BARBARESQUES CONTRE LES PUISSANCES CHRÉTIENNES. — ANARCHIE AU MAROC

1641-1657

Extinction de la puissance de Ben-el-Kadi de Koukou. Confédérations des tribus kabiles. — Expédition de Youssof-Pacha dans l'Est. Il est renversé. — Révoltes à Alger. Mort d'Ali-Bitchnine, grand amiral. — Le Consulat d'Alger entre les mains des Lazaristes. Défaites maritimes des Algériens. — Rétablissement de l'autorité turque à Constantine. — Puissance de Hammouda-Bey en Tunisie. Ses victoires sur les indigènes. — Maroc : le chérif Moulaï-M'hammed est défait par les marabouts de Dela, puis il traite avec eux. — Moulaï-M'hammed, soutenu par les Arabes, s'empare d'Oudjda et fait des expéditions fructueuses dans la province d'Oran ; puis il conclut la paix avec les Turcs. — Révolte de Fès Ses habitants appellent Moulaï-M'hammed. Il est défait par Mohammed-el-Hadj et se confine à Sidjilmassa. — Luttes des corsaires barbaresques contre les puissances chrétiennes. État de l'Europe vers 1649. — Croisière de Robert Blake dans la Méditerranée. Les corsaires sont châtiés par les Vénitiens, les Français et les Hollandais.

EXTINCTION DE LA PUISSANCE DE BEN-EL-KADI DE KOUKOU. CONFÉDÉRATIONS DES TRIBUS KABILES. — Depuis l'établissement des Turcs en Berbérie, nous les avons vus tâchant sans cesse de s'assurer le concours des indigènes de la Grande-Kabilie, par des traités ou des alliances, ou cherchant à les réduire par la force. Malheureusement pour les uns, comme pour les autres, la puissance de Ben-el-Kadi, roi de Koukou, n'avait cessé de décroître et, depuis une trentaine d'années, les luttes intestines des descendants de cette famille achevaient de lui enlever son reste de force. Les Kabiles, cédant aux instincts et aux traditions de leur race, en profitèrent pour former de nouvelles confédérations, notamment celle des Guechtoula, composée des tribus établies aux environs de Bordj-Bou-R'eni, à l'extrémité occidentale de la grande chaîne du Djerdjera. Un chef indépendant, le cheikh Gassem, commandait cette confédération vers le milieu du xvii° siècle et la tradition de ses luttes contre les Turcs et de la puissance qu'il avait acquise subsiste encore dans le pays, mais sans aucun détail historique précis.

Vers 1633, un fils posthume de cet Ammar (ou Amor), roi de

Koukou, dont nous avons relaté l'assassinat, arriva des régions de l'est, où sa mère, exilée, l'avait mis au monde. Il se nommait Ahmed-Tounsi et était appuyé par un groupe nombreux de partisans. Il parvint, selon la tradition, à reconquérir la puissance, mais renonça à la résidence de Koukou, pour s'établir à Aourir chez les Beni-R'obri. Cette famille ne tarda pas à se fractionner et on désigna généralement ses membres sous le nom d'Oulad-Bou-Khettouche[1]. Un de leurs groupes, établi dans la région d'Akbou, et qui, plus tard, émigra en partie à Batna, a conservé le vocable traditionnel de Ben-el-Kadi, jusqu'à nos jours. Tels sont les renseignements que les souvenirs conservés sur place fournissent. Quant aux documents chrétiens de l'époque, c'est-à-dire les livres du père Dan et les récits des esclaves, ils parlent toujours d'un « Ben-Ali » roi de Couque, adversaire des Turcs. Mais nous ne craignons pas d'avancer, qu'à partir de la période comprise entre 1630 et 1640, les rois de Koukou disparurent, et que les luttes incessantes des Kabiles contre les Turcs furent provoquées par des confédérations telles que les Guechtoula dont nous avons parlé. Enfin nous n'hésitons pas à reconnaître dans ce « Ben-Ali » le daouadi Ben-Sakheri, descendant de Ben-Ali, et dont la famille était appelée pour cela « Aloui » ou « Ahl-ben-Ali »[2].

Expédition de Youssof-Pacha dans l'est. Il est renversé. — En 1641, la Kabilie étant de nouveau en état de révolte, le diwan décida qu'une expédition y serait faite. Le pacha Youssof, s'excusant sur son grand âge et ses infirmités, essaya, mais en vain, de se soustraire au périlleux honneur de la conduire. Bon gré, mal gré, il dut partir et obtint seulement la faveur de faire le voyage par mer, suivi d'une galère chargée de le surveiller pour qu'il ne prît pas la fuite, tandis que l'armée prenait la route de terre ; nous ignorons les détails de cette campagne ; mais il est probable qu'elle fut peu fructueuse, car, à son retour, l'année suivante, le malheureux pacha vit les Yoldachs se révolter contre lui et le jeter en prison au fort de Moulaï-Hassen.

Selon M. Vaysseltes[3] l'expédition du pacha Youssof, en 1641,

1. Ils ont encore des descendants à Tamda, Djama-es-Sahridj et Souama.
2. Guin, *Notice sur le cheikh Gassem des Guechtoula* (Revue afric., n° 28, p. 308 et suiv.). — Robin, *Organisation militaire des Turcs dans la Grande Kabylie* (Revue afric., n° 78, p. 135 et suiv.). — Berbrugger, *Notes sur la révolte de Ben-Sakheri* (loc. cit., p. 347 et suiv.). — Féraud, *Les Ben-Djellab* (loc. cit.).
3. Dans son *Hist. des beys de Constantine* (loc. cit., p. 339 et suiv.).

aurait été dirigée contre la ville de Constantine, où la famille Ben-Abd-el-Moumène avait repris l'autorité depuis près d'un an. D'après cet auteur, le pacha était entré en relations avec le marabout Ben-Sassi, de Bône, et sûr de son appui, avait cinglé vers cette ville, dans l'intention bien arrêtée de mettre fin aux troubles et à l'anarchie qui désolaient la province de l'Est, et avaient tari la source de ses revenus. Débarqué à Bône, Youssof marcha sur Constantine, où les troupes d'Alger, venues par terre, le rejoignirent. Il fit cesser l'anarchie dans cette ville, replaça les Ben-el-Feggoun au premier rang ; puis, y laissant des forces suffisantes, se mit à la poursuite de Ben-Sakheri, qui, sans doute, ne l'attendit pas, s'avança en maître jusqu'à Biskra et, de là, rentra à Alger, vers le milieu de l'année 1642.

Nous avons tenu à reproduire les deux versions contradictoires relatives à l'expédition du pacha Youssof. La première est fondée sur les récits des esclaves qui, à tout prendre, pouvaient être mal informés ; quant à la seconde, elle paraît la bonne ; nous possédons en effet les lettres du pacha à Ben-Sassi et leur texte ne laisse pas de doute sur ses intentions ; de plus, il est inadmissible qu'il eût pris la mer pour se rendre en Kabilie, à moins que ce ne fût à Dellis, car la campagne ne pouvait avoir pour théâtre le littoral, et cela est si vrai que les auteurs qui ont accepté cette version ont dû admettre comme corollaire l'hypothèse que la route de terre était interceptée. Cette opinion s'éclaire, du reste, par notre conjecture que le « Ben-Ali » des captifs est, en réalité, Ben-Sakheri. C'est après son retour de cette campagne qu'une révolte se produisit contre lui et qu'il fut incarcéré. Le pacha Mohammed-Boursali le remplaça[1].

Révoltes a Alger. Mort d'Ali-Bitchinine, grand-amiral. — Dans le mois de septembre 1644, les chevaliers de Malte s'emparèrent d'un navire ottoman sur lequel se trouvaient un officier du sérail et le cadi de la Mekke. Or, le sultan Ibrahim, qui avait, en 1640, succédé à son frère Mourad IV, était depuis longtemps excédé de l'audace de ces chevaliers et des pertes qu'ils lui faisaient supporter. Ce dernier affront fit déborder la coupe. Abandonnant la guerre qu'il soutenait, sans grand succès, contre les Cosaques de la mer Noire, il résolut d'en finir avec l'Ordre et Venise, et leur déclara la guerre (1645). Aussitôt il fit passer

---

1. Berbrugger (Revue afric., n° 59, p. 348). — De Grammont, *Relations avec la France* (loc. cit., p. 443 et suiv.). — Vayssettes, *Hist. de Constantine sous les Beys* (loc. cit.).

80,000 hommes dans l'Ile de Candie et donna aux pachas de Berbérie l'ordre de lui envoyer tous les navires de guerre, afin d'attaquer Malte. Le rendez-vous était fixé à Navarin.

Mais à Alger, comme à Tunis, le désastre de Velone était encore présent à tous les esprits et le dévouement des reïs avait été si mal récompensé par le sultan qu'on s'était juré, de part et d'autre, de ne plus répondre à ses réquisitions. A Alger surtout, la Taïffe, suivant l'impulsion de son chef, Ali-Bitchnine, n'avait pas caché sa colère et son dédain dont l'expression avait été transmise à Constantinople.

Forcé de renoncer à l'attaque de Malte, le Khakan, furieux de la désobéissance de ses sujets occidentaux, envoya à Alger deux chaouchs avec ordre de lui rapporter la tête d'Ali-Bitchnine et d'au moins quatre autres chefs de la Taïffe. Mais cette mission était plus facile à donner qu'à exécuter et, bien que le pacha Mohammed ne s'appliquât nullement à la faire réussir, le peuple en eut vent et une nouvelle révolte éclata. Le pacha, contre lequel la fureur populaire s'était tournée, parvint, non sans peine, à fuir et ne trouva de refuge que dans une mosquée où les rebelles le gardèrent à vue; quant aux deux chaouchs, ils n'échappèrent à la mort qu'en demandant asile à celui dont ils venaient chercher la tête et qui, pour prix de son intervention, obtint leur rembarquement. Il les avait en outre gagnés à son parti et décidés à le présenter comme le seul homme capable de rétablir la paix à Alger.

Une autre cause avait soulevé les yoldachs contre le pacha en les poussant à se joindre aux reïs : la solde était en retard et, sur ces entrefaites, le diwan décida qu'Ali-Bitchnine devrait faire l'avance de la somme nécessaire. En vain, l'amiral essaya de protester et d'amener le diwan à revenir sur sa décision ; on ne l'écouta pas et il ne lui resta qu'à se mettre en mesure de se procurer les fonds. Il parut s'y résoudre et gagna encore du temps, sous le prétexte que la somme nécessaire n'était pas complète chez lui ; puis, lorsqu'il fut impossible d'atermoyer davantage, il partit, une belle nuit, emportant son numéraire et ses objets précieux et gagna rapidement la Kabilie, où il avait des alliés et des amis.

Les rebelles étaient joués. Pour s'indemniser, ils mirent au pillage les magasins des Juifs et firent supporter des violences de toutes sortes aux Beldis. Tout à coup, on apprit que le Khakan, revenu de ses préventions contre Ali-Bitchnine, lui avait accordé ses faveurs, dans l'espoir évident d'obtenir le concours des reïs, et qu'un envoyé lui apportait le caftan d'honneur et des présents magnifiques. A cette nouvelle, le sentiment populaire change d'orientation : Ali est rappelé et fait son entrée dans sa bonne ville, au milieu des acclamations de tous. Mais cette heure d'ivresse fut courte. Le pacha Ahmed vint remplacer Mohammed-Boursali et, par une coïncidence que le peuple ne trouva pas naturelle, Ali-Bitchnine mourut subitement peu après. Son enterrement se fit avec une grande pompe au milieu d'un concours immense de population ; quant à sa fortune, qui était considérable, elle échut à son frère Ramdane. Avec lui disparut un des derniers et des plus intéressants reïs de la grande école du xvie siècle [1].

Le consulat d'Alger entre les mains des Lazaristes. Défaites maritimes des Algériens. — Les gouvernements turcs de la Berbérie, dont la course formait un des principaux rouages, avaient vu, depuis un demi-siècle, le nombre de leurs captifs chrétiens augmenter sans cesse ; ce qui avait eu, comme conséquence, de donner aux ordres religieux chargés de traiter des rachats une importance de plus en plus grande. Les relations qu'ils nouaient pendant leurs séjours, quelquefois longs, dans le pays, en faisaient des auxiliaires tout désignés pour les négociations politiques ou commerciales. Saint Vincent de Paul, qui avait été, dans sa jeunesse, captif à Tunis, et n'avait recouvré sa liberté que par une audacieuse évasion (le 18 juin 1607), en se lançant sur mer dans un esquif, avec quelques compagnons, ne cessa de travailler à soulager les misères dont il avait pu mesurer l'étendue et fonda, dans ce but, *l'Œuvre des Esclaves*. En 1645, deux lazaristes, le père Guérin et le frère Francillon furent adjoints au consul français de Tunis, M. Martin. Quelque temps après, Saint Vincent obtenait du roi l'autorisation d'acheter la charge de consul à Alger, qui était restée en principe la propriété de la famille de Vias, de Marseille, et il désignait le frère Barreau, membre laïque de la congrégation, pour la remplir. Le nouveau consul arriva à Alger au mois de juillet 1646 et, par sa douceur et son amabilité, se concilia, tout d'abord, la bienveillance des membres du diwan ; mais, à coup sûr, il ne sut leur imposer, car son extrême bonté, sa piété, constituaient un bagage insuffisant pour lui assurer de l'influence dans le milieu où il se trouvait placé. Le vent était à la guerre et la course battait son plein avec des alternatives de succès et de revers.

Les chevaliers de Malte étaient toujours les adversaires les plus redoutables des corsaires. Le 16 février 1647, dans

---

1. De Grammont, *Relations de la France* (loc. cit., p. 446 et suiv.).— Piesse, *L'odyssée de Chastelet des Boys* (Revue afric., n° 72, p. 448 et suiv.). — E. d'Aranda, *Voyage et captivité à Alger*, pass.

un combat acharné qui coûta la vie à leur chef, ils s'emparèrent du vaisseau amiral des Algériens, leur tuèrent 250 hommes, en firent prisonniers 150 et délivrèrent 45 captifs. Quelques jours plus tard, la flotte algérienne, sous le commandement du Capitan-Pacha, ce qui prouve qu'on avait fini en Berbérie par se soumettre aux ordres du Khakan, faillit prendre sa revanche en attaquant, dans le canal de Négrepont, les navires vénitiens. L'amiral Morosini avait déjà été tué et les reïs croyaient tenir la victoire, lorsque les galères vénitiennes, ramenées vigoureusement au combat par leurs chefs, rompirent, coulèrent, dispersèrent les vaisseaux algériens et turcs et forcèrent le reste de leur flotte à chercher un refuge à Candie (commencement de mars).

Ces deux échecs portèrent l'irritation des Algériens à son comble. Un nouveau pacha, nommé Youssof, venait d'arriver, avec l'ordre d'envoyer encore la flotte en Orient, pour venger le désastre de Négrepont ; ce qui n'était nullement du goût des reïs. On oublia facilement les bénéfices réalisés par la course au détriment des côtes de la Méditerranée pour ne voir que l'ennui des nouvelles charges exigées et il en résulta des troubles sérieux. Dans l'espoir de calmer les esprits, le pacha n'hésita pas à faire jeter en prison le consul Barreau ; cette incarcération fut, il est vrai, courte et relativement douce ; mais la violation flagrante du droit des gens n'en exista pas moins et ne fut pas relevée [1].

Rétablissement de l'autorité turque a Constantine. Le bey Farhate. — Sur ces entrefaites, la population de Constantine qui, depuis plusieurs années, vivait dans une sorte d'indépendance et avait repoussé les beys qui lui avaient été envoyés, se décida à adresser au pacha d'Alger une demande tendant à la nomination d'un titulaire au poste de bey de l'Est, en présentant pour remplir cet emploi Farhate, fils de Mourad-Bey. Youssof s'empressa d'accepter cette soumission et de nommer Farhate. La période de luttes intestines que Constantine venait de traverser était le dernier effort de l'ancien parti local, ayant à sa tête les Ben-Abd-el-Moumène pour ressaisir l'autorité. A partir de ce moment la famille Ben-el-Feggoun et le parti turc ont pris définitivement le dessus dans cette ville, qui vient d'être décimée par la peste et ruinée par les mauvaises récoltes.

La sage et ferme administration de Farhate-Bey ne tarda pas à

---

1. De Grammont, *Hist. d'Alger*, p. 199 et suiv. — Le même, *Relations de la France* (Revue afric., n° 165, p. 200 et suiv.). — *Lettres de saint Vincent de Paul*, pass. — *Gazette de France*, 1647.

rétablir la paix et, par suite, à ramener l'aisance dans le pays. Les grands chefs indigènes cessèrent toute hostilité et reprirent leurs relations de feudataires, soumis au moins dans la forme. C'est à partir de ce moment que l'on peut considérer la révolte de Ben-Sakheri comme définitivement éteinte ; car nous ne possédons aucun document qui l'établisse d'une manière positive.

Puissance de Hammouda-Bey en Tunisie. Ses victoires sur les indigènes. — En Tunisie, le dey Ozen-Khoudja continua à régner jusqu'en 1647, époque de sa mort. Il fut remplacé par un certain El-Hadj-Mohammed-Laz. Mais, à cette époque, les deys étaient absolument éclipsés par Hammouda-Bey, dont nous avons retracé les campagnes contre les rebelles de l'intérieur. Cet habile officier, qui reçut plus tard le titre de pacha, et est souvent désigné sous le nom de Mohammed-Pacha, parvint à courber sous le joug les Arabes de la plaine, les Berbères des montagnes et les citadins des bourgades, tous gens qui vivaient depuis longtemps dans l'indépendance, sans payer d'impôt, et tenaient le pays dans l'insécurité et la crainte. Aussi, les auteurs musulmans ne tarissent-ils pas d'éloges pour ce glorieux champion : « Que Dieu récompense Mohammed dans l'autre monde, pour avoir puni les Oulad-Saïd dans celui-ci, — s'écrie El-Kaïrouani, — car il les poursuivit sans relâche, leur arracha les richesses qu'ils avaient injustement acquises et les força à payer l'impôt. Ils furent réduits à nier leur origine, etc. » Et plus loin : « Il assiégea la montagne des Matmata et força les Berbères de cette région, qui se croyaient invincibles, à payer la capitation selon la taxe qu'il jugea convenable. » Les gens des montagnes d'Amdoun subirent le même sort. « Les Arabes, dit encore El-Kaïrouani, furent abattus sous ce chef redoutable. Les plus puissants furent, devant lui, comme des enfants sans force. Les Oulad-Bellil, qui avaient tant de puissance sous les Hafsides, les Oulad-Hamza, les Oulad-Saoula furent mis sous le joug. Ces Arabes sont de ceux dont Ibn-en-Naadj a dit que c'était un crime de leur vendre des armes[1]. El-Berzali a dit aussi que les Arabes d'Ifrikiya doivent être traités comme des ennemis de la religion. »

C'est à Hammouda-Bey que l'on doit l'organisation des Zemala en Tunisie. Il en eut le commandement direct. Les Dreïd et d'autres groupes isolés, recueillis par lui, en fournirent les éléments.

---

1. En même temps la bulle *In coena Domini* prononçait l'excommunication contre les chrétiens qui vendaient aux musulmans des armes et des munitions.

Le Kef, Badja, Kaïrouane furent les principaux points où il établit ces Zemalas ; nous avons vu, plus haut, qu'après avoir détruit les Ben-Chennouf, il avait confié le commandement des Henanecha au cheikh Khaled, de la famille des Harar. En 1644, ce chef se lança dans la révolte, nous ignorons pour quelle cause ; le pacha, ayant fait une campagne contre lui, le mit en déroute et l'obligea à demander la paix ; mais le rebelle ne l'obtint qu'au prix des honneurs et de la puissance dont il avait été revêtu. Selon El-Kaïrouani, le cheikh des Daouaoulda du Zab aurait même reconnu la suzeraineté du pacha Hammouda, ce qui est possible, si l'on place cette démarche avant le rétablissement de l'autorité turque à Constantine (1647)[1].

Maroc ; le cherif Moulaï-M'hammed est défait par les Marabouts de Dela, puis il traite avec eux. — Nous avons laissé Moulaï-M'hammed à Sidjilmassa, luttant contre les marabouts de Dela, et Abou-Hassoun du Sous, après avoir étendu quelque peu son autorité vers l'est. Il paraît s'être attaché spécialement à réduire la puissance d'Abou-Hassoun et lui avoir enlevé, non sans luttes, la province de Derâa, le forçant à se cantonner dans le Sous. Mais les marabouts de Dela ne pouvaient permettre une si grande extension d'autorité et bientôt la guerre éclata entre eux et le cherif. Nous n'en connaissons pas les péripéties. Nous savons seulement qu'en 1646, Mohammed-el-Hadj remporta une grande victoire au lieu dit El-Gara, sur Moulaï-M'hammed, et que, l'ayant poursuivi dans l'extrême-sud, il entra en maître à Sidjilmassa. Cette oasis fut livrée à la fureur des Berbères et, quand il ne resta rien à piller, leur cheikh consentit à traiter avec son adversaire et à partager avec lui les pays du Mag'reb, mais en se réservant, ce qui était assez naturel, la meilleure part. Les régions sahariennes et méridionales furent abandonnées au cherif, jusqu'au Djebel-Beni-Aïacha. Le reste constitua le domaine des marabouts de Dela, avec Fès, comme capitale. Il fut en outre stipulé que cinq groupes religieux se trouvant dans le territoire du cherif seraient neutralisés, ou plutôt continueraient à reconnaître l'autorité de la Zaouïa de Dela. Le cherif s'obligeait à n'intervenir en rien dans les affaires de ces gens. Après la conclusion

---

1. El-Kaïrouani, p. 355 et suiv., 390 et suiv. — Vayssettes, *Hist. des Beys de Constantine* (loc. cit., p. 350 et suiv.). — *Salah-el-Antri*, précis, pass. — Féraud, *Les Harars* (loc. cit., p. 201 et suiv.). — Le même, *Les Ben-Djellab* (loc. cit., p. 369). — Rousseau, *Annales Tunisiennes*, p. 49 et suiv.

de la paix, Mohammed-el-Hadj et ses bandes évacuèrent Sidjilmassa et rentrèrent dans leurs montagnes[1].

MOULAÏ-M'HAMMED, SOUTENU PAR LES ARABES, S'EMPARE D'OUDJDA ET FAIT DES EXPÉDITIONS FRUCTUEUSES DANS LA PROVINCE D'ORAN ; PUIS, CONCLUT LA PAIX AVEC LES TURCS. — L'échec éprouvé par le chérif M'hammed, tout sensible qu'il pût être à son amour-propre, vis-à-vis de ses rivaux de Dela, était presque un succès, puisqu'il consacrait ses conquêtes dans le Sud. Il ne paraît pas, du reste, avoir été, ne fût-ce qu'un instant, décidé à exécuter les conditions du traité et montra ses dispositions en cherchant chicane à Sidi-Mor'fer et autres marabouts qu'il devait respecter. Mais le moment n'était pas encore venu de jeter le masque et ce fut d'un autre côté qu'il se tourna.

S'étant mis en campagne, sans doute vers 1647, il pénétra dans les plaines du Haut-Moulouïa, chez les Angad, et reçut la soumission des Ahlaf et Segouna (des Maakil). Avec leur appui, il entra en maître à Oudjda, qui reconnaissait encore l'autorité des Turcs, et fit, de cette ville, le centre de ses opérations. Il effectua ensuite une razia fructueuse sur les Beni-Iznacene, également sujets nominaux des Turcs, ce qui enlevait aux marabouts de Dela tout prétexte à des observations ; puis, il envahit le territoire propre de Tlemcen, battit et razia les Oulad Zekri, les Oulad Ali-ben-Talcha et Beni-Mathar et les obligea à reconnaître son autorité. Après cela, ce fut au tour des Beni-Snous et des Douï-Yahïa de subir la puissance de ses armes. Il ramena, de ces expéditions, un grand nombre de prisonniers, et en rapporta un riche butin. Le tout fut déposé par lui à Oudjda.

Ces entreprises étaient trop fructueuses pour ne pas l'engager à pousser plus loin vers l'est. Bientôt, en effet, il tomba sur les R'ocel et Beni-Amer (Zor'ba), les razia et les contraignit à chercher un refuge auprès des Espagnols d'Oran ; puis, il revint jusque dans la campagne de Tlemcen, où il fit du butin. Les gens de cette ville, appuyés par les Turcs de la garnison, effectuèrent alors une sortie ; mais, au lieu de reprendre leurs bestiaux, ils éprouvèrent une défaite qui augmenta le butin du chérif.

Moulaï-M'hammed et ses alliés arabes passèrent l'hiver à Oudjda et, dès que la saison du printemps fut venue, ils parti-

---

1. *Nozhet-el-Hadi*, p. 281 et suiv., 286, 301 et suiv. du texte arabe, 466 et suiv. de la trad.

rent de nouveau vers l'est et raziéront les Ahrar, sur les hauts plateaux, au sud-est de Saïda. Ces grands succès frappèrent l'imagination des tribus sahariennes en excitant leur cupidité, ou éveillant le désir de tirer vengeance d'anciennes querelles. Mahmoud, cheikh des Hameïane, vint apporter au chérif la soumission de cette grande tribu et ses voisins les Mehaïa et les Dakhila l'imitèrent. Disposant ainsi de nombreux contingents de cavaliers hardis, Moulaï-M'hammed envahit le Tel de la province d'Oran et chassa devant lui les Soueïd, Hoceïne, Houareth et Hâchem, qui se retranchèrent dans le Djebel-Rached. Puis, il s'avança jusqu'à L'Ar'ouate, et à Aïn-Madi, mettant toutes ces contrées au pillage, ou recevant des soumissions de circonstance.

Cependant, les Turcs de Maskara et le bey de l'Ouest, qui résidait sans doute encore à Mazouna, s'empressèrent d'organiser comme ils le purent la défense, tout en adressant à Alger de pressants appels. Le pacha fit partir, le plus promptement possible, des troupes et des canons vers l'ouest ; mais le chérif rentra directement de Aïn-Madi à Oudjda ; puis, après avoir partagé le butin, il reprit le chemin de Sidjilmassa, donnant rendez-vous aux Arabes pour le printemps suivant dans les plaines des Angad. Quant à l'armée turque, elle traversa la province d'Oran sans rencontrer, pour ainsi dire, d'indigènes, car tous s'étaient réfugiés dans les montagnes du littoral, tant le chérif avait causé de terreur dans ces régions. Arrivés à Tlemcen, après avoir beaucoup souffert du manque de vivres, les Turcs furent très mal reçus par la population leur reprochant de l'avoir abandonnée aux attaques du chérif ; et bientôt l'armée reprit, fort mécontente, la route d'Alger, où elle arriva sans avoir pu recouvrer le moindre impôt. Elle ne s'était procuré sa nourriture, qu'au prix des plus grandes difficultés.

Le pacha d'Alger, que l'auteur d'*Et-Tordjemane* appelle Othmane, nom dont la mention ne se trouve nulle part, jugea la situation assez grave pour décider, de concert avec le diwan, l'envoi à Moulaï-M'hammed de deux ambassadeurs chargés de lui présenter un message rédigé dans des termes aussi fermes qu'habiles, afin de l'amener à conclure la paix. Ces envoyés parvinrent sans encombre à Sidjilmassa et entamèrent les négociations qui furent très laborieuses. En effet, l'irritation du chérif en recevant cette communication fut d'abord extrême et il malmena rudement les porteurs du message ; mais ceux-ci lui exposèrent, avec tant de patience, de si bonnes raisons, qu'il finit par se calmer et conclure la paix. Il s'engagea, par serment, à ne pas franchir la Tafna, formant, à partir de cette date, la limite du territoire ottoman « à moins que ce ne fut pour une œuvre agréable à Dieu et à son prophète »[1].

Révolte de Fès. Ses habitants appellent Moulaï-M'hammed. Il est défait par Mohammed-el-Hadj et se confine a Sidjilmassa. — Cependant les succès du cherif avaient eu un grand retentissement au Mag'reb, particulièrement à Fès. Cette ville, en effet, dont la population était assez inconstante, se trouvait humiliée d'obéir à un simple gouverneur, Abou-Beker-Et-Tameli, représentant les marabouts berbères. Au commencement de l'année 1649, une révolte éclata dans le Vieux-Fès ; mais le gouverneur, retranché dans la Nouvelle-Ville, résista avec avantage aux tentatives tumultueuses des rebelles, si bien que ceux-ci se décidèrent à appeler à leur secours le cherif. Moulaï-M'hammed s'empressa d'accourir. Il fut reçu dans le Vieux-Fès comme un libérateur et ne tarda pas à se rendre maître d'Abou-Beker qu'il jeta en prison. Mais, dès qu'il eut appris ces nouvelles, Mohammed-el-Hadj appela aux armes ses adhérents et marcha sur Fès. Le cherif sortit à sa rencontre et les deux troupes en vinrent aux mains sous les murs de la ville. Cette fois encore la victoire resta aux marabouts de Dela (1er juillet 1649) ; quant à Moulaï-M'hammed, qui était rentré dans le Vieux-Fès, il se rendit bientôt compte que ses partisans de la veille n'avaient plus confiance en lui et s'empressa de reprendre la route de Sidjilmassa.

Les gens du Vieux-Fès, réunis autour de Abd-el-Kerim, chef des Andalous, luttèrent encore pendant quelque temps contre Abou-Beker, l'ancien gouverneur ; néanmoins, ils finirent par se soumettre à Mohammed-el-Hadj, qui leur donna, pour le représenter, son fils Ahmed. C'est à cette époque que le chef des marabouts de Dela prescrivit au gardien des tombeaux des Edricides, Ali-ben-Edris-el-Djouthi, de retirer des sépulcres de cette famille les restes des cherifs d'origine récente qui y avaient été inhumés et, comme ledit Ali s'y refusait, il fit attaquer la mosquée par ses soldats, ce qui eut pour conséquence de déterminer l'émigration du représentant des Edricides.

La dernière défaite du cherif sembla lui avoir enlevé toute confiance en lui-même. Il se confina dès lors à Sidjilmassa, s'appliquant à conserver ce qu'il possédait et se bornant à adresser aux marabouts de Dela des messages insultants. Il cherchait à se consoler de sa déchéance en composant des vers satiriques sur ses

---

1. *Et-Tordjeman* (trad. Houdas, p. 6 et suiv.), texte arabe, p. 3 et suiv.

rivaux, ou en leur écrivant de longues lettres, indigestes factums, où la haine et la jalousie se cachent sous les fleurs d'une rhétorique de mauvais goût. En 1654, Mohammed-Cheikh, sultan de Maroc, termina obscurément sa vie et fut enterré auprès de son père, dans les sépulcres des chérifs. Son fils Moulaï Ahmed-el Abbas lui succéda ; il paraît avoir borné son ambition à assurer la conservation de son petit royaume ; mais ses parents par alliance, les chefs des Chebanate, ne tardèrent pas à le lui disputer[1].

Luttes des corsaires barbaresques contre les puissances chrétiennes. État de l'Europe vers 1649. — Tandis que le Maroc était le théâtre de ces événements, Alger se trouvait de nouveau ravagé par la peste. Cependant, les corsaires se livraient avec ardeur à leur industrie, encouragés par le pacha, et il serait fastidieux de rappeler leurs prouesses en mer et sur les côtes ; mais, ainsi que nous l'avons dit, le Khakan réclamait, depuis quelque temps, leurs services et, comme il n'y avait plus à douter de leur mauvaise volonté, il se décida à leur faire tenir une gratification de 60,000 soultanis (pièces d'or), moyennant quoi les reïs envoyèrent quelques navires. C'était un précédent qu'ils ne devaient pas laisser tomber en désuétude. Quant aux navires algériens, après avoir concouru au ravitaillement de La Canée et pillé sur les rivages amis et ennemis, ils prirent part au combat naval de Fochia, où l'amiral Riva remporta un beau succès sur les musulmans (1649).

La Méditerranée fut, à cette époque, le paradis des pirates barbaresques. La France avait eu toutes ses forces occupées par la guerre contre les Espagnols, pendant la fin du règne de Louis XIII et les premières années de la minorité de Louis XIV, puis la paix de 1648 avait été conclue non sans peine, car il fallait que tous les personnages ayant joué un rôle dans ce long duel profitassent matériellement de l'abaissement de l'Espagne. Mais la Fronde, en diminuant le pouvoir et en occupant généraux et hommes d'état, enlevait au gouvernement toute force et toute initiative extérieures. Naples avait vu un pêcheur s'emparer de l'autorité pour neuf jours et le duc de Guise, héritier de la maison d'Anjou, arriver avec une escadre de 30 vaisseaux dans le but de ramasser cette couronne (1648). Mais, malgré son courage et son audace, il ne put triompher de la haine traditionnelle portée, dans le pays, au nom fran-

---

1. *Et-Tordjeman*, p. 9 et suiv. de la traduction, 4 et suiv du texte arabe. — *Nozhet-el-Hadi*, p. 254, 282 et suiv., 301 et suiv. du texte arabe, 428 et suiv., 467 et suiv. de la trad.

çais, et n'aboutit qu'à se faire prendre par les Espagnols. Or les Guises n'avaient cessé de s'occuper de la Berbérie et l'on sait qu'ils étaient intéressés dans les affaires du Bastion.

Quant à l'Espagne, humiliée, démembrée, luttant depuis des années contre la révolte de Catalogne, sur son propre territoire, ayant vu le prestige de sa vieille infanterie s'évanouir définitivement à Rocroy et le Portugal se détacher et reprendre son indépendance ; ruinée, en proie à la pauvreté et ne possédant plus sa puissante marine, elle avait, depuis longtemps, renoncé à ses conquêtes en Afrique, ne pouvant même plus protéger ses colonies et ses propres rivages. La guerre, du reste, avait recommencé en Flandre, dans les Pays-Bas, en Catalogne, en Portugal. Le dévot Philippe IV, dans cette conjoncture, allait bientôt prendre l'initiative de pourparlers avec le puritain Cromwel et solliciter l'alliance du lord-protecteur.

La situation de l'Europe fait comprendre pourquoi, en 1650, les corsaires ont le champ libre. Seuls, les chevaliers de Malte, sur les côtes d'Afrique, et les Vénitiens, dans l'Archipel, luttent avec un courage que rien n'abat contre les reïs et les Turcs. En 1521, le pacha Youssof fut remplacé à Alger par un certain Mohammed. Dans la même année, l'amiral vénitien Moncenigo battait la flotte turco-barbaresque devant Candie. Les Turcs accusèrent hautement les reïs d'Alger et de Tripoli d'avoir, par leur lâcheté, causé cet échec, et parlèrent même de leur couper la tête.

En 1652, Morosini, frère de l'amiral vénitien tué précédemment, enleva, près du cap Matapan, douze vaisseaux, que les reïs, dûment payés, conduisaient en Orient ; mais à côté de ces mauvaises journées, inévitables à la guerre, que de compensations, ou, en jugeant les choses au point de vue algérien, que de gloire !

La Hollande, lasse d'être rançonnée, avait, en 1651 ou 1652, conclu un traité avec Alger. Mais, malgré les sacrifices faits et l'humiliation acceptée, c'est à peine si les reïs avaient tenu compte des privilèges accordés par le diwan. Les Anglais, aussi, par l'intermédiaire du sieur Caron, appuyé par un navire de guerre, avaient conclu une sorte d'arrangement avec les Algériens, en 1646 ; ces conventions ne tardèrent pas à devenir lettre morte et les corsaires poussèrent l'audace jusqu'à insulter le pavillon anglais en face de Plymouth.

CROISIÈRE DE ROBERT BLAKE DANS LA MÉDITERRANÉE. LES CORSAIRES SONT CHATIÉS PAR LES VÉNITIENS, LES FRANÇAIS ET LES HOLLANDAIS. — C'était pousser trop loin l'audace. A la fin de 1653, comme l'Angleterre venait de rompre avec l'Espagne, l'amiral

Robert Blake, *le roi de la mer*, reçut du *Protecteur* l'ordre de conduire une magnifique escadre dans la Méditerranée et d'obtenir des satisfactions de tous ceux qui, maures ou chrétiens, avaient molesté les nationaux ; il devait aussi employer une partie de ses ses vaisseaux à poursuivre et enlever les galions revenant des Indes.

Après différentes stations sur les côtes d'Italie, où il contraignit le grand-duc de Toscane et même le Pape à lui verser des indemnités importantes, Blake jeta l'ancre le 8 février 1654 à Porto-Farina. Le bey (sans doute Hammouda) s'empressa d'accourir sur la côte, avec toutes ses forces disponibles, plein de confiance dans la solidité des fortifications de la Goulette. Ne jugeant pas devoir attaquer alors, l'amiral anglais leva l'ancre ; mais, le 3 avril, il reparut en rade et, le lendemain matin 4, entra audacieusement dans le port, à une demi-portée de fusil des batteries turques, puis les neuf vaisseaux s'avancèrent sous le feu terrible des canons turcs, dont les artilleurs revenus de leur surprise faisaient rage. L'issue de cette entreprise paraissait encore indécise, bien que le feu des navires anglais, malgré les projectiles dont ils étaient criblés, produisît un effet considérable sur les fortifications turques, lorsque Blake, profitant de la fumée, fit mettre dans des chaloupes un certain nombre d'hommes déterminés, munis de torches, qui pénétrèrent au milieu de cinq gros vaisseaux tunisiens abrités dans le port, et les incendièrent ; les canons des navires avaient, pendant ce temps, à peu près éteint le feu des batteries de terre et l'amiral donna le signal de la retraite. Ce glorieux combat avait duré quatre heures.

Blake cingla ensuite vers Tripoli, mais le pacha de cette ville, instruit par l'exemple de Tunis, s'empressa d'éviter un sort semblable en allant au devant des Anglais et leur donnant toutes les satisfactions qu'ils pouvaient désirer : à son retour, l'amiral anglais se présenta de nouveau devant Tunis et trouva les esprits tout disposés à un arrangement. Il obtint même l'autorisation, pour son pays, d'avoir un consul dans cette ville.

L'orgueil des Algériens restait à abattre. Blake entra, sans hésitation ni pourparlers, dans le port avec son escadre et mit à terre un parlementaire chargé de son ultimatum. Alger ne songea même pas à la résistance ; bien au contraire, le pacha offrit à la flotte un troupeau de bœufs pour sa consommation et s'obligea à restituer les captifs anglais, à la condition que le prix en serait versé aux propriétaires, ce qui fut accepté. Peu après, Blake levait l'ancre. Au moment de l'appareillage, il se passa un fait assez extraordinaire : un grand nombre d'esclaves hollandais se jetèrent à la nage, malgré la poursuite de leurs patrons, et parvinrent, pour la plus grande partie, à se réfugier sur les bateaux anglais. L'amiral suspendit alors le départ et, au moyen de collectes faites dans les équipages, se procura les sommes nécessaires pour désintéresser les patrons. A la fin d'avril 1655, Blake avait terminé cette belle croisière.

Dans cette même année, Morosini enlevait encore sept vaisseaux algériens devant Ténédos, et la flotte française du Levant livrait, sur les côtes de France et dans le golfe du Lion, de glorieux combats aux corsaires, qui étaient expulsés avec pertes de ces régions. Les Hollandais ne voulurent pas rester en arrière. En 1656, le grand Ruyter, rencontrant à l'entrée du détroit de Gibraltar une flotte barbaresque, prenait ou coulait dix-huit navires de guerre. Enfin, en divers lieux, les Vénitiens, les Génois et les chevaliers de Malte infligeaient aux corsaires de dures leçons [1].

1. De Grammont, *Relations de la France* (loc. cit., p. 209 et suiv.). — R. L. Playfair, *Relations de la Grande Bretagne* (Revue afric., n° 130, p. 316 et suiv.). — *Gazette de France*, années 1651 à 1657. — Rosseeuw Saint-Hilaire, *Hist. d'Espagne*, t. XI, pass.

CHAPITRE XV

LUTTES DES PUISSANCES CHRÉTIENNES CONTRE LES CORSAIRES
EXTINCTION DE LA DYNASTIE DES CHÉRIFS SAADIENS

1054-1664

Farhate-Bey et son fils Mohammed à Constantine. — Abandon des Établissements par le directeur Picquot. Avanies faites au consul Barreau à Alger. — Révolte contre le pacha Ibrahim. Les Yoldachs reprennent le pouvoir. Abaissement de la Taïffe. Khalil-Ag'a. — Alger sous le gouvernement du diwan et des ag'as. Croisières des Français, des Anglais, des Hollandais et des Italiens contre les reïs. Ceux-ci résistent et font subir des pertes considérables. — Tranquillité de la Tunisie. Ses traités avec l'Angleterre et la Hollande. Hammouda-pacha, partage son commandement entre ses fils. — Les Anglais prennent possession de Tanger à eux cédé par le Portugal. — Moulaï Ahmed-el-Abbas est assassiné par les Chebanate. Extinction de la dynastie saadienne. — Mort de Moulaï-Cherif à Sidjilmassa. Son fils Rached se réfugie à Dela. Anarchie dans le Mag'reb. — Moulaï-Rachid se fait proclamer sultan à Oudjda. Son frère Moulaï-M'hammed est défait et tué par lui. Il s'empare de Tafilala. — Appendice : Chronologie des Chérifs saadiens ayant régné.

FARHATE-BEY ET SON FILS MOHAMMED A CONSTANTINE. — L'histoire de la Berbérie turque se concentre tellement, à cette époque, dans les luttes de ses corsaires, que nous avons été amenés à négliger les événements plus particulièrement locaux, sur lesquels nous allons rapidement revenir.

La pacification de la province de Constantine, sous l'habile direction de Farhate s'était complétée. « En 1653, dit M. Vayssettes, ce bey rassembla les produits des impôts Zekkat et Achour et se rendit à Alger pour offrir en personne le tribut au pacha. A son cortège s'étaient joints les chefs arabes de la province et les membres des familles les plus notables de la ville. Quand il arriva à Alger, les fonctionnaires du gouvernement (Kraça) allèrent à sa rencontre pour lui offrir leurs félicitations et leurs hommages. » Ainsi, les relations avec le beylik de l'Est étaient rétablies et la route avait cessé d'être interceptée. Après avoir séjourné, selon l'usage, huit jours dans la capitale, Farhate-Bey alla prendre congé du pacha et lui remit sa démission ; rien ne put le faire revenir sur cette détermination et, conformément à ses désirs, on conféra, à son fils Mohammed, le titre de bey de l'Est. Farhate reprit alors la route de Constantine. Ayant rencontré à Hamza (Bordj-Bouira) son fils Mohammed, venu à sa rencontre, il lui remit solennellement le caftan d'investiture et rentra avec lui au chef-lieu. Malgré ce désistement officiel, Farhate continua à diriger les affaires à Constantine, secondé par son fils, dont il avait assuré l'avenir. Ainsi, ces fonctions qui, dans l'origine, devaient être essentiellement temporaires, tendaient à devenir l'apanage de familles et à former de véritables dynasties de beys [1].

ABANDON DES ÉTABLISSEMENTS PAR LE DIRECTEUR PICQUET. AVANIES FAITES AU CONSUL BARREAU A ALGER. — En 1654, une terrible peste ravagea tout le nord de l'Afrique et fut portée par les reïs jusqu'en Orient. Le pouvoir avait été exercé dans les dernières années, à Alger, par un pacha du nom de Mohammed, remplacé par Ahmed, puis successivement, en 1655, par Ibrahim et par le même Ahmed. L'anarchie était complète dans cette ville et le malheureux consul lazariste Barreau en supportait les conséquences. Il ne sortait de prison que pour entrer au bagne, ou être soumis à la bastonnade la plus inhumaine, et on avait pris l'habitude, en présence de sa facilité à se plier à toutes les exigences, de le rendre responsable des dettes et des faillites de ses compatriotes. Tout l'argent de la congrégation y passait, en outre de la fortune personnelle du consul, et cela ne faisait nullement l'affaire de ses commettants. Saint Vincent de Paul s'épuisait en démarches et les consuls de Marseille n'étaient pas contents.

Sur ces entrefaites, le sieur Picquet, qui avait continué de diriger les établissements de La Calle, ayant appris que l'ambassadeur de France avait été maltraité à Constantinople et qu'Ibrahim arrivait de nouveau, à Alger, comme pacha avec des instructions très malveillantes pour les Français, se figura qu'il allait être l'objet de violences et se décida à abandonner le Bastion. Ayant chargé sur des barques tout ce qu'il put emporter, en outre de 50 musulmans, emmenés de force, afin de s'indemniser de ses pertes, par leur vente, il mit le feu aux constructions, abandonna le blé et les canons, et fit voile pour Livourne, où il arriva le 25 octobre 1658. La nouvelle de cet événement produisit à Alger une émotion considérable et les conséquences en retombèrent sur notre malheureux consul. En même temps, une émeute éclatait à Marseille, car on avait acquis la certitude que les fonds, mis à la

---

1. Vayssettes, *Hist. des beys de Constantine* (Rec. de la Soc. archéol. de 1868, p. 255 et suiv.). — *Salah-el-Antri*, pass.

disposition de Barreau pour le rachat des captifs, avaient été versés par lui aux Turcs, sans profit. La foule se porta au siège de la congrégation et voulut l'envahir. Cependant, Saint Vincent de Paul faisait en France l'impossible pour obtenir la restitution des captifs et la mise en liberté de Barreau, qu'il fallait à tout prix remplacer. M. Rominhac vint à Alger, comme envoyé de Louis XIV, afin d'arranger les affaires et pour annoncer que le souverain avait remplacé Picquet par le sieur L. Campon, comme directeur des établissements ; il y fut assez bien accueilli, mais une révolution, importante par ses conséquences, ayant éclaté à ce moment, empêcha que toute suite pût être donnée à ces propositions.

Révolte contre le pacha Ibrahim. Les Yoldachs reprennent le pouvoir. Abaissement de la Taïffe. Khalil-Ag'a. — En 1659, le pacha Ibrahim reçut d'Orient l'avis qu'il était remplacé par un certain Ali. Aussitôt, il envoya à Constantinople 200,000 piastres qui furent distribuées aux principaux fonctionnaires, dans le but d'obtenir son maintien à Alger. Mais notre pacha était particulièrement avare et ne se décidait à des sacrifices pécuniaires qu'à la condition de rentrer le plus tôt possible dans ses avances. Or, il ne trouva rien de mieux, à cet effet, que de prélever la dime sur les indemnités envoyées par la Porte aux reïs comme salaire de leur concours, et, pour justifier cette prétention, fit valoir que la guerre nuisait à la course et lui enlevait une source importante de revenus. Mais les reïs ne goûtèrent pas ce raisonnement et se mirent en état de révolte contre son autorité ; ils se portèrent au palais, maltraitèrent le pacha et enfin le jetèrent en prison. Seulement ils ne profitèrent pas de la révolution qu'ils avaient faite et, ainsi que cela arrive quelquefois, ce furent leurs adversaires qui en eurent tout le bénéfice. La milice avait vu en effet son autorité contrebalancée, annihilée même, par les reïs soutenus par les pachas. Aussi les Yoldachs jugèrent-ils le moment venu de prendre leur revanche et de rétablir les règles démocratiques de leur institution, à peu près tombées en désuétude.

Le Bouloukbachi Khalil, s'étant mis à la tête du mouvement, fit décider par le diwan que le pacha n'aurait plus à se mêler de la direction des affaires ; que, par déférence pour le Khakan, on ne le repousserait pas et qu'on lui laisserait même quelques honneurs et de petits profits ; mais que le diwan, seule source de l'autorité, serait présidé par l'Ag'a, ou chef de l'armée, dont la fonction ne pouvait durer plus de deux mois. Cette décision consacrait l'abaissement de la Taïffe et l'éloignement complet des reïs de toute participation aux affaires.

Khalil, nommé Ag'a, prit en réalité la direction du gouvernement et commença par donner satisfaction aux plaintes du commerce en faisant voter une réduction des droits de douane. Le consul français jugea la situation sauvée et s'empressa d'en faire part à la chambre de Marseille. Mais le gouvernement, toujours disposé à ne pas tenir compte des renseignements locaux, estima qu'accepter cette transaction serait en quelque sorte ratifier une rébellion flagrante contre une puissance alliée et refusa de traiter avec Khalil. En même temps, le chevalier de Valbelle continuait à courir sus aux reïs; ce qui amena de nouveaux troubles à Alger et détruisit toute l'autorité morale de Khalil, qu'une notion plus exacte des hommes et des choses du pays, ainsi que des vrais intérêts de la France, aurait dû faire soutenir par nos gouvernants (1660)[1].

ALGER SOUS LE GOUVERNEMENT DU DIWAN ET DES AG'AS. CROISIÈRES DES FRANÇAIS, DES ANGLAIS, DES HOLLANDAIS ET DES ITALIENS CONTRE LES REÏS. CEUX-CI RÉSISTENT ET FONT SUBIR DES PERTES CONSIDÉRABLES. — A la suite des nouvelles et sensibles pertes que les chevaliers de Malte firent éprouver aux Algériens, en enlevant leurs navires sur les côtes de France et d'Espagne, le consul Barreau avait encore été molesté : mais les reïs ne s'en étaient pas tenus là ; exploitant le mécontentement des Yoldachs contre Khalil qui conservait le pouvoir, bien que ses deux mois de commandement fussent depuis longtemps expirés, il les entraînèrent à la révolte et, tous ensemble, firent irruption dans le palais et massacrèrent Khalil ; puis ils le remplacèrent par Ramdane-Ag'a. Un pacha, du nom d'Ismaïl, était arrivé, quelque temps auparavant, pour recueillir, comme représentant de la Porte, le triste héritage de ses devanciers.

Saint Vincent de Paul, mort en 1660, avait été remplacé par M. Alméras, dont un des premiers actes fut d'envoyer à Alger le frère Dubourdieu, désigné déjà par son prédécesseur pour relever Barreau. Il arriva à Alger dans le mois d'août 1661, juste au moment où l'ag'a Ramdane était assassiné à son tour. La question du règlement des prises et l'exagération de ses prétentions paraissent avoir été la cause de sa mort. Son cadavre, mis en pièces, servit de jouet à la populace et vingt-huit de ses partisans subi-

---

1. De Grammont, *Relations avec la France. Lettres du consul Barreau* (Revue afric., p. 166, n° 281 et suiv.). — Le même, *Hist. d'Alger*, p. 207 et suiv. — *Gazette de France*, 1659-60. — Watbled, *Pachas, Pachas-deys* (Revue afric., n° 102, p. 439 et suiv.).

rent le même sort. Il fut remplacé par un renégat, d'origine portugaise, qui se faisait appeler Châbane-Ag'a. Peu après, les Yoldachs retiraient de prison Ibrahim, l'ancien pacha ; à peine libre, celui-ci chercha à se débarrasser de Châbane par l'assassinat, mais son adversaire le prévint en le faisant maçonner entre quatre murs.

Ainsi, en quelques mois, trois ag'as s'étaient succédé au pouvoir et deux d'entre eux avaient péri de mort violente. Cela montre ce que pouvait être alors la vie sociale et politique à Alger. Pendant ce temps, les corsaires faisaient rage, car le nouvel ag'a avait déchiré les traités antérieurs et décidé qu'on n'en signerait plus avec les Français ; mais ils avaient à lutter contre de rudes adversaires dont les incessantes croisières rendaient le métier de plus en plus périlleux.

Le duc de Mercœur, le marquis de Créqui, le commandeur Paul, pour la France, ne cessaient de parcourir la mer et de fouiller les anses de la côte africaine, capturant les corsaires qu'ils rencontraient. Le chevalier de Valbelle et le comte de Verüe, à l'exemple des barbaresques, venaient audacieusement enlever des musulmans sur leurs propres terres (1660-61). Décidé à agir plus efficacement encore, le gouvernement français envoyait secrètement le chevalier de Clerville pour reconnaître l'endroit le plus favorable à un débarquement et à une occupation, et, le 22 juin 1662, cet officier adressait à Colbert un rapport où il indique la baie de Stora, comme remplissant les meilleures conditions.

Dans le printemps de cette année 1662, le duc de Beaufort, enleva aux corsaires barbaresques une vingtaine de navires. L'année suivante, le hardi et habile commandeur Paul prit aux reïs un nombre égal de vaisseaux, et fut sur le point de s'emparer de Collo ; s'étant ensuite joint au duc de Beaufort, il essaya avec lui de surprendre et de brûler la flotte des reïs dans le port d'Alger ; mais le coup manqua par la trahison d'un pilote qui faillit mettre à la côte une partie des navires français et causa un retard permettant aux corsaires de se tenir sur leurs gardes.

L'Angleterre avait cherché à compléter les résultats obtenus par l'amiral Blake. En 1659 le comte de Winchelsea, spécialement envoyé, avait conclu avec les Algériens un nouveau traité. Cependant, en 1661, l'amiral Edw. Montague, comte de Sandwich, venu pour prendre possession de Tanger, comme nous le dirons plus loin, s'avança jusqu'à Alger et Tunis, dans le but d'effectuer le rachat des captifs anglais et de régler la question des prises. Mais, au lieu d'un pacha, représentant plus ou moins le gouvernement local, il n'y trouva qu'un diwan insaisissable, composé de personnalités vulgaires et brouillonnes entre lesquelles toute responsabilité s'émiettait. Il essaya alors de l'intimidation, en lançant quelques boulets qui lui furent rendus avec usure et dut se retirer en chargeant son vice-amiral, sir Lawson, de continuer la croisière (juillet 1661). Le duc de Tursi et Grimani agissaient aussi avec vigueur pour les gouvernements italiens.

En 1662, Ruyter vint, avec la flotte hollandaise, donner la chasse aux corsaires. Centurionne, commandant les navires de Gênes, s'était joint à l'escadre de Lawson et cette flotte combinée porta la terreur sur tous les points où elle se montra. Dans les premiers jours d'avril, elle canonna Bougie et, après avoir enlevé plusieurs navires aux reïs, poussa les autres devant elle de façon à les faire tomber dans les mains de Ruyter que l'on savait à Alger. Il y était effectivement, mais venait, avec une véritable inopportunité, de conclure une trêve de huit mois, sans avantage sérieux, en profitant de la panique causée chez les Algériens par une violente tempête qui avait englouti plusieurs de leurs navires dans le port même, tandis qu'un tremblement de terre renversait une partie du môle. L'amiral anglais eut donc le dépit de voir passer successivement les fugitifs sous les canons de la flotte hollandaise qui sembla protéger leur rentrée. Sir Lawson se décida alors à conclure également, avec Alger, une paix sans honneur ni avantage (23 avril 1662).

De tels traités ne pouvaient offrir aucune garantie. Aussi, en 1663, la Hollande envoya-t-elle dans la Méditerranée une nouvelle escadre, sous le commandement du brave et hardi Cornil Tromp. Sir Lawson y revenait en même temps et les Algériens ne tardèrent pas à en pâtir; pour s'en venger, la populace se porta en foule au consulat anglais, en arracha le consul et, après lui avoir fait supporter mille avanies, le traîna dans la campagne et l'attela à la charrue, comme une bête de somme, en attendant que son gouvernement eût versé un million d'écus d'or, réclamé comme indemnité par les Algériens.

On croit véritablement rêver, en voyant une poignée de corsaires, sans gouvernement proprement dit, sans organisation régulière, sans puissance réelle, braver ainsi des puissances comme la Hollande, l'Angleterre, la France, l'Espagne, les royaumes italiens, toutes intéressées à faire cesser un tel état de choses et agissant simultanément, mais sans aucune entente, dans ce but. A ce déploiement de forces, à ces croisières incessantes, les reïs opposent un redoublement d'audace et, pour mieux résister, ne voyagent plus qu'en escadres, prêtes, au besoin, à soutenir un combat en ligne. Certes, les corsaires font tout pour éviter de se mesurer avec un Blake, un Ruyter, un Tromp, un commandeur Paul et, quand ils sont forcés d'accepter la bataille, ils savent ce qui leur en coûte ; mais ils n'ont pas toujours affaire à des ennemis aussi redoutables et aussi habiles. Dans le seul automne de 1661, l'escadre algérienne, forte de trente vaisseaux, s'emparait de douze navires anglais, d'autant de français et d'italiens et de neuf hollandais. L'Italie se plaignait d'une perte de deux millions de livres et de 500 hommes, enlevés par les seuls Algériens, dans une campagne. Marseille estimait ses pertes à plus de 14,000 écus. La sécurité avait disparu, le commerce était frappé au cœur.

Pendant ce temps, Alger était livré à la pire des tyrannies, celle de la populace. En octobre 1662, les esclaves chrétiens, d'accord avec les Kabiles, organisèrent tout un plan de rébellion ; un dominicain devait leur ouvrir les portes de la Kasba ; malheureusement il fut dénoncé, torturé, pour qu'il dénonçât ses complices et enfin enterré vif dans un bloc de pisé. La conspiration avorta ainsi et les esclaves en éprouvèrent une aggravation fâcheuse dans leur situation. Pour comble de maux, la peste ravageait encore le pays et se propagea jusqu'à Toulon où elle fit de nombreuses victimes[1].

Tranquillité de la Tunisie. Ses traités avec l'Angleterre et la Hollande. Hammouda-Pacha partage son commandement entre ses fils. — Tunis offrait alors un contraste frappant avec Alger. Certes, les ports de la Tunisie abritaient plus d'un corsaire ; mais la capitale avait un gouvernement avec lequel on pouvait traiter et qui était en mesure de donner les réparations légitimes. Quant aux deys, ils s'y succédèrent en voyant leur autorité éclipsée par celle de Hammouda-Bey. En 1660, le dey Hadj-Moustafa-Laz, qui avait remplacé, depuis plusieurs années, Hadj-Mohammed, envoya un de ses principaux officiers, nommé Sidi-Ramdane, au roi Louis XIV pour protester de son amitié et de son désir de maintenir de bonnes relations. Le 5 octobre 1662, la Tunisie signait avec l'Angleterre un traité de paix et de navigation. Le 30 septembre suivant, Ruyter s'arrangeait avec le dey dans des conditions analogues pour les Pays-Bas. Néanmoins, le gouvernement tunisien s'attachait à se montrer, en toute circonstance, le vassal dévoué et respectueux du sultan.

Ruyter et le commandeur Paul s'étaient successivement présentés devant Tripoli et, sous la menace d'un bombardement, avaient

---

1. De Grammont, *Relations de la France* (loc. cit., p. 291 et suiv.). — *Relation de la captivité d'Aranda* (Paris, 1657). — *Gazette de France*, 1661-62-63. — R. L. Playfair, *Relations de la Grande Bretagne* (Revue afric., n° 132, p. 402).

obtenu toutes les satisfactions demandées. L'intérieur de la Tripolitaine continuait à être en proie à des révoltes constantes.

Hammouda-Bey obtint de la Porte (en 1659) l'honneur de remplacer son titre de bey par celui de pacha ; ce fut, à Tunis, l'occasion de brillantes fêtes, car il y était très populaire ; néanmoins ses relations avec les deys ne furent pas troublées, ce qui indique de sa part une réelle modération et l'absence de toute ambition. Du reste, n'était-il pas le véritable souverain, sans avoir la responsabilité du pouvoir ! Toute l'administration intérieure du pays se trouvait entre ses mains, le dey se bornant, pour ainsi dire, à la direction des affaires extérieures. Hammouda faisait des tournées régulières dans les tribus, mais il ne parcourait plus ce pays en guerrier, car il l'avait si bien pacifié qu'il y voyageait en carrosse, accompagné d'un cadi pour l'éclairer sur les questions purement judiciaires. En rapports réguliers avec les notabilités de l'Orient, il recevait des cadeaux de Turquie, d'Egypte, de Syrie et même de l'Irak, et en expédiait partout.

Cependant le pacha, depuis si longtemps sur la brèche, jugea, en 1663, que le moment était venu pour lui de se retirer de la scène politique. Il partagea les fonctions et les honneurs dont il était revêtu entre ses trois fils : l'aîné, Mourad-Bey, reçut le commandement suprême de l'armée : Abou-Abd-Allah-Mohammed-Bey, le second, eut le sandjak ou gouvernement de Kaïrouan, avec Souça et Monastir : enfin, au troisième, Hassan-Bey, échut le gouvernement de l'Ifrikiya, proprement dite (le sud). Hammouda se consacra alors aux travaux qu'il avait entrepris, c'est-à-dire à l'achèvement de la mosquée située à côté de la Zaouïa du cheikh Ben-Arous et à l'embellissement du palais du Bardo [1].

Les Anglais prennent possession de Tanger a eux cédé par le Portugal. — La veuve de Jean IV de Portugal, régente du royaume pour son fils Alphonse VI, lasse des luttes qu'elle soutenait contre l'Espagne, et cédant aux conseils de Mazarin, contracta avec Charles II, qui venait de remonter sur le trône d'Angleterre, une alliance scellée par le don de Catherine de Bragance, sa fille, en mariage, avec une dot de 500,000 livres sterling (12,500,000 francs) et la cession de Tanger, en Afrique et de Bombay, dans l'Inde. La liberté commerciale, avec droit de résidence, était en

---

1. El-Kaïrouani, p. 136 et suiv., 395 et suiv. — Rousseau, *Annales Tunisiennes*, p. 50 et suiv. et textes des traités avec l'Angleterre et la Hollande, p. 430 et 517. — Féraud, *Annales Tripolitaines* (loc. cit.), p. 212.

outre assurée à tous les sujets anglais. Telles furent les bases du contrat signé en 1661. Aussitôt, l'amiral, comte de Sandwich, fut envoyé, avec une escadre, pour ramener l'infante, après avoir obtenu satisfaction des corsaires de la Méditerranée et pris possession de Tanger.

Nous avons vu le noble lord devant Alger en 1661, cherchant en vain à obtenir, par de bons procédés ou l'intimidation, les satisfactions cherchées. Après avoir laissé sir Lawson en croisière dans ces parages, il fit voile pour Tanger. On comprendra sans peine que l'abandon d'une colonie qui avait coûté au Portugal, aussi cher que Tanger, ne devait pas être très populaire chez les Portugais. Or, on connaissait le patriotisme du gouverneur de cette place et on s'empressa à Lisbonne de le remplacer par un homme beaucoup moins scrupuleux sur l'honneur national. Mais une fois arrivé en Afrique, soit que l'influence du milieu eût agi sur lui, soit pour toute autre cause, le nouveau gouverneur sembla autant que son prédécesseur, peu disposé à se soumettre aux conventions de la diplomatie. L'amiral anglais était donc fort embarrassé, non moins que le cabinet de Lisbonne, lorsque le gouverneur de Tanger se laissa attirer, avec la majeure partie de la garnison, par les indigènes sous le commandement d'un Andalou, appelé le caïd R'affane, dans une embuscade où il périt ainsi que toute son escorte.

Au mois d'août 1661, le comte de Sandwich prit possession de ce poste, dégarni de troupes. Il y arbora le drapeau britannique et y laissa comme gouverneur le comte de Peterboroug, avec un effectif important en cavalerie et infanterie arrivé d'Angleterre. Quant aux débris de la garnison portugaise, ils faillirent être écharpés par le peuple, à leur arrivée à Lisbonne. La situation des Anglais à Tanger fut tout aussi précaire que celle de leurs prédécesseurs. Cependant, le roi d'Angleterre, en accordant à cette ville les avantages d'un port franc, y attira bientôt le commerce. En 1662, le comte de Teviot remplaça Peterboroug à Tanger; mais s'étant laissé entraîner au dehors par les indigènes dans l'espoir d'enlever des troupeaux de bœufs, il fut tué (mai 1664). On le remplaça par lord Bellasis, qui entreprit d'importants travaux dans le port. Quatre années plus tard, le Portugal cédait, par le traité de 1668, Ceuta à l'Espagne et le corrégidor de Gibraltar venait officiellement en prendre possession [1].

1. Berbrugger, *Occupation anglaise de Tanger* (Revue afr., n° 29, p. 337 et suiv.). — E. de la Primaudaie, *Villes maritimes du Maroc* (Revue afric., n° 93, p. 209; 94, p. 315 et suiv.). — R. L. Playfair, loc. cit., p. 402. — Abbé Godard, *Maroc*, p. 490 et suiv.

Moulaï Ahmed-el-Abbas est assassiné par les Chebanate. Extinction de la dynastie saadienne. — Il est temps de revenir au Maroc et d'y suivre les dernières phases de la révolution depuis longtemps commencée.

Nous avons dit précédemment que le nouveau sultan de Maroc, Moulaï Ahmed-el-Abbas, qui devait être le dernier représentant de la dynastie des chérifs saadiens, avait eu à lutter, en prenant le pouvoir, contre ses oncles maternels, les chefs des Chebanate. S'étant transporté au milieu d'eux dans l'espoir de les ramener à l'obéissance, il fut tué par surprise (1659). Les Chebanate élurent alors comme chef un des leurs, nommé Abd-el-Kerim (ou Kerroum) ben-Abou-Beker et s'empressèrent de prendre possession de Maroc.

Avec Moulaï Ahmed-el-Abbas s'éteignit la dynastie des chérifs saadiens, qui avait régné environ 140 ans, si l'on peut appeler régner les premières et les dernières années de cette période. Autant les fondateurs avaient montré d'énergie, d'esprit de conduite et d'aptitude au commandement, autant leurs successeurs furent dégradés et dénués d'esprit politique. L'ivrognerie et la débauche causèrent la perte de ces petits-fils de marabouts arabes que la rectitude de leur conduite et leur dévouement absolu à la religion avaient portés au pouvoir comme une protestation contre les dérèglements des Merinides. Il semblerait que toute la force de la famille avait été absorbée par une personnalité comme El-Mansour, et que ses descendants ne possédaient plus en eux-mêmes que des qualités négatives, en faisant des monstres, sans l'énergie nécessaire pour se maintenir par la tyrannie, ou de pâles débauchés jouets des passions les plus dégradantes. On ne peut s'empêcher de rapprocher ces types arabes dégénérés, de ces belles familles berbères qui ont fondé de si durables et de si vigoureuses dynasties, et la comparaison n'est pas à leur avantage.

Mort de Moulaï-Cherif à Sidjilmassa. Son fils Rachid se réfugie à Dela. Anarchie dans le Mag'reb. — Cette même année 1659 voyait aussi la mort de Moulaï-Cherif, à Sidjilmassa (juin). Depuis sa captivité dans le Sous, il s'était tenu au deuxième plan ; néanmoins sa mort causa dans le pays une grande émotion. Un de ses fils, nommé Er-Rachid, connaissant les intentions de son frère Moulaï-M'hammed à son égard, s'empressa de fuir. Il alla d'abord à Tedra, puis à Demnate, localités peu éloignées de Tafilala ; là, s'étant convaincu qu'il ne pouvait compter sur l'appui des populations, il se rendit à la Zaouïa de Dela, et passa un certain temps chez les ennemis de son frère.

Un Maure andalou de Salé, nommé R'aïlane, avait dans ces dernières années acquis un certain renom en luttant contre les chrétiens. Nous l'avons vu, notamment, commander la troupe qui avait surpris et tué le gouverneur anglais de Tanger. Sur ces entrefaites Ahmed, fils du marabout de Dela, étant mort à Fès, R'aïlane vint faire une razzia sur les Cheraga, à l'est de cette ville, et leur enleva tout ce qu'ils possédaient (1559-60). L'année suivante, Mohammed-el-Hadj, voulant venger cette insulte, envahit la province du R'arb, à la tête de nombreux contingents berbères, chassant devant lui R'aïlane et ses adhérents, qui se réfugièrent dans le Fahs et purent se retrancher auprès de la koubba du cheikh Abou-Selham. Mohammed-el-Hadj rentra alors à Fès, puis à Dela (1662). Un certain Ed-Dreïdi, soutenu par les Dreïd, ses contribules, profita alors de son éloignement pour s'emparer de la ville de Fès. L'année suivante, Abd-Allah, fils de Mohammed-el-Hadj, accourut de Dela avec des forces imposantes et entreprit sans succès le siège du Vieux-Fès.

Le cherif Moulaï-M'hammed, de son côté, s'était préparé à reprendre la campagne. En 1663, il quitta Sidjilmassa, marcha sur Fès, vint s'établir chez les Hayaïna, au nord de cette ville, et fit manger et dévaster leurs cultures. Les gens de Fès ayant alors envoyé une députation à Dela, afin de requérir l'assistance des marabouts, l'un d'eux, Mohammed-ben-Ali, accourut avec le contingent des Hayaïna ; mais il ne put atteindre le cherif, qui alla camper à Azrou, faubourg de Fès. Les oulama et principaux citoyens vinrent alors lui présenter leurs hommages et le reconnaître comme souverain. Cependant Moulaï-M'hammed continua de séjourner à Arzou et, aux premiers beaux jours de l'année 1664, reprit la route de Tafilala. Ed-Dreïdi reparut ensuite à Fès et y resta maître de l'autorité. Il entreprit une série d'expéditions contre Meknès et sut intéresser à ses razias les gens de Fès.

Le Maure R'aïlane marcha, vers cette époque, sur El-Kçar et s'en empara de vive force. Resté maître de cette région, il ne cessa de lutter contre les chrétiens, et c'est à lui qu'il faut attribuer les surprises dont les Portugais et ensuite les Anglais de Tanger furent si souvent victimes.

MOULAÏ-RACHID SE FAIT PROCLAMER SULTAN A OUDJDA. SON FRÈRE MOULAÏ-M'HAMMED EST DÉFAIT ET TUÉ PAR LUI. IL S'EMPARE ENSUITE DE TAFILALA. — De son côté, le cherif Er-Rachid quitta la zaouïa de Dela, et se rendit à Arzou, puis à Fès et à Taza. Après avoir en vain essayé de s'y créer des partisans, il se transporta chez les Arabes de la plaine des Angad et sut intéresser à sa cause les

Mâakil et leurs alliés, les Beni-Iznacen. S'étant fait reconnaître par eux comme sultan, il entra en maître à Oudjda, ville qui était sous leur dépendance. Ce fut sans doute vers cette époque, car l'indécision des chroniques permet de placer le fait plus tôt ou plus tard, que Moulaï-Rachid s'empara de la kasba dite de Ben-Mechaal et répartit entre ses adhérents le butin qu'il y trouva.

Aussitôt que ces nouvelles furent parvenues à Tafilala, Moulaï-M'hammed réunit ses adhérents arabes et berbères, et marcha contre son frère. Le vendredi 3 août 1664 les deux adversaires furent en présence dans la plaine des Angad et la bataille s'engagea. Mais une des premières balles atteignit Moulaï-M'hammed à la gorge et le tua. Aussitôt, ses partisans se dispersèrent, poursuivis dans tous les sens par les adhérents de Moulaï-Rachid qui en firent un grand carnage. Ce dernier restait ainsi maître du pouvoir ; il manifesta une profonde douleur de la mort de son frère et, ayant fait rechercher son corps, l'enterra avec honneur à Dar-ben-Mechaal. Son succès lui acquit un grand nombre de partisans, qui renouvelèrent, à Oudjda, la cérémonie d'investiture et la prestation du serment de fidélité.

Cependant, à Fès, ces nouvelles avaient produit une grande agitation. La ville obéissait alors à trois cheikhs principaux, « chaque quartier avait son chef et sur chaque éminence chantait un coq différent », dit le Nozha. Un certain Ben-Salah était maître du quartier des Andalous et de ses dépendances ; Ben-Sreïr, cheikh des Lamta et de leurs alliés, commandait leur quartier ; enfin la ville-neuve obéissait à Ed-Dreïdi. Tous ces groupes étaient hostiles les uns aux autres ; cependant le danger commun les rapprocha. Les Hayaïna et les gens du Houz se réunirent à eux et tous jurèrent de repousser Er-Rachid par les armes ; puis ils s'occupèrent d'acheter des chevaux et imposèrent à chaque maison l'obligation d'avoir (ou de fournir) un fusil.

Averti de ces préparatifs, Er-Rachid préféra d'abord réduire Sidjilmassa, où son neveu Mohammed, fils de Moulaï-M'hammed, s'était emparé du pouvoir. Il l'y assiégea pendant neuf mois, finit par s'emparer de l'oasis et s'appliqua ensuite à la restaurer et mettre en état de défense (1665)[1].

---

1. *El-Tordjeman*, p. 10 et suiv. de la traduction, 6 et suiv. du texte ar. — *Nozhet-El-Hadi*, p. 284 et suiv., 302 et suiv. du texte ar., p. 479 et suiv., 499 et suiv. de la traduction. — Abbé Godard, *Maroc*, p. 487 et suiv.

APPENDICE

CHRONOLOGIE DES CHERIFS SAADIENS AYANT RÉGNÉ

	DE	A
Abou-l'Abbas-el-Aaradj, à Maroc. .	1520	août 1543
Abou-Abd-Allah-Mohammed Cheikh El-Mehdi, à Maroc.		août 1543
Le même, à Maroc et à Fès. . . .	1550	janv. 1554
Le même, à Maroc et à Fès. . . .	août 1554	sept. 1557
Moulaï Mohammed-Abd-Allah, dit El-R'aleb-b'Illah.	fin 1557	30 jan. 1573
Abou-Abd-Allah-Mohammed (fils du précédent), dit El-Moatacem. . .	31 janv. 1573	avril 1573
Abou-Merouane-Abd-el-Malek, oncle du précédent.	fin mars 1573	4 août 1578
Abou-l'Abbas-Ahmed, dit El-Mansour et Ed-Dehbi, frère du précédent.	août 1578	8 oct. 1603
Ses fils se disputent le pouvoir.		8 oct. 1603
Abd-Allah-Abou-Farès, dit El-Ouathek, à Maroc.	octobre 1603	févr. 1607
El-Mamoun-Cheikh à Fès. . . .	janvier 1604	avril 1608
Le même, à Maroc.	février 1607	1608
Zidane, à Maroc.	1608	19 sept. 1627
Abd-Allah, fils d'El-Mamoun, à Fès.	août 1609	mai 1624
Abd-el-Malek, fils d'El-Mamoun, à Fès.	mai 1624	1627
Abd-el-Malek, fils de Zidane, à Maroc.	sept. 1627	28 jan. 1631
Abou-l'Abbas-Admed II, fils de Zidane, à Fès.	4 nov. 1627	juillet 1628
El-Oualid, fils de Zidane, à Maroc. .	28 janv. 1631	17 fév. 1636
Mohammed-Cheikh II, fils de Zidane, à Maroc.	18 fév. 1636	1654
Moulaï Ahmed-el-Abbas, fils du précédent, à Maroc.	1654	1659

CHAPITRE XVI

LE MAG'REB SOUMIS A LA DYNASTIE DES CHERIFS HASSANI
LUTTES DES PUISSANCES CHRÉTIENNES CONTRE LES CORSAIRES

1664-1672

Préparatifs de l'expédition française contre Djidjeli. Le duc de Beaufort en reçoit le commandement. — L'expédition s'arrête devant Bougie, puis s'empare de Djidjeli. Inaction des Français. Arrivée de l'armée turque. — Les Turcs attaquent Djidjeli. Résistance des Français. Le duc de Beaufort se retire. — Abandon de Djidjeli par l'armée française. Désastre de l'expédition. — Nouvelles croisières du duc de Beaufort. Pertes des Algériens. Ils assassinent l'ag'a Châbane. — Traité de paix entre Tunis et la France (1665). Période de troubles. — Traité de paix entre Alger et la France (1666). Le chérif Er-Rachid s'empare de Fès et assoit son autorité sur l'est et sur le nord du Maroc. — Er-Rachid marche sur la zaouïa de Dela. Défaite des marabouts à Baten-er-Roumane. Destruction de la zaouïa. Dispersion des marabouts. — Er-Rachid s'empare de Maroc et soumet les régions du sud-ouest. Ses campagnes dans le Sous. Soumission de tout le Mag'reb. Mort d'Er-Rachid. Règne de Moulaï-Ismaïl. — Luttes des puissances chrétiennes contre les corsaires d'Alger. Révolte contre le pacha Ali; il est mis à mort. Institution d'un dey nommé par les reïs. — État des provinces d'Oran et de Constantine. Événements de Tunis.

PRÉPARATIFS DE L'EXPÉDITION FRANÇAISE CONTRE DJIDJELI. LE DUC DE BEAUFORT EN REÇOIT LE COMMANDEMENT. — Nous avons vu qu'à la suite des pertes éprouvées par le commerce et des réclamations présentées au roi, le gouvernement de Louis XIV, las de voir les traités, conclus à grand'peine, toujours violés, avait résolu d'occuper sur le littoral berbère un point permettant de surveiller les corsaires et d'entraver leurs entreprises. Le chevalier de Clerville proposa, dans son rapport à Colbert, la baie de Stora, mais le conseil royal, après avoir hésité entre ce point, Bône et Bougie, se prononça pour Djidjeli, que Beaufort paraît avoir recommandé. Ce choix, à tout prendre, était le plus mauvais qu'on pût faire et il ne s'explique que par la position centrale de Djidjeli et parce que les rapports présentaient son havre comme excellent. De plus, il n'avait pas de garnison turque et on espérait obtenir l'appui des populations indigènes. Inutile d'ajouter que ces raisons étaient spécieuses. Cette fois encore, on écarta l'avis de ceux qui avaient étudié la question sur les lieux mêmes et connaissaient bien le pays.

L'expédition de Djidjeli décidée, on s'occupa activement de la préparer. Le duc de Beaufort, l'ancien frondeur qu'on avait surnommé le « roi des Halles », devenu grand amiral de France à la mort de son père, en 1663, devait naturellement en être chargé. Nous avons vu, du reste, qu'il avait fait, dans ces parages, une croisière contre les Barbaresques ; mais le roi, qui n'accordait aux anciens frondeurs qu'une confiance médiocre, nomma le comte de Gadagne chef de l'armée expéditionnaire ; triste expédient, car ce partage de l'autorité et de la responsabilité devait créer des conflits inévitables et peser lourdement sur l'entreprise.

Dans le mois de mars 1664, l'armée et la flotte se concentrèrent à Toulon, où Beaufort, après une nouvelle croisière, vint la rejoindre. L'armée expéditionnaire se composait de :

6 compagnies des Gardes et 20 compagnies des régiments de Picardie, Navarre, Normandie et Royal, ensemble environ 4,650 hommes.

Un bataillon de Malte avec 120 chevaliers.

Un bataillon anglais.

Un bataillon hollandais.

Et quelques centaines de volontaires.

Ainsi l'effectif des troupes atteignait près de 8,000 hommes, plus les compagnies des vaisseaux, pouvant donner 800 hommes.

Le commandement en chef appartenait au comte de Gadagne, lieutenant général, assisté de M. de la Guillotière et du comte de Vivonne comme maréchaux de camp.

L'artillerie était commandée par M. de Bétancourt et le génie par le chevalier de Clerville.

La flotte se composait de 15 vaisseaux et frégates, 19 galères dont 7 de Malte, et de navires de transport ou de guerre, moins forts, en total 63 voiles, sous les ordres du commandeur Paul et de Duquesne.

Le duc de Beaufort avait, en quelque sorte, le commandement suprême de cette expédition, de laquelle on pouvait, à bon droit, attendre d'excellents résultats. Mais, nous l'avons dit, il n'avait pas la confiance absolue du roi, ce qui est toujours une mauvaise condition pour diriger une entreprise de ce genre ; de plus, le but était mal choisi. Le chevalier de Clerville, intéressé dans les affaires de Marseille et, très probablement, dans celles du Bastion, dont il avait l'espoir de devenir directeur, voulait entraîner l'expédition vers l'est. Dans ce but il avait indiqué Stora, port de Constantine où tous les produits de la région auraient facilement pu être attirés vers les comptoirs existant déjà, et où l'on se trouvait près de Bône. Son influence allait s'exercer d'une manière occulte ou apparente et augmenter la désunion, alors qu'il aurait fallu voir tous les efforts converger vers le même but.

L'EXPÉDITION S'ARRÊTE DEVANT BOUGIE, PUIS S'EMPARE DE DJIDJELI. INACTION DES FRANÇAIS. ARRIVÉE DE L'ARMÉE TURQUE. — La flotte quitta Toulon le 2 juillet et fit voile, on ne sait pourquoi, vers les Baléares, où les galères de Malte la rejoignirent. De là, on partit enfin vers l'Afrique et, le 21 juillet, les navires entraient dans le golfe de Bougie et mouillaient à une petite portée de canon des batteries. La ville semblait déserte ou plutôt on n'y voyait que des gens s'empressant de charger des bêtes de somme et de prendre la fuite ; l'on sut plus tard que la garnison turque, abandonnée depuis longtemps, avait été en partie détruite par la peste. L'idée de s'emparer de Bougie vint naturellement se présenter aux chefs de l'expédition et il semble, en effet, qu'au profit de la surprise causée par cette agression on eût eu des chances sérieuses de réussite ; mais cela ne faisait pas l'affaire du chevalier de Clerville et il insista énergiquement pour qu'on abandonnât cette idée en représentant que la question avait été discutée en conseil, que l'occupation de Bougie avait été écartée et que l'on ne pouvait désobéir au roi. Le duc finit par se ranger à cet avis, que M. de Gadagne combattit de toutes ses forces.

On remit à la voile et, le lendemain 22, au soir, la flotte était ancrée dans le golfe de Djidjeli. Le 23, au matin, le débarquement s'opéra sur la petite pointe où existe maintenant le fort Duquesne. Les Kabiles, peu nombreux, qui se tenaient sur le rivage, avaient été écartés et furent tenus à distance par l'artillerie des vaisseaux. Les troupes françaises s'emparèrent alors de la ville, construite sur la presqu'île, à la suite d'un combat assez vif, et l'armée prit position dans la plaine occupée actuellement par la nouvelle ville et sur les hauteurs.

Ce succès obtenu à si bon compte donna du courage et de l'espoir à tous ; mais le résultat n'avait pas de sanction, car les Kabiles continuaient à tirailler aux avant-postes et à inquiéter les Français de jour et de nuit ; en vain essaya-t-on de traiter avec de prétendus chefs ; ces trêves duraient quelques jours et étaient rompues par de nouvelles trahisons et des vols de plus en plus audacieux. Pendant ce temps, une armée turque, pourvue d'une bonne artillerie, quittait Alger et marchait par terre sur Djidjeli. Un marabout du nom de Sidi-Hammoud, avec lequel les Français auraient bien dû s'entendre, usa de son influence pour vaincre l'obstination des Kabiles, qui refusaient de laisser passer l'armée turque. Bientôt on la vit paraître sur les hauteurs, puis prendre position et préparer ses batteries contre les médiocres retranchements des chrétiens.

LES TURCS ATTAQUENT DJIDJELI. RÉSISTANCE DES FRANÇAIS. LE DUC DE BEAUFORT SE RETIRE. — Le comte de Gadagne, toujours en désaccord avec le duc, s'était retiré sous sa tente et, en résumé, personne ne faisait rien, car dans l'armée chacun prenait parti pour l'un ou pour l'autre et les cabales achevaient l'œuvre de division commencée à Toulon et augmentée à Bougie. Cependant, lorsque l'ennemi fut là, on oublia vite ces froissements inévitables dans l'oisiveté des camps, pour courir au combat, et chacun fit bravement son devoir. Les Turcs, ayant tenté l'assaut contre le fortin de l'ouest de la ligne de défense, furent repoussés avec une perte de 500 hommes tués et 200 blessés. L'affaire avait débuté par la mort de M. de Cadillan, capitaine au régiment de Normandie, tué à un créneau. Son lieutenant Le Roux prit alors le commandement et défendit le poste avec un courage héroïque. Néanmoins Gadagne et Beaufort avaient dû s'y porter en personne (4 et 5 octobre). Les pertes des Français étaient faibles, mais portaient particulièrement sur les officiers. Cet échec fut sensible aux Turcs, d'autant plus que les Kabiles les abandonnèrent à eux-mêmes, non sans se moquer d'eux, pour aller faire leurs semailles.

Le 22 octobre, arrivèrent de France deux navires sous le commandement de M. de Martel; ils débarquèrent quelques renforts. M. de Castellan, major du régiment de Provence, s'y trouvait aussi, avec mission du roi. Il était porteur d'un ordre bien malencontreux enjoignant au duc de Beaufort de reprendre la mer, pour continuer la chasse aux corsaires, en laissant le commandement de Djidjeli à Gadagne. Or, les Turcs venaient de recevoir de la grosse artillerie et le duc qui, peut-être, en était instruit, proposa une attaque générale du camp turc, en profitant des renforts arrivés, excellent conseil que Gadagne repoussa, sous le prétexte que ses instructions lui défendaient de sortir de ses lignes.

Beaufort se prépara donc à partir et mit à la voile, au grand désespoir de l'armée, qui vit s'éloigner avec lui tout son espoir. Trois jours après son départ, il fit annoncer à Djidjeli qu'il venait de prendre un navire chargé d'armes devant Bougie, et qu'il était certain que les Turcs avaient reçu leur artillerie de siège, ce qui, par parenthèse, semble démontrer qu'il ignorait ce fait, que Gadagne lui reprocha d'avoir tenu caché.

ABANDON DE DJIDJELI PAR L'ARMÉE FRANÇAISE. DÉSASTRE DE L'EXPÉDITION. — Le 29 octobre, les Turcs démasquèrent leurs batteries et, grâce à leurs pièces de 48 et de 36, rendirent en peu de temps la position des Français intenable. Le chevalier de Clerville, qui avait si légèrement rempli son devoir d'ingénieur, sous le prétexte que les Turcs manquaient de canons de siège, fut le premier à donner l'exemple du découragement, qui gagna bientôt tout le monde. Gadagne, au contraire, déployait un courage et une énergie que rien ne pouvait abattre et repoussait toute idée de retraite. Cependant, ses officiers étaient tous d'avis qu'il fallait profiter du beau temps et des navires de M. de Martel pour se retirer, afin d'éviter un plus grand désastre, car les soldats ne parlaient de rien moins que de se rendre ou de se faire Turcs. Le général préférait démissionner que de donner les ordres nécessaires, il finit néanmoins par se rendre à l'évidence et, le 31, l'évacuation commença par le transport des malades et blessés, au nombre de 1,200. Ce devoir rempli, les corps de troupe avaient ordre de se replier successivement, mais l'opération fut longue, et l'on sait combien il est difficile de retenir dans ces conditions des hommes démoralisés, d'autant plus que, dans les vivres qu'on était forcé d'abandonner, un certain nombre d'entre eux trouvèrent de quoi s'enivrer. Bientôt la retraite se changea en déroute, malgré le courage et les efforts des officiers ; puis, les gens en proie à une invincible terreur coururent vers la mer et se précipitèrent sur les barques déjà pleines. Pendant ce temps, Turcs et Kabiles, après avoir massacré les ivrognes et les retardataires, avaient atteint le rivage et essayaient encore de faire des victimes ou des prisonniers.

Gadagne, dont la conduite fut au-dessus de tout éloge, s'embarqua le dernier. Il eut la douleur d'abandonner, sur le rivage, 30 pièces de canon en fonte, 15 en fer et plus de 50 mortiers. On manquait, en effet, de palans pour les charger et le commandant de l'artillerie ne paraît pas avoir fait beaucoup d'efforts pour y suppléer. En outre de tout ce matériel, l'armée expéditionnaire avait perdu près de 2,000 hommes. Mais un nouveau malheur l'attendait : un des plus grands vaisseaux (*La Lune*) sombra à pic en face des îles d'Hyères, entraînant dans les flots environ 1,200 hommes du régiment de Picardie, des volontaires, des officiers qu'il portait.

La responsabilité de ce grave échec doit retomber non seulement sur ceux qui ont si mal conduit l'expédition et subi l'influence de Clerville et d'autres, mais aussi sur le gouvernement qui créa à plaisir une dualité de commandement si fâcheuse, et qui, sans connaître l'état exact des choses, prescrivit au duc de Beaufort de partir en croisière. C'est donc injustement, selon nous, que Gadagne a voulu mettre tous les torts sur ce dernier; car il en a eu lui-même de trop grands et c'est à peine si son courage et sa droiture permettent de les oublier[1].

Nouvelles croisades du duc de Beaufort. Pertes des Algériens. Ils assassinent l'Ag'a Chabane. — Le succès de Djidjeli enfla outre mesure l'orgueil des Algériens et diminua d'autant le prestige de la France, dont le consul, Dubourdieu, fut maltraité et même jeté au bagne : mais le duc de Beaufort les rappelait bientôt à la réalité en infligeant des pertes sérieuses aux reïs, qu'il poursuivait sans trêve ni relâche.

« Le 17 février 1665, dit M. de Grammont, Beaufort sortit de Toulon avec 6 vaisseaux, atteignit la flotte des reïs et la força à se réfugier sous le canon de la Goulette, où il la poursuivit bravement, lui prit ou brûla trois vaisseaux ; le 2 et le 27 mai, il vint canonner le môle d'Alger, qui n'osa pas lui répondre. Le 21 août il attaqua de nouveau les corsaires devant Cherchell, leur brûla 2 vaisseaux, en prit 3, avec 113 pièces de canon qui furent portées à Notre-Dame ».

Ces accidents avaient pour résultats inévitables, lorsqu'ils étaient connus, de provoquer à Alger des mouvements populaires dont les consuls étrangers, les esclaves, les Juifs ou les hauts fonctionnaires de la Régence étaient les victimes ; cette fois l'orage s'abattit sur Chabane-Ag'a, qui avait su conserver le pouvoir jusqu'à ce moment. Il fut massacré et remplacé par Ali-Ag'a. Le nouveau chef du diwan était mieux disposé pour la France, et les bases d'un rapprochement purent être posées par notre consul, Dubourdieu.

Le pays continuait à être ravagé par la peste[2].

Traité de paix entre Tunis et la France (1666). Période de troubles. — Dans le mois de novembre 1665, le duc de Beaufort se présenta devant Tunis et entra aussitôt en pourparlers avec le

---

1. *Rapport au roi de M. de Castellan* (ms. Hart. n° 241). — De Grammont, *Hist. d'Alger*, p. 213 et suiv. — Féraud, *Hist. de Gigelli* (Soc. archéol. de Constantine, 1870, p. 129 et suiv.). — E. Wathled, *Expédition du duc de Beaufort contre Djijelli* (Revue afric., n° 99, p. 715 et suiv.). — Pelisson, *Hist. de Louis XIV*. — Berbrugger. *Époques militaires de la Grande Kabylie*, p. 112 et suiv.

2. De Grammont, *Hist. d'Alger*, p. 217. — Le même, *Relations de la France* (Revue afric., n° 166, p. 297 et suiv.). — *Gazette de France*, 1665.

dey et le diwan : grâce à la bonne volonté qu'il rencontra chez les musulmans, il obtint la conclusion d'un traité favorable aux intérêts de la France et qui fut signé le 25. Ce document consacre les franchises antérieures, établit les bases de la réciprocité pour le commerce des deux nations, désormais unies par la paix et l'amitié, règle les conditions, en cas de naufrage, l'aide et l'assistance qui doit être portée et contient, enfin, les dispositions ordinaires des traités de cette sorte.

L'article 2 stipule la mise en liberté immédiate de « tous les esclaves français qui sont dans la ville de Tunis, etc., sans en excepter aucun ; *comme aussi de tous les esclaves janissaires, seulement, qui se trouveront être du royaume de Tunis* ». Ainsi, le dey ne s'inquiète nullement du sort de ses sujets berbères et arabes. L'article 13 dispose que « même les chevaliers de la croix », se trouvant sous le pavillon français, ne pourront être faits prisonniers, non plus que les passagers ou marchands français pris sous d'autres pavillons. Enfin, par les articles 15 et 17, il est établi que le consul français résidant à Tunis aura la prééminence sur tous les autres ; qu'il pourra avoir dans sa maison une chapelle et des prêtres pour le service religieux de tous les sujets de sa majesté chrétienne, et que toutes les nations, à l'exception des Anglais et des Flamands, ayant alors des consuls particuliers, devront passer par l'intermédiaire de celui de France et lui payer les droits accoutumés[1].

Ce traité avait été conclu, pour Tunis, par Hadj-Moustafa-Kara-Kouz, qui succéda à Moustafa-Laz, décédé le 21 juin 1665. Il s'était emparé du pouvoir par un acte d'énergie et d'audace, et ne tarda pas à se livrer à des violences qui indisposèrent contre lui, même ses partisans les plus fidèles. On essaya d'abord de l'empoisonner et, comme il avait résisté au poison et était devenu de plus en plus méchant, le peuple, uni aux Yoldachs, se révolta. Kara-Kouz, ayant été arrêté et jeté en prison, y fut mis à mort (juin 1666).

Quelques mois auparavant Hammouda-Pacha avait terminé sa longue et glorieuse existence (avril 1666).

Après l'arrestation et la mort du dey Moustafa, les Yoldachs essayèrent en vain de conclure un arrangement pour le choix de son successeur. Le poste resta donc vacant durant bien des mois ; reconnaissant alors qu'ils ne pouvaient s'entendre, les janissaires prirent un de ces partis dont les collèges électoraux ont le secret : ils élurent un vieux reïs, nommé Hadj-Mohammed-Our'li, qui,

---

1. Voir le texte de ce traité, *Annales Tunisiennes*, p. 475 et suiv.

ayant à peu près perdu la raison, était réputé comme très sage, puisque le doigt de Dieu l'avait marqué (1667). Les prétendus sages qui l'avaient porté au pouvoir devaient être les premiers à s'en repentir [1].

TRAITÉ DE PAIX ENTRE ALGER ET LA FRANCE (1666). — En exécution des préliminaires arrêtés entre le consul Dubourdieu et le dey d'Alger, M. Trubert, commissaire général des armées navales, chargé par le roi de conclure le traité, arriva dans cette ville, muni de pleins pouvoirs, au printemps de 1666. On ne tarda pas à se mettre d'accord et, le 17 mai, le traité fut signé. Il stipulait, au profit de la France, des avantages du même genre que ceux accordés par Tunis. De plus, le Bastion était rétabli et Colbert en confiait la direction au sieur Jacques Arnaud, « homme de beaucoup d'esprit, de pénétration et de droiture », qui avait rendu de grands services pour la conclusion du traité. Si l'on s'en rapporte aux assertions de Trubert, et il doit parler en connaissance de cause, les Anglais firent leur possible pour empêcher la réussite des négociations et allèrent même jusqu'à offrir 30 vaisseaux aux Algériens, afin de leur permettre de résister à la France. Mais les tendances pacifiques l'emportèrent et 1,127 captifs français furent restitués au représentant de Louis XIV.

Ainsi, les relations amicales étaient rétablies, et les anciennes injures oubliées de part et d'autre ; la prééminence du consul de France était officiellement constatée, le Bastion relevé, les captifs délivrés, et tout cela au lendemain de la « victoire de Djidjeli », dont les Turcs d'Alger s'étaient si démesurément enorgueillis. Malgré notre insuccès, cette expédition n'avait donc pas été inutile et c'est à l'effet moral produit par une telle démonstration, que l'on doit certainement attribuer la conclusion du traité de 1666. Les corsaires, il est vrai, ne cessèrent pas, d'une manière absolue, leurs rapines contre les Français ; mais on ne pouvait exiger d'eux rien d'absolu, étant donnée l'organisation politique d'Alger, et l'on jouit enfin d'une paix relative dont notre commerce profita largement [2].

LE CHERIF ER-RACHID S'EMPARE DE FÈS ET ASSEOIT SON AUTORITÉ SUR

---

1. El-Kaïrouani, p. 363 et suiv. — Rousseau, *Annales Tunisiennes*, p. 51 et suiv.

2. De Grammont, *Relations avec la France* (Revue afric., n⁰ˢ 167 in fine, 168, p. 389 et suiv. — *Lettres de Trubert et documents de la chambre de commerce de Marseille*.

L'EST ET SUR LE NORD DU MAROC. — Après avoir, ainsi que nous l'avons dit, effectué la conquête de Tafilala, Moulaï-Rachid, le cherif, ramena les troupes vers le Tel et alla attaquer Taza (avril 1666). Il s'en empara de vive force. Les gens de Fès, s'étant portés au secours de cette ville furent mis en déroute et poursuivis jusqu'au Sebou par le prétendant. Ils essayèrent alors d'entrer en pourparlers, mais on ne put s'entendre. A son retour, Er-Rachid vint poser son camp devant Fès et, durant trois jours, tenta de s'en emparer (août). Dans un des combats qui furent livrés, il reçut une blessure à l'oreille et se décida à lever le siège. Il alla guerroyer dans le Rif contre le rebelle, maître de cette contrée et, après une campagne vivement conduite, il s'empara de lui.

Reprenant alors la route de Fès, Er-Rachid atteignit la capitale et en recommença le siège. Après un mois de luttes acharnées, il entra le 24 mai 1667 à Fès-la-Neuve, par une brèche pratiquée dans le rempart, pendant qu'Ed-Dreïdi prenait la fuite du côté opposé. Le lendemain, il pressa vigoureusement la vieille-ville. Ibn-es-Sreïr, chef des Lamta, se réfugia, avec son fils, dans le bastion de la porte d'El-Djiça d'où ils gagnèrent la campagne. Le jour suivant Ibn-Salah, chef des Andalous, prit la fuite à son tour.

Er-Rachid restait définitivement maître de la capitale. Il reçut le serment de fidélité des habitants pour lesquels il ne se montra pas d'une dureté excessive et prit possession du palais du gouvernement. Sans perdre de temps, il fit poursuivre et rechercher les chefs fugitifs et on les mit à mort, ainsi que leurs principaux adhérents.

Ainsi les régions orientales et la province de Fès obéissaient à Rachid : c'était beaucoup, mais tout le reste du Mag'reb restait à conquérir et il fallait, avant de se lancer dans le sud-ouest, réduire le caïd R'aïlane [1], maître du R'arb, que le gouverneur anglais de Tanger, lord Bellasis, avait su gagner à sa cause en contractant alliance avec lui. Le sultan cherifien marcha contre lui avec toutes ses forces, le chassa d'El-Kçar, où il s'était réfugié, et le contraignit à gagner Acila d'où il prit la mer et alla demander asile aux Turcs d'Alger. Après avoir obtenu ce résultat, Er-Rachid entreprit une série d'opérations contre les tribus berbères qui refusaient de reconnaître son autorité. Il surprit d'abord les Aït-Oullal, soutiens des marabouts de Dela, et leur enleva du butin. Mais ils le suivirent à son retour et vinrent, sous le commandement de Mohammed-el-Hadj, camper au lieu dit Bab-Meroura près de Fès,

---

1. Ce chef est appelé aussi El-Khadir-ben-Raïlane, les documents européens en ont fait Gailan ou même Galland.

Après trois jours de luttes acharnées, Er-Rachid les força à fuir en désordre. Il soumit ensuite les Beni-Zeroual du Rif, s'avança jusqu'à Tetouane où il entra en maître, et s'empara du chef de la Djemâa, Ahmed-en-Nekcis ; puis, après avoir laissé à Fès ses prisonniers, il alla faire une expédition contre les Beni-Iznacene qui s'étaient révoltés (1067-68).

Vers le même temps, Abd-el-Kerim (Kerroun) le Chebani mourait à Maroc et était remplacé par son fils Abou-Beker[1].

Er-Rachid marche sur la zaouïa de Dela. Défaite des marabouts a Baten-er-Roummane. Destruction de la zaouïa. Dispersion des marabouts. — Après avoir obtenu ces résultats, le sultan Er-Rachid marcha directement sur la zaouïa de Dela. A son approche, les marabouts se portèrent bravement à la rencontre de l'ennemi, sous la conduite d'un fils de Mohammed-el-Hadj et lui offrirent le combat à Baten-Er-Roumman dans le canton de Fazaz. Mais ils furent complètement défaits et bientôt le cherif atteignit la zaouïa, que les marabouts durent lui livrer à discrétion (24 juin 1668). Le vainqueur ne versa pas leur sang, il se contenta de les envoyer sous bonne escorte à Fès. Quant à leur zaouïa, qui était devenue une véritable ville peuplée et somptueuse, il la fit raser jusqu'aux fondations, dispersant même les pierres qui la composaient et transformant en vulgaires champs ces locaux consacrés par la sainteté du fondateur et la puissance de ses descendants. Mohammed-el-Hadj, que le succès avait si bien favorisé au début et dont l'ambition avait causé la perte, fit, pour la dernière fois et en captif chargé de chaînes, cette route de Fès qu'il avait naguère si glorieusement parcourue.

La destruction de la zaouïa de Dela et la dispersion des marabouts furent douloureusement ressenties dans le Mag'reb. On composa de nombreuses élégies à ce sujet et ce n'est pas sans une profonde mélancolie que l'auteur du Nozha écrit : « Cette zaouïa avait brillé comme un soleil levant ; mais les coups du sort éteignirent son éclat ; son abri tutélaire, sa richesse disparurent et après avoir resplendi et répandu si longtemps ses parfums, elle fut désertée par les littérateurs qui l'illustraient de leur présence. »

Mohammed-el-Hadj, alors fort âgé, après avoir été détenu quelque temps à Fès, fut exilé à Tlemcen, y mourut postérieure-

---

1. *Nozhet-El-Hadi*, p. 287, 302 et suiv. du texte ar., 476 et suiv. de la trad. — *Et-Tordjeman*, p. 16 et suiv. de la trad., 8 et suiv. du texte arabe. — E. de la Primaudaie, *Villes maritimes du Maroc* (Revue afric., n° 94, p. 317). — Abbé Godard, *Maroc*, p. 488 et suiv.

ment à l'année 1670 et fut enterré dans la mosquée de Sidi-Senoussi. Ses parents obtinrent alors de rentrer à Fès[1].

Er-Rachid s'empare de Maroc et soumet les régions du sudouest. Ses campagnes dans le Sous. Soumission de tout le Mag'reb. Mort d'Er-Rachid. Règne de Moulaï-Ismaïl. — Le sultan Moulaï-Rachid, après avoir détruit la zaouïa de Dela, se porta sur Maroc où, ainsi que nous l'avons dit, le Chabani Abou-Beker détenait le pouvoir, depuis la mort de son père. Terrifiés par l'exemple des marabouts de Dela, les Chebanate prirent la fuite et cherchèrent un refuge dans les montagnes reculées. Er-Rachid entra donc à Maroc sans coup férir. Etant parvenu à se saisir d'Abou-Beker, il l'envoya au supplice, ainsi que tous ses parents et adhérents qu'il put faire arrêter. Sa vengeance n'étant pas encore satisfaite il alla jusqu'à ordonner de retirer du sépulcre le cadavre d'Abd-el-Kerim, père du précédent et de le brûler publiquement.

Après avoir réorganisé l'administration de Maroc, et tout fait rentrer dans l'ordre, le sultan revint à Fès et en repartit vers la fin de l'année, pour entreprendre une campagne contre les Chaouïa, Berbères cantonnés sur la rive droite de l'Oum-er-Rebïa. A la fin du printemps de l'année suivante (1669) Er-Rachid, traversant le Grand-Atlas, alla attaquer les Aït-Atach, puissante tribu berbère établie vers les sources de l'Ouad-Guir et dont les déprédations étaient devenues insupportables. Rentrant ensuite par la vallée de la Moulouïa, il s'appliqua à assurer partout l'obéissance à son autorité. Cette campagne faillit lui coûter la vie, car il tomba gravement malade et arriva à la porte du tombeau. Cependant il se rétablit et, de retour à Fès, s'occupa de travaux d'utilité et d'embellissement et notamment de la construction de quatre arches du pont du Sebou et de la restauration de celui d'Er-Recif sur l'Ouad-Fès. Il avait, depuis quelque temps déjà, fait frapper des monnaies qui furent appelées Rachidiennes. Dans le courant de l'année 1670, il présida au mariage de son frère Moulaï-Ismaïl, réservé à une brillante destinée, et donna à cette occasion de grandes fêtes.

Ainsi le Maroc était à peu près soumis ; mais le Sous ne reconnaissait pas son autorité ; Abou-l'Hassen, dit Abou-Hassoun, venait d'y mourir et avait été remplacé par son fils Mohammed. Il fallait à tout prix réduire ce dernier opposant. A la fin de l'année 1670, Er-Rachid se mit en marche vers le sud à la tête d'une puissante

---

1. *Nozhet-El-Hadi*, p. 284 et suiv. du texte ar., 471 et suiv. de la trad. — *Et-Tordjemann*, p. 19 et suiv. de la trad., 9 du texte ar.

armée. Il attaqua d'abord les Hechtouka, s'empara de Taroudent et força les Berbères de cette région à la soumission après leur avoir tué plus de 2,500 hommes. Puis il descendit vers le littoral et bientôt les gens du Sahel, auxquels il infligea des pertes encore plus sensibles, se décidèrent aussi à reconnaître son autorité.

De là, le sultan, escaladant les mamelons défendus par des contingents berbères au service de son ennemi qu'il culbuta en tuant 2,000 des leurs, alla enlever la forteresse de Yala, résidence royale de la famille d'Abou-Hassoun. Malgré ces succès, Er-Rachid n'avait pas triomphé de son ennemi et il ne jugea pas, à l'entrée de l'hiver, devoir prolonger plus longtemps la campagne dans le Sous. Vers le 15 novembre 1670, de retour à Fès, il s'occupa avec une grande activité des affaires administratives et des travaux qu'il avait entrepris. Il fit notamment construire la nouvelle Kasba, dite d'El-Khemis, dans le quartier des Lemtouna.

Sur ces entrefaites, on apprit que le prince Ahmed-ben-Mohammed, neveu du sultan, s'était révolté à Maroc et aussitôt Er-Rachid marcha sur cette ville. Mais il ne tarda pas à rencontrer un groupe de ses officiers lui amenant le rebelle qu'ils avaient arrêté. Le sultan se contenta de l'interner à Tafilala. Ayant néanmoins continué sa route, il arriva à Maroc et donna l'ordre d'y préparer une expédition contre le Sous. A cette nouvelle, les rebelles s'empressèrent d'expédier à Er-Rachid une députation des leurs venant lui offrir leur soumission. Er-Rachid resta à Maroc jusqu'au printemps de l'année 1672. Des fêtes ayant été données dans cette ville à l'occasion de l'Aïd-el-Kebir, il y prit part et, en galopant dans le parc d'El-Mesreb, sur un cheval fougueux qu'il ne put maîtriser, il heurta de la tête une branche d'oranger avec une telle violence qu'il en eut le crâne fendu et expira sur-le-champ (9 avril 1672).

Ainsi se termina le règne de ce prince qui avait, en peu d'années, assuré l'établissement de la dynastie des cherifs Hassani, détruit l'autorité des marabouts et des petits chefs, qui rendait impossible toute unité de commandement et étendu sa puissance sur tout le Mag'reb, de Tlemcen à l'Ouad-Noun. Le Sous, il est vrai, n'était pas encore sérieusement soumis, mais le fils d'Abou-Hassoun avait été réduit au rôle de chef de partisans. Tels étaient les résultats de ce règne. Er-Rachid était fortement mulâtre. Ses adversaires l'accusent de férocité et de débauche; certains prétendent même qu'il était ivre lorsqu'il fut victime de l'accident qui causa sa mort.

On est fort surpris d'apprendre qu'Er-Rachid avait su, lorsqu'il n'était encore maître que de Tafilala, lier des relations avec le roi de France et recevoir, en 1666, dans cette oasis saharienne, la visite d'un sieur Roland Fréjus, de Marseille, venant, au nom de son pays, tenter de conclure un traité de commerce pour toutes les provinces du Mag'reb à lui soumises; cet ambassadeur, qui était le délégué d'une société commerciale dite Compagnie d'Albouzem, rapporta une lettre d'Er-Rachid, adressée à Louis XIV, avec concession de privilèges commerciaux et autorisation de fonder un comptoir à El-Hucémas. Les marchands de Londres et de Bristol avaient jusqu'alors accaparé le commerce du Maroc.

Le 14 avril 1672, Moulaï Abou-Nacer-Ismaïl, frère d'Er-Rachid et héritier présomptif, fut solennellement proclamé sultan du Mag'reb en présence des délégués de toutes les régions. Il avait alors 26 ans [1].

Luttes des puissances chrétiennes contre les corsaires d'Alger. Révolte contre le pacha Ali ; il est mis a mort. Institution d'un dey nommé par les reïs. — Cependant, à Alger, les bonnes relations avec la France n'avaient pas tardé à éprouver un nouveau trouble, provenant d'une cause indirecte. En 1668, les reïs, qui venaient encore d'être battus par les Vénitiens dans une tentative faite par ordre du sultan pour ravitailler La Canée, furieux de cette disgrâce, enlevèrent, sans distinction, les navires marchands qu'ils rencontrèrent à leur retour et, parmi eux, des vaisseaux français. Dès le mois de juin, le marquis de Martel prit la mer pour obtenir réparation de cette violence. Ayant paru devant Alger, le 29 du même mois, il exigea avec beaucoup de fermeté toutes les satisfactions désirables. Puis il leva l'ancre et cingla vers Tunis afin d'y régler des affaires du même genre. Quelques mois plus tard, (le 9 octobre) le chevalier Allen arrivait à Alger à l'effet d'obtenir, à son tour, la réparation d'actes de piraterie commis au préjudice de ses nationaux.

Mais ces difficultés, qui retombaient sur le gouvernement d'Alger, n'avaient aucun effet direct sur les reïs qui les avaient provoquées ; leur audace, au contraire, semblait s'en augmenter et, de toute

1. *Nozhet-El-Hadi*, p. 303 et suiv. du texte, 501 et suiv. de la trad. Houdas. — *Et-Tordjeman*, p. 11 et suiv. du texte, 21 et suiv. de la trad. — Fréjus, *Relation de son voyage*. Paris, Clouzier, 1670. — *Lettre escritte*, etc., sur le même sujet par M... qui a demeuré vingt-cinq ans dans la Mauritanie. Clouzier, 1670. — Castonnet des Fosses, *Dynastie des cherifs Filalis* (Rev. de l'Afrique française, 1888. p. 387 et suiv.). — E. de la Primaudaie, *Villes maritimes du Maroc* (loc. cit.), p. 316, 317. — *Cheikh Bou-Ras* (trad. Arnaud), *loc. cit.*, p. 303 et s. — Abbé Godard, *Maroc*, p. 510 et suiv.

part, il se produisit de nouvelles violations des traités. Aussi, dès le mois d'avril de l'année suivante (1669), le comte de Vivonne se présenta-t-il à Alger et exigea-t-il que les reïs coupables fussent punis. Il obtint qu'on en pendît trois en sa présence. Dans le mois de septembre 1669, ce fut au tour des Anglais : le chevalier Allen [1] revint, avec une flotte de vingt-cinq vaisseaux. Mais les reïs étaient en nombre et s'opposèrent à toute transaction. Après cinq jours de démarches infructueuses, l'amiral anglais ouvrit le feu contre le môle. Aussitôt les reïs sortirent du port, lui offrirent courageusement le combat et, après une lutte acharnée, les vaisseaux anglais endommagés autant par la tempête que par l'ennemi, se retirèrent. Durant l'année 1670, les flottes de France, d'Angleterre, de Hollande, de Sicile, de Malte et du Pape, ne cessèrent de croiser, en donnant la chasse aux reïs. Seule l'Espagne, la plus intéressée peut-être, s'abstint. Le roi Philippe IV était mort (17 septembre 1665) et le pays subissait une minorité, celle de son fils Charles II, enfant chétif et sans avenir. Enfin au mois de mai 1671, sir E. Spragg surprit dans le port de Bougie 12 navires de corsaires algériens et, malgré le feu des batteries de terre, força l'entrée de la darse en brisant la chaîne et en renversant les estacades qui la fermaient, attaqua les vaisseaux ennemis et les prit, brûla ou coula jusqu'au dernier ; de là, l'amiral anglais se porta sur Alger et, s'il n'y a pas eu confusion entre les deux faits, renouvela, mais sur une plus petite échelle, ses exploits de Bougie.

Les puissances chrétiennes, on le voit, étaient bien décidées à mettre fin aux excès des corsaires ; mais ceux-ci semblaient renaître de leurs désastres plus hardis et plus nombreux. Cependant les pertes qu'ils éprouvaient depuis quelque temps étaient fort sensibles et il en résultait une vive irritation contre le pacha Ali, auquel ils ne pouvaient pardonner sa faiblesse, surtout devant les réclamations de la France. Unis aux yoldachs, les reïs provoquèrent une révolte dans le mois de septembre 1671. Ali voulut résister avec énergie et, étant parvenu à arrêter le chef de la sédition, lui fit trancher la tête ; mais son courage ne le sauva pas ; tombé entre les mains de ses adversaires, il fut mis à mort. On se porta ensuite à sa demeure pour la piller et, comme on n'y trouvait pas d'argent, sa femme fut mise à la torture afin de l'obliger à révéler l'endroit où l'on supposait que son trésor était caché.

La victoire était aux yoldachs et à la populace qui se livrèrent pendant cinq jours à tous les excès. En vain l'émeute essaya

---

1. Sir Edward Spragg, d'après M. Playfair.

d'élire un aga : cinq personnes désignées successivement déclinèrent le périlleux honneur qui leur était offert. Cependant les reïs et les gens sérieux cherchaient à sortir de cette situation intolérable pour tous. Après bien des délibérations on finit par décider l'institution d'un dey sur le modèle de celui de Tunis. Alger venait de traverser encore un bouleversement politique dont la conséquence était la création d'un nouveau rouage de gouvernement.

Le premier dey fut un reïs nommé Hadj-Mohammed, vieillard sur lequel son gendre Baba-Hassen exerça une grande influence. Ainsi les deys d'Alger furent, dans le principe, les élus de la Taïffe sur laquelle ils s'appuyèrent pour gouverner. Nous verrons bientôt cette fonction devenir une prérogative de la milice et recevoir son organisation définitive [1].

État des provinces d'Oran et de Constantine. Evénements de Tunis. — Il est facile de comprendre que, pendant que les Algériens étaient ainsi occupés chez eux, les provinces d'Oran et de Constantine demeuraient livrées à elles-mêmes. Selon M. le général de Sandoval, une armée turque, soutenue par des contingents arabes, serait venue, en 1669, commencer le siège d'Oran et après quelques jours de blocus aurait été contrainte, par le gouverneur Requesens, marquis de Los Velez, de lever le siège. Au mois d'avril 1669, le gouverneur de F. Faxardo, en exécution d'une cédule royale, obtenue par lui le 31 octobre précédent, expulsa d'Oran les Juifs qui y étaient établis. Un seul, nommé Isaac Cansino, descendant d'une famille depuis longtemps au service des Espagnols en Afrique, obtint d'être débarqué, sous la promesse formelle de se convertir au christianisme. Ils se réfugièrent, pour la plupart, en Italie et paraissent être rentrés, peu à peu et subrepticement, à Oran. Une église, sous le vocable du Saint-Christ de la patience, fut élevée à la place de leur synagogue.

Dans la province de Constantine la peste avait fait une nouvelle apparition et moissonné de nombreuses victimes. Selon le rapport de Si Salah-el-Antri, le bey Mohammed, fils de Farhate, fut destitué en octobre 1666 et remplacé par son oncle paternel, Redjeb-

---

1. De Grammont, *Relations entre la France* (Revue afric., n° 167, p. 341 et s.). — Le même, *Hist. d'Alger*, p. 218 et suiv., 226 et suiv. — S. R. L. Playfair, *Episodes de l'Hist. des Relations* (Revue afric., n° 132, p. 404 et s.). — De Grammont, *Documents algériens* (Revue afric., n° 174, p. 451 et suiv. — Berbrugger, *Occupation anglaise de Tanger* (Revue afric., n° 29, p. 345).

Bey. Ce personnage, qui avait jusqu'alors résidé à Alger, était devenu l'époux de sa belle-sœur Aziza-Bey, à laquelle il avait fait élever l'habitation (servant actuellement d'archevêché), qui fut affectée comme logement aux beys de Constantine lorsqu'ils venaient en personne verser l'impôt. En mars 1668, Aziza-Bey fut assassinée par l'ordre de son mari, dit-on, dans une partie de campagne aux environs de Constantine. Les causes et les conditions de ce drame intime sont restées toujours inexpliquées; nous dirons seulement que c'est à tort que Aziza a été placée, par certains auteurs, dans la liste des beys.

A Tunis, le dey Hadj-Mohammed-Our'li conserva, malgré son incapacité absolue, le pouvoir durant deux ans. Dans le mois de juillet 1669, la milice se décida à le remplacer par un Turc, du nom d'El-Hadj-Châbane. Le vrai maître était alors Mourad-Bey, qui avait hérité du pouvoir et du prestige de son père Hammouda. Il ne tarda pas à entrer en lutte avec le dey et à miner sourdement son autorité.

En 1670, le marquis de Martel se présenta devant Tunis. N'ayant pu obtenir les satisfactions qu'il était venu chercher, il canonna la Goulette. Deux ans plus tard (1672), cet amiral contraignit le dey Hadj-Châbane à signer avec la France un nouveau traité complétant les avantages stipulés au profit de cette puissance, par celui de 1665. Il y est dit, notamment, que les Grecs résidant à Tunis seront soumis, à différents points de vue, à l'autorité du consul de France[1].

---

1. De Sandoval, *Inscriptions d'Oran* (Revue afric., nos 90, p. 446, 91, p. 53 et suiv. — Vayssettes, *Histoire des Beys de Constantine* (Rec. de la Soc. archéol., 1868, p. 264 et suiv.). — Pellissier, *Mémoires historiques et géographiques*, p. 271. — Rousseau, *Annales Tunisiennes*, p. 54 et suiv., 480 et suiv. — El-Kaïrouani, p. 364 et suiv., 402 et suiv. — Cahen, *Les Juifs*, loc. cit., p. 168, 169.

CHAPITRE XVII

PRÉPONDÉRANCE DU MAG'REB SOUS MOULAÏ-ISMAÏL. — LUTTES DES TURCS CONTRE LES PUISSANCES CHRÉTIENNES

1672-1682

Règne de Moulaï-Ismaïl. Il lutte contre son neveu Ben-Mahrez et finit par triompher des révoltes et rester seul maître du pouvoir. — Alger sous les deys. Réclamations et négociations de la France. — Rivalité de Mourad-Bey et des deys de Tunis. Succès de Mourad ; sa puissance. — Mort de Mourad-Bey. Luttes entre ses fils. Mohammed-Bey reste maître du pouvoir. — Luttes entre Mohammed-Bey et Ali-Bey en Tunisie. Succès d'Ali-Bey. — Nouveaux excès des corsaires algériens. Rupture avec la France. — Maroc : organisation des colonies nègres (Abid) par Moulaï-Ismaïl. La milice, dite de Sidi-el-Boukhari. — Expédition de Moulaï-Ismaïl dans le sud-est jusqu'au Chelif ; il est abandonné par les Arabes et rentre en Mag'reb. — Révolte des frères d'Ismaïl dans le Sahara. Il les disperse. Désastre de l'armée dans l'Atlas. Le sultan dompte les Beni-Iznacène et établit des postes depuis la plaine d'Angad jusqu'à Fès. — Siège des postes occupés par les chrétiens en Mag'reb. Prise d'El-Mehdïa (la Mamoure) par Ismaïl. Révolte du Sous.

Règne de Moulaï-Ismaïl. Il lutte contre son neveu Ben-Mahrez et finit par triompher des révoltes et rester seul maitre du pouvoir. — Les premiers temps du règne de Moulaï-Ismaïl furent assez troublés et il est certain qu'il eut de la difficulté à asseoir son autorité : malheureusement, les détails fournis par les auteurs sont assez contradictoires et nous ne pouvons que les résumer en adoptant, pour l'ordre des faits, ce qui paraît le plus plausible.

Tout d'abord deux compétiteurs se mirent en révolte contre le nouveau sultan ; son frère, Moulaï-el-Harrane, entouré de quelques partisans, se jeta dans le sud et, s'étant emparé de Tafilala, y fut proclamé sultan et étendit son autorité sur les régions sahariennes. Pendant ce temps, Ahmed-ben-Mahrez, neveu d'Ismaïl, levait l'étendard de la révolte à Maroc et s'y faisait reconnaître par la population et les délégués des tribus environnantes. Enfin, le Maure El-Khadir R'aïlane reparaissait dans le Rif, soutenu par un corps de Turcs d'Alger.

Moulaï-Ismaïl paraît s'être d'abord emparé de Maroc, après un siège assez court, mais sans avoir pu empêcher son neveu Ben-Mahrez de prendre la fuite et de se réfugier au milieu de ses partisans, berbères et arabes. Ce fut alors au tour de Fès de se lancer dans la rébellion ; les promoteurs appelèrent même, au milieu d'eux, Ahmed-ben-Mahrez et le reconnurent comme sultan. Ismaïl revint donc vers le nord et dut entreprendre le siège de Fès qui dura de longs mois ; un renégat espagnol, P. del Pino, en dirigeait les opérations.

Pendant que ses troupes bloquaient ainsi la capitale, Ismaï trouva l'occasion de surprendre Raïlane et les Turcs, du côté d'El-Kçar-el-Kebir, après avoir détaché d'eux leurs alliés arabes ; il leur infligea une défaite dans laquelle Raïlane trouva la mort. « Ce brave prince, dit Mouette dans la relation de sa captivité, était andalou, issu de l'illustre famille des Zegris de Grenade. Bien fait de sa personne, il avait pour tout le monde un regard doux et affable. Il portait une moustache blonde. C'était un bon soldat et un vaillant capitaine. » Nous avons dit plus haut que lord Bellassis avait traité avec lui, à l'époque de sa puissance, et obtenu en principe la cession d'une bande de terrain autour de Tanger. Inutile d'ajouter que ce traité n'eut aucune sanction.

Débarrassé de ce dangereux ennemi, Ismaïl put reporter toutes ses forces contre Fès et finit par contraindre cette ville à la soumission (oct. 1673) ; il la frappa d'une lourde contribution. Le siège avait duré plus d'un an ; quant à Ben-Mahrez, il avait quitté Fès, depuis quelques mois, et était rentré en possession de Maroc. Laissant deux officiers énergiques et dévoués dans chacune des deux villes de Fès, le sultan se mit en marche, à la tête de forces imposantes, afin de réduire d'une manière définitive la révolte de son neveu, Ben-Mahrez. Il alla d'abord opérer dans la région des lAngad, dont les tribus se livraient au brigandage, surprit et razia les Segouna et, après cette exécution, marcha contre son compétiteur qui l'attendait près de Tedla. La rencontre eut lieu à Bou-Agba ; après une lutte acharnée, dans laquelle le général de Ben-Mahrez fut tué, la victoire resta au sultan (1674).

Le prétendant s'était réfugié dans le Derûa, tandis qu'Ismaïl entreprenait une série d'opérations contre les Chebanate, les Chaouïa et les tribus du Haha, populations guerrières qui luttèrent contre lui avec la plus grande énergie. Sur ces entrefaites, on apprit qu'Ahmed-ben-Mahrez était rentré à Maroc par surprise et y organisait la résistance. Le sultan revint l'y assiéger (1675) ; mais son neveu disposait de forces considérables au moyen desquelles il put se défendre avec avantage et infliger des pertes sérieuses à ses adversaires. Tandis qu'il était sous les murs de cette ville, un descendant des marabouts de Dela, nommé Ahmed-ben-Abdallah, à son retour du pèlerinage, voulut rendre à sa famille son ancien éclat ; il avait obtenu, paraît-il, l'approbation de la Porte et le concours des Algériens. Ayant appelé aux armes ses adhérents, il réunit autour de lui un grand nombre de Berbères et défit successivement deux armées envoyées par le sultan pour le réduire.

Cependant Maroc résistait toujours, car l'investissement ne pouvait être complet. Dans le mois de juin 1676, une grande bataille, très meurtrière pour les deux partis, fut livrée sous ses murs et bien que le résultat eût été indécis, les assiégés se virent forcés d'abandonner leurs lignes avancées, pour se retrancher derrière les murailles. Cependant ils tinrent jusqu'au mois de juin de l'année suivante (1677). Ismaïl entra alors à Maroc de vive force, tandis que son neveu s'enfuyait vers le sud. La ville fut livrée au pillage et les habitants les plus compromis se virent envoyés à la mort ou jetés en prison.

Sans perdre de temps, Ismaïl marcha en personne contre Ahmed-ben-Abd-Allah et ses adhérents qui ravageaient les environs de Tedla. Parvenu dans cette ville, il y trouva son frère, Moulaï-el-Harrane, arrivé de Tafilala pour lui offrir sa soumission et lui demander assistance contre son autre frère, Hummadi, qui lui disputait l'autorité dans le Sahara. Mais le sultan avait de trop légitimes griefs contre El-Harrane pour accepter sans réserve une démarche imposée par les circonstances. Il tenait, tout d'abord, à dompter la révolte du fils du marabout et il n'obtint ce résultat qu'au prix d'une sanglante bataille. Les représailles qui suivirent ce succès furent terribles, car Ismaïl, irrité des difficultés qu'il rencontrait, devenait de plus en plus sanguinaire : sept cents têtes de vaincus furent expédiées à Fès et suspendues aux murailles. La population de cette ville célébra cette victoire par de grandes fêtes, enthousiasme de commande, cachant une terreur intime.

Moulaï-el-Harrane, effrayé par ces exemples, car de nombreuses exécutions particulières avaient suivi le massacre général, prit la fuite et se réfugia dans son oasis. Mais le sultan lança contre lui une armée qui s'empara de Tafilala et mit cette contrée au pillage : El-Harane, chargé de fers, fut expédié au sultan et, contre toute attente, en obtint son pardon sous la réserve de l'internement au désert.

Ainsi, après cinq longues années de luttes, Moulaï-Ismaïl restait enfin maître du pouvoir ; le pays était terrifié par sa vigueur et son énergie, mais les germes de rébellion n'étaient pas détruits. Le sultan s'occupa avec activité des affaires de son empire et s'appliqua surtout à embellir Meknès, ville pour laquelle il montrait une prédilection marquée et où il se plaisait à résider. Malgré l'état de guerre et les difficultés auxquelles il avait à faire face, il essaya de resserrer ses relations avec la cour de France ; il continua aussi à protéger les marchands de Londres et de Bristol, tout en maintenant l'état de blocus de la place de Tanger. Le roi Charles II reçut même, en 1674, une ambassade du sultan marocain, envoyée dans le but de conclure un traité de commerce. Mais, comme les Anglais exigeaient d'abord la reconnaissance de l'occupation de Tanger et la délimitation d'une zone neutre, les négociations furent rompues et les hostilités recommencèrent de plus belle contre cette ville. En 1676, Ismaïl reçut à Meknès un ambassadeur anglais chargé de reprendre les négociations, mais le sultan le renvoya brusquement [1].

ALGER SOUS LES DEYS. RÉCLAMATIONS ET NÉGOCIATIONS DE LA FRANCE. — Nous avons laissé Alger sous le coup de la révolution qui a encore rompu un des liens unissant le pays à la Porte, puisque le chef du pouvoir exécutif est maintenant un dey, le reïs El-Hadj-Mohammed, tandis que le pacha turc se trouve réduit à l'état de gouverneur en effigie. Les Ottomans, du reste, semblent avoir tourné leurs regards d'un autre côté. Après le long et glorieux siège qui leur a livré Candie, — en leur coûtant cent vingt mille hommes, — ils se reposent et préparent une nouvelle invasion de l'Autriche. Cependant, en apparence, et surtout pour les étrangers, rien n'est changé en Berbérie. Les corsaires sont toujours pleins d'audace et souvent heureux. Les bagnes regorgent de captifs, les affaires marchent ; mais précisément pour cela, elles leur amènent des réclamations incessantes de la part des nations alliées, sous « prétexte » que les traités sont violés.

En août 1672, M. D'Alméras se présenta devant Alger pour exiger la restitution de captifs français et diverses satisfactions. Il vint mouiller sous les canons mêmes du fort. Pendant que les négociations suivaient leur cours, un certain nombre d'esclaves chrétiens s'évadèrent et, s'approchant à la nage, se réfugièrent sur son navire. Il en résulta, comme d'ordinaire, une émeute à

---

1. *Nozhet-El-Hadi*, p. 304 et suiv. du texte arabe, 504 et suiv. de la trad. — *Et-Tordjeman*, p. 12 et suiv. du texte, 24 et suiv. de la trad. — Castonnet des Fosses, *La dynastie des chérifs Fileli* (loc. cit., p. 317, 318, 403 et suiv.). — Elie de la Primaudaie, *Villes maritimes du Maroc*, loc. cit., 317, 318. — *Histoire des révolutions de l'empire du Maroc*, p. 400 et suiv. — Abbé Godard, *Maroc*, p. 511 et suiv.

Alger, et le consul, M. Dubourdieu se rendit à bord pour présenter les réclamations des patrons, ce qui lui fut refusé. Afin de le soustraire à la fureur de la populace qui lui aurait fait un mauvais parti, M. D'Alméras ne voulut pas le faire reconduire à terre et leva l'ancre, l'emmenant avec lui, malgré ses protestations.

Le dey eut fort à faire pour calmer la sédition et ce fut le père Le Vacher, religieux trinitaire, qui se trouva, *ipso facto*, à la tête du consulat de France ; or, comme il habitait le pays depuis 25 ans et y était estimé, les relations devinrent meilleures et plus calmes. Mais, en 1674, des différends s'étant produits au sujet de l'administration du Bastion, le chevalier d'Arvieux fut chargé de les régler et reçut, en même temps, sa nomination comme consul. Il arriva le 10 septembre à Alger où son ignorance des choses du pays et sa présomption puérile l'empêchèrent de rendre de véritables services. Il rentra en France à la fin d'avril 1675, et fut remplacé par le père Le Vacher, nommé consul titulaire[1].

Rivalité de Mourad-Bey et des deys de Tunis. Succès de Mourad ; sa puissance. — Cependant, à Tunis, la rivalité entre le dey et le bey, résultat inévitable de l'augmentation de la puissance de ce dernier à l'époque de Hammouda, était entrée dans une phase aiguë. Héritier de la force et du prestige de son père, maître de l'armée, seul connu dans l'intérieur, Mourad-Bey éclipsait le dey ou semblait le couvrir d'une protection un peu hautaine. « Il avait un physique très avantageux, dit El-Kaïrouani, ...son aspect inspirait le respect et la crainte ; toute sa personne avait quelque chose de plus majestueux et de plus royal que son père. Actif et intelligent, il faisait tout par lui-même ; sévère, mais juste, il maintint les Arabes sous le joug de la subordination et respecta les usages établis. Il aimait beaucoup la chasse ; pour lui, le hennissement des chevaux était préférable au plus riche butin. »

El-Hadj-Châbane, le nouveau dey, essaya d'abord de réagir, en témoignant au bey un mépris peu affecté ; mais il n'était pas de taille à lutter contre ce dernier, surtout lorsqu'au retour de quelque expédition dans l'intérieur, il venait camper avec toutes ses forces sous les murs de Tunis. Il tenta de lui susciter des ennemis par l'intrigue ; mr. Mourad découvrit la trame, et, s'étant créé des appuis dévoués dans la ville, il s'en servit pour obtenir la déposition et l'incarcération de Châbane (mars 1671).

---

1. De Grammont, *Hist. d'Alger*, p. 223 et suiv., 242 et suiv. — Le même, *Relations sur la France* (Revue afric., n° 168, p. 343 et suiv., n° 169, p. 449 et suiv.)

Hadj-Mohammed-Montchali le remplaça comme dey ; c'était une créature de Mourad, que sa faiblesse de caractère livra sans défense aux intrigues des partis. En 1673, il fut destitué et remplacé par Hadj-Ali-Laz ; cette fois la milice prenait sa revanche.

Mourad-Bey, ayant été rejoint par son frère Mohammed, se lança alors dans la révolte et les janissaires lui répondirent en prononçant sa destitution et en confiant sa charge à un certain Mohammed-Ag'a. « Aussitôt — dit Rousseau[1] — le nouveau bey, à la tête des troupes qu'il réunit à la hâte, et qui se renforcèrent des contingents des Oulad-Saïd et des Metalits, sort de Tunis, s'établit à El-Mellacin et marche sur l'ennemi qu'il rencontre à Agbet-el-Djezzar, à six milles de la ville. La victoire, quelque temps indécise, se déclare en faveur de Mourad-Bey. »

Poursuivi par le vainqueur, Mohammed Ag'a rentra à Tunis avec les débris de ses troupes ; mais, le lendemain, Mourad était sous les murs de la ville et, avec beaucoup d'habileté, envoyait l'aman aux habitants. La déposition de Hadj-Ali-Laz était la condition du pardon. Il fut remplacé par El-Hadj-Mami (1673) et de rigoureuses exécutions complétèrent les effets de la victoire. Ainsi, Mourad-Bey restait maître du pouvoir et tenait à sa discrétion ses rivaux dont la tentative de résistance avait achevé de détruire l'autorité. « Il fut craint et obéi partout, dit El-Kaïrouani, et ce qui avait été difficile à son père fut facile pour lui. »

Chaque année, Mourad allait faire une promenade militaire dans le Djerid. Il s'y trouvait, en 1673, occupé à faire rentrer les contributions lorsqu'il apprit que la garnison et les habitants de Tripoli s'étaient encore révoltés contre leur pacha, lequel, assiégé dans la citadelle, était mort en l'appelant à son secours. Aussitôt, le bey marcha contre Tripoli, mit les rebelles en déroute et rétablit l'autorité. L'affaire de Tripoli peut être antérieure à la destitution d'El-Hadj-Ali-Laz, car les chroniques ne nous éclairent pas exactement sur ce point ; dans cette hypothèse ce serait à son retour de Tripoli que Mourad aurait été rejoint par son frère Mohammed, lui annonçant les mesures prises contre lui.

Après son dernier et définitif succès, Mourad s'établit au Bardo, où il vécut en souverain, entouré d'une véritable cour et en relations amicales avec le sultan de Constantinople. Ses fils, Mohammed et Ali, le remplacèrent peu à peu dans le commandement de l'armée et firent, au printemps de l'année 1675 une campagne dans le Djebel Ouslate, où les derniers rebelles avaient organisé la résistance. Ils y obtinrent de grands succès et rentrèrent

---

1. *Annales Tunisiennes*, p. 56.

à Tunis, enseignes déployées, au milieu des acclamations, apportant au bout d'une lance la tête du chef de la révolte.

MORT DE MOURAD-BEY. LUTTES ENTRE SES FILS. MOHAMMED-BEY RESTE MAITRE DU POUVOIR. — Vers la fin de cette année 1675, Mourad-Bey cessa de vivre, laissant deux fils, ceux dont nous avons parlé, égaux en mérite s'il faut en croire notre auteur, et un troisième nommé Ramdane, tenu au second plan. L'aîné, Mohammed, devait lui succéder, mais, dès les premiers jours, des discussions s'élevèrent entre lui et son frère Ali, pour le partage du pouvoir. Ne pouvant parvenir à s'entendre, ils s'en remirent à la décision du dey et du diwan qui, d'accord avec Ali, retirèrent à Mohammed le titre de bey, pour le donner à El-Hafsi, frère de leur père.

Mais Mohammed n'était pas homme à se laisser ainsi dépouiller; feignant de se soumettre, il alla habiter le palais de la Marsa; puis, un beau jour, il prit la fuite, se rendit d'une traite au Kef où il fut rejoint par le cheikh des Henanecha, El-Hadj-el-Merdaci, de la famille de Khaled-ben-Nacer, et par un grand nombre de partisans. Il se disposa alors à marcher sur Tunis. A cette nouvelle, le bey El-Hafsi essaya de réunir des forces pour s'opposer aux rebelles; mais personne ne voulut lui obéir et il se vit forcé d'évacuer la place; un bateau français qui venait d'amener d'Orient un nouveau pacha le recueillit et le conduisit à Tripoli, puis à Constantinople. En même temps, Mohammed-Bey, qui avait obtenu l'adhésion formelle des Tunisiens, faisait son entrée dans la capitale et recevait au Bardo les hommages du dey, du pacha, du diwan et des notables (décembre 1675). Quant à Ali, il fut relégué dans une maison de campagne.

Peu après, parut en rade une escadre turque ramenant El-Hafsi à Tunis, par l'ordre du sultan. L'émotion fut si grande dans la ville que l'amiral, en présence des dispositions hostiles de la population ramena en Orient El-Hafsi, malgré ses protestations; à peine Mohammed-Bey fut-il débarrassé de ce danger qu'il partit vers le sud, afin d'effectuer la campagne annuelle: il reçut alors la nouvelle de la fuite de son frère qui avait trouvé asile à Constantine auprès du bey de l'Est[1].

LUTTES ENTRE MOHAMMED-BEY ET ALI-BEY EN TUNISIE. SUCCÈS

---

1. El-Kaïrouani, p. 366 et suiv., 404 et suiv. — Rousseau, *Annales Tunisiennes*, p. 55 et suiv. — Féraud, *Les Harars* (Revue afric., n° 105, p. 203 et suiv.). — Le même, *Annales Tripolitaines* (Revue afric., n° 159, p. 213).

d'Ali-Bey. — A Constantine, Redjeb-Bey avait exercé le pouvoir jusque vers 1674, époque à laquelle, s'il faut s'en rapporter au consul d'Arvieux, il fut mis à mort pour le punir d'une tentative de révolte. Il avait, pendant son commandement, tenté de s'attacher les Arabes Daouaouïda en donnant une de ses filles, Oum-Hani, en mariage à El-Guidoum, frère d'Ahmed-ben-Sakheri ; il fut remplacé par un certain Kheïr-ed-Dine qui n'exerça pas longtemps le pouvoir, car, au commencement de 1676, il dut le résigner entre les mains de son successeur Abd-er-Rahmane, surnommé Dali-Bey, Turc violent et brutal qui fit tout plier sous une main de fer.

Dali accueillit assez bien le fugitif tunisien à Constantine et celui-ci y entra en relations avec Soultane-ben-Mennacer, chef des Harars, (Henanecha). Il contracta avec lui une alliance scellée par son mariage avec la fille du cheikh. Puis ils organisèrent ensemble une expédition contre Tunis et, bientôt, se mirent en marche vers l'est. Mohammed-Bey se trouvait alors dans le sud, avec l'armée, pour la campagne d'été ; il s'empressa d'accourir, à la nouvelle des premiers engagements. Mais la montagne d'Ouslat était en révolte et il dut d'abord la réduire ; puis il rentra à Tunis, afin de préparer sérieusement la lutte contre son frère. A peine s'était-il éloigné qu'Ali-Bey atteignit la montagne avec ses adhérents. Mohammed-Bey, ignorant la présence de son frère, revint opérer dans cette région ; mais Ali-Bey parvint à surprendre son camp et à lui infliger une défaite, atténuée, le lendemain, par un retour offensif dans lequel le précédent reprit une partie de ses canons et de son matériel (fin 1676).

« Cette affaire désastreuse, dit El-Kaïrouani, avait rendu le trou plus grand que la pièce. » Mohammed-Bey ayant reçu du renfort, poursuivit son frère, qui avait quitté la montagne, l'atteignit près de Sbeïtla et s'empara de son camp. Mais les soldats du bey se mirent à piller, ce qui permit à Ali de rallier les fuyards et de les ramener au combat ; surpris isolément, les vainqueurs ne tardèrent pas à se transformer en vaincus, fuyant dans toutes les directions. Soultan, chef des Henanecha, déploya dans cette affaire la plus grande bravoure et s'empara même du campement et de la femme de son rival El-Hadj-el-Merdaci, dont la puissance fut à jamais détruite.

Mohammed-Bey parvint à se réfugier au Kef où il fut rejoint par quelques adhérents dévoués, tandis que la plupart de ses officiers et de ses soldats passaient sous les drapeaux d'Ali-Bey ; l'armée du Djerid se prononça également pour celui-ci et, enfin, il reçut de Tunis une députation venant le féliciter au nom du peuple, du diwan et du nouveau dey El-Hadj-Mohammed-Bechara. Cependant Ali-Bey ne voulait pas se rendre à Tunis avant d'avoir détruit la puissance de son frère. Il marcha donc sur le Kef, mais ce fut pour essuyer à son tour une défaite qui le contraignit à chercher un refuge dans le Djerid.

La route de Tunis était ouverte : Mohammed rentra en maître dans cette ville (avril 1677). Le dey Bechara fut destitué et mis à mort ; El-Hadj-Mami-Djemal reprit alors la fonction dont il avait été précédemment dépouillé. Mais il était dit que les succès alternatifs des deux frères seraient éphémères. Ayant entrepris une nouvelle campagne contre le Djebel-Ouslat, où se trouvait Ali-Bey avec des forces importantes, Mohammed fut à son tour mis en déroute et réduit à la fuite.

Ali-Bey restait, encore une fois, le maître, bien que son frère ne fût pas vaincu, et Tunis, las de ces luttes, se tenait sur la défensive. Il obtint alors, pour un de ses favoris, nommé Mohammed-Tabak, la charge de dey. C'était un homme énergique qui commença par se former une garde de 400 janissaires dévoués, installés auprès de lui, et qu'on appela les *Hanba* ; Mami-Djemal fut exécuté. Représenté à Tunis par un dey à sa dévotion, Ali-Bey alla guerroyer dans le Djerid [1].

Ainsi, la Tunisie, qui avait joui de quelques années de calme, se trouvait de nouveau en proie aux maux de la guerre et de l'anarchie.

NOUVEAUX EXCÈS DES CORSAIRES ALGÉRIENS. RUPTURE AVEC LA FRANCE. — La révolte de Messine, en 1674, avait amené la France à tenter, une fois encore d'occuper la Sicile. Vivonne, secondé par des lieutenants tels que Tourville et Duquesne, tenait la mer avec toutes nos forces maritimes, ce qui obligeait les corsaires à reporter leurs efforts sur un autre objectif. Les amiraux français triomphèrent alors des flottes combinées de Hollande et d'Espagne et le manque de troupes de débarquement empêcha seul les vainqueurs de conquérir toute la Sicile (1675-76). En résumé, cette entreprise, mal soutenue par le gouvernement, finit d'une façon lamentable, surtout pour ceux qui avaient cru à la protection de la France. Les Algériens employèrent donc la plus grande partie de leurs forces, en 1675 et 1676, à des expéditions contre le littoral portugais et y commirent de grands dégâts, malgré les efforts de l'amiral Magellanez pour les repousser.

Dans le mois de juin de l'année 1675, le gouverneur espagnol

---

1. El-Kaïrouani, p. 368 et suiv., 416 et s. — Rousseau, *Annales Tunisiennes*, p. 53 et suiv. — Féraud, *Les Harars*, loc. cit., p. 205 et suiv.

d'Oran, don Inigo de Toledo, essaya de surprendre Tlemcen, mais il fut repoussé et forcé de se retrancher derrière ses murailles, où il se vit bientôt assiégé par les indigènes. Le dey, Baba-Hassen envoya quelques renforts avec de l'artillerie aux musulmans, qui ne purent néanmoins se rendre maîtres de la ville et se contentèrent de la bloquer étroitement. En juillet, une flotte de secours arriva de Carthagène et les assiégeants durent lever le siège ; cependant les hostilités continuèrent aux environs, interrompues par les sorties des chrétiens. Celle de janvier 1678, poussée jusqu'à la plaine de Meléta, fournit aux Espagnols l'occasion de faire un véritable massacre de leurs ennemis et de ramener, en outre, huit cents prisonniers. Néanmoins le blocus continua et, comme Oran était ravitaillé par mer, les galères des reïs vinrent bloquer le port ; mais elles n'y restèrent pas longtemps, car il fallut voler au secours d'Alger qui venait d'être canonné par l'escadre anglaise, sous le commandement de lord Malborough (1678).

Oran était alors décimé par la peste. Les indigènes, commandés par un certain Ben-Zamar, en profitèrent pour resserrer l'investissement ; mais dans une sortie opérée le 12 novembre, la garnison les repoussa après leur avoir tué beaucoup de monde et leur prit 200 prisonniers.

L'affreuse maladie ravageait, avec une intensité inouïe, toute l'Afrique septentrionale et s'était propagée dans les ports de commerce européens. Alger continuait à être livré aux factions locales et aux intrigues des puissances étrangères pour y obtenir la suprématie sur leurs rivales. De plus, les nations qui avaient des traités étaient constamment en réclamations contre les violations dont ils étaient l'objet. On doit reconnaître, du reste, que les représailles infligées aux Algériens leur fournissaient des prétextes pour opposer réclamations à réclamations. La cour de France semblait disposée à ne plus vouloir employer que la violence à l'égard des Barbaresques ; le père Le Vacher, consul à Alger, et Dussault, directeur des établissements, prêchaient au contraire les moyens de conciliation, mais ne réussissaient qu'à se rendre suspects aux amiraux chargés d'exiger satisfaction.

En 1679, Tourville vint à Alger, au nom du roi de France, et obtint du dey et du diwan tout ce qu'il lui plut d'exiger, notamment une modification aux traités antérieurs, disposant, qu'en aucun cas, les Français ne pourraient être retenus prisonniers. Ces promesses manquaient malheureusement de sanction ; aussi les rapts et les vols recommencèrent-ils de plus belle. Les Hollandais, las de supporter des pertes énormes, démoralisés par la mort de Ruyter, tué devant Messine en 1676, et par leurs défaites dans la Méditerranée, se soumirent alors, à accepter un humiliant traité par lequel ils s'obligeaient à fournir aux reïs, non seulement des mâts et des cordages, mais encore de la poudre et des canons, ce qui provoqua les protestations des autres puissances.

L'année suivante, Duquesne, et en 1681, deux autres envoyés vinrent à Alger dans le même but et conclurent un arrangement qui stipulait la restitution réciproque des esclaves. Malheureusement il arriva, soit à dessein, soit par erreur, que les captifs musulmans dont on attendait le retour à Alger avaient été expédiés avec l'escadre, dans le Levant. Il en résulta une grave émeute, suivie d'un ultimatum injurieux, repoussé par le roi, et d'une déclaration de guerre votée à l'unanimité par le diwan (18 octobre 1681) ; et aussitôt les corsaires de courir sus aux navires français, si bien que, dans l'espace d'un mois, ils capturèrent 20 bâtiments et 300 esclaves. A ce moment, les Anglais venaient de se décider à accepter, comme les Hollandais, une paix humiliante. Il est vrai qu'ils avaient perdu, dans les quatorze dernières années, 350 navires et 6,000 prisonniers, malgré les croisières et les bombardements de leurs amiraux.

La France allait essayer, seule, de dompter les Algériens. Déjà l'amiral Duquesne était allé, dans le mois de juillet 1681, poursuivre les pirates de Tripoli jusque dans le port de Chio, où il avait brûlé six de leurs meilleurs vaisseaux. Les ordres formels reçus d'Orient avaient alors amené le représentant de la Porte à signer un traité stipulant la mise en liberté des esclaves français. Mais les Tripolitains mirent à mort leur amiral et refusèrent de ratifier le traité [1].

Maroc ; organisation des colonies nègres (Abid) par Moulaï-Ismaïl. La milice dite de Sidi-el-Boukhari. — Avant de continuer le récit des faits dont Alger va être le théâtre, il convient de jeter un coup d'œil sur les événements du Mag'reb où nous avons laissé le sultan Ismaïl à peu près maître de l'autorité.

Tout en s'occupant des constructions et embellissements de Meknès, sa ville de prédilection, le sultan, qui avait trop souvent éprouvé la versatilité de ses sujets, conçut un projet destiné à lui permettre de se passer de leur concours militaire et sut le réaliser avec une vraie intelligence de la situation. Il fit acheter ou attira

---

1. De Grammont, *Relations entre la France* (Revue afric., n° 168, p. 459 et suiv. — Le même, *Hist. d'Alger*, p. 245 et suiv. — De Sandoval, *Inscriptions d'Oran* (Revue afric., n° 91, p. 57, 58. — Féraud, *Annales Tripolitaines*, loc. cit., p. 213 et suiv.

une quantité considérable de nègres résidant en Mag'reb, et en forma de vastes colonies agricoles, dont les principales furent établies aux environs de Maroc, à Mechra-er-Remel sur l'Ouad-Felfela, affluent de l'Ouad-Beht. Ces nègres, auxquels on donna des compagnes, reçurent de grands avantages ; mais tous leurs enfants appartinrent à l'Etat et furent, dès leur jeune âge, préparés par une éducation spéciale, les garçons pour l'armée, les filles pour la domesticité des palais. Les mâles, placés sous la protection d'un saint de l'Islam, Sidi-el-Boukhari, formèrent cette garde noire, entièrement dévouée au sultan et sans aucun lien avec la population indigène, arabe ou berbère, qui a constitué pour les souverains du Maroc une grande force. L'analogie de cette institution avec celle des mamlouks d'Egypte est frappante ; mais les nègres de Sidi-el-Boukhari donnèrent à leurs princes un concours plus aveuglément dévoué.

A la fin du long règne d'Ismaïl, il avait, paraît-il, 150,000 soldats nègres inscrits sur ses contrôles, dont 70,000 de Mechra-er-Remel et 25,000 d'Oudjeh-el-Arous. C'est à l'âge de dix ans que les enfants de ces nègres étaient amenés au sultan ; la plupart d'entre eux, — dit Et-Tordjeman, auquel nous empruntons ces détails, — apprirent alors le métier de maçon (afin qu'ils pussent servir plus tard à la construction des forteresses qu'Ismaïl voulait élever) ; à d'autres, on enseignait l'art du charpentier et du menuisier. Puis ils apprenaient les soins et la conduite des chevaux et mulets, et l'équitation d'abord sur des coursiers nus ; ensuite, ils mettaient toutes les pièces de harnachement et prenaient l'habitude de faire feu sans descendre. A l'âge de seize ans, ils étaient inscrits sur les contrôles de l'armée ; puis on les mariait « avec de jeunes négresses qui avaient été réparties dans les palais du souverain, où elles avaient appris la cuisine, le ménage et le savonnage. Quant à celles qui étaient jolies, on les confiait à des maîtresses qui leur enseignaient la musique ; leur éducation terminée, on leur donna un costume et une dot ; puis chacune d'elles fut conduite à son mari. » Il est inutile d'ajouter que cette institution ne commença à donner tous ses résultats que vers la fin du siècle.

Pour compléter l'organisation militaire du Mag'reb, le sultan fit élever sur toutes les routes et aux points stratégiques des forteresses, où il plaça des garnisons et autour desquelles se formèrent de petites colonies, nègres pour la plupart. De cette façon, le pays se trouva enserré dans un vaste réseau de postes reliés entre eux et aboutissant aux mains du sultan. La population indigène fut, par ce moyen, fractionnée, surveillée de près, et mise dans l'impossibilité de préparer ces révoltes que l'éloignement et la difficulté du terrain rendaient si faciles.

C'était, en quelque sorte, l'appropriation au Maroc du système des Zemala et des postes entourés de colonies militaires que les Turcs avaient mis en pratique en Algérie et en Tunisie. Mais Ismaïl, en l'appliquant au Mag'reb, le perfectionna avec un véritable génie, car les difficultés étaient plus grandes pour lui. Dans tous les cas, les uns et les autres résolurent le problème consistant à utiliser, pour asseoir leur domination, les forces locales afin de se passer des tribus indigènes, sur lesquelles on ne pouvait jamais compter, et du concours dispendieux et peu sûr des renégats, des mercenaires et des levantins [1].

Expédition de Moulaï-Ismaïl dans le sud-est, jusqu'au Chelif ; il est abandonné par les Arabes et rentre en Mag'reb. — Le Maroc ne fut pas épargné par la peste ; Moulaï-Ismaïl conduisit néanmoins, en 1678, ses troupes dans le Sous. Il parcourut cette province, la pacifia et revint vers l'ouest par la vallée de l'Ouad-Derâa, recevant la soumission des tribus arabes mâkiliennes ou arabisées de ces contrées : Mâafra, Oulad-Delim, Chebanate, Berabech, Djerrar, Motha et Ouddi. Le cheikh Bekkar, qui exerçait le commandement suprême sur ces tribus, s'allia à Ismaïl en lui donnant une de ses filles en mariage. Un grand nombre de nègres furent ramenés de cette campagne.

L'année suivante, Moulaï-Ismaïl se transporta dans les régions sahariennes du Haut-Mouloûïa. Là, ayant réuni les contingents des tribus de Segouna, Douï-Menia, Dekhiça, Hamcîane, Amour, Oulad-Djerir, et même des Beni-Amer, Harar et Hachem de la province d'Oran, il s'avança vers l'est, guidé par eux dans les routes sahariennes jusqu'au Djebel-Amour. Mais, une colonne turque partie, soit de Maskara, soit d'Alger, avec de l'artillerie, avait suivi son mouvement et s'était établie sur la rive droite du Chelif, pour lui disputer le passage au lieu dit Goulaa. Lorsque les deux armées se trouvèrent en présence, elles s'observèrent d'abord, mais, dès que la nuit fut venue, les Turcs, avec un grand renfort de cris, et en frappant les tambours, ouvrirent le feu de leur artillerie sur le camp du cherif. Ces détonations répandirent la terreur parmi les Arabes qui connaissaient à peine le mousquet, et ils prirent la fuite en abandonnant le sultan du Maroc.

---

1. *Et-Tordjeman*, p. 16 et suiv. du texte, 29 et suiv. de la trad. — Castonnet des Fosses, *Dynastie des cherifs Fileli*, loc. cit., p. 404 et suiv. — Abbé Godard, *Maroc*, p. 515.

Le lendemain, une députation turque vint modestement au camp d'Ismaïl, qui n'avait plus autour de lui que ses troupes régulières, lui rappeler le texte des précédents traités, signés avec Moulaï-Rachid, et dans lesquels la limite respective du territoire turc et marocain avait été fixée à la Tafna. Le sultan se rendit à ces raisons et, ayant confirmé les précédentes conventions avec les Turcs, reprit la route de l'ouest. La défection des Arabes avait causé l'échec de son expédition ; aussi jura-t-il de ne jamais compter sur eux à l'avenir et de leur faire payer chèrement leur trahison [1].

Révoltes des frères d'Ismaïl dans le Sahara. Il les disperse. Désastre de l'armée dans l'Atlas. Le sultan dompte les Beni-Iznacene et établit des postes depuis la plaine d'Angade jusqu'a Fès. — A son arrivée à Fès, Moulaï-Ismaïl reçut la nouvelle que trois de ses frères: El-Harrane, Hûchem et Ahmed, accompagnés de plusieurs de leurs parents, s'étaient de nouveau lancés dans la révolte avec l'appui des tribus berbères du Sahara et menaçaient les oasis. Il partit aussitôt vers le sud, concentra à Sidjilmassa toutes ses forces et alla attaquer les rebelles qu'il parvint à rejeter vers la montagne de Sag'rou, dans la région de l'Ouad-Derâa. Une dernière grande bataille, livrée à cet endroit, acheva la défaite des frères du sultan et les contraignit à chercher un refuge dans les profondeurs du désert, mais les pertes d'Ismaïl avaient été considérables et ce prince ordonna la retraite. On était alors au cœur de l'hiver et, en traversant les montagnes du Grand-Atlas, l'armée fut assaillie, au col de Theniet-el-Guellaoui, par une épouvantable tempête de neige, dans laquelle un grand nombre de soldats et presque tout le matériel et les bagages furent engloutis. Les débris de l'armée, en débandade, sortirent enfin de ces défilés ; les hommes, à moitié morts de froid et de faim, arrivés à Sidi-Rahhal, se jetèrent sur les troupeaux et les vivres des gens de cette région, ce qui amena des réclamations de la part des propriétaires. Or le sultan n'entendait pas raillerie sur ce point en temps ordinaire, et la situation d'esprit où il se trouvait n'était pas pour l'apaiser : il fit fusiller quiconque était rencontré hors du camp et condamna le vizir El-Matr'ari, comme coupable de négligence, à être traîné, attaché à la queue d'un cheval.

Dans les premiers mois de l'année suivante (1679), Moulaï-Ismaïl voulant, à tout prix, dompter les Beni-Iznacene, partisans des Turcs, toujours en état d'hostilité, et punir les Chebanate et

---

1. *El-Tordjeman*, p. 17 et suiv. du texte arabe, 31 et suiv. de la trad. — *Nozhet-El-Hadi*, p. 205 et suiv. du texte arabe, 505 de la trad.

Oulad-Zerara, dont l'esprit d'indiscipline causait d'incessantes difficultés dans la région située à l'ouest de Maroc, fit transporter ces deux tribus aux environs d'Oudjda, sur la frontière orientale. Il leur donna pour chef le caïd El-Aïachi et les chargea d'inquiéter sans cesse les Beni-Iznacene et de les empêcher de venir dans la plaine des Angade, conduire leurs troupeaux et faire leurs cultures. Il prescrivit, en outre, la construction de trois forts dans ces régions. En 1680, le sultan envahit la montagne de ces indomptables guerriers, dévasta leurs jardins et leurs cultures et les contraignit à demander l'aman, mais ne le leur accorda que moyennant de dures conditions, notamment la remise de leurs armes et de leurs chevaux.

Cela fait, Moulaï-Ismaïl se transporta dans la plaine des Angade, où il soumit les Segouna, Mchaïa et Ahlaf, aux mêmes obligations. Puis il reprit la route de l'ouest, en ayant soin de faire bâtir, à chaque étape, un fort, dans lequel il plaça une garnison de ses nègres (Abid). Il imposa aux populations voisines la charge de fournir, pour leur entretien, la dîme (Achour) des produits de la terre. Ainsi toutes ces régions furent reliées par des postes dont le chef fut responsable de ce qui se passait sur son territoire, et eut même l'obligation de rembourser toute perte éprouvée par les voyageurs dévalisés chez lui. Le caïd El-Mansour-Er-Rami, chargé de la surveillance de tous ces postes, fut placé à Taza, avec une colonie de 2,500 nègres. Dans cette même année 1680, Ahmed, neveu du sultan, gouverneur du Derâa, fit par son ordre une expédition dans le sud et s'avança en vainqueur jusqu'au Soudan. Il en ramena un grand nombre d'esclaves et, dit-on, cinquante chameaux chargés de richesses, principalement de poudre d'or [1].

Siège des postes occupés par les chrétiens en Mag'reb. Prise d'El-Mehdïa (la Mamoure), par Ismaïl. Révolte du Sous. — Ces soins divers n'avaient pas empêché Moulaï-Ismaïl de s'occuper de la guerre contre les chrétiens tenant encore des postes sur le littoral. Il paraît même être allé, en 1679, sous les murs de Tanger, et avoir donné un assaut infructueux qui lui coûta bon nombre de soldats. Le caïd d'El-Kçar, Amor-ben-Haddou, fut chargé par lui de continuer le blocus de cette ville et d'entreprendre le siège d'El-Mehdïa. Un grand nombre de musulmans, portant le nom de *guerriers de la foi,* combattaient contre les chrétiens et les tenaient

---

1. *Et-Tordjeman* et *Nozhet-El-Hadi,* pass. — Castonnet des Fosses, *Dynastie des cherifs Fileli* (loc. cit., p. 404, 405). — Abbé Godard, *Maroc,* p. 516..

sans cesse en haleine. Au printemps de l'année 1681, le sultan se disposait à entreprendre une expédition dans le Sous, contre son neveu Ahmed-ben-Mahrez, qui était de nouveau en révolte, lorsqu'il reçut un message du caïd Ben-Haddou, lui annonçant la chute imminente d'El-Mehdïa (La Mamoure) et l'invitant à venir y assister. Le 3 mai, on donna l'assaut en présence d'Ismaïl, qui eut la satisfaction de voir ses soldats s'emparer de la ville. Le commandant chrétien et 308 hommes, faits prisonniers, reçurent du sultan leur liberté. Peu après, le caïd Amor ayant succombé à la peste était remplacé par son frère Ahmed ; tous les efforts des combattants pour la foi se reportèrent contre Tanger et El-Araïch.

En 1682, Moulaï-Ismaïl, qui avait posé les bases d'un traité avec la France, à la suite du blocus de Salé par le chef d'escadre de Château-Renaud, dans le cours des deux années précédentes, envoya à Versailles un ambassadeur, du nom d'El-Hadj-Temim. Il fut fort bien reçu à la cour et y obtint du succès ; le traité fut signé le 29 janvier à Saint-Germain.

Au printemps de cette même année, le sultan, ayant trouvé l'occasion de surprendre les Beni-Amer de la province d'Oran, effectua sur eux une razia dans laquelle il leur enleva leurs troupeaux. A peine de retour à Fès, il reçut la nouvelle qu'une armée turque était venue opérer dans la région des Beni-Iznacene et que son neveu Ben-Mahrez, comptant sur cette diversion, menaçait les régions du sud. Il envoya aussitôt au gouverneur du Maroc l'ordre de contenir le rebelle avec toutes ses forces, puis se porta, à marches forcées, vers l'est ; mais, parvenu à Oudjda, il apprit que les Turcs avaient été rappelés à Alger par l'attaque de la flotte française sous le commandement de Duquesne et il prit la route de Maroc afin d'aller écraser la révolte du Sous (juillet 1682)[1].

1. *Et-Tordjeman*, p. 19 et suiv. du texte arabe, 35 et suiv. de la trad. — *Nozhet-El-Hadi*, p. 306 du texte arabe, 506 de la trad. — Castonnet des Fosses, *Dynastie des cherifs Fileli* (loc. cit., p. 406 et suiv.). — Elie de la Primaudaie, *Villes maritimes du Maroc* (Revue afric., n° 95, p. 388 et suiv.). — Berbrugger, *Occupation anglaise de Tanger* (loc. cit., p. 348). — Abbé Godard, *Maroc*, p. 517 et suiv.

CHAPITRE XVIII

BOMBARDEMENTS D'ALGER ET DE TRIPOLI PAR LA FRANCE
EXPULSION DES CHRÉTIENS DU LITTORAL DE L'OCÉAN

1682-1690

Premier bombardement d'Alger par Duquesne. — Deuxième bombardement d'Alger par Duquesne. Résistance des Algériens. Mort du consul Le Vacher. Conclusion de la paix. — Tunisie : luttes d'Ali-Bey contre son frère Mohammed. Intervention des Algériens. Triomphe d'Ali-Bey. — Nouvelle rupture entre les deux frères, suivie d'une réconciliation. Soutenus par les Algériens, ils s'emparent de Tunis. Mort d'Ali-Bey. Mohammed-Bey reste seul maître du pouvoir. — Bombardement de Tripoli par d'Estrées. Satisfactions obtenues par lui à Tripoli et à Tunis. — État précaire d'Oran. Désastre de plusieurs expéditions espagnoles. — Bombardement d'Alger par d'Estrées. Atrocités commises par les Algériens. Hadj-Hasseïn-Mezzo-Morto est forcé de fuir. Hadj-Châbane-Bey le remplace. Traité avec la France. Le pacha turc est repoussé. — Maroc : Moulaï-Ismaïl triomphe de la révolte de son neveu Ben-Mahrez et de son frère El-Harran. Évacuation de Tanger par les Anglais. Prise d'El-Araïch. Les chrétiens expulsés du littoral océanien.

PREMIER BOMBARDEMENT D'ALGER PAR DUQUESNE. — La rupture entre la régence d'Alger et la France offrit à celle-ci l'occasion d'essayer les galiotes à bombes de Renaud d'Éliçagaray. Duquesne, chargé de conduire l'expédition, reçut l'ordre « *d'incendier Alger et de le détruire de fond en comble* ». A la nouvelle des préparatifs faits par la France, le vieux dey El-Hadj-Mohammed prit la mer, laissant le commandement à son gendre Baba-Hassen et alla se réfugier à Tripoli. Un des premiers actes du dey intérimaire semble avoir été l'envoi, dans l'Ouest, de ce corps expéditionnaire qui avait attiré Moulaï-Ismaïl vers Tlemcen ; peut-être même le conduisit-il en personne. Pendant ce temps, le consul Le Vacher, le diwan et Dussault, directeur des établissements, insistaient de toutes leurs forces pour obtenir un arrangement. Mais le gouvernement français était décidé à agir par la violence et leurs meilleures raisons se heurtaient contre ce parti pris.

Duquesne quitta Toulon, le 12 juillet 1682, avec quinze galères, onze vaisseaux, deux brûlots et cinq galiotes à bombes. Le 25, il s'approcha de Cherchel, canonna la ville, détruisit une redoute établie sur le rivage, et brûla deux navires musulmans. Le 29, il entra dans la rade d'Alger, y manœuvra pendant une quinzaine de jours, renvoya les galères qu'il jugea inutiles, et, le 20 août, s'approcha de la ville pour commencer le bombardement. Après quelques essais, il ouvrit le feu, le 26 au soir. Les défenses d'Alger étaient bien garnies de canons, et les citadins, résolus à une défense énergique ; cependant les nouveaux engins de destruction ne furent pas sans produire sur eux un effet moral sérieux.

Quatre-vingt-six bombes furent lancées sans donner le résultat sur lequel on comptait. Mais, dans la nuit du 30 au 31, cent quatorze nouvelles bombes produisirent de grands dégâts. Aussi, le 3 septembre, les reïs tentèrent-ils une attaque des vaisseaux qui fut énergiquement repoussée ; aussitôt les Algériens prièrent le père Le Vacher de se rendre auprès de l'amiral français pour demander quelles étaient les conditions exigées d'eux. Mais Duquesne reçut fort mal le consul, et déclara qu'il ne traiterait qu'avec les délégués du diwan, munis de pleins pouvoirs. Aucune autre démarche n'ayant été faite, le bombardement continua jusqu'au 12 septembre ; la ville avait éprouvé de grands dégâts, mais le gouvernement était entre les mains des reïs qui, au fond, n'étaient peut-être pas fâchés de voir les citadins supporter tout le poids de l'attaque. Baba-Hassen maintenait la terreur dans Alger, en faisant décapiter quiconque murmurait ou parlait de se rendre.

Craignant alors les mauvais temps de l'équinoxe, l'amiral Duquesne mit à la voile, laissant à M. de Cléry le soin de continuer la croisière pendant l'hiver. Les résultats effectifs obtenus étaient à peu près nuls, comparativement aux dépenses faites et aux efforts tentés. Quelques maisons effondrées, les deux mosquées de la marine et plusieurs demeures, parmi lesquelles le consulat de France, endommagées, quelques centaines de musulmans de tout âge, tués ou blessés, tel fut le bilan de cette campagne. Comme toujours, il eût été préférable de profiter du premier moment d'effroi causé par le bombardement pour traiter. On laissa échapper cette occasion, et les Algériens s'habituèrent aux inconvénients des bombes. Enfin ils se préparèrent à une résistance plus sérieuse, sachant que les galiotes reparaîtraient l'année suivante, plus fortes et mieux armées [1].

---

1. De Grammont, *Hist. d'Alger*, p. 346 et suiv. — Le même, *Relations*, etc. (*loc. cit.*, p. 6 et suiv.) — *Ez-Zohrat-En-Naïra* (trad. Rousseau), p. 133 et suiv. — *Gazette de France*, 1682.

DEUXIÈME BOMBARDEMENT D'ALGER PAR DUQUESNE. RÉSISTANCE DES ALGÉRIENS. MORT DU CONSUL LE VACHER. CONCLUSION DE LA PAIX. — Dès son retour en France, Duquesne fit subir aux galiotes les modifications que la pratique lui avait indiquées et s'appliqua à obtenir de meilleurs ingrédients pour les bombes ; enfin, il ne cessa de s'occuper des préparatifs d'une nouvelle expédition. Le 6 mai 1683, il sortit du port de Toulon avec une flotte nombreuse comprenant vingt vaisseaux ou frégates, sept galiotes et de moindres bâtiments ; seize galères devaient, en outre, le rejoindre. Mais la tempête dispersa ses navires ; puis il dut en faire réparer quelques-uns. Enfin, il arriva à Alger le 18 juin et commença le bombardement le 26. Les Algériens essayèrent de l'éloigner en croisant tous leurs feux sur les navires français, mais ils ne purent les arrêter un instant, et le bombardement continua toute la nuit du 27, en causant de grands dégâts, notamment dans l'habitation même de Baba-Hassen, près de la porte de la Marine.

Le dey intérimaire, cédant alors à la pression des citadins, chargea le père Le Vacher de se rendre en parlementaire auprès de l'amiral. Mais Duquesne ne voulut même pas le laisser monter à bord de son vaisseau, le *Saint-Esprit*, et demanda un délégué officiel des Turcs. Lorsqu'ils en eurent envoyé un, l'amiral lui signifia qu'avant tout pourparler, il exigeait la mise en liberté des esclaves français, accordant, à cet effet, une suspension d'armes de vingt-quatre heures pour qu'ils lui fussent livrés. Aussitôt les Algériens se mirent à la recherche des captifs et en livrèrent environ 550 à l'amiral dans l'espace de quelques jours.

Ayant obtenu la certitude qu'il ne restait plus de Français détenus dans la ville et les environs, Duquesne envoya à terre MM. Hayet et de Combes pour traiter ; en même temps il reçut à son bord des otages musulmans, parmi lesquels le reïs Hadj-Houssein, surnommé Mezzo-Morto, chef de la Taïffe, homme violent, que le dey tenait à éloigner. En effet, si les citadins désiraient la paix, il n'en était pas de même des Yoldachs et des reïs, qui n'avaient rien à perdre et voyaient sans regret les maux dont souffraient les Beldis. Exploitant le fanatisme musulman, ils reprochaient à Baba-Hassen sa faiblesse et, peu à peu, tournaient les esprits contre lui. Ces sentiments commencèrent à se faire jour lorsqu'on sut que l'amiral réclamait immédiatement un million et demi d'indemnité et que l'on vit les collecteurs répandus dans la ville, afin de réunir cette somme par tous les moyens.

A des luttes et protestations isolées, succéda la révolte ouverte, ce qui n'avança guère les choses. Après avoir vu passer, de la sorte, quinze jours sans résultat, Duquesne perdit patience et eut le tort d'écouter les promesses de Mezzo-Morto, lui assurant que, s'il était libre, « il en ferait plus en une heure que Baba-Hassen en quinze jours ». Mais, à peine eut-il mis le pied à terre, qu'il appela à lui ses reïs, se fit proclamer dey et marcha à leur tête sur la Djenina, où la horde pénétra et se saisit de Baba-Hassen, qui fut mis à mort par Ibrahim-Khoudja, l'âme damnée de Mezzo-Morto. Puis on arbora le drapeau rouge et, aussitôt, les batteries algériennes rouvrirent le feu sur la flotte française.

Tout était à recommencer, et les résultats obtenus, qu'il aurait fallu compléter, selon les instructions, par un débarquement immédiat, échappaient à Duquesne, dont l'énergie première avait fait place à une singulière faiblesse. La canonnade et le bombardement reprirent de plus belle, et les dégâts causés dans la ville furent assez considérables ; mais les reïs étaient les maîtres et, du reste, les assiégés s'étaient habitués à ce fracas et à ces dangers. On se figure aisément à quelle anarchie la malheureuse ville était en proie : seule la violence était maîtresse. Le 29 juillet, pendant le paroxysme du bombardement, la foule, avide de sang, se porta au consulat de France et transporta sur le rivage le père Le Vacher, dont chacun avait pu apprécier depuis si longtemps la bonté et la charité ; atteint d'une affreuse maladie qui lui enlevait, à peu près, l'usage de ses jambes, on dut le porter assis sur une chaise ; puis on l'attacha à la bouche d'un canon dont le coup le mit en pièces. Une vingtaine de résidents français subirent le même sort, et l'on doit regretter que l'amiral, refusant d'employer l'intermédiaire du consul de France, ne l'eût pas tout d'abord recueilli ou même retenu de force sur son navire. La menace de cette vengeance, si l'on continuait le bombardement, avait du reste été transmise à Duquesne par M. Hayet, lors de la rupture de l'armistice ; mais il faut reconnaître aussi, qu'à ce moment, il était trop tard, et que la flotte ne pouvait céder devant une semblable pression.

Le bombardement continua, avec des alternatives diverses, jusqu'aux premiers jours d'octobre. Pour échapper aux tempêtes d'automne, Duquesne se décida alors à lever l'ancre, sans avoir obtenu de satisfactions, ni rempli la mission qui lui avait été confiée. Les dégâts, à Alger, étaient bien plus considérables que ceux de l'année précédente, mais ils portaient, pour ainsi dire, uniquement sur une classe de citoyens qui n'étaient pour rien dans la résistance ni dans les excès qui s'étaient produits ; un grand nombre de musulmans étaient morts. Cependant la situation n'était guère changée, malgré les efforts et les dépenses considérables de la France durant ces deux années. L'amiral avait eu, heureusement, la précaution de faire prendre tout le personnel des établissements de La Calle, plus de 400 Français, qui échappèrent ainsi à un massacre inévitable.

Combien il aurait été plus profitable de suivre les conseils pacifiques du père Le Vacher et de Dussault! On parut le reconnaître, car ce dernier fut envoyé à Alger pour tenter de traiter; il y trouva les esprits tout préparés, à la condition, toutefois, qu'on n'envoyât pas Duquesne comme chargé de pouvoirs. Cette mission fut confiée à Tourville, qui arriva, le 2 avril 1684, avec une flotte nombreuse, accompagnée d'un capidji de la Porte. Il fut reçu avec de grands honneurs et signa le traité dont Dussault avait habilement préparé les bases. La paix était conclue entre les deux nations *pour cent ans;* tous les captifs devaient être rendus, de part et d'autre, les contestations réglées et, à l'avenir, les consuls ne seraient plus rendus responsables des dettes de leurs nationaux. Tels sont les principaux traits de cette nouvelle convention, qui ne devait pas être plus durable que les autres. Enfin, un envoyé spécial, Hadj-Djâfer-Ag'a, alla en France porter au roi les excuses des Algériens et protester de son désir d'entretenir de bonnes relations. Le Bastion avait été réoccupé dès la cessation des hostilités.

Il est incontestable que les bombardements avaient influé sur ces résultats; mais rien ne dit qu'ils n'auraient pas été obtenus à moins de frais et en évitant les atrocités dont le bombardement avait provoqué l'explosion. Nous verrons, du reste, que leurs avantages furent bien éphémères [1].

TUNISIE. LUTTES D'ALI-BEY CONTRE SON FRÈRE MOHAMMED. INTERVENTION DES ALGÉRIENS. TRIOMPHE D'ALI-BEY. — Nous avons laissé, en Tunisie, Ali-Bey, encore une fois vainqueur, conduisant son armée dans le Djerid, alors en état de révolte, tandis que Tabak-Dey commandait pour lui à Tunis (1677). Bientôt Mohammed-Bey, profitant de l'éloignement de son frère, se rapprocha de la capitale, où ses partisans fomentèrent une rébellion, dans laquelle un certain Hassein-Sakseli fut proclamé dey (février 1678). A cette occasion, les consuls de France et d'Angleterre furent maltraités et traînés au camp de Mohammed-Bey, qui les menaça de mort et exigea d'eux une somme d'argent considérable. Il fallut que leurs

---

1. De Grammont, *Hist. d'Alger*, p. 249 et suiv. — Le même, *Documents*, etc., et *Lettres de Le Vacher à Seignelay* (Revue afric., n°s 169, 170, 171. — *Ez-Zohrat-en-Naïra* (trad. Rousseau), p. 141 et suiv. — *Cheikh Bou-Ras* (trad. Arnaud), Revue afric., n° 150, p. 472 et suiv. — *Gazette de France*, 1682-83.

nationaux se cotisassent pour leur fournir le moyen d'acquitter cette amende. Dans la ville, des scènes de désordre et de pillage avaient répandu la terreur ; mais, en apprenant ces nouvelles, Ali-Bey revint à marches forcées, tandis que son frère, réunissant toutes ses forces disponibles, se portait contre lui. Tabak-Dey, qui était assiégé, depuis trois semaines, dans la Kasba, rentra alors en possession de la ville ; Sakseli et les personnages les plus compromis furent exécutés (fin février 1678). Les deux frères en vinrent aux mains, le canon tonna, et Ali-Bey, abandonné par une partie de ses adhérents arabes, faillit perdre la bataille ; mais, par son courage et sa vigueur, il sut rétablir ses affaires et transformer sa défaite en victoire. Il sévit rigoureusement contre les traîtres, notamment les gens de Kaïrouan.

La situation fut alors aggravée par le retour de son oncle, El-Hafsi, venant d'Orient, avec le titre de pacha. « Il fut reçu en sultan dans la ville de Tunis, dit El-Kaïrouani ; mais il put se convaincre que Tabak-Dey était absolument dévoué à son neveu Ali-Bey et qu'il ne gagnerait rien avec lui. » Ce dernier ne tarda pas, du reste, à retourner dans le sud, afin de réduire Monastir, Sfaks, Djerba et autres régions, toujours en état de révolte, et lutter contre son frère Mohammed, qui se montrait tantôt sur un point, tantôt sur un autre. Toute l'année 1679 se passa ainsi pour Ali-Bey, et les succès qu'il obtint augmentèrent son prestige. Dans le mois de mars 1680, il marcha contre le Kef et infligea plusieurs défaites à son frère ; mais il fut battu, à son tour, malgré les renforts qu'il avait reçus, et dut rentrer à Tunis.

Apprenant alors qu'une armée algérienne, commandée par Baba-Hassen, avait franchi la frontière et était campée au lieu dit Sers, il se porta dans cette direction et sut des Algériens qu'ils étaient venus dans un but pacifique, avec l'espoir de mettre fin à la lutte qui désolait depuis trop longtemps la Tunisie. Mais, il est inutile d'ajouter qu'ils ne réussirent pas dans leur démarche, dont le but réel n'est pas clairement défini. Sur ces entrefaites, c'est-à-dire vers le mois de juin 1680, le pacha El-Hafsi, las du rôle secondaire auquel il était réduit, sortit de Tunis et se rendit vers Kaïrouan, où il fut rejoint par les contingents des Oulad-Saïd et autres Arabes, ainsi que par son neveu Mohammed-Bey, avec lequel il avait secrètement contracté alliance. Ali-Bey, infatigable, marcha contre eux à la tête de la Zemala et des troupes régulières. La bataille eut lieu le 6 septembre, et se termina par la défaite du pacha, qui fut recueilli par les gens de Kaïrouan, tandis que Mohammed et les Arabes se réfugiaient à Monastir. Après avoir essayé de réduire cette place, Ali-Bey alla s'établir près de

Souça, et y reçut la soumission, à lui adressée, par les gens de Sfaks.

Étant allé ensuite parcourir le Djebel-Ouslate, Ali-Bey y apprit que le pacha avait quitté Kaïrouan et s'était joint aux Algériens, et que ceux-ci avaient envoyé un groupe des leurs jusqu'aux environs de Tunis, tandis que les autres essayaient d'occuper par la force ou la ruse la ville du Kef. La situation devenait critique ; mais la duplicité du rôle joué par les Algériens ouvrit les yeux de chacun. Et, tout d'abord, les gens du Kef se prononcèrent énergiquement et envoyèrent leur soumission au dey, en sollicitant l'oubli du passé. Cette nouvelle fut accueillie avec enthousiasme à Tunis ; dès lors, les Algériens se mirent en retraite et changèrent de système. Une députation, envoyée par eux au camp d'Ali-Bey, reprit le rôle pacificateur et, enfin, un arrangement fut conclu entre lui et le pacha (nov. 1680). Mohammed-Bey fut compris dans la pacification à la condition de donner son fils en otage ; il reçut le gouvernement de Kaïrouan. Le pacha rentra à Tunis et Ali-Bey conserva le commandement supérieur des troupes. Baba-Hassen reprit alors la route d'Alger avec son armée, tandis qu'Ali-Bey allait faire une tournée dans le Djerid, puis revenait brusquement et tombait sur les Oulad-Saïd ; « ce fut une terrible matinée pour eux, dit El-Kaïrouani, leurs biens furent pillés, leurs femmes prises, leurs enfants vendus ; ils furent dispersés et accablés de plus de maux que ne l'avaient été leurs pères.... L'échec qu'ils éprouvèrent à cette occasion fit à Tunis autant de plaisir que s'il se fût agi d'infidèles. » Après avoir parcouru encore une fois toutes les régions méridionales où il était allé si souvent, il revint par Kaïrouan et s'y rencontra avec son frère : ils s'embrassèrent avec tendresse et leurs griefs réciproques parurent effacés. Ali-Bey rentra à Tunis le 22 avril 1681, et « oublia les peines passées, comme le voyageur se repose à son retour dans le pays ».

Nouvelle rupture entre les deux frères, suivie d'une réconciliation. Soutenus par les Algériens, ils s'emparent de Tunis. Mort d'Ali-Bey. Mohammed-Bey reste seul maître du pouvoir. — Mais ce repos si désirable, célébré par El-Kaïrouani, auteur que nous ne citerons plus, car son ouvrage s'arrête à l'époque par nous atteinte, ne fut pas de longue durée. Tout d'abord, le pacha El-Hafsi, jugeant sa position trop amoindrie par la puissance de son neveu, et étant en conflit permanent avec le dey, alla porter ses doléances en Orient. Puis ce fut entre Ali-Bey et Tabak-Dey que la rupture se produisit. Trompé, dit-on, par les intrigues de son frère Mohammed, il oublia les grands services de Tabak et la fidélité dont il lui avait donné des preuves si éclatantes, le fit arrêter puis étrangler à Porto-Farina (octobre 1682).

L'aga de la Kasba, Ahmed-Tchalabi, fut, malgré sa résistance, nommé dey. C'était un homme violent et brutal, qui ne tarda pas à faire naître conflit sur conflit, jusqu'à ce que Ali-Bey, rompant en visière, marcha sur Tunis à la tête de forces considérables (février 1683). Retranché dans la ville, le dey appela à son aide Mohammed, qui attendait, avec impatience, l'occasion de rentrer en scène; il accourut et livra à son frère, devant Bab-el-Khadra, une bataille dont l'issue paraît lui avoir été favorable, puisqu'il parvint à pénétrer dans la ville, où il fut proclamé seul bey. En même temps, Ali était déclaré déchu de ses fonctions et honneurs, et ses partisans se voyaient traqués, poursuivis et traités en ennemis publics.

Cependant Ali-Bey, toujours campé sous les murs de la ville, sentait son prestige profondément atteint. Il somma Mohammed de quitter Tunis, à défaut de quoi il mettrait à mort son fils, demeuré entre ses mains comme otage. N'ayant pas obtenu de réponse, il exécuta sa menace en faisant périr le malheureux enfant. Ce fut le signal de la reprise des hostilités; la guerre entre les deux frères désola de nouveau la contrée; et, comme Alger était débarrassé de l'attaque des Français, on ne tarda pas à voir revenir l'armée turque, envoyée par le dey Mezzo-Morto, sous le commandement de son lieutenant Ibrahim-Khoudja. Les intrigues alternèrent alors avec les batailles et il en résulta une rupture entre Ahmed-Tchalabi-Dey, et Mohammed-Bey, qui se réconcilia encore une fois avec son frère Ali et rendit la liberté à Mourad, fils de celui-ci et à leur troisième frère Ramdane, tous deux tombés entre ses mains. Les trois frères, alliés aux Turcs d'Alger, se partagèrent l'intérieur du pays et jurèrent de renverser le dey Tchalabi (1684).

Dans le mois de janvier de l'année suivante, Ali-Bey marcha sur Tunis et vint prendre position au sud-est de cette ville, tandis que Mohammed-Bey s'établissait au nord-ouest. Mais le dey, s'étant jeté sur le camp de Mohammed, mit son armée en déroute, tandis que les Oulad-Saïd et autres Arabes, si durement traités par Ali-Bey, attaquaient celui-ci et remportaient une victoire décisive (février). Cette fois, le dey restait maître du pouvoir; pour le consolider et retenir les Arabes, dont le secours inespéré lui avait été si favorable, il nomma bey un de ses mamlouks, Mohammed-Manayout. Une sorte de rapprochement, causé sans doute par la lassitude, semblait sur le point de se réaliser entre le dey et les beys, lorsque la Porte envoya à Tunis un agent, pour examiner de près les choses, et tâcher de rétablir la tranquillité dans la régence. Il n'en fallut pas davantage pour tout gâter ; la guerre recommença de plus belle. Grâce à l'appui des Algériens, les deux frères s'emparèrent alors du Kef et de Badja, puis proclamèrent la déchéance d'Ahmed-Tchalabi, le remplacèrent comme dey par un certain Mohammed-Baktache, et vinrent assiéger Tunis (nov. 1685).

Après de nombreux combats, le dey Tchalabi se trouva contraint de se renfermer derrière les murailles de la ville, tandis que l'armée combinée s'emparait de Porto-Farina, de la Goulette et même de Bizerte. En vain de nombreux ambassadeurs de la Porte tentèrent-ils d'amener un arrangement entre les belligérants. Les deux frères et les Algériens ne voulaient rien perdre de leurs avantages, d'autant plus que les habitants de Tunis, las de la tyrannie du dey, désertaient en masse et venaient se réfugier au camp des assiégeants. Cette situation se prolongea néanmoins durant sept longs mois. Vers la fin de mai 1686, Tchalabi, à bout de ressources, se renferma, avec ses derniers adhérents, dans la Kasba, pendant que les beys et les Algériens entraient à Tunis. Prolonger la résistance était inutile ; le dey essaya de fuir pendant la nuit, mais il fut atteint dans les plaines de Sidjouni, ramené à Tunis et mis à mort avec ses adhérents les plus compromis.

Hadj-Mohammed-Baktache fut installé comme dey ; quant aux deux frères, ils convinrent de partager l'autorité dans la province, Ali-Bey ayant pour lui la partie septentrionale et Mohammed celle de l'intérieur. Mais, avant que ce projet eût pu recevoir son exécution, les citadins, irrités par les exactions des Algériens et les vengeances exercées par Ali-Bey, se réunissent en bandes et se portent tumultueusement au camp algérien où se trouvaient les deux frères. Ali-Bey monte à cheval pour résister à la sédition, mais il se voit bientôt entouré par un groupe de forcenés, qui le jettent à bas de sa monture et le percent de coups. Puis ils lui coupent la tête, la placent au bout d'une pique et, après avoir promené en triomphe ce lugubre trophée dans les rues, l'exposent sur la place de la Kasba (18 juin).

Telle fut la fin de cet homme, qui sut tenir en échec le pouvoir des deys et des pachas turcs, en se servant de l'élément indigène, et porter à ce mode de gouvernement des coups dont il ne se releva pas, de sorte qu'il prépara l'avènement du régime héréditaire en Tunisie. Son fils, Mourad, chercha un refuge auprès du duc de Toscane. Quant à Mohammed-Bey, dont la conduite dans le dernier acte du drame paraît quelque peu louche, il demeura seul maître de l'autorité comme chef des troupes, tandis que Baktache, sa créature, conservait le titre de dey. L'armée algérienne se décida alors au départ. Une partie fut embarquée, mais le reste rentra par terre, sous la conduite d'Ibrahim-Khoudja, que Mohammed-Bey accompagna jusqu'à la frontière, en lui donnant de grands témoignages d'amitié. Cette intervention d'Alger dans les affaires de la Tunisie, fâcheuse à tous les points de vue, devait être la source de difficultés ultérieures fort graves entre les deux régences.

Quelques mois auparavant, le pacha El-Hafsi était mort à Constantinople. Vers la fin de l'année, la Porte, renonçant à envoyer à Tunis un nouveau représentant, conféra au dey Baktache le titre de pacha [1].

BOMBARDEMENT DE TRIPOLI PAR D'ESTRÉES. — SATISFACTIONS OBTENUES PAR LUI A TRIPOLI ET A TUNIS. — Nous avons vu, précédemment, qu'à la suite d'excès commis par les corsaires de Tripoli, Duquesne avait obtenu d'un délégué de la Porte un traité disposant que les esclaves français seraient tous restitués. M. de la Magdelaine, envoyé comme consul dans cette ville, pour en assurer l'exécution, se heurta d'abord à une violente opposition, dont il parvint à triompher par son énergie. Les luttes entre le diwan, les Yoldachs, les reïs, les deys et les pachas, divisaient Tripoli, aussi bien qu'Alger et Tunis, et y produisaient une anarchie rendant la situation du consul fort difficile. C'est pourquoi le roi Louis XIV envoya, en juin 1683, M. de Bonnecorse à Tripoli pour soutenir les revendications du consul. Malheureusement, le navire qui portait l'envoyé fit naufrage à l'entrée même du port de cette ville, et M. de Bonnecorse fut mis au bagne avec tout son équipage. Aux réclamations de M. de la Magdelaine, on répondit en le jetant en prison, et les pirates se lancèrent de plus belle à la poursuite des vaisseaux français, puis ils chassèrent honteusement le consul, après l'avoir fort maltraité.

Le gouvernement de Louis XIV n'était nullement disposé à supporter de telles insultes : il chargea le maréchal d'Estrées d'en tirer une éclatante vengeance, et cet officier arriva devant Tripoli, avec la flotte française, dans les premiers jours de juin 1685. A cette vue, la population se mit en révolte contre son dey Abaza, auteur responsable des derniers événements, et, s'étant emparée

---

1. El-Kaïrouani, p. 377 et suiv., 346 et suiv. — Rousseau, *Annales Tunisiennes*, p. 61 et suiv. — De Grammont, *Relations avec la France*, etc., Revue afric., n° 171, p. 163, 164. — El-Hadj-Hammouda-ben Abd-El-Aziz (continuateur d'El-Kaïrouani), pass. — *Tunis*, par Marcel (*Univers pitt.*, p. 185 et suiv.).

de lui, l'envoya à l'île de Djerba, tandis que plusieurs de ses officiers étaient mis à mort. Mais cette réparation était trop tardive, et l'amiral ne pouvait en mesurer la valeur. Il fit donc ouvrir le feu le 19 et eut bientôt mis la ville en ruines. Le nouveau dey, El-Hadj-Abd-Allah, vieillard nonogénaire, vint alors, humblement, au vaisseau de l'amiral se soumettre à toutes les conditions qu'il lui plairait d'imposer. Une amende de 500,000 livres, l'élargissement immédiat de tous les captifs chrétiens, à quelque nation qu'ils appartinssent, et enfin une remise d'otages, telles furent les exigences de l'amiral. La majeure partie de la somme fut versée sur-le-champ et 1,200 esclaves obtinrent la liberté; puis la flotte mit à la voile, emmenant les otages et apportant au roi de France une lettre du dey, dans laquelle celui-ci expose que toute la responsabilité de ce qui est arrivé doit retomber sur Abaza et les misérables qui soutenaient son gouvernement. Quant à lui, il se trouvait alors à Alexandrie et proteste de son dévouement à la France.

A son retour, d'Estrées passa par Tunis (août) et, bien qu'ayant trouvé le pays en pleine guerre civile, il obtint diverses satisfactions et signa même, le 30 août, un nouveau traité, par lequel la régence s'obligeait à payer au commerce français une indemnité de 60,000 écus. Et, comme les fonds manquaient, la maison Gautier, de Marseille, fournit une avance de 52,000 écus, moyennant quoi elle reçut l'autorisation de fonder un comptoir au cap Nègre[1].

ÉTAT PRÉCAIRE D'ORAN. DÉSASTRE DE PLUSIEURS EXPÉDITIONS ESPAGNOLES. — Nous avons laissé Oran en proie à la peste et en guerre constante contre les indigènes, soutenus par les Turcs. Don Pedro de Guzman, comte de Toba, vint, en 1678, prendre le commandement de la place. Il occupait le poste depuis trois mois, lorsqu'il voulut, au printemps de l'année 1681, faire, à l'exemple de ses prédécesseurs, une grande razia du côté de Mostaganem. Malheureusement, soit par impéritie, soit qu'il eût été victime d'une trahison, il tomba dans une embuscade, périt en combattant et eut la tête tranchée, ainsi que la plupart de ses soldats. Ce désastre plongea Oran dans la stupeur. Dona Mariana, veuve du gouverneur, avait d'abord essayé de diriger les affaires, mais une telle tâche était au-dessus de ses forces, et elle dut la remettre à don A. de Agulo, gouverneur de Mers-el-Kebir, jusqu'à l'arrivée du

---

1. Féraud, *Annales Tripolitaines* (Revue afric., n° 159, p. 214 et suiv.) — Rousseau, *Annales Tunisiennes*, p. 67, 68, et pour le texte du traité *fait pour cent ans* et signé par le pacha, le dey Tchalabi, Mohammed-Bey et l'ag'a des Janissaires, p. 482 et suiv.

nouveau capitaine général. Plusieurs gouverneurs se succédèrent, et enfin D. Fray de Bracamonte vint, en 1685, prendre le commandement.

Le nouveau capitaine général était arrivé avec la résolution de délivrer Oran du cercle de fer qui l'entourait. Il fit, dans ce but, une expédition que le succès couronna. Encouragé par cette réussite, il sortit d'Oran le 9 juillet, mais ce fut pour donner, à une lieue de la ville, dans un piège tendu par les indigènes. Entouré de nombreux ennemis, il périt avec toute son escorte. La situation, on le voit, était de plus en plus critique et l'envoi de renforts devenait urgent. Ils arrivèrent, le 19 septembre, avec le nouveau gouverneur, D. F. Nieto de Silva. L'année suivante (1686), ou peut-être quelques années plus tard, le bey de l'ouest, Chûbane, voulant arrêter le mouvement qui avait porté les Beni-Amer à se soumettre aux Espagnols et à venir camper sous les murailles d'Oran, attaqua cette ville avec toutes ses forces et périt, frappé par une balle, dans un combat sanglant où les chrétiens perdirent, dit-on, onze cents hommes. Cependant ils paraissent avoir eu la victoire, car ils coupèrent la tête du bey et l'accrochèrent à la muraille, au-dessus de la porte d'Oran [1].

BOMBARDEMENT D'ALGER PAR D'ESTRÉES. ATROCITÉS COMMISES PAR LES ALGÉRIENS. — HADJ-HASSEÏN-MEZZO-MORTO EST FORCÉ DE FUIR. HADJ-CHABANE-BEY LE REMPLACE. TRAITÉ AVEC LA FRANCE. LE PACHA TURC EST REPOUSSÉ. — Après la conclusion de la paix avec la France, obtenue par Tourville, les Algériens avaient tenu d'abord à faire preuve de zèle, ne permettant aucune vexation contre nos nationaux; de plus, au printemps de l'année 1685, une ambassade, envoyée par eux à Louis XIV, avait été reçue à Versailles. Son chef, El-Hadj-M'hammed, avait remis au roi, entre autres présents, dix chevaux barbes. Les reïs se dédommagèrent en courant sus aux Anglais et Hollandais, et en allant piller les rivages de l'Italie, des îles et de l'Espagne.

En 1686, le dey Hadj-Housseïn-Mezzo-Morto ayant reçu d'Orient le titre de pacha, renvoya à Tripoli le vieux Ismaïl, avec la même qualité. Sur ces entrefaites, Ibrahim-Khodja, rentré de Tunis chargé de butin, fut, par ses intrigues, proclamé dey. Mais, sachant sans doute qu'il n'y avait pas place pour lui à Alger, tant que

---

1. Général de Sandoval. *Les inscriptions d'Oran* (Revue afric., n° 91, p. 59, 60).—*Commentaire d'El-Halfaoui*, Gorguos. (Revue afric., 2ᵉ année, p. 32, 33.) — Walsin Estherhazy, *Domination turque*, p. 169 et suiv.— L. Fey, *Hist. d'Oran*, p. 117 et suiv.

Mezzo-Morto détiendrait le pouvoir, le nouveau dey renonça de fait à sa fonction et sollicita l'honneur de conduire l'armée dans la province d'Oran. Il y passa plusieurs années, occupé à lutter contre les Espagnols, resserra le siège d'Oran, avec l'aide de deux chefs de tribus indigènes, Yahïa-ben-Salem et Ali-Bou-Zabia, et donna même, dans le mois de juin 1688, un assaut à la ville [1].

Cependant, les reïs n'avaient pas tardé à commettre de nouvelles violations du droit des gens au préjudice de la France. Or, le gouvernement de Louis XIV était absolument décidé à n'en tolérer aucune et, bientôt, les navires de guerre français vinrent croiser dans la Méditerranée et enlever de nombreux bateaux algériens. Il en résulta une grande irritation à Alger, d'autant plus que la répression atteignit des innocents ; mais cette colère n'eut plus de bornes lorsqu'on apprit qu'une décision du Conseil d'État encourageait les navires de commerce à s'armer pour résister par la force aux pirates. La foule en délire se rua chez le consul de France, nommé Piolle, et ses nationaux, au nombre de 312 ; ils furent roués de coups et conduits, enchaînés, au travail des carrières. En même temps, onze bateaux français, se trouvant dans le port, étaient pillés et vendus. Ces violences firent enfin place à l'apaisement ; mais le consul avait été tellement maltraité qu'il faillit en mourir. Le pacha aurait bien voulu atténuer les conséquences de cet acte odieux ; c'était trop tard et il ne lui resta plus qu'à se préparer à soutenir une nouvelle lutte.

Le 26 juin 1688 parut devant Alger une flotte de 31 vaisseaux avec 10 galiotes à bombes. Le maréchal d'Estrées, qui la commandait, fit sommer le pacha de se rendre, en le prévenant qu'il avait à bord des captifs musulmans et que, si on touchait à un cheveu des Français détenus à Alger, il traiterait de même ses prisonniers. Mais Hadj-Houssein lui répondit que les menaces ne l'empêcheraient pas d'attacher les Français aux canons, à commencer par le consul, alors même que son père serait parmi les prisonniers de l'amiral. Malgré la certitude que les atrocités de 1683 allaient se reproduire, d'Estrées fit prendre position à ses navires et ouvrir le feu le 1er juillet. Cette fois, le bombardement eut un effet terrible et dura jusqu'au 16. Plus de 10,000 bombes furent lancées ; elles ne laissèrent, pour ainsi dire, pas une maison debout ; le môle, le chantier, les batteries furent endommagés ou détruits et cinq vaisseaux coulés ; les défenseurs éprouvèrent des pertes sérieuses ; Mezzo-Morto, lui-même, reçut deux blessures. Quant à la popula-

---

1. Général de Sandoval, *Inscriptions d'Oran* (loc. cit.).

tion, elle avait, en grande partie, cherché un refuge dans la campagne.

Mais le pacha avait tenu parole et, dès le premier coup de canon, le consul Piolle, M. de Montheux, le vicaire apostolique père Montmasson, le père Francillon et une quarantaine de Français pris sur des navires, capitaines, écrivains et matelots, furent jetés en prison et divisés en trois groupes destinés à être attachés à la gueule des canons. Le consul Piolle y fut conduit le premier, et on l'accabla de tant de coups pendant le trajet, qu'il expira avant que le canon eût dispersé ses membres. — Plusieurs d'entre eux, notamment le père Montmasson, furent horriblement torturés ; tous périrent après avoir supporté des souffrances plus ou moins grandes. Sur les navires français, on attachait un nombre égal de captifs musulmans. Pitoyable satisfaction dont parut se contenter l'amiral, car il leva l'ancre, sans rien avoir obtenu de Mezzo-Morto, dont l'énergie sauvage s'opposa à toute tentative d'accommodement. Les Algériens étaient, cependant, dans la plus grande surexcitation contre lui ; les troupes d'Oran, rappelées en grande partie pour la circonstance, avaient trouvé leurs maisons en ruines et leurs familles dispersées ; elles murmuraient hautement contre l'entêtement du pacha ; mais celui-ci faisait tête de tout côté.

Après le départ de la flotte française, Mezzo-Morto chercha un dérivatif à ces sentiments en lançant les reïs dans toutes les directions. Ce fut un véritable ouragan dont les navigateurs de la Méditerranée furent les victimes, preuve éclatante de l'inutilité des procédés employés depuis des années ! Le Conseil royal, éclairé enfin par les plaintes des victimes, parut le comprendre et se décida à faire ouvrir, avec Alger, des négociations secrètes par l'intermédiaire de M. Mercadier, drogman du consulat. Bientôt on se trouva d'accord sur les points principaux, et une lettre fut adressée par le pacha-dey Hadj-Housseïn (Mezzo-Morto) à M. Girardin de Vauvré, intendant général des mers du Levant pour le roi de France, afin de lui faire connaître ses intentions pacifiques. Dès lors, les négociations marchèrent rapidement.

Cependant, à Alger, les choses n'allaient pas absolument au gré des désirs de Mezzo-Morto et il s'en prenait à tous, amis et ennemis. Ibrahim-Khoudja, après son retour d'Oran, rendu sans doute responsable de l'attitude hostile de ses troupes, jugea à propos de fuir pour éviter un sort tragique. Il se réfugia en Tunisie. Puis ce fut le vieux Ismaïl, dont la France avait obtenu la nomination à Alger comme pacha, qui se présenta devant le port ; mais on en refusa péremptoirement l'entrée à son navire ; il dut continuer sa route et alla mourir au Maroc. Rien de curieux comme le discours rapporté par le malheureux pacha dans une lettre qu'il écrivit, le 10 octobre 1688, à Louis XIV, pour se plaindre de ce traitement. « *Votre sultan, lui auraient dit les reïs, n'a rien à voir, ni aucun droit d'ingérence dans ce pays. Nous n'avons pas besoin de pacha et n'en voulons point. Retournez au lieu d'où vous êtes venu, sinon vous verrez ce qui vous arrivera. Chaque prince est maître dans son pays ; il s'y maintient par son épée et s'acquitte du gouvernement de son état sans se soucier de personne, et nous en usons de même. Le royaume d'Alger n'est pas de trop pour nous, etc.* » Ainsi le dey, déjà maître réel du pouvoir, ne pouvait même plus supporter la présence, bien inoffensive, du délégué de la Porte. C'était une véritable déclaration d'indépendance.

Sur ces entrefaites, les janissaires rentrèrent d'expédition et, lorsqu'ils furent réunis dans le camp, près de la ville, se mutinèrent, demandant à grands cris la tête du pacha. Celui-ci essaya, selon son habitude, de tenir tête à l'orage, mais ses partisans l'abandonnèrent et il dut prendre la fuite (fin 1688). Il gagna Tunis et, de là, l'Orient, où le titre de capitan-pacha lui fut décerné, ce qui lui permit de cueillir de nouveaux lauriers dans la guerre contre les Vénitiens. Un certain Hadj-Châbane, élu dey, prit la direction des affaires et, sur le conseil de Mercadier, s'empressa d'envoyer en France un ambassadeur du nom de Mohammed-el-Amine pour achever la conclusion du traité préparé par son prédécesseur. Cet envoyé se présenta au roi comme délégué du seigneur Hadj-Châbane-Dey, pacha d'Alger, du diwan et de la milice (commencement de mai 1689) et, bientôt, les conditions du traité, qui est à peu près semblable à celui de Tourville, furent arrêtées. Le 24 septembre suivant, M. Marcel, commissaire spécial, délégué par Seignelay, signa à Alger cette nouvelle convention, où tous les privilèges des capitulations antérieures étaient confirmés[1].

Maroc. Moulaï-Ismaïl triomphe de la révolte de son neveu Ben-Mahrez et de son frère El-Harran. Évacuation de Tanger par les Anglais. Prise d'El-Araïch. Les chrétiens expulsés du littoral océanien. — Pendant que le Mag'reb central et l'Ifrikiya étaient le

---

1. De Grammont, *Relations de la France* (loc. cit.), p. 164 et suiv. — Le même, *Hist. d'Alger*, p. 254 et suiv. — Ez-Zahrat-En-Naïra, p. 139 et suiv. — Féraud, *Lettre d'Ismail-Pacha à Louis XIV* (Revue afric., n° 163, p. 70 et suiv.). — *Traité de paix de 1689* (Revue afric., n° 42, p. 433 et suiv.).

théâtre de ces événements, le sultan Moulaï-Ismaïl continuait de lutter pour l'établissement de son pouvoir et l'organisation de son royaume, afin que sa dynastie eût un avenir assuré, tout en achevant l'œuvre d'expulsion des chrétiens.

A son retour de l'expédition de Tlemcen, en 1683, il se dirigea, ainsi que nous l'avons dit, vers le Sous et livra plusieurs combats sanglants à son neveu, Ahmed-ben-Mahrez, qui se vit forcé de se retrancher à Taroudent, où le sultan vint l'assiéger. Après de nouveaux combats dont le résultat fut sans doute indécis, les deux adversaires conclurent une sorte de trêve. Moulaï-Ismaïl alla faire une campagne dans la montagne de Fazaz et y construisit des forts, où il plaça des colonies de nègres. Les Beni-Idracen, de la montagne de Fazaz, offrirent alors leur soumission, devinrent les bergers du sultan et furent comblés de faveurs.

Le caïd Ahmed-ben-Haddou continuait à presser Tanger. La situation de la garnison était des plus précaires; en effet, elle s'était vue forcée d'évacuer le fort Charles, après l'avoir fait sauter, et de se concentrer dans la citadelle. Loin de soutenir ces héroïques défenseurs, le parlement anglais ne voulait plus fournir le moindre subside pour Tanger. En 1683, il résolut même son évacuation. Le Portugal réclama en vain contre cette décision et offrit de dédommager pécuniairement la Grande-Bretagne des sacrifices qu'elle avait faits; en vain l'Espagne joignit ses protestations et ses offres à celles du Portugal... En 1684, une escadre, commandée par lord Darmouth, jeta l'ancre à Tanger; après avoir détruit, non sans peine, le môle et les fortifications et comblé le port, elle embarqua la garnison et ne laissa plus un soldat anglais en Afrique. Au rebours de ce qui se passe habituellement, on enterra, dans les décombres, des pièces de monnaie d'or ou d'argent à l'effigie du souverain, pour conserver le souvenir de l'occupation anglaise... et de ses destructions [1] (mars-avril 1684).

La joie des musulmans, en reprenant possession de Tanger, fut immense. Moulaï-Ismaïl repeupla en partie cette ville au moyen des gens du Rif et s'appliqua à relever les mosquées et édifices publics. Les « *volontaires de la foi* » y obtinrent aussi des concessions. Ces guerriers reportèrent alors toutes leurs forces contre Ceuta, Mellila et L'Arache.

Dans le cours de cette même année, Moulaï-Ismaïl fit une campagne vers le haut Moulouïa et, comme les tribus berbères de ces contrées s'étaient réfugiées dans les montagnes du Grand-Atlas

---

1. Leydard, *Hist. navale d'Angleterre*, t. II, p. 688 (Apud de la Primaudaie).

(Deren), il les y bloqua et les força à la soumission. A peine était-il de retour à Meknès qu'il apprit que son neveu Ahmed-Ben-Mahrez et son frère El-Harran s'étaient de nouveau réunis dans le Sous et retranchés à Taroudent. Ayant marché contre eux, il commença le siège de cette ville. Sur ces entrefaites, Ben-Mahrez fut tué par un parti de cavaliers, qui le rencontrèrent allant à un pèlerinage et ne le reconnurent pas. El-Harran conserva le commandement et résista jusqu'au mois d'avril 1687; un dernier assaut livra alors la place au général du sultan. Quiconque s'y trouvait encore fut massacré et, pour repeupler la ville, Moulaï-Ismaïl y envoya des Rifins établis à Fès ; ainsi il fut débarrassé d'adversaires qui, depuis de longues années, lui causaient les plus grands ennuis.

De retour à Meknès, le sultan prépara une nouvelle expédition contre les montagnards de Fazaz, toujours indisciplinés : quelques peuplades s'empressèrent d'envoyer leur soumission. Baïchi-el-Kebli, cheikh de ces Berbères, fut confirmé dans sa fonction et devint un auxiliaire précieux pour Ismaïl, qu'il conduisit dans leurs montagnes escarpées. Le sultan fit construire, aux points stratégiques, des forts occupés par des Abid (1688-89).

Cependant Ahmed-ben-Haddou pressait El-Araïch depuis de longs mois ; grâce à une mine qui avait fait sauter un pan de muraille, les musulmans avaient pénétré dans la place, forçant les chrétiens à se retrancher dans un fort appelé El-Kebilate. Vers la fin d'octobre, ces derniers se décidèrent à se rendre. « Les Marocains, dit Braitwaite, ne durent cette conquête qu'à la trahison des moines, dont le ventre affamé ne put souffrir le retranchement des vivres ; ce furent eux qui traitèrent de la reddition de la place, à la condition qu'ils auraient la vie sauve et ne seraient pas réduits en servitude, ainsi que plusieurs des officiers. Le reste des habitants fut esclave, et la plupart prirent le turban [1]. » Les Espagnols occupaient cette place, qui leur avait été cédée par le cherif saadien Moulaï-Cheikh, depuis soixante-dix-neuf ans. D'après les écrivains musulmans, les prisonniers chrétiens d'El-Araïch étaient au nombre de 1,800 à 2,000. Ils furent employés aux travaux publics à Meknès et l'on repeupla leur ville au moyen des Rifins, qui paraissent avoir eu toute la confiance du sultan. Ahmed-ben-Haddou y fit construire des monuments publics.

Ainsi, pour employer le langage des musulmans, tout le littoral de l'Atlantique était purgé de la souillure des chrétiens. Acila, cependant, aurait résisté jusqu'en 1691, d'après l'auteur d'Et-Tordjeman,

---

1. *Hist. des révolutions de Maroc.*

mais nous n'avons pu trouver, à cet égard, aucun renseignement précis. En dehors de cette place sur le rivage méditerranéen, deux points restaient occupés par l'Espagne : Melila, qui avait été attaquée avec acharnement en 1687, mais que l'énergie de son gouverneur, F. Moréno, avait victorieusement défendue, et Ceuta, contre laquelle les *volontaires de la foi*, soutenus par les Abid, concentraient tous leurs efforts.

En continuant vers l'est, Oran, seul, demeurait sous la domination espagnole, et nous avons vu dans quelles conditions précaires. Voilà ce qui restait, à la fin du xvii° siècle, comme résultat des efforts séculaires de l'Espagne et du Portugal en Afrique [1].

1. *Et-Tordjeman*, p. 20 et suiv. du texte, 37 et suiv. de la trad. — *Nozhet-El-Hadi*, p. 306 et suiv. du texte, 506 et suiv. de la trad. — Berbrugger, *Occupation anglaise de Tanger* (Revue afric., n° 29, p. 348, 349). — Elie de la Primaudaie, *Villes maritimes du Maroc* (Revue afric., n°° 92, 95, 96, passim). — Castonnet des Fosses, *Dynastie des chérifs Filali* (loc. cit., p. 406, 407). — Abbé Godard, *Maroc*, p. 517 et suiv.

CHAPITRE XIX

LUTTES ENTRE L'ALGÉRIE ET LA TUNISIE. — ÉTABLISSEMENT D'UN BEYLIK HÉRÉDITAIRE A TUNIS

1090-1705

Expédition des Algériens contre Mohammed-Bey à Tunis. — Moulaï-Ismaïl envahit la province d'Oran. Il est repoussé par les Turcs et achève la soumission des tribus berbères au Maroc. — Expédition de Hadj-Châbane-Dey à Tunis. Il renverse Mohammed-Bey et le remplace par Mohammed-Tchaker. — Mohammed-Bey défait Ben-Tchaker et rentre en possession de Tunis. — Hadj-Châbane-Dey est assassiné à Alger et remplacé par El-Hadj-Ahmed. — Mort de Mohammed-Bey à Tunis. Il est remplacé par son frère Ramdane. Mort de celui-ci. Mourad, fils d'Ali-Bey, prend le pouvoir. — Maroc : Moulaï-Ismaïl attaque infructueusement Oran et presse sans succès le siège de Ceuta et celui de Melilla. — Mourad-Bey envahit de nouveau la province de Constantine et assiège cette ville. — Hadj-Moustafa, dey d'Alger, marche contre Mourad-Bey, le défait près de Sétif et le force à évacuer la province. Excès de Mourad en Tunisie. — Moulaï-Ismaïl envahit la province d'Oran. Il est complètement battu au Djedioua par le dey Hadj-Moustafa. — Mourad-Bey marche contre les Algériens. Il est assassiné par Ibrahim-Cherif qui s'empare de l'autorité. — Rupture entre Tripoli, Alger et Tunis. Siège de Tripoli par Ibrahim-Bey. Rupture entre celui-ci et Moustafa, dey d'Alger. — Moustafa-Dey envahit la Tunisie, bat et fait prisonnier Ibrahim-Bey et vient mettre le siège devant Tunis ; il est repoussé par Hasseïn-ben-Ali, le nouveau bey. — Révolte contre Moustafa-Dey. Sa mort à Collo. Il est remplacé par Hassan-Khoudja. Hasseïn-Bey reste seul maître du pouvoir à Tunis et fonde une dynastie héréditaire.

EXPÉDITION DES ALGÉRIENS CONTRE MOHAMMED-BEY A TUNIS. — Depuis la mort d'Ali-Bey, la Tunisie avait retrouvé quelque tranquillité ; mais la peste y reparut en 1689 et fit, durant huit mois, de nombreuses victimes. La Porte avait envoyé à Mohammed-Bey un firman, par lequel son autorité était reconnue et consacrée, mais cela ne pouvait durer. Un certain Mohammed-ben-Tchaker, appelé par des auteurs Ben-Tcherkès, autrefois au service du bey, dont il était l'allié, avait dû, à la suite de ses intrigues, quitter la Tunisie et s'était réfugié à Alger. Là, étant devenu le favori du dey Hadj-Châbane, il sut le décider à lui confier une armée, avec laquelle il comptait s'emparer de Tunis et usurper la place de bey

(1692). Une division algérienne, renforcée d'un corps amené de Tripoli à Bône par mer, envahit alors la Tunisie.

Mohammed-Bey marcha à sa rencontre avec des forces nombreuses et livra bataille aux Algériens; mais il fut entièrement défait et contraint de découvrir la route de Tunis; Ben-Tchaker y fut proclamé bey; mais Mohammed, qui avait rallié ses troupes et ses auxiliaires, rentra en possession de sa capitale, tandis que son adversaire et les Algériens reprenaient la route de l'ouest; après la défaite de Mohammed, son frère Ramdane, soutenu par le dey Ali-Reïs, avait été proclamé bey; mais lorsque ceux-ci apprirent son retour, ils s'empressèrent de s'embarquer ensemble et de gagner l'Italie [1].

MOULAÏ-ISMAÏL ENVAHIT LA PROVINCE D'ORAN. IL EST REPOUSSÉ PAR LES TURCS ET ACHÈVE LA SOUMISSION DES TRIBUS BERBÈRES AU MAROC. — Sur ces entrefaites, on apprit que le sultan Ismaïl avait préparé une expédition contre la province d'Oran. Ce prince avait, en 1690 et 1691, effectué une campagne contre les Aït-Malou, Aït-Afelmane et Aït-Isri, puissantes tribus berbères de la région de Fazaz, parcouru en vainqueur leurs montagnes et réduit ces indigènes à la soumission. L'année suivante, il fit réunir des approvisionnements et des munitions à Fès, confia le gouvernement de cette ville à son fils aîné, Abou-l'Alâ-Mahrez et, au mois de mai 1692, donna à l'armée l'ordre de partir vers l'est, sous le commandement de son fils Zidane; quant à lui, il ne la rejoignit qu'après la fin du Ramadan (mi-juin).

Mais Hadj-Châbane, de son côté, avait réuni toutes ses forces et s'était mis en marche, à la tête de 10,000 janissaires et 3,000 spahis, plus le contingent des Kabiles Zouaoua. Ayant dépassé Tlemcen avant l'arrivée de l'armée marocaine, il alla l'attendre au gué de la Moulouïa. Les forces d'Ismaïl se composaient de 14,000 fantassins et 8,000 cavaliers. Attaqué avec vigueur par les Algériens, le sultan essaya de profiter de la supériorité numérique de son armée, mais bientôt il vit tous ses soldats en déroute et éprouva un désastre qui le mit à la discrétion du vainqueur. 5,000 Marocains avaient été tués et le reste était dispersé et poursuivi dans tous les sens.

On dit que le puissant Ismaïl se montra fort humble et fut très heureux de signer avec les Turcs, à Oudjda, un traité par lequel il reconnaissait leurs droits. Pour se consoler de cet échec, après

---

1. Rousseau, *Annales Tunisiennes*, p. 72 et suiv. — Marcel, *Tunis, loc. cit.*, p. 186.

avoir rallié son armée, il envahit les régions de l'Atlas, occupées encore par des tribus berbères indomptées, les terrifia par le bruit et l'effet de ses canons et de ses mortiers et répandit la désolation dans ces régions ; 12,000 têtes furent, dit-on, coupées dans cette campagne ; quant au butin rapporté, il était considérable. Le général Ali-ben-Ichchou reçut alors du prince l'ordre de traiter pareillement la tribu des Guerouane, qui interceptait le chemin du sud, entre le Haut-Moulouïa et le passage d'El-Kheneg. Cette prescription fut strictement exécutée, et le général expédia à Meknès 12,000 têtes qu'il acheta, pour la plupart. La soumission des Aït-Malou et des Aït-Afelmane acheva d'assurer la pacification de la région centrale du Mag'reb. Toutes ces tribus avaient été contraintes de livrer leurs chevaux et leurs armes. Les postes d'Abid, les Arabes Oudaïa de l'armée régulière, les gens du Rif, toujours fidèles au sultan, et les Aït-Afelmane, conservèrent seuls le privilège d'avoir des chevaux et d'en élever [1].

EXPÉDITION DE HADJ-CHABANE-DEY A TUNIS. IL RENVERSE MOHAMMED-BEY ET LE REMPLACE PAR MOHAMMED-TCHAKER. — A son retour du Mag'reb, le dey Hadj-Châbane trouva Alger en révolte. Les Kabiles et les citadins, comptant sur la victoire de Moulaï-Ismaïl, s'étaient emparés de la ville et voulaient en expulser les Yoldachs. Mais les soldats vainqueurs se précipitèrent sur eux et en eurent bientôt triomphé. De nombreuses exécutions suivirent cette victoire et l'on dit que les tribus auxquelles appartenaient les Kabiles rebelles furent frappées d'amendes (août 1693).

Sur ces entrefaites, le dey de Tripoli, qui venait de rompre avec la France, à la suite du retour des otages imprudemment renvoyés, adressa un député à son collègue d'Alger pour l'inviter à coopérer à la conquête de la Tunisie, sous le prétexte que le bey Mohammed venait de conclure une alliance avec le sultan marocain. Hadj-Châbane prêta l'oreille à ses incitations, poussé dans cette voie par son favori Ben-Tchaker et, au printemps de l'année 1694, l'armée algérienne se mit en route vers l'est et rallia, en passant, un corps tripolitain amené par mer à Bône. Châbane, qui commandait, franchit alors la frontière tunisienne.

Mohammed-Bey, après avoir en vain essayé de détourner l'orage, en offrant de payer un tribut, se prépara résolument à la guerre. Ibrahim-Khoudja, qui avait été nommé dey, fut laissé à la garde de Tunis ; puis le bey s'avança, avec toutes ses forces, contre les

---

1. *Et-Tordjeman*, p. 23 et suiv. du texte arabe, 44 de la trad. — De Grammont, *Hist. d'Alger*, p. 262.

envahisseurs et leur livra bataille en face du Kef. Il fut entièrement défait et parvint, non sans peine, à se réfugier dans la capitale (fin juin). Bientôt, l'armée algérienne parut sous ses murs et en commença le siège. On lutta, de part et d'autre, avec acharnement ; mais, au bout de trois mois, Mohammed-Bey, apprenant la perte de la flotte et des villes environnantes, jugea inutile la prolongation de la résistance et profita d'une nuit sombre pour s'enfuir (novembre). Il gagna Kaïrouan, espérant y trouver des partisans ; ce fut le contraire et à peine eut-il le loisir de traverser la ville et de continuer sa fuite vers le sud.

Pendant ce temps, les Tunisiens offraient leur soumission à l'armée algérienne ; Mohammed-ben-Tchaker entrait en maître dans la ville, Ibrahim-Dey se voyait destitué et exilé et remplacé par un certain Mohammed-Tabar. Les Algériens, sans soumettre la ville à un pillage en règle, firent supporter aux habitants bien des vexations ; de plus, Hadj-Châbane exigea de Ben-Tchaker, le nouveau bey, une indemnité de 400,000 piastres, plus 100,000 pour lui à titre de cadeau ; et, pour le satisfaire, il fallut extorquer ces sommes aux négociants ou aux Juifs. On finit cependant par contenter l'avidité de tous et, vers le 15 janvier 1695, le dey d'Alger, qui avait déjà renvoyé une partie de ses troupes par mer, rentra par la voie de terre ; il traînait à sa suite un butin considérable, ainsi que de l'artillerie, trophée de ses victoires, et fut accompagné jusqu'à la frontière par son tributaire Ben-Tchaker [1].

MOHAMMED-BEY DÉFAIT BEN-TCHAKER ET RENTRE EN POSSESSION DE TUNIS. — Après avoir quitté les troupes d'Alger, le nouveau bey Ben-Tchaker alla faire une tournée à Kaïrouan et dans diverses localités, rançonnant partout les habitants, car il lui fallait de l'argent, et se montrant d'une rigueur extrême. En outre, prêtant l'oreille à toutes les délations, il fit couler à flots le sang de ses sujets, sans s'apercevoir du mécontentement qui se manifestait autour de lui. Dans le mois d'avril, Souça et Kaïrouan donnèrent le signal de la révolte et bientôt Mohammed-Bey arriva du sud pour prendre le commandement des rebelles. Ben-Tchacher, ayant marché contre eux, trouva son rival aux environs de Kaïrouan et

---

1. Rousseau, *Annales Tunisiennes*, p. 74 et suiv. — De Grammont, *Hist. d'Alger*, p. 263 et suiv. — Le même, *Correspondance des consuls d'Alger* (Revue afric., n° 183, p. 189 et suiv.). — Berbrugger, *Epoques militaires de la grande Kabylie*, p. 116, 117. — El-Hadj-Hammouda ben Abd-el-Aziz, continuateur d'El-Kaïrouani (passim).

fut battu par lui (1ᵉʳ mai 1695). Il vit même sa retraite coupée et n'eut d'autre ressource que de chercher un refuge au Maroc.

Sans perdre de temps, Mohammed-Bey marcha sur Tunis, où le dey Mohammed-Tabar ne cherchant même pas à défendre la ville, employait ses derniers jours de pouvoir à tout mettre au pillage avec 400 malandrins de son espèce qui se livrèrent aux plus abominables excès ; quand le bey fut arrivé, il se réfugia, avec ses hommes, dans la Kasba, où il se fortifia, résolu à lutter jusqu'à la mort. Mohammed-Bey était, de nouveau, maître de la capitale, mais il craignait la vengeance du dey Hadj-Châbane et s'empressa d'envoyer une députation à Alger pour essayer de détourner l'orage, tandis qu'il poussait le siège de la Kasba.

Le 16 juillet, Tabar-dey, apprenant la mort de son protecteur Hadj-Châbane, se décida à capituler, sous la promesse de la vie sauve qui lui fut accordée. Le bey entra alors en possession de la Kasba et fit conduire Tabar-dey jusqu'à un marabout où il se renferma ; mais la populace, sans tenir compte de la sainteté du lieu, y pénétra par la force et en retira le dey qu'elle massacra. Sa tête fut promenée au bout d'une pique et l'on dit que des gens, révoltés par ses cruautés, allèrent jusqu'à déchirer avec leurs dents ses chairs palpitantes. Un certain Mohammed-Koudja fut nommé dey. Quant à la députation envoyée à Alger, qui s'était d'abord heurtée à un refus péremptoire de Châbane, elle avait obtenu de son successeur tout ce qu'elle avait demandé[1].

HADJ-CHABANE-DEY EST ASSASSINÉ A ALGER ET REMPLACÉ PAR El-HADJ-AHMED. — Cependant, le dey Hadj-Châbane était rentré à Alger avec tout son butin, le 16 février 1695. Quelques jours plus tard, le 25 février, il faillit tomber sous les coups d'assassins, en pleine mosquée. Il exerça à cette occasion de cruelles vengeances et acheva de mécontenter les Yoldachs. Sur ces entrefaites, on reçut la nouvelle des événement de Tunisie : la défaite et la fuite de Ben-Tchaker et le retour de Mohammed-Bey à Tunis. C'en était fait du prestige du dey. Dans les premiers jours du mois d'août, la colonne de l'Est, se laissant entraîner par l'esprit de révolte, revint sur ses pas et envahit Alger en poussant des cris de mort contre Hadj-Châbane. En vain celui-ci essaya d'apaiser les rebelles par la force ou les présents. Il fut jeté en prison le 5 août et torturé, pendant dix jours, par ses anciens soldats, dans le but de lui faire déclarer où se trouvaient ses trésors (ce qui,

---

1. Rousseau, *Annales Tunisiennes*, p. 76 et suiv. — El-Hadj-Hammouda ben Abd-el-Aziz (passim).

par parenthèse, semble indiquer le vrai mobile de la révolte). Il supporta stoïquement tout ce que la sauvage barbarie des Yoldachs sut inventer pour le faire souffrir et enfin fut étranglé le 15.

Les soldats révoltés avaient, le 6 août, proclamé dey un vieux janissaire du nom d'El-Hadj-Ahmed, qu'ils avaient trouvé occupé à raccommoder ses chaussures sur le pas de sa porte ; et le diwan s'était empressé de ratifier ce choix. Afin d'éviter les usurpations des précédents deys, les Yoldachs avaient stipulé que leur élu devrait se tenir strictement dans les limites du règlement primitif de l'institution. El-Hadj-Ahmed était un vieillard à l'esprit affaibli et fantasque dont les actes touchaient souvent à la folie[1].

Mort de Mohammed-Bey a Tunis. Il est remplacé par son frère Ramdane. Mort de celui-ci. Mourad, fils d'Ali-Bey, prend le pouvoir. — A Tunis, Mohammed-Bey ne jouit pas longtemps de son triomphe. Atteint d'une maladie contractée, sans doute, dans les péripéties de son existence agitée, il cessa de vivre le 5 octobre 1696. Le lendemain de sa mort, son frère Ramdane, rentré en grâce depuis quelque temps, fut élu bey par la population et reçut l'assentiment du dey, du diwan et de la milice. A cette occasion, les traités conclus antérieurement avec les nations européennes furent confirmés. C'est ainsi que la France vit les avantages qui lui étaient faits maintenus, notamment la réduction à 3 0/0 du droit de douane sur les marchandises importées de tous les pays par ses nationaux, au lieu de 10 0/0 exigés des autres.

Malheureusement, le nouveau bey n'avait aucune aptitude pour ses hautes et difficiles fonctions. Adonné à la débauche, il était entièrement dominé par un musicien nommé Mazoul, renégat florentin qui arriva bientôt à diriger toutes les affaires de la régence. Cette conduite, de la part du dernier fils de Hammouda, ne tarda pas à provoquer le mécontentement général et les yeux se tournèrent vers le jeune Mourad, fils d'Ali-Bey, que son oncle, Mohammed, avait épargné, lorsqu'il le tenait entre ses mains. Mazoul, se rendant compte du danger persuada au bey que son neveu conspirait pour le renverser et obtint l'autorisation de l'arrêter. Jeté dans la prison du Bardo, Mourad tenta de s'échapper et Ramdane-Bey, pour n'avoir plus rien à redouter de lui, se décida à ordonner qu'on lui crevât les yeux. Mais Mourad avait des amis dévoués, et il arriva que le chirurgien Carlier, renégat français, chargé de l'opération, s'y prit de telle façon qu'il sut

1. De Grammont, *Hist. d'Alger*, p. 266 et suiv.

lui conserver la vue tout en paraissant l'avoir rendu absolument aveugle. On le relégua alors à Soussa.

Tout à coup on apprit que Mourad n'était plus aveugle, qu'il s'était enfui de Soussa et avait atteint le Djebel-Ouslat où les amis de son père l'avaient rejoint et proclamé. Cette nouvelle fut accueillie à Tunis avec enthousiasme et bientôt Ramdane, abandonné de tous, n'eut d'autre ressource que la fuite. Il gagna Soussa, où il comptait s'embarquer, mais, ayant été atteint par des partisans de son neveu, il fut arrêté et mis à mort. Sa tête rapportée à Tunis fut traînée dans les rues et servit de jouet à la populace (10 mars 1699).

Quelques jours après, Mourad-Bey faisait son entrée dans la capitale. C'était un jeune homme de 18 ans, qui paraissait avoir hérité des qualités guerrières de son père et de son aïeul ; malheureusement, il manquait d'expérience et avait trop souffert pour que le désir de vengeances plus ou moins légitimes ne l'entraînât pas trop loin. Enfin, s'il faut en croire l'auteur arabe, El-Hadj-Hammouda-ben-Abd-el-Aziz, il était extrêmement cruel et adonné au vice et à la débauche. Mazoul, le favori de son oncle, fut sa première victime, suivie de beaucoup d'autres [1].

MAROC : MOULAÏ-ISMAÏL ATTAQUE INFRUCTUEUSEMENT ORAN ET PRESSE SANS SUCCÈS LE SIÈGE DE CEUTA ET CELUI DE MELLILA. — Moulaï-Ismaïl, au Maroc, jetait toujours des regards d'envie du côté de la province d'Oran, malgré les échecs qu'il y avait éprouvés, et nous savons qu'il avait plus ou moins prêté l'oreille à des ouvertures venues de Tunis. Son fils Zidane, qui occupait un commandement dans la région de Fès, fut plus particulièrement chargé des incursions sur le territoire turc. En 1693, les troupes marocaines, commandées par Ismaïl lui-même, envahirent la province d'Oran et, après avoir tenté infructueusement une razia sur les Beni-Amer et autres tribus, s'approchèrent de la capitale. Le sultan essaya de s'en emparer par un coup de main, le 20 juillet ; mais il fut repoussé par le duc de Canzano, gouverneur. Un nouvel assaut, donné le 24, ne fut pas plus heureux. Les pertes des Marocains furent considérables et le sultan dut se décider à la retraite.

« Oran, dit-il, est une vipère à l'abri d'un rocher : de là, elle

---

1. Rousseau, *Annales Tunisiennes*, p. 78 et suiv. — El-Hadj-Hammouda ben Abd-el-Aziz, *Gouvernement des Turcs en Tunisie* (manuscrit arabe continuant l'histoire d'El-Kaïrouani jusqu'en 1775), passim. — Marcel, *Tunis* (loc. cit., p. 187).

blesse l'homme sans s'exposer à recevoir le moindre coup ». Les Arabes se mirent à la poursuite de son armée démoralisée et lui enlevèrent presque tout son butin. Cependant, vers 1604, la Porte paraît s'être encore une fois interposée, en envoyant, au sultan du Maroc, une ambassade, afin de l'inviter à ne plus attaquer les Turcs d'Alger, et il est assez surprenant de voir le Khakan, fort occupé par ses guerres et ses désastres en Autriche, adresser un message plus ou moins comminatoire au sultan du Mag'reb, absolument indépendant, et celui-ci paraître lui obéir.

Ismaïl reporta son action contre les villes du littoral encore occupées par les Espagnols, auxquelles, du reste, il n'avait laissé aucun répit. Nous possédons une curieuse lettre adressée par lui au gouverneur de Ceuta, D. F. Varona, le 23 août 1692, pour lui annoncer qu'il vient de donner au caïd de Tetouane l'ordre de presser plus vivement cette place, en mettant à sa disposition toute l'artillerie nécessaire. Varona lui répondit le 3 septembre suivant, qu'ayant été placé à Ceuta pour défendre cette ville, il espérait, avec l'aide de Dieu, la conserver à son maître ; en même temps, il réclama à la cour de Madrid les renforts nécessaires, car il ne disposait que de 600 fantassins, 60 artilleurs et 80 cavaliers ; il est vrai que les 120 prêtres, se trouvant dans la ville, furent armés au moment du danger. Quant au gouvernement espagnol, il n'envoya aucun secours, selon son habitude.

Dans le mois d'octobre 1693, Moulaï-Ismaïl arriva devant la place avec une armée de 30,000 hommes. Il essaya d'y pénétrer par la force, mais le courage des assiégés repoussa toutes ses tentatives et il dut se borner à un blocus. A cet effet, il établit, à peu de distance, un camp retranché pour les troupes qu'il y laissa.

Il essaya ensuite d'enlever Mellila, ville contre laquelle ses efforts s'étaient brisés en 1687. Le siège recommença en 1694, mais, de même que la première fois, la place fut vigoureusement défendue et les assiégeants ne purent y pénétrer. Leurs opérations se continuèrent durant de longues années, car, si l'on en juge par les lettres du gouverneur D. Domingo de Canal, de furieux assauts furent livrés pendant les 27, 28 et 29 avril 1697, ainsi que dans la nuit du 30, et il fallut toute l'énergie des défenseurs pour les repousser ; il ne restait alors aux assiégés que 350 hommes en état de combattre ; de plus, les vivres et le bois pour la cuisine manquaient. Dans le mois d'août suivant, la situation n'était guère meilleure, mais la garnison avait reçu quelques vivres et des munitions de guerre. Le siège durait encore ou avait été repris en 1700, et la flotte française offrit son concours au gouverneur de Ceuta pour repousser les assaillants. Mais Philippe V, auquel il en avait été référé, refusa péremptoirement la coopération de la France [1].

MOURAD-BEY ENVAHIT LA PROVINCE DE CONSTANTINE ET ASSIÈGE CETTE VILLE. — A la fin de l'année 1698, le vieux dey d'Alger était mort. La peste sévissait avec violence dans la ville. Hassan-Chaouch, qui fut élu dey, s'appliqua à conserver les bons rapports avec la France, tout en donnant des soins assidus à la course. Sur ces entrefaites, les relations entre l'Algérie et la Tunisie, qui étaient fort tendues, depuis l'avènement de Mourad, aboutirent à une rupture, dont le prétexte fut fourni, selon El-Hadj-Hammouda, par le refus d'accepter les cadeaux que le bey de Tunis avait, selon l'usage, envoyés au dey d'Alger. Mourad répondit à cette insulte par une déclaration de guerre.

Dans le mois d'avril 1700, après avoir obtenu l'assentiment du diwan, Mourad-Bey prépara une grande expédition et entra en relations avec le sultan de Maroc, qui lui promit d'envahir la province d'Oran pendant qu'il s'avancerait lui-même par l'est. Le bey de Tripoli, Khalil, devait aussi lui envoyer une armée ; enfin les Henanecha, auxquels il était allié par sa mère, s'engageaient à lui fournir tous leurs cavaliers. Ces dispositions étant prises, Mourad se mit en marche dans le cours de l'été, suivi d'une armée nombreuse, avec 25 canons, et bientôt la frontière occidentale fut franchie.

Ali-Koudja, bey de Constantine, paraît n'avoir rien tenté pour s'opposer aux envahisseurs. Il les laissa s'approcher de sa capitale, puis, sortant avec ses meilleurs soldats, leur livra bataille au lieu dit El-Melaab [2]. Mais il fut complètement battu après avoir vu tomber la plupart de ses guerriers. Cinq cents paires d'oreilles de janissaires furent envoyées à Tunis par le vainqueur, qui avait fait massacrer tous ses prisonniers. Un deuxième combat fut encore plus funeste aux assiégés et il est probable que, si Mourad avait su profiter de la stupeur causée par ces deux défaites pour entrer à Constantine, il n'aurait pas éprouvé de résistance. Se croyant

1. *Et-Tordjeman*, p. 25 du texte arabe, 46 et 47 de la trad. — Berbrugger, *Siège de Mellila par les Marocains* (Revue afric., n° 53, p. 366 et suiv. — Elie de la Primaudaie, *Villes maritimes du Maroc*, n°s 92, 93, passim. — Marmol, *Afrique*, passim. — Général de Sandoval, *Inscriptions d'Oran et de Mers-el-Kébir* (loc. cit.), p. 62, 63. — Cheikh Bou-Ras (trad. Arnaud), Revue afric., n° 149, p. 375 et suiv. — Abbé Godard, *Maroc*, p. 518 et suiv.

2. Sans doute dans la plaine appelée le Bardo, sur la rive gauche de l'Ouad-Remel ou peut-être à l'hippodrome actuel.

maître de la ville, il préféra donner quelque repos à ses troupes qui avaient beaucoup souffert. Pendant ce temps, les assiégés, confiants dans la force de leur position, reprirent courage et lorsque le bey les somma de lui ouvrir les portes, ils refusèrent. Mourad voulut composer, mais ses offres d'arrangement, avec promesse de pardon absolu, n'eurent pas plus de succès, et il se vit dans la nécessité d'entamer un siège en règle. L'arrivée du renfort tripolitain, amené par Khalil-Bey en personne, lui permit de s'emparer d'une forteresse située en dehors de la ville, sur le Koudiat-Ati, sans doute, et dont tous les défenseurs furent passés au fil de l'épée[1].

HADJ-MOUSTAFA, DEY D'ALGER, MARCHE CONTRE MOURAD-BEY, LE DÉFAIT PRÈS DE SÉTIF ET LE FORCE A ÉVACUER LA PROVINCE. EXCÈS DE MOURAD EN TUNISIE. — Lorsque ces nouvelles parvinrent à Alger et qu'on apprit la mort des 500 janissaires, il se produisit une émeute parmi les Yoldachs, qui se portèrent en foule au diwan. Quant au dey, il s'était barricadé dans son palais, et ne réclamait qu'une chose, son remplacement, refusant de prendre aucune des mesures commandées par les circonstances. Il fallut bien accepter sa démission. Un certain Hadj-Moustafa, homme énergique, ayant été élu, commença par expédier à Tripoli son prédécesseur. Puis il s'empressa de réunir toutes les forces disponibles pour marcher vers l'est[2].

Sur ces entrefaites, arriva à Alger, Ben-Zekri, fonctionnaire du beylik de Constantine, qui, s'il faut en croire la tradition, avait été descendu par des cordes du haut des rochers de cette ville ainsi que sa jument suspendue dans un filet ; il fit le trajet très rapidement et peignit aux Algériens la situation critique où se trouvaient ses concitoyens. Grâce à son éloquence, il hâta le départ des troupes, qui s'avancèrent vers l'est, en doublant les étapes.

Mais Mourad, à cette nouvelle, leva le siège de Constantine et se porta par les plaines, à la rencontre de ses ennemis. Les deux troupes furent en présence à Djouama-el-Eulma, à une journée à l'est de Sétif. Afin de contrebalancer l'avantage du nombre qui

---

1. Hadj-Hammouda ben Abd-el-Aziz (traduction par Cherbonneau, *Journal Asiatique*, juillet 1851, p. 36 et suiv.). — Vayssettes, *Histoire des beys de Constantine* (loc. cit., p. 274 et suiv.). — Rousseau, *Annales Tunisiennes*, p. 81 et suiv. — Féraud, *Les Harars* (Revue afric., n° 105, p. 206 et suiv.). — *Correspondance des consuls d'Alger* (de Grammont), Revue afric., n° 185, p. 345 et suiv.).

2. D'après la *Correspondance des consuls d'Alger*, ces faits se seraient passés dans le mois d'avril, ce qui n'a rien d'impossible.

était aux Tunisiens, le dey d'Alger fit attaquer leur camp à l'improviste, de nuit, probablement : la surprise réussit à merveille : les assaillants massacrèrent un grand nombre de leurs ennemis et bientôt l'armée tunisienne fut en déroute (3 octobre 1700). Le dey fit massacrer ses prisonniers arabes et berbères ; quant aux captifs turcs, il se contenta de les obliger à traîner ou porter les canons jusqu'à Constantine, après quoi il les mit en liberté. Parvenu dans cette ville, le dey Hadj-Moustafa remplaça le bey Ali-Khoudja, qui avait été tué précédemment, par un certain Ahmed, fils de l'ancien bey Farhato, dont le pays avait conservé un excellent souvenir. Puis il rentra à Alger.

Ce ne fut qu'au Kef que Mourad-Bey parvint à rallier ses soldats en débandade. Il croyait les Turcs d'Alger à ses trousses et faisait fortifier les places de l'ouest : Teboursok, Tastour et autres, lorsqu'il apprit que le dey s'était arrêté à Constantine et se disposait à rentrer dans sa capitale. Tranquillisé sur ses derrières, il reprit la route de Tunis et envoya vers le sud Khalil, bey de Tripoli, avec mission de s'emparer de Kaïrouan et de châtier ses habitants, pour nous ne savons quel méfait. Le bey s'acquitta consciencieusement de sa mission en mettant la ville à feu et à sang ; bientôt, Mourad lui-même arriva à la rescousse et fit tomber ce qui restait debout des maisons et des remparts de la ville sainte d'Okba. « Il ne respecta que les mosquées et les Zaouïa », dit notre auteur. Cela fait, Khalil rentra à Tripoli. De retour à Tunis, Mourad y apprit que les Algériens s'étaient adressés à la Porte pour se plaindre de son agression et il s'empressa d'envoyer en Orient une députation, ayant à sa tête l'ag'a des spahis, Ibrahim-Cherif. Les deux parties exposèrent leurs griefs devant Moustafa II, qui leur imposa une transaction amiable sous forme de traité. Mais Mourad-Bey refusa péremptoirement de se soumettre à cette décision et se hâta de préparer une nouvelle expédition pour l'été [1].

MOULAÏ-ISMAÏL ENVAHIT LA PROVINCE D'ORAN. IL EST COMPLÈTEMENT BATTU AU DJEDIOUA PAR LE DEY HADJ-MOUSTAFA. — En exécution du traité conclu par Mourad-Bey avec Moulaï-Ismaïl, celui-ci

1. Hadj-Hammouda ben Abd-el-Aziz (trad. Cherbonneau), *Journal Asiatique*, juillet 1851, p. 43 et suiv.— Rousseau, *Annales Tunisiennes*, p. 82 et suiv. — De Grammont, *Hist. d'Alger*, p. 270. — Le même, *Correspondance des consuls d'Alger* (Revue afric., n° 184, p. 295 et suiv.).— Féraud, *Les Harars*, loc. cit., p. 208 et suiv.— Marcel, *Tunis* (loc. cit., p. 187).

envahit la province d'Oran au printemps de l'année 1701. Mais le dey El-Hadj-Moustafa, prévenu des préparatifs de cette attaque, n'avait rien négligé, dès son retour de Tunis, pour se mettre en mesure d'y résister. Il quitta Alger dans le courant du mois d'avril, « partant, dit le consul français Durand, avec une magnificence digne d'un grand roi », et marcha contre l'ennemi, à la tête de forces régulières, et suivi de nuées de cavaliers arabes fournis par les tribus de la province d'Alger. Après avoir parcouru en maître la province d'Oran, Ismaïl avait déjà atteint la rive gauche du Chelif. Ce fut sur un des affluents de cette rivière, la Djedioua, au lieu dit Hadj-Bou R'azi, que les deux armées se trouvèrent en présence.

Les forces de l'armée marocaine étaient considérables, car les auteurs les évaluent à 50,000 hommes, chiffre évidemment exagéré; néanmoins les Turcs attaquèrent leurs ennemis avec courage le 28 avril. L'action, commencée à midi par une attaque de la cavalerie algérienne, se termina, à quatre heures du soir, par la défaite des Marocains. Leur sultan, blessé, dit-on, faillit tomber entre les mains des Turcs. Il rentra au Maroc avec les débris de son armée et tout autre que lui aurait renoncé pour toujours aux expéditions dans la province d'Oran. Quant à Hadj-Moustafa, il arriva glorieusement à Alger, rapportant un riche butin, avec 3,000 têtes de soldats, et cinquante de chefs marocains. De grandes fêtes furent données dans la capitale, à cette occasion, et quelques-uns des chevaux enlevés au sultan du Maroc furent envoyés en présent à Louis XIV. Il est probable que le dey, avant de quitter la province de l'ouest, en confia le commandement au bey Moustafa-Bou-Chlar'em[1]; cet homme, actif et énergique, quitta définitivement vers cette époque Mazouna, et s'établit à Maskara, où il était mieux placé pour protéger la province et surveiller Oran. Enfin, une sorte d'alliance, approuvée par la cour d'Espagne, fut conclue entre le dey d'Alger ou le bey de l'Ouest, et le capitaine général d'Oran, dans le but évident de résister aux attaques du sultan marocain; le bey de Maskara s'obligeait, par ce traité, à fournir à Oran tous les approvisionnements qu'il était en mesure de procurer. En 1701, sans doute avant l'expédition de Moulaï-Ismaïl, le gouverneur de cette ville, marquis de Santa-Cruz, avait été tué chez les Hachem, dans une expédition qui s'était terminée, ainsi que cela arrivait trop souvent, par un véritable désastre[2].

---

1. Le surnom « Bou Chlar'em » (ou Chelaghem) veut dire « l'homme aux grandes moustaches »; les Espagnols l'ont reproduit sous la forme « bigotil'os ».

2. *Gazette de France*, 1701, p. 240. — Général de Sandoval, *Inscrip-*

Mourad-Bey marche contre les Algériens. Il est assassiné par Ibrahim-Cherif qui s'empare de l'autorité. — Loin de calmer l'ardeur de Mourad-Bey, le nouveau succès du dey d'Alger ne fit qu'irriter son ressentiment. A la fin d'avril de l'année 1702, il partit, avec l'armée, comme s'il allait faire la campagne ordinaire de printemps, puis donna subitement l'ordre de marcher vers l'ouest ; mais ses soldats ne tenaient nullement à voir se reproduire l'échec de 1700 ; Ibrahim-Cherif, aga des spahis, exploita avec habileté ces dispositions en faisant ressortir aux janissaires qu'il ne leur convenait pas de se mettre ainsi en rébellion contre les ordres précis du Khakan. Bientôt, une conspiration, dans laquelle la mort du bey fut décidée, s'ourdit sous ses yeux mêmes et l'aga Ibrahim s'en fit l'exécuteur : parvenu à l'Ouad-Zerga, il s'approcha de Mourad, qui voyageait dans une litière avec un de ses favoris nommé Hammouda-Korbetak et déchargea sur eux son tromblon chargé de plusieurs balles. Ce dernier seul fut tué du coup ; quant à Mourad-Bey, il sauta à terre et riposta à Ibrahim par un coup de feu qui l'atteignit à la cuisse ; mais les conjurés étaient accourus ; ils entourèrent le bey qui tomba percé de coups et auquel ils coupèrent la tête (13 mai). Pour assurer la réussite de son entreprise, Ibrahim lança des cavaliers à la poursuite des deux cousins du bey, Housseïn et Mourad, fils de Mohammed, qui l'accompagnaient, et lorsqu'on les lui ramena, il les fit décapiter ; enfin, à Tunis, se trouvaient encore deux descendants du grand Hammouda, dont l'un âgé seulement de quatre ans : il ordonna leur supplice et l'on exposa les cinq têtes sur l'esplanade de la Kasba, afin qu'il fût bien établi que cette dynastie était éteinte.

Ibrahim fut alors désigné, d'une voix unanime, comme bey ; il fit d'abord remplacer le dey par une de ses créatures nommé Kara-Moustafa. Cette fonction avait absolument perdu toute force et tout prestige depuis l'élévation des derniers beys ; cependant Ibrahim jugea ensuite plus prudent de la supprimer tout à fait et de se faire attribuer le titre de dey par la Porte, qui ne pouvait refuser cette satisfaction à un si fidèle serviteur ; elle lui conféra en effet le titre de pacha en outre du précédent, de sorte qu'il réunit en sa personne les trois pouvoirs établis dans l'origine pour se faire contre-poids (oct. nov.).

La haine du nouveau bey-pacha-dey pour tous les parents et

---

tions d'Oran (loc. cit.), p. 64. — De Grammont, *Hist. d'Alger*, p. 270. — Le même, *Correspondance des consuls d'Alger* (Revue afric., n° 186, p. 439 et suiv.).

alliés de Mourad porta, alors, le cheikh des Henanecha à rompre toute relation avec lui et à se rattacher au beylik de Constantine. Kalâat-Senane devint définitivement le centre d'action des Harars et un foyer d'intrigues contre les Tunisiens. A titre de représailles, Ibrahim fit tuer Ali-Soufi, affranchi de Mourad-Bey, qui était l'âme de cette résistance. Un émissaire dévoué le poignarda dans son lit. Les Harars se préparèrent à tirer vengeance d'Ibrahim en attendant leur heure[1].

Rupture entre Tripoli, Alger et Tunis. Siège de Tripoli par Ibrahim-Bey. Rupture entre celui-ci et Moustafa, dey d'Alger. — La nouvelle de ces événements produisit à Alger une certaine agitation et l'ancien bey de Tunis, Ahmed-ben-Tchaker, voulut en profiter pour tenter de recouvrer sa charge : à cet effet, il se mit à la tête des mécontents et provoqua une émeute qui coûta la vie au pacha Kara-Ali. Mais Moustafa n'était pas homme à faire le moindre sacrifice à l'ancien favori de Châbane ; la révolte fut sévèrement réprimée et Ahmed faillit périr sous le bâton.

Peu de temps après, une rupture éclata entre Tripoli et Alger pour les raisons suivantes : des présents envoyés par le pacha d'Égypte, à Moustafa, dey d'Alger, et notamment des chevaux de prix, avaient été saisis au passage par le bey Khelil, qui se les était appropriés. Puis, il avait répondu aux réclamations du destinataire, par un refus injurieux. Vers le même temps, un corsaire tunisien ramenant une prise de grande valeur avait été également arrêté, à son passage à Tripoli, par le bey qui avait confisqué tout le chargement (1704). L'irritation causée par cette spoliation, contraire au code des pirates entre eux, avait été grande à Tunis ; le dey d'Alger, en ayant eu connaissance, proposa à Ibrahim de s'allier à lui pour en tirer vengeance. Consulté sur cette offre, le diwan de Tunis vota la guerre, et les nouveaux alliés se préparèrent à entreprendre la campagne au printemps suivant.

Mais, bientôt, on raconta à Alger que le bey de Tripoli s'était rapproché secrètement de celui de Tunis et on en conclut qu'ils voulaient faire tomber les Algériens dans un piège. Moustafa-Dey exploita habilement ces préventions plus ou moins justifiées ; il fit en outre ressortir qu'Ibrahim s'était engagé, lors de leur accord, à fournir des grains manquant en Algérie ; mais qu'il en avait envoyé pour la forme, préférant les vendre « aux infidèles ». Par

---

1. Hadj-Hammouda (loc. cit., p. 48 et suiv.). — Féraud, Les Harars (loc. cit.), p. 210. — Rousseau, Annales Tunisiennes, p. 83 et suiv. — Marcel, Tunis (loc. cit., p. 187).

ces moyens, il obtint la déclaration de guerre contre Tunis, but qu'il poursuivait depuis longtemps, dans l'espoir de retirer de la campagne des profits aussi considérables que précédemment.

Sans se laisser intimider, Ibrahim supposa qu'il aurait le temps d'en finir avec le bey de Tripoli avant l'arrivée des Algériens, ce qui semble prouver qu'il n'y avait eu entre eux aucun arrangement. Le 25 octobre 1704, il se mit en route à la tête de ses forces, rencontra Khalil-Bey le 10 décembre, le mit en déroute et le contraignit à chercher un refuge derrière les murailles de Tripoli. Bientôt Ibrahim vint mettre le siège devant cette ville et les citadins, se servant de l'intermédiaire de l'ag'a des spahis, Hosseïn-ben-Ali, demandèrent la paix, offrant de payer contribution, ce qu'Ismaïl refusa avec hauteur et dans des termes blessants pour l'intermédiaire. L'irritation qui en résulta, de part et d'autre, fut grande et l'on reprit la lutte avec acharnement. Mais, malgré leur courage, les assiégés ne pouvaient empêcher les progrès de leurs ennemis ; la peste se déclara alors avec violence, dans l'armée tunisienne, et changea la confiance en démoralisation, si bien que force fut au bey de lever le siège et de commencer la retraite dans des conditions désastreuses (11 janvier 1705).

Rentré à Tunis en février, Ibrahim trouva sa capitale en proie aux ravages du fléau ; il mourait, dit-on, sept cents personnes par jour et cette épidémie dépeupla la ville. Mais le bey devait s'occuper d'autres soins en prévision de l'attaque des Algériens, dont l'armée était en route. Dans ce but, il renforça le poste de Kef, y mit de nombreux approvisionnements de toute nature et y plaça une garnison de 700 hommes, sous le commandement de son frère Mohammed (avril)[1].

Moustafa-Dey envahit la Tunisie, bat et fait prisonnier Ibrahim-Bey et vient mettre le siège devant Tunis ; il est repoussé par Hosseïn-ben-Ali le nouveau bey. — Le dey Moustafa s'avançait effectivement avec un effectif nombreux de troupes régulières, soutenu par les contingents de la province de Constantine parmi lesquels les Henanecha étaient au premier rang, pleins du désir de se venger du bey de Tunis. Celui-ci marcha contre l'ennemi et, parvenu à la frontière, prit position avec ses troupes régulières appuyées par une nombreuse cavalerie arabe. Mais, lorsque l'ennemi fut en présence, les Oulad-Saïd, les Dréïd, et, en un mot, presque tous ses goums, passèrent du côté des Algériens, entraî-

---

1. Rousseau, *Annales Tunisiennes*, p. 86 et suiv. — Féraud, *Annales Tripolitaines* (loc. cit.), p. 218. — De Grammont, *Hist. d'Alger*, p. 271.

nant une partie des troupes régulières avec Mohammed-ben-Moustafa, secrétaire particulier du bey. Le 7 juillet, Hadj-Moustafa-Dey dressa son camp sur les bords de l'Ouad-et-Tine près du Kef, et envoya des parlementaires à Ibrahim pour lui faire connaître à quelles conditions il lui accorderait la paix.

Mais le bey de Tunis était incapable d'une faiblesse ; jugeant les conditions exigées humiliantes pour son honneur, il se décida résolument à la lutte, disposa son ordre de bataille et donna le signal du combat. D'un mamelon, d'où il en suivait les péripéties de l'engagement, il envoya à Hosseïn-ben-Ali, ag'a des spahis, l'ordre de se rapprocher de lui ; mais cet officier, qui, paraît-il, conservait du ressentiment à l'égard de son maître depuis l'affaire de Tripoli, refusa d'obéir ; il fallut appeler d'autres troupes et les Algériens, profitant avec habileté de la confusion qui en résulta, ou croyant que l'ennemi se mettait en retraite, chargèrent avec furie, enfoncèrent les Tunisiens et entourèrent Ibrahim ; malgré son courage et après avoir eu trois chevaux tués sous lui, le bey fut fait prisonnier (11 juillet). Le lendemain, le Kef tombait aux mains des Algériens qui s'emparaient du frère du bey et de tous les approvisionnements entassés dans ce poste (11 juillet).

Cependant Hosseïn-ben-Ali avait rallié les fuyards et, après avoir été proclamé bey par les troupes, gagnait Tunis où il se faisait reconnaître par la population et le diwan ; il se prépara aussitôt à la résistance contre les Algériens, fit réparer les fortifications et les garnit d'artillerie. En même temps, il opérait le recensement de tous les habitants valides et leur interdisait de sortir. Cependant, El-Hadj-Moustafa, qui était resté au Kef, envoya à Tunis des députés pour proposer la paix à des conditions honorables (10 août). Le bey réunit alors le diwan et, après délibération, on répondit au dey d'Alger qu'il ne devait pas s'avancer davantage et qu'il ne lui restait qu'à retourner chez lui, puisque son but, le renversement d'Ibrahim, était atteint : « Nous nous sommes donnés, de notre plein gré, à de nouveaux chefs, et nous venons de renouveler devant eux, au sein de cette assemblée, le serment de leur obéir. » Ainsi se terminait la communication.

Après un échange de propositions, tout espoir d'arrangement ayant disparu, Moustafa-Dey fit avancer son armée qui était nombreuse et que renforçaient les goums des tribus arabes dont le chiffre est porté à 40,000 cavaliers par les auteurs. Ils ravagèrent tout sur leur passage, et, le 28 août, prirent position à Ben-Mendjous, en face de Tunis. Aussitôt, les hostilités commencèrent et ce ne fut pas sans étonnement que le dey, qui se croyait sûr du succès, vit toutes ses tentatives repoussées ; il dirigea avec plus de soin les opérations du siège, y employa ses meilleures troupes, mais n'obtint d'autre résultat que d'éprouver des pertes plus sensibles. Les Yoldachs murmuraient hautement et le dey, jugeant la situation compromise, essaya de reprendre les pourparlers en réduisant considérablement ses exigences ; or, Hosseïn-Bey se sentait maître de la situation et les Tunisiens étaient très irrités en raison des pillages et des excès commis par les Algériens, du Kef à Tunis. Il repoussa dédaigneusement les offres d'arrangement, ce qui porta à son comble la fureur du dey. Il avait juré de ne plus laisser pierre sur pierre à Tunis, lorsqu'on lui apprit que les goums de plusieurs tribus tunisiennes, n'ayant plus rien à piller, et voyant la fortune sur le point d'abandonner Moustafa, avaient décampé subrepticement.

L'entreprise était décidément manquée ; le dey voulut au moins essayer d'en sortir intact, et le soir du 9 octobre, par une nuit noire, il leva le camp sans bruit, abandonnant la plus grande partie de son butin et n'emportant que ses bagages et les objets les plus précieux. Le lendemain on s'aperçut que l'immense rassemblement, après s'être fondu peu à peu, avait entièrement disparu ; mais Hosseïn-Bey lança sa cavalerie aux trousses des soldats d'Alger, et les Tunisiens s'emparèrent, d'abord, d'un convoi de vivres et de munitions envoyé par le gouverneur de Bône. Les Arabes accoururent alors de toutes parts, et ne furent pas les moins acharnés à la poursuite de ceux qu'ils accompagnaient, peu de mois auparavant, comme auxiliaires.

Révolte contre Moustafa-Dey. Sa mort a Collo. Il est remplacé par Hasseïn-Khoudja. Hosseïn-bey reste seul maître de Tunis et fonde une dynastie héréditaire. — La retraite des Algériens se changea bientôt en une lamentable déroute ; cependant, un retour offensif, dans lequel les poursuivants furent surpris en désordre, ce qui permit d'en faire un grand carnage, sauva les débris de l'armée. Enfin Moustafa atteignit Alger, mais la nouvelle de son échec l'y avait précédé en produisant une révolution, à la suite de laquelle sa déchéance avait été proclamée ; on l'avait remplacé par un certain Hasseïn-Khoudja. Force lui fut de revenir sur ses pas ; il parvint, au prix de mille dangers, à atteindre Collo ; mais il se vit arrêté par les janissaires composant la garnison de ce poste et fut mis à mort après avoir subi mille outrages. Pendant ce temps, sa femme et sa fille, à Alger, étaient soumises à la torture par Hasseïn-Koudja, afin d'obtenir d'elles l'indication de l'endroit où l'ancien dey avait caché son argent. Ce moyen barbare lui procura des fonds pour apaiser les soldats rebelles ;

puis il mit en liberté Ibrahim, ancien bey de Tunis, en lui faisant souscrire l'engagement de payer une forte rançon, et comme garantie, il retint sa famille à Alger.

Mais, à Tunis, le pouvoir se trouvait enfin entre les mains d'un homme énergique et capable qui sut éteindre tous les germes de sédition. Il avait d'abord fait conférer le titre de dey à un certain Mohammed-Khodja, dont il croyait être sûr ; il se trompait, car celui-ci, ayant goûté l'ivresse du pouvoir, prétendit rétablir toutes les prérogatives des deys et trouva pour l'appuyer un parti nombreux parmi les Yoldachs. Se rendant un compte exact du danger, Hosseïn-Bey sortit de Tunis et rallia autour de lui ses partisans ; puis il fit prononcer la déchéance du dey, et son remplacement par un certain Kara-Moustafa, et se disposa à marcher sur la capitale (décembre 1705).

Cependant, les Tunisiens, séparant encore une fois leur cause de celle des Yoldachs, restaient fidèles au bey ; ce que voyant, Mohammed-Koudja appela auprès de lui, comme bey, Ibrahim, qui venait d'être mis en liberté à Alger. Mais bientôt, Hosseïn-Bey paraissait devant Tunis et la population se levait tout entière pour lui. Mohammed-Khodja, ayant été saisi, fut décapité (2 janvier 1706). Sur ces entrefaites, Ibrahim arriva par mer et, croyant encore le pays sous les ordres de celui qui l'avait appelé, descendit sans méfiance à Porto-Farina. Aussitôt, il était arrêté, mis à mort et enterré à R'ar-el-Melah.

Ainsi Hosseïn-Bey demeurait définitivement vainqueur. Or, ce n'était rien moins qu'une révolution qui venait de s'accomplir en Tunisie et non une simple substitution de personnes, car le pouvoir des deys avait pris fin de même que celui des pachas et Hosseïn devait être le fondateur de la dynastie héréditaire qui a gouverné le pays jusqu'à nos jours. Deux ans plus tard, la Porte ratifiait cette usurpation qu'elle n'avait pu empêcher en reconnaissant Hosseïn comme vice-roi de l'Ifrikya. Certes, les yoldachs allaient perdre à ce changement ; mais la Tunisie devait s'en trouver beaucoup mieux. Un captif français, du nom de Reynaud, qui avait voué au bey un dévouement sans réserve, lui rendit les plus signalés services pour la direction des affaires, et les relations entre la France et la Tunisie s'en ressentirent avantageusement[1].

1. Rousseau, *Annales Tunisiennes*, p. 92 et suiv. — De Grammont, *Hist. d'Alger*, p. 272. — Hadj-Hammouda, passim. — Féraud, *Les Harars* (loc. cit., p. 211). — Vayssettes, *Hist. des beys de Constantine* (loc. cit., p. 274 et suiv.). — De Grammont, *Correspondance des consuls d'Alger* (Revue afric., nos 184, 185, 186, passim). — Marcel, *Tunis* (loc. cit., p. 187).

CHAPITRE XX

PERTE D'ORAN PAR LES ESPAGNOLS. — PUISSANCE DU MAROC

1705-1727

Rapports amicaux entre le Maroc et la France. Ismaïl partage les grands commandements entre ses fils. Révoltes de plusieurs d'entre eux. — Mohammed-Bou-Chlar'em, bey de Mascara, assiège Oran durant plusieurs années. Mohammed-Baktache, dey d'Alger, y envoie une armée. — Grand siège d'Oran. Ozen-Hassan s'empare successivement des forts dominant la ville. — Prise d'Oran et de Mers-el-Kebir par les Musulmans. — Bou-Chlar'em, bey d'Oran. Révolte à Alger. Baktache et Ozen-Hassan sont massacrés. Ali-Chaouch, dey d'Alger. La Porte renonce à y envoyer un pacha. — Grands tremblements de terre d'Alger. — Tranquillité de la Tunisie sous le règne de Hassein-Bey. Il fixe les règles de l'hérédité de son beylik et conclut des traités de paix avec les nations chrétiennes. — Keliane-Houssein, dit Bou-Kemia, bey de Constantine, pendant 23 ans. Ses luttes contre les familles féodales. — Suite du règne de Moulaï-Ismaïl au Maroc. Les Espagnols font lever le siège de Ceuta. — Mort de Moulaï-Ismaïl; son œuvre; son caractère.

RAPPORTS AMICAUX ENTRE LE MAROC ET LA FRANCE. ISMAÏL PARTAGE LES GRANDS COMMANDEMENTS ENTRE SES FILS. RÉVOLTES DE PLUSIEURS D'ENTRE EUX. — Nous avons laissé de côté les événements propres au Maroc, pour suivre ceux dont l'Algérie et la Tunisie étaient le théâtre. Il faut donc revenir de quelques années en arrière pour en reprendre la suite.

On n'a pas oublié les tentatives de rapprochement, entre le Maroc et la France, faites dans diverses circonstances et encouragées par Moulaï-Ismaïl. En 1699, ce prince envoya comme ambassadeur, auprès du roi Louis XIV, le caïd de Salé, Abd-Allah-ben-Aïssa, qui obtint un grand succès en France et à la cour, et conclut, dans la même année, un traité d'alliance et d'amitié. De retour au Mag'reb, il éblouit tellement son maître par le récit des fêtes auxquelles il avait assisté et le portrait des grâces des dames de la cour et surtout de la princesse de Conti, à ce moment veuve du prince, que Moulaï-Ismaïl la fit demander en mariage au roi, par le même ambassadeur, promettant de lui laisser pratiquer sa religion et de l'entourer des égards et du luxe auxquels elle était habitude. On sait que Louis XIV éluda poliment cette demande et que plusieurs écrivains du temps la tournèrent en ridicule ; si nous avons tenu à signaler ce fait, c'est afin de prouver une fois de plus combien l'influence de notre nation a été répandue en Berbérie ; par un rapprochement qui se présente naturellement à l'esprit, il faut reconnaître, qu'en l'état actuel, au Maroc, le souverain ne pourrait guère se permettre de telles fantaisies et n'en aurait même pas l'idée.

Mais, si une princesse française dédaigna de s'asseoir sur le trône du Maroc, notre commerce profita largement des relations amicales des deux cours et des avantages du traité. Rouen fournissait, alors, pour plus de 200,000 livres de toiles au Maroc et ses négociants avaient des comptoirs à Tétouane, à Salé, à Santa-Cruz et pénétraient jusque dans le Sous. Ainsi, malgré les efforts des Anglais, notre situation y était prépondérante ; malheureusement cela ne devait pas être de longue durée. L'occupation de Gibraltar par les Anglais, en 1704, leur fournit l'occasion de regagner le terrain perdu et la versatilité du sultan leur en facilita les moyens.

En 1703, le roi de Portugal sollicita le concours du Maroc contre l'Espagne ; mais, les conditions faites par le souverain musulman furent si dures qu'il se décida à y renoncer.

Vers l'année 1700, Moulaï-Ismaïl donna à ses fils les principaux commandements de son empire.

Ahmed-ed-Dehbi, héritier présomptif, reçut la province de Tedla, avec obligation de résider dans la ville de ce nom. Un corps de 3,000 Abid lui fut adjoint.

Mohammed-el-Aalem eut en partage le Sous, avec résidence à Redana. Il reçut également un corps de 3,000 Abid au moyen desquels il devait maintenir la paix dans sa province.

El-Mamoun, qui était l'aîné, eut pour lui le gouvernement de Sidjilmassa et dut résider à Teznine, où il se fit construire une Kasba. Il avait, comme force, 500 cavaliers nègres choisis.

Zidane reçut le commandement des régions de l'Est avec mission d'inquiéter les Turcs ainsi que nous l'avons dit. Il fut remplacé, plus tard, par son frère Hafid, dans les conditions que nous relaterons.

Ces dispositions avaient pour but de donner au sultan plus de sécurité et de tranquillité ; mais son calcul devait être déjoué, car les fils d'Ismaïl étaient nombreux et, si les uns trouvaient que leurs frères étaient avantagés dans le partage, d'autres n'avaient même rien reçu et étaient encore plus mécontents.

Peu de temps après la fatale expédition de 1701 dans la province d'Oran, d'eux d'entre eux, Abd-el-Malek et Abou-Nacer, entrèrent en lutte dans le sud, pour se disputer la province de Deràa. Vaincu, Abd-el-Malek chercha un refuge dans l'asile de Moulaï-Edris, au mont Zerhoum (1702-1703). Le sultan envoya alors son autre fils, Cherif, dans le Deràa, avec mission d'en expulser Abou-Nacer. Puis, ce fut au tour de Mohammed-el-Aalem de lever l'étendard de la révolte. Il marcha même sur Maroc, y entra de vive force, le 9 mars 1703, livra la ville au pillage et fit mettre à mort un grand nombre de fonctionnaires et d'habitants, après quoi il rentra à Redana. Zidane, envoyé contre lui par leur père, pénétra sans opposition à Maroc, y commit des cruautés inutiles, puis marcha sur le Sous, mit le siège devant Taroudent et entreprit contre son frère une guerre en règle « qui dura trois années et coûta la vie à un grand nombre d'habitants ».

Le 4 juin 1706, Taroudent fut pris d'assaut par Zidane ; on passa au fil de l'épée tous les défenseurs. Quant à Mohammed-el-Aalem, il fut expédié, chargé de chaînes, à son frère. Parvenus à Beht, les gardes qui le conduisaient reçurent du sultan l'ordre de lui couper une main, d'un côté, et un pied, de l'autre. Le malheureux prince ne succomba que quinze jours plus tard à ce traitement. Dans le mois d'octobre de l'année suivante (1707), Zidane était assassiné à Taroudent ; son corps, rapporté à Meknès, fut placé à côté de celui de son frère dans le même tombeau.

Moulaï-Ismaïl ne quittait guère Meknès, où il vivait de l'existence d'un despote, au milieu des intrigues de toute nature parmi lesquelles celles de ses nombreuses femmes n'étaient pas sans action sur les révoltes de ses fils. Il est probable qu'il fit encore une excursion dans la province d'Oran, entre les années 1703 et 1707. Peut-être cette campagne fut-elle dirigée par son fils Zidane auquel il avait retiré le commandement des provinces de l'Est, sous le prétexte de désobéissance aux ordres du Khakan. Toujours est-il que les troupes cherifiennes vinrent, probablement dans cette période, attaquer ou surprendre Maskara ; mais le bey de cette ville, Moustafa-bou-Chlar'em, soutenu par les tribus arabes, infligea aux Marocains une cruelle défaite au lieu dit Zenboudj-el-Aouçot, près de la petite forêt qui a conservé, pour cela, le nom de Moulaï-Ismaïl. Le fait, en lui-même, est certain, la date seule indécise, et, s'il n'a pas eu lieu dans la période que nous donnons comme la plus probable, il faut le rattacher aux expéditions de 1701, ou même de 1693[1].

---

1. Castonnet des Fosses, *Histoire des cherifs Filelis* (loc. cit., p. 419 et suiv.). — *Et-Tordjeman*, p. 26 et suiv. du texte arabe, 47 et suiv. de

Mohammed-Bou-Chlar'em, bey de Mascara, assiège Oran durant plusieurs années. Mohammed-Baktache, dey d'Alger, y envoie une armée. — A Oran, la situation, un instant améliorée par suite du traité conclu avec le dey d'Alger, n'avait pas tardé à redevenir ce qu'elle était auparavant et cela par la faute des uns et des autres. Les Espagnols, en effet, ne pouvaient renoncer, d'une manière brusque, à l'habitude de la r'azia avec son imprévu et ses profits, pas plus que les Arabes ne pouvaient renoncer aux rapines. Du reste, Maskara était occupé par un bey actif, ambitieux qui ne manqua pas de saisir au bond les premières *erreurs* des chrétiens pour recommencer les hostilités et enserrer Oran dans les lignes d'un blocus chaque jour plus étroit. Le prétexte de la rupture fut causé par un fait où tous les torts étaient du côté des Espagnols : sorti sous le prétexte de percevoir l'impôt en retard, dû par les *Mores de paix*, le gouverneur ramena 250 indigènes libres qu'il avait fait prisonniers au mépris du droit des gens.

En 1704, le bey Moustafa-bou-Chlar'em, après avoir fait, dans le cours de l'année précédente, plusieurs incursions hardies, sortit de Maskara, à la tête de toutes ses forces, et vint mettre le siège devant Oran. Quelques renforts reçus par le gouverneur de cette ville permirent d'abord à celui-ci de résister non sans succès ; mais, en 1705, le blocus se perfectionna et devint complet en 1706.

Sur ces entrefaites, Hasseïn-Khoudja, dey d'Alger, fut déposé dans cette ville, à la suite d'une révolte des Yoldachs, dont il ne pouvait payer la solde. Cette gêne du beylik d'Alger ne peut s'expliquer que par une diminution importante des produits de la course, malgré les énormes redevances que payaient les nations chrétiennes pour que les navires fussent respectés ; de plus la province de l'Est, troublée par les révoltes qu'elle avait traversées et les guerres dont elle avait été le théâtre, ne fournissait pas régulièrement les énormes redevances d'autrefois. La déposition de Hasseïn avait été obtenue sans résistance par quatre Yoldachs, dont l'un, Mohammed-Baktache, qui avait déjà rempli des fonctions administratives, s'adjugea le pouvoir (4 mars 1707). Son premier soin fut d'expédier l'ancien dey, vers l'est, avec ses parents et son trésorier (Khaznadar). Le nouveau dey avait été, quelques années auparavant, victime d'un caprice de son prédéces-

---

la trad. — Walsin Estherhazy, *Domination Turque*, p. 171 et suiv. — Gorguos, *Notice sur le bey d'Oran* (Revue afric., t. II, p. 33 et suiv.). — Léon Fey, *Hist. d'Oran*, p. 115 et suiv. — Abbé Bargès, *Compliment de l'histoire des Beni-Zeiyan*, p. 494 et suiv. — Abbé Godard, *Maroc*, p. 525 et suiv.

neur qui l'avait exilé à Tripoli, et il en était revenu avec ses compagnons dans l'intention de se venger. Le bateau qui portait les exilés, assailli par la tempête sur les côtes de la Kabilie, dut aborder et descendre ses passagers. Les indigènes de cette région recueillirent les naufragés et les conduisirent à Koukou, où Hassein mourut de maladie une quinzaine de jours plus tard.

Mohammed-Baktache connaissait assez les Yoldachs pour savoir combien il était nécessaire, dans l'intérêt de sa sécurité, de les occuper et de les éloigner. Le siège d'Oran et l'appel pressant de Bou-Chlar'em lui en fournirent l'occasion. Il réunit les forces disponibles, 50 tentes, et les expédia vers l'ouest, sous le commandement de son beau-frère (ou gendre) Ozen-Hassan, qu'il avait nommé Khalifa. Cette colonne rallia en route un grand nombre d'auxiliaires indigènes et parvint à Oran le 15 juin 1707. Une seconde division, avec tout le matériel de siège, ne tarda pas à la rejoindre sous les murs de la ville [1].

GRAND SIÈGE D'ORAN. OZEN-HASSAN S'EMPARE SUCCESSIVEMENT DES FORTS DOMINANT LA VILLE. — Dans le cours de l'été de l'année 1707, le siège d'Oran passa sous la direction d'Ozen-Hassan qui profita des grands avantages obtenus depuis plusieurs années par le bey de Maskara. Les Espagnols étaient demeurés longtemps sous le commandement de don P. Espinosa de los Monteros, gouverneur intérimaire ; puis, don Carlos Carrafa, nouveau capitaine-général, vint prendre la direction de la défense. Les assiégés se trouvaient absolument bloqués derrière leurs murailles, n'ayant aucun secours à attendre des indigènes, car leurs fidèles Beni-Amer s'étaient soumis à Bou-Chlar'em après une année de luttes. En vain, le gouverneur réclamait du renfort d'Espagne : la guerre de succession retenait en Europe toutes les forces et le gouvernement semblait résigné à la perte d'Oran. Carrafa fut même rappelé, au dernier moment, et remplacé par D. Melchior de Avellaneda, pendant les derniers mois du siège.

Les assiégeants, qui avaient, paraît-il, le concours d'ingénieurs chrétiens, renégats ou volontaires, concentrèrent d'abord leurs

1. De Voulx, *Enlèvement d'un pacha* (Revue afric., n° 78, p. 459 et suiv.). — Berbrugger, *Epoques militaires de la Grande Kabylie*, p. 117 et suiv. — Général de Sandoval, *Inscriptions d'Oran* (loc. cit., p. 65 et suiv.). — L. Fey, *Hist. d'Oran*, p. 115 et suiv. — Gorguos, *Commentaire d'El-Halfaoui* (loc. cit., p. 33 et suiv.). — De Grammont, *Hist. d'Alger*, p. 272 et suiv. — Le même, *Correspondance des consuls d'Alger* (loc. cit., p. 458 et suiv.).

attaques contre le fort des Fontaines, appelé aussi San-Fernando (Saint-Ferdinand), situé en avant et au sud du fort Saint-Philippe. Ils y rencontrèrent une résistance énergique et livrèrent de nombreux assauts, toujours repoussés. Cependant, le 8 septembre, à la suite de l'explosion d'une mine, ils y pénétrèrent de vive force; 550 officiers et soldats y furent faits prisonniers.

Après ce premier succès, les musulmans hissèrent leur artillerie sur le plateau du Santon et commencèrent le siège du fort de Santa-Cruz (23 septembre). Ils ne tardèrent pas à y pratiquer une brèche produite sans doute ou complétée par l'explosion d'une mine et, le 25, un assaut vigoureux les en rendit maîtres. Cent six hommes faits prisonniers, des canons et des munitions furent les trophées de cette victoire.

Le dernier succès, si rapide, des assiégeants, plongea la ville dans la stupeur, d'autant plus que l'on ne manqua pas de l'attribuer à une trahison. Après avoir fait occuper fortement ce point, de même que le précédent, Ozen-Hassan se tourna contre le fort Saint-Grégoire, appelé par les indigènes Bordj-ben-Zahoua ; mais il s'y heurta à une résistance opiniâtre, à laquelle il était loin de s'attendre, et perdit beaucoup de monde. Le frère Rupert, âgé de 62 ans, commandait les assiégés et dirigeait la défense. Deux mines, établies à grand'peine, n'avaient pour ainsi dire produit aucun effet, et le découragement commençait à se répandre parmi les assiégeants, lorsque le 11 novembre, une dernière mine ouvrit une brèche par laquelle les Yoldachs se précipitèrent, avant même que la fumée fut dissipée. Le fort Saint-Grégoire était pris et ses héroïques défenseurs, encore vivants, plus malheureux que leurs frères tombés en combattant, périssaient, presque tous, sous le fer des vainqueurs, qui prenaient plaisir à les torturer. A peine quelques-uns d'entre eux échappèrent à cette boucherie.

Trois jours après, le fort La Moune était enlevé du premier assaut, et sa garnison, qui paraît avoir déployé moins de courage que celle du fort Saint-Grégoire, n'éprouvait pas un traitement plus humain. Cette fois, tous les forts environnants étaient au pouvoir des assiégeants et l'étendard de l'Islam flottait au sommet de chaque mamelon.

La situation d'Oran se trouvait compromise ; néanmoins un gouverneur énergique pouvait et devait résister encore, d'autant plus que l'esprit de la population paraît être resté ferme et résolu. Ce ne fut pas le cas de Avellaneda. Abandonnant le poste qu'on avait confié à son honneur, après un mois de résistance, il s'embarqua « avec tous ceux qu'il put emmener », se réfugia par mer à Mers-el-Kebir, et de là, gagna l'Espagne (commencement de janvier 1708).

PRISE D'ORAN ET DE MERS-EL-KEBIR PAR LES MUSULMANS. — Cependant, la ville proprement dite, la Kasba et le château-neuf tenaient encore. Hassan fit donner un assaut contre la muraille du front nord ; mais ses hommes pris en écharpe par le feu des assiégés, éprouvèrent des pertes considérables. Il fallait, à tout prix, éviter un échec dont l'effet eût été déplorable sur l'armée musulmane. Se jetant donc au plus fort de la mêlée, sous le feu croisé de l'artillerie espagnole, l'intrépide Khalifa ramena ses yoldachs au combat et, par son exemple, entraîna un mouvement irrésistible à la suite duquel les assaillants se rendirent maîtres de la ville. Les artilleurs furent tués sur leurs pièces et les vainqueurs se répandirent dans la ville, massacrant tout ce qu'ils trouvèrent, violant les femmes, pillant les maisons, profanant les églises, en un mot se livrant à tous les excès habituels dans une place prise d'assaut (20 janvier 1708).

Le lendemain, la garnison de Bordj-el-Ahmar (château-neuf), après avoir épuisé toutes ses munitions, se rendit à discrétion. Il y restait 540 hommes qui furent réduits en esclavage. Les derniers débris des Espagnols s'étaient réfugiés à Mers-el-Kebir et cette place se trouvait défendue par un vaillant soldat don B. de Villalba, rappelant le glorieux type des anciens officiers de la guerre africaine. La place était forte et des ordres avaient été donnés en Espagne pour l'envoi de renforts importants, car la chute d'Oran y avait produit la plus douloureuse émotion. Des milices, des volontaires de Murcie s'étaient embarqués à Karthagène, sur un navire français, le Saint-Louis ; mais le feu des batteries musulmanes de la côte l'empêcha de s'approcher du fort de Mers-el-Kebir. Deux autres navires qui devaient aussi porter des secours en vivres, munitions et espèces à Oran, avaient été retenus par le grand-amiral Santa-Cruz, qui préféra passer dans le parti de l'archiduc en lui apportant les ressources destinées aux assiégés.

Ainsi, le fort de Mers-el-Kebir demeura exposé à toutes les attaques des musulmans qui l'investirent par terre et par mer ; mais il leur fallut plus de trois mois pour s'en rendre maîtres. Enfin, le 6 avril, la muraille étant ouverte par la sape et la mine, la garnison manquant de vivres et de munitions, le gouverneur se décida à capituler après avoir obtenu la promesse de la liberté pour tous. Mais, aussitôt, les assiégeants se précipitèrent dans la place et massacrèrent une partie de ces vaillants défenseurs ; le reste fut réduit en esclavage. Le gouverneur, qui se trouvait dans ce dernier cas, succomba, peu de temps après, à son chagrin et à ses souffrances [1].

---

1. Gorguos, *El-Halfaoui* (loc. cit.). — L. Fey, *Hist. d'Oran*, p. 126

Bou Chlar'em, bey d'Oran. Révolte a Alger. Baktache et Ozen-Hassan sont massacrés. Ali-Chaouch dey d'Alger. La Porte renonce a y envoyer un pacha. — Ainsi la dernière place restée aux Espagnols, en Algérie, leur était arrachée. Le bey Bou-Chlar'em, qui avait tant contribué au succès, non seulement en le préparant dans le cours des années précédentes, mais encore en combattant avec courage au premier rang, prit, comme bey de l'Ouest, le commandement de la ville d'Oran et y transporta le siège de son beylik. Il s'établit dans la Kasba et s'occupa, avec son activité habituelle, de l'organisation de son gouvernement. La ville d'Oran, encombrée de ruines, reprit, dans certains quartiers, l'aspect d'une cité musulmane; aucun édifice ne fut relevé; quant au magnifique port de Mers-el-Kebir, il servit, de nouveau, de repaire aux pirates, qui sillonnèrent cette région où dominait naguère le drapeau espagnol et dont les vaisseaux chrétiens durent s'éloigner avec la plus grande crainte.

Hassan rentra triomphalement à Alger, traînant à sa suite plus de 2,000 captifs chrétiens, parmi lesquels 200 officiers ou personnages de marque. Quelques Français et plusieurs chevaliers de Malte, qui étaient allés prendre part à la défense d'Oran, étaient également prisonniers. Le butin de cette campagne était considérable. Les Algériens célébrèrent leur victoire par de grandes fêtes, auxquelles le consul anglais crut devoir s'associer; puis, le dey expédia à Constantinople les clefs d'Oran avec divers autres trophées et profita de l'occasion pour demander que le titre de pacha fût donné à Ozen-Hassan. Mais il semble que la victoire des armes turques en Berbérie n'ait pas été appréciée comme elle le méritait par le Khakan, car la demande du dey fut péremptoirement repoussée.

Du reste, Mohammed-Baktache eut bientôt à faire face à d'autres difficultés. La province de l'Est était toujours en effervescence; les beys s'y succédaient sans pouvoir rétablir la régularité dans la marche de l'administration, ni percevoir les impôts; et il en résultait que le denouche ne venait plus remplir les caisses de l'Odjak. Les Yoldachs, n'étant pas payés, murmuraient; les reïs

---

et suiv. — Et-Tohfat-el-Mardia, trad. Rousseau, passim. — Général de Sandoval, *Inscriptions d'Oran* (loc. cit., p. 66, 67). —. Walsin Esterhazy, *Domination Turque*, p. 172. — De Grammont, *Hist. d'Alger*, p. 273 et suiv. — Pellissier, *Mémoires historiques et géographiques* (exploration scientifique). — Cheikh Bou-Ras (trad. Arnaud), Revue afric., n° 152, p. 121 et suiv., n° 154, p. 272 et suiv. — Rosseeuw Saint-Hilaire, *Hist. d'Espagne*, t. II, p. 533 et suiv.

soulevaient des difficultés de toute sorte. Seul, le bey d'Oran envoyait régulièrement le produit des impôts de sa province, tout en refusant de les apporter en personne, selon la règle.

Au commencement de l'année 1710, le bey de l'Est Hosseïn-Chaouch, qui était enfin parvenu à recouver une somme importante sur les impôts de l'année précédente, prit la fuite en emportant ces fonds, et, tandis qu'à Alger on les attendait pour la paie des Yoldachs, le bruit de cette soustraction se répandit dans la ville. Aussitôt, la révolte, qui couvait depuis longtemps, éclate (22 mars). Les janissaires se portent en foule vers le palais et massacrent le dey. Ozen-Hassan, le vainqueur d'Oran, qui essaye de s'opposer à leur mouvement, subit le même sort. Leur meurtrier, un soudard du nom de Dali-Brahim, se fait proclamer dey et, pendant cinq mois, Alger demeure en proie à l'anarchie. Le nouveau dey donne lui-même l'exemple du désordre et, bientôt, c'est contre lui qu'on conspire ; mais, trois fois de suite, les complots sont découverts et des flots de sang les expient.

Cette situation ne pouvait durer et l'excès même du mal amena sa fin. Dali-Brahim ayant voulu forcer la femme d'un janissaire à se donner à lui, celle-ci appela des esclaves qui firent feu sur le dey et le blesssèrent. Poursuivi dans la rue par la femme outragée, il parvint à se réfugier dans le palais de la Djenina et se barricada dans une chambre. Mais les Yoldachs s'étaient ameutés ; ne pouvant se rendre maîtres de lui, ils finirent par le tuer en lui lançant des grenades depuis les terrasses. Si le tyran était mort, ses suppôts remplissaient la ville. Mais le nouveau dey, Ali-Chaouch, était un homme énergique ; il rechercha tous ces malandrins, et quiconque d'entre eux fut pris eut la tête coupée. Grâce à ces mesures, Alger recouvra enfin sa tranquillité. Sur ces entrefaites, arriva d'Orient un pacha du nom de Charkan-Ibrahim. Il apparaissait, on doit en convenir, dans un moment fort inopportun. Depuis plusieurs années on était sans pacha et le besoin ne s'en faisait nullement sentir ; sa présence, au contraire, ne pouvait qu'être un prétexte à de nouveaux troubles. Aussi, le dey n'hésita-t-il pas à lui interdire l'entrée du port. Malgré ses instances, le malheureux pacha dut remettre à la voile, suivant mélancoliquement la côte de ce pays où on ne lui permettait pas de mettre pied. Il alla ainsi vers l'est jusqu'à Collo, où il se fit débarquer, à moins que la tempête ne l'y eût jeté ; peu après il y mourut de maladie et y fut enterré (1711).

Ce pacha devait être le dernier ; car, à partir de cette époque, la Porte, cédant aux instances du dey Ali-Chaouch, renonça à envoyer à Alger un représentant de si triste figure et auquel trop souvent on ne permettait même pas de débarquer. Ainsi le pays, tout en restant tributaire de la Turquie, cessait d'être administré sous sa surveillance, en droit comme en fait. L'Algérie, de même que la Tunisie, reprenait son autonomie ; l'autorité s'y trouvait concentrée entre les mains du dey, devenu tout-puissant, au détriment du diwan, qui avait été si longtemps l'organe des Yoldachs ; mais le mode d'élection des deys, l'incertitude de leur avenir enlevèrent à cette institution la force que l'hérédité donnait, à Tunis, aux beys de la famille de Hosseïn[1].

GRANDS TREMBLEMENTS DE TERRE D'ALGER. — Le dey d'Alger, Ali-Chaouch, donna d'abord ses soins au développement de la course, car il fallait, avant tout, éviter la gêne, cause des révoltes des dernières années. C'était l'application logique d'un principe qui peut se formuler ainsi : quand la course va, tout va. Aussi refusa-t-il les tentatives d'arrangement qui furent faites par différentes puissances jalouses d'obtenir, à prix d'argent, ce que la France avait imposé par ses armes. Les Yoldachs, sentant leur pouvoir diminuer, tentèrent, le 23 juin 1713, d'assassiner le dey ; mais celui-ci fut à peine blessé et les conjurés se retranchèrent dans une maison qu'il fallut faire sauter pour se rendre maître de leurs personnes. Ils furent tous étranglés.

Au commencement de l'année 1715, Alger eut à supporter un fléau dont elle avait déjà souffert en 1364. Le lundi 3 février, un violent tremblement de terre renversa de nombreux édifices et répandit la terreur parmi les habitants, qui allèrent, malgré une pluie diluvienne, s'établir dans les cimetières ou les jardins des environs. Aussitôt des bandes de voleurs se mirent à piller les maisons en ruines ou abandonnées, malgré la surveillance active du dey, qui poursuivait les voleurs, à la tête de ses chaouchs, et faisait décapiter, séance tenante, ceux que l'on saisissait. Durant vingt-quatre jours, des secousses, plus ou moins fortes, ébranlèrent la terre. Dans la nuit du 25 au 26 février, les violentes secousses recommencèrent et la population, qui était en partie rentrée, sortit de nouveau dans la campagne. Malgré nos recherches, nous n'avons pu savoir si cette série de tremblements de terre avait causé la mort d'un grand nombre de personnes.

1. De Grammont, *Hist. d'Alger*, p. 274 et suiv. — Le même, *Correspondance des consuls d'Alger*, loc. cit., p. 460 et suiv. — Fey, *Hist. d'Oran*, p. 139 et suiv. — Vayssettes, *Histoire des beys de Constantine* (loc. cit., p. 286 et suiv.). — Watbled, *Pachas et pachas-deys* (Revue afric., n° 102). — Berbrugger, *Epitaphe d'Ozoun-Hassen* (Revue afric., n° 50).

Une nouvelle tentative d'insurrection contre le dey fut sévèrement réprimée par lui ; enfin les secousses cessèrent peu à peu ; les Algériens rentrèrent dans la ville et se mirent courageusement au travail pour réparer ou relever leurs demeures. Bientôt Alger reprit sa physionomie habituelle et, avec cette faculté propre à l'esprit de l'homme, chacun s'efforça d'oublier les maux subis, en cherchant à couvrir ses pertes, principalement au moyen de l'industrie traditionnelle : la course. Les Anglais et les Hollandais en furent particulièrement victimes.

Dans le mois de janvier 1718, le dey, Ali-Chaouch, fut emporté par une fièvre maligne et remplacé par Mohammed-ben-Hassan, appelé aussi Mohammed-Efendi [1].

TRANQUILLITÉ DE LA TUNISIE SOUS LE RÈGNE DE HOSSEÏN-BEY. IL FIXE LES RÈGLES DE L'HÉRÉDITÉ DE SON BEYLIK ET CONCLUT DES TRAITÉS DE PAIX AVEC LES NATIONS CHRÉTIENNES. — Pendant qu'Alger était le théâtre de ces malheurs, la Tunisie retrouvait un peu de calme et de prospérité, sous l'autorité d'un bey qui avait trouvé le terrain déblayé par l'extinction des descendants de Mourad et qui conservait le pouvoir assez longtemps pour pratiquer une politique suivie et en assurer l'application. Ce qu'il faut avant tout, dans cet ordre de choses, c'est avoir du temps devant soi.

Dans les premiers temps de son règne, le dey, déjà d'un certain âge, et n'ayant pas d'enfant mâle, avait désigné comme héritier présomptif un de ses neveux, nommé Ali, qui avait reçu, par anticipation, le titre de bey. Mais, en 1709, une jeune fille génoise, âgée de 13 ans, amenée à Tunis par un corsaire, entra dans le harem de Hosseïn-Bey et lui donna successivement cinq enfants, parmi lesquels trois garçons : Mohammed, Ali et Mahmoud. Dès lors, le bey eut la certitude de ne pas manquer d'héritier, et il fixa les conditions de sa succession par ordre de primogéniture dans la descendance mâle ; ainsi le neveu Ali-Bey, précédemment désigné, se trouva écarté du trône, et Hosseïn essaya de calmer ses regrets en lui faisant conférer par la Porte le titre platonique de pacha.

Dans le cours de l'année 1710, les bonnes relations qui existaient entre le bey et la France furent troublées, et il faut reconnaître que, cette fois encore, les torts n'étaient pas du côté des musulmans. M. de l'Aigle vint dans le mois de décembre, avec

---

1. Abbé Bargès, *Récit d'un témoin du tremblement de terre* (*Complément*, etc., p. 554 et 555). — De Grammont, *Correspondance des consuls* (Revue afric., n°ˢ 186, 187). — Le même, *Hist. d'Alger*, p. 277 et suiv.

une escadre, régler ces différends et réussit à obtenir un nouveau traité que Louis XIV ratifia l'année suivante.

Puis ce fut la Hollande, qui obtint, en 1712, la conclusion d'un traité depuis longtemps en discussion; l'intervention d'un sieur Judas Cohen paraît en avoir hâté l'acceptation par le bey.

En 1716, un navire français qui transportait des pèlerins tunisiens en Orient, ayant naufragé sur les côtes de Sicile, tous les passagers furent réduits en esclavage et jetés dans les bagnes. Cette fois la colère du bey fut complète. A quoi servaient les traités avec les nations européennes, si des voyageurs naviguant sous un pavillon ami pouvaient être traités de cette façon? Il exigea du consul de France une réparation immédiate et la mise en liberté des captifs. Mais, sur le continent, les affaires n'allaient pas vite à cette époque de la Régence et, après avoir en vain attendu 18 mois, le bey signifia que sa patience était à bout et que, si dans deux mois il n'avait pas satisfaction, il romprait définitivement avec ses anciens amis. Inutile d'ajouter que la rupture eut lieu, au grand détriment des intérêts français engagés en Tunisie. La Hollande et l'Angleterre ne négligèrent rien pour en profiter.

On prit, enfin, le meilleur parti, en France, celui d'envoyer sur place un négociateur habile qui avait passé la plus grande partie de son existence en Berbérie, l'ancien consul Denis Dussault. Il aplanit toutes les difficultés et conclut, le 20 février 1720, un nouveau traité, qui devait être considéré comme non avenu si, dans un délai d'un an, les Tunisiens détenus en Sicile n'étaient pas restitués. Dussault, qui venait d'obtenir à Alger un succès aussi appréciable (23 décembre 1719), mourut le 21 mai 1721, et il n'est pas douteux que les fatigues de ce voyage, jointes à son grand âge, n'eussent contribué à hâter sa fin. Il légua un fonds de 50,000 livres, dont les revenus devaient être affectés au rachat des captifs. Pour honorer sa mémoire, le roi de France conféra la noblesse à sa famille; le souvenir de ses services resté dans le pays était une récompense moins vaine et plus durable.

Le bey Hosseïn était certainement un homme de paix; car, après une rupture avec l'Angleterre, il accéda à un rapprochement scellé par un nouveau traité; enfin, dans le mois de juin 1720, il accorda au P. Francisco Ximénès, religieux trinitaire établi depuis longtemps à Tunis pour la rédemption des captifs castillans et qui y avait fondé un hôpital, une charte en 12 articles consacrant les privilèges de cet établissement de bienfaisance et réglant, dans une certaine mesure, la condition des captifs espagnols. Ce fut la première concession faite à l'Espagne par le gouvernement tunisien depuis les grandes luttes du xvie siècle.

En mai 1724, le vicomte d'Andrezel, allant à Constantinople, comme ambassadeur de France, vint avec son escadre faire une visite à Tunis et y fut reçu par le bey lui-même avec les plus grands honneurs. Enfin en 1725, Hosseïn, cédant aux instances de la Porte, conclut avec l'envoyé de l'empire d'Autriche un traité de paix dont le bénéfice s'étendit aux Pays-Bas autrichiens et aux Deux Siciles (septembre 1725). La régence tunisienne s'appliquait ainsi, sous l'habile direction de son bey, à cesser d'être une république de soldats et de corsaires, pour s'élever au rang de petit état[1].

KELIANE-HOUSSEÏN, DIT BOU-KEMÏA, BEY DE CONSTANTINE PENDANT 23 ANS. SES LUTTES CONTRE LES FAMILLES FÉODALES. — Constantine, de même que Tunis et Oran, avait enfin trouvé un administrateur sérieux dans la personne du bey Keliane-Housseïn, surnommé Bou-Kemïa (l'homme au poignard), qui devait conserver le gouvernement de la province durant 23 années. Il offre une nouvelle preuve de ce fait, que l'impuissance du régime turc dépendait principalement de la courte durée du mandat confié à ses fonctionnaires. Ainsi, la crainte des usurpations avait conduit tout naturellement à l'anarchie et il avait fallu de longues années de désordres de toute sorte pour arriver à l'abandon du système qui n'avait eu pour but que de les empêcher.

Bou-Kemïa prit possession du beylik de Constantine en 1713 et, dès la première année de son commandement, il conduisit une armée dans le Ferdjioua, vaste et riche contrée, située entre Mila et Sétif, et qui, depuis plusieurs années, vivait dans l'indépendance la plus complète et ne payait plus d'impôts. Un certain Achour, originaire de l'Ouad-Zenati, contraint de fuir son pays, avait trouvé, vers le milieu du siècle précédent, un refuge auprès du cheikh des Ourcifen vieille famille berbère, maître de cette région ; après avoir été adopté par lui, il devint son successeur. Puis, aidé par un groupe de cavaliers déterminés, de toute origine, qu'on appela les Beni-Siline, il expulsa du Ferdjioua, les Ourcifen, et resta seul maître du pays où il vécut indépendant, comme un baron du moyen-âge. Ainsi se forma la famille féodale des Oulad-Achour, que nous allons voir entrer en scène.

Le cheikh du Ferdjioua se nommait, en 1714, El-Hadj-ben

---

1. A. Rousseau, *Annales Tunisiennes*, p. 99 et suiv. — Le même, *Texte des traités avec la France, la Hollande, l'Angleterre*, p. 432, 442, 489, 519. — *Correspondance des consuls d'Alger* (Revue afric., n° 187, p. 60 et suiv.). — Marcel, *Tunis* (loc. cit.), p. 188.

Achour. Il se retrancha dans sa montagne et le bey, qui se croyait sûr du succès, ayant eu l'imprudence de s'engager dans ses défilés, se vit tout à coup entouré d'une nuée d'ennemis. Sa défaite fut complète ; on dit qu'il laissa jusqu'à sa musique aux mains des rebelles, en outre d'un grand nombre de prisonniers que le cheikh El-Hadj renvoya, après leur avoir coupé les oreilles, en les chargeant de dire à leur maître que, s'il recommençait une semblable expédition contre lui, il abattrait, non les oreilles, mais les têtes.

Cette leçon, un peu sévère, profita au nouveau bey qui, dès lors, ne se départit plus des règles de la prudence. Il parcourut en maître son beylik et s'avança jusque dans l'extrême sud, où il fit rentrer les impôts dus depuis longtemps par les gens des oasis. En 1724, il attaqua à l'improviste la tribu des Henanecha, qui s'était révoltée, et lui enleva 8,000 têtes de bétail et une partie de ses bagages. Le cheikh Bou-Aziz, son chef, se disposait à se rendre, lorsque sa fille, Euldjïa, s'élançant sur un cheval, harangua en ces termes les femmes de la tribu : « Puisque les hommes n'ont pas le courage de marcher contre ces Turcs, qui viendront bientôt nous violer sous leurs yeux, allons, nous-mêmes, vendre chèrement notre vie et notre honneur et ne restons pas plus longtemps avec ces lâches ! » Puis découvrant sa gorge et la montrant aux hommes, elle leur cria : « Enfants de Nacer, qui voudra sucer ce lait n'a qu'à me suivre. »

Entraînés par les paroles de cette femme rappelant les héroïnes de la belle époque arabe, ou la berbère Kahena, les Henanecha se lancèrent de nouveau contre leurs ennemis, reprirent leurs troupeaux, et mirent en déroute les troupes turques. Tout l'Aourès, obéissant alors à la famille des Oulad-bel-Gassem, établie à Chemorra, était en révolte et ce ne fut qu'après une autre expédition, effectuée l'année suivante, que la paix fut conclue par le bey de Constantine, avec eux et les Henanecha.

On le voit, l'administration du bey de l'Est s'appuyait, en temps ordinaire, sur les chefs des familles féodales : Oulad-Mokrane, dans la Medjana, Oulad-bou-Aokkaz, chez les Arabes du sud, Oulad-Achour dans le Ferdjïoua, Harar et Oulad-bel-Gassem dans l'est et le sud-est ; mais elle avait aussi à compter avec eux [1].

---

1. Féraud, *Les Harars* (loc. cit., p. 213 et suiv.). (Voir le *Chant en l'honneur d'Euldjia*, donné par cet auteur, p. 214 et suiv.) — Peyssonnel, *Voyages dans les régions de Tunis et d'Alger* (édit. Bureau de la Malle, 1838). — Vayssettes, *Hist. de Constantine sous les beys* (loc. cit., p. 289 et suiv.). — Salah-el-Antri, *Précis*.

SUITE DU RÈGNE DE MOULAÏ-ISMAÏL AU MAROC. LES ESPAGNOLS FONT LEVER LE SIÈGE DE CEUTA. — Au Maroc, Moulaï-Ismaïl continuait à régner, mais, soit par l'effet de l'âge, soit par la modification résultant de l'exercice prolongé d'un pouvoir absolu, le caractère du sultan devenait, de jour en jour, plus sombre et plus violent. De Meknès, son séjour de prédilection, il lançait ses ordres et faisait trembler tout le Mag'reb. Fès, comme Maroc, semblent avoir été l'objet d'une haine un peu puérile de sa part et où se mêlait, peut-être, une sorte de jalousie, car il ne cessait de faire travailler à Meknès pour éclipser les deux anciennes capitales. Malgré tous ses efforts, la Badîâa de Maroc rayonnait toujours de la magnificence dont El-Mansour l'avait comblée. Cela était insupportable au despote et, dans le cours de l'année 1710, il ordonna de la détruire : « Toutes les constructions, dit l'auteur de la Nozha, « furent démolies de fond en comble, les matériaux bouleversés, « les objets d'art mutilés et dispersés de tous côtés. Le sol resta « ensuite à l'état de terrain vague qui n'aurait jamais été utilisé et « devint le lieu de rendez-vous des chiens et l'asile des chouettes. » Détail curieux, il n'est pas une cité du Mag'reb qui ne reçut quelque fragment de la Badîâa.

Les armées du sultan parcoururent en tout sens l'empire et s'avancèrent jusque dans l'extrême sud. Grâce aux mesures prises pour rompre les tribus indomptées, il fit régner la sécurité dans la partie moyenne et septentrionale du Mag'reb ; mais le Sous méridional et le Derâa furent encore le théâtre de bien des révoltes. Abou-Mansour, fils de Moulaï-Ismaïl, fut le promoteur d'un de ces mouvements, dans le Sous, en 1711. Un autre de ses fils, Abou-Nacer, y fut assassiné en 1713 ; peu après avait lieu le décès d'un troisième, Abou-Merouane, gouverneur des régions de l'Est. Ahmed-ed-Dehbi, héritier présomptif, voyait ainsi s'éclaircir les rangs de ceux qui auraient pu lui disputer le pouvoir.

Moulaï-Ismaïl paraît avoir professé une haine particulière contre les habitants de Fès, aussi ne négligea-t-il aucune occasion de les opprimer, de les exploiter et de les abaisser. En revanche, les nègres avaient toutes ses faveurs, expiées quelquefois par de cruels traitements. Il exigea même des légistes musulmans certaines fetoua reconnaissant comme parfaitement légales les dispositions qu'il prenait pour leur conférer des droits égaux, sinon supérieurs à ceux de leurs anciens maîtres. Quant aux chrétiens, ils avaient perdu tout crédit aux yeux du despote qui ne pensait plus à solliciter la main des princesses de France. La piraterie fleurit de plus belle, dans les ports du Mag'reb, et les captifs chrétiens remplirent les bagnes et furent employés aux embellissements de Meknès.

En 1721, le roi d'Espagne Philippe V, ayant mis à la disposition du marquis de Levès une petite armée et des vaisseaux, en le chargeant de débloquer Ceuta, cet officier débarqua sans encombre et fondit à l'improviste sur le camp des assiégeants. Les Espagnols s'en emparèrent sans peine, car les musulmans n'étaient plus habitués aux sorties des assiégés, le mirent au pillage, ainsi que le logement de leur général qu'on appelait le château, enlevèrent tous les approvisionnements et poursuivirent les indigènes jusque dans les gorges de la montagne, désignée par les Espagnols sous le nom de Sierra Bullones. Ils se rendirent encore maîtres du fort d'Afrag et revinrent à Ceuta avec 27 canons et 4 drapeaux. La ville était débloquée et le marquis de Levès rentra en Espagne en ne laissant que le chiffre habituel de soldats, comme garnison.

Après son départ les musulmans ne tardèrent pas à revenir en nombre et à reprendre le siège [1].

MORT DE MOULAÏ-ISMAÏL; SON ŒUVRE, SON CARACTÈRE. — Le samedi 22 mars 1727, Moulaï-Ismaïl mourut à Meknès, après une courte maladie. Il était âgé de 80 ans, et avait régné pendant 57 ans. On l'enterra dans le mausolée du cheikh El-Medjdoub. Son fils, Ahmed-ed-Dehbi, héritier présomptif, qu'il avait appelé auprès de lui, fut aussitôt proclamé sultan et reçut les députations des principales villes venant le féliciter.

Le long règne de Moulaï-Ismaïl a eu, pour le Maroc et pour la dynastie des cherifs Hassani, une importance capitale. L'énergie et la ténacité déployées par lui pour obliger les populations si diverses du Mag'reb à se soumettre à son joug; la création de postes fortifiés dans toutes les régions et sur toutes les routes, et enfin l'institution de la garde nègre, changèrent les conditions du pays et donnèrent au sultan la force nécessaire pour le contraindre à obéir. C'est grâce à cette organisation que le Mag'reb est resté jusqu'à nos jours, à peu près intact, soumis à la même dynastie.

La sécurité établie par Ismaïl fut complète, et ce n'est pas sans raison que l'auteur du Tordjeman dit : « Un juif, une femme seule, pouvaient aller d'Oudjda à l'Ouad-Noun, sans que personne osât leur demander d'où ils venaient ni où ils allaient..... Les malfai-

---

1. *Nozhet-El-Hadi*, p. 193 de la trad., 113 du texte arabe. — *Et-Tordjeman*, p. 26 et suiv. du texte arabe, 51 et suiv. de la trad. — Castonnet des Fosses, *Dynastie des cherifs Fileli* (loc. cit., p. 421, 422). — Elie de la Primaudaie, *Villes maritimes du Maroc* (Revue afric., n° 93, p. 212). — Calderon, *Manuel de l'officier au Maroc*, p. 293. — Abbé Godard, *Maroc*, p. 527 et suiv.

tours, les agitateurs, chassés du pays, ne trouvaient asile nulle part. Tout inconnu qui passait la nuit, soit dans un douar, soit dans un bourg, était arrêté s'il ne parvenait à justifier son honorabilité. Les habitants étaient responsables de tous les vols et autres crimes ou délits commis par un inconnu qu'ils avaient laissé en liberté. »

Ces services sont incontestables, et doivent faire placer Ismaïl parmi les hommes remarquables de l'histoire de la Berbérie. Quant à son caractère, il était naturellement violent, c'est-à-dire en conformité avec le milieu et le temps ; mais à mesure que le sultan avança en âge, sa dureté s'accentua et devint une véritable férocité. Son intelligence était secondée par une bonne instruction arabe, et, s'il faut en croire le cheikh Bou-Ras, il était d'une grande piété. Il favorisa, dit-on, le développement de la secte des Khouan de Sidi-Abd-el-Kader-el-Djilani. Son harem était toujours très nombreux et il laissa, à son décès, un nombre considérable d'enfants. Le populaire prétendit qu'il avait eu 528 garçons et 340 filles ; la plus grande partie de cette descendance alla s'établir à Sidjilmassa, où elle occupa tout un quartier.

Il laissait un trésor, quelque peu épuisé par ses dépenses fastueuses et ses travaux à Meknès ; 25,000 captifs chrétiens et 30,000 voleurs et brigands étaient détenus dans les bagnes.

La faiblesse de ses successeurs, venant compléter la réaction inévitable après un régime de compression aussi prolongé, allait démontrer une fois de plus l'inconvénient de l'autocratie, dont la force dépend presque toujours de celui qui exerce le pouvoir, éternelle difficulté du gouvernement des hommes : le régime démocratique amène trop souvent l'affaiblissement des nations, tandis que le régime autocratique qui peut les élever, lorsque le pouvoir est entre les mains d'un homme de génie, se heurte à la difficulté de la transmission de ce pouvoir[1].

---

1. *Et-Tordjeman*, loct. cit. — Cheikh Bou-Ras (trad. Arnaud), Revue afric., n° 148, p. 304. — Castonnet des Fosses, *Dynastie des chérifs Filélis* (loc. cit., p. 422). — Abbé Godard, *Maroc*, p. 535 et suiv.

CHAPITRE XXI

ANARCHIE EN TUNISIE ET AU MAROC. — REPRISE D'ORAN PAR LES ESPAGNOLS

1727-1735

Nouvelles contestations entre Tunis, Tripoli et la France. Nouveaux traités. Ali-Pacha se révolte contre Hosseïn-Bey; longues luttes entre eux. — Kourd-Abdi, dey d'Alger. Il maintient l'indépendance de son commandement. — Règne du sultan Ahmed-ed-Dehbi au Maroc. Il est renversé par son frère Abd-el-Malek. Ahmed-ed-Dehbi remonte sur le trône. Sa mort. Règne de Moulaï-Abd-Allah. — Philippe V, roi d'Espagne, prépare l'expédition d'Oran. — Débarquement des Espagnols. Ils s'emparent des hauteurs. Prise d'Oran et de Mers-el-Kebir par le duc de Montémar. Rétablissement de l'occupation espagnole. — Mort du dey d'Alger Kourd-Abdi. Le bey Bou-Chlar'em, soutenu par les Algériens, attaque infructueusement Oran. — Maroc. Tyrannie du sultan. Moulaï-Abd-Allah. Il est déposé. Moulaï-Ali le remplace.

Nouvelles contestations entre Tunis, Tripoli et la France. Nouveaux traités. Ali-Pacha se révolte contre Hosseïn-Bey; longues luttes entre eux. — Les bonnes relations du bey de Tunis avec les puissances chrétiennes, et notamment avec la France, faillirent encore être troublées, en 1727, à la suite de froissements, ayant toujours pour origine des erreurs plus ou moins volontaires de part et d'autre. Le gouvernement français fit même armer des galiotes à bombes, que le chef d'escadre de Grandpré conduisit devant Tunis ; mais le bey ne se souciait nullement d'entrer en lutte, et il préféra signer un nouveau traité contenant cette disposition que « tout corsaire qui serait surpris sur les côtes de France poursuivant quelques bâtiments, de quelque nation que ce fût, serait arrêté et confisqué au profit du roi. » De plus, il était stipulé à l'art. 1er, que le bey enverrait à Versailles des ambassadeurs pour implorer le pardon du roi, et, à l'article 3, que le commerce français serait indemnisé de pertes dont les chiffres sont indiqués. Enfin de nouveaux privilèges sont accordés pour les établissements du cap Negro et la pêche du corail (juillet 1728). Les satisfactions, on le voit, étaient complètes, et n'avaient pas coûté la vie d'un seul homme.

De là, l'escadre française fit voile pour Tripoli où des satisfactions de même nature devaient être exigées. Mais les moyens de douceur ne purent aboutir et l'amiral se décida à ouvrir le feu le 20 juillet. Le bombardement dura jusqu'au 30 et détruisit la moitié de la ville. Les Tripolitains se résignèrent alors à accepter toutes les conditions exigées et envoyèrent des ambassadeurs à Versailles pour implorer leur pardon.

De nouvelles difficultés ne tardèrent pas à surgir entre la Tunisie et la France pour l'exécution des clauses, fort dures, du traité de 1728, et il en résulta qu'une escadre, sous le commandement de Dugay-Trouin, vint en 1731, se présenter devant Tunis, où le bey se décida, non sans regret, à accéder à toutes les exigences des Français ; dès lors, les bonnes relations ne furent pas troublées, tant que Hosseïn vécut.

Nous avons vu, dans le chapitre précédent, que le neveu du bey, nommé Ali, désigné d'abord comme héritier présomptif, avait vu sa fortune éventuelle détruite par la naissance des enfants de Hosseïn ; on lui avait donné, comme consolation, le titre de pacha ; mais Ali n'avait pas renoncé à une haute fortune ; il attendit son heure, et au mois de février 1728, ayant quitté subrepticement Tunis, il gagna le Djebel-Ouslate, refuge de tous les prétendants. De là, il entra en relations avec les tribus de l'Ouest, et s'assura leur appui. Le cheikh Bou-Aziz-ben-Nacer, des Henanecha, devait se mettre à la tête du mouvement.

Après avoir, en vain, essayé de faire rentrer Ali-Pacha dans le devoir, Hosseïn-Bey se mit à la tête de ses troupes et alla bloquer la montagne d'Ouslate ; il avait déjà livré à son compétiteur quelques combats heureux, lorsqu'il reçut la nouvelle que, sur son flanc droit, Bou-Aziz-ben-Nacer, à la tête de nombreux contingents, avait franchi ses limites et s'était emparé de la ville du Kef. En même temps, Ali-Pacha abandonnait la montagne et allait rejoindre son allié, vers l'ouest. Force fut donc au bey d'évacuer le Djebel-Ouslate et de se porter sur le quartier général de ses ennemis. A son approche, les cavaliers indigènes perdirent de leur assurance. Des fractions, puis des tribus entières, vinrent humblement lui offrir leur soumission. Bou-Aziz et ses adhérents, se voyant seuls, prirent la fuite ; Ahmed-Sréir-ben-Soultan, chef de la branche des Menacer, des Henanecha, entra au Kef, après la fuite de son parent Bou-Aziz, ou peut-être l'en chassa, et mit cette ville au pillage. Bientôt tout le pays fut pacifié ; quelques exécutions des personnages les plus compromis complétèrent le succès du bey.

Sur ces entrefaites, Bou-Kemla, bey de Constantine, se trouvant auprès de la frontière tunisienne, il fut convenu qu'une entrevue aurait lieu entre lui et Hosseïn-Bey, pour régler diverses difficultés relatives aux régions limitrophes, et les deux beys se rencontrèrent, à cet effet, dans la plaine de Djaber. Il est probable que ce fut dans une entrevue que Hosseïn obtint, de Bou-Kemîa, l'investiture des Henanecha pour Ahmed-Sr'eïr, au détriment de Bou-Aziz. Après avoir ainsi tout fait rentrer dans l'ordre, Hosseïn licencia ses auxiliaires et renvoya les soldats à Tunis, en demandant de nouvelles troupes afin de combattre Ali-Pacha, qui était rentré dans le Djebel-Ouslate.

Ayant reçu des troupes fraîches, il vint prendre position à Kenatria, en avant de Kaïrouan. On lui apprit, alors, que le cheikh des Oulad-Yakoub avait manifesté de la sympathie pour son adversaire et il voulut le faire arrêter. Mais celui-ci, prévenu à temps, se réfugia auprès d'Ahmed-Sr'eïr, chef des Henanecha et de son frère Soultan, qu'il parvint à détacher du parti du bey. Malgré les sommations de celui-ci, les cheikhs des Henanecha, alliés aux Oulad-Yakoub et aux Oulad-Yahia-ben-Taleb, de la région de Tebessa, envahirent la frontière tunisienne. Mais Hosseïn fit marcher contre eux un premier corps d'armée qui obtint quelque succès; puis il arriva en personne, et Bou-Aziz en profita pour rentrer en grâce auprès de lui et obtenir le commandement des Henanecha. Tous ensemble se mirent alors à la poursuite des Harar-Menacer campés sur l'Ouad-Chabrou, et qui, à leur approche, se retranchèrent dans la montagne escarpée d'Ouks. Malgré les difficultés du terrain, le bey fit donner l'assaut, et ses troupes, aidées puissamment par Bou-Aziz, s'emparèrent de la montagne et en expulsèrent leurs ennemis (avril 1729).

Cependant, les fuyards, ayant rejoint Ali-Pacha, le ramenèrent avec eux vers l'ouest afin de se jeter sur le bey alors en retraite vers Tunis. Mais celui-ci avait pris ses mesures et il reçut ses ennemis en bon ordre de bataille, aux environs de Mermadjenna. On lutta, de part et d'autre, avec le plus grand acharnement, sans résultat décisif. Cependant, Ali-Pacha, ne se jugeant pas en état de combattre encore, prit la fuite pendant la nuit, tandis que les Harar-Menacer, ayant avec eux son fils Younès, gagnaient le Sahara.

Ali-Pacha s'était porté rapidement sur Kaïrouan, espérant surprendre cette ville. Mais il en fut repoussé et essaya néanmoins de tenir la campagne. Après un dernier échec dans le Sahel, il passa successivement à El-Hamma, puis à Gafça et enfin rejoignit les Harar-Menacer, dans le Sahara. Il y épousa une fille de Soultan, puis se rendit dans le Zab méridional, afin de requérir l'assistance de Farhate, fils de Sakheri, chef des Daouaouïda[1], pour gagner Alger. Celui-ci le reçut avec honneur et lui fournit des cavaliers des Oulad-Mâdi qui le conduisirent jusqu'à Sour-el-R'ozlane d'où il atteignit, sans accident, Alger. Il espérait entraîner le dey dans son parti ; mais il fut arrêté par lui pour les raisons indiquées plus loin[2].

KOURD-ABDI, DEY D'ALGER. IL MAINTIENT L'INDÉPENDANCE DE SON COMMANDEMENT. — Tandis que les régions de l'Est, qui avaient joui pendant trop peu de temps d'un calme si appréciable, étaient le théâtre de ces luttes, Alger continuait à donner le triste spectacle de l'anarchie et de l'indiscipline. En 1724, le dey Mohammed avait été assassiné par les reïs, dont il avait voulu réprimer les brigandages. Les rebelles, qui avaient massacré en même temps les personnages entourant le dey, s'étaient vu repousser au moment où, profitant de la stupeur générale, ils voulaient s'emparer de la Djenina. Bien que blessé, le Khaznadar avait pu fermer à temps la porte du palais, et on avait proclamé dey l'ag'a des spahis, Kourd-Abdi. C'était un homme énergique, malgré son grand âge, et qui prétendait rester avant tout algérien. Aussi repoussa-t-il avec autant d'habileté que de ténacité les tentatives qui furent faites par différentes puissances, pour diminuer son indépendance, et par la Porte pour reprendre sa suprématie et obtenir des réparations, promises à Constantinople, à divers ambassadeurs. Plusieurs missions ottomanes venues à Alger afin d'amener le dey et

---

1. Ce personnage était resté maître des tribus arabes, à la suite des événements suivants : Une fille de Redjeb, bey de Constantine, Oum-Hani, avait épousé, ainsi que nous l'avons dit, El-Guidoum, chef des Daouaouïda, puis Ahmed-ben-Sakheri, frère du précédent. Après la chute de Redjeb-bey, sa veuve et son fils vinrent chercher asile auprès de leur fille et sœur Oum-Hani ; mais, pour des raisons quelconques, les Daouaouïda assassinèrent ce jeune homme. Oum-Hani, dont le caractère était très ferme (on sait qu'elle était fille d'une captive espagnole) se vengea, en faisant tuer son mari, Ahmed-ben-Sakheri, avec ses parents et ses principaux partisans, près de l'oasis d'Ourlal ; puis, elle garda le commandement de sa tribu, exerçant une autorité sans conteste, du Zab à Bouçaada. Cependant, Farhate, fils d'Ahmed-ben-Sakheri, qui avait échappé au massacre d'Ourlal, finit, après de longues luttes, par vaincre Oum-Hani et reprendre le commandement de la tribu.

2. Rousseau, *Annales Tunisiennes*, p. 108 et suiv. — Féraud, *Annales Tripolitaines* (loc. cit.), p. 218. — Le même, *Les Harars* (Revue afric., n° 105, p. 222 et suiv.). — Le même, *Les Ben-Djellab* (Revue afric., n° 155, p. 372 et suiv.).

le diwan, par la douceur ou la menace, à faire ce qui était réclamé, ne purent rien obtenir et, une fois, le Capidji dut entendre ces dures paroles : « Pourquoi prétendez-vous exiger de nous, ce que nous ne voulons pas faire, alors que vous nous avez laissé bombarder trois fois sans nous secourir ! »

Ainsi, l'autorité se trouvait dans une main ferme ; le Mufti et l'Ag'a ayant voulu, en 1728, provoquer un mouvement insurrectionnel contre lui, en firent durement l'épreuve. Il ordonna de les étrangler et, après s'être rendu maître de l'émeute, envoya au supplice tous ceux qui s'y étaient compromis. Sur ces entrefaites, Ali-Pacha vint, ainsi que nous l'avons dit, se réfugier à Alger. En vain le bey de Tunis sollicita Kourd-Abdi de le lui livrer, offrant en récompense une grosse somme ; ce dernier se contenta de l'incarcérer, en stipulant, de plus, que Hosseïn-Bey lui servirait une indemnité annuelle de 10,000 sequins.

L'année suivante (juin 1729), la Porte se décida à envoyer un pacha à Alger ; mais, lorsque le navire fut en rade, Kourd-Abdi lui défendit d'approcher, confirmant ainsi les résolutions antérieurement prises, de ne plus recevoir de Constantinople de fonctionnaires de cet ordre. Les Turcs essayèrent de parlementer depuis le fort Matifou où ils étaient mouillés ; mais on les força de partir, les menaçant même de faire feu sur eux, et ils durent, bon gré mal gré, remettre à la voile et rentrer en Orient[1].

Règne du sultan Ahmed-ed-Dehbi au Maroc. Il est renversé par son frère Abd-el-Malek. Ahmed-ed-Dehbi remonte sur le trône. Sa mort. Règne de Moulaï-Abd-Allah. — Nous avons laissé, au Maroc, le nouveau sultan Ahmed-ed-Dehbi recevant à Meknès les hommages des députations envoyées vers lui par différentes villes. Ces adhésions, malheureusement, n'étaient pas unanimes, car la mort d'Ismaïl avait été le signal de troubles éclatant dans les grandes villes, comme chez les populations berbères, les unes et les autres victimes de si durs traitements ; presque partout les gouverneurs furent massacrés. Or, Ahmed-Dehbi n'avait aucune des qualités nécessaires pour dominer une semblable réaction et bientôt l'anarchie fut générale. Les Berbères firent leurs efforts pour se procurer des chevaux et des armes, tandis que l'élément militaire, Abid et Oudaïa, se livrait à tous les excès.

---

1. De Grammont, *Hist. d'Alger*, p. 282 et suiv. — Le même, *Correspondance des consuls d'Alger* (Revue afric., n° 188). — *Gazette de France*, passim.

Les Oudaïa mirent au pillage le marché et les magasins de Fès ; puis, leur chef, Mohammed-ben-Ichou, fit arrêter et jeter en prison les notables de la ville, envoyés auprès du sultan pour réclamer justice. Il en résulta de nouveaux conflits et bientôt une armée vint assiéger Fès. Abou-l'arès, fils du sultan, parvint alors à calmer la révolte ; mais, à peine s'était-il retiré que les Oudaïa lancèrent des bombes sur la ville. Sur ces entrefaites, les Abid de Mechra-er-Remel firent savoir, secrètement, aux gens de Fès, qu'ils étaient disposés à reconnaître comme sultan le prince Abd-el-Malek (fils d'Ismaïl), gouverneur du Sous. Ayant reçu leur approbation, ils adressèrent ce double hommage à Abd-el-Malek ; celui-ci quitta aussitôt Taroudent et marcha vers le nord, au milieu de l'allégresse générale. Les chefs des Abid déposèrent Ahmed-ed-Dehbi et s'avancèrent au-devant de son frère qui fit son entrée à Meknès au bruit des salves et des acclamations (mars-avril 1728). Ahmed-ed-Dehbi avait régné un an. Il fut étroitement détenu par Abd-el-Malek qui l'expédia ensuite à Sidjilmassa.

On avait fondé de grandes espérances sur Abd-el-Malek, mais il lui était impossible de faire des miracles et l'esprit public ne tarda pas à changer de direction. De plus, il mécontenta les Boukharis, ces Mamlouks habitués aux cadeaux dont Ismaïl les comblait, en ne leur donnant qu'une très faible somme. Son avarice détacha de lui les soldats et, après quelque temps d'anarchie, ils s'entendirent pour rappeler Ahmed-ed-Dehbi qui s'était montré particulièrement libéral. Ayant envoyé une députation à Sidjilmassa pour ramener ce prince, les Abid refusèrent d'écouter Abd-el-Malek et bientôt, marchant sur Meknès, ils y entrèrent tumultueusement et mirent cette ville au pillage, tandis que le sultan prenait la route de Fès, suivi de sa famille et de ses serviteurs.

Cependant Ahmed-ed-Dehbi, arrivé de Sidjilmassa, avait repris en main l'autorité à Meknès, et recevait l'adhésion de la majorité des villes. Mais Abd-el-Malek avait été accueilli en souverain à Fès et les régions du nord et de l'est lui restaient fidèles. En vain Ahmed-ed-Dehbi essaya d'obtenir des gens de Fès qu'ils lui livrassent son frère : ses envoyés furent massacrés et bientôt les Oudaïa, attaqués, surpris, dépouillés, eurent à supporter de terribles vengeances de la part de ceux qu'ils avaient si durement opprimés. Dans les premiers jours d'août 1728, Ahmed-ed-Dehbi arriva de Meknès et commença le siège, puis le bombardement de la ville, qui fut en partie détruite. Néanmoins, les assiégés luttèrent pendant cinq mois et ne se décidèrent à se rendre que lorsque le manque de vivres les empêcha absolument de prolonger la résistance. Il fut décidé qu'Abd-el-Malek serait livré, mais celui-ci obtint l'engagement formel, garanti par le serment de 50 caïds qu'il aurait la vie sauve. Son frère l'interna à Sidjilmassa.

Peu de temps après, Ahmed-ed-Dehbi tomba gravement malade et, se sentant perdu, donna l'ordre d'étrangler secrètement Abd-el-Malek à Sidjilmassa. Les deux frères moururent à trois jours d'intervalle, ce dernier le 2 et Ahmed le 5 mars 1729. Mais la mort d'Abd-el-Malek fut tenue secrète et ses partisans attendirent longtemps son retour.

Abd-Allah, autre fils d'Ismaïl, qui se trouvait alors à Tafilala, fut proclamé par les officiers. On envoya une députation pour le ramener, tandis qu'une lettre d'un caractère pacifique était expédiée à Fès. Elle y fut favorablement accueillie et bientôt Abd-Allah arriva du Sud, directement à Fès, où il fut reçu par la population qui s'était portée à sa rencontre jusqu'à El-Mehras. Le lendemain, il fit son entrée dans la ville-neuve et reçut le serment des habitants, ayant à leur tête le Cadi ; il les invita à lui fournir 500 archers choisis et, avec cette escorte, prit la route de Meknès où on l'accueillit avec de grands honneurs. Le 30 avril, la cérémonie de son investiture fut renouvelée.

Cependant, Fès demeurait dans une sorte d'indépendance et le sultan signifia à ses habitants d'avoir à lui remettre les forts et ouvrages de défense pour qu'il y plaçât garnison ; mais ces citadins ne tenaient nullement à se livrer ainsi, sans défense, aux vengeances de leurs ennemis. Ils essayèrent d'obtenir quelque adoucissement et les Oudaïa en profitèrent pour donner carrière à leurs mauvais procédés, si bien que les gens de Fès finirent par se mettre en révolte ouverte. Vers le milieu de mai 1729, Moulaï-Abd-Allah vint investir la malheureuse ville dont il ravagea les jardins et les cultures, tandis que les boulets et les bombes faisaient leur œuvre destructrice. Le siège était dirigé par le baron de Riperda, aventurier né en Hollande, d'une famille d'origine espagnole, et qu'une fortune imméritée avait fait, pendant un an, premier ministre de l'Espagne (1725-1726). Après sa chute et son évasion de la tour de Ségovie, il s'était réfugié au Maroc où il avait offert ses services au sultan. Lorsque la famine fit sentir ses effets, les assiégés se décidèrent à traiter et il est probable que le sultan avait hâte d'en finir aussi, car il ne leur imposa pas de conditions onéreuses et se borna, pour le moment, à faire occuper par ses soldats les points importants (octobre) ; après quoi il s'empressa de rentrer à Meknès. Il alla ensuite combattre les Aït-Yemmour, Aït-Malou et Aït-Isri qui avaient recommencé leurs déprédations, et leur fit éprouver des pertes sensibles.

A son retour, le sultan, se faisant l'exécuteur des vengeances de son entourage contre les gens de Fès, ordonna le massacre de leurs otages. Un certain caïd Hamdoun-er-Roussi se montrait le plus acharné contre la malheureuse cité, dont il démantela les fortifications.

Le sultan confia alors le commandement de Fès au caïd Taïeb-ben-Djelloul, homme féroce, qui se livra à toutes les violences contre les citoyens ; lorsqu'il fut las de tuer et de dépouiller, on le jeta à son tour en prison (1732). Abd-er-Rezzak-ben-Ichou, qui le remplaça, s'en prit plus particulièrement aux commerçants ; il les fit arrêter et dévaliser, arrivant ainsi à se procurer des sommes considérables pour le sultan.

Telle était la situation du Maroc et l'on ne peut s'empêcher de plaindre les malheureux habitants de Fès, tout en admirant leur courage et en s'étonnant que cette ville ne fût pas absolument ruinée et que les chacals qui la dévoraient trouvassent toujours de nouvelles proies dans ses ruines[1].

PHILIPPE V, ROI D'ESPAGNE, PRÉPARE L'EXPÉDITION D'ORAN. — Dès que le roi d'Espagne, Philippe V, se trouva délivré de ses embarras par les traités qui avaient mis fin à la guerre de la succession (1714), il se tourna vers l'Afrique, bien décidé à y reprendre, sinon la suprématie d'autrefois, au moins les positions perdues. Mais de nouvelles complications politiques absorbèrent le gouvernement espagnol et bientôt la guerre recommença exigeant toutes ses forces, car c'était contre l'Europe entière que l'Espagne luttait et la fortune ne lui était guère favorable. En 1720, profitant d'un instant de répit, Philippe V envoya, ainsi que nous l'avons vu, une expédition dans le but de faire lever le siège de Ceuta ; ce n'était qu'un prélude ; mais d'autres événements vinrent en ajourner la suite naturelle : l'abdication du roi, le court règne de son fils, la reprise de la couronne, la rupture avec la France et l'Angleterre, le siège de Gibraltar et l'affaiblissement mental du roi.....

Enfin, en 1729 et 1731, l'Espagne conclut la paix avec ses adversaires, et Philippe V put s'occuper de ce qui était seul capable de le tirer de sa torpeur : l'organisation d'une expédition militaire. Oran était le but désigné depuis longtemps, car sa perte avait été profondément ressentie en Espagne et cette plaie saignait toujours au cœur de ses sujets. Aussi le roi s'appliqua-t-il à préparer soigneusement une expédition formidable, bien pourvue de vivres, d'armes et de munitions. Une bulle de Cruzada, obtenue du

---

1. *Et-Tordjeman*, p. 27 et suiv. du texte arabe, 56 et suiv. de la trad. — Abbé Godard, *Maroc*, p. 535 et suiv.

pape, lui permit de recourir largement aux richesses du clergé. Ce fut seulement dans les premiers mois de 1732 que tout se trouva prêt. Philippe V confia le commandement de l'armée expéditionnaire au capitaine général, comte de Montémar, et le 6 juin 1732 adressa de Séville un manifeste dans lequel, après avoir fait allusion aux circonstances qui avaient amené la perte d'Oran en 1708, il rappelle à son peuple les sacrifices faits en Afrique, expose le danger pour l'Espagne de la proximité de ce centre d'opérations maritimes et autres, et confie au comte de Montémar et à son armée le soin de venger l'honneur de la nation et de soutenir les intérêts de la religion.

Les troupes, le matériel et les approvisionnements avaient été réunis dans les ports de Barcelone, d'Alicante et de Cadix, où 525 voiles vinrent les embarquer. L'armée expéditionnaire se composait de 30,000 hommes savoir :

32 bataillons d'infanterie fournis par 17 régiments (23,000 soldats).

1200 dragons, fournis par quatre régiments.

1672 hommes de cavalerie diverse.

Et enfin quelques compagnies ou sections d'escopettiers de montagne ou de guides.

Le complément de l'effectif était fourni par l'artillerie, le génie et les corps auxiliaires. Le corps de santé était nombreux et bien pourvu.

168 bouches à feu, sans compter les 720 pièces se trouvant sur les navires de guerre, composaient l'artillerie de l'expédition qui était largement approvisionnée de bombes, boulets, grenades, projectiles de toute sorte et matériel de siège.

Le commandant en chef, comte de Montémar, était assisté d'un nombreux et brillant état-major. D. F. Cornejo commandait la flotte. Ces choix étaient bons et le roi eut l'avantage d'être aidé pour cette organisation par un habile ministre, Patino, qu'on a appelé le Colbert espagnol, et auquel on devait le relèvement de la marine nationale.

A Oran, le bey Bou-Chlar'em, averti de l'attaque prochaine des Espagnols, avait fait son possible pour préparer la défense. Mais la ville était en partie démantelée, et il avait dû se borner à l'entourer de contingents nombreux, fournis par les tribus de l'inrieur. Il avait aussi obtenu le concours d'un corps marocain, commandé par ce Riperda dont nous avons déjà parlé et qui espérait se venger du dédain des Espagnols [1].

---

1. D.-A. de Clariana (*Trad. de l'hist. du royaume d'Alger de L. de*

DÉBARQUEMENT DES ESPAGNOLS. ILS S'EMPARENT DES HAUTEURS. PRISE D'ORAN ET DE MERS-EL-KEBIR PAR LE DUC DE MONTÉMAR. RÉTABLISSEMENT DE L'OCCUPATION ESPAGNOLE. — Le 15 juin 1732, l'immense armada mit à la voile ; mais, contrariée par le vent, elle dut venir s'abriter derrière le cap de Palos, d'où elle partit le 24, par une bonne brise. Le lendemain, elle était en vue d'Oran ; cependant elle ne put doubler le cap Falcon que le 28. Le même jour, à quatre heures, elle mouilla dans cette baie, sans qu'une seule voile manquât à l'appel. Le comte de Montémar prit aussitôt ses dispositions pour que le débarquement s'opérât le lendemain matin sur la plage des Aiguades. Les chaloupes furent préparées dans la nuit, les positions prises par les navires de guerre pour protéger l'opération et le terrain reconnu. Au point du jour, le débarquement commença et s'effectua sans difficultés. A mesure que les troupes avaient pris terre, elles se déployaient en avant et sur les flancs de façon à former les trois côtés d'un carré appuyé à la mer. Quelques groupes d'indigènes essayèrent, sans succès, d'escarmoucher contre les Espagnols, et furent tenus à distance par des escouades détachées.

Des masses profondes de cavaliers indigènes se tenaient sur les hauteurs, attendant on ne sait quel ordre, pour commencer le combat. Cependant, un corps d'environ 2,000 musulmans était venu occuper un petit mamelon commandant la source ; à quatre heures de l'après-midi, le comte de Montémar lança contre eux des compagnies de grenadiers, soutenues par 400 cavaliers, pour les en déloger. Les indigènes ne les attendirent pas et cette première journée paraît s'être bornée à des engagements sans importance.

Le lendemain 20, les Espagnols commencèrent, sous le commandement du lieutenant-général de Marcillac, la construction d'un retranchement à l'extrême-gauche, au pied du mont du Santon. Mais les musulmans se mirent à inquiéter sérieusement les travailleurs ; il fallut faire avancer des troupes pour les soutenir, et, peu à peu, une action étendue s'engagea. Bientôt les indigènes descendirent, comme une avalanche, des pentes, et le comte de Montémar, avec un véritable coup d'œil militaire, lança, sans hésiter, ses troupes à une attaque générale des hauteurs. C'était une entreprise audacieuse. Mais l'armée sentait ce vigoureux coup

Tassy), Madrid, 1733, publié par Berbrugger (Revue afric., n° 43, p. 12 et suiv.). — Général de Sandoval, *Inscriptions d'Oran* (Revue afric., n° 92, p. 94 et suiv.). — L. Fey, *Hist. d'Oran*, p. 142 et suiv. — Rosseeuw Saint-Hilaire, *Hist. d'Espagne*, t. XII, passim.

de collier nécessaire et elle l'exécuta avec une intrépidité admirable, malgré des pertes sensibles. Toujours au premier rang, le bey Bou-Chlar'em enflammait l'ardeur des musulmans. Le corps marocain commandé par Riperda détruisit, presque en entier, la compagnie des Jetaros mahonais. Ce fut le maréchal de camp de la Mota qui décida du succès de la journée, en enlevant, à la tête des grenadiers, appuyés par les gardes Wallones, la montagne du Santon, qui domine le fort de Mers-el-Kebir. La première ligne de crêtes était occupée par les Espagnols, qui restèrent sur les positions conquises ; quant aux indigènes, ils avaient été rejetés en arrière ; mais les chrétiens étaient trop fatigués pour songer à les poursuivre.

Procédant toujours avec une louable prudence, le comte fit commencer, le 1er juillet, au matin, une route, permettant de hisser l'artillerie du rivage au plateau de Santon, tandis que, sur toute la ligne, les troupes se préparaient à recevoir l'attaque des indigènes, en se couvrant par des retranchements provisoires. Cependant, vers deux heures de l'après-midi, aucun burnous ne s'était montré, lorsqu'un messager, envoyé d'Oran par le consul de France, annonça que les indigènes avaient quitté la ville. Voici ce qui s'était passé : après la bataille de la veille, les auxiliaires indigènes, terrifiés de l'audace et du courage des Espagnols, avaient pris la fuite, jugeant toute résistance impossible et croyant avoir les chrétiens à leurs trousses. Les troupes régulières, se voyant seules, ou étant entraînées par les fuyards, avaient suivi le mouvement ; puis les citadins, convaincus du succès des Espagnols, s'étaient empressés de déménager, de sorte que le bey, lui-même, renonçant à les retenir, avait fait charger ses objets les plus précieux sur des chameaux et, la mort dans l'âme, s'était décidé à évacuer cette conquête, gloire de sa jeunesse, et où il commandait en maître absolu depuis 24 ans.

Sans perdre de temps, le comte de Montémar, qui avait laissé le maréchal de camp de la Mota à la garde de la position du Santon dominant le fort de Mers-el-Kebir, fit marcher la plus grande partie de l'armée par les crêtes et vint tomber sur le village d'Ifre, au-dessous du vieil Oran, sur la rive gauche de Ras-el-Aïn. Il fit occuper le fort inachevé de la marine, par le maréchal de camp don B. Ladron, et, continuant sa marche sur Oran, y entra, vers sept heures du soir, avec l'avant-garde de l'armée et prit possession des forts et des bastions. Le lendemain, on vit flotter le drapeau espagnol sur cette ville arrachée de nouveau à la barbarie musulmane.

Mers-el-Kebir, commandé par l'ag'a Ben-Debiza, avec une centaine de soldats turcs, tenait encore ; mais dominé par le corps de la Mota, entouré de toutes parts, démoralisé par la terrifiante victoire des Espagnols, le commandant du fort s'empressa de se rendre le 2, et les chrétiens en prirent possession. Le succès était complet et la réussite aussi rapide qu'inespérée. C'était une belle récompense du courage et de l'habileté du comte de Montémar, de la vaillance de son armée et de la prévoyance avec laquelle cette expédition avait été préparée. Elle coûtait aux Espagnols 58 tués et une centaine de blessés ; aucun désastre, aucune perte matérielle, n'était à regretter. Quant aux trophées, ils se composaient de 138 canons de fer et de bronze et d'une quantité considérable de munitions, de vivres, de matériel abandonnés par les indigènes dans leur fuite. Cinq brigantins et une grande galéasse servant à la course avaient en outre été laissés, par eux, sur la plage. Le général marquis de la Mina s'embarqua aussitôt pour l'Espagne, afin de porter au roi la nouvelle du succès de ses armes.

Le comte de Montémar, qui s'était logé dans la maison d'un renégat portugais, s'occupa avec activité de l'organisation de sa conquête, recevant les députations des indigènes autrefois soumis, qui venaient se mettre au service et sous la protection des Espagnols. Le 10 juillet, après la célébration d'un office religieux dans la cathédrale, une grande revue fut passée, au bruit des salves d'allégresse faisant retentir les échos d'alentour.

Cependant Bou-Chlar'em s'était réfugié à Mostaganem et, de là, envoyait des partis qui inquiétaient sans cesse les environs d'Oran. Quelques engagements sans grande importance eurent lieu, entre eux et des corps détachés de la garnison. Le 30 juillet, la majeure partie de l'armée et du matériel ayant été embarquée à Mers-el-Kebir, le comte de Montémar partit pour l'Espagne. Il laissait à Oran le lieutenant-général marquis de Santa-Cruz del Marcenado, avec 10 bataillons. Une inscription, gravée sur la demi-lune qui couvre le fort de Mers-el-Kebir, rappela le souvenir de ce glorieux fait d'armes.

A leur retour en Espagne les vainqueurs d'Oran furent accueillis avec le plus grand enthousiasme et, le 14 août, le comte de Montémar était reçu, à Séville, par le roi Philippe V, qui lui conférait la toison d'or et, peu après, le titre de duc. De nombreuses récompenses furent décernées aux officiers et aux soldats. Toute l'Espagne célébra, avec joie, la reprise d'Oran. Vers la fin de l'année, le roi créa le corps des dragons d'Oran et un régiment d'infanterie du même nom. Malheureusement l'occupation restreinte à la place d'Oran, le départ immédiat de l'armée expéditionnaire ne pouvaient donner aux Espagnols une position tranquille et avantageuse[1].

Mort du dey d'Alger Kourd-Abdi. Le dey Bou-Chlar'em, soutenu par les Algériens, attaque infructueusement Oran. — Tandis que l'Espagne était dans l'allégresse, Alger se trouvait plongé dans la stupeur ; mais le plus affligé était certainement le dey Kourd-Abdi, qui avait refusé, jusqu'au dernier moment, d'envoyer des renforts à Bou-Chlar'em ; on le lui reprochait violemment et il se le reprochait lui-même plus encore, car il ne cessa de rester plongé dans une noire mélancolie refusant de prendre tout aliment jusqu'à ce qu'il mourût (3 septembre 1732). Il était âgé de 88 ans. Son beau-frère, le Khaznadar Ibrahim, lui succéda et s'occupa aussitôt d'expédier des secours à Bou-Chlar'em, qui en réclamait pour essayer de reprendre Oran. La flotte algérienne fut même envoyée devant cette ville, afin d'empêcher tout ravitaillement par mer ; mais les navires des chevaliers de Malte la dispersèrent et donnèrent la chasse aux reïs.

Bou-Chlar'em, avons-nous dit, s'était réfugié à Mostaganem ; l'armée espagnole aurait dû l'y poursuivre, ainsi que le voulait le duc de Montémar, qui en fut empêché par un ordre précis du roi. Le bey était parfaitement placé pour y grouper toutes ses forces et rendre insupportable la situation des Espagnols. Bientôt, en effet, il prit l'offensive et, après quelques engagements, campa en vue des forts Saint-André et Saint-Philippe (13 septembre). Il avait reçu du matériel de siège et, le 37, au matin, ses batteries ayant été démasquées, il ouvrit le feu contre ces positions. La partie sud du fort de Santa-Cruz s'écroula par le fait d'une mine Les Espagnols résistaient de leur mieux, mais le nombre des assaillants augmentait sans cesse. Le commandant de la place prépara alors une grande sortie et, le 21 novembre, une dizaine de mille Espagnols se précipitèrent dans les tranchées, massacrant ce qu'ils y trouvèrent, enclouant les canons, renversant les parapets. La réussite était complète ; malheureusement ils se laissèrent entraîner à la poursuite des indigènes qui fuyaient tumultueusement et se heurtèrent au gros de l'armée assiégeante, qui arrêta d'abord leur élan et manœuvra, ensuite, de façon à les envelopper. Peut-être la

1. Clariana (loc. cit.), p. 23 et suiv. — Général de Sandoval, Inscriptions d'Oran, loc. cit., p. 94 et suiv. — L. Fey, Hist. d'Oran, p. 145 et suiv. — De Grammont, Hist. d'Alger, p. 288 et suiv. — Notice sur le bey d'Oran (Gorguos), loc. cit., p. 34 et suiv. — W. Esterhazy, Domination Turque, p. 173 et suiv.

trahison des Beni-Amer contribua-t-elle à rendre leur position critique.

Bientôt, en effet, la retraite commence, et en peu de temps se change en débandade. Le commandant accourt, et cherche à arrêter ce mouvement; il est bousculé, renversé et finalement tué. Au moment où la situation était le plus critique, les régiments de Vitoria et Aragon accoururent et permirent à ces gens démoralisés de se reformer et de rentrer derrière les remparts. Cette malheureuse journée avait coûté aux Espagnols 1,500 hommes tués ou faits prisonniers. Le surlendemain, 23, le général don B. Ladron, qui avait pris le commandement, effectua, avec 10 compagnies et 500 pionniers, une nouvelle sortie, qui fut menée avec autant de prudence que de vigueur et vengea, en partie, l'échec précédent.

Les progrès du siège avaient été arrêtés par ces deux sorties; cependant l'investissement de la ville continua et les assiégeants resserrèrent peu à peu leurs lignes. En 1733, le marquis de Villadarias, nommé gouverneur, vint prendre le commandement de la place, bien résolu à contraindre les indigènes à lever le siège. Il opéra d'abord quelques sorties heureuses; encouragé par ces succès, il s'avança, le 10 juin, à la tête de forces imposantes, culbuta tout devant lui et se laissa entraîner beaucoup trop loin, sans se méfier de la tactique habituelle des musulmans. Lorsqu'il fut bien engagé, ceux-ci revinrent sur ses derrières et lui coupèrent la retraite. Ce ne fut qu'au prix des plus grands efforts qu'il parvint à rentrer à Oran, en laissant 400 hommes aux mains de l'ennemi.

Tandis que le marquis de Villadarias était mis en jugement, comme coupable d'impéritie, le général don J. Vallejo vint prendre le commandement d'Oran; par sa prudence et son habileté il ne tarda pas à réduire le siège d'Oran à un blocus incomplet. Du reste, la discorde, ainsi qu'on devait s'y attendre, s'était mise parmi les assiégeants. Le fils du dey Ibrahim, qui commandait le corps algérien, ne pouvait s'entendre avec le vieux Bou-Chlar'em, auquel il alla jusqu'à reprocher d'avoir livré Oran aux Espagnols. « S'il en est ainsi, lui répondit le bey plein de colère, reprenez vous-même cette ville ! » et aussitôt il congédia ses auxiliaires et rentra à Mostaganem. Demeurés seuls, les Algériens reçurent l'ordre de revenir à Alger et, ainsi, Oran se trouva débloqué. Mais les hostilités continuèrent, pour ainsi dire, sans interruption, car les chroniques nous apprennent que, le 10 juin 1733, il y eut, sous les murs de la ville, un grand combat, dans lequel le colonel de Miromesnil fut blessé mortellement. Le gouverneur D. Vallejo s'appliqua, du reste, à renforcer et compléter les défenses d'Oran.

C'était un véritable administrateur et nous lui devons la liste exacte des indigènes soumis à l'Espagne. Leur nombre n'excéda jamais 140 douars ; quant à la redevance qu'ils fournissaient, elle était de 16,000 fanègues (de 62 litres environ) d'orge et autant de blé, dont le produit servait à indemniser et gratifier les cheikhs et autres agents indigènes[1].

Maroc. Tyrannie du sultan Moulaï-Abd-Allah. Il est déposé. Moulaï-Ali le remplace. — Pendant que la province d'Oran était le théâtre de ces événements, le Maroc, qui devait rester si longtemps en proie aux fantaisies sanguinaires de Moulaï-Abd-Allah. retombait dans l'état de barbarie et d'anarchie dont Ismaïl l'avait tiré. En 1733, après son retour d'une expédition dans le Sous, le sultan ordonna la destruction de la ville d'Er-Riad « la parure et la joie de Meknès », toute remplie d'habitations de plaisance et centre d'un commerce important. En même temps, il s'amusait à faire périr en masse et sans autre raison que son plaisir, tantôt des soldats revenant d'expédition, tantôt de ces braves, volontaires de la guerre sainte, venus auprès de lui dans l'espoir d'amener une entente avec les chefs révoltés qui reconnaissaient, dans le nord, l'autorité de son frère El-Moustadi. Plus tard, ce furent les Beni-Hassen, dont 200, de la fraction des Hedjaoua, furent mis à mort comme coupables de brigandage. Enfin les Abid eux-mêmes, irrités par le supplice de plusieurs de leurs chefs, se mirent en état de révolte et, pour les calmer, il fallut les combler de présents et les envoyer en expédition contre les Aït-Malou.

Mais c'était surtout contre Fès que sa fureur et son irritation ne pouvaient être calmées. En 1734, il envoya dans cette ville un certain Mohammed-Zemmouri avec les instructions suivantes : « Prends l'argent de ces gens-là ;...ne leur laisse rien... Ce n'est qu'à cause de leur richesse que les gens de Fès sont arrogants et méprisent l'autorité royale. » Voilà cette fois, les griefs bien définis : les habitants de Fès étaient trop riches et le nouveau gouverneur ne négligea rien pour les ruiner. Personne ne fut épargné, car après les riches on s'en prit aux gens de fortune moyenne, puis

---

1. *Djoumani* (Gorgous). Revue afric., t. II, p. 36, 37. — Général de Sandoval, *Inscriptions d'Oran* (loc. cit.), p. 98, 99 et n° 93, p. 189 et suiv. — De Grammont, *Hist. d'Alger*, p. 289 et suiv. — Le même, *Correspondance des consuls d'Alger* (Revue afric., n° 189, p. 235 et suiv.). — Léon Fey, *Hist. d'Oran*, p. 146 et suiv. — Walsin Esterhazy, *Domination Turque*, p. 174.

aux simples artisans, si bien que tous se décidèrent à abandonner leur ville et à chercher un refuge dans d'autres localités : « quelques-uns allèrent jusqu'en Tunisie, en Egypte, en Syrie et même au Soudan. »

Au commencement de l'année 1735, Moulaï-Abd-Allah envoya dans la montagne des Aït-Malou une armée de 25,000 Abid, sous le commandement du caïd Hassen-ben-Rissoum et lui adjoignit encore 3,000 Oudaïa ; mais ces troupes se laissèrent attirer au cœur des montagnes et furent presque entièrement détruites. Lorsque les fuyards rentrèrent à Meknès, la fureur des Abid fut à son comble et Abd-Allah, apprenant qu'ils avaient résolu de le mettre à mort, n'eut que le temps de se réfugier au campement des Edricides, d'où il gagna Maroc puis le Sous. Pendant ce temps les Abid envoyaient une députation à Tafilula, dépôt des enfants d'Ismaïl, avec mission de ramener Moulaï-Ali, qui fut proclamé solennellement à Meknès [1].

1. *Et-Tordjeman*, p. 39 et suiv. du texte arabe, 71 et suiv. de la trad. — Abbé Godard, *Maroc*, p. 538 et suiv.

CHAPITRE XXII

LUTTES ENTRE ALGER ET TUNIS. — LE MAG'REB RETOMBE DANS L'ANARCHIE

1735-1750

Rupture entre Ibrahim, dey d'Alger, et Hosseïn, bey de Tunis. Une expédition part afin de rétablir Ali-Pacha.— Hosseïn-Bey marche contre les Algériens. Il est défait à Semendja. Ali-Pacha entre à Tunis et s'empare de l'autorité. — Siège de Kaïrouane par Ali-Pacha. Son fils Younos s'empare de cette ville et tue Hosseïn-Bey. Vengeances exercées par Ali-Pacha. — Rupture de la Tunisie avec la France. Ali-Pacha s'empare de Tabarka et détruit les établissements du cap Nègre.— Tentative infructueuse de De Saurins pour occuper Tabarka. Rétablissement de la paix avec la France.— Mort du dey Ibrahim à Alger. Il est remplacé par Ibrahim-Koutchouk. Rupture entre ce dernier et Ali-Pacha. Expédition de Tunisie, appelée *la Guerre feinte*. — Extension de l'autorité turque sur la Kabilie méridionale. Le bey Debbah. Avènement du dey Mohammed à Alger. — Les Espagnols à Oran. Les beys, successeurs de Bou-Chlar'em. — Long règne de Moulaï-Abd-Allah au Maroc, interrompu par les révoltes de ses frères. Anarchie générale en Mag'reb.

RUPTURE ENTRE IBRAHIM, DEY D'ALGER ET HOSSEÏN, BEY DE TUNIS. UNE EXPÉDITION PART AFIN DE RÉTABLIR ALI-PACHA. — Au moment où Ibrahim, dey d'Alger, se décida à renoncer à toute entreprise du côté d'Oran, il se trouva naturellement entraîné à intervenir dans les affaires de Tunisie. Ce fut, d'abord, au commencement de l'année 1735, le bey de Tunis qui refusa de servir la redevance de 10,000 sequins, exigée de lui jusqu'alors, pour conserver en prison son neveu Ali-Pacha. Puis, le dey reçut de Bou-Rennane-Mokrani, cheikh de la Medjana, et de Bou-Aziz-ben-Nacer, des Henanecha, nouvellement unis par un mariage, et demeurés en rapport avec Ali-Pacha, une lettre invitant Ibrahim à agir contre Hosseïn, bey de Tunis. Dans le cas où il ne voudrait pas entreprendre une expédition lui-même, ils le priaient de donner à Bou-Kemia, bey de Constantine, l'ordre de laisser Younos, fils d'Ali-Pacha, se rendre sur la frontière tunisienne, pour y soulever les tribus, promettant de le soutenir avec les contingents du sud.

Irrité contre Hosseïn-Bey en raison de la suppression du tribut, Ibrahim-Dey donna, à son représentant de Constantine, des instructions dans le sens indiqué. Mais Bou-Kemia était l'allié du bey de Tunis et il ne servit qu'à regret les intérêts des cheikhs et de leur protégé Ali-Pacha. C'est pourquoi de nouvelles instances furent faites auprès du dey d'Alger et celui-ci se décida à préparer une grande expédition. Les membres du diwan, qui s'y opposaient, furent gagnés par les gratifications qu'ils reçurent d'Ali-Pacha et l'engagement qu'il prit de rendre, en cas de succès, Tunis tributaire d'Alger. Ordre fut adressé au bey de Constantine de réunir ses contingents et de préparer une colonne d'au moins mille hommes de troupes régulières ; puis, au mois de mai 1735, le Khaznadar, Ibrahim-Koutchouck, quitta Alger, à la tête de 2,000 hommes, accompagné d'Ali-Pacha, commandant lui-même un millier de mercenaires. Ils furent rejoints, en route, par de nombreux cavaliers arabes et arrivèrent à Constantine, pour y prendre les contingents du bey Bou-Kemia.

Le danger devenait sérieux pour Hosseïn, bey de Tunis, qui avait supposé les Algériens peu disposés à entreprendre une campagne après leurs échecs d'Oran. Aussi, s'empressa-t-il d'écrire à son ami Bou-Kemia afin qu'il s'interposât auprès du dey, en lui offrant une grosse somme d'argent. Ces propositions parvinrent à Alger, en même temps qu'un ordre de la Porte, sollicité par le bey de Tunis, et interdisant d'une manière formelle aux Algériens d'attaquer ce dernier. Mais il était trop tard pour arrêter le mouvement ; Ibrahim s'en rendit parfaitement compte et, dans l'espoir de se mettre à couvert, il fit porter à l'armée expéditionnaire l'ordre du Khakan, en prévenant secrètement le Khalifa qu'il eût à prétendre que la communication avait été jugée apocryphe. Cela fut fait ; le malheureux envoyé paya de sa vie cet abominable complot et les lettres furent déchirées [1].

Hosseïn-Bey marche contre les Algériens. Il est défait a Semendja. Ali-Pacha entre a Tunis et s'empare de l'autorité. — Les troupes expéditionnaires étaient sur le point d'atteindre la frontière et la parole restait aux armes. Dans cette conjoncture, Hosseïn-Bey donna à toutes les populations de la frontière l'ordre de se replier sur Tunis, avec leurs vivres et leurs troupeaux, afin d'enlever aux envahisseurs tout moyen de subsister. Mais ces

---

1. Féraud, *Les Harars* (loc. cit., p. 236 et suiv.). — Rousseau, *Annales Tunisiennes*, p. 113 et suiv. — Vayssettes, *Hist. des beys de Constantine* (loc. cit., p. 296 et suiv.). — De Grammont, *Hist. d'Alger*, p. 294 et suiv. — Le même, *Correspondance des consuls d'Alger* (Revue afric., n° 191, p. 325 et suiv.).

prescriptions ne furent exécutées que dans certaines localités, tandis que d'autres, telles que Teboursok, n'en tinrent aucun compte. Puis, ayant réuni toutes ses forces, augmentées par les contingents des Souassi, Oulad-Saïd, Dreïd et autres, le bey les divisa en deux corps, dont l'un fut placé sous le commandement de son fils Mohammed, tandis qu'il conservait la direction de l'autre. Il quitta Tunis, le 9 août, et vint camper au lieu dit Semendja sur l'Ouad-Meliana ; peu de jours après, l'armée algérienne prit position non loin. On escarmoucha pendant quelque temps, mais, avant l'action décisive, les goums des Dreïd et des Oulad-Saïd abandonnèrent le bey de Tunis et, selon leur habitude, passèrent même dans les rangs ennemis. Malgré cette défection, Hosseïn, qui disposait de forces imposantes, laissa son camp sous la protection du corps de son fils Mohammed et lança son autre fils, Mahmoud, sur les troupes d'Alger, que celui-ci mit en déroute et dont il fit un grand carnage (4 septembre).

Mais, pendant ce temps, Bou-Kemia, bey de Constantine, avait opéré un mouvement tournant et, profitant d'un brouillard épais, avait pu éviter Mohammed-Bey et surprendre le camp tunisien. Hosseïn essaya en vain de le défendre ou de le reprendre ; il fut blessé grièvement à la cuisse et dut se laisser emporter, en abandonnant le camp avec tout ce qu'il contenait. Son fils Mohammed, qui, croyant tenir la victoire, avait ignoré ce qui se passait sur ses derrières le rejoignit de même que son autre fils Mohammed-Bey, parvenu, non sans difficultés, à échapper à ses ennemis ; tous se retirèrent à Zar'ouane, d'où ils atteignirent Kaïrouane.

La route de Tunis était ouverte. Dès que la nouvelle de la défaite du bey fut connue dans cette ville, le dey, nommé El-Hadj-Ali, dévoué au parti du pacha Ali, réunit les principaux officiers, qui s'empressèrent de lui adresser leur soumission ; puis ils retirèrent de la prison du Bardo, son père Mohammed, et prêtèrent, entre ses mains, serment de fidélité à Ali-Pacha. Enfin deux fils d'Ali-Pacha, nommés Mohammed et Slimane, qui auparavant se trouvaient aussi détenus à Tunis, furent dépêchés vers lui pour lui remettre les clefs de la ville. Il y fit son entrée solennelle le 7 septembre et prit possession du pouvoir.

L'armée algérienne resta campée pendant dix jours sous les murs de Tunis, où les soldats commirent de nombreux excès. Ali se reconnut formellement le vassal d'Alger et s'obligea à servir au dey une redevance annuelle de 200,000 écus[1], plus le blé néces-

---

1. Les auteurs ne sont pas d'accord sur ce chiffre, que M. Rousseau porte à 50,000 piastres seulement.

saire à l'entretien de la milice. Ainsi était consacrée, une seconde fois, la subordination de la Tunisie à l'Algérie ; il devait en résulter de nombreux conflits entre les deux régences, et tout cela pour servir l'ambition peu justifiée d'un homme ! Le Khaznadar reprit alors la route de l'ouest, traînant à sa suite trente-cinq mulets chargés de numéraire et d'objets précieux. L'expédition était des plus fructueuses, bien que les Algériens eussent éprouvé des pertes sensibles au combat de Semendja, aussi furent-ils accueillis à Alger avec de grandes manifestations de joie. Le bey de Constantine, qui avait tant contribué au succès, arriva à Alger au printemps suivant, pour apporter le denouche, et fut reçu avec les plus grands honneurs.

Siège de Kaïrouan par Ali-Pacha. Son fils Younos s'empare de cette ville et tue Hosseïn-Bey. Vengeances exercées par Ali-Pacha. — Cependant Hosseïn-Bey, après s'être réfugié à Kaïrouan, voulut fuir vers le sud ; mais les citadins, d'accord avec son fils Ali-Bey, très populaire dans cette région, le retinrent parmi eux. Dès qu'on sut que l'armée algérienne était partie, il fut facile au vieux bey de reformer une armée, avec laquelle il s'avança jusqu'à El-Alam, et y prit position. Bientôt, Younos, fils d'Ali-Pacha, vint l'y attaquer ; mais il fut entièrement défait et laissa son artillerie et son matériel aux mains du vainqueur (3 novembre). Encouragé par ce succès, Hosseïn-Bey marcha sur Tunis, et il semble qu'avec un peu d'énergie, il ne lui aurait pas été bien difficile d'y pénétrer, car le pacha, rempli de terreur, s'était enfermé dans la Kasba. Il préféra retourner sur ses pas, pour faire tête à Younos, qui, ayant rallié ses fuyards et entraîné dans son parti les Dreïd, accourait sur ses derrières ; mais Hosseïn fut à son tour mis en déroute, et contraint de se réfugier à Kaïrouan, où l'armée de son neveu ne tarda pas à l'assiéger.

Cependant, le siège de Kaïrouan devait se prolonger plusieurs années. L'intérieur de la province obéissait à Hosseïn-Bey, dont un des fils, Mahmoud, commandait à Souça ; un autre, Ali-Bey, l'aidait à défendre Kaïrouan ; quant à Mohammed-Bey, il parcourait l'Ouest et le Sud, cherchant à recruter des adhérents, tantôt dans le Djerid, tantôt chez les Henanecha, tantôt dans le Zab, entraîné parfois jusqu'en plein Sahara, par les vicissitudes du sort. Il vint même à Constantine pour implorer ou acheter l'intervention du bey de cette ville. Bou-Kemia était mort en 1736, après un véritable règne de 22 années, et avait été remplacé par Hassen, dit Bou-Hanek. Ce bey, qui devait également laisser à Constantine des traces durables de sa bonne administration, ne put, ou n'osa se placer en adversaire d'Ali-Pacha, toujours soutenu par le dey d'Alger. Certains auteurs prétendent même qu'il s'allia secrètement à lui.

En 1739, Ali-Pacha, désespérant de réduire, par ses seules forces, Kaïrouan, envoya à Constantine un émissaire pour obtenir le concours du bey. Bou-Hanek consentit à fournir sa coopération, moyennant une indemnité de 100,000 réaux, dont 25,000 lui seraient versés dès son arrivée à Tifech, pareille somme au Kef, et le reste à Kaïrouan. Ces conditions ayant été acceptées, il ne tarda pas à se mettre en route, avec ses forces disponibles. Parvenu à Tifech il reçut les 25,000 réaux promis ; mais, soit qu'on ne lui eût pas versé la même somme au Kef, soit pour toute autre cause, il ne paraît pas avoir pénétré au delà en Tunisie.

Kaïrouan était alors réduit à la dernière extrémité, tant par le le feu des assiégeants que par la famine. Ali-Pacha, ayant appris, sur ces entrefaites, qu'un fils de Hosseïn était parvenu à Alger et agissait auprès du dey, tandis qu'un autre intriguait chez les Nemamecha, voulut, à tout prix, hâter la solution et envoya des renforts à son fils Younos avec ordre de s'emparer de la ville. Grâce à ces nouvelles troupes, les assiégeants parvinrent à pénétrer dans la place (13 mai 1740). Hosseïn-Bey, essayant de fuir avec quelques adhérents fidèles, fut rejoint par Younos lui-même. Vaincu dans un dernier combat, le vieux bey fut percé de coups, et son petit neveu lui coupa la tête. Ainsi finit ce bey, fondateur de la dynastie actuelle de Tunisie : il régnait depuis 35 ans et méritait certainement un meilleur sort.

Kaïrouan eut à supporter toute la fureur de la soldatesque, pendant que Younos présidait en personne à la destruction de ses remparts et des fortifications de la Kasba. Cela fait, il alla réduire les villes rebelles : Souça, Monastir et El-Kalâat-el-Kebira. Ali-Bey, fils d'Hosseïn, résista le plus longtemps qu'il put, après quoi il se réfugia à Constantine. Quant aux autres fils, l'un d'eux, Mohammed, resta à Alger et l'autre, Mahmoud, put s'embarquer et gagner Malte, puis Marseille, d'où il rejoignit le précédent à Alger.

Ali-Pacha restait seul maître du trône ; mais ces longues années de guerre avaient profondément troublé la Tunisie et semé bien des haines. Le pacha, lui-même, et son fils Younos, étaient profondément irrités de la conduite des Harars, qui, en dépit des liens de parenté les unissant, avaient soutenu leurs adversaires. Pour s'en venger, ils attirèrent Soultan et les principaux chefs de la branche des Menacer à Tunis ; au milieu d'une fête donnée en leur honneur, tous furent brutalement saisis ; Soultan et son fils Breïk, leurs neveux Khaled et son frère, Ahmed-Sreïr et son frère Brahim, furent décapités dans la salle même du festin ; quant aux autres, on les chargea de chaînes et ils furent employés comme galériens aux plus durs travaux. Mais la vengeance n'était pas suffisante : Ali-Pacha répudia la femme qu'il avait épousé chez les Harar, propre fille du Soultan, et la donna à un esclave chrétien. Younos agit de même à l'égard de la fille de Trad. Quelque temps après Bou-Aziz, chef de l'autre branche des Harar, que l'exemple de ses parents n'avait pas éclairé, se rendit sans méfiance au camp de Younos, où il était invité ; arrêté au mépris des lois de l'hospitalité, il fut conduit à Tunis, où, après avoir été promené, demi-nu, sur un mulet, la tête tournée du côté de la queue de la monture, il fut enfin amené sur la place de la Kasba et déchiqueté à coups de sabre.

Après les Henanecha, ce fut au tour de leurs voisins les Nemamecha. Cette grande tribu était divisée en deux groupes : les Oulad-Khïar, qui tenaient pour Ali-Pacha, et les Achache, qui avaient soutenu Hosseïn et donné asile, pendant longtemps, à son fils Mohammed. Le pacha vint, en personne, avec ses deux fils Younos et Sliman, commandant, l'un et l'autre, une colonne légère, les relancer dans le Zab-Chergui ; après avoir châtié les oasis qui les soutenaient et mis au pillage Khenguet-Sidi-Nadji, malgré le caractère religieux de ce centre et les services qu'il avait obtenus de ses marabouts, lorsque lui-même était fugitif ; il poursuivit les débris de la tribu jusque dans l'Ouad-Souf.

Ces sévérités et ces violences n'étaient guère faites pour amener un apaisement si nécessaire. Ajoutons que la peste, apportée d'Alexandrie, par un vaisseau, en 1740, s'était répandue en Algérie et en Tunisie et y faisait de grands ravages[1].

Rupture de la Tunisie avec la France. Ali-Pacha s'empare de Tabarka et détruit les établissements du cap Nègre. — A ces causes de misère et de troubles vint s'ajouter une rupture avec la France. Il suffisait que Hosseïn-Bey eût été favorable à cette nation pour que celui qui l'avait renversé lui fût hostile. Comme toujours, du reste, les puissances rivales, particulièrement l'Angleterre et les Pays-Bas, saisirent cette occasion, en redoublant d'intrigues, dans l'espoir d'obtenir la suprématie. Sous le prétexte que les Français avaient soutenu Hosseïn et fait passer des secours

---

1. Féraud, *Les Harars* (Revue afric., n° 107, p. 325 et suiv.). — Rousseau, *Annales Tunisiennes*, p. 117 et suiv. — Marcel, *Tunis* (loc. cit.), p. 189.

aux « révoltés » de Souça et de Monastir, le consul français, Gauthier, fut molesté ; puis, le pacha prétendit exiger de lui le baise-main dont les fonctionnaires de sa nation étaient formellement dispensés en qualité d'amis du khakan, ayant le pas sur les autres puissances chrétiennes. Après avoir pris l'avis des résidents français, Gauthier se refusa, avec beaucoup de fermeté, à consentir à cette suppression d'un droit acquis ; mais il fut traîné au diwan et dut s'exécuter sous peine de mort (mai 1740). Peu après, des navires français étaient pris, malgré leur résistance opiniâtre, par les corsaires tunisiens, à la hauteur du cap Bon, et le pacha saisit cette occasion pour déchirer les traités et déclarer la guerre à la France. Le consul, rappelé, parvint à se réfugier à Tripoli. Une petite escadre française vint alors bloquer les abords du golfe de Karthage.

Sur ces entrefaites, Ali-Pacha apprit que Jacques de Lomellini, cessionnaire, depuis 1720, de l'île de Tabarka dont la propriété était restée jusqu'alors commune à toute sa famille, était entré en relations avec la « compagnie des concessions d'Afrique », maîtresse des comptoirs de la Calle et du cap Nègre, pour lui céder ses droits sur l'île. Aussitôt, le pacha fit appareiller huit galiotes en les chargeant d'empêcher les navires français d'y aborder ; en même temps son fils, Younos, partit, par la voie de terre, avec une colonne. Lorsqu'il arriva en face de l'île, la besogne était à a peu près faite : le commandant génois s'était laissé attirer sur une des galiotes, sous prétexte de conclure une entente, et avait été chargé de chaînes ; puis, des soldats turcs avaient débarqué sans éprouver de résistance et s'étaient emparés de l'île, dont les habitants avaient été faits prisonniers, ou s'étaient réfugiés à La Calle, ou dans l'île Saint-Pierre en Sardaigne. Ainsi cessa l'occupation génoise de l'île qui durait depuis l'année 1540. Les Tunisiens y placèrent une garnison ; puis ils allèrent surprendre l'établissement français du cap Nègre, le détruisirent de fond en comble et réduisirent tout le personnel en captivité. Un certain nombre de prisonniers du cap Nègre et de Tabarka furent employés à construire une jetée reliant cette île à la terre [1].

TENTATIVE INFRUCTUEUSE DE DE SAURINS POUR OCCUPER TABARKA. RÉTABLISSEMENT DE LA PAIX AVEC LA FRANCE. — Un lieutenant de

1. Rousseau, *Annales Tunisiennes*, p. 121 et suiv. — Pellissier de Reynaud, *Mémoires historiques et géographiques* (Exploration scientifique de l'Algérie, p. 251 et suiv.). — *Mémoire de Poiron, commissaire des guerres à Toulon* (Bibl. nat. m. s. 2036-31).

vaisseau de la marine française, de Saurins, homme énergique et aventureux, qui avait été chargé, en 1741, avec une barque dont il avait le commandement, de concourir à la protection du commerce et des établissements français, entre Bône et le cap Zebib, proposa, en 1742, d'organiser une expédition avec laquelle il se faisait fort de se rendre maître de Tabarka. Soutenu par la Compagnie, qui avait pris le titre de « Compagnie royale d'Afrique », il présenta son plan à la cour, et obtint le commandement qu'il sollicitait. Dans le mois d'avril, il se rendit avec deux brigantins à La Calle pour y préparer l'expédition. C'est ainsi que Sanson de Napollon avait opéré, un siècle plus tôt, et l'entreprise de de Saurins ne devait pas être plus heureuse.

Deux frégates et quatre galères partirent, quinze jours plus tard, avec mission de se joindre à l'escadre de blocus et de croiser aux environs de l'île afin de faciliter la réalisation du plan. Malheureusement, la peste s'étant mise dans les chiourmes et les équipages, annihila leur action, les forçant même à rentrer dans les ports de France. Pendant ce temps, de Saurins reconnaissait soigneusement le pays et préparait l'entreprise. Un indigène de La Calle, dans lequel le directeur des établissements avait la plus entière confiance, fut mis dans le secret et promit l'aide des Berbères de la côte ; mais, tout en montrant beaucoup de zèle, il eut soin de prévenir les Turcs de l'île dont la garnison fut renforcée et qui se mirent en mesure de déjouer la surprise.

Cependant le temps s'écoulait et les navires ne paraissaient pas ; enfin de Saurins reçut de M. de Maissiac, chef des forces maritimes françaises bloquant la baie de Tunis, une lettre l'avertissant qu'il n'y fallait pas compter. Tout était prêt, et le directeur des établissements de La Calle proposa à l'officier français de remplacer les forces militaires par des hommes du personnel des concessions, corailleurs ou autres, qu'on armerait pour la circonstance. Entraîné par son ardeur, de Saurins eut le tort d'accepter, croyant, d'après les rapports de l'espion, que la garnison de l'île n'était que de 80 hommes.

Le 2 juillet 1742, on chargea sur deux brigantins le matériel et les munitions nécessaires ; puis, les hommes furent répartis sur sept barques coralines avec un officier dans chacune, désigné pour attaquer un point différent. On comptait, en outre, sur le concours des indigènes. Vers le soir, on partit sans bruit et l'on prit, en route, le frère de l'indigène espion, qui devait servir de guide ; les premières coralines abordèrent au nord-est de l'île. Le débarquement s'opéra, sans difficultés, vers deux heures et demie du matin, et de Saurins, voulant à tout prix se rendre maître du poste dit « des Fourrages » avant l'apparition du jour, s'y porta en personne. Il y pénétra bravement, tuant et bousculant les Turcs de garde ; mais, arrivé à un petit réduit qu'il s'agissait d'enlever, il fut reçu par une décharge générale qui le renversa atteint de deux balles. Ses hommes le retirèrent par les pieds pour lui sauver la vie ; il était blessé à la gorge et au bras et voulait retourner, avec sa troupe, au combat, lorsqu'on lui apprit que les différentes attaques avaient eu à peu près le même sort : partout, ses principaux officiers étaient tués ou blessés et la plupart de ses soldats de rencontre s'enfuyaient afin de rejoindre les barques poussées vers le large par les matelots terrifiés. L'entreprise était manquée ; le commandant ordonna la retraite ; mais le soleil s'était levé et les forts tiraient sur la petite troupe, y répandant un désordre extrême.

Sur l'invitation de de Saurins, M. de Meyronnet, avec une quarantaine d'hommes résolus, occupa un point élevé, afin de protéger la retraite, tandis que MM. de Kalio et de Villeneuve se joignaient à lui, suivis d'une vingtaine de soldats. Mais les Turcs avaient vu le petit nombre des Français ; ils se précipitèrent en masse sur eux, les massacrant jusqu'au dernier. De Villeneuve fut seul épargné ; quant à de Saurins, il reçut un coup de sabre sur la tête et tomba d'une terrasse sur des rochers où il fut retrouvé respirant encore. Grâce à sa jeunesse et à sa vigueur, il n'en mourut pas et résista au voyage qu'on lui fit faire, huit jours plus tard, par terre, jusqu'à Tunis, sans les moindres égards pour l'état déplorable où il se trouvait. Le pacha Ali essaya alors de lui faire avouer qu'il avait agi par l'ordre du gouvernement français, mais le jeune officier, méprisant les menaces et ayant fait le sacrifice de ce qui lui restait de vie, persista à prendre toute la responsabilité de l'entreprise. Plein de fureur, le pacha ordonna de le mettre immédiatement à mort, bien que le médecin lui eût déclaré qu'il ne survivrait pas à ses blessures. De Saurins attendait avec constance sa dernière heure, lorsqu'il fut sauvé par Younos, frappé d'admiration par son courage.

Les prisonniers avaient été employés aux plus durs travaux ; quant à de Saurins, il profita de sa convalescence pour correspondre avec le directeur du comptoir de la Calle, M. Fort, père, dont le fils était détenu avec lui et, de concert avec celui-ci, il sut fort habilement le faire intervenir. Les Tunisiens étaient las du long blocus que les vaisseaux français leur faisaient subir ; le pacha saisit donc, avec empressement, l'occasion qui était offerte. Fort fut amené de La Calle et devint l'intermédiaire entre Ali-Pacha et de Maissiac commandant du blocus. On ne tarda pas à se mettre d'accord et, en consentant à soumettre le consul à l'obligation du baise-main avec les autres, les représentants de la France obtinrent la paix et le rétablissement de tous les privilèges. Ces préliminaires furent signés le 12 novembre 1742. Peu après, M. de Maissiac était reçu avec de grands honneurs, à Tunis ; les ratifications ne se firent pas attendre. La Compagnie française, autorisée à reconstruire les établissements du cap Nègre, renouvela son traité avec la régence. Enfin le pacha exigea la nomination de M. Fort comme consul à Tunis[1].

Mort du dey Ibrahim a Alger. Il est remplacé par Ibrahim-Koutchouk. Rupture entre ce dernier et Ali-Pacha. Expédition de Tunisie appelée la Guerre feinte. — Le dey Ibrahim continuait à exercer le pouvoir à Alger. Cette ville était, depuis le mois de juin 1740, désolée par la peste qui avait fait un grand nombre de victimes. Les relations avec la France fort tendues, grâce surtout aux intrigues des nations rivales, faillirent, vers la fin de l'année 1741, être encore rompues. A propos de certaines mésaventures survenues à deux chebeks algériens, près des côtes de France, où ils guettaient des navires venus à la foire de Beaucaire, le dey, se faisant l'organe de l'opinion publique, ordonna d'enlever le gouvernail à sept bateaux français dans le port ; puis il fit enchaîner et conduire au bagne les équipages. Le vicaire apostolique, ses deux confrères et enfin le consul de France se virent envoyés au travail des carrières. Enfin, il donna au bey de Constantine l'ordre de séquestrer les établissements du Bastion, dont tout le personnel fut incarcéré. Arrivé à Alger le 18 mai 1742, de Maissiac donna au dey les satisfactions qu'il pouvait raisonnablement exiger et obtint la mise en liberté des détenus. Les concessions, placées sous la direction de M. de Fougasse, reprirent leurs opérations.

Ibrahim-Dey faillit ensuite faire naître à Alger une difficulté analogue à celle qui s'était produite à Tunis à propos du baise-main ; mais notre consul, M. d'Evans, tint ferme et préféra demander son rappel que de s'y soumettre (juillet 1743). Peu après, la foudre mit le feu à la poudrière du fort l'Empereur dont l'explosion causa un véritable désastre ; de plus, les munitions étaient détruites : la Hollande, l'Angleterre, le Danemark furent mis en demeure de les remplacer.

Dans l'automne de l'année 1745, le vieux dey Ibrahim, atteint

---

1. *Mémoire de Poiron*, loc. cit. — Texte des traités (Rousseau, *Annales Tunisiennes*, appendice, p. 495 et suiv.).

de dyssenterie et se sentant perdu, abdiqua en faveur du khaznadar Ibrahim-Koutchouk son neveu ; il mourut le 17 novembre suivant, et l'on rapporte qu'avant de rendre l'âme, il recommanda à son successeur de châtier l'arrogance d'Ali-pacha, à Tunis, et d'aider Mohammed-Bey, fils de Hosseïn, à remonter sur le trône. Le nouveau dey était un homme encore jeune, intelligent et ami de la France, dont les nationaux virent cesser les avanies auxquelles ils étaient en butte de la part de son prédécesseur.

Sur ces entrefaites, on apprit que le bey de Tripoli, accablé de vexations par le gouvernement tunisien et désespéré d'avoir perdu la vue, s'était suicidé ; Ibrahim-Dey saisit ce prétexte pour préparer une expédition contre la Tunisie. Mahmoud, fils de Hosseïn-Bey qui était resté à Constantine, alla aussitôt réunir les contingents des tribus à lui dévouées, et, au printemps de l'année 1746, l'armée algérienne, commandée par le bach-ag'a Ahmed, accompagné de Mohammed-Bey, arriva à Constantine, où le bey Bou-Hanek l'attendait ; puis, toutes ces forces s'avancèrent vers l'est et furent rejointes par les contingents amenés par Mahmoud. A mesure que l'armée approchait du territoire tunisien, les tribus frontières venaient apporter leur soumission aux fils de Hosseïn-Bey et fournir les vivres nécessaires. Bientôt elle campa devant le Kef et entreprit le siège de cette place.

Dès le commencement des hostilités, Ali-Pacha avait envoyé, au Kef, son général Hider-Khoudja, avec 600 Turcs. Un officier, du nom d'Ali-Temimi, était chargé, avec un millier de Zouaoua (Kabiles) et de spahis, de défendre les abords de la place. L'armée algérienne poussa mollement ce siège, peut-être inutile, car le Kef, en raison de son éloignement, n'empêchait nullement le passage ; mais il est à peu près certain que le bey de Constantine, allié à Ali-Pacha, ne cherchait qu'à traîner en longueur ; l'ag'a d'Alger ne possédait pas l'amitié du dey ; enfin les princes tunisiens avaient, en quelque sorte, des intérêts opposés, et ce n'était pas sans jalousie que Bou-Hanek constatait leur influence sur des tribus, plus ou moins rebelles, de la province ou de la frontière.

Cependant, le bombardement commença ; mais une mine, dont on attendait les plus grands succès, fut éventée et les mineurs y périrent. On exagéra les conséquences de cet insuccès et il fut convenu que des renforts seraient demandés à Alger. Sur ces entrefaites, Sedira, petit-fils de Bou-Aziz, des Harars, qui commandait le goum d'une partie des Henanecha, ennemi personnel de Bou-Hanek, ayant été prévenu des mauvaises intentions de ce dernier à son égard, jugea à propos, sur le conseil même de Mohammed-Bey, de décamper. Le bey de Constantine en profita pour menacer de se retirer, si Mohammed ne ramenait pas les fugitifs, et celui-ci se mit à leur poursuite. Sur ces entrefaites, des émissaires étaient arrivés à Alger, et leur chef, un certain Ali-Nel-eis, qui était chargé par Bou-Hanek de prévenir le dey que l'ag'a voulait le supplanter, et, par celui-ci, que le bey de Constantine était l'allié d'Ali-Pacha, jeta dans l'esprit d'Ibrahim-Koutchouk un tel trouble, que, pour en finir, ce dernier envoya à l'armée algérienne l'ordre de rentrer.

Le Kef était sur le point de succomber; cependant l'armée de l'Ouest reprit avec plaisir le chemin de ses cantonnements, laissant les tribus qui s'étaient compromises exposées à la vengeance du pacha. Lorsque les troupes algériennes furent arrivées à Fesguia, Bou-Hanek pénétra, un matin, dans la tente d'Ahmed-Ag'a, où se trouvait le prince Mahmoud et, ayant fait signe à celui-ci de se retirer, donna connaissance au précédent de l'ordre qu'il avait reçu du dey et qui prescrivait de le mettre à mort. En même temps des chaouchs se jetèrent sur lui et l'étranglèrent. Selon la version adoptée par M. Vayssettes, l'ag'a Ahmed aurait été simplement empoisonné, ce qui, bien que moins théâtral, revient au même. L'armée algérienne continua sa route; quant aux deux fils de Hosseïn-Bey, ils furent retenus par Bou-Hanek à Constantine, où l'un d'eux, Mahmoud, ne tarda pas à mourir de chagrin. Les indigènes ont donné, à la campagne que nous venons de retracer, le nom significatif de « Guerre feinte » Bou-Hanek mourut de maladie, peu après son retour à Constantine, et fut remplacé par son khalifa Hosseïn, dit Azreg-Aïnou (l'homme aux yeux bleus)[1].

EXTENSION DE L'AUTORITÉ TURQUE SUR LA KABILIE MÉRIDIONALE. LE DEY DEBBAH. AVÉNEMENT DU DEY MOHAMMED A ALGER. — Vers l'année 1745 (ou 1746), les Turcs effectuèrent une expédition dans la Kabilie méridionale et, pour qu'on puisse se rendre un compte exact de l'état du pays à cette époque, nous devons entrer dans quelques explications. Depuis que les Turcs avaient acquis la conviction que l'esprit d'indiscipline des Kabiles s'opposerait toujours à une obéissance régulière; depuis l'extinction de la dynastie des

---

1. De Grammont. *Hist. d'Alger*, p. 297 et suiv. — Le même. *Correspondance des Consuls* (Revue afric., n°ˢ 191, 193). — Féraud, *Les Harars* (Revue afric., n° 107, p. 332 et suiv.). — Rousseau, *Annales Tunisiennes*, p. 145. — Vayssettes, *Hist. des beys de Constantine*, p. 305 et suiv. — Féraud, *Annales Tripolitaines*, loc. cit., p. 218. — Marcel, *Tunis* (loc. cit.), p. 190.

Ben-el-Kadi et la formation de confédérations indépendantes, telles que celle des Guetchoula, l'Odjak n'avait cessé de restreindre l'expansion de ces montagnards. La création de postes dans la vallée du Sebaou, la fondation de la colonie de Zouitna, l'admission des Beni-Djâad comme tribu Makhezen, furent autant de jalons posés pour servir de digue et essayer de les contenir. Le cheikh Gassem, des Guechtoula, qui, dans le siècle précédent, s'était établi solidement à Menedju (Ferkal, cercle de Dra-el-Mizan), et était devenu une sorte de petit sultan, avait fini, à la suite de luttes assez longues, par être expulsé et rejeté dans la haute montagne par les Turcs, avec l'aide de fractions kabiles rivales.

En 1737, un certain Mohammed-ben-Ali, qui devait mériter plus tard le surnom d'Ed-Debbah (l'égorgeur), vint occuper le caïdat du Sebaou, relevant alors du beylik de Titeri. Cet homme énergique, allié par un mariage aux Bou-Khettouch d'Aourir, descendants de Ben-el-Kadi, exerça bientôt une action considérable dans la contrée et fortifia les établissements turcs de Bou-R'eni, de Sebaou et de Menaïel, où des redoutes furent établies et des Zemala placées. Mais le pâté montagneux qui s'étend de l'Ouad-Beni-Aissi à l'Ouad-Bour'doura restait fermé à son action et il dut requérir le concours des Turcs pour briser cette dernière résistance. En 1745 ou 1746, le dey Ibrahim lui envoya deux colonnes commandées, l'une par Ahmed-Ag'a, l'autre par le bey de Titeri : cette expédition, bien qu'étant parvenue à détruire le village de Tir'zert, n'obtint pas de résultat décisif. Debbah fut alors nommé bey de Titeri et, disposant de moyens plus effectifs, s'appliqua avec continuité, énergie et adresse, à compléter son œuvre. Il eut même comme adversaires les Bou-Khettouch, car il avait voulu imposer son autorité au cœur des montagnes, et ce fut en luttant contre les farouches Beni-Ratene qu'il trouva la mort, vers 1755. Nous avons tenu, en passant, à signaler ce personnage, qui assura aux Turcs la sécurité dans les vallées entourant le Djerdjera, à l'ouest et au sud, et dont le renom est demeuré populaire dans ces régions.

Le 3 février 1748, Ibrahim-Koutchouk mourut subitement. Irrité de la révolte des Koulour'lis de Tlemcen, se méfiant de ceux d'Alger, il avait, paraît-il, résolu de les faire massacrer en masse. Aussi, attribua-t-on son décès à un empoisonnement provoqué par ses futures victimes. Il fut remplacé par le Khodjet-el-Kheïl, M'hammed-ben-Beker, homme de mérite, qui s'appliqua surtout au maintien de la paix dans le pays et des bonnes relations avec les puissances étrangères. Il s'empressa en outre de rassurer les Koulour'lis en leur donnant une charte garantissant leurs droits[1].

LES ESPAGNOLS À ORAN. LES BEYS, SUCCESSEURS DE BOU-CHLAR'EM. — Nous avons laissé Oran sous l'autorité d'un véritable administrateur, don J. de Vallejo. Après avoir relevé les fortifications et organisé l'administration, il créa un corps de cavaliers auxiliaires indigènes, sous le nom de *Moros Mogatacés*, qui devait rendre à l'occupation de grands services, tout en retenant dans l'obéissance les tribus dont ces cavaliers faisaient partie (1734). Il s'appliquait, on le voit, à tirer parti des éléments locaux, et, pour compléter l'instruction des cadets et même des officiers, il fonda, en 1737, à Oran, une académie de mathématiques. Et cependant, il ne croyait pas devoir cacher à sa patrie, qu'une occupation continue dans ces conditions ne pouvait être qu'onéreuse : « L'Espagne troque ici des montagnes de pierres contre des monceaux d'or », disait-il dans un rapport très étudié et très complet.

Après quelques nouvelles attaques infructueuses, le bey Bou-Chlar'em, atteint d'une maladie incurable, cessa les hostilités et succomba à l'hydropisie (1735). Il fut enterré auprès de Mostaganem, aux Matmour de Hamid-el-Abid. Son fils, Youssof, lui succéda et reçut l'ordre de s'établir à Maskara, afin de se trouver au centre de son commandement. Mais, en recueillant le pouvoir, il n'avait pas hérité du courage de son père. Mohi-ed-Dine Mesrati, son khalifa, qui exerçait déjà cette fonction sous le règne de Bou-Chlar'em, usurpa, de fait, l'autorité. Menacé dans son existence ou las d'une position par trop secondaire, Youssof se réfugia à Tlemcen où les Koulour'lis, unis aux citadins (Hadar), avaient chassé les Turcs ; mais il ne tarda pas y mourir de la peste (1736). Mohi-ed-Dine obtint alors la nomination de son fils, Moustafa-el-Ahmar, comme bey de l'Ouest. C'était un gendre de Bou-Chlar'em ; il administra, durant dix ans, son beylik, sans paraître s'être adonné particulièrement à la guerre. Tlemcen continua à vivre dans l'indépendance la plus complète. Il mourut en 1746, assassiné par ses beaux-frères, et fut enterré à Mostaganem auprès de son père.

1. Robin, *Note sur l'organisation des Turcs dans la Grande Kabylie* (Revue afric., n° 101, p. 364 et suiv.). — Guin, *Notes sur le bey Mohammed dit El-bey-Debbah* (Revue afric., n° 40, p. 293 et suiv.) — Le même, *Notice sur le cheikh Gassem* (Revue afric., n° 28, p. 310, 311). — De Voulx, *Ahad-Aman ou règlement politique et militaire* (Revue afric., t. IV, p. 211 et suiv.).

Kaïd, que les chroniques espagnoles appellent Ahmed-Musaraz, lui succéda ; c'était un homme énergique et bien doué, mais avide de richesses, et ses adversaires, les fils de Bou-Chlar'em, en profitèrent pour le dénoncer au dey d'Alger. Se croyant perdu, Kaïd alla se réfugier chez les Espagnols d'Oran, tandis que Mohammed-el-Adjami, le nouveau bey, prenait possession du commandement, à Maskara, ce qui renversait tous les plans des fils de Bou-Chlar'em (1746). La situation des Espagnols était toujours la même à Oran. Don J. de Aramburu avait, en 1738, pris le commandement général. Peu après, une sortie d'une partie de la garnison, sous la direction du colonel Vilalba, aboutit à un désastre près de l'embouchure du Rio-Salado : un certain nombre de tués et de blessés et 102 prisonniers laissés aux mains de l'ennemi, furent le bilan de cette journée. Ce gouverneur fut remplacé, en 1742, par A. de La Mota que nous connaissons.

Le 9 juillet 1746, avait eu lieu la mort de Philippe V, roi d'Espagne. Son fils et successeur, Ferdinand VI, aussi incapable que lui de gouverner, mais dépourvu de son goût pour la guerre, n'avait qu'un objectif, le maintien de la paix ; il fut malheureux pour l'Espagne qu'un gouverneur du mérite de Vallejo exerçât ses fonctions durant une époque de dépression semblable [1].

LONG RÈGNE DE MOULAÏ ABD-ALLAH AU MAROC, INTERROMPU PAR LES RÉVOLTES DE SES FRÈRES. ANARCHIE GÉNÉRALE EN MAG'REB. — Il faut revenir au Maroc et ce n'est pas sans regret que nous nous voyons obligés de retracer les principaux faits de la période à parcourir. Aussi le ferons-nous le plus succinctement possible, cette période étant une des plus tristement monotones de l'histoire du Mag'reb. Nous avons laissé Moulaï-Ali maître de Meknès, après la fuite de son frère Abd-Allah (1735). Son premier soin fut de distribuer de l'argent aux soldats et, comme il en manquait, il en exigea, en extorqua, même par la torture, de la mère de son frère. Une révolte fut alors provoquée à Fès par le meurtre du chef des Lamta. Pour la calmer, le sultan y envoya son frère El-Mohtedi ; mais les luttes recommencèrent entre les Oudaïa et les citadins.

Peu après (mai 1736), on apprit que Moulaï Abd-Allah était revenu de l'Ouad-Noun, à la tête d'une armée, et se trouvait à Tedla ; sur quoi, Ali s'empressa de quitter Meknès, où Abd-Allah

---

1. Général de Sandoval (*loc. cit.*, p. 189 et suiv.). — Abbé Bargès, *Complément de l'histoire des Beni-Zeiyan*, p. 498 et suiv. — Walsin Esterhazy, *Domination Turque*, p. 175 et suiv.

fut de nouveau proclamé par les Abid (12 mai). Bientôt, il y fit sa rentrée, puis s'installa à la Kasba d'Abou-Fekrane, près de Meknès, et y reçut l'adhésion des Oudaïa et des gens de Fès représentés par une députation. Mais le sultan, après les avoir accablés de reproches, les fit mettre à mort. La révolte et un redoublement de brigandages lui répondirent; puis on reçut la nouvelle que Mohammed-ben-Ariba, frère du sultan, avait été reconnu sur le mausolée de Sidi-Edris (octobre). Les Abid de Mechra-er-Remel ratifièrent ce choix.

A cette nouvelle Abd-Allah s'enfuit de Meknès, tandis que son frère entrait à Fès et recevait le serment de la population et des troupes. Ce dernier se transporta ensuite à Meknès et s'appliqua à faire enlever tous les grains que ses sbires trouvèrent chez les gens du pays, ce qui eut pour effet de les détacher de lui. Cependant, Moulaï Abd-Allah, qui se tenait à El-Hadjeb, chez les Berbères, eut l'audace de pénétrer une nuit à Meknès et de se glisser dans les écuries. Il tua les gens qu'il trouva et prit la fuite après y avoir mis le feu. Poursuivi, à son tour, par les Abid et son frère, il se réfugia dans la région du haut Moulouïa, tandis que les soldats, conduits par El-Oualid, autre frère, mettaient toute la région de Safrou à feu et à sang ; les Cherifs, même, et les Zaouïa furent impitoyablement pillés. La famine régna bientôt à Meknès, dont les environs étaient ravagés par les Oudaïa. C'était le pillage organisé et cela dura jusqu'en juin 1738. Les Abid arrêtèrent alors le sultan et ses principaux adhérents; puis des officiers furent expédiés à Tafilala afin de ramener de cette pépinière des enfants d'Ismaïl, son fils El-Mostad'i.

Ce prince, ayant été conduit directement à Fès, y fut proclamé, après quoi il se rendit à Meknès et y reçut les adhésions d'une partie de ses sujets. Rien, du reste, ne fut changé au système de gouvernement. Il avait fait expédier, sous bonne escorte, son frère Mohammed à Sidjilmassa. Prenant ensuite ombrage d'un autre de ses frères, nommé Zine-el-Abidine, il le fit rouer de coups en sa présence et ordonna de l'emporter, tout meurtri, à l'oasis ; mais des Abid le délivrèrent en route et le cachèrent chez les Beni-Yazer'. Peu après, le sultan alla à Tanger, où il séjourna deux mois; puis à Maroc. A la suite d'une nouvelle cruauté commise par lui, les Abid le déposèrent et rappelèrent Abd-Allah qui se trouvait alors à El-Mezemma, sur la côte du Rif. Une députation lui fut envoyée à cet effet dans cette ville par les habitants de Fès, qui se livrèrent à des réjouissances publiques, pendant qu'El-Mostad'i quittait Meknès en toute hâte, abandonnant même son harem (1740).

Dans les premiers jours d'octobre, Moulaï Abd-Allah arriva à Meknès et il est inutile de retracer toutes les vengeances qu'il exerça ; en peu de temps la désorganisation fut complète et le pays se trouva livré aux brigands jusqu'au commencement de l'année 1745. Le pacha Ahmed, officier qui avait acquis une certaine influence, dans les derniers temps, et les Abid se rappelèrent alors ce Zine-el-Abidine, auquel on avait pensé une première fois et l'envoyèrent chercher dans sa retraite. Ils avaient résolu de mettre à mort Abd-Allah ; mais celui-ci les prévint en évacuant Meknès et allant se mettre sous la protection des Oudaïa et des gens de Fès qu'il déclara être ses meilleurs amis et ses plus fermes soutiens. Cependant il se tint prudemment à Ras-el-Ma.

Zine-el-Abidine, proclamé le 3 avril 1745, ne tarda pas à arriver à Meknès, et, à cette nouvelle, Abd-Allah se jeta dans la montagne, chez les Berbères, abandonnant Fès à son malheureux sort. Le premier acte du nouveau sultan fut de marcher avec ses Abid contre cette ville et d'en commencer le siège. Mais bientôt la discorde se mit parmi les Abid, et il dut rentrer à Meknès. A peine était-il parti qu'Abd-Allah accourait à Fès et était accueilli en libérateur (juin) ; peu après il recevait un message des Abid lui annonçant qu'ils avaient déposé son frère et l'avaient proclamé sultan à Mechra-er-Remel (octobre). De plusieurs côtés les adhésions parvinrent au prince qui, pour la quatrième fois, avait repris en main l'autorité. Mais, dans le mois de décembre on apprit que les Abid, revenant sur leur décision, avaient envoyé chercher El-Mostad'i alors à Maroc et lui avaient prêté serment.

Vers la fin de janvier 1746, El-Mostad'i fit son entrée à Meknès ; puis il vint prendre position, avec son armée, en face de Fès, ce qui détermina Abd-Allah à évacuer son séjour de Dar-Debibar', et à se transporter chez les Beni-Idracen où, avec l'aide de leur cheikh, Mohammed-ou-Aziz, il se mit à réunir des guerriers (mars-avril). El-Mostad'i luttait depuis un mois contre les gens de Fès et leurs alliés, lorsque, tout à coup, on vit arriver Abd-Allah, suivi d'une masse compacte de Berbères des tribus d'Idracen, Zemmour, Aït-Malou et Guerouane. N'osant entamer la lutte, le sultan s'empressa de lever le siège et de rentrer à Meknès.

Abd-Allah avait repris possession de Fès. Dans le mois de janvier 1747, son frère El-Mostad'i revint sous les murs de cette ville avec ses Abid et s'établit à Djerara ; le pacha Ahmed-er-Rifi lui amena du nord ses contingents pour l'aider à réduire la place et posa son camp à R'essal ; mais les Haïaïna et les Cheraga, voulant éviter d'être r'aziés, s'étaient réfugiés en grand nombre sous la protection de la ville, ce qui augmentait ses moyens de résistance.

Quant à Abd-Allah, il s'était transporté chez les Beni-Idracen et y avait provoqué une réunion des notables. Là, assis sur sa selle retournée, il avait sollicité de nouveau leur appui en excitant leur jalousie contre ce montagnard (le pacha Er-Rifi) qui s'était élevé à son service et prétendait maintenant le renverser : « *Ce pays est à vous, leur dit-il, et personne n'est plus digne que vous d'être les protecteurs des descendants du prophète !* » On ne pouvait mieux trouver le chemin de leur cœur et bientôt des colonnes profondes de Berbères débouchant par le col de Dar-ben-Omar, se précipitèrent sur la cavalerie d'Er-Rifi, la mirent en déroute et s'emparèrent du camp d'El-Mostad'i, de tout son matériel, de ses canons, de ses vivres et de ses munitions. Le sultan courut jusqu'à Mechra-er-Remel, pendant que le pacha Ahmed gagnait Tanger, où il jura de ne pas manger de viande, ni boire de lait, avant d'avoir tiré une éclatante vengeance des habitants de Fès.

Tandis qu'Er-Rifi concentrait ses forces à El-Keçar, El-Mostad'i obtenait des Beni-Hassan 10,000 cavaliers, qui se réunissaient à Mechra-er-Remel, au contingent des Abid (fin février). Abd-Allah, de son côté, venait camper à l'Ouad-Sebou pour attendre ses alliés berbères. Saisissant aussitôt l'occasion, El-Mostad'i se porta sur Meknès et y pénétra par surprise ; ses soldats étaient occupés à massacrer et à piller lorsque les habitants, revenus de leur surprise, organisèrent la résistance et chassèrent les agresseurs. Pendant ce temps, l'armée d'Abd-Allah et celle d'Er-Rifi, formée en partie des contingents des Kholt, Telik, Bedaoua et gens du Fahs, avaient marché l'une contre l'autre ; lorsqu'elles furent en présence à l'Ouad Loukkos, le sultan donna le signal de l'attaque et en quelques instants ses adversaires furent en déroute. Er-Rifi périt dans le combat.

Après avoir passé quarante jours à Tanger, Moulaï Abd-Allah rentrait vers Fès, lorsque, parvenu à Dar-el-Abbas, il se trouva en présence de son frère El-Mostad'i entouré de ses contingents. Ce fut, pour Abd-Allah l'occasion de remporter une nouvelle et éclatante victoire, après laquelle il ne resta à El-Mostad'i d'autre ressource que de se réfugier chez les Beni-Hassan. On avait eu soin, selon les ordres du sultan, d'épargner les Abid ; c'était le vrai moyen de les ramener et bientôt leurs caïds vinrent apporter leur soumission déclarant qu'ils avaient abandonné El-Mostad'i. Moulaï Abd-Allah les accueillit en leur imposant comme condition première de combattre les Beni-Hassan, c'est-à-dire son frère (mai). Peu après, s'étant rendu à Meknès, il se fit reconnaître ; puis il partit avec ses contingents et ceux des Abid, fondit sur les Beni-Hassan, les écrasa, réduisit les survivants à implorer leur pardon et força son frère à fuir dans le Doukkala, puis dans le Mesfioua. Les populations de ces contrées, après avoir supporté toutes les horreurs de la guerre, se décidèrent à implorer l'aman ; quant à El-Mostad'i, il avait réussi à s'enfuir, et finit, après bien des péripéties, par atteindre les environs de Tanger où il resta.

Après deux années de laborieuses campagnes, Abd-Allah restait à peu près maître de l'autorité. Il rentra alors à Meknès ; mais il ne tarda pas à se livrer de nouveau à ses fantaisies cruelles, faisant massacrer les députations qui lui étaient envoyées, tendant des pièges à tous et ne ménageant ni amis ni ennemis. Il eut le tort de s'attaquer à la tribu des Beni-Idracen à laquelle il devait tant. Ces Berbères n'entendaient pas raillerie ; entraînés par leur chef, Mohammed-ou-Aziz, ils fondirent sur lui et faillirent le mettre en déroute, après lui avoir tué 300 Abid. Soutenu par les Oudaïa, Abd-Allah se réfugia avec sa famille en emportant ses trésors, aux environs de Fès, dans sa demeure de Dar-Debibar (1747). Les Abid restaient maîtres de Meknès. Quant aux Beni-Idracen et autres Berbères, ils ravageaient les environs de Fès et luttaient continuellement contre les Abid et les Oudaïa. Le cheikh berbère, grâce à ses relations avec les gens de Fès, avait obtenu d'eux qu'ils fermassent la porte de leur ville à Abd-Allah. En vain, le sultan essaya de les contraindre à le recevoir ; en vain on tenta, de part et d'autre, de trouver un terrain de conciliation. L'anarchie était trop complète, trop générale pour qu'on pût y arriver. Moulaï Abd-Allah conduisit alors son armée contre El-Keçar, où les gens du R'arb, les Kholt et autres s'étaient réfugiés, et mit cette ville à sac. Il rentra à Meknès dans le mois de juin 1748.

Sur ces entrefaites, El-Mostad'i ayant été expulsé par les Rifins, écrivit à son frère pour rentrer en grâce. Il obtint d'abord d'aller s'établir à Acila, puis en fut expulsé et contraint de se réfugier à Tafilala. Moulaï Abd-Allah, de retour à Meknès, se trouvait à la merci des Berbères, qui bloquaient la ville. Las de cet état de guerre, les Abid résolurent alors de déposer le sultan, ce qui était pour eux le remède à tous les maux ; mais, averti comme toujours, Abd-Allah se réfugia à Dar-Debibar', tandis qu'à Meknès on proclamait sultan son fils Moulaï-Mohammed. Dans les dernières années, ce prince avait pris une part active à la direction des affaires et le commandement de Maroc lui était confié. Mais il refusa de prendre le pouvoir au détriment de son père.

Peu après, Moulaï Abd-Allah fit la paix avec les gens de Fès et il y eut une cérémonie de pacification générale sur le tombeau de Moulaï-Edris (1748). Cependant les Abid se tenaient toujours à l'écart, ne reconnaissant comme sultan que Moulaï-Mohammed.

Abd-Allah chercha en vain à les attirer auprès de lui ; mais leur résistance eut pour effet d'amener une réconciliation entre lui et Mohammed-ou-Aziz, cheikh des Idracen (1749). En 1750, le Maroc fut désolé par la famine et la peste. Néanmoins cette année amena un résultat heureux pour le pays, car Moulaï-Mohammed s'étant rendu à Meknès, y fit rétablir l'autorité de son père ; puis il vint à Fès, suivi d'une députation des Abid et des gens des tribus du sud, et, dans une entrevue solennelle, il obtint d'Abd-Allah, devant lequel il était prosterné, l'aman complet pour tous les rebelles.

L'épouvantable anarchie qui, depuis plus de vingt ans, désolait le Mag'reb touchait à son terme. L'esprit reste véritablement confondu en voyant les grands résultats obtenus par Ismaïl, perdus aussitôt après sa disparition ; et, si l'histoire de la Berbérie ne nous offrait de nombreux exemples du même genre, on trouverait extraordinaire que les enfants de cet homme de génie à sa manière, se fussent trouvés tellement au-dessous de leur situation. Mais il ne faut pas se laisser tromper par l'apparence : l'œuvre d'Ismaïl n'est pas détruite ; la réaction contre le système de compression qu'il a mis en pratique a été en rapport avec la puissance de cette œuvre : la force de l'organisation des Abid s'est retournée contre ceux mêmes qui devaient se servir de cet instrument ; mais aussitôt que la tempête sera un peu apaisée et que les rênes du pouvoir tomberont entre les mains d'un homme capable, on retrouvera les fortes assises posées, qui ont été la sauvegarde de l'empire marocain jusqu'à nos jours [1].

1. *Et-Tordjeman*, p. 33 et suiv. du texte arabe, 78 et suiv. de la trad. — Abbé Godard, *Maroc*, p. 538 et suiv.

CHAPITRE XXIII

LES CHERIFS HASSANI AU MAROC. — LES TURCS DANS LE RESTE DE LA BERBÉRIE

1750-1770

Tunisie : Révolte de Younos contre Ali-Pacha. Il est chassé de Tunis. — Alger : Événements divers. Assassinat du dey M'hammed. Il est remplacé par Baba-Ali-Nekcis. — Expédition algérienne commandée par le bey de Constantine contre Tunis. Prise de cette ville. Mort d'Ali-Pacha. Mohammed, fils de Hosseïn, devient bey de Tunis. — Tyrannie de Baba-Ali dey à Alger. Révoltes kabiles. — Règne de Mohammed-Bey à Tunis. Sa mort. Son frère Ali-Bey prend en main la direction des affaires. — Ahmed-el-Kolli, bey de Constantine. Les Ben-Gana. — Les beys d'Oran. Soumission de Tlemcen. Ibrahim, bey de l'Ouest. — Maroc : Fin du règne de Moulaï Abd-Allah. — Règne du sultan Moulaï-Mohammed. Il pacifie le Maroc et établit solidement son autorité. — Fondation de Mogador. Le sultan conclut des traités de paix avec les nations européennes. Affaire de L'Arache. — Alger : Mort du dey Baba-Ali. Avènement de Mohammed-ben-Osmane. Révolte des Kabiles. — Alliance de Moulaï-Mohammed avec le grand cherif de La Mekke. Il s'empare de Mazagan et expulse les Portugais.

TUNISIE : RÉVOLTE DE YOUNOS CONTRE ALI-PACHA. IL EST CHASSÉ DE TUNIS. — Depuis la chute de Hosseïn-bey et la pacification avec la France, Tunis avait recouvré une certaine tranquillité. En 1749, l'Autriche conclut un traité de paix avec la régence ; deux ans plus tard, le 19 octobre 1751, l'amiral Keppel et Charles Gordon, au nom de l'Angleterre, traitèrent dans les mêmes conditions avec Ali-Pacha, après avoir en vain essayé d'obtenir de lui la cession de Tabarka et de l'établissement du cap Nègre. Enfin, dans le mois de décembre de la même année, le Danemark obtint des avantages analogues[1].

Cependant Younos-bey, possesseur, jusqu'alors, de la confiance de son père, auquel il avait rendu de si grands services, ne tarda pas à voir son frère Mohammed le supplanter, pendant l'oisiveté de ces années, où son activité et son courage n'étaient plus utiles. Pour y arriver, son frère le représentait comme cherchant en

---

1. Voir les textes de ces traités à la fin des *Annales Tunisiennes* de Rousseau, p. 444 et suiv., 434 et suiv., 457 et suiv.

secret à s'emparer du pouvoir, moyen infaillible de dominer l'esprit d'un despote affaibli par l'âge. Bientôt Younos se vit enlever ses prérogatives et ses droits ; enfin ses frères Mohammed et Slimane le sommèrent de partir pour l'Orient (avril 1752). Il s'était retiré au Bardo, sous le prétexte de préparer son départ ; mais le 24 avril, suivi de quelques hommes dévoués, il pénétra, par surprise, dans la Kasba, s'en rendit maître, et se fit reconnaître par le diwan et les soldats.

Ali-Pacha, de son côté, groupa au Bardo ses adhérents, et chargea ses fils, Mohammed et Slimane, de s'emparer de diverses positions en ville et aux environs ; ils se rendirent alors maîtres du quartier de Bab-Souika. Mais, le 27, Younos se fit livrer les forts de La Goulette et, au moyen de l'artillerie et des munitions qu'il y trouva ou qu'il exigea des navires au mouillage, il put répondre à la canonnade de son père. Averti par ce qui s'était passé à La Goulette, le pacha put empêcher les garnisons de Bizerte, Porto-Farina et Tabarka de se prononcer pour son fils et bientôt celui-ci se trouva bloqué à Tunis, réduit à ses seules forces et manquant de poudre. Peu après, ses frères entraient dans la ville, tandis que lui fuyait vers la montagne, du côté opposé.

Demeuré, encore une fois, maître du pouvoir, Ali-Pacha, afin de récompenser ses troupes, leur permit le pillage des chrétiens et des juifs et, durant cinq longues journées, Tunis fut le théâtre des plus odieux excès ; les consulats européens, à l'exception de celui de Danemark, ne furent pas épargnés. Tous les gens qui avaient pris part à la révolte de Younos furent recherchés, punis ou expédiés en Orient. Quant à Younos, il tomba, à son passage dans la région de Tebessa, entre les mains des Henanacha qui voulaient lui faire un mauvais parti, pour se venger du meurtre de Bou-Aziz ; mais il sut se faire réclamer par le bey de Constantine, qui le traita avec bienveillance [1].

Alger. Événements divers. — Assassinat du dey M'hammed. Il est remplacé par Baba-Ali-Nekcis. — Nous avons vu, qu'à Alger, M'hammed-ben-Beker avait succédé en 1748, à Ibrahim. C'était un homme habile et pacifique ; il sut maintenir la bonne harmonie avec les puissances chrétiennes et résister, en 1749, aux instances de l'amiral Keppel qui voulait lui arracher l'ordre de cession de Tabarka à l'Angleterre. Dans la nuit du 7 au 8 sep-

---

1. Rousseau, *Annales Tunisiennes*, p. 146 et suiv. — Féraud, *Les Harars* (loc. cit., p. 344 et suiv.). — Marcel, *Tunis* (loc. cit.), p. 190.

tembre 1750, la poudrière de l'Etoile sauta en produisant de grands dégâts. Le Danemark et la Suède furent chargés de remplacer les munitions perdues. La peste vint, en 1752, se joindre à ces maux et ravagea le pays durant quatre années. L'irritation causée à Alger par tous ces événements et la diminution des produits de la course se traduisait, à chaque instant, par des mouvements populaires.

Sur ces entrefaites, dans le mois de septembre 1753, un capitaine de navire marchand français, du nom de Prépaud, fut amené à Alger par les reïs qui lui reprochaient de les avoir attaqués sans raison et de leur avoir tué une trentaine d'hommes. N'écoutant que sa colère, le dey le condamna d'abord à être pendu ; mais sur les instances de personnages haut placés, il consentit à réduire la peine à la bastonnade, en chargeant le khaznadji de surveiller son application. Le malheureux marin fut si durement frappé qu'il mourut le lendemain. Il en résulta des réclamations de la part du consul, et, enfin, son rappel en France, pour fournir des explications. Il quitta Alger au mois d'avril 1754 et les musulmans ne doutèrent pas que la France ne fît demander satisfaction à coups de canon. Tout le monde était mécontent ; les miliciens résolurent alors de tuer le dey, dans l'espoir de calmer l'irritation française.

Le 11 décembre 1754, tandis que M'hammed était occupé à faire la solde, un Albanais, nommé Ozen-Ali, s'approcha comme pour lui baiser la main et lui porta un coup de poignard au défaut de l'épaule, puis l'abattit d'un coup de pistolet. Après cet exploit, il se coiffa du turban de sa victime et monta sur l'estrade en criant qu'il était le dey, que la course allait reprendre et que la solde serait augmentée. Le khaznadji avait été assassiné à côté de son maître ; mais bientôt, le Khodjet-el-Kheil et quelques officiers accoururent et massacrèrent les conjurés, dans la salle même du crime. L'aga des spahis que nous connaissons déjà, Ali-Nekcis, appelé aussi Baba-Ali, et surnommé Bou-Sebâ parce qu'il lui manquait un doigt, le remplaça. Son premier soin fut de faire rechercher ceux qui avaient trempé dans le complot et de les livrer au bourreau. C'était, du reste, un homme ignorant et brutal, dont le mérite de son prédécesseur faisait encore mieux ressortir l'incapacité [1].

Expédition algérienne commandée par le bey de Constantine

---

1. De Grammont, *Hist. d'Alger*, p. 305 et suiv. — De Voulx, *Mort du pacha Mehammed-Khodja* (Revue afric., n° 95, p. 324 et suiv. — Le même, *Le capitaine Prépaud* (Revue afr., n° 87, p. 161 et suiv.).

CONTRE TUNIS. PRISE DE CETTE VILLE. MORT D'ALI-PACHA. MOHAMMED, FILS DE HOSSEÏN, DEVIENT BEY DE TUNIS. — Le nouveau dey d'Alger était l'ennemi personnel d'Ali-Pacha qu'il avait connu en Tunisie ; aussi, son premier soin fut-il de charger le bey de Constantine, Hosseïn-Azreg-Aïnou, d'organiser une expédition afin de placer sur le trône de Tunis un des fils de Hosseïn-bey. Ces deux princes, Ali et Mohammed, furent chargés de réunir les contingents des tribus fidèles, puis un corps important partit pour Constantine, afin de se mettre à la disposition du bey de cette ville (1755). L'armée expéditionnaire était en route et avait déjà atteint Aïn-Chabrou, lorsque le dey d'Alger, cédant à une de ces fantaisies dont il était coutumier, expédia l'ordre de rentrer. Il est probable qu'Ali-Pacha avait fait agir ses amis auprès de lui.

A Tunis, le prince Mohammed, fils du pacha, qui avait de plus en plus accaparé l'esprit de ce vieillard, s'était débarrassé de son frère Slimane par l'assassinat et dirigeait tout. Mais les princes tunisiens et le bey de Constantine n'avaient pas mis en mouvement un si important appareil pour s'arrêter ainsi ; trop de gens espéraient tirer parti de la campagne et il était bien difficile de les contraindre à rétrograder. Après délibération, les chefs résolurent donc de continuer, et Hosseïn-Azreg-Aïnou écrivit à Alger, en faisant ressortir avec tant de force les motifs qui l'empêchaient de revenir sur ses pas, que le dey, changeant d'avis, lui ordonna de poursuivre la campagne.

Marchant alors sur Tunis, l'armée arriva sous ses murs et en commença le siège. Après une série d'engagements où les Algériens eurent le dessus, ils y entrèrent de vive force (31 août 1756). Ali-Pacha et son fils Mohammed ayant été pris, eurent la tête tranchée. Ainsi finit un règne si fatal à la Tunisie : s'étant élevé par l'usurpation et la violence, n'ayant employé pour se maintenir que la cruauté et la ruse, Ali supporta, à son tour, le sort qu'il avait infligé à tant d'autres.

Mohammed, fils de Hosseïn, qui errait en proscrit depuis vingt ans, fut solennellement reconnu bey de Tunisie. Mais bientôt, l'arrogance du bey de Constantine, ses exigences toujours nouvelles, amenèrent une rupture entre eux. Menacé dans son existence, Mohammed-Bey alla se renfermer dans le palais du Bardo, tandis que son frère Ali courait à Sfaks pour grouper des adhérents.

L'armée algérienne s'empara alors de la Kasba, puis les soldats se répandirent dans la ville et, durant plusieurs semaines, infligèrent aux malheureux citadins les plus indignes traitements. Les consulats des puissances chrétiennes, leurs églises, l'hospice des Trinitaires et des Capucins furent pillés par eux. Puis ils entreprirent le siège du Bardo ; le bey semblait perdu, lorsque son frère Ali, accouru du sud avec des contingents nombreux, repoussa les Algériens, les chassa de la ville et rétablit enfin la paix. Le bey de Constantine et son armée reprirent le chemin de l'ouest, après avoir obtenu de Mohammed-bey l'engagement de démolir les fortifications de la frontière et de servir à Alger une redevance en nature et en argent. Ainsi la Tunisie se reconnaissait une fois de plus vassale d'Alger. Le bey de Constantine rentra alors dans cette ville où il ne tarda pas à expirer des suites d'une maladie dont il avait pris le germe en route (fin 1756). Un de ses officiers, Ahmed-ben-Ali surnommé El-Kolli (originaire de Collo) lui succéda [1].

Tyrannie de Baba-Ali dey a Alger. Révoltes Kabiles. — Le succès de l'armée algérienne en Tunisie acheva de troubler la cervelle de Baba-Ali. Il devint insupportable à tous, mais particulièrement aux consuls européens ; après avoir maltraité celui des Pays-Bas, il s'en prit au représentant de la France, M. Lemaire, le chargea de chaînes, l'envoya au bagne et lui fit subir les plus indignes traitements. Il cédait, *dit-on*, aux incitations du consul anglais, qui lui promettait le concours de sa nation pour reprendre Oran. La Grande-Bretagne était alors en guerre avec la France. La prise de Minorque, arrachée aux Anglais dans une belle et courte campagne, fit une grande impression à Alger et le consul Lemaire obtint alors sa liberté (1756). Les Yoldachs, craignant les représailles de la France, ourdirent ensuite un complot contre le dey ; mais il en fut averti et livra tous les conjurés au bourreau.

Le pays avait encore à traverser d'autres crises. Le 1er novembre 1755, des secousses de tremblement de terre s'étaient produites ; elles durèrent avec intervalles pendant près de deux mois, causant de graves dégâts. Elles correspondaient avec celles de Lisbonne, dont elles semblaient être le contre-coup et se reproduisirent pendant les années suivantes. La peste sévissait toujours. Puis ce furent des révoltes dans l'intérieur : la région des montagnes kabiles de Tenès était en feu, tandis que les Berbères du Djerdjera, refoulés naguère dans leurs montagnes par le bey Debbah, prenaient leur revanche depuis la mort de celui-ci, et se répandaient dans les vallées environnantes. Le 16 juillet 1757, ils s'emparèrent de Bordj-Bou-R'eni, après un combat sanglant dans

---

1. Rousseau, *Annales Tunisiennes*, p. 157 et suiv. — Vayssettes, *Hist. des beys de Constantine*, p. 310 et suiv. — Féraud, *Les Harars* (loc. cit., p. 346 et suiv.). — De Grammont, *Hist. d'Alger*, p. 310. — Marcel, *Tunis*, loc. cit., p. 190 et suiv.

lequel le caïd du Sebaou fut tué. Dans le mois d'août, Bordj-Bouira subit le même sort et, jusqu'à la fin de l'année suivante, ces régions furent pillées et dévastées par les Kabiles. Il fallut une campagne en règle pour les forcer à rentrer dans leurs limites. Une colonne de troupes d'Alger commandée par Cherif-Ag'a, une autre, amenée de Médéa par le bey Salta, et, enfin, une troisième, celle du bey de Constantine, furent nécessaires pour obtenir ce résultat. Le fort de Bou-R'eni fut relevé et les postes réoccupés. Les troupes turques, surtout celles de Constantine, éprouvèrent de grandes pertes [1].

RÈGNE DE MOHAMMED-BEY A TUNIS. SA MORT. SON FRÈRE ALI-BEY PREND EN MAIN LA DIRECTION DES AFFAIRES. — Après le départ de l'armée algérienne, Tunis, oubliant les maux passés, n'avait pas tardé à reprendre sa physionomie habituelle. Mohammed-bey était aussi bienveillant que son prédécesseur l'était peu; il gagna bientôt le cœur de ses sujets. Un capidji de la Porte était venu à la suite des derniers événements faire sur place une enquête; on prétendait que des sommes considérables, détournées par Younos, avaient été gardées, soit par le bey de Constantine, soit par le dey d'Alger; pour que cette affaire ne pût être éclaircie, Younos fut mis dans un caveau, sorte d'in-pace, par Ahmed-el-Kolli; la tradition rapporte même qu'il annonça sa mort et qu'un cadavre fut enterré comme étant le sien. L'affaire des consulats devait aussi être arrangée et l'envoyé ottoman y parvint. Enfin il contraignit le bey de Tunis à payer à Alger les frais de la guerre, et à s'obliger au service d'un tribut annuel.

La Tunisie commençait à se remettre de toutes ces secousses, lorsque Mohammed-bey mourut subitement (11 février 1759). Il laissait deux enfants en bas âge : Ismaïl et Mahmoud. Ali-bey, leur oncle, prit en main le pouvoir, après s'être engagé solennellement à le restituer à l'aîné de ses neveux, dès qu'il serait en âge de régner. C'était un homme énergique et intelligent qui s'appliqua à rendre au pays sa force et sa tranquillité. Il était très populaire et la Tunisie n'eut qu'à se louer de son passage au pouvoir. Les traités avec les nations européennes furent confirmés ou renouvelés; les meilleures relations s'établirent, et en 1763, Tunis reçut successivement la visite des flottes anglaise et française.

1. De Grammont, *Hist. d'Alger*, p. 311 et suiv. — Robin, *Organisation turque dans la Grande Kabylie* (Revue afric., n° 78, p. 139, 140). — Berbrugger, *Epoques militaires de la Grande Kabylie*, p. 121 et suiv. — Vayssettes, *Hist. des beys de Constantine*, p. 324.

Cette fois il ne s'agissait plus de satisfactions à exiger, mais d'échange de courtoisies et de cadeaux et, si le canon tonnait, c'était en signe d'allégresse. Des fêtes brillantes furent données à cette occasion, à La Goulette et au Bardo. Venise obtint, peu de temps après, un traité d'amitié ; mais la prépondérance resta toujours à la nation française, dont les représentants furent dispensés de l'obligation du baise-main et du changement de chaussure avant la présentation. L'Angleterre avait obtenu la même faveur [1].

Ahmed-el-Kolli, bey de Constantine. Les Ben-Gana. — Dans le beylik de Constantine, Ahmed-el-Kolli, prince guerrier et bon administrateur, avait, par des expéditions réitérées, fait régner partout son autorité. Nous avons vu qu'il fut entraîné jusque dans le Djerdjera pour coopérer à la pacification de la Kabilie. Il y éprouva des pertes sensibles et parmi ses principaux officiers, le cheikh-el-Arab, El-Hadj-ben-Gana, fut tué.

Ce nom de Ben-Gana paraît ici pour la première fois. Jusqu'alors la fonction de Cheikh-el-Arab était restée dans la famille des Bou-Aokkaz (Daouaouida) ainsi que nous l'avons dit. Mais à l'avènement du bey Ahmed-el-Kolli, la situation changea. Ce dernier était l'époux d'une femme appartenant à une famille religieuse de Kabilie, les Ben-Gana, dont le centre se reporta à Redjas, près de Mila. Une de ses belles-sœurs était femme du cheikh-el-Arab, Ali-bou-Aokkaz, et il est naturel que les hautes relations ainsi créées aient poussé un des membres de la famille Ben-Gana, nommé El-Hadj, qui avait commencé à se faire connaître des tribus du sud, lors d'un pèlerinage, à s'élever et à jouer un rôle politique. Son influence grandissant, les témoignages d'amitié que lui prodiguait le bey, son beau-frère, dont il avait reçu le titre platonique de cheikh-el-Arab, ne tardèrent pas à susciter la jalousie de son autre beau-frère, Ali-Bou-Aokkaz. Après avoir rompu toute relation avec Ahmed-el-Kolli, ce dernier se jeta un beau jour, sans crier gare, sur le campement de Ben-Gana qui se trouvait auprès de ses protecteurs, branche rivale des Bou-Aokkaz, l'enleva et contraignit son compétiteur à se réfugier à Constantine. Peu après eut lieu l'expédition de Kabilie, où Ben Gana trouva la mort. Son fils, Mohammed, recueillit son héritage avec le titre de cheikh-el-Arab. Tel fut le point de départ de la fortune des Ben-Gana qui devaient jouer un rôle dans la province de Constantine

---

1. Rousseau, *Annales Tunisiennes*, p. 162 et suiv. — Féraud, *Les Harars*, loc. cit., p. 350 et suiv.

et devenir les rivaux des Bou-Aokkaz, auxquels le bey les avait opposés à dessein.

Ahmed-el-Kolli s'occupa aussi de la construction d'établissements publics dans la ville et de plantations à l'extérieur, notamment au Hamma. Enfin il fit commencer le fort d'El-Fesguïa. De même que la Tunisie, la province de Constantine respira[1].

Les beys d'Oran. Soumission de Tlemcen. Ibrahim, bey de l'Ouest. — Dans la province d'Oran, le bey, Mohammed-El-Adjami, était mort, après avoir exercé l'autorité pendant un an à peine. Un certain Osmane, favori du dey, le remplaça. Mais l'ancien bey, Kaïd qui, nous l'avons vu, s'était réfugié à Oran, auprès des Espagnols, jugea le moment favorable pour essayer de reprendre le pouvoir. S'étant mis en rapport avec les Mehal et, ayant obtenu leur appui, il se rendit au milieu de ces Arabes et partit avec leur goum, au devant du nouveau bey, pour l'empêcher de pénétrer dans sa province. Ce fut auprès de Miliana qu'il se trouva en présence des Turcs. Mais, à la vue des Ottomans, les cavaliers arabes perdirent leur assurance et se décidèrent à abandonner Kaïd. Heureusement pour celui-ci que quelques Mehal, plus dévoués, lui fournirent un cheval avec lequel il parvint à gagner la campagne et, après diverses péripéties, atteindre Tunis, où il mourut.

Osmane prit possession de son beylik, à Maskara, où il épousa une petite-fille de Bou-Chlar'em, nommé Kheroufa, personne de grand mérite, dont il écouta souvent les conseils ; il s'appliqua particulièrement à maintenir la paix et le bon ordre dans sa province. Les Mehal, devenant très orgueilleux, revendiquant même une prétendue noblesse militaire, opprimaient le pays. Il essaya d'abord de les ramener dans le devoir ; n'ayant pu y parvenir, il les combattit, les expulsa de leurs campements et força une partie de la tribu à émigrer vers l'est ; le reste se soumit et obtint de se fixer d'une manière définitive dans la province d'Oran. Tlemcen vivait toujours dans l'indépendance et, lorsque le bey Osmane eut terminé avec les Mehal et autres peuplades turbulentes, il prépara une grande expédition contre la ville rebelle. Rapidement et bien conduite, cette campagne fut couronnée d'un plein succès. Les troupes du bey s'emparèrent de Tlemcen, que le caïd Redjem-el-Bedjaoui, élu comme chef par la population, essaya en vain de défendre. Ce malheureux caïd, ayant été fait prisonnier, fut en-

---

1. Vayssettes, *Hist. des beys de Constantine*. p. 323 et suiv. — Féraud, *Les Ben-Djellab* (Revue afric., n° 155, p. 382 et suiv.).

voyé à Alger où les Yoldachs, pour se venger de celui qui les avait tenus si longtemps en échec, le firent écorcher vif. Ces faits durent se passer entre les années 1755 et 1759.

En 1760, un certain Hassen était bey de l'Ouest ; il avait succédé à Osmane décédé, sans doute, dix années plus tôt que ne l'indique Esterhazy. Il vint, à cette époque, verser le grand denouche à Alger ; mais il y fut mal reçu pour des raisons qu'on ignore et, se sentant menacé, s'empressa de reprendre la route de l'ouest ; seulement, au lieu de rentrer à Maskara, il alla droit à Oran, se mettre sous la protection des Espagnols. Le gouverneur, Don C. de Cordova, l'accueillit d'autant mieux que le bey apportait des sommes importantes, des bijoux et objets précieux, et amenait des chevaux harnachés et des bêtes de somme, ce qui nous fait supposer qu'au lieu de se rendre à Alger comme les chroniques le rapportent, il versa son denouche à Oran, persuadé, à tort ou à raison, que le dey lui aurait fait un mauvais parti. De là, il ne tarda pas à rentrer en Orient.

Ibrahim, caïd de Miliana, fut nommé bey de l'Ouest en remplacement de Hassen. Il amenait avec lui les fils de son ami, Osmane le Kurde, ancien bey de Titeri, qui les lui avait confiés en mourant. Vers l'année 1765, il nomma au poste important de caïd des Flitta, l'un d'eux, Mohammed-el-Akehal (le noir), auquel une glorieuse carrière était réservée.

Le 6 juillet 1768, le nouveau gouverneur d'Oran D. V. Visconti, comte Bolagnino, ayant fait exécuter une razia sur les indigènes insoumis, au lieu dit « embuscade de Gomez », cette expédition, confiée aux Maures auxiliaires et à quelques fantassins, fut entourée par des nuées d'ennemis et perdit beaucoup de monde. C'était, on le voit, toujours le même système. Le 4 mai de l'année suivante, 1769, la foudre tomba sur le fort Saint-André, en renversa une partie et tua plusieurs personnes[1].

MAROC. FIN DU RÈGNE DE MOULAÏ ABD-ALLAH. — Nous avons laissé, au Maroc, Moulaï Abd-Allah, en 1750, restant pour la sixième fois maître du pouvoir. Instruit, enfin, par ses nombreux revers, le sultan parut se décider à vivre et à administrer d'une façon plus régulière et à écouter son fils Sidi Mohammed, dont le

---

1. Walsin Esterhazy, *Domination Turque*, p. 177 et suiv. — *El-Djoumani*, trad. Gorguos (Revue afric., t. I, p. 405 et suiv.) — Général de Sandoval, *Inscriptions d'Oran* (loc. cit., p. 198 et suiv.). — Abbé Bargès, *Complément de l'histoire des Beni-Zeiyan*, p. 498 et suiv.

caractère pondéré exerça sur lui une action favorable. Ce dernier continua du reste à repousser les incitations, et même les prières ou les menaces, de ceux qui le poussaient à prendre le pouvoir. En 1754, le Maroc fut éprouvé par de violents tremblements de terre qui détruisirent plusieurs villes, notamment Meknès, en faisant de nombreuses victimes. Peut-être faut-il rapprocher ce désastre de celui de Lisbonne et même de celui d'Alger ; cependant, les tremblements de terre de ces localités n'eurent lieu qu'en 1755.

Dans le cours de l'année 1756, le prince Mohammed, qui avait été renvoyé comme gouverneur à Maroc par son père, s'appliquait à relever les ruines de la Kasba ; il en fut empêché par l'indiscipline des Rehamna, population de gens grossiers qui dominaient aux environs et troublaient tout le pays par leurs brigandages. Il dut même chercher un refuge à Safi, où son frère Moulaï-Ahmed, gouverneur de Rabat et de Salé, vint le rejoindre à la suite d'une révolte qui l'avait chassé de sa résidence. Ce mouvement avait été provoqué par les Abid du Dokkala qui s'étaient transportés à Salé après avoir abandonné Mechra-er-Remel. Presque en même temps, le sultan se voyait réduit à quitter Meknès et à séjourner à Fès pour échapper à l'indiscipline et aux menaces des Abid. Peu après, Moulaï-Mohammed rentra à Maroc, s'y établit solidement et reçut la soumission de toutes les régions du Sud-Ouest. Il réorganisa ensuite son armée et groupa bientôt 4,000 cavaliers disciplinés, avec lesquels il effectua des expéditions dans le Sous et le Tamesna et força partout les rebelles à reconnaître son autorité. Salé, encore en révolte, lui ferma ses portes ; mais, continuant alors son chemin vers le nord, il visita toutes les places jusqu'à Tanger, puis rentra à Maroc (1757).

Règne du sultan Moulaï-Mohammed. Il pacifie le Maroc et établit solidement son autorité. — Dans le mois d'octobre 1757, eut lieu la mort de Moulaï Abd-Allah, après un trop long règne, interrompu six fois. Moulaï-Mohammed, son fils, fut alors proclamé à Maroc et reçut les députations des populations du Houz, d'Ed-Dir, du Haha et du Sous, venant lui jurer fidélité. Fès, Meknès, les régions du R'arb suivirent cet exemple, car depuis longtemps on attendait l'avènement de Moulaï-Mohammed et il n'est pas douteux que, sans la grande influence que ce prince exerçait, son père n'eût pas terminé sa vie comme sultan du Mag'reb.

Cette fois, la confiance de tous était bien placée et l'espoir du peuple ne fut pas trompé. Mohammed rappelait son aïeul, par la fermeté du caractère, les aptitudes administratives et l'activité ; mais il n'avait pas cette sauvagerie qui déshonorait la conduite d'Ismaïl, éloignant de lui toute sympathie. Aussi n'allait-on pas tarder à voir le Maroc retrouver les jours de paix, de tranquillité et d'opulence d'autrefois.

S'étant d'abord rendu à Meknès, il reçut la soumission complète des Abid, qu'il combla de présents ; puis il se transporta à Fès, où il fut bien accueilli par la population. Ce ne fut qu'après avoir rempli ces devoirs envers ses sujets qu'il alla à Dar-Debibar', pour prendre possession des richesses entassées dans ce séjour favori de son père. Les gouverneurs de province furent soigneusement choisis et les places de guerre reçurent des munitions et furent réparées. Un marabout avait essayé de soulever le pays des R'omara. Le nouveau sultan alla expéditionner dans cette région et, ayant arrêté le perturbateur, le fit mettre à mort. Moulaï-Mohammed vint ensuite reconnaître Ceuta qu'il trouva parfaitement défendue par les Espagnols. Il passa à Tétouan et à Tanger, organisant partout l'administration et les forces militaires et visita Salé et Rabat, où il fit construire un débarcadère.

Dans le mois de septembre 1758, le nouveau sultan fit son entrée à Maroc et essaya de régler les différends qui divisaient, depuis longtemps, les Beni-Idracen et les Guerouane. Ceux-ci, aidés par les Oudaïa, avaient expulsé les précédents de leurs territoires ; mais de nouvelles et sanglantes luttes recommencèrent entre ces tribus, auprès de Meknès, où les Beni-Idracen avaient été cantonnés. Moulaï-Mohammed ne rentra à Meknès qu'en 1760 ; peu après il se rendit à Fès et châtia d'une manière exemplaire les Oudaïa ; il les exclut de la nouvelle ville et les remplaça par des Abid. Les fauteurs de désordres furent soigneusement recherchés : on les lia deux par deux ; puis ils furent hissés ainsi par couples sur des chameaux et promenés par dérision dans les tribus jusqu'à Maroc, où on les incarcéra. Peu après, ils étaient débarrassés de leurs fers, conduits à Meknès et retenus dans une vaste caserne où on les forma au métier des armes et à la discipline. Ainsi ces misérables, qu'un Abd-Allah ou un Ismaïl n'eût pas manqué d'envoyer au supplice, se trouvèrent en situation de racheter leurs fautes, en rendant des services, et de vivre largement.

Quelques chefs, tels que Fennich, de Salé, qui avait autrefois empêché le souverain d'entrer à Maroc et le pacha El-Habib du R'arb, furent châtiés plus durement, mais s'ils expièrent des fautes personnelles, leurs familles n'eurent pas à en porter la peine et furent, au contraire, traitées avec douceur. Pendant les années 1762,

1763, 1764, le sultan parcourut, avec des forces imposantes, les régions éloignées ou les montagnes d'accès difficile, dans lesquelles l'esprit de révolte avait persisté. Les Haïaïna, qui, à l'est de Fès, avaient fini par méconnaître toute autorité, furent atteints par le sultan dans le pays des R'iatha, au delà de Taza, battus, châtiés et contraints à la soumission.

FONDATION DE MOGADOR. LE SULTAN CONCLUT DES TRAITÉS DE PAIX AVEC LES NATIONS EUROPÉENNES. AFFAIRE DE L'ARACHE. — Vers la même époque (1764-65), le sultan se rendit à Mogador (Soudïra) qui n'était alors qu'une bourgade, auprès d'un havre abrité par deux îlots, et y traça la ville actuelle. Pour y attirer du monde, il décida que son port serait franc ; mais les îlots furent fortifiés et armés. Il permit en même temps l'exportation des céréales, ce qui donna au commerce un accroissement considérable dont le trésor profita. Depuis son avènement, Moulaï-Mohammed s'était efforcé de renouer, avec les puissances européennes, les relations amicales qui avaient cessé pendant le règne troublé de son père. Ce fut ainsi qu'il conclut de nouveaux traités de paix et de commerce avec le Danemark auquel il concéda même, pendant quelque temps, le monopole du commerce de Safi et de Salé (1757) ; l'Angleterre (1760 et 1765) ; la Suède (1763) ; Venise (1765). Toutes ces puissances s'engagèrent à fournir au Maroc de véritables redevances, contre l'engagement de faire respecter leurs navires. Restaient l'Espagne et la France auxquelles le sultan fit des avances. Un négociateur ayant été envoyé auprès du duc de Choiseul, celui-ci fit partir pour le Maroc un certain Salva, chargé de poser les bases du traité et une escadre sous le commandement de Du Chaffaut, afin de l'appuyer (avril-mai 1766).

Des actes de piraterie ayant été commis, quelque temps auparavant, par des corsaires de Salé, l'amiral français voulut obtenir des gens de cette ville, si indisciplinés et si agressifs, les satisfactions qu'il était chargé d'exiger ; et, comme il n'arrivait à rien par la voie de la douceur, il bombarda Salé et Rabat, mais sans obtenir un résultat bien effectif. De là, il se rendit à El-Araïche (ou L'Arache) et bombarda, le 29 juin, la ville et les forts ; pendant la nuit suivante, il détacha de la flotte huit chaloupes avec mission d'incendier un vaisseau se trouvant à l'entrée de la rivière (l'Ouad-el-Kous). L'entreprise réussit à merveille ; mais, à la vue de l'incendie, les indigènes accoururent en grand nombre pour éteindre le feu et les Français durent se retirer, sans toutefois avoir perdu un seul homme.

Le 28, on recommença le bombardement et, vers quatre heures du soir, un officier, M. de Beauregard, fut chargé d'aller avec les chaloupes incendier les navires ennemis. Il pénétra sans peine dans la passe, partagea ses forces en deux divisions et commença son œuvre. Mais les indigènes entourèrent les Français et leur firent éprouver des pertes sensibles. Il fallut ordonner la retraite ; malheureusement la marée montante rendait la barre de la rivière presque infranchissable. Après d'héroïques efforts et une lutte acharnée, quatre chaloupes restèrent aux mains des indigènes. Cette fatale entreprise coûtait à la flotte plus de deux cents hommes, dont trente officiers ou gardes de la marine. Sur ce nombre 48 seulement furent faits prisonniers et parmi eux Bidé de Maurville, qui a publié une relation complète de l'affaire de L'Arache et de sa captivité[1].

Ces événements ne paraissent pas avoir nui à la marche des négociations de l'envoyé français, d'où l'on peut induire que le sultan les présenta comme des hostilités particulières des gens de la côte. En 1767, le comte Breugnon, ambassadeur de France, fut reçu pompeusement à Maroc, où il était arrivé par la voie de Salé, et signa, le 28 mai, un traité d'amitié et d'alliance dont les bases ont réglé les rapports des deux nations jusqu'à nos jours. Les privilèges qui y sont accordés à la France sont considérables et, là comme ailleurs, la prépondérance lui est assurée. Chénier, laissé comme consul général, fixa sa résidence à Salé.

Poursuivant et complétant son œuvre, Moulaï-Mohammed avait envoyé en Espagne, dans le cours de l'année 1766, un ambassadeur extraordinaire Abou-l'Abbas-el-Ghazzal, homme instruit, qui a laissé un récit très complet et fort ampoulé de son voyage. Il fut bien reçu par le roi Charles III et rapporta à son maître les bases d'un traité qu'on signa et ratifia l'année suivante. Dans cette même année 1767, Moulaï-Mohammed reçut, du sultan ottoman Moustafa III, un ambassadeur chargé de lui remettre, à titre de présent, une cargaison entière de canons, de mortiers et de munitions. Ce n'était, du reste, qu'un échange de bons procédés, car le prince marocain avait envoyé à son *collègue* d'Orient des cadeaux non moins précieux[2].

Alger. Mort du dey Baba-Ali. Avènement de Mohammed-ben-

---

1. Amsterdam, 1775.
2. *Et-Tordjeman*, p. 70 et suiv. du texte arabe, 127 et suiv. de la trad. — L. Godard, *Hist. du Maroc*, p. 548 et suiv. — Elie de la Pri-

OSMANE. RÉVOLTE DES KABILES. — A Alger, le vieux Baba-Ali continuait à exercer un pouvoir absolu dans les mêmes conditions d'excentricité amenant, à chaque instant, des complications avec les puissances étrangères. La peste ravageait toujours le pays et, à ce fléau, vint se joindre une sécheresse prolongée (1762). Tous les esclaves furent employés à des travaux pour rechercher et amener de l'eau et on les traita si durement par l'ordre du dey, qu'ils se révoltèrent le 12 janvier 1763. Mais ils furent bientôt écrasés et massacrés sans pitié. Ce fut sans doute en vertu d'ordres de Baba-Ali que, vers cette époque, le bey de Constantine, ayant mis en liberté le prince tunisien Younos, depuis si longtemps détenu à Constantine, et l'ayant éloigné sous le prétexte de lui donner un commandement, le fit mettre à mort dans une région restée inconnue.

Sur ces entrefaites, le dey saisit le prétexte d'un nouvel incident de mer pour faire arrêter le consul de France, Vallière, les principaux fonctionnaires et les équipages des bateaux marchands se trouvant dans le port. Il se donna ensuite la satisfaction d'envoyer tous ces prisonniers, chargés de chaînes, aux carrières où ils durent travailler comme des forçats. En même temps, il ordonnait au bey de Constantine de saisir les établissements de La Calle et d'arrêter tout le personnel, ce qui fut fait (sept.-oct. 1763). Le gouvernement français ne pouvait tolérer de semblables injures, et, le 11 novembre, M. De Fabry était dans le port, avec deux vaisseaux et une frégate, pour exiger des réparations. Cette fois, on prit les précautions nécessaires afin d'éviter le massacre des prisonniers que le dey refusait de mettre en liberté, les considérant comme sa sauvegarde, et ce ne fut que le 8 janvier suivant que l'amiral français obtint toutes les satisfactions désirables. Le Khaznadar fut étranglé par l'ordre du dey, sous le prétexte qu'il avait conseillé les arrestations et, dès lors, le pavillon français fut respecté. La France, il est vrai, se montra une alliée sincère et l'on peut en juger par le récit du naufrage d'un navire algérien sur les côtes du Roussillon, vers la fin de l'année 1764 : les secours et les soins dont l'équipage fut l'objet, jusqu'à son rapatriement, causèrent le meilleur effet parmi la population d'Alger.

Baba-Ali se vit ensuite obligé de lutter encore contre les séditions provoquées autour de lui, par un de ses frères, puis il tomba

maudaie, *Villes maritimes du Maroc* (Revue afric., n° 96, p. 465 et suiv.). — *Ambassade marocaine en Espagne* (Gorguos), Revue afric., n° 30, p. 456 et suiv. — Thomassy, *Le Maroc et ses caravanes*, passim.

malade et finit sa longue et triste carrière le 2 février 1766. Mohammed-ben-Osmane lui succéda. C'était un homme ferme et conciliant qui devait conserver le pouvoir durant 25 années, pour le bien du pays. Plusieurs séditions, qui éclatèrent dans les premiers temps de son règne, furent sévèrement réprimées et apprirent aux brouillons qu'il fallait compter avec le chef de l'Odjak. Les puissances européennes, sauf la France, durent augmenter les tributs qu'elles servaient, afin de combler le déficit des finances algériennes. Quant à l'Angleterre, elle se vit retirer le droit pour ses officiers de se présenter devant le dey, l'épée au côté. De 1762 à 1765, le consulat de la Grande-Bretagne, avait été géré par James Bruce, dont les voyages ultérieurs acquirent à ce personnage une certaine célébrité.

En 1767, une révolte générale, commencée par la tribu des Flissa, se propagea à toute la Kabilie. L'ag'a, ayant marché contre les rebelles, fut mis en déroute et se réfugia à Alger, après avoir perdu 300 hommes tués ; mais il n'échappa à la mort du guerrier que pour périr de la main du bourreau comme coupable de lâcheté. Le dey le remplaça par Si Ouali, Khodjet-el-Kheïl. Les révoltés avaient élu comme chef un marabout, Si Ahmed-ou-Saadi ; toute la région comprise entre Dellis, Djidjeli et Sétif le reconnut et lui envoya ses guerriers. Il fallait frapper un grand coup ; le dey donna au bey de Constantine l'ordre d'envahir le pays insurgé, par l'est, et à celui de Titeri, d'y arriver, par le sud; enfin il chargea l'ag'a Ouali d'y pénétrer par l'ouest avec les troupes d'Alger (1768). Une grande bataille fut livrée, dans laquelle les Turcs perdirent 1,200 hommes avec l'ag'a. La victoire restait donc aux Kabiles, qui l'achetèrent au prix de pertes considérables. Le dey essaya alors de traiter, mais inutilement, et bientôt les Kabiles se répandirent, comme un torrent, dans la plaine de la Mitidja, mettant tout au pillage, jusqu'aux portes d'Alger. Dans cette ville l'effervescence était grande ; plusieurs fois, le dey Mohammed faillit être assassiné. En 1769, l'armée turque, conduite avec prudence, parvint enfin à repousser les Kabiles vers la montagne ; puis, des querelles s'élevèrent entre les Flissa et les Maatka : ils en vinrent aux mains et employèrent les uns contre les autres toutes leurs forces, selon la tradition berbère, au lieu de profiter de leur victoire antérieure. Un grand nombre d'esclaves musulmans, précédemment détenus en Espagne, et qui avaient obtenu la liberté en vertu du traité de 1767, contribuèrent au désordre, car on n'avait pas voulu les recevoir dans les villes. Jusqu'alors, en effet, l'Espagne ne rendait pas ses captifs musulmans et, lorsque des corsaires étaient pris par des Espagnols, on les considérait en Afrique comme morts ; leurs successions s'ouvraient et leurs femmes pouvaient convoler à de nouvelles noces[1].

ALLIANCE DE MOULAÏ-MOHAMMED AVEC LE GRAND CHERIF DE LA MEKKE. IL S'EMPARE DE MAZAGAN ET EXPULSE LES PORTUGAIS. — Tous les gouvernements de la Berbérie semblaient chercher, avec une louable émulation, à nouer, avec les nations européennes, des alliances durables, comprenant qu'ils ne pouvaient continuer à vivre isolés, en état de guerre permanent contre tout le monde.

Moulaï-Mohammed, le sultan marocain, avait des visées encore plus hautes. Grâce à son titre de cherif, il était en relations très intimes avec le grand cherif de la Mekke, qu'on appelait le sultan Serour. En 1768, Moulaï-Ali, un des fils de Mohammed, partit pour l'Orient, afin d'y effectuer le pèlerinage et de conduire une de ses sœurs, accordée en mariage à Serour. La caravane qui les emmena était chargée des présents les plus riches pour le cherif et les principaux personnages du Hedjaz et de l'Iémen. Cette magnificence eut un grand retentissement en Orient et le renom du sultan du Maroc se répandit au loin.

Un seul point était demeuré entre les mains des Portugais sur le littoral océanien ; c'était Mazagan, ou El-Bridja, et cette occupation précaire, maintenue par une sorte de point d'honneur, était, pour le Portugal, une source intarissable de difficultés et de dépenses. Moulaï-Mohammed, n'ayant pu traiter avec cette puissance, résolut de mettre fin à ce dernier vestige d'une honteuse domination. Il réunit une armée considérable, pourvue de matériel et de munitions, et vint, au commencement de l'année 1769, mettre le siège devant Mazagan. Des canonniers bien dressés couvrirent de projectiles la ville et le fort où la garnison portugaise, forte d'un millier d'hommes, se défendait courageusement. Mais l'ordre de l'évacuer arriva de Lisbonne, et le gouverneur stipula une capitulation honorable, lui permettant d'enlever ses armes et même ses canons et d'embarquer la population. Cette petite colonie fut transportée en Amérique et ses membres fondèrent une cité à Saint-Jean de Macapa, près de l'embouchure du fleuve des Amazones.

Moulaï-Mohammed prit aussitôt possession de Mazagan dont il

---

8. De Grammont, *Hist. d'Alger*, p. 313 et suiv. — Berbrugger, *Epoques militaires de la Grande Kabilie*, p. 124 et suiv. — Playfair, *Relations de la Grande Bretagne* (Revue afric., n° 132, p. 419 et suiv.). — *Naufrage d'un Corsaire algérien* (documents officiels), Revue afric., n° 93, p. 219 et suiv.

fit sauter les fortifications. Ainsi il ne resta plus un pouce de terre appartenant au Portugal en Mag'reb et cette puissance ne tarda pas à conclure, comme les autres, son traité de paix avec le sultan cherifien [1].

9. *El-Tordjeman*, p. 78 et suiv. du texte arabe, 143 et suiv. du texte français. — Abbé Godard, *Maroc*, p. 554.

CHAPITRE XXIV

ATTAQUES DES DANOIS ET DES ESPAGNOLS CONTRE ALGER ET DES FRANÇAIS PUIS DES VÉNITIENS CONTRE LA TUNISIE

1770-1786

Rupture entre la Tunisie et la France. Bombardement de différents points. Rétablissement de la paix. — Attaque infructueuse d'Alger par la flotte danoise. Révoltes indigènes. — Attaque infructueuse de Melila par le sultan Moulaï-Mohammed. — L'Espagne prépare une grande expédition contre Alger, sous le commandement du général O'Reilly. Sa flotte jette l'ancre dans la baie d'Alger. — Dispositions prises par le dey d'Alger pour la défense. — Indécision des Espagnols. Préparatifs de débarquement à l'Harrach. — Débarquement des Espagnols. Ils établissent un camp retranché. Rembarquement de l'armée. Echec de l'expédition. — Révolte des Abid au Maroc. Ils proclament le prince Yezid. Le sultan apaise la révolte et punit les Abid. — Révolte des Derkaoua à Tlemcen. Mohammed-ben-Osmane est nommé bey de l'Ouest. — Luttes des Algériens contre les puissances chrétiennes. Prépondérance de la France. — Bombardement d'Alger par les Espagnols en 1784 et 1787. Conclusion de la paix. — Tunisie : Mort d'Ali-Bey. Avènement de son fils Hammouda. — Rupture de la Tunisie avec Venise. — Bombardement et blocus par l'amiral Emo en 1784 et 1785.

RUPTURE ENTRE LA TUNISIE ET LA FRANCE. BOMBARDEMENT DE DIFFÉRENTS POINTS. RÉTABLISSEMENT DE LA PAIX. — Les bonnes relations que les gouvernements africains s'étaient efforcés d'établir avec les puissances chrétiennes d'Europe, dans les années précédentes, furent alors troublées sur différents points de l'Afrique ; ce fut entre la France et la Tunisie que la première rupture éclata. L'île de Corse, dépendance de la République de Gênes, avait été incorporée au royaume de France le 15 août 1768 et, un an plus tard, malgré l'héroïque résistance de Paoli, elle était entièrement soumise à sa nouvelle patrie. Or les Génois et les Corses se trouvaient précédemment en guerre avec Tunis, et il arriva que des bateaux de commerce, naviguant sous le pavillon français, furent saisis et confisqués par des navires de guerre tunisiens, sur les côtes même de l'île. Toutes les réclamations faites auprès d'Ali-Bey pour obtenir justice furent inutiles et, à cette cause de difficultés, vinrent se joindre la question des esclaves d'origine corse, la suppression de l'autorisation de pêcher le corail sur les côtes tunisiennes, accordée précédemment aux Français de La Calle et, enfin, diverses autres infractions aux traités.

La France prépara bientôt une expédition contre la Tunisie et, dans le mois de mai 1770, le consul de cette nation parvint à s'embarquer. La guerre était imminente ; le bey se prépara de son mieux à recevoir l'ennemi. Peu après, une flotte française, sous le commandement de M. de Broves, mouilla à la Goulette (20 juin). Quelques jours se passèrent en pourparlers ; et, lorsque l'amiral français fut convaincu que tout arrangement était impossible, il commença les hostilités par le bombardement de Bizerte (1er août). 300 bombes furent lancées sur la ville qui était défendue par le capitan Ali-Reis. Des troupes y furent envoyées en toute hâte ; le 4 août, les navires français levèrent l'ancre et la division d'attaque, après avoir suivi la côte, alla bombarder Souça ; puis mouilla à Monastir où elle passa quelques jours.

Pendant ce temps, un envoyé de la Porte était arrivé à Tunis et s'employait à rétablir la paix en faisant ressortir que ce n'était pas au moment où le Khakan venait d'éprouver de si graves échecs de la part des Russes, dont la frontière avait été repoussée jusqu'au Danube, que ses vassaux et ses alliés devaient immobiliser leurs forces en luttant les uns contre les autres. Ces paroles de paix arrivaient à leur heure, et l'on ne tarda pas à se mettre d'accord : la Corse fut reconnue terre française, les esclaves corses, nouvellement capturés, mis en liberté, et les privilèges de la pêche rétablis. En outre, diverses indemnités à la charge de la Tunisie étaient stipulées. Les préliminaires du traité furent signés le 25 août, au Bardo, par Ali-Bey et le consul de France. Peu après la flotte leva l'ancre.

Ainsi, la paix se trouva rétablie avec la France, car les ratifications ne se firent pas attendre. Ali-Bey put donc continuer à administrer habilement et fermement la Tunisie ; cependant, ses neveux prenaient de l'âge et il ne paraissait nullement se préparer à leur céder le pouvoir, selon l'engagement par lui pris. Au contraire, il s'associait de plus en plus son fils Hammouda, dont l'ascendant grandissait chaque jour ; il se fit alors octroyer par la Porte le titre de pacha, ce qui conférait pour ainsi dire, ipso facto, à son fils, celui de bey. Ses tendances s'accentuaient de façon à ne plus laisser de doutes [1].

---

1. Rousseau, *Annales Tunisiennes*, p. 169 et suiv., et *Traité avec la France*, append., p. 501, 502. — Marcel, *Tunis*, loc. cit., p. 191 et suiv.

ATTAQUE INFRUCTUEUSE D'ALGER PAR LA FLOTTE DANOISE. RÉVOLTES INDIGÈNES. — Pendant que la Tunisie rompait avec la France, le dey d'Alger se brouillait avec le Danemark. Le 1er juillet 1770, une petite flotte danoise, sous le commandement du contre-amiral comte de Kaas, se présenta devant cette ville, pour obtenir les satisfactions exigées par son gouvernement et notamment la restitution des prises faites sur les Danois. Après avoir essayé durant plusieurs jours, mais en vain, d'arriver à un arrangement, il fit, le 5, ouvrir le feu et continua jusqu'au 10 de lancer bombes et boulets; mais il avait mouillé trop loin et ses projectiles atteignaient à peine la terre. La défense, du reste, était vigoureusement conduite par le dey, qui ne ménageait pas les railleries à ses prudents adversaires. Après cette manifestation d'impuissance, l'amiral danois essaya de reprendre les négociations et l'on devine de quelle façon il fut reçu. S'il faut en croire le Zohrat, son parlementaire ne put même pas débarquer; puis, comme le temps était un peu menaçant (au mois de juillet !), il leva l'ancre. Loin de retirer le moindre avantage de cette démonstration, le Danemark se décida à se soumettre aux exigences les plus humiliantes (1772). Non seulement il dut payer des indemnités considérables, sans obtenir de satisfaction, mais encore fournir des quantités énormes de pièces d'artillerie et de munitions.

Les luttes entre les tribus de la Kabilie, particulièrement les Flissa et les Maâtka, continuaient toujours. Cependant les indigènes de la région montagneuse s'étendant de Blida à l'Isser, épuisés par de longues années de guerre, se soumirent en juillet 1772. Toute la partie saharienne de l'est de la province d'Alger était en révolte, avec la grande tribu des Oulad-Naïl à la tête de ce mouvement. Vers 1772, le bey de Titeri, nommé Softa, marcha contre eux, mais les rebelles eurent le temps de se préparer et d'appeler des alliés à leurs secours, si bien que les Turcs furent surpris, enveloppés et presque tous tués, y compris le bey.

En 1771, un homme d'une rare intelligence, Salah-ben-Moustafa, originaire de Smyrne, avait remplacé à Constantine, son beau-père Ahmed-el-Kolli, comme bey; la province jouissait d'une certaine tranquillité, obtenue pendant la durée des règnes précédents. Mohammed, fils de Ben-Gana, après avoir en vain essayé de prendre possession de son commandement du sud, s'était réfugié dans l'Ahmar-Kheddou, montagne d'où il pouvait surveiller son futur domaine, tout en restant éloigné du bey auquel il reprochait de ne pas le soutenir d'une façon plus effective.

Les Oulad-Naïl, à cheval sur les deux provinces, donnaient un exemple funeste tout en constituant un danger pour les tribus voisines. Ce fut contre eux que Salah-Bey dirigea sa première expédition. S'étant porté rapidement vers l'Ouest, il surprit leurs campements à Malah-ou-Mecif, enleva un grand nombre de troupeaux et envoya à Alger 60 têtes et 400 paires d'oreilles humaines (octobre 1773). Après cette sévère leçon, il accorda l'aman aux Oulad-Naïl et rentra à Constantine. D'autres tribus qui s'étaient signalées par des actes d'indiscipline furent châtiées non moins durement[1].

ATTAQUE INFRUCTUEUSE DE MELILA PAR LE SULTAN MOULAÏ-MOHAMMED. — Encouragé par son succès à Mazagan, Moulaï-Mohammed résolut de se débarrasser à tout prix des Espagnols de Melila. Il réunit, à cet effet, une armée de 30,000 hommes, bien pourvue de matériel de siège, de vivres et de munitions et, vers 1773 (car la date de ce fait varie selon les auteurs), il vint subitement mettre le siège devant Melila. Malgré la paix de 1767, l'Espagne n'avait pas laissé cette place dépourvue ; aussi fut-elle en mesure de résister avec fruit au premier choc. Puis, Charles III fit expédier des renforts importants. La défense, confiée au général Sherlok, fut vigoureuse et le sultan multiplia en vain ses assauts. Il avait espéré se rendre maître de la place par un coup de main, comptant la conserver une fois qu'il en aurait expulsé les Espagnols. Mais il y épuisa ses forces et dépensa des sommes considérables sans succès.

Sur ces entrefaites, le roi d'Espagne lui adressa des représentations en rappelant les dispositions du traité conclu par son ambassadeur El-Ghazzal. L'affaire était manquée ; le sultan se décida à se retirer, et, s'il faut en croire l'auteur d'Et-Tordjeman, il sollicita et obtint le concours des navires espagnols qui transportèrent son matériel, partie à Tanger, partie à Mogador. Au mois de mars 1775, un nouveau traité fut signé entre le Maroc et l'Espagne. Le malheureux El-Ghazzal expia ce mécompte, sous le prétexte qu'il n'avait pas prévenu son maître de l'interdiction d'attaquer Melila contenue implicitement dans le traité de 1767 ; destitué de ses honneurs, dépouillé de tous ses biens, il mourut « après avoir perdu la vue ».

---

1. De Grammont, *Hist. d'Alger*, p. 313 et suiv. — Vayssettes, *Hist. des beys de Constantine* (loc. cit.), p. 329 et suiv. — Féraud, *Les Ben-Djellab* (Revue afric., n° 160. p. 258 et suiv. — *Ez-Zahrat-en-Naïrat* (trad. Rousseau). p. 151 et s. — Federmann et Aucapitaine, *Notice sur le beylik de Titeri* (Revue afric., n° 52. p. 285).

Moulaï-Mohammed se consola de cet échec en allant guerroyer contre les Berbères Aït-Mulou ; mais il faillit succomber de la fièvre à Tadla[1].

L'Espagne prépare une grande expédition contre Alger, sous le commandement du général O'Reilly. Sa flotte jette l'ancre dans la baie d'Alger. — Dans les premiers mois de l'année 1775, on apprit à Alger que des armements considérables étaient concentrés à Cadix, à Carthagène et à Barcelone, pour une expédition contre l'Algérie. Le dey avait certainement été tenu au courant des dispositions de la cour d'Espagne à cet égard, car il n'avait cessé de compléter les défenses et l'armement de la capitale. Dans le mois de mai, Salah-Bey venu, en personne, apporter de Constantine le denouche triennal, avait reçu des instructions précises ; à peine de retour dans son beylik, le dey lui adressa l'ordre d'accourir à Alger avec toutes ses forces. Même ordre parvint à Moustafa-el-Ouznadji, bey de Titeri. Quant à celui de l'Ouest, il reçut comme instructions, d'envoyer aussi ses contingents tout en ayant soin de ne pas dégarnir ses postes du littoral, particulièrement Mostag'anem, car le but de l'entreprise espagnole pouvait être changé au dernier moment.

L'Espagne, effectivement, préparait une grande expédition contre Alger, sans qu'il y ait eu rupture ni déclaration de guerre. Cédant aux conseils de son ministre Grimaldi, le roi espérait calmer, par ce moyen, l'irritation causée à son peuple par la paix de Paris. Un religieux connaissant bien la Berbérie avait présenté l'entreprise comme très facile, et le commandement suprême en avait été confié à O'Reilly, brave soldat, d'une famille d'origine irlandaise et qui s'était formé à la grande guerre en Italie et en Allemagne, sous des généraux fameux. Son courage ne pouvait être contesté, mais il manquait du sang-froid et du coup d'œil nécessaires à un chef d'armée et masquait cette infériorité sous une morgue insupportable, décourageant les conseillers les plus modérés.

La première condition de la réussite était le secret ; mais bientôt toute l'Europe connut l'entreprise et les futurs adversaires en profitèrent habilement. L'armée expéditionnaire fut formée de 24,357 hommes, savoir :

Fantassins (gardes espagnoles et Wallones, bataillons du roi et

---

1. *Et-Tordjeman*, p. 144 et suiv. — Elie de la Primaudaie, *Villes maritimes du Maroc* (Revue afric., n° 92, p. 111). — Abbé Godard, *Maroc*, p. 555 et suiv.

du prince, régiments des villes et des provinces, volontaires, grenadiers d'Irlande, Suisses) . . . 19.284
  Cavalerie et dragons . . . 834
  Artillerie 900
  Matelots 2,236
  Canonniers des vaisseaux. . 503
  Déserteurs, forçats . . . 600
    Total.   24,357

Cet effectif fut réparti sur 51 vaisseaux de guerre et un grand nombre de navires de toute sorte, car il fallait porter un matériel immense et des munitions. La flotte se composa ainsi de 406 voiles, sur lesquelles 170 vaisseaux avaient reçu des troupes, et fut placée sous le commandement général de Don Pedro de Castijon.

O'Reilly, qui avait été l'âme de l'entreprise, distribua à ses officiers des instructions complètes et précises et, le 22 juin 1775, tous les généraux et officiers de l'armée réunis à Carthagène entendirent l'office de l'Immaculée-Conception, patronne de l'Espagne, dans l'église Saint-François. Le lendemain, ordre fut donné de mettre à la voile, mais un vent d'est, rencontré à la sortie du golfe, contraignit la flotte à chercher un refuge à l'abri du mouillage de Subida. Le 26, le vent étant passé au sud-ouest, la flotte en profita pour prendre la mer. Dans l'après-midi du 30, une partie des navires, avec le général en chef, jeta l'ancre dans la baie d'Alger où le reste arriva le lendemain, 1ᵉʳ juillet.

DISPOSITIONS PRISES PAR LE DEY D'ALGER POUR LA DÉFENSE. — Le dey Mohammed n'était pas resté inactif et ses ordres avaient été exécutés. Voici quelles étaient les dispositions prises pour la résistance :

Salah, bey de Constantine, après avoir concentré ses contingents à Hamza (Bordj-Bouira), vint prendre position avec 20,000 hommes de cavalerie et un grand nombre de mulets et de chameaux de transport, entre le Hamis et l'Harrach. Toutes les tribus de la province de l'Est et du Sud lui avaient envoyé leurs guerriers, heureux de prendre part à la guerre sainte.

Moustafa-el-Ouznadji, bey de Titeri, arriva avec son goum et un certain nombre de Kabiles et de cavaliers du Sebaou, et s'établit près du cap Matifou.

Ibrahim, bey de l'Ouest, contraint par ses instructions de rester à la garde de Mostaganem, avait chargé son khalifa, Mohammed-ben-Osmane, de réunir les contingents des Douairs, et de se rendre à Alger. Il y arriva, avec 4,000 cavaliers, et fut placé près du ruisseau dit Ouad-Khenis, probablement derrière la batterie d'Aïn-Beïda. Telle était la répartition des forces auxiliaires. Quant aux soldats réguliers d'Alger, dont le dey avait porté l'effectif à 3,000 hommes (cent tentes), ils furent placés comme suit :

Moustafa-Khoudja, avec 600 de ces Yoldachs, prit position à Bab-el-Oued, entre le fort des 24 heures (actuellement l'arsenal) et les pentes du Bouzaria, où ils se trouvèrent protégés par les batteries de la côte.

Le khaznadji Hassan, avec 1,200 janissaires, s'établit entre Aïn-Rebot (l'Ag'ha), et le ruisseau (Ouad-Khenis).

Enfin, Ali, ag'a des Arabes, avec 1,200 Yoldachs formant le reste des troupes régulières, fut placé à l'Ouad-Khenis, où il se trouva appuyé par la cavalerie d'Oran.

De plus, les citadins d'Alger, armés pour la circonstance, garnirent les postes qu'on leur assigna, et toutes les batteries furent desservies par des canonniers, non compris dans l'effectif ci-dessus. Il faut aussi tenir compte des renforts de volontaires isolés qui accoururent de toute part, pendant l'inaction prolongée des Espagnols, pour concourir au combat. Cependant nous ne pensons pas que le chiffre total des combattants opposés aux envahisseurs ait dépassé 35,000 hommes. Tous ces musulmans brûlaient de se mesurer avec l'infidèle et saluaient de loin son arrivée par des salves de mousqueterie. Afin de ne rien redouter des captifs, très nombreux à ce moment, on les expédia à Médéa.

Indécision des Espagnols. Préparatifs de débarquement a l'Harrach. — O'Reilly ne tarda pas à se convaincre que la baie d'Alger était bien gardée et il pensa, un peu tard, à chercher un autre point de débarquement. Il avait déjà fait explorer les abords du cap Kanater, près de l'anse de Sidi-Feredj, où l'expédition française devait aborder si heureusement, en 1830. A la suite de conseils de guerre tenus le 2, le général en chef monta sur la frégate Clara, afin de reconnaître la côte et s'avança jusqu'à la Pointe Pescade. Puis, les délibérations entre les chefs recommencèrent, et on résolut d'opérer le débarquement le 3 au matin, sur la plage qui se trouve à l'ouest de l'embouchure de l'Harrach. Mais le temps matériel manqua pour organiser, dans la nuit, une telle opération et on la remit au 4. Une forte brise s'étant élevée le 3, il fallut renoncer à cette idée. Les conseils de guerre se réunirent de nouveau et donnèrent lieu à de violentes discussions, dans lesquelles le major général Romana se signala par son opposition contre O'Reilly. Cependant, il fut décidé que le débarquement se ferait dans la baie de *Mala-Mujer,* à l'ouest du cap Caximes, et tout fut préparé pour que l'opération s'effectuât dans la nuit du 3 au 4 ; mais, vers le soir le vent sauta et il fut jugé que, dans ces conditions, il fallait renoncer à ce plan. Fatale décision, car ce n'était qu'en tournant le massif pour l'attaquer par les hauteurs, tout en retenant l'ennemi dans le golfe, par de fausses attaques, que l'entreprise pouvait réussir.

Une dernière délibération choisit définitivement la plage de l'Harrach, déjà témoin de l'échec de Charles V, et il fut décidé que le débarquement aurait lieu le 7. Les vaisseaux de guerre furent désignés pour canonner toutes les batteries de la côte et éteindre leur feu, chacun ayant son poste déterminé. Une frégate et cinq chebeks avaient pour mission de balayer la plage, à l'ouest de l'embouchure de l'O. Khenis. D'autres navires devaient la battre dans l'autre sens. Des bombardes, en lançant des bombes sur les groupes indigènes, étaient chargées de les écarter. Les chalands susceptibles d'aborder ne pouvaient charger que 7,700 hommes, sept galiottes devaient, en outre, débarquer en peu de temps, chacune 100 hommes.

Telles furent les dispositions prises pour opérer le débarquement sur une plage protégée par les feux croisés des forts et batteries ennemies, et défendue par de nombreux musulmans fanatisés et excités depuis sept jours par la vue des envahisseurs. Ajoutons que, le débarquement opéré, les Espagnols trouvaient en face d'eux des pentes plus ou moins raides, favorables à la défense de leurs ennemis et qu'ils étaient forcés d'enlever tout d'abord, s'ils ne voulaient, lors de la marche sur Alger, avoir leur flanc gauche sans cesse menacé.

Débarquement des Espagnols. Ils établissent un camp retranché. Rembarquement de l'armée. Echec de l'expédition. — Toute la nuit du 6 au 7 se passa, à bord de la flotte, en transbordements et préparatifs pour le lendemain. Au point du jour, les vaisseaux voulurent prendre leurs positions ; mais le *Saint-Joseph* put seul s'approcher de façon à prendre à revers la batterie de la rive gauche de l'Ouad-Khenis, malgré le feu terrible auquel il se trouva exposé. Une frégate l'Etruria-Toscana s'avança vers la plage et canonna avec succès la batterie de l'embouchure de l'Harrach. Les autres vaisseaux ne purent prendre leurs positions que vers le soir ; de plus, les chalands n'étaient pas tous prêts et il fallut, bon gré mal gré, remettre le débarquement au lendemain, 8. Dans la nuit, on commença à opérer le rassemblement, opération fort difficile en raison de l'obscurité et de la confusion régnant au milieu de cette masse de navires.

A 4 heures et demie du matin, le mouvement commença et les chalands, bien en ligne, et protégés par des chaloupes canonnières s'approchèrent rapidement du rivage et effectuèrent sans peine le débarquement ; puis ils retournèrent chercher d'autres troupes. Plus de 8,000 hommes avaient été ainsi mis à terre. Les volontaires d'Aragon et de Catalogne, formant avant-garde, s'avancèrent en repoussant des cavaliers qui, combattant à la manière arabe, les attirèrent dans un terrain mamelonné, coupé de haies et de retranchements, où ils essuyèrent un feu meurtrier. Pendant ce temps, le débarquement s'était continué et avait été achevé vers sept heures.

L'action engagée imprudemment par les volontaires avait naturellement porté les troupes à s'avancer outre mesure. Bientôt, les Espagnols se virent attaqués avec furie sur leurs flancs, à droite par les goums d'Oran, et à gauche par ceux de Constantine, malgré les feux dont les navires chrétiens essayaient de les couvrir. Salah-Bey s'était approché en garnissant son front de plusieurs lignes de chameaux derrière lesquelles ses tireurs s'abritaient ; puis il avait chargé au premier rang, le sabre à la main, et causé un grave désordre sur le flanc gauche de l'ennemi. Un mouvement, exécuté avec vigueur par le régiment de Savoie, le prit à revers et le contraignit à la retraite. O'Reilly aurait peut-être mieux fait de pousser hardiment vers les hauteurs, il préféra donner l'ordre de construire un camp retranché sur la plage et les soldats y travaillèrent avec courage, malgré la grêle de projectiles dont ils étaient criblés de tous les côtés. Une pièce de la batterie du Khenis, prenant en écharpe cette place où les chrétiens étaient entassés, y fit des ravages considérables. Vers dix heures, le camp était achevé et armé d'une forte artillerie ; on commença alors à évacuer les nombreux blessés sur huit bâtiments destinés à servir d'hôpital. Les ingénieurs avaient presque tous été tués ou mis hors de combat, et le chef d'état-major, Romana, était mort glorieusement un des premiers.

Dans cet intervalle, les troupes d'avant-garde avaient dû battre en retraite en laissant le terrain couvert de morts et de blessés. Elles se jetèrent sur le camp et y augmentèrent le tumulte et la confusion. A midi, le général en chef, qui était descendu lui-même à terre pour voir de près les choses et avait appris que de l'artillerie était hissée par l'ennemi sur la colline en face, jugea la partie perdue, la position n'étant pas tenable. Sur l'avis conforme d'un conseil de guerre, il donna l'ordre du rembarquement qui commença aussitôt et fut terminé dans la nuit. Le 9 au matin, il ne restait sur le rivage que les morts..... et les blessés oubliés, plus 17 canons, des outils et du matériel.

Après la vigoureuse action du matin dans laquelle les contingents de Constantine et d'Oran s'étaient couverts de gloire, les musulmans étaient rentrés dans leurs lignes, et le reste de la journée avait été relativement calme, ce qui permit le rembarquement sans trop de difficultés. On se demande, en effet, si les Turcs et leurs auxiliaires, au lieu de rester inactifs, s'étaient jetés sur les Espagnols pendant l'opération du rembarquement, ce qui serait advenu de l'armée expéditionnaire: « On ne peut pas rendre, dit un officier espagnol, avec combien de tumulte, de désordre et de confusion, cette manœuvre s'exécuta ; il suffit de dire que, sans l'extrême ignorance des ennemis, qui ne surent pas profiter de leurs avantages, rien ne pouvait sauver l'armée d'une déroute totale [1] ».

Il est probable que les Algériens ne se rendirent pas, tout d'abord, un compte exact de ce qui se passait au camp. Mais, le 9, au matin, la nouvelle se répandit à Alger que l'évacuation était accomplie. Aussitôt les gens s'y portèrent en foule, pillèrent le camp, profanèrent les cadavres, incendièrent les palissades ; selon les traditions indigènes, les Juifs se distinguèrent par leur ardeur dans cette besogne. « Ils empalaient les cadavres des chrétiens avec les pièces de bois des chevaux de frise, les promenaient ignominieusement et les jetaient ensuite dans les flammes ».

La flotte espagnole assistait impassible à ce spectacle. On dit qu'Oreilly chercha, durant quelques jours, à prendre position pour bombarder Alger ; l'ordre en fut même donné pour la journée du 13. Mais, soit indécision, soit difficulté réelle, on n'entreprit rien de sérieux. Le 12, les bâtiments de transport et une partie de la flotte mirent à la voile. Le reste partit le 16 et il ne demeura, dans la baie, que huit gros vaisseaux qui s'efforcèrent de maintenir un blocus peu effectif.

Ainsi se termina cette expédition sur laquelle toute l'Espagne avait les yeux fixés, et dont on attendait les plus grands résultats. Elle coûtait à cette nation 27 officiers et 501 soldats tués et 191 officiers et 2,088 soldats blessés. Les pertes en matériel et les dépenses en argent étaient considérables. On se figure aisément l'effet que produisit dans la Péninsule un semblable échec ; il s'éleva contre O'Reilly un tel cri de réprobation que le roi se vit contraint de lui retirer le gouvernement de Madrid.

A Alger, au contraire, chacun se livrait à l'allégresse, et la joie publique atteignait un véritable délire. Les pertes des musulmans étaient pourtant sensibles, plus fortes que celles des Espagnols, mais elles portaient principalement sur les contingents venus de l'extérieur. Salah-bey et Mohammed-ben-Osmane rentrèrent dans

---

1. *Relation* du major Darlymple.

leurs provinces, comblés d'honneurs. Un contingent de kabiles, des Beni-Gouffi, qui s'était augmenté démesurément, surtout depuis le départ des Espagnols, se montra très exigeant et le dey ne s'en débarrassa qu'en gorgeant de cadeaux ces auxiliaires ; il est vrai qu'on les fit ensuite tomber dans des embuscades et qu'ils périrent presque tous avant d'atteindre leur pays[1].

RÉVOLTE DES ABID AU MAROC. ILS PROCLAMENT LE PRINCE YEZID. LE SULTAN APAISE LA RÉVOLTE ET PUNIT LES ABID. — Pendant qu'Alger était le théâtre de ces événements, les Abid, depuis trop longtemps tranquilles, se révoltaient au Maroc ; voici à quel propos. En 1775, le sultan envoya à Meknès un de ses officiers, avec ordre d'y réunir mille Abid et de les conduire à Tanger, où il devait les établir à demeure. Mais ces nègres, après avoir voulu tuer leurs chefs, se mirent en révolte ouverte et se livrèrent à toute sorte d'excès. A cette nouvelle, Moulaï-Mohammed, qui se trouvait à Maroc, fit partir son fils El-Yezid, pour Meknès, en le chargeant d'apaiser la sédition ; mais à son arrivée, le prince se vit saluer par les Abid du titre de sultan et commit la faute d'accepter cet hommage et de distribuer aux rebelles de l'argent et des armes. Puis, se mettant à leur tête il marcha contre les Oudaïa qui avaient refusé de le reconnaître et l'attendaient avec les

---

1. Berbrugger, *Relation turque de l'expédition de 1775 contre Alger* (Revue afric., n° 45, p. 172 et suiv.). — *Expédition d'O'Reilly*, par le major Darlymple (Revue afric , n° 25. p. 31 et suiv.). — *Relation de l'expédition*, par l'amiral Mazarredo (Revue afric., n° 46, p. 255 et suiv.). — *Relation confidentielle* du général G. Buch (Revue afric., n° 49, p. 25 et suiv.). — *Lettres d'O'Reilly et de Castejon* (Revue afric., n° 66, p. 458 et suiv.). — *Relation du maréchal de camp de Brias* (Revue afric., n° 50, p. 94 et suiv.). — Berbrugger, *Documents* (Revue afric., n° 48, p. 408 et suiv.). — Féraud, *Expédition du comte O'Reilly* (Soc. arch. de Constantine, 1865, p. 47 et suiv.). — Le même, *2ᵉ Récit indigène* (Revue afric., n° 51, p. 180 et suiv.). — Bresnier, *Récit indigène* (Revue afric., n° 47, p. 334 et suiv.). — *Zahrat*, trad. Rousseau, p. 161 et suiv. — Gorguos, *Notice sur le bey d'Oran* (Revue afric., t. I, p. 497 et suiv.). — De Voulx, *Expédition d'O'Reilly d'après un document turc* (Revue afric., t. III, p. 436 et suiv.). — W. Esterhazy, *Domination Turque*, p. 185 et suiv. — De Grammont, *Hist. d'Alger*, p. 326 et suiv. — Rosseuw Saint-Hilaire, *Hist. d'Espagne*, t. XIII, p. 128 et suiv. — Vayssettes, *Hist. des beys de Constantine*, p. 337 et suiv. — Féraud, *Expédition d'O. Reilly*, partie légendaire (Revue afric., n° 52, p. 303 et suiv.). — *Cheikh Bou-Ras*, trad. Arnaud (Revue afric., n° 150, p. 473 et suiv.).

Idracene et les Guerrouane. La rencontre eut lieu à El-Mechta et fut assez meurtrière surtout pour les Abid.

Bientôt, le sultan arriva en personne, avec les Abid fidèles et les contingents du Haouz; mais, dès qu'il approcha de Meknès, son fils prit la fuite et alla se réfugier dans la Zaouïa de Zerhoun.

Après un pèlerinage au tombeau d'Edris, Moulaï-Mohammed fit son entrée à Meknès, où les Abid, suivis de leurs enfants qui portaient des Korans pour apaiser sa juste colère, vinrent le recevoir. Ce furent ensuite les chérifs et marabouts qui lui amenèrent son fils El-Yezid et obtinrent, pour lui, le pardon. Il se contenta d'exiler les personnages les plus compromis ; quant aux Abid de Meknès, il les expulsa de cette ville et les établit à Tanger, El-Araïche et Rabat. Mais ces nègres indisciplinés ne tardèrent pas à se lancer dans la révolte (1776). Cependant leurs caïds Ech-Cheikh et El-Ahrar, s'étant rendus maîtres de cette rébellion, envoyèrent les meneurs les plus compromis au sultan qui leur fit couper, à chacun, un pied et une main.

Moulaï-Mohammed se rendit ensuite à Rabat, puis il envoya chercher les Abid, établis précédemment sur le littoral, sous le prétexte de les ramener avec leurs familles et leurs biens à Meknès: mais, lorsqu'on les eut tous groupés à Souk-el-Arba, il les livra aux tribus arabes ou arabisées de ces régions (Sofiane, Beni-Hassan, Malek, Kholt, Telik), en leur disant : « *Que chacun de vous prenne un homme, une femme et leurs enfants; le mari labourera et moissonnera, la femme moudra, pétrira et ira à l'eau et au bois et les enfants garderont vos troupeaux!* » Telle fut la punition infligée à ces rebelles : ils perdirent la liberté dont ils faisaient un si mauvais usage et les biens dont ils avaient été comblés. Malheureusement, les sultans du Mag'reb ne pouvaient se passer de cette force, si puissante et si dangereuse ; les tribus indigènes ne tardèrent pas à se livrer sans opposition à leurs instincts de rapine et le sultan devait se voir forcé de rappeler auprès de lui les Abid.

Le Maroc fut désolé à partir de 1776 par la famine, résultant d'une sécheresse prolongée, suivie d'invasions de sauterelles et d'épidémies. Il mourut un grand nombre de personnes ; Moulaï-Mohammed s'appliqua de toutes ses forces à atténuer ces maux.

En 1777, il fit la paix avec la Hollande et renouvela le traité de 1752, mettant fin à une guerre qui durait depuis cinq ans[1].

RÉVOLTE DES DERKAOUA A TLEMCEN. MOHAMMED-BEN-OSMANE EST

---

1. *Et-Tordjeman*, p. 81 et suiv. du texte arabe, 146 et suiv. de la trad. — L. Godard, *Maroc*, p. 557 et suiv.

NOMMÉ BEY DE L'OUEST. — Vers 1777 eut lieu la mort d'Ibrahim, bey de l'Ouest. Son khalifa, Mohammed-ben-Osmane, qui s'était si bravement conduit lors de l'attaque des Espagnols, espérait le remplacer. Mais le choix du dey se porta sur un certain Hadj-Khelil, qui acheta sa charge au moyen de sacrifices pécuniaires importants. Peu après son installation à Maskara, il fit une expédition jusque sous les murs d'Oran. Une révolte éclata ensuite à Tlemcen. Ce mouvement était provoqué par un fanatique, descendant des Edricides de cette ville, nommé Sid Mohammed-ben-Ali. Le cherif, ou prétendu tel, avait son centre à Aïn-el-Hout : il y professait des doctrines des Derkaoua, ces Khouane faisant vœu de pauvreté et d'abstinence et portant, comme livrés, des loques[1]. Il réunissait autour de lui Berbères et Arabes et annonçait la fin prochaine de la domination turque.

Voulant empêcher ce mouvement de s'étendre, le nouveau bey marcha contre les Derkaoua, qui l'attendaient en nombre à Aïn-el-Hout. Mais, à peine arrivée sous les murs de Tlemcen, l'armée fut assaillie par un violent orage. La tente du bey fut renversée ou peut-être frappée par la foudre et lorsqu'on voulut porter secours à Hadj-Khelil, il était mort. Il est facile de deviner le parti tiré de cet événement extraordinaire par le Cherif et ses adhérents qui l'attribuèrent à une manifestation de la volonté divine. Aussi le khalifa, Mohammed-ben-Osmane, qui avait pris le commandement, jugea-t-il indispensable, étant donné l'état des esprits, d'entrer en pourparlers avec le marabout et de le gagner au moyen de présents, dédaigneusement repoussés par le saint, mais conservés par son entourage (1780). Mohammed-ben-Osmane rentra alors à Maskara et, cette fois, obtint sa nomination comme bey de l'Ouest. La province d'Oran, comme le reste de l'Afrique septentrionale, venait de supporter, après des sécheresses prolongées et des invasions de sauterelles, une désastreuse famine, bientôt suivie par la peste. Le bey Mohammed, qui était un administrateur habile et devait mériter le surnom de *Grand*, s'appliqua à atténuer ces maux et ne tarda pas à se signaler par son activité et ses succès[2].

LUTTES DES ALGÉRIENS CONTRE LES PUISSANCES CHRÉTIENNES. PRÉ-

---

1. Le fondateur de la secte des Derkaoua est un saint musulman du XIe siècle, Sidi-el-Arbi, né à Derka, près de Fès, d'où le nom de Derkaoui, qui veut dire également « porteur de loques ».

2. Abbé Bargès, *Complément à l'histoire des Beni-Zeiyan*, p. 499 et suiv. — W. Esterhazy, *Domination Turque*, p. 188 et suiv. — Gorguos, *Notice sur le bey d'Oran* (Revue afric., vol. I, p. 408 et suiv.).

pondérance de la France. — Le dey d'Alger, qui avait eu la gloire de recevoir des félicitations spéciales de son suzerain le Khakan, à l'occasion de l'échec d'O'Reilly, ne jouit pas longtemps de son triomphe et eut bientôt à faire face à d'autres difficultés. Ce furent d'abord la famine et l'épidémie qui ravageaient l'Afrique et auxquelles l'Algérie ne put se soustraire. Le gouvernement de Charles III essaya ensuite, mais sans succès, d'obtenir une paix qui lui était si nécessaire dans la lutte entreprise par lui, de concert avec la France, contre l'Angleterre. En même temps le pape Pie VI organisait une véritable croisade contre Alger et y entraînait l'Espagne (1780). Le dey Mohammed, malgré son grand âge et son état de santé précaire, se prépara, avec une fermeté admirable, à faire face à ses ennemis ; il lança douze navires de guerre et adressa à Charles III un véritable cartel.

Sur ces entrefaites, une révolte des nombreux esclaves ou renégats espagnols, pour la plus grande partie déserteurs des bagnes (présides) d'Afrique, éclata à Alger. Ces malheureux, exaspérés par les mauvais traitements qu'ils supportaient et ayant perdu tout espoir d'obtenir la liberté, tournèrent d'abord leur fureur contre le vicaire apostolique M. Cosson, qui fut frappé de plusieurs coups de couteau par un nommé Picard dont il recevait la confession. Le consul de France devait être assassiné en même temps, mais on put arrêter ces forcenés, dont les plus coupables furent pendus. Cependant, l'effervescence qui régnait parmi les captifs ne fut pas absolument calmée et il fallut le changement du consul français pour y arriver.

La prise de Minorque par la France (fév. 1781), l'expulsion des Anglais des Baléares, avaient donné à notre nation, dans la Méditerranée, une prépondérance qui s'affirmait de plus en plus à Alger. Presque toutes les autres puissances étaient en guerre avec les Barbaresques et essayaient en vain d'obtenir la paix. Charles III multipliait ses efforts dans ce but ; mais le souvenir de l'expédition d'O'Reilly était encore trop récent et il n'essuyait que d'humiliants refus. Ce fut alors que, tombant dans une erreur dont nous avons été si souvent victimes, il s'adressa au sultan de Constantinople et signa avec lui un traité politique et commercial, dans lequel les possessions turques d'Afrique étaient comprises. Inutile d'ajouter qu'à Alger, comme à Tunis et à Tripoli, le firman de la Porte fut dédaigneusement repoussé[1].

Bombardement d'Alger par les Espagnols en 1783 et 1784. —

---

1. Rosseeuw Saint-Hilaire, *Hist. d'Espagne*, t. XIII, p. 160 et suiv. 188. — De Grammont, *Hist. d'Alger*, p. 331 et suiv.

CONCLUSION DE LA PAIX. — Ne pouvant arriver à une solution pacifique, Charles III résolut d'avoir encore une fois recours aux armes. Dans le mois de mai 1783, on apprit à Alger qu'une nouvelle expédition se préparait dans la péninsule, et aussitôt le dey prit ses mesures pour résister de son mieux. Les beys de Maskara et de Titeri reçurent l'ordre d'envoyer tous leurs contingents ; deux chaloupes canonnières furent construites avec hâte et enfin, les esclaves, dont on avait tout lieu de craindre la révolte, furent expédiés, au nombre de 1548, à Médéa.

La flotte espagnole, forte de 10 vaisseaux ou frégates, 25 barques ou chebeks et 40 chaloupes canonnières, plus un grand nombre de bateaux de toute sorte, quitta le port de Carthagène le 13 juillet. Il ne s'agissait que d'un bombardement. Don Antonio Barcelo reçut le commandement de l'expédition. Le gros de la flotte n'arriva dans la rade d'Alger que le 29 ; les forts arborèrent aussitôt leurs drapeaux en les appuyant de coups de canon à boulets ou de bombes lancées par les deux chaloupes, car la flotille algérienne était sortie. Le lendemain et le surlendemain, il y eut quelques engagements sans importance et, peu à peu, tous les navires espagnols arrivèrent et prirent position.

Le 1er août, vers trois heures de l'après-midi, le bombardement commença avec vigueur et les batteries ou chaloupes y répondirent de leur mieux, sans grand résultat de part et d'autre. Le lendemain, dans l'après-midi, l'action reprit des deux côtés et, malgré les efforts des assiégés, les chaloupes espagnoles s'approchèrent assez pour que les bombes tombassent dans la ville. Elles y causèrent de graves dégâts ; l'une d'elles éclata même dans le palais du dey (la Djenina) ce qui décida celui-ci à se transporter avec sa famille à la Kasba. Le 4, le 6 et le 7, le bombardement recommença. Les chaloupes espagnoles s'avancèrent courageusement, malgré le feu croisé des batteries et les mouvements offensifs de la marine algérienne, le plus près possible de terre et couvrirent la ville de projectiles. Le huit, 3,752 bombes et 3,833 boulets avaient été tirés par les Espagnols et les soutes étaient vides ; l'amiral fit faire les préparatifs du départ et, le 9 au matin, la flotte mit à la voile. Trois ou quatre cents maisons endommagées, parmi lesquelles le palais de la Djenina, une galiote algérienne coulée, environ 200 musulmans tués, tel fut le résultat de cette attaque. Les fortifications avaient peu souffert et il est très certain que la résistance énergique du dey fit son salut ; on avait tiré d'Alger de 12,000 à 15,000 coups de canon.

Ce n'était que partie remise, des deux côtés on se prépara à la lutte pour l'été suivant ; les munitions et les pièces de canon furent fournies à Alger par la Suède, le Danemark et la Porte. Le 8 juillet

1784, la flotte espagnole fut signalée. Elle était forte de 130 voiles : cette expédition était une sorte de croisade soutenue par le pape et à laquelle un grand nombre de personnages avaient pris part. Le même amiral, Don A. Barcelo, la commandait. Partie de Carthagène le 28 juin, la flotte mouillait, le 9 juillet, dans la rade. Mais les chaloupes algériennes, munies de mortiers, couvraient les approches du port.

Le 12, au point du jour, 63 chaloupes espagnoles s'avancèrent en ligne sous la protection des galères ; les chaloupes d'Alger reprirent aussitôt leur poste de combat, et bientôt la lutte s'engagea. Vers onze heures, le vent dissipa la fumée, ce qui permit de voir la retraite des chaloupes espagnoles. Cet engagement paraît n'avoir pas causé de grands dégâts de part ni d'autre. Le 15, nouveau combat dans les mêmes conditions. Le 16 au matin, la lutte recommença et parut être plus fâcheuse, comme résultat, pour les Algériens ; le même jour, vers quatre heures du soir, les chaloupes espagnoles revinrent au nombre de 72, et s'approchèrent assez pour que les batteries du rivage pussent tirer efficacement sur elles. Le lendemain, 17, nouvelle attaque par les Espagnols formés en trois divisions ; enfin ces attaques furent renouvelées le 19 et le 21 ; après quoi, les munitions étant épuisées, la flotte se prépara au départ ; le 23, il ne restait plus un vaisseau ennemi en rade.

Cette fois, les Algériens avaient le droit de se féliciter de leur courage, car aucun navire ennemi n'avait pu s'approcher assez pour qu'une seule bombe atteignît la ville. Mais que dire de la mollesse et de l'impéritie des Espagnols qui lancèrent sans aucun succès 15,000 projectiles et ne purent même pas forcer la ligne des chaloupes algériennes ! Les consulats avaient été soigneusement protégés et la ville n'avait été le théâtre d'aucun trouble sérieux pendant cet exercice d'artillerie en rade.

Le gouvernement espagnol, ne voulant pas recommencer de semblables expériences, entama des négociations pour la conclusion de la paix ; mais les Algériens, fiers de leurs succès, n'y étaient nullement portés. Dans le mois de juin 1785, le comte d'Expilly et l'amiral Mazarredo vinrent à Alger pour essayer de vaincre les résistances ; ils n'y parvinrent que grâce à l'intervention du consul de France, M. de Kercy, et en sacrifiant les intérêts, presque l'honneur de l'Espagne. En effet, l'abandon d'Oran, dont la conquête et l'occupation avaient coûté tant de sang et d'argent à cette nation, y était stipulé. Le traité définitif ne fut ratifié que le 14 juin 1786. Les autres puissances eurent alors à supporter les entreprises des reïs et contribuèrent ainsi à payer les frais de la guerre [1].

1. Féraud, *Les attaques des Espagnols contre Alger* (Revue afric.,

Tunisie : mort d'Ali-Bey. Avènement de son fils Hammouda. —
A Tunis, Ali-Bey continuait à exercer le pouvoir avec succès, s'appliquant toujours à se rapprocher de la France. L'alliance de cette nation avec l'Espagne ayant porté quelque ombrage au gouvernement tunisien, M. de Sartines, ministre de la marine, fit déclarer, par le consul, que jamais la France n'aiderait l'Espagne dans ses entreprises contre la régence. De nouveaux avantages furent accordés au commerce français et la compagnie royale d'Afrique reçut, en juin 1781, le privilège de la pêche du corail sur toute la côte, de Tabarka à la frontière de Tripoli. Hammouda pacha, fils du bey, et le premier ministre, Moustafa-Khodja, les meilleurs auxiliaires du bey, le poussaient dans cette voie. Cependant, le dernier, se sentant menacé dans sa situation, partit pour l'Orient sous le prétexte d'effectuer le pèlerinage, laissant le champ libre à son rival Ismaïl, autre gendre du souverain (1781). Vers cette époque, Ali-Bey, sentant ses forces décliner, abandonna à son fils Hammouda le soin de rendre la justice. Le 30 novembre, il eut un évanouissement et passa pour mort; le 26 mai suivant (1782), il cessa de vivre. Avant de rendre l'âme, il adressa les paroles suivantes à son fils Hammouda, en présence de ses autres enfants et de ses neveux : « *Je vous laisse, en mourant, un royaume florissant dont la prospérité s'augmentera encore par l'union que je vous conjure de maintenir intime entre vous; Hammouda, mon fils bien-aimé, vous allez me succéder au trône, mais n'oubliez pas que vos frères et vos cousins sont aussi mes enfants et que je vous recommande à cette heure dernière d'avoir pour eux l'affection et la sollicitude d'un père, plus encore que celle d'un chef.* »
Il invita ensuite ses fils et neveux à ne jamais manquer à l'obéissance qu'ils devaient à Hammouda.

Le 26 mai, à midi, des salves d'artillerie tirées au Bardo annoncèrent l'avènement du nouveau bey. On fit à Ali des funérailles magnifiques auxquelles figurèrent les 300 esclaves affranchis par son testament. Puis, Hammouda prit possession de l'autorité, notifia son avènement aux puissances et renouvela les traités et privilèges accordés. La façon dont cette transmission de pouvoir s'était opérée indique à quel point la Tunisie s'était rendue indépendante, particulièrement de la Porte, car si le bey semblait reconnaître une

n° 118, p. 300 et suiv.). — De Grammont, *Hist. d'Alger*, p. 333 et suiv.. — Rosseeuw Saint-Hilaire, *Hist. d'Espagne*, t. XIII, p. 187 et suiv. — *Documents relatifs à l'attaque des Espagnols* (Revue afric., n° 153, p. 219 et suiv.) — *Cheikh Bou-Ras* (trad. Arnaud), Revue afric., n° 150, p. 474.

autorité nominale, c'était, en quelque sorte, celle du dey d'Alger. En février 1783, Moustafa-Khoudja revint d'Orient et rentra en possession de toutes ses dignités, tandis qu'Ismaïl-Kahïa s'embarquait clandestinement et cherchait un refuge à Livourne.

Rupture de la Tunisie avec Florence. Bombardement et blocus par l'amiral Emo en 1784 et 1785. — Dans le cours de l'année 1783, les relations entre la Tunisie et la république de Venise devinrent très tendues et aboutirent à une rupture, au printemps suivant. Vers la fin de cette même année 1783, la guerre faillit éclater entre le nouveau bey et Salah, bey de Constantine, au sujet de difficultés causées par une des tribus établies à cheval sur la frontière. L'armée de Constantine, conduite par son bey, et celle de Tunis, arrivée du Djerid sous le commandement de Hammouda en personne, se trouvèrent en présence ; mais au lieu d'en venir aux mains, les deux beys conclurent une entente, à la suite d'une démarche courtoise dont Salah-Bey prit l'initiative. Le bey de Tunis rentra dans sa capitale au mois d'avril 1784, et, tranquille sur sa frontière, put s'occuper de préparer la résistance contre l'attaque imminente des Vénitiens. Une indemnité de 25,000 sequins fut payée à la tribu tunisienne qui était passée sur le territoire constantinois.

Le premier septembre 1784, l'escadre vénitienne forte de trois vaisseaux de ligne, une frégate, deux chebeks, deux bombardes et une demi-galère, sous le commandement de l'amiral Emo, se présenta dans les eaux de Tunis. Après une tentative infructueuse d'arrangement, quelques navires furent chargés du blocus, tandis que le reste de l'escadre mettait à la voile. Dans les premiers jours d'octobre, les vaisseaux vénitiens parurent inopinément devant Souça et en commencèrent le bombardement ; cinq fois en huit jours il fut repris ; 250 bombes et 3,000 boulets furent lancées sur la ville, qui éprouva d'assez sérieux dégâts ; mais ses batteries ripostèrent et causèrent quelque mal aux navires chrétiens. Après avoir obtenu ce mince résultat, la flote vénitienne mit à la voile. L'année suivante, le 20 juillet, une escadre vénitienne reparut devant Souça et l'amiral voulut recommencer le bombardement ; mais il fut énergiquement canonné par les batteries de la ville et gêné par le temps, de sorte qu'il ne put lancer ses premiers boulets que le 26 ; il recommença le 27, puis les 1, 2 et 3 août, le tout sans grand succès. Le 6, la flotte appareilla et, le 21 août, s'étant approchée de Sfaks, lança 150 bombes sur cette ville.

De là, l'amiral Emo, dont la flotte s'était renforcée de l'escadre du chevalier Querini, cingla vers Tunis ; elle mouilla à la Goulette le 21 septembre. Après l'échange de pourparlers, suivis de négociations mal conduites, et qui ne pouvaient aboutir, l'attaque commença. Le 30 octobre, à 9 heures du soir, deux bombardes ouvrirent le feu contre les fortifications de la Goulette, tandis que huit radeaux, portant chacun un canon et un mortier, s'approchaient sans bruit des batteries avancées de terre et les attaquaient ensemble par un feu nourri. La surprise eut un résultat inespéré, car les artilleurs affolés s'empressèrent d'abandonner leurs postes et de s'enfuir dans toutes les directions, suivant l'exemple de leur chef Redjeb-Aga, qui courut bride abattue jusqu'au Bardo, où il raconta au bey que la Goulette était prise et qu'il ne lui restait plus qu'à se rendre.

Cependant les Vénitiens, soit qu'ils ne se fussent pas rendu un compte exact du succès de leurs attaques, soit qu'ils eussent manqué d'initiative, restèrent inactifs bien que les feux du rivage eussent cessé. Peut-être aussi l'amiral manquait-il de troupes de débarquement ou ne voulait-il pas dépasser ses instructions qui lui prescrivaient d'obtenir la paix, plutôt en exerçant une pression, qu'en faisant œuvre de conquête proprement dite.

Entraînés par l'exemple du brave capitaine Ali-Reïs, les musulmans reprirent courage et le resultat de la surprise du 30 fut à peu près perdu. Le 5 novembre, l'amiral essaya de frapper un grand coup ; il s'avança au point du jour avec ses galères en ligne et les bombardes aux ailes, et échangea jusqu'à trois heures des coups de canon avec les batteries et les forts. Le 10, nouvelle attaque au moyen des bombardes protégées par les galères et les chebeks et d'une batterie rasante établie sur un radeau qui fit grand mal aux chaloupes canonnières tunisiennes et les força à rentrer dans le plus grand désordre, à l'abri du chenal.

Malgré ces succès et la modération de l'amiral vénitien, qui ne demandait qu'à traiter, bien qu'étant virtuellement maître de la Goulette, le bey ne voulait prendre l'initiative d'aucune démarche. Emo se décida alors à faire lui-même le premier pas, en écrivant à Hammouda pour lui rappeler les anciennes et bonnes relations qui avaient, pendant si longtemps, fait le bonheur des deux pays et lui montrer combien la lutte actuelle était stérile. C'était le vrai moyen d'en finir, car le bey, effrayé des succès de l'ennemi, ne demandait qu'à traiter, ce qui était réclamé à grands cris par la population lasse d'un si long blocus et atteinte dans ses intérêts matériels. Mais, pour ménager son amour-propre, il exigea que l'escadre s'éloignât d'abord, promettant de traiter avec l'amiral s'il revenait trois semaines plus tard sur un vaisseau accompagné seulement d'une frégate. Emo accepta ces bases, dressa un projet de traité et mit à la voile le 20 novembre pour Malte. A peine la flotte fut-elle éloignée que les négociations devinrent plus difficiles, Hammouda exigeant avant tout le versement de 60,000 sequins, comme indemnité des bombardements de Souça, de Sfaks et de la Goulette. L'entêtement du nouveau bey, manifestation de son manque d'intelligence politique, amena la rupture des négociations et l'on apprit bientôt que les Vénitiens préparaient de sérieuses attaques pour le printemps suivant.

La peste désolait le pays, qui n'était vraiment pas heureux depuis la mort d'Ali-Bey. Le 18 mars suivant, l'escadre était devant Sfaks et en recommençait le bombardement. Le 27, un envoyé, muni de pleins pouvoirs, le sieur Scarmaci, fut mis à terre : il se rendit, en toute hâte, à Tunis ; mais il en revint le 8 avril, après un échec complet. L'amiral se rapprocha de terre et bombarda la ville le 30 avril et le 4 mai ; après quoi il mit à la voile. Le 24 juillet, il bombarda Bizerte et le 19 septembre Souça. Mais le bruit éloigné de ces canonnades, loin de pousser le bey dans la voie de la conciliation, ne faisait que le rendre plus intraitable. Sur ces entrefaites l'amiral Emo mourut subitement à Malte, et l'état de guerre entre les deux nations entra dans une période moins active[1].

---

1. Rousseau, *Annales Tunisiennes*, p. 190 et suiv. — Vayssettes, *Hist. de Constantine sous les Beys*, p. 345 et suiv. — Féraud, *Les Harars* (Revue afric., n° 107, p. 356 et suiv.). — Marin, *Storia civile e politica del commercio veneziano*, t. VIII, passim. — Marcel, *Tunis* (loc. cit.), p. 191 et suiv.

CHAPITRE XXV

PRÉPONDÉRANCE DES BEYS DE L'OUEST ET DE L'EST EN ALGÉRIE ÉVACUATION D'ORAN PAR L'ESPAGNE

1786-1792

Fin du règne de Moulaï-Mohammed au Maroc. Son fils El-Yezid est exclu par lui de sa succession. — Succès du bey de l'Ouest Mohammed. Il fait une expédition heureuse à L'ar'ouate et Aïn-Mâdi. — Succès de Salah-Bey dans la province de Constantine. Ses créations. — Notice sur les Ben-Djellab, sultans de Touggourt. — Expédition de Salah-Bey à Touggourt. Son échec. Les Ben-Gana y remplacent les Ben-Djellab. — Luttes de Salah-Bey contre les marabouts. — Situation d'Oran. Le bey de l'Ouest se prépare à l'attaquer. — Grand tremblement de terre d'Oran. — Siège d'Oran par Mohammed, bey de l'Ouest. Héroïque défense des Espagnols. — Le roi d'Espagne traite avec le dey. Évacuation d'Oran. Mohammed-el-Kebir en prend possession.

FIN DU RÈGNE DE MOULAÏ-MOHAMMED AU MAROC. SON FILS EL-YEZID EST EXCLU PAR LUI DE SA SUCCESSION. — Nous avons laissé, au Maroc, le sultan Moulaï-Mohammed partageant ses soins entre l'apaisement des révoltes et la lutte contre les fléaux dont le pays était affligé. Son fils aîné, Moulaï-Ali, chez lequel il avait toujours trouvé le concours le plus dévoué, mourut à Fès en 1783. Les visées ambitieuses de son autre fils, El-Yezid, qui déjà n'avait pas hésité à lever contre lui l'étendard de la révolte, n'étaient un secret pour personne. Afin de l'éloigner, il le fit partir pour l'Orient, sous prétexte de pèlerinage, et profita de son départ pour se rendre à Tafilala, où les chérifs de sa famille étaient si nombreux. Il en expulsa les Aït-Ata, partisans de son oncle El-Hacen, et y établit plusieurs de ses propres enfants.

Pendant qu'El-Yezid était en Orient, Moulaï-Mohammed voulut envoyer de riches présents à La Mekke et à Médine ; mais, connaissant l'avidité de son fils, il prescrivit aux personnages qui en étaient porteurs de se joindre à la caravane de Constantinople, afin de les lui soustraire (1785). Cependant, El-Yezid attendait au Caire l'arrivée de la caravane du Mag'reb : lorsqu'il eut compris de quelle façon elle lui avait échappé, il se rendit, en toute hâte, à la Mekke et força l'envoyé de son père à lui remettre les présents destinés aux gens du Hedjaz (ceux de la Syrie, de l'Egypte et de l'Irak étaient déjà arrivés à destination). Il fallut recourir à l'Ouali (gouverneur) de la ville sainte pour lui faire restituer une partie du produit de son vol et cette affaire causa un grand scandale dans le monde musulman. Le sultan du Maroc en fut particulièrement mortifié et profita de cette occasion pour renier et maudire ce fils dénaturé ; il écrivit ensuite à la Porte afin d'obtenir d'Abd-el-Hamid qu'il expulsât El-Yezid de ses états. En 1788, le prince revint vers le Maroc, et s'arrêta chez Debbah, chef des Daouaouïda, dans le sud de la province de Constantine. Bien reçu par ce cheikh, qui lui donna sa fille en mariage, il continua sa route par les hauts plateaux, s'arrêta à Maskara chez Mohammed-bey, dont il n'eut qu'à se louer, et, enfin, pénétra dans le Maroc. Mais il se tint à l'écart de son père et, pour échapper à sa vengeance, se réfugia au mausolée de Sidi-Abd-es-Selam.

Le règne de Moulaï-Mohammed s'était prolongé assez paisiblement. Ce prince entretenait les meilleures relations avec la Porte et s'appliquait à rester en paix avec les Turcs d'Alger. Quant aux puissances européennes, elles n'avaient nullement à se plaindre de lui et il sut, dans plusieurs occasions, montrer son humanité à l'égard de naufragés chrétiens. Il essaya même d'arrêter la traite, dont le port de Sainte-Croix du cap d'Aguer était devenu le centre. Grâce à Chénier, consul de France, il conclut, avec Louis XVI, plusieurs négociations favorables à nos nationaux et reconnut notre prépondérance. Mais son intervention dans le commerce des ports qu'il frappa de droits énormes fut très préjudiciable au développement des affaires.

En 1787, une révolte ayant éclaté à Maroc, il y fit une expédition et pardonna aux habitants qui s'étaient enfuis et réfugiés au marabout d'El-Khammar. Il réduisit ensuite à la soumission les Haïaina encore en insurrection. Cependant, la présence de Moulaï-Yezid au Maroc empoisonnait les derniers jours du sultan. Il résolut de l'arracher de son asile et était en route avec son armée, dans ce but, lorsqu'il mourut (avril 1790). Il était âgé de 80 ans[1].

Succès du Bey de l'Ouest, Mohammed. Il fait une expédition heureuse a l'Ar'ouate et Aïn-Madi. — A Maskara, le bey Mohammed-ben-Osman étendait chaque jour son influence et son

---

1. *Et-Tordjeman*. p. 84 et suiv. du texte arabe, 151 et suiv. de la trad. — Abbé Godard, *Maroc*, p. 559 et suiv. — Féraud, *Les Ben-Djellab* (Revue afric., n° 160, p. 259).

autorité. Après s'être appliqué à atténuer les effets de la grande famine de 1780-81, il s'attacha à doter sa résidence des établissements publics qui lui manquaient, sans négliger pour cela ses fortifications. Puis il donna les mêmes soins à Mostaganem où son jardin de Kacherou devint, pour l'époque, une véritable merveille.

La soumission absolue était exigée des tribus, même les plus indisciplinées. Or, un groupe de brigands, les Achacha, établis à l'ouest de la province, sur la limite du Maroc, étaient un objet de terreur et de danger pour tous les honnêtes gens ; il marcha contre eux, les razia et les dispersa ; les Mehaïa et Oulad-Ali-ben-Talcha, de la même région, furent aussi contraints de se soumettre.

Les Hachem refusaient depuis longtemps de reconnaître l'autorité des beys. C'était, au cœur du beylik, un noyau de résistance en même temps qu'un refuge assuré pour tous les vauriens. Le bey Mohammed les combattit sans relâche, jusqu'à ce qu'il eût brisé leurs forces ; après quoi, il les incorpora dans le Makhezen, afin d'employer leur ardeur à un meilleur but. Les Flitta et les Harar furent également domptés.

En même temps, le bey Mohammed ne perdait pas de vue Oran, bien résolu à saisir l'occasion de s'emparer de cette ville. Le blocus avait été maintenu par ses prédécesseurs ; il le continua et vint, en 1780, jusque sous les murs de la ville dont il coupa la conduite d'eau. En septembre 1784, il tenta un nouveau coup de main sur Oran et faillit réussir. Le courage du gouverneur, Don P. Guelfi, et la constance de ses soldats le firent échouer.

Ces luttes incessantes, dans toutes les directions, entraînèrent naturellement le bey vers les régions du sud. Le Kçar de Chellala-du-Nord, dans les hauts plateaux, bravait, depuis longtemps, son autorité, sous le prétexte qu'il dépendait du Maroc. Il y fit une expédition, en passant par le Kheïder, avec une armée de sept mille Turcs pourvue d'artillerie, et un grand nombre de cavaliers auxiliaires arabes. Le Kçar rebelle fut enlevé d'assaut et sévèrement châtié.

Les oasis qui entourent, au midi, le Djebel-Amour étaient alors dans une indépendance voisine de l'anarchie, rendant la situation de ces régions fort précaire à tous les points de vue. L'Ar'ouate, Aïn-Mâdi et la chebka du Mezab se faisaient une guerre sans trêve ; le bey Mohammed résolut d'y intervenir. Ayant réuni ses contingents de troupes régulières, de cavaliers du Makhezen et de goums auxiliaires, il quitta Maskara le 20 janvier 1785, et marcha vers le sud-est, recevant partout la soumission des tribus, particulièrement les O. Khelif et Harar de l'est et de l'ouest, qui lui apportèrent des vivres pour ses hommes et ses animaux de selle et de bât. Il passa à Menzel-el-Beida, puis à Kheneg-el-Melah où les troupes exécutèrent une r'azia fructueuse sur des dissidents. A Taouila, il trouva des grains en abondance.

Parvenu sur le sommet de la montagne, à El-Khïer, la colonne fut assaillie par la neige et souffrit beaucoup. Enfin le bey atteignit le Kçar d'Allou où les O. Salah et les O. Yakoub de l'est et de l'ouest lui apportèrent leur soumission et leurs présents. A El-Gada, à l'extrémité du Djebel-Rached, au lieu dit les sept douars, un nombre considérable de dissidents étaient massés, pleins de confiance dans l'âpreté du lieu ; mais les goums et les troupes les eurent bientôt cernés et faits prisonniers. Le bey avait lui-même dirigé l'assaut et après son succès, fructueux en butin, il s'était montré modéré à l'égard des vaincus.

De Debdaba, où il était campé, il envoya son khalifa s'emparer du Kçar de Zenina qui avait, auparavant, bravé un bey de Titeri. Les habitants de Tadjemout et d'Aïn-Mâdi lui adressèrent, dans cette localité, une députation pour lui présenter leur soumission et se reconnaître ses sujets. Mohammed-bey fixa le tribut qu'ils auraient à fournir ; puis, continuant sa route, campa à Aousselaoua où il reçut un mïad (députation) des cheikhs des Beni-L'ar'ouate, offrant la soumission du pays et s'obligeant à lui livrer 100 esclaves, 5,000 soultani (pièces d'or), deux cents haïks et quatre chevaux. Le bey leur fit bon accueil, les renvoya avec promesse de l'aman, et leur remit des insignes d'investiture.

Se ravisant ensuite, il jugea qu'il devait leur imposer l'obligation de servir un tribut annuel et envoya vers ces gens un de ses officiers, porteur d'une lettre dans ce sens. Lorsque le messager fut parvenu dans l'oasis et eut donné connaissance du désir de son maître, ce fut une explosion générale de colère, parmi ces braves Sahariens ; tous coururent aux armes et se préparèrent au combat, tandis que l'envoyé parvenait, non sans peine, à fuir. Aussitôt, le bey vint camper au Menzel, et prit ses dispositions pour l'attaque. L'oasis est protégée à l'est et à l'ouest par des hauteurs. Les Asker occupèrent la colline de l'ouest, d'où ils firent un feu plongeant sur la ville, tandis que les quatre canons de la colonne l'attaquaient du côté accessible. Des hommes, armés de pioches, furent chargés de démolir les murs formant plusieurs enceintes. Les cavaliers des Zemala occuperaient le bas de la montagne au sud, tandis que, du côté de l'ouest, à gauche de l'artillerie, se placeraient les Douair ; le Makhezen de l'Est devait se tenir au nord. Au point du jour, le signal de l'attaque fut donné et les L'Ar'ouate se virent bientôt repoussés de jardin en jardin, tandis que les murailles s'effondraient sous les coups de pioche. Les Douaïr se couvrirent de gloire dans ce combat ; mais les retranchements successifs, qui font la force des oasis, opposaient toujours de nouveaux obstacles et, bien qu'on fût, vers le soir, aux portes de la ville, le bey ordonna la retraite.

Cette brillante journée avait brisé la résistance ; les pertes des L'Ar'ouate et de leurs alliés étaient de 60 morts ou blessés et de 11 prisonniers ; des groupes entiers avaient en outre pris la fuite, ou n'avaient pu rentrer dans la ville. Le lendemain, le bey envoya un officier à l'oasis pour apporter des paroles de paix qui furent accueillies avec reconnaissance. Une députation des Oulama du lieu, portant le Sahih (ouvrage) de Bokhari, vinrent, humblement, au camp et finirent par obtenir l'aman, à condition de livrer aussitôt ce qu'ils avaient déjà promis, de donner des otages et de s'engager à servir le tribut.

Laissant les agents opérer le recouvrement de la contribution, le bey alla camper entre Tadjemout et Aïn-Mâdi, pour y attendre les tributs de ces localités. Les habitants du premier de ces Kçar s'exécutèrent, mais ceux du second paraissant plus récalcitrants, Mohammed-bey s'avança jusqu'à Aïn-Mâdi, où toute résistance cessa aussitôt. Dans cette localité, les L'Ar'ouate vinrent remettre au bey 5,000 boudjou et 40 esclaves, promettant de livrer le reste à Maskara. En même temps, le contingent des Beni-Mezab arrivait, pour se mettre à la disposition du bey, espérant que celui-ci lui abandonnerait L'Ar'ouate ; mais il n'en fit rien et préserva au contraire cette oasis du pillage.

Peu après, le vainqueur reprit le chemin du nord-ouest et rentra sans encombre à Maskara, où il fut accueilli par de grandes démonstrations de joie. Cette heureuse expédition, dont le succès fut complété par le merveilleux qui accompagne toujours les entreprises lointaines, répandit au loin le renom de Mohammed-Bey. Le dey lui témoigna toute sa reconnaissance ; il noua, en outre, des rapports amicaux non seulement avec les autres beys d'Algérie, mais encore avec celui de Tunis et avec le sultan du Maroc[1].

SUCCÈS DE SALAH-BEY DANS LA PROVINCE DE CONSTANTINE. SES

---

1. Gorguos, *Notice sur le bey d'Oran* (d'après le Djoumani), Revue afric., t. I, p. 405 et suiv. — Le même, *Expédition de Mohammed-el-Kébir* (Revue afric.), t. II, p. 32, 185 et suiv., et t. III, p. 52, 286 et suiv. — Walsin Esterhazy, *Domination Turque*, p. 190. — Bresnier, *Expédition de Chellala* (Revue afric., IVe année, p. 175 et suiv.).

CRÉATIONS. — Dans la province de l'Est, Salah-bey continuait à déployer des qualités le plaçant à un rang au moins égal à celui de son collègue de l'Ouest. Comme lui, administrateur habile, il maintint toute sa région dans un état de soumission absolue et fit respecter son autorité jusqu'à ses limites les plus éloignées. Comme lui aussi, il s'appliqua à embellir sa résidence. Constantine qui était devenue, sous la domination turque, une réunion de masures, d'où émergeaient quelques minarets branlants, commença à se transformer pendant le règne des beys Bou-Hanek et Ahmed-el-Kolli ; mais ce fut Salah-Bey qui lui rendit son cachet de capitale et la dota d'édifices tels que la mosquée et la medreça de Sidi El-Kettani (actuellement place Négrier) ; et la belle medreça de Sidi-L'Akhdar où se fait actuellement le cours supérieur d'arabe, sans parler de constructions particulières telles que son habitation d'El-Blate[1] ; il parqua les Juifs, jusqu'alors répandus un peu partout, gênés et gênants, dans le quartier de Chara (rue Grand), qui devint leur Ghetto. Il s'appliqua à attirer les savants et à fournir aux mosquées et aux zaouïa des revenus fixes, en revisant et recensant l'état des hobous ou biens immobilisés affectés à ces établissements ; trois sommiers conformes déposés chez divers fonctionnaires en conservèrent la liste ; ils furent retrouvés par nous à la conquête et fournirent l'état complet des immeubles domaniaux. Mais il ne borna pas son action bienfaisante à la ville ; car il fit planter dans les environs de grandes quantités d'oliviers et d'autres arbres utiles ; son nom est même resté au beau domaine de Sidi M'hammed-el-R'orab, créé ou remis en état par lui sur le le flanc du Chettaba au nord-ouest de la ville ; Bône profita aussi de son goût pour les travaux et les embellissements : c'est ainsi qu'il essaya de drainer la plaine en déversant ses eaux dans la Seybouse, et qu'il créa le domaine de Zerizer. Partout, il poussa à la construction de moulins, en concédant, avec facilité, des chutes d'eau aux particuliers.

Ces soins divers n'étaient pour lui qu'un moyen d'occuper son repos, au retour de ses nombreuses expéditions. Il parcourut plusieurs fois la région des Harakta, Nemamcha et Henanecha, et contraignit ces indigènes, ainsi que les Oulad-Bel-Gassem de Chemorra, à l'obéissance. Ses relations avec la Tunisie étaient généralement courtoises, mais il traitait avec elle de puissance à puissance. En 1784, nous l'avons vu, la guerre faillit éclater entre lui et Hammouda ; trois ans plus tard, de nouvelles difficultés surgi-

---

1. Actuellement occupée par le général de brigade.

rent, sous le prétexte que des Constantinois, voulant échapper à la vengeance de Salah-Bey, avaient trouvé asile à Tunis. Il écrivit même au dey d'Alger pour se plaindre que le bey de Tunis attirât chez lui des gens de ses provinces, provoquant ainsi une véritable émigration. Grâce à cette façon de présenter les faits, l'autorisation d'entreprendre une expédition lui fut accordée ; et bientôt, on apprit à Tunis qu'une armée de 6,000 hommes se concentrait à Constantine. Or, les Tunisiens étaient à peine débarrassés des attaques des Vénitiens, et une nouvelle guerre ne plaisait à personne. Aussi le bey s'empressa-t-il d'écrire à Alger pour obtenir contre-ordre, offrant les satisfactions qu'on croirait devoir exiger. Il se soumit au paiement d'une forte indemnité, au bey de Constantine, auquel, en réalité, il ne devait rien, et, vers la fin de cette même année 1787, les bonnes relations étaient rétablies.

Quelque temps auparavant, le cheikh du Ferdjioua, Mohammed-Chelr'oum-ben-Achour, après avoir donné asile au proscrit Hassen, fils de l'ancien bey Bou-Hanek, lui avait fourni les moyens de gagner Alger, puis Maskara. Salah-Bey résolut de tirer vengeance de cet affront ; il envahit le Ferdjioua sur différents points ; mais il y rencontra une résistance inattendue, et, changeant de tactique, s'appliqua à détacher, un à un, les partisans de son ennemi. Cela fait, il confia l'autorité à Maggoura-bou-Tar'ane, chef de la branche cadette des Oulad-Achour, ce qui devait être la source de luttes acharnées dans cette famille [1].

NOTICE SUR LES BEN-DJELLAB, SULTANS DE TOUGGOURT. — Sur ces entrefaites, Salah-Bey fut entraîné, comme son collègue de Maskara, à effectuer une expédition vers l'extrême sud. Voici dans quelles circonstances.

Nous avons vu précédemment que l'oasis de Touggourt et une partie de l'Ouad-Rir' obéissaient à une famille féodale, celle des *Ben-Djellab*. Les Oulad-Moulate, Arabes se prétendant d'origine noble, formaient le Makhezen des « sultans » de Touggourt. La proximité des Daouaouïda avait naturellement amené entre les Ben-Djellab et eux des alliances. Nous avons vu aussi qu'une fille du bey de Constantine, Redjeb le Turc, nommée Oum-Hani, était arrivée à prendre le commandement de cette grande tribu arabe vers le commencement du XVIII° siècle. Pour venger la mort de

---

1. Vayssettes, *Hist. des beys de Constantine*, p. 434 et suiv. — Féraud, *Aïn-Beida* (Revue afric., n° 96, p. 409 et suiv. — Le même, *Ferdjioua et Zouar'a* (Revue afric., n° 127, p. 8 et suiv.).

son frère, Oum-Hani parvint à attirer Slimane, sultan de Touggourt, à une fête dans le cours de laquelle elle le tua ; puis elle marcha sur l'oasis, défit en rase campagne et tua Mohammed, fils de Slimane et, étant entrée à Touggourt, confia le pouvoir à un certain Mohammed-el-Akehal, de la branche cadette des Ben-Djellab. Sous le règne de ce prince, les Juifs, nombreux dans l'oasis, furent contraints, sous peine de mort, d'accepter la profession de l'Islamisme et formèrent le groupe des *Mehadjerine* qui y existe encore.

Après la chute d'Oum-Hani, les O. Moulate renversèrent et mirent à mort Mohammed-el-Akehal et le remplacèrent par Ahmed, fils de Mohammed-ben-Slimane, qui se rendit à Biskra afin d'obtenir l'investiture du bey Keliane, s'y trouvant alors. Mais, pendant son absence, un de ses frères nommé Farhate s'était emparé du pouvoir et à son retour il ne trouva que la mort. Peu après Farhate était assassiné par un esclave et le pouvoir restait entre les mains de son frère Brahim, âgé de 15 ans. Sous son autorité, Touggourt et l'Ouad-Rir' recouvrèrent le calme ; mais il était très pieux et, sur la fin de sa vie, il partit pour l'Orient afin d'effectuer le pèlerinage, laissant le pouvoir entre les mains de ses deux fils, Abd-el-Kader et Ahmed, sous la tutelle d'un marabout.

Ce fut le moment choisi par Khaled, fils de Mohammed-el-Akehal, soutenu par les O. Moulate, pour s'emparer du pouvoir en répandant la fausse nouvelle de la mort de Brahim. Maître de Touggourt, Khaled, à la tête d'une bande de pillards, alla mettre à sac toutes les oasis jusqu'à Ouargla ; mais il fut entièrement défait devant cette ville et périt obscurément (1721). Abd-el-Kader, fils aîné de Brahim, revint alors de l'Ouad-Souf, et soutenu par les Troud, monta sur le trône de Touggourt. Il mourut sept ans plus tard, laissant cinq fils en bas âge, dont les plus connus furent Omar et Mohammed, issus de son union avec la fille du cheikh El-Arab, Ali-bou-Aokkaz. Ahmed, leur oncle, conserva momentanément la direction des affaires, mais, lorsque Omar eut atteint l'âge d'homme, son tuteur, Farhate-ben-Bou-Aokkaz, frère de sa mère, arriva à Touggourt avec lui et le plaça sur le trône, après avoir expulsé Ahmed. Celui-ci se réfugia à El-Oued, dans le Souf, et ces régions sahariennes obéirent pendant quelque temps à deux chefs. Une semblable situation devait amener la guerre entre eux et nous avons vu le prince tunisien, Mohammed-Bey, dans sa fuite vers le sud, tomber, avec le cheikh des Henanecha, au milieu de leurs luttes, y prendre part contre Ahmed, et obtenir l'appui d'Omar et celui de Farhate pour gagner Alger. Ahmed succomba au chagrin, et laissa quatre fils, dont deux furent empoisonnés. Les deux autres, sauvés par leur mère, trouvèrent un refuge à R'adamès.

Omar mourut vers l'année 1750 et fut remplacé par son fils Mohammed. Ce prince régna jusqu'en 1765 et laissa le meilleur souvenir dans le pays. Son fils Omar, qui lui avait succédé, mourut après 5 mois de règne, laissant trois fils, Ahmed, Abd-el-Kader et Farhate, dont l'aîné, Ahmed, lui succéda (1766). Ce dernier décéda en pèlerinage et fut remplacé par son frère Abd-el-Kader au détriment de son frère Mohammed (1778). Enfin Farhate succéda au précédent en 1782[1].

Expédition de Salah-Bey a Touggourt. Son échec. Les Ben-Gana y remplacent les Ben-Djellab. — On a pu voir par ce qui précède que les sultans de Touggourt étaient, en réalité, les protégés du cheikh El-Arab, chef des Daouaouïda. La puissance de ce dernier devenait de plus en plus considérable et ce fut, évidemment, pour lui faire contrepoids que le bey Ahmed-el-Kolli opposa à la famille des Bou-Aokkaz celle des Ben-Gana, à laquelle il était allié. Mais El-Hadj-ben-Gana, nommé cheikh-el-Arab, ne put faire accepter son autorité dans le sud et mourut en combattant les Kabiles révoltés. Son fils Mohammed recueillit le titre platonique de cheikh-el-Arab et pressa en vain Salah-Bey, compagnon d'armes de son père, de le mettre en possession de son commandement. N'ayant pu l'obtenir, il alla, dans son dépit, se mettre en observation dans les montagnes de l'Ahmar-Kheddou, qui dominent le Sahara.

Après les derniers succès qu'il venait d'obtenir, Salah-Bey jugea pouvoir abandonner son attitude expectative à l'égard des affaires du Sud. Il était allé déjà plusieurs fois dans les oasis des Zibane et s'était plu à employer ses facultés administratives à l'organisation de la répartition équitable des eaux. En même temps, il s'était bien renseigné sur les affaires de l'extrême Sud et avait essayé, mais en vain, de ramener à lui Debbah, chef des Daouaouïda. Vers la fin de 1788, il se rendit dans le Zab et, pour ne pas éveiller les soupçons des Sahariens, ordonna à ses troupes de se porter sur l'Ouad-Djedi, par une autre route. Puis, de Biskra, il entama des pourparlers avec Farhate, sultan de Touggourt, afin de l'amener à reconnaître sa seule autorité ; mais le prince touggourtin, inspiré et soutenu par Debbah, se refusa à tout accommodement.

1. Féraud, *Les Ben-Djellab* (Revue afric., n° 137, p. 350 et suiv., n° 140, p. 105 et suiv.).

Lorsque la colonne turque, plus forte que d'habitude et ayant avec elle 4 canons de cuivre portés sur des chameaux, eut perçu les impôts de Tolga, Bou-Chagroun et Lichana, elle s'avança sur l'Ouad-Djedi, où elle fut rejointe par Salah-Bey. Aussitôt, ordre fut donné de marcher rapidement sur Touggourt ; mais la colonne se trouva assaillie par des tourmentes de neige, cet hiver étant particulièrement rigoureux, et elle souffrit beaucoup. Dix-huit jours après son départ, l'armée arriva enfin en présence de Touggourt, alors protégée par un large fossé plein d'eau. C'était un siège à entreprendre et Salah-Bey essaya de porter la terreur chez ses ennemis en se servant de son artillerie. Plusieurs boulets atteignirent le minaret principal et diverses habitations, sans causer de grands dégâts dans ces constructions en terre. Du reste, les gens des oasis sont habitués à la guerre de siège, et les nombreux défenseurs de Touggourt, embusqués dans les jardins, répondaient par une fusillade nourrie aux tentatives des assiégeants qui arrivaient, munis de hache, pour couper les palmiers. Les cavaliers Daouaouida empêchaient les Turcs de s'écarter de leur camp.

Après vingt-deux jours d'efforts, durant lesquels l'armée de Constantine ne cessa de souffrir de la température glaciale qui sévissait depuis son départ de l'Ouad-Djedi, Salah-Bey se décida à la retraite, espérant, sans doute, attirer ses ennemis en rase campagne, mais il ne réussit qu'à embourber son convoi dans les marais de Meggarine, où il laissa deux canons. En réalité, cette expédition se termina par un échec et ce fut devant l'oasis qui avait bravé tous les beys de Constantine depuis deux siècles, que Salah vit son étoile pâlir et la fortune se prononcer contre lui.

Mais cet échec ne fit qu'augmenter l'ambition du bey de Constantine et son désir de rabaisser l'orgueil du roitelet saharien ; seulement, il employa pour y parvenir une autre voie que la force. Une révolte ayant été provoquée dans l'Ouad-Rir', Farhate s'y porta avec une colonne, mais ce fut pour y succomber, soit à la maladie (Tehem), soit au poison. Par l'intermédiaire d'El-Hadj Messaoud-ben-Zekri, bach-sefar du bey, un rapprochement s'était opéré entre Debbah, chef des Daouaouida et Mohammed-ben-Gana. Une sorte de partage de l'autorité, fondée sur la chute des Ben-Djellab, que les Ben-Gana devaient remplacer à Touggourt, avait été arrêtée. Mais à peine Farhate avait-il cessé de vivre, qu'un fils d'Ahmed-ben-Omar, nommé Ibrahim, était proclamé à Touggourt, ce qui renversait tous ces plans. Pour y remédier, l'esprit inventif de Ben-Gana sut attirer Ismaïl-ben-Djellab et ses trois frères devenus ses compétiteurs, à Zeribet-El-Oued ; là, on les arrêta, en leur prodiguant force témoignages de respect, et on les conduisit sous bonne escorte à Constantine, où ils furent étroitement gardés. Les Ben-Gana occupèrent alors Touggourt, mais, peu faits à la vie du Sud, ils ne surent pas s'y créer de partisans sérieux [1].

Luttes de Salah bey contre les Marabouts. — L'échec de l'expédition de Touggourt marqua le déclin de la fortune de Salah-bey. Son esprit autoritaire, exigeant de tous l'obéissance, s'accordait mal avec les prétentions envahissantes des marabouts que ses prédécesseurs avaient peut-être trop encouragés. Estimant qu'ils mettaient son autorité en péril, il n'hésita pas à les combattre malgré leur caractère religieux; mais dans cette lutte, il est rare que le bras séculier recueille un avantage réel de ses violences; la crédulité publique voit dans les exécutions, plus ou moins justifiées, des martyres, qu'il entoure de circonstances merveilleuses. Salah-bey en fit l'épreuve.

Ce fut par le marabout M'hammed, chef de Khouane, dont les bravades incessantes l'irritaient, qu'il commença la répression; il lui fit trancher la tête au-dessus de ses jardins et, selon la tradition, le saint fut changé en corbeau, d'où le nom (Sidi M'hahmed-el-R'orab) resta à la localité. Il s'attaqua ensuite au cheikh Sidi Ahmed Zouaoui, établi dans la montagne d'Ouazgar sur le versant nord du Chettaba; il remplissait la contrée du bruit de ses miracles et recueillait tous les mécontents. Le bey y conduisit une colonne avec du canon; mais, à son approche, le marabout prit la fuite, incendiant lui-même les habitations qu'il laissait. Après le départ de la colonne, ce cheikh, qui avait fondé une secte de Khouane, celle des Hençala, localisée à Constantine, revint prendre sa place en vue de la ville de son ennemi. Salah chercha, dit-on, à faire la paix; mais l'homme de Dieu sentait sa force et répondit à ses avances en appelant la malédiction divine sur le bey et ses principaux soutiens, les Ben-Zekri.

Un autre centre d'opposition religieuse était à la Zaouïa du cheikh Sidi Obeïd, dans le pays des Henanecha. Pour frapper le marabout dans ses intérêts, Salah-bey lança contre lui son bach-seïar Bou-Remane-ben-Zekri, et celui-ci de concert avec Ibrahim-ben-Bou-Aziz, chef des Henanecha, exécuta une razia importante sur les troupeaux de Sidi Obeïd. Une nouvelle malédiction vint

---

1. Cherbonneau, *Inscriptions arabes de Constantine* (Ann. de la Soc. arch., 1856-57, p. 117 et suiv.). — Féraud, *Les Ben-Djellab* (Revue afric., n° 140, p. 109 et suiv., n° 141, p. 177 et suiv., n° 160, p. 259 et suiv.). — Vayssettes, *Hist. des Beys*, p. 349 et suiv.

frapper celui qui ne respectait pas le caractère sacré du marabout. En même temps, une réclamation pressante était adressée à Alger. Vers 1792, Salah-bey fit relever le pont d'El-Kantara, qui s'était écroulé en partie. Un architecte mahonnais, Don Bartholoméo, accomplit ce travail pour lequel il employa les ruines romaines, se trouvant alors de l'autre côté du ravin [1].

SITUATION D'ORAN. LE BEY DE L'OUEST SE PRÉPARE A L'ATTAQUER. — Nous avons vu précédemment que le bey de l'Ouest, Mohammed-ben-Osmane, avait maintenu le blocus d'Oran et fait plusieurs démonstrations contre cette ville. Le traité de 1786, ayant prévu implicitement l'évacuation de cette colonie par l'Espagne, semble avoir produit quelque détente entre chrétiens et musulmans. Cette paix, œuvre du ministre Florida-Blanca, devait permettre à Charles III de renouer des relations commerciales avec l'Afrique et de reporter toutes ses forces d'un autre côté ; mais l'évacuation d'Oran n'était nullement populaire dans la péninsule et le gouvernement en ajournait sans cesse la réalisation. Charles IV succéda, en 1788, à son père Charles III, et bientôt la Révolution française et les événements qui la suivirent absorbèrent l'attention de toute l'Europe.

Ces retards ne faisaient pas l'affaire du bouillant bey de l'Ouest ; aussi se décida-t-il à attaquer de nouveau Oran. Dans l'hiver 1789-90, il convoqua les principaux chefs de tribus, leur communiqua son projet et, donnant rendez-vous pour l'été suivant, s'occupa avec son activité habituelle à préparer le matériel, les munitions et les troupes qu'il jugeait nécessaires pour la réussite de cette entreprise.

Le marquis de Campo-Santo, qui, l'année précédente, avait remplacé comme gouverneur d'Oran le brave général de Las Casas, fut appelé, le 29 mai 1790, à un poste en Amérique. En quittant cette ville, il remit le commandement à Don Basilio Gascon, colonel du régiment des Asturies, l'officier le plus ancien de grade.

Oran comptait alors une population de 9,500 personnes, y compris 200 ou 300 maures soumis. Les artisans, commerçants et ecclésiastiques entraient dans ce chiffre pour 200 environ. Les condamnés, dont une partie étaient armés et organisés, étaient au nombre de 2,300 environ. Le reste était formé par la garnison propre-

---

1. Vayssettes, *Constantine sous les Beys*, p. 367 et suiv. — Féraud, *Edifices religieux de Constantine* (Revue afric., n° 66). — Le même, *Les Harars* (Revue afric., n° 107, p. 357 et suiv.).

ment dite, comprenant environ 2,500 combattants, plus les accessoires ordinaires. Un conseil municipal, composé de tous les capitaines des régiments et de quelques bourgeois, administrait la ville sous l'autorité suprême du gouverneur. Les fortifications de la place avaient été réparées et augmentées depuis de longues années ; aussi le siège d'Oran ne pouvait-il être entrepris à la légère ; le bey le savait mieux que personne et, lorsqu'il eut obtenu du dey l'autorisation d'attaquer, il ne négligea rien pour assurer la réussite.

Grand tremblement de terre d'Oran. — Dans le courant du mois d'août 1790, plusieurs secousses de tremblement de terre se produisirent à Oran. La population, déjà inquiète des préparatifs du bey, en fut particulièrement troublée ; mais elle reprit confiance dans la deuxième quinzaine de septembre, par suite de la cessation du phénomène. Dans la nuit du 8 au 9 octobre, après une journée de chaleur accablante, les secousses recommencèrent, vers une heure du matin. En un instant toute la population fut debout ; mais les trépidations se succédèrent avec une violence inouïe, sans pour ainsi dire d'interruption. « Le sol, dit un témoin, s'abaissait, se soulevait et semblait se diriger avec une vitesse irrésistible dans la direction du sud-est ; puis, comme par le fait d'un choc brusque et sec, ébranlait toute la ville et ses énormes murailles par un monstrueux mouvement de recul. »

La 21ᵉ et, enfin, la 22ᵉ secousse achevèrent l'œuvre de destruction. La ville était entièrement renversée et un grand nombre d'habitants gisaient écrasés sous ses ruines. Le gouverneur, avec toute sa famille et une partie de son régiment, étaient morts. Ce fut au brigadier de Cumbre Hermosa, colonel du régiment de Navarre, que le commandement échut dans cette triste conjoncture. « Tous les médecins, dit le général de Sandoval, avaient péri ; les remèdes et les ustensiles de l'hôpital se trouvaient sous les ruines de cet édifice. Le commandant du génie et la plus grande partie de son matériel était également ensevelis sous les décombres ; les églises, la trésorerie, les casernes, la manutention, avec ses provisions, et presque tous les édifices, y compris la Kasba, étaient renversés. L'incendie s'alluma alors parmi les décombres entassés, et les condamnés, se trouvant libres, jugèrent l'occasion propice pour se livrer au pillage... »

Le nombre des victimes peut être évalué à 2,000 personnes de tout âge et de tout sexe : trois officiers supérieurs, 31 capitaines, lieutenants et sous-lieutenants, deux médecins, environ 900 soldats et le reste d'employés, de religieux et de condamnés. Les survivants, terrifiés, erraient parmi les ruines, cherchant des parents, des amis, des valeurs, des vivres, car les subsistances manquaient, et, pour comble de malheur, la source qui alimente Oran était tarie. Le comte de Hermosa se multiplia afin de faire donner des secours aux blessés, enterrer les morts, se procurer des vivres. Les survivants furent établis sur l'emplacement du boulevard Oudinot actuel, qui était en dehors de la ville; ils s'y construisirent des abris en planches et il fut interdit à tout homme valide de s'en écarter : bientôt, les secours en vivres et des renforts furent envoyés d'Espagne; les secousses continuaient, mais moins fortes; elles devaient durer jusqu'au 22 novembre.

Siège d'Oran par Mohammed, bey de l'Ouest. Héroïque défense des Espagnols. — Cette épouvantable calamité, survenant alors que le bey était prêt à entrer en campagne, servait si bien ses projets que les musulmans y virent l'intervention de la puissance divine en leur faveur. La nouvelle du désastre d'Oran parvint à Maskara avec une rapidité incroyable et, quatre jours après, le bey était en campagne. Une masse de pillards s'étaient jetés sur la ville, dès le lendemain de la catastrophe, de sorte que le gouverneur avait dû employer une partie des 1,526 hommes valides qui lui restaient à tirailler contre eux. Sur toutes les hauteurs environnantes, de grands feux furent allumés et répercutés de montagne en montagne pour appeler au combat les champions de la guerre sainte; en quelques jours, 50,000 musulmans furent réunis autour de la ville chrétienne en ruines.

Le bey Mohammed, qui avait fait le trajet en deux jours, divisa son armée en trois corps; il confia le commandement des contingents de Tlemcen, des Flitta et autres tribus, à son fils Osman; celui des gens de Mazouna, de Mostaganem et des régions de l'Est, à Mohammed-ben-Brahim; et garda pour lui celui du reste des troupes avec la direction du siège. Le 17 octobre, une attaque générale fut ordonnée et, malgré leur grand nombre et l'état de délabrement des fortifications, les musulmans, qui avaient concentré leurs efforts contre Bordj-El-Aioum (fort S.-Philippe), furent repoussés par une vigoureuse sortie. Ils recommencèrent les jours suivants leurs assauts sur différents points; mais, partout, se heurtèrent à une résistance acharnée de la part des Espagnols, dont le chef sut déjouer toutes les ruses des assiégeants.

A partir du 29, le bey, qui avait cru entrer sans difficulté à Oran, se décida à entreprendre un siège régulier et cela avec d'autant plus de raison que les renforts arrivés d'Espagne le 26 portaient la garnison de la place au chiffre d'environ 5,000 hommes. Il fit établir des tranchées, construire des batteries et hisser une partie de ses pièces et de ses mortiers sur le plateau du Santon. Il fallait encore du matériel et des munitions; le bey en demanda aux Anglais et de divers autres côtés, et reçut de la poudre du Maroc et de la Grande-Kabilie. Partout, il fit rechercher les artisans; on lui envoya de Figuig des mineurs, fort renommés dans cette région du Sahara. En attendant l'issue du siège, il s'était retiré à Muskara pour y réunir tous ses moyens d'attaque.

Cependant, le gouvernement de Charles IV avait, dès la fin d'octobre, entamé des négociations avec le dey d'Alger, en proposant l'évacuation d'Oran, mais à la condition que le bey cesserait ses hostilités; que cette ville serait en quelque sorte neutralisée, et que Mers-el-Kebir resterait à l'Espagne. Cette ouverture fut acceptée en principe, et le bey de l'Ouest reçut l'ordre de conclure une suspension d'armes (février 1791), ce qui ne fut exécuté qu'à demi, car les auxiliaires continuèrent à inquiéter la place. Vers la fin du même mois de février, le comte de Hermosa, élevé au grade de maréchal de camp, fut remplacé par D. J. Courten, lieutenant général; des secours de toute nature furent envoyés à la place et l'on s'y prépara à la reprise des hostilités, car l'échec des négociations ne faisait de doute pour personne.

Dès que l'armistice fut expiré (le 26 avril), le bey Mohammed s'avança sur Oran et fit converger les renforts et le matériel qu'il avait préparé de divers côtés pour concentrer le tout au Sig. Les Espagnols effectuèrent aussitôt des sorties plus ou moins heureuses. Le 6 mai, le bey et son armée étaient au Figuier (Mesoullane). On se trouvait alors en Ramadan, époque où les passions religieuses sont plus particulièrement surexcitées. Un grand nombre de Taleb, réunis au village d'Ifri, avaient été armés et formaient un bataillon de 500 hommes; le bey les envoya occuper les approches de Bordj-el-Aïoun. Le 22 mai, il se mit en route au bruit des tambours et des salves d'artillerie et vint prendre position devant Oran. Les soldats turcs s'étaient portés sur deux files à sa rencontre et son arrivée fut l'occasion de nouvelles réjouissances. Dans les premiers jours de juin, la grosse artillerie ayant été hissée sur le plateau, les opérations du siège reprirent avec activité.

Pendant plusieurs jours, on se canonna vigoureusement de part et d'autre. Du rivage, les Espagnols avaient placé des bateaux armés qui incommodaient par leur tir les batteries du Santon. Les assiégeants n'obtenaient aucun succès; une sortie, opérée le 5, détruisit un boyau de mine duquel les musulmans attendaient un grand effet pour se rendre maître du fort Philippe; une partie des

Taleb y fut massacrée. Le 10, les musulmans concentrèrent leurs efforts sur le fort Santa-Cruz, mais sans plus de succès.

Le bey se décida alors à abandonner le plateau du Santon et à transporter son artillerie dans la plaine ; puis, il fit attaquer avec vigueur Bordj-el-Aïoun et Saint-André (28 juin). Le 29, une bombe, tombée dans Oran, met le feu aux baraques construites depuis le tremblement de terre, tandis qu'une autre fait sauter une poudrière à Bordj-el-Aïoun. Aussitôt le bey monte à cheval et ordonne une attaque générale de nuit. Vain espoir : les assaillants, malgré des prodiges de valeur, sont repoussés sur toute la ligne, avec des pertes sensibles. Ces attaques se renouvelèrent dans le courant de juillet et fournirent à la garnison, et notamment aux gardes Wallones commandées par le chevalier de Torcy, l'occasion de se couvrir de gloire. Don F. Castaños, le futur duc de Baïlen, partagea, avec l'officier français, l'honneur de la défense.

Le roi d'Espagne traite avec le dey. Évacuation d'Oran. Mohammed-el-Kebir en prend possession. — Sur ces entrefaites, le 12 juillet 1791, eut lieu la mort de Mohammed, dey d'Alger, depuis longtemps malade et affaibli. Son Khaznadji, Hassan, lui succéda, selon les dispositions prises depuis longtemps et, lorsque ces nouvelles parvinrent à Oran, elles déterminèrent une demande de suspension d'armes qui fut accordée (28 juillet). L'honneur castillan était sauf ; dès lors, le roi Charles IV hâta la solution des négociations avec le nouveau dey. Les dépenses nécessitées par la conservation d'Oran dans les dernières années avaient été excessives et, après de nombreuses délibérations et consultations, il fut arrêté que cette ville serait abandonnée, mais que l'on conserverait Mers-el-Kebir, piètre satisfaction, qui avait pour moindre défaut d'être irréalisable, bien que conseillée par des officiers connaissant le pays.

La base de l'accord consacra donc l'évacuation complète, en laissant toutes les fortifications intactes ; quant au paiement d'une indemnité de guerre réclamée par le bey de l'Ouest, il fut définivement repoussé, mais l'Espagne n'obtint pas d'autre satisfaction. Le 23 août, la nouvelle en étant parvenue à Mohammed-Bey, les assiégeants évacuèrent les tranchées et retirèrent leur artillerie. On signa à Alger, le 12 septembre, le traité définitif qui fut ratifié par le roi d'Espagne, le 9 décembre suivant.

En voici les clauses principales :

Autorisation à l'Espagne d'établir, auprès de Mers-el-Kebir, un comptoir du même genre que le Bastion de France, sauf à servir une redevance annuelle de 120,000 fr. de notre monnaie.

Concession de la pêche du corail sur les côtes de l'Ouest. Droit d'acheter 1,000 charges de blé par an au prix du cours.

L'accès du port de Mers-el-Kébir accordé, comme privilège spécial, aux navires espagnols, à charge de payer un droit de 50 réaux (de 1 fr. 12).

La ville devait être immédiatement débloquée et six mois étaient donnés aux Espagnols pour l'évacuer. Ils s'engageaient à y laisser intactes les fortifications et le nombre de canons de fer qui existaient lors de l'abandon d'Oran par Bou-Chlar'em, mais pouvaient détruire les nouvelles fortifications et emporter tout le reste de leur matériel.

Le bey Mohammed, auquel revenait l'honneur de ce succès, se vit décerner le surnom d'*El-Kebir* « le grand ». Il alla à Alger recevoir les compliments du dey qui lui fit les plus grandes fêtes et le décora de l'ordre de *la Plume*, conféré à ceux qui remportent des victoires sur les infidèles. Il le nomma ensuite bey d'Oran. « *Je te confie aujourd'hui cette précieuse cité*, lui dit-il, *car c'est à ton zèle et à ton courage que l'Islam doit de la recouvrer. C'est à toi seul qu'il appartient d'y commander.* » Dans ce voyage, Mohammed-el-Kebir châtia, d'une manière exemplaire, les Soumata, tribu pillarde établie entre les Mouzaïa et les Beni-Menad. Le Hakem de Médéa était obligé de faire un long détour pour les éviter et les colonnes de l'Ouest avaient souvent à se plaindre d'eux.

Cependant, à Oran, les chrétiens hâtaient leurs préparatifs de départ, mais les intérêts privés les retardèrent et il fallut leur accorder un sursis. Un délégué du dey d'Alger vint surveiller l'exécution du traité et, par un sentiment de jalousie contre le bey ou dans la crainte qu'il n'acquît une position trop forte, exigea que l'on fît sauter les forts de Saint-Ferdinand, Saint-Philippe, Santa-Cruz et Saint-Michel, dont les pierres furent vendues à l'encan. Les églises et l'hôpital qui avaient été réédifiés furent de nouveau renversés.

Peu à peu, les troupes et les particuliers avaient été expédiés ; enfin, le 27 février, le reste de la garnison s'embarqua avec ordre ; elle emmenait un certain nombre de soldats musulmans, depuis longtemps au service des Espagnols, et qui furent déposés, avec leurs familles, à Ceuta. Dès le 24 février 1792, Mohammed-el-Kebir vint camper dans le ravin de Ras-el-Aïn et, le 29 février, il fit son entrée solennelle à Oran, monté sur un magnifique coursier, entouré d'un appareil princier et au bruit des acclamations et des salves d'artillerie. Devant lui, était conduite une mule, richement caparaçonnée et portant un exemplaire du Sahih, de Boukhari, et sur les côtés, marchaient en files, des Oulama et des Taleb, récitant des litanies, tandis que des cavaliers exécutaient, sur les flancs, de brillantes fantasias.

Ainsi Oran était retombé sous le joug de l'Islam. 70 ou 80 familles espagnoles y restèrent, sous la protection du bey, qui se montra humain et bienveillant pour les chrétiens et évita soigneusement qu'ils fussent gênés ou molestés[1].

---

1. Général de Sandoval, *Les Inscriptions d'Oran et de Mers-El-Kébir* (Revue afric., n° 94, p. 287 et suiv., et n 95, p. 343 et suiv.). — Gorguos, *Notice sur le bey d'Oran*, traduction du *Djoumani* (Revue afric., t. I, n°s 5 et 6, et t. II, p. 37 et suiv., 223 et suiv.). — L. Fey, *Hist. d'Oran*, p. 250 et suiv. — De Grammont, *Hist. d'Alger*, p. 343 et suiv. — Walsin-Esterhazy, *Domination turque*, p. 191 et suiv. — *Cheïkh Bou-Ras*, trad. Arnaud (Revue afric. n° 166, p. 301 et suiv.). — Guin, *Documents sur l'occupation espagnole*. — Feraud, *Ephémérides d'un secrétaire* (Revue afric. n° 106, p. 299 et suiv.).

CHAPITRE XXVI

FIN DE LA PRÉPONDÉRANCE DES BEYS ALGÉRIENS. — LE SYSTÈME DES DESTITUTIONS ET DES SPOLATIONS. — ÉNÉNEMENTS DU MAROC ET DE LA TUNISIE.

1792-1803

Maroc : Règne de Moulaï-Yezid. Il assiège Ceuta inutilement. — Révoltes contre El-Yezid. Sa mort. Règne de Moulaï-Slimane. — Tunis : Suite du règne de Hammouda. Les Karamanli sont rétablis par lui à Tripoli. — Ibrahim-Bou-Seba, nommé bey de Constantine, est assassiné par les partisans de Salah-bey. Révolte de celui-ci. — Hasseïn, fils de Bou-Hanek, est nommé bey de l'Est. Salah-bey est arrêté, puis mis à mort à Constantine. — Mesures prises par Mohammed-el-Kebir pour le repeuplement d'Oran. Sa mort. Il est remplacé par son fils Osmane. — Procédés de gouvernement du dey Hassan. Prépondérance de Bacri et de Busnach. Ils deviennent créanciers de la France.— Destitution des beys de Titeri et de l'Est. Le dey s'empare de leurs richesses. Difficultés avec la France. — Règne du dey Moustafa à Alger. Prise de Malte par Bonaparte. Rupture des Turcs de Berbérie avec la France.— Ahmed-Tidjani fonde la secte des Tidjania. Expédition d'Osmane-bey à Aïn-Mâdi. Il est destitué.— Suite du règne de Moulaï-Slimane au Maroc. Il rétablit l'unité de l'empire. — Suite du règne de Moustafa-dey à Alger. Rétablissement de la paix avec la France. — Nouveaux exploits des corsaires barbaresques. Satisfactions obtenues par la France.

Maroc : Règne de Moulaï-Yezid. Il assiège Ceuta inutilement. — La mort inopinée de Moulaï-Mohammed (avril 1790), au moment où il marchait contre le sanctuaire de Moulaï-Abd-es-Selam pour en arracher son fils rebelle, El-Yezid, assura l'avènement de celui-ci. Il fut d'abord reconnu par les cherifs établis dans ce centre religieux, et les Abid, ou les rebelles, qui l'y avaient suivi; après quoi il reçut l'adhésion de Tanger et de Tétouane. S'étant rendu dans cette ville, il autorisa le pillage des Juifs pour célébrer son avènement. A Tanger, où il alla ensuite, une députation des gens de Fès vint lui porter l'hommage de cette ville. Ainsi sa prise de possession du pouvoir ne rencontrait aucune difficulté et il passait sans transition de l'état d'un proscrit dont les jours semblaient comptés, à celui de chef du plus puissant empire de la Berbérie.

A L'Arache, El-Yezid trouva l'armée de son père, avec tout son matériel, ses bagages, son trésor. Slimane, un de ses frères, arrivé de Tafilala avec un groupe de notables du Sud, lui prêta serment de fidélité. Il se rendit alors à Meknès et y reçut l'adhésion des populations arabes et berbères de la plus grande partie de l'empire et même celle des Aït-Malou. Pour gagner l'affection des principaux chefs et des Oudaïa, il vida entre leurs mains les trésors de l'empire, triste moyen qui, tout en lui enlevant ses ressources, fit plus de jaloux que d'amis au nouveau sultan. Les antécédents d'El-Yezid permettaient d'augurer ce que serait son règne. A peine, en effet, fut-il maître de l'autorité qu'il se livra sans réserve à ses passions et à ses caprices sanguinaires. Les mauvais jours du règne de son grand-père étaient revenus, et le Maroc, qui avait respiré sous son prédécesseur, se vit de nouveau désolé par l'anarchie et la violence.

Dans le mois de septembre 1790, le sultan se mit en marche et, s'étant rendu à Tanger, arrêta les consuls de Mogador et de L'Arache, ainsi que des religieux espagnols qui n'avaient pas eu le temps de fuir ; puis il commença le siège de Ceuta, sous le prétexte que des frégates espagnoles avaient pris deux de ses corsaires. En octobre, ayant reçu des mortiers, il lança des bombes sur Ceuta ; mais ce siège fut mollement conduit et, bientôt, des négociations s'ouvrirent à Madrid pour la conclusion de la paix (janvier 1791). Le roi Charles IV rendit les deux navires corsaires ; mais El-Yezid, au mépris de ses engagements, continua les hostilités, de sorte que l'Espagne elle-même rompit le traité et fit bombarder Tanger, le 24 août suivant.

RÉVOLTES CONTRE EL-YEZID. SA MORT. RÈGNE DE MOULAÏ-SLIMANE. — Cependant, la tyrannie d'El-Yezid n'avait pas tardé à soulever contre lui tout le Mag'reb. Les régions de Maroc, du Houz, du Doukkala en révolte reconnurent comme sultan Moulaï-Hecham, tandis que Moulaï-Abd-er-Rahmane, proclamé à Taroudent, insurgeait le Sud et se rendait maître de Tafilala.

El-Yezid, qui ne manquait pas de résolution, se décida à lever le siège de Ceuta pour aller combattre en personne la révolte. Au préalable, il fit massacrer ses prisonniers espagnols, dont les restes mutilés furent cloués aux portes de ses villes : puis, il expédia un ambassadeur à Charles IV pour conclure la paix. Tranquille de ce côté, il se porta rapidement sur Maroc, y entra en maître, et s'y livra aux plus grands excès (décembre 1790). Peu après, ayant reçu la nouvelle que Moulaï-Hecham, soutenu par de nombreux contingents des Abda et du Dokkala, était campé sur les bords de l'Ouad-Tensift, il marcha contre lui et, grâce à son artillerie, eut bientôt dispersé ses adhérents. Le sultan en personne se mit à la poursuite des fuyards dont il fut fait un grand carnage. Mais, ayant été atteint d'une balle à la cuisse, El-Yezid fit arrêter la chasse et rentra à Maroc. Sa blessure, qui d'abord n'avait pas paru grave, prit un mauvais caractère et entraîna rapidement sa mort (15 février 1792). Un soupir de soulagement accueillit partout cette nouvelle.

Les régions du sud-ouest restaient, de fait, à Hecham. Mais à Fès, on ne ratifia pas son avènement. Les émirs berbères et arabes du nord, les chefs des Abid et des Oudaïa, les notables et les Oulama réunis dans cette ville, proclamèrent Moulaï-Slimane, dont la piété leur offrit plus de garanties après les mauvais jours qu'ils venaient de traverser. En même temps, les villes maritimes et les marabouts de Sidi Abd-es-Selam prêtaient serment à Moulaï-Moslama, frère utérin d'El-Yezid. Mais, lorsqu'on y apprit l'élévation de Moulaï-Slimane, on expulsa le malheureux Moslama qui s'enfuit chez les Haïaïna. Bientôt, l'armée du sultan pénétra dans le pays montagneux de cette tribu, la châtia rudement et contraignit encore le prétendant à la fuite. Accompagné de ses deux fils et de son neveu El-Hâcen, Moslama put gagner le littoral et s'embarquer pour l'Orient.

Ainsi, Moulaï-Slimane resta seul maître des provinces du nord et, aidé par son frère Taïeb, y fit régner, sans conteste, son autorité. Quant au sud, il demeurait livré aux compétitions de ses frères et cousins[1].

TUNIS : SUITE DU RÈGNE DE HAMMOUDA. LES KARAMANLI SONT RÉTABLIS PAR LUI A TRIPOLI. — A Tunis, le bey Hammouda continuait de régner, soumis de plus en plus aux fantaisies de ses favoris et aux intrigues de son palais, et manifestant à tout propos la violence et l'obstination de son caractère. Les hostilités des Vénitiens n'avaient pas cessé ; mais cette guerre n'était plus redoutable, depuis la mort de l'amiral Emo. Les autres puissances européennes entretenaient de bons rapports et l'Espagne voulait, à tout prix, la paix avec la régence, si bien qu'au mois de janvier 1791, le traité fut enfin signé, et coûta fort cher au gouvernement de Charles IV.

Dans la nuit du 8 au 9 février 1792, Hammouda faillit tomber

---

1. *Et-Tordjeman*, texte arabe, p. 76 et suiv ; traduction, p. 157 et suiv. — L. Godard, *Maroc*, p. 567 et suiv.

sous le poignard de trois mamlouks qui avaient pénétré dans son appartement pour l'assassiner. Ce ne fut qu'après une lutte énergique, dans laquelle il fut blessé d'un coup de poignard à la gorge, et grâce au secours porté, au péril de sa vie, par le Sahab-et-Taba (garde des sceaux) qu'il put échapper à ces sicaires. Ceux-ci se défendirent avec rage dans les appartements ; puis, deux d'entre eux se firent sauter la cervelle et le troisième fut massacré sur place.

Sur ces entrefaites, un corsaire turc, nommé Ali-Bourghoul, ayant réuni et armé quelques navires, se présenta inopinément devant Tripoli et s'en rendit maître. Le vieux pacha qui y commandait, Ali-Karamanli, eut le temps de fuir, et vint demander à Tunis asile et vengeance. Cependant, l'usurpateur qui avait si facilement conquis la Tripolitaine, mis en goût par son succès, voulut s'emparer encore de l'île de Djerba. Cette fois, le bey de Tunis ne pouvait plus rester indifférent. Il réunit une armée et l'envoya contre Tripoli, avec les deux fils du pacha Karamanli, Youssof et Ahmed. Lorsque l'armée tunisienne fut campée en face de la capitale, les Tripolitains, las de la tyrannie de l'usurpateur et de ses suppôts, se révoltèrent et expulsèrent Bourghoul. Les Kharamanli reprirent ainsi possession de Tripoli et l'armée de Tunis rentra dans ses cantonnements en rapportant une forte indemnité au bey Hammouda, dont l'influence s'étendit dans les provinces méridionales[1].

IBRAHIM-BOU-SEBA, NOMMÉ BEY DE CONSTANTINE, EST ASSASSINÉ PAR LES PARTISANS DE SALAH-BEY. RÉVOLTE DE CELUI-CI. — Le nouveau dey d'Alger, Hassan, se montrait, en toute circonstance, un prince sérieux et bienveillant. Néanmoins, la prépondérance prise, dans les dernières années, par ses beys, n'était pas sans l'inquiéter, et il jugea indispensable de mettre un terme à leurs velléités d'indépendance. C'est pourquoi il décida le remplacement de Salah, bey de Constantine, et de Moustafa-el-Ouznadji, bey de Titeri. Ce dernier, ayant été appelé à Alger, fut mis au courant des intentions du dey et alla se réfugier dans le sanctuaire de Sidi Abd-el-Kader-el-Djilani. Il fut remplacé à Médéa, par Si Mohammed-ed-Debbah.

Le poste de Constantine fut donné au turc Ibrahim, dit Bou-Sebâ, alors caïd du Sebaou. Il partit avec une escorte de 70 cava-

---

1. Rousseau, *Annales Tunisiennes*, p. 221 et suiv. — *Traité avec l'Espagne*, p. 468 et suiv. — Féraud, *Annales Tripolitaines* (Revue afric., nº 159, p. 218 et suiv.). — Marcel, *Tunis* (loc. cit.) p. 196.

liers environ, et arriva à Constantine sans se faire annoncer. Salah-bey n'eut donc pas le temps d'organiser la résistance ; il voulait fuir, mais les abords de la ville étant gardés, il se réfugia dans la tente des soldats turcs célibataires (Zebantote) qui le protégèrent et le conduisirent à Dar-el-Bey (16 août). Cependant Ibrahim ayant convoqué les notables et les principaux fonctionnaires, pour leur donner connaissance du firman qui le nommait, fit gracieusement asseoir son prédécesseur auprès de lui, et s'efforça de le rassurer, l'autorisant même à rentrer dans sa demeure. Selon certaines versions, Salah aurait profité de l'offre ; selon d'autres, il préféra rester dans le palais. Quoi qu'il en soit, des fonctionnaires du beylik, dévoués au précédent bey, pénétrèrent dans le palais au milieu de la quatrième nuit qu'y passait Ibrahim et, après avoir tué l'esclave chrétien qui gardait sa porte, se jetèrent sur lui et le massacrèrent. Cela fait, ils allèrent prévenir Salah qu'il était toujours maître de Constantine. On dit que celui-ci leur reprocha d'avoir, par ce meurtre, causé sa perte ; mais il est plus probable qu'il en était lui-même l'instigateur. Dans tous les cas, il n'hésita pas à compléter la besogne en ordonnant le massacre des serviteurs et des cavaliers qui avaient accompagné Ibrahim et dont un seul échappa à cette boucherie (20-21 août).

Salah-Bey n'oublia pas que les Zebantote avaient empêché son arrestation, et il résolut de lier leur sort au sien en choisissant cinquante d'entre eux qui s'engagèrent, par serment, à mourir pour lui, et auxquels il fit d'opulents cadeaux. Jugeant qu'il fallait payer d'audace, il fit, le lendemain, battre les tambours et déployer les étendards. Puis il tint une audience solennelle, entouré de ses partisans, pour bien prouver qu'il était toujours le seul maître ; en même temps ses sicaires recherchaient quiconque était soupçonné d'inimitié et même de tiédeur, et le mettaient à mort.

Mais le prestige de Salah-bey avait disparu et ses violences semblèrent achever de détacher de lui les gens influents. Quant aux troupes régulières, elles demeuraient, pour la plus grande partie, campées près de l'Ouad-Remel, et attendaient les ordres du dey. Ainsi le rebelle ne pouvait compter que sur ses amis particuliers et sur les Zebantote. Il forma alors un corps de kabiles Zouaoua, auxquels il confia la garde des abords de la ville.

HASSEÏN, FILS DE BOU-HANEK, EST NOMMÉ BEY DE L'EST. SALAH-BEY EST ARRÊTÉ, PUIS MIS A MORT A CONSTANTINE. — La nouvelle de la révolte de Constantine causa à Alger une profonde émotion, car on connaissait la puissance de Salah-bey et ses actes montraient clairement qu'il était résolu à tout pour conserver le pouvoir. Hassan-dey, fort perplexe, reçut alors la visite de cet Hasseïn, fils de l'ancien bey de Constantine, Bou-Hanek, qui avait échappé, non sans peine, à la fureur de Salah : après vingt années d'exil et de souffrances, il n'avait qu'un désir : se venger de son persécuteur. « Si vous consentez à me nommer bey de la province de l'Est — dit-il au dey — je me charge de Salah, et il ne se passera pas beaucoup de jours avant que vous ne receviez la nouvelle de sa mort. »

Personne, en effet, n'était mieux que lui à même de réussir, car il avait conservé dans la population de nombreux et sérieux appuis. Aussi le dey s'empressa-t-il de le nommer bey de l'Est. Après avoir écrit aux notables de Constantine pour annoncer son avènement, Hasseïn se mit en route, accompagné de divers hauts fonctionnaires et appuyé par des forces imposantes. Parvenu à Hamza, il conçut quelques craintes, en raison, sans doute, de renseignements reçus, et écrivit au dey, pour l'inviter à le faire précéder par un Hanba (officier supérieur), qui prendrait le commandement des troupes régulières demeurées dans l'expectative. Cela fut fait ; en même temps, un janissaire du nom de Ahtchi.....[1], porteur de proclamations pour l'ag'a, les chaouchs et les habitants de Constantine, les invitant à s'emparer de Salah-bey, se mit en route, traversa l'Ouennour'a et arriva, sans encombre, au camp de l'Ouad-Remel.

Dès la réception de ce message, les Yoldachs se mirent en marche et se présentèrent devant Constantine dont les portes étaient gardées par les Zouaoua. On parlementa et, lorsque la population connut les nouvelles d'Alger, quand la proclamation du dey se fut répandue, les gens se précipitèrent en foule vers la porte Bab-el-Ouad et l'ouvrirent aux janissaires. Aussitôt, une foule en délire se rue vers Dar-el-Bey, où Salah, entouré de quelques amis fidèles, tente une résistance inutile. Cependant il se décide à fuir, se réfugie chez lui et, sachant qu'il est poursuivi, tue, de sa main, une esclave chrétienne, d'une grande beauté, à laquelle il était très attaché, afin qu'elle ne tombât pas aux mains de ses ennemis. Sommé de sortir de son refuge, il demande Sidi Abd-er-Rahman-ben-el-Feggoun, cheikh el-Islam, dont la famille avait, depuis longtemps le privilège de droit d'asile, et s'avance en tenant le pan de son burnous. Mais, aussitôt, on se jette sur

---

[1]. Ce nom qui signifie en turc (cuisinier) est incomplet, car il s'ajoute au prénom de celui qui l'a reçu comme surnom.

lui, on le charge de chaînes « au cou et aux mains » et on le met dans la prison de la Kasba en attendant l'arrivée du bey.

Le 25 août, Hasseïn-bey fit son entrée, sans la moindre opposition, à Constantine. Aussitôt les hauts fonctionnaires algériens qui l'accompagnaient s'occupèrent de faire main basse sur la fortune de Salah-bey et sur toutes les valeurs trouvées chez le bach-Kateb et le bach-Seïar. En même temps, les exécutions commencèrent : le bach-Seïar Bou-Rennane-ben-Zekri, fut roué vif sur la place publique. Les chaouchs de l'ancien bey, son ag'a, Ibrahim, le caïd de la Kasba, celui de Bône et un grand nombre d'autres personnes, périrent étranglés ou décapités. Quant à Salah-bey, il vit, dans la nuit du premier au deux septembre, des chaouchs munis du lacet entrer dans son cachot et fut étranglé par eux. Son corps, rendu à sa famille, fut inhumé dans la Medraça de Sidi-El-Kettani, où il se trouve encore.

Telle fut la fin de cet homme qui s'était montré administrateur habile et dont la figure domine celle de tous les beys de l'Est. Il tomba victime du système de suspicion et de spoliation qui vouait les fonctionnaires turcs à un sort presque toujours misérable. Quant à sa rebellion finale, caractérisée par le meurtre d'Ibrahim, personne ne peut l'excuser, et le gouvernement turc ne devait pas la tolérer.

Peu de temps après, les fonctionnaires du dey reprirent la route d'Alger, en ramenant 250 mulets chargés d'or, d'argent et d'objets précieux, le tout formant une valeur d'environ douze millions. Ainsi, la révolte de Salah-bey avait été productive pour le gouvernement algérien [1].

MESURES PRISES PAR MOHAMMED-EL-KEBIR POUR LE REPEUPLEMENT D'ORAN. SA MORT. IL EST REMPLACÉ PAR SON FILS OSMANE. — Le premier soin de Mohammed-el-Kebir, après sa prise de possession d'Oran, avait été de relever la ville de ses ruines et de la repeupler. Il reçut du dey d'Alger un certain nombre de familles qu'il protégeait, ou dont les chefs lui étaient suspects, et adressa un appel dans les villes telles que Médéa, Miliana, Maskara, Tlemcen, qui lui envoyèrent des colons. Il en vint même de Maroc et de Fès : quelques Arabes de l'intérieur se présentèrent aussi, pour changer

---

1. Vayssettes, *Hist. de Constantine sous les beys*, p. 375 et suiv. — Féraud, *Ephémérides d'un secrétaire* (Revue afric., n° 106, p. 302 et suiv.). — Cherbonneau, *Inscriptions arabes de Constantine* (Rec. de la Soc. Arch. 1856-57, p. 118 et suiv.). — De Grammont, *Hist. d'Alger*, p. 347 et suiv.

leur genre de vie contre celui du citadin. Le bey distribua à ces gens les terrains de la ville, en n'exigeant d'eux que de faibles redevances, mais en les obligeant à construire sur des emplacements déterminés. Enfin des Juifs étaient accourus en grand nombre de Mostaganem, de Tlemcen, de Nedroma et autres localités. Il les cantonna, moyennant quelques taxes, sur la crête du ravin, où ils formèrent le quartier israélite tel que nous l'avons trouvé. Quant aux propriétés particulières et édifices publics abandonnés par les Espagnols, il en employa une partie pour ses besoins ou ceux de l'administration, en donna une autre partie aux gens de son entourage et vendit le reste.

Le dey d'Alger, toujours hanté par la crainte que lui causait l'extension de la puissance de ses beys, avait rappelé presque toutes les troupes régulières. Il ne resta à Oran que dix seffara, soit environ 190 Yoldachs et une quarantaine de cavaliers. Mais le bey Mohammed couvrit Oran vers l'intérieur, en l'entourant des tribus Makhzen: Douair, Zemala, R'araba et, plus loin, Hachem et Bordjïa. Ces populations devaient lui fournir, en tout temps, 4,000 cavaliers.

Mohammed-el-Kebir fit élever la mosquée de Karguenta, où il prépara sa sépulture. Elle fut terminée en 1793 et le bey venait d'ordonner la construction de celle qui a été enclavée dans l'hôpital civil, lorsque la peste, rapportée d'Orient par les pèlerins, éclata dans la ville où elle fit de grands ravages. Quelque temps après, ayant réuni les fonds et les présents nécessaires pour le denouche triennal qu'il devait apporter lui-même à Alger, il se mit en route; mais, parvenu à la Guetna des Oulad-Khouidem, à Sbiha, il mourut subitement (15 novembre 1797). Selon certaines traditions confirmées par des renseignements fournis par M. Guin, son décès n'aurait eu lieu qu'à son retour d'Alger, le 15 juin 1797. On accusa le dey de l'avoir fait empoisonner. Ainsi, les circonstances qui ont accompagné la mort de cet homme remarquable sont indécises, malgré leur proximité de notre époque. Il fut enterré dans la Medraça de Kheneg-en-Netah dont la coupole et le minaret sont enclavés dans la caserne de cavalerie.

Avant sa mort, le bey avait désigné, pour lui succéder, son second fils Osmane, surnommé le Borgne, associé par lui, depuis longtemps, à la direction des affaires. Le dey ratifia ce choix; quant à l'aîné, Mohammed-el-Mekallech, il fut momentanément tenu à l'écart[1].

---

1. Walsin Estherhazy, *Domination Turque*, p. 196 et suiv. — L. Fey, *Hist. d'Oran*, p. 268 et suiv. — De Grammont, *Hist. d'Alger*, p. 354. — Gorguos, *Notice sur le Bey d'Oran* (Revue afric., p. 223 et suiv.).

Procédés de gouvernement du dey Hassan. Prépondérance de Bacri et de Busnach. Ils deviennent créanciers de la France. — Nous avons dit que le dey d'Alger, Hassan, s'était d'abord montré humain et raisonnable ; mais, de même que ses prédécesseurs, il ne tarda pas à devenir irascible et fantasque : une crainte, surtout, l'obsédait, l'extension de l'autorité de ses beys, dont il suivait les moindres actes avec une sorte de jalousie maladive ; de plus, le bénéfice qu'il avait retiré de la destitution de Salah-bey n'était pas sans agir sur son esprit et devait l'amener à ériger ce moyen de battre monnaie en système gouvernemental. Une nouvelle cause de trouble vint l'agiter : par suite de la guerre entre la France et la Grande-Bretagne, il se vit en butte aux intrigues des Anglais qui multiplièrent leurs offres, afin d'obtenir son appui ou de l'empêcher de fournir son aide aux Français. Hâtons-nous de dire qu'il resta fidèle à ceux-ci, et alla même jusqu'à avancer au Directoire 5,000,000 de francs sans intérêt. Cela n'empêchait pas notre consul d'être quelquefois victime d'avanies succédant à des amabilités excessives.

Ce fut alors que la richesse des juifs livournais établis à Alger et qui, en récompense de quelques prêts d'argent, fournis dans des circonstances critiques, avaient obtenu de nombreux monopoles commerciaux, devint fort grande. A leur tête se trouvaient deux hommes intelligents : Nephtali Busnach (Bouchenak) et Joseph Bacri, qui devaient jouer un rôle décisif dans l'histoire de la domination turque. Leurs relations avec l'Europe, leur ingérence dans les affaires du deylik, résultat des monopoles à eux concédés, leur donnèrent, à Alger surtout, une autorité fort grande et en firent une sorte de gouvernement occulte. C'est ainsi, qu'étant entrés en pourparlers avec Moustafa-el-Ouznadji, qu'ils visitaient dans la zaouïa où il était réfugié, ils arrachèrent au dey son pardon, puis, sa nomination comme caïd du Sebaou (avril 1793). Vers cette époque, les Bacri et Busnach, après avoir suivi les fluctuations de la fortune de la France, se décidèrent, en apprenant ses victoires, à traiter avec ses agents pour la fourniture de denrées et à accepter ensuite la cession de la créance de 5,000,000 que le dey possédait sur elle.

Destitution des beys de Titeri et de l'Est. Le dey s'empare de leurs richesses. Difficultés avec la France. — Peu après, le dey Hassan faisait inopinément arrêter Mohammed-ed-Debbah, bey de Titeri, dont tous les biens étaient saisis et livrés au chef de la régence. Un certain El-Hadj-Brahim-Boursali le remplaça (août 1794). Ce fut ensuite au tour du bey de Constantine, qui gouvernait assez paisiblement cette province avec le concours de son khalifa, Mohammed-Cherif, fils du bey Ahmed-el-Kolli. Le malheureux Hussein-bey avait été atteint d'une maladie qui lui enlevait, en partie, l'usage de ses jambes et par conséquent l'empêchait de monter à cheval. Une destitution aurait semblé suffisante ; on préféra le mettre à mort ; il fut étranglé dans sa prison, le 30 janvier 1795. Selon certaine version, il aurait, une certaine fois, accueilli avec peu de déférence un ordre du dey, apporté par un envoyé spécial et lui prescrivant de mettre à mort le caïd de Bône. Mais, ce qui, à notre avis, donne la clé de la destitution, sinon de la mise à mort de Hassein-bey, c'est la nomination de son successeur Moustafa-el-Ouznadji, l'ancien bey de Titeri, le protégé des Bacri et Busnach (fin novembre 1794). Le choix, du reste, n'était pas mauvais, étant données l'expérience et les capacités de ce Turc qui s'était distingué dans son administration, à Médéa, et avait montré un grand courage, lors de l'attaque d'Alger par O'Reilly. Cependant, un acte de violence exercé par lui, pendant son commandement du Sebaou, sur un chef kabile, avait produit une révolte des Flitta, qu'il laissa en pleine insurrection. Il emmena avec lui un personnel nouveau et exécuta diverses expéditions dans la province de l'Est.

Dès son arrivée à Constantine, Moustafa-bey, servant sans aucun doute les intérêts de ses protecteurs, les Bacri et Busnach, manifesta du mauvais vouloir pour les comptoirs français et défendit même l'expédition des blés au Bastion, alors que la France en avait le plus grand besoin. Bientôt, les employés de la compagnie qui venait de prendre le titre d' *« Agence d'Afrique »*, se virent en butte à l'hostilité des indigènes et même des soldats turcs chargés de les protéger. L'abandon du comptoir de Collo, où se trouvaient quatre Français, dut être décidé, car la situation n'y était plus tenable (octobre 1795). Au dernier moment, les Colliotes, prévoyant un peu tard le préjudice qui en résulterait pour le pays, adressèrent des réclamations au bey et même au dey, et voulurent retenir, par force, l'agent. Mais celui-ci jugeait une satisfaction indispensable et, ne l'ayant pas obtenue, il parvint à s'échapper dans une barque.

Le dey d'Alger était alors très irrité contre la République française qui avait refusé de lui accorder la grâce du beau-frère du consul Vallière, réfugié auprès de lui, le sieur Meïfrun, condamné pour avoir accepté des Anglais une fonction municipale pendant leur occupation de Toulon. Donnant à ce fait une trop grande importance, Hassan prescrivit au bey de Constantine de cesser toute relation avec l'*« Agence d'Afrique »* et refusa obstinément les magnifiques cadeaux que cette compagnie lui envoyait. Enfin, en 1796, Buchot, ministre des relations extérieures, consentit, sur le conseil de son envoyé Herculais, à transiger moyennant une indemnité de 100,000 francs pour Melfrun, pitoyable solution qui ne satisfit personne et diminua l'autorité de la France à Alger. Ses défenseurs intéressés devinrent alors les Bacri et Busnach, dont elle fut encore heureuse d'avoir le concours.

Le dey prenait, de plus en plus, goût au système des révocations suivies de spoliations. Au mois de juillet 1796, Brahim, bey de Titeri, fut arrêté et dépouillé de sa fortune; ses fonctionnaires eurent le même sort; cependant, plus heureux que ses confrères de l'est, il fut simplement interné à Tlemcen. Hassen, caïd des Beni-Slimane, le remplaça. A la fin de l'année suivante, Moustafa-el-Ouznadji, bey de l'Est, rentrait d'une expédition fructueuse contre les Khoumirs et Nehed de la Tunisie, lorsque, à son arrivée à Constantine, des agents envoyés par le dey d'Alger le firent périr par le lacet, de même que ses prédécesseurs (25 décembre 1797): il avait gouverné moins de trois ans. Il laissait des valeurs considérables tant à Constantine qu'à Alger et à Blida ; le tout fut confisqué par le dey. El-Hadj-Hameïda-ben-el-Fekhar, secrétaire de Ben-Ouznadji, fut crucifié contre le rempart de Constantine, après avoir souffert mille avanies. Quant à la famille du feu bey, on se contenta de l'expulser de la ville. Son khalifa, Hadj-Moustafa-ben-Engliz bey, lui succéda (janvier 1798). Le premier soin du nouveau bey fut de faire arrêter et décapiter trois membres principaux de la famille Ben-Gana. C'était consacrer le triomphe de leurs rivaux, les Daouaouïda. Bientôt, en effet, Debbah, cheikh-el-Arab, vint recevoir le burnous d'investiture des mains d'Engliz-bey [1].

RÈGNE DU DEY MOUSTAFA A ALGER. PRISE DE MALTE PAR BONAPARTE. RUPTURE DES TURCS DE BERBÉRIE AVEC LA FRANCE. — Dans

---

1. Féraud, *Causes de l'abandon du Comptoir de Collo* (Revue afric., n° 132, p. 124 et suiv.). — Federmann et Aucapitaine, *Beylik de Titeri* (Revue afric., n° 52, p. 286 et suiv.). — De Grammont, *Hist. d'Alger*, p. 350 et suiv. — Vayssettes, *Hist. des Beys de Contantine* (Soc. Arch. de Constantine, 1869, p. 453 et suiv.) — Féraud, *Ephémérides d'un secrétaire* (Revue afric., n° 106, p. 305 et suiv.). — Cherbonneau, *Inscriptions arabes de Constantine* (Rec. de la Soc. Arch., 1856-57, p. 125 et suiv.). — De Voulx, *Archives du Consulat de France à Alger*, p. 129 et suiv. — Féraud, *Les Ben-Djellab* (Revue afric., n° 161, p. 326 et suiv.).

les premiers mois de l'année de 1798, le dey Hassan fut atteint d'une plaie au pied qui ne tarda pas à prendre un mauvais caractère. L'ancien conventionnel Jean-Bon-Saint-André était venu à Alger pour rétablir l'état des affaires de la France; il quitta cette ville, dans les premiers jours de mai, après avoir obtenu des avantages sérieux, mais dont il exagéra l'importance. Le 14 mai eut lieu la mort du dey. Il fut remplacé par son neveu, le Khaznadji Moustafa, sans trouble ni contestation. C'était un homme vulgaire, brutal et d'une cupidité excessive; ses premiers actes consistèrent à rechercher la fortune de son oncle et à l'extorquer des mains de sa veuve et de ses héritiers, par les moyens les plus odieux. Busnach était le grand ami du nouveau bey; il ne tarda pas à devenir son favori et à exercer sur la direction des affaires de la régence une action prépondérante qu'il eut le tort de ne pas dissimuler.

En exécution d'ordres antérieurs, le bey de Constantine avait arrêté le sieur Peiron, directeur des établissements de la Calle, et l'avait fait conduire à Constantine où il se trouvait détenu. Les comptoirs étaient fermés ou pillés, les transactions arrêtées et le territoire situé à l'ouest de la Calle, qu'on appelait la Mazoule, et dont les nombreux habitants indigènes étaient les clients dévoués du Bastion, encore une fois dévasté. Le bey de l'Est se plaignait, du reste, que les agents de la compagnie ne lui servaient pas les redevances imposées. Lors de sa visite au nouveau dey (juin), il reçut l'ordre de mettre en liberté les captifs et, à cette occasion, le comptoir de Collo fut rétabli.

Sur ces entrefaites, on apprit à Alger que la grande flotte qui se préparait dans le midi de la France avait pris la mer et que 700 voiles voguaient vers l'Orient. Bientôt, arriva la nouvelle de l'occupation de Malte, puis une lettre du général Bonaparte, adressée au consul de France à Alger, la confirma, en annonçant que ces îles étaient désormais françaises, que l'ordre des chevaliers de Saint-Jean, ennemis héréditaires des Turcs d'Afrique, était détruit, et que, par décision de Bonaparte, 2,000 esclaves barbaresques venaient de recouvrer la liberté. Ces nouvelles furent bien accueillies sur les côtes africaines, malgré les difficultés résultant de la mise en liberté des esclaves maltais, vénitiens et autres, exigée à titre de réciprocité; mais ce moment de joie fut de courte durée. Bientôt, en effet, on sut que la flotte française avait abordé en Egypte; que le général Bonaparte était entré en maître à Alexandrie, le 1er juillet, et au Caire, le 21, et que la guerre avait éclaté entre la France et la Porte. Puis, ce fut la nouvelle du désastre d'Aboukir et enfin l'arrivée d'un firman de Selim-III, prescrivant à la régence de traiter la République française en ennemie (octobre). Ces ordres ayant été renouvelés et précisés par l'envoi d'un capidji-bachi, le dey se décida à faire arrêter le consul de France, M. Moltedo et son personnel (21 décembre). Mais leur captivité fut de courte durée et adoucie, autant que possible, par les consuls des autres nations ; le 2 février 1799, ils étaient rendus à la liberté.

Les conséquences furent plus fâcheuses pour les établissements français de l'Est, si peu favorisés depuis quelque temps, et dont la concurrence du comptoir espagnol d'Oran avait profondément troublé l'économie. Cette fois, la destruction fut complète. Le personnel, composé de 98 personnes, fut conduit à Constantine et toutes les valeurs et marchandises furent confisquées ; à peine laissa-t-on à ces malheureux les effets qu'ils portaient sur le corps. Amenés à Alger, on les employa aux mines et ce ne fut que grâce aux sollicitations pressantes de Bacri et de Busnach que quelques adoucissements purent être obtenus pour eux.

A Tunis, où les mêmes ordres avaient été reçus, le bey Hammouda s'était montré beaucoup plus modéré. Il avait, il est vrai, signifié à la République la rupture, mais le consul Devoize et les Français établis à Tunis, n'avaient pas été inquiétés et étaient restés dans le Fondouk, sous la garde des soldats de la régence.

A Tripoli, les choses se passèrent moins correctement. Bonaparte ayant chargé M. Beaussier, notre consul dans cette ville, de veiller à l'approvisionnement de Malte et d'assurer sa correspondance, par terre, avec l'Egypte, le commodore anglais Campbell vint se présenter devant la ville et exigea que le consul et tous les Français lui fussent livrés. Youssof-Karamanli se laissa intimider et eut la lâcheté de lui remettre ses hôtes qui furent, au mépris du droit des gens, transportés en Italie.

Dans le cours de cette année 1799, la paix fut conclue entre Mohammed-ben-Kanoun, caïd des Isser, délégué du dey, et El-Hadj-Mohammed-ben-Zâmoun, chef des Flissa, dont le pays était depuis longtemps soumis au blocus. Les Flissa, tout en reconnaissant la suprématie des Turcs, conservèrent leurs privilèges et obtinrent une réduction de moitié sur le chiffre de leurs impôts[1].

---

1. Berbrugger, *Documents sur Alger à l'époque du Consulat et de l'Empire* (Revue afric., nos 32, 88, 89, 90). — De Voulx, *Le Raïs Hamidou*, p. 35 et suiv. — De Grammont, *Hist. d'Alger*, p. 335 et suiv. — Féraud, *Ephémérides d'un secrétaire* (Revue afric., no 106, p. 306). — Le même, *Annales Tripolitaines* (loc. cit., p. 219). — A. Rousseau, *Annales Tunisiennes*, p. 235 et suiv. — De Voulx, *Archives*

Ahmed-Tidjani fonde la secte des Tidjania. Expédition d'Osmane-Bey a Aïn-Mâdi. Il est destitué. — A Oran, le bey Osmane, au lieu de suivre les bonnes traditions de son père, se livrait, sans frein, aux passions les plus désordonnées. Il avait cependant conservé ses qualités guerrières et ce fut ce qui le poussa à exécuter une expédition à Aïn-Mâdi, où son père était allé en vainqueur.

Un Saharien, nommé Ahmed-et-Tidjani (ou Tedjini), né à Aïn-Mâdi en 1737, se fit remarquer dans sa jeunesse par sa piété et alla étudier la science aux meilleures sources, depuis la Mekke jusqu'à Fès. Il obtint, d'un de ses cheikhs, Sidi Mahmoud-el-Kourdi, du Caire, l'autorisation de délivrer l'*Ouerd*, en qualité de Mokaddem, aux adeptes de sa secte, (sans doute une de celles des Kadria)[1]. En 1777, il est à Fès et rend visite au tombeau de Moulaï-Edris, auquel il se fit rattacher, plus tard, par une filiation complaisante, acquérant ainsi le titre de chérif. Il commence alors à modifier les formules et les règles de sa confrérie et à manifester son intention de fonder un ordre nouveau. Dans le cours de l'année 1782, il parcourt les oasis du centre du Sahara : Bou-Semr'oun, le Touate, etc. y séjourne longtemps, et acquiert partout des adeptes.

Aïn-Mâdi, patrie de Tedjini, devint alors le rendez-vous des voyageurs accourus de tous les points de l'horizon, apportant des offrandes au cheikh, dont ils venaient solliciter l'*Ouerd* et le *Dzikr*. Ces conciliabules, cette puissance qui se formait sous le manteau de la religion, finirent par provoquer la jalousie du bey d'Oran, dont le père avait obtenu la soumission absolue d'Aïn-Mâdi et des pays voisins. Décidé à y mettre un terme, Osmane réunit une colonne de 50 tentes, accompagnée d'un goum considérable et se porta rapidement vers le sud ; mais, à son approche, Ahmed-Tedjini ouvrit les portes de la ville et se sauva à Bou-Semr'oun ; ce n'était pas ce que le bey aurait voulu ; car il tenait, avant tout, à s'emparer de l'agitateur et dut se contenter de frapper l'oasis d'une contribution de 17,000 boudjou, plus une certaine quantité d'objets en nature; après quoi, il rentra à Oran.

Pendant ce temps, Ahmed-Tedjini, accompagné de son fils Mohammed-el-Kebir, se rendait à Fès où il trouvait un excellent accueil de la part du sultan, Moulaï-Slimane, dévôt digne de le comprendre, qui lui offrit même un logement dans son palais. Ce

---

du Consulat de France, p. 131 et suiv. — Robin, *Les Oulad ben Zâmoun* (Revue afric., n° 109, p. 43 et suiv.). — Marcel, *Tunis*, loc. cit., p. 197 et suiv.

1. Voir notre « *Notice sur la Confrérie de Sidi Abd-El-Kader El-Djilani* » (1868).

fut alors que le Cheikh dicta son auto-biographie et rédigea les règlements définitifs de son ordre, réunis dans un recueil qui porte le nom de *Kounnache*. La secte des Tidjania était fondée.

Quant à Osmane-bey, il fut, peu après son retour à Oran, frappé de révocation et remplacé par El-Hadj-Moustafa, caïd de Tlemcen, qui reçut l'ordre de l'arrêter (mai 1800). L'ancien bey avait préparé sa fuite, au moyen d'un bateau qui devait le prendre de nuit ; mais il fut dénoncé par une de ses sœurs à l'ag'a ben el-Djomli qui commandait Mers-el-Kebir. Cet officier pénétra le soir même au Château-Neuf, s'empara d'Osmane, le chargea de fers et le livra à son successeur. Envoyé à Alger pour y être mis à mort, le fils de Mohammed-el-Kebir présenta sa défense avec tant d'adresse que le dey lui fit grâce et se contenta de l'interner à Blida. Selon certaines versions, Osmane aurait été arrêté par El-Hadj-Kouïder-ben-Sahnoun, caïd des Arabes, après une poursuite dans la direction de l'ouest. 37 bêtes de somme, chargées de ses richesses, furent conduites à Alger, ainsi que 10 juments, 20 chevaux, 5 esclaves chrétiens, 5 négresses et 16 nègres. De plus un navire apporta dans cette ville un véritable chargement de butin (novembre 1800)[1].

SUITE DU RÈGNE DE MOULAÏ-SLIMANE AU MAROC. IL RÉTABLIT L'UNITÉ DE L'EMPIRE. — Si nous avons, depuis longtemps, perdu de vue le Maroc, c'est que les événements qui s'y sont succédé n'ont rien de saillant. La peste des dernières années du siècle y fit des ravages considérables qui dépeuplèrent des contrées presque entières. Ce fléau rendit au sultan le service de le débarrasser de ses frères rebelles ou dangereux. Ce fut d'abord Moulaï-Taïeb, que Slimane avait laissé à Maroc comme son représentant, après s'être emparé de cette ville ; ce prince, il est vrai, lui avait donné des preuves de dévouement dans le cours des dernières années (juillet 1798). En même temps, El-Housseïn, le rebelle, cessait de vivre à Maroc où son frère l'avait attiré. Enfin, Hecham subit le même sort. Ainsi le souverain légitime rentra en possession de la région de l'Oum-er-Rebia, jusqu'au Sous. Ces contrées avaient été, dans les années précédentes, le théâtre de luttes acharnées entre les Chaouïa, les Arabes et les Berbères des montagnes ; des milliers de ces indigènes étaient morts et le pays se trouvait ruiné ; les ravages de la peste complétèrent tous ces maux.

---

1. Arnaud, *Hist. de l'Ouali Ahmed-Tedjani* (Revue afric., n° 30, p. 466 et suiv.). — L. Fey, *Hist. d'Oran*, p. 289 et suiv. — Walsin Esterhazy, *Domination Turque*, p. 197 et suiv. — Féraud, *Ephémérides d'un secrétaire* (Revue afric., n° 106, p. 310 et suiv.).

C'est pendant cette période que le consulat français de Salé, dont l'importance avait été grandement diminuée par les conditions économiques où se trouvait le pays et la concurrence de Mogador, fut transporté à Tanger. La paix fut alors signée entre le Maroc et l'Espagne. Dans ce traité, daté de mars 1800, Moulaï-Slimane flétrit la traite des nègres et fait des vœux pour que l'esclavage disparaisse de l'humanité. Ses relations avec la France continuèrent à être amicales et ce fut en vain que la Porte le supplia de rompre avec elle.

En 1801, l'armée cherifienne fit une campagne contre les Aït-Malou. Le caïd El-Hakmaouï, qui la commandait, pénétra jusqu'à Dekhiçane, où ces Berbères lui offrirent leur soumission ; mais, se sentant en force et bien pourvu d'artillerie, il repoussa leurs ouvertures et voulut laisser aux armes le soin de régler le différend ; mal lui en prit, car on l'attira dans les défilés des montagnes où il se trouva bientôt isolé et captif entre les mains des rebelles. Cependant ils le renvoyèrent avec quelques cherifs, au sultan, sans lui faire de mal. Peu après, Moulaï-Slimane dirigea, en personne, une expédition vers le sud et fit rentrer sous son autorité le Derâa, El-Faïdja et Sidjilmassa, provinces qui, depuis longtemps, étaient en proie à l'anarchie. L'année suivante, de nouvelles campagnes furent faites avec succès dans le Rif, la vallée du Haut-Mouloula et enfin, jusqu'à Oudjda que les Turcs avaient définitivement abandonné depuis 1795, renonçant à toute prétention sur cette région.

Ainsi, le Mag'reb recouvrait peu à peu son unité, sous la main ferme de Moulaï-Slimane, dont le long règne était un véritable bienfait [1].

SUITE DU RÈGNE DE MOUSTAFA-DEY A ALGER. RÉTABLISSEMENT DE LA PAIX AVEC LA FRANCE. — Dans le courant de l'année 1800, Dubois-Thainville, envoyé comme consul à Alger pour traiter de la paix, ne tarda pas à conclure un accommodement entre la régence et la France (septembre). A Tunis, Devoize avait obtenu le même résultat (fin août) ; mais cela ne faisait pas l'affaire de l'Angleterre. Cette puissance insista tellement auprès de la Porte qu'elle obtint de nouveaux ordres pour les deys et pachas de Berbérie, prescrivant le maintien absolu de l'état de guerre. Ils s'exécutèrent pour la forme ; on dit même que le dey d'Alger écrivit au premier consul afin de s'en excuser.

---

1. Tordjeman, p. 92 et suiv. du texte arabe, 173 et suiv. de la trad. — Abbé Godard, *Maroc*, p. 573 et suiv.

Le 17 février 1801, Hassen, bey de Titeri, fut arrêté et dépouillé de tous ses biens. Les richesses qu'il avait déjà amassées étaient considérables. Il fut remplacé par Mohammed-Tobdji. Le 18 septembre suivant, alors que Moustafa-dey se trouvait à la mosquée pour la prière du vendredi, un certain Ouali-Khoudja, suivi de dix conjurés, parmi lesquels le caïd de Bou-R'eni, pénétrèrent dans le palais de la Djenina, et avertirent, par un coup de pistolet, leurs alliés se trouvant dans la mosquée et qui devaient, à ce signal, massacrer le dey. Mais ceux-ci n'osèrent se montrer. On accourut alors au palais : il était barricadé à l'intérieur et il fallut monter sur les toits pour essayer d'atteindre les insurgés. Ceux-ci se défendaient de leur mieux en criant aux soldats qu'ils voulaient augmenter la solde, leur donner du pain blanc et permettre trois jours de pillage des Juifs. On dut, pour en terminer, faire venir le maître maçon et pratiquer dans les murailles des ouvertures par lesquelles on pénétra. Les conjurés furent en partie massacrés, les autres périrent de la main du bourreau. Lorsqu'on fut maître de ces forcenés, le dey sortit de la mosquée et vint tenir, au palais, une audience publique, pendant que le canon tonnait, en signe de réjouissance.

Vers le même temps, la paix ayant été conclue avec la Porte, Dubois-Thainville revint prendre possession du consulat d'Alger (novembre)[1].

NOUVEAUX EXPLOITS DES CORSAIRES BARBARESQUES. SATISFACTIONS OBTENUES PAR LA FRANCE. — Dans le cours des années qui venaient de s'écouler, la Méditerrannée était redevenue la proie des corsaires de toutes les nationalités. Les Barbaresques s'y lancèrent à corps perdu et l'on put croire que les beaux jours de la course allaient refleurir. Les nations, en guerre les unes contre les autres, favorisaient ces forbans, dans l'espoir qu'ils les aideraient à détruire la marine de l'ennemi, triste calcul dont le résultat se retournait souvent contre ceux qui en attendaient un avantage. Le réïs Hamidou, à Alger, fut un des plus célèbres parmi ces derniers corsaires.

Ceux de Tunis se signalèrent aussi par leur audace. En 1798, ils abordèrent de nuit à l'île San-Pietro, au nord-ouest de la Sardaigne, descendirent inopinément à terre et enlevèrent 900 per-

---

1. Féraud, *Ephémérides d'un secrétaire* (Revue afric., n° 106, p. 313 et suiv. — De Grammont, *Hist. d'Alger*, p. 337. — Berbrugger, *Documents* (Revue afric., n°ˢ 90, 91).

sonnes de tout âge et de tout sexe ; les hommes, enchaînés, furent entassés dans la cale des navires ; les femmes et les enfants restèrent sur le pont des vaisseaux, où ils eurent à subir les derniers outrages. Enfin, le produit de ce rapt fut débarqué, pêle-mêle, à Tunis ; et, lorsque le bey et les hauts fonctionnaires eurent fait leur choix, on vendit le reste comme de vils troupeaux ; seuls, ceux que leur grand âge ou leurs infirmités empêchèrent de trouver acquéreur, demeurèrent à l'abandon sur la place où ils servirent de jouets aux vauriens.

La marine d'Alger, au commencement du siècle, n'était pas à dédaigner. Elle se composait d'une trentaine de navires, dont 3 frégates de 44 canons. Commandés par des hommes tels que le réis Hamidou, ces vaisseaux se mesurèrent plus d'une fois avec la marine de guerre étrangère, non sans succès. En 1802, notamment, Hamidou attaqua une frégate portugaise de force égale à la sienne, et s'en rendit maître.

Mais les réis commettaient souvent des méfaits au détriment des côtes françaises ou des pays nouvellement conquis. Or, la paix avait été signée, entre la Régence et la France, le 2 mars. Le premier consul exigea de strictes réparations et, comme le dey cherchait des faux-fuyants, il sut lui parler sur un ton qui n'admettait pas de réplique. Le 7 août 1802, une division navale française parut devant Alger, et l'adjudant du palais, Hulin, remit au dey une lettre de Napoléon, l'avertissant que, si on ne lui donnait pas immédiatement toutes les satisfactions demandées, il enverrait en Afrique une armée de débarquement de 80,000 hommes ; Moustafa s'empressa de s'exécuter : les navires et marchandises saisies furent rendus, les prisonniers mis en liberté, ainsi que les survivants du naufrage du Banel, échoué sur le cap Ténès, quelque temps auparavant. Inutile d'ajouter que le dey renonçait à la redevance de 200,000 piastres que, selon l'expression de Napoléon, il avait l'impertinence de réclamer. Enfin, des instructions furent adressées au bey de l'Est, afin qu'on cessât toute hostilité contre le personnel des concessions. Le rétablissement de la compagnie d'Afrique avait eu lieu depuis le mois de juin 1801.

Les Bacri et Busnach servaient toujours d'intermédiaires avec la France, mais le règlement de leurs créances commençait à amener des difficultés. Pour se venger de ces humiliations, le bey fit embarquer le consul d'Angleterre, Falcon, sous le prétexte qu'il avait eu des relations avec des femmes musulmanes, et persista dans son refus de le recevoir de nouveau, malgré la menace de bombardement faite par Nelson, venu avec une escadre. Pour se procurer une satisfaction pécuniaire, il destitua le bey de Constantine, dans le mois de mai 1803 et chargea le caïd El-Hadj-Kouïder-ben-Sahnoun d'aller l'arrêter dans cette ville, ce qui eut lieu le 25 mai. Ali, fils d'Engliz-bey, fut saisi en même temps à Alger. Osmane ancien bey d'Oran, qui était resté aux environs de Blida, fut alors placé à la tête de la province de l'Est et alla prendre possession de son beylik[1].

1. Franck, *Tunis* (dans l'Univers Pittoresque), p. 125 et suiv. — De Voulx, *Raïs Hamidou*, pass. — Le même, *Un exploit des Algériens en 1802* (Revue afric., n° 50, p. 126 et suiv.). — Berbrugger, *Documents* (*Voir les curieuses lettres de Napoléon*) (Revue afric., n° 32, p. 128 et suiv., n°° 109, 110, pass.). — De Grammont, *Hist. d'Alger*, p. 358. — Féraud, *Ephémérides d'un secrétaire* (loc. cit., *in fine*). — Vayssettes, *Hist. des Beys de Contantine*, p. 469 et suiv. — Marcel, *Tunis* (loc. cit.) p. 198.

CHAPITRE XXVII

RÉVOLTES RELIGIEUSES EN ALGÉRIE. — GUERRES ENTRE ALGER ET TUNIS

1803-1808

Prodromes de la révolte de Bou-Dali-Bel-Ahrèche dans la province de Constantine. — Attaque tumultueuse de Constantine par Bou-Dali et les Kabiles. Ils sont repoussés. — Expédition d'Osmane-bey contre le Cherif. Il est défait et tué. — Émeutes à Alger. Massacre des Juifs. Le dey Moustafa est assassiné. — Révolte des Derkaoua dans la province d'Oran. Défaite des Turcs. Oran est assiégé. — Mohammed-el-Mekallech, bey d'Oran, défait les Derkaoua et rétablit l'autorité turque dans la province. Il est destitué et mis à mort. — Dernières tentatives du cherif bel-Ahrèche. Révolte de la province de Titeri. — Suite du règne de Hammouda-bey à Tunis. Sa rupture avec le dey d'Alger. — Siège de Constantine par l'armée tunisienne. Défaite et fuite du bey de l'Est. — Arrivée de l'armée de secours. Retraite désastreuse des Tunisiens. — Les Algériens envahissent la Tunisie et sont défaits à l'Ouad-Serato.

PRODROMES DE LA RÉVOLTE DE BOU-DALI-BEL-AHRÈCHE DANS LA PROVINCE DE CONSTANTINE. — A peine arrivé à Constantine, Osmane-bey dut organiser une expédition vers l'est, afin de rétablir la paix dans les tribus des Henanecha et Nemamecha, où de nouveaux troubles s'étaient produits, à la suite du meurtre d'un cheikh des Henanecha. Le bey conduisit lui-même cette colonne qui rapporta un riche butin. Les coupables furent décapités et la paix sembla rétablie.

Ce fut alors qu'un mouvement insurrectionnel d'une plus grande importance se produisit dans la région montagneuse située au nord de Constantine. Un cherif marocain, El-Hadj-Mohammed ben el-Ahrèche, avait été chargé, vers le commencement du siècle, de conduire en Orient la caravane des pèlerins du Mag'reb, importante mission qui lui valut le surnom de *Bou-Dali*, selon l'usage[1]. Parvenus en Egypte, les occidentaux trouvèrent le pays aux mains des Français et prirent une part active aux luttes qui se terminèrent par l'expulsion des *infidèles*. Entre tous, le cherif Bou-Dali se distingua dans cette guerre sainte ; il acquit un grand renom de bravoure chez les musulmans et y trouva, en outre, l'occasion de se lier avec des généraux anglais qui le comblèrent de cadeaux et lui

---

1. Voir ci-devant, les détails sur l'*Emir-er-Rekeb*.

donnèrent notamment un fusil à trois coups, invention toute nouvelle dont le cherif devait tirer un grand parti. Grâce à cette liaison, il obtint que la plupart des pèlerins de Berbérie fussent rapatriés par des navires anglais et prit place sur l'un d'eux. On le débarqua, avec quelques-uns de ses compagnons, à Tunis ou à Bône, et il n'est pas douteux que le marabout n'eût reçu des Anglais une mission politique que nous allons le voir remplir de son mieux (1803).

Le cherif Bel- (contraction de Ben-El) Ahrèche, dit Bou-Dali, se rendit d'abord incognito à Constantine, où le pouvoir était entre les mains du bey Osmane. Lorsqu'il fut bien renseigné sur les hommes et les choses, il se lança dans les montagnes kabiles et, de proche en proche, favorisé par le prestige qui entoure un marabout, il atteignit la petite ville de Djidjeli et s'établit dans l'oratoire de Sidi-Zitouni. Bou-Dali était alors dans la force de l'âge; c'était un homme de haute taille à la barbe rousse, portant la livrée des Khouane-Derkaoua, c'est-à-dire, des vêtements en loques. En peu de temps, il fut entouré d'un grand nombre d'adhérents qu'il enflammait par le récit de ses prouesses en Égypte. Il annonçait de prochains et grands événements et se proclamait l'ami des Anglais qui avaient purgé l'Égypte de la présence des Français.

Bientôt il se prépara à la guerre, si bien que la petite garnison turque ne se jugea plus en sûreté. Une belle nuit, les Yoldachs s'embarquèrent et furent imités par la nouba de Collo. Rien ne pouvait mieux servir les projets du cherif; il se revêtit d'un magnifique burnous vert, s'établit en maître à Djidjeli et chargea de la défense de cette place un Koulour'li nommé Ahmed-ben-Dernali, auquel il acheta un petit bateau armé et équipé, annonçant qu'il allait faire la course contre les Français. Il s'embarqua en effet et, dans la nuit du 9 juin 1804, attaqua de malheureux corailleurs de l'île d'Elbe, montés sur six felouques et qui, poursuivis par un corsaire anglais, étaient venus se réfugier près de La Calle; il fit prisonniers les 55 hommes qui les montaient et les débarqua sous le cap Sebâ-Rous, d'où il les conduisit à Djerab[1] dans la vallée de l'Ouad-Zehour. Il se construisit un village dans ce lieu reculé, et s'y établit avec une belle Kabile de ces contrées nommée Yamena, qu'il avait enlevée. Ses premiers succès, ses violences, son étrangeté lui acquirent une énorme influence sur les populations guerrières de cette région.

Sur ces entrefaites, un marabout nommé Si Abd-Allah-Zebbouchi, dont le centre était à Redjas, au delà de Mila, se mit également à provoquer des troubles, en annonçant la chute prochaine de la domination turque. Pour le punir, Osmane-bey lui retira les concessions

---

1. Djerrah, selon M. Luciani.

et avantages dont il jouissait, et malgré une démarche du marabout, persista dans sa rigueur. Zebbouchi était mokaddem des Khouane de Sidi Abd-er-Rahmane ; il se rendit dans les montagnes des Arrès, sur la rive gauche de l'Ouad-el-Kebir, où il possédait beaucoup d'adhérents, et entra en relations avec Bou-Dali, auquel il proposa de marcher sur Constantine pour renverser l'impie Osmane bey. Le moment d'agir était arrivé, aussi le Cherif accepta-t-il l'offre de son confrère.

ATTAQUE TUMULTUEUSE DE CONSTANTINE PAR BOU-DALI ET LES KABILES. ILS SONT REPOUSSÉS. — Les Kabiles des Beni-Fergane et des Beni-Amrane ayant été convoqués dans la plaine de Meredj-Souker, furent passés en revue par les deux marabouts, auxquels s'étaient joints tous leurs adhérents. Monté sur une magnifique jument, Bou-Dali exécuta de brillantes fantasias et remplit d'étonnement les sauvages montagnards avec son fusil à trois coups ; enfin, la voix souterraine d'un compère habilement caché annonça aux Kabiles que le moment était venu : « *Levez-vous tous ! Mohammed-Bel-Ahrèche sera votre libérateur et Dieu vous livrera Bône, Constantine et même Alger.* » Cette mise en scène ne pouvait manquer son effet. L'enthousiasme devint indescriptible : « *Marchons sur Constantine !* » Tel fut le cri qui s'éleva de toutes les poitrines et cette foule se rua vers le sud, grossie à chaque pas par de nouveaux adhérents. Bientôt, l'armée du cherif campa à Sidi M'hammed-el-R'orab (Salah bey) où près de 60,000 hommes se trouvèrent réunis. De là, les Kabiles allèrent piller les maisons isolées et les faubourgs de la ville.

Osmane-bey, alors en colonne chez les Rig'a, du côté de Sétif, avait laissé la ville à la garde du Caïd-ed-Dar, Ben-el-Abiod, secondé par Sid-M'hammed-ben-el-Feggoun, Cheikh-el-Islam et plusieurs autres personnages ; mais la révolte fut si soudaine, que le cherif, avec un peu plus de décision, se serait à coup sûr emparé de Constantine, tandis qu'il laissa le temps d'organiser la résistance. Tout à coup, le bruit se répand parmi les Kabiles que le bey arrive de l'ouest avec des forces considérables. Aussitôt cette tourbe, prise de terreur panique, se met à fuir ; on se pousse, on se foule aux pieds, on méconnaît la voix des chefs et ce n'est qu'à Ouldjet-el-Kadi[1] que le chef parvient à arrêter ce mouvement désordonné. Il veut, au moins, en tirer profit et, faisant retomber la responsabilité de cette folie sur le désir immodéré des richesses, ordonne que tout le butin soit amassé et brûlé en cet endroit.

1. A environ 3 kilomètres au delà de la passerelle de la route de Mila.

Puis, il ramène ses guerriers au combat, s'empare du mamelon du Koudiat-Ati et enfin se lance, lui premier, à l'assaut de la porte Bab-el-Ouad. Plusieurs de ses prisonniers chrétiens ont été munis de haches et doivent enfoncer la porte. Un élan irrésistible amène une masse de Kabiles jusqu'au pied de la muraille; mais les citadins et les canonniers sont à leur poste. Un feu nourri les accueille et fait, dans ces masses profondes, des trouées sanglantes. Tout à coup, le cherif, qui avait annoncé qu'il était invulnérable, tombe frappé d'une balle à la cuisse. On l'emporte et, en même temps, l'assaut cesse et les assaillants reculent ; puis cette troupe si pleine de confiance quelques minutes auparavant se met en retraite, et la retraite ne tarde pas à se changer en véritable déroute, car le bey accourt, il est proche et, cette fois, la nouvelle n'est que trop vraie.

La cavalerie d'Osmane bey, lancée à la poursuite des fuyards, les atteignit à Bou-Keceïbu, sur l'Ouad-Kotone, et en fit un épouvantable carnage. La terreur répandue dans le pays fut telle que les Kabiles restèrent plus d'un mois dans leurs montagnes sans oser venir relever les cadavres de leurs parents. Quant à Bou-Dali, il avait été transporté à son village de Djerab, où il se faisait soigner de sa grave blessure, dont il devait demeurer estropié.

Expédition d'Osmane-bey contre le cherif. Il est défait et tué. — Ces nouvelles avaient produit à Alger une grande émotion, d'autant plus que le parti anglais, dans le but de détruire l'influence de la France, faisait courir le bruit que la révolte était provoquée par elle et que des Français étaient à sa tête. Osmane-bey reçut l'ordre d'agir avec la plus grande vigueur et, dans le courant du mois d'août, il se mit en marche à la tête de 4,000 fantassins turcs et Zouaoua, avec 4 pièces de canon et 3,500 cavaliers auxiliaires. La colonne atteignit sans encombre El-Milia et procéda à quelques exécutions chez les Oulad-Aïdoun. Ce fut alors qu'un marabout des Beni-Sebih, nommé Ben-Bag'riche[1], vint se présenter au camp du dey, et affirma qu'il avait, par son influence, pacifié toute la contrée ; des députations des tribus de la région le suivaient et confirmèrent ses dires. Osmane leur pardonna généreusement, surtout après avoir reçu d'elles la promesse que le Cherif lui serait livré.

Mais les jours s'écoulaient dans l'inaction et, comme le bey perdait patience, le marabout lui annonça que Bou-Dali était aux Mechate et que les indigènes n'osaient mettre la main sur lui. D'après son conseil, le bey se décide à y envoyer un corps de troupes, avec l'ag'a. C'est Ben-Bag'riche qui servira de guide. Et alors l'armée

---

1. Ses descendants sont encore établis aux Beni-Ouelbane.

s'enfonce dans des ravins qui deviennent de plus en plus abrupts et sauvages, où elle s'égrène et se disloque. Tout à coup, on apprend, par un groupe de gens des Oulad-Atiya, que le Chérif a été transporté plus loin! On s'arrête, le désordre est à son comble ; à ce moment, toutes les pentes se couvrent de feux de mousqueterie. Chaque touffe de broussailles, chaque pierre cache un ennemi tirant à coup sûr. Les Turcs, affolés, sont frappés par des adversaires invisibles, et roulent au fond du torrent. Ben Bag'riche avait été atteint l'un des premiers, soit qu'il eût été lui-même victime de la fourberie des Kabiles, soit par le fait d'une erreur.

Malgré leur affreuse position, les Turcs survivants résistèrent encore durant quatre jours; enfin, le bey put être prévenu. Aussitôt, laissant ses bagages à El-Milia, Osmane-bey se mit en route afin de porter secours à ses gens. En raison de la difficulté du terrain, il avait divisé ses forces en trois corps. Parvenu chez les Beni-Habibi, il dispersa, au moyen du canon, les gens qui bloquaient l'ag'a et parvint à le dégager ainsi que les quelques survivants restés avec lui. Cela fait, le bey ordonna la retraite ; mais il rencontra les contingents des tribus, précédemment soumises, qui lui barrèrent le passage et l'amenèrent ainsi à la fatale résolution de se lancer dans une gorge profonde et encaissée qui porte le nom de Kheneg, près du col qui met en communication le pays des Beni-Fergane avec celui des Beni-Belaïd. C'était là que les Kabiles l'attendaient en grand nombre ; à peine y était-il engagé que, de toute part, crépita la fusillade, tandis que les gens sans armes faisaient rouler sur lui et les siens des quartiers de roches. La grande fondrière du ravin est bientôt remplie de cadavres et de mourants. En vain Osmane bey se multiplie pour sauver la situation. Son cheval, atteint d'une balle, roule avec lui dans le bourbier. Dès lors, le combat n'est plus qu'un véritable massacre où chaque soldat est déchiré par dix forcenés, hommes et femmes. On dit que le marabout Zebbouchi, présent à l'action, se jeta lui-même sur le bey, l'acheva de sa propre main et lui fit couper la tête qu'il envoya au chérif Bel-Ahrèche chez les Beni-Fergane. Presque toute l'armée périt dans cette malheureuse campagne, car le camp d'El-Milia avait été attaqué en même temps, de sorte qu'il ne rentra à Constantine que des fuyards isolés, semant partout la terreur et la consternation. Si les marabouts avaient su profiter de l'effet produit par ce désastre, ils se seraient probablement emparés de Constantine. Bou-Dali préféra continuer à torturer de ses propres mains ses captifs chrétiens de La Calle[1].

1. Féraud, *Hist. de Djidjeli* (Soc. Arch., 1870, p. 186 et suiv.). —

Émeutes a Alger. Massacre des Juifs. Le dey Moustafa est assassiné. — Pendant que la province de Constantine était le théâtre de ces événements, l'esprit de révolte se manifestait à Alger. L'aversion pour le dey et ses amis, les Juifs, se caractérisait de plus en plus. Le 21 mars 1804, Moustafa-dey, étant allé inspecter les carrières, fut assailli à coups de pistolet par quatre Yoldachs; bien qu'atteint de deux balles, il se défendit courageusement avec son sabre, contre ses assassins qui, eux aussi, essayaient de le frapper d'estoc et de taille. Cela donna le temps de lui porter secours : on arrêta les conjurés qui furent exécutés.

Après la défaite et la mort d'Osmane, le dey envoya à Constantine, pour le remplacer, un Turc du nom d'Abd-Allah-ben-Ismaïl, en lui donnant pour mission expresse de détruire le chérif. Ce bey arriva dans sa capitale vers la fin de novembre, et s'occupa aussitôt des préparatifs d'une campagne. Bou-Dali paraît alors avoir été abandonné par Zebbouchi et une partie de ses adhérents. Il était, du reste, encore souffrant de sa blessure et se faisait porter en litière par ceux de ses captifs chrétiens qu'il n'avait pas tués. Vers le mois de janvier 1805, il soutint, contre un corps turc, un combat peu meurtrier dans lequel il perdit une partie de ses bagages et neuf de ses prisonniers ainsi rendus à la liberté. Après ce nouvel échec, il paraît s'être porté du côté de Bougie pour chercher à y réunir des adhérents.

Vers le même temps, le reïs Hamidou se présenta devant Djidjeli, avec 4 navires de guerre, afin de s'emparer du lieutenant du Chérif et du Koulour'li Ben-Dernali; mais la population prit fait et cause pour eux, se laissa canonner et l'escadre se retira sans avoir obtenu d'autre satisfaction que de brûler le navire du pirate.

A Alger, la fermentation continuait. Dans les premiers jours de mai 1805, elle se traduisit par une tentative d'assassinat contre le dey qui y échappa comme par miracle après avoir perdu trois doigts; le Khaznadji, qui l'accompagnait, reçut plusieurs coups de sabre. Ce n'était qu'un prélude; le pays souffrait de la disette et, selon les préjugés de l'époque, la population rendait les Israélites, particulièrement Bacri et Busnach, responsables de cette situation, en leur qualité de marchands de grains, exportateurs privilégiés.

Le même, *Zebouchi et Osman-bey* (Revue afric., n° 32, p. 120 et suiv.). — Le même, *Les Harar* (Revue afric., n° 107, p. 358). — Le même, *Nouveau document* (Soc. Arch., 1873-74, p. 41 et suiv.). — Berbrugger, *Un Chérif kabile en 1804* (Revue afric., n° 15, p. 209 et suiv.). — Vayssettes, *Hist. des Beys de Constantine*, p. 460 et suiv. — Walsin Esterhazy, *Domination Turque*, p. 201 et suiv. D. Luciani. *Les Ouled-Athia de l'Oued-Zhour.* (Rev. afr. n° 195 p. 296 et s.).

Plusieurs fois, Busnach avait été menacé et même frappé; mais son arrogance semblait s'être accrue et il commandait en maître à la Djenina. Le 25 juin 1805, au matin, à sa sortie de ce palais, il est accosté par un janissaire nommé Yahïa, lequel tout en disant : « *Salut au roi d'Alger!* » lui tire un coup de pistolet et le tue. Aux gens qui l'entourent, il crie : « *J'ai tué le Juif! Êtes-vous donc les chiens du Juif?* » Les groupes s'ouvrent devant lui et il atteint sa caserne où il est reçu comme un héros; chacun baise cette main qui a délivré le pays...

A mesure que la nouvelle se répand dans la ville, les musulmans se précipitent chez les Juifs, pillent leurs maisons, font subir mille outrages à ceux qu'ils peuvent saisir, et mettent en pièces ces malheureux. C'est une horrible orgie à laquelle les femmes indigènes applaudissent du haut des terrasses. Bacri avait pu fuir; quant à ceux qui échappaient à leurs bourreaux, ils trouvaient un refuge dans les consulats. Dubois Thainville en sauva ainsi plus de deux cents.

Dans l'espoir d'éviter l'orage, le dey laissait tout faire et même encourageait l'émeute en distribuant de l'argent: de plus, il promettait aux Yoldachs qu'aucun juif n'entrerait désormais à la Djenina. C'était trop tard. Le 30, Ahmed, ancien Khodjet-el-Kheil, était proclamé par les janissaires et Moustafa, accompagné du Khaznadji, cherchait en vain à fuir. Atteint par les soldats, il fut massacré et la populace traina son cadavre dans les rues[7].

Révolte des Derkaoua dans la province d'Oran. Défaite des Turcs. Oran est assiégé.

— Dans la province d'Oran, les affaires n'allaient pas mieux. Le nouveau bey, El-Hadj-Moustafa El-Mamzali manquait des qualités de l'homme de guerre. En 1802, ayant marché contre la tribu des Angad, révoltée, il fut entièrement battu et abandonna son camp, ses bagages, ses chevaux aux mains des insurgés; depuis cette époque, il ne s'avançait dans l'intérieur qu'avec la plus grande prudence, ou laissait le pays abandonné à lui-même.

Vers la fin du siècle précédent, un certain El-Arbi-el-Djemel, cheikh des Derkaoua, établi dans la tribu des Beni-Zeroual, du Maroc, commença à exercer une grande action sur la province d'Oran qu'il peupla de ses agents. Parmi ceux-ci, son mokkadem préféré était Abd-el-Kader-ben-Cherif, plus connu sous le nom de

---

7. De Grammont, *Hist. d'Alger*, p. 360 et suiv. — Féraud, *Hist. de Djidjeli*, p. 110 et suiv. — Vayssettes, *Hist. des Beys de Constantine* p. 479 et suiv.

Cherif-le-Derkaoui, originaire de Kinessa. Très actif, très remuant, ce mokaddem ne cessait de parcourir le pays, transmettant la parole du cheikh à tous, recueillant des adhésions et annonçant l'expulsion prochaine de ces mécréants de Turcs, pour lesquels il nourrissait une aversion profonde. Au printemps de l'année 1805, il prêcha ouvertement la guerre sainte et se vit bientôt entouré d'un grand nombre d'adhérents en armes avec lesquels il vint camper à El-Batcha, près de la source de la Mina.

Le bey Moustafa rentrait de sa tournée du printemps, lorsqu'il apprit la levée de boucliers des Derkaoua. Il forma une nouvelle colonne et marcha contre les ennemis. Le bey avait dépassé Maskara et se trouvait campé au lieu dit Aïn-Fritissa, au confluent de l'Ouad-el-Abed et de la Mina, lorsque, le 4 juin, vers le point du jour, le camp turc, mal gardé, fut surpris par la horde des Derkaoua. Les janissaires essayèrent en vain de se former et de résister, pendant que le bey fuyait au galop sur un cheval sans selle, vers Maskara. En quelques instants les rebelles furent maîtres du camp et poursuivirent leurs ennemis dans toutes les directions.

Le succès de Cherif le Derkaoui était complet. Marchant sur Maskara, suivi de contingents de plus en plus nombreux, il y entra sans coup férir ; il est probable que, s'il avait su profiter de la stupeur produite par ses succès, en se portant sur Oran, il s'en serait emparé de la même manière, car le bey n'était pas de ces hommes dont les facultés et le courage se développent en présence du danger. Il préféra s'installer en prince à Maskara. De cette ville, il écrivit aux tribus makhezen, pour les détacher des Turcs, et parvint à attirer à lui les Gharaba, Douair, Zemala et autres.

Après sa défaite, Moustafa-bey avait regagné Oran où il était demeuré plongé dans une prostration complète, s'attendant chaque jour à voir paraître, avant les Derkaoua, les chaouchs du dey d'Alger, porteurs du sinistre lacet. Cependant, le Derkaoui était arrivé à ses fins ; toute la province se trouvait insurgée ; en différents points, les petits postes turcs avaient été massacrés et, de partout accouraient des guerriers. Il se décida alors à marcher sur Oran, suivi d'une troupe tumultueuse et sans ordre, pillant et ravageant tout sur son passage, et qui se répandit, en se fractionnant, aux environs de la ville. Les habitants et la garnison n'eurent pas de peine à repousser les assauts des Derkaoua. Mais on ne pouvait demeurer bloqué, et les citadins pressèrent le bey d'effectuer quelques sorties qui auraient certainement dégagé la place. Moustafa les chassa de sa présence ; puis, se barricadant dans la Kasba, il fit braquer ses canons sur les maisons des Oranais. C'en était trop : on se battit tout un jour dans les rues et, finalement, les janissaires restèrent bloqués dans leurs casernes. On dit que le bey écrivit au sultan de Maroc pour implorer son secours contre les Derkaoua.

Pendant ce temps, Adda-ben-Frih, khalifa du bey, qui opérait du côté de Mazouna, avait essayé de protéger cette ville contre les révoltés ; mais il y perdit un temps précieux et, lorsqu'il voulut rentrer vers Oran, il se vit attaqué dans le bois de Bessibissa, des Medjaher, par les tribus de ces régions : O. El-Kossir, Sebih, Medjaher, Sendjas, Beni-Zer'oual, Oulad-Khelouf et même Beni-Ourar'. Entièrement défait, il put, à grand'peine, se réfugier à Mostag'anem. La révolte des Derkaoua s'étendit alors de Miliana à Oudjda, sans interruption.

MOHAMMED-EL-MEKALLECH, BEY D'ORAN, DÉFAIT LES DERKAOUA ET RÉTABLIT L'AUTORITÉ TURQUE DANS LA PROVINCE. IL EST DESTITUÉ ET MIS A MORT. — Dès que ces nouvelles furent parvenues à Alger, le dey reconnut la nécessité de remplacer Moustafa à Oran. Il pensa, alors, au fils aîné de Mohammed-el-Kebir, Mohammed-el-Mekallech, qui vivait retiré, auprès de Blida, et, l'ayant fait appeler, lui offrit le beylik de l'Ouest, sans lui cacher qu'il aurait à le reconquérir en entier. Or, cela n'était pas pour déplaire à Mohammed, homme énergique et courageux. La route de terre était interceptée ; il partit sur une frégate, avec 1,800 miliciens turcs et, ayant débarqué à Oran, renvoya par la même voie l'ancien bey à Alger (fin 1805). Son activité, son courage, les souvenirs laissés par son père rendirent à tous la confiance. Il fit d'abord dégager les cinq portes d'Oran, murées par l'ordre de son prédécesseur ; puis, les sorties commencèrent et, en peu de temps, la ville fut débloquée, car le grand rassemblement des Derkaoua se fondait tous les jours avec rapidité.

Après huit mois de siège, Oran se trouva enfin libre. Passant aussitôt à l'offensive, Mohammed-el-Mekallech poursuivit les rebelles et les rejeta au delà du Sig. Les Bordjïa, restés fidèles, les prirent alors à revers, et les dispersèrent. Cherif le Derkaoui, ayant voulu rentrer à Maskara, trouva les portes de la ville fermées et dut se jeter vers le sud avec les Harar qui avaient suivi sa fortune. Les serviteurs du Derkaoui restés à Maskara avaient été massacrés. Quant à sa famille, on l'envoya à Oran, où presque tous ses membres furent mis à mort.

Le nouveau bey, se montrant clément à l'égard des rebelles, reçut d'abord la soumission des Douaïr, Zemala, Gharaba et autres tribus makhezen, et, appuyé par leurs contingents, vint prendre position chez les Bordjïa. Là, il apprit que Cherif était allé chez les

Flitta, qu'il avait obtenu leur appui, ainsi que le concours des Beni-Amer et des Sbih et qu'il se disposait à prendre l'offensive. A cette nouvelle, les chefs du Makhezen, réunis en conseil de guerre, se crurent perdus et proposèrent la retraite immédiate. Mais l'Ag'a Bou-Medien-ben-Kaddour-ben-Ismaïl protesta vigoureusement contre une pareille lâcheté, et le bey put s'organiser pour faire tête au mouvement. Pendant que les Bordjia de la montagne et les Hachem contenaient les rebelles au sud, il fondit sur les Medjaher, leur coupa 90 têtes et vint s'établir aux Koubba de Mazra où il reçut la soumission des tribus de cette région. Remontant ensuite le cours de la Mina, il campa à l'Ouad-el-Malah, près de la Koubba de Ben-Aouda. Cherif qui était toujours chez les Flitta, tenta alors de surprendre son camp ; mais il n'avait plus affaire à Moustafa. Après un combat acharné, les Derkaoua furent repoussés et les Turcs livrèrent au pillage le hameau des marabouts établis près du santon, comme complices de Cherif.

De retour à Maskara, le bey put faire exécuter quelques razias heureuses sur les partisans de Cherif. Mais c'était la tribu des Beni-Amer, unie à celle des Oulad-Zaïr, qui formait le plus solide rempart du Derkaoui. Il fallait, à tout prix, l'annihiler. Sans perdre de temps, Mohammed-bey se mit en route, atteignit le Tessala et parvint à les surprendre à Souk-el-Ahd, où ils avaient établi une immense Zemala, avec leurs familles et leurs troupeaux. Démoralisés par l'impétuosité de l'attaque, les Arabes, bien qu'infiniment plus nombreux que leurs agresseurs, perdirent la tête et ne surent pas se défendre. En quelques instants, l'immense campement fut au pouvoir des Turcs, tandis que les rebelles fuyaient dans tous les sens ; les Amer et les Oulad-Zaïr gagnèrent les montagnes des Trara ; quant à Cherif, il se réfugia vers le sud, dans les Yakoubïa.

Après ce succès, le bey se rendit à Tlemcen et y séjourna un mois, s'efforçant de rétablir la paix et de mettre fin aux querelles incessantes qui divisaient les deux éléments de la population de cette ville : Hadars et Koulour'lis. Abandonnés depuis si longtemps, les citadins étaient allés jusqu'à envoyer au sultan de Maroc une députation pour requérir son intervention. Moulaï-Slimane se borna à charger un de ses officiers, le caïd Aïad, de se rendre à Tlemcen, dans un but pacifique ; et, lorsque le bey fut arrivé, l'envoyé marocain s'efforça d'obtenir de lui le pardon des citadins ; mais un grand nombre de ceux-ci s'étaient réfugiés dans les environs de Fès et refusèrent de rentrer en disant : « *Nous ne pouvons supporter, à la fois, la faim et l'administration tyrannique des Turcs !* »

El-Mekallech prit ensuite la route de l'est, ravageant le territoire des tribus non soumises, traversa la province, attaqua les Medjaher qui s'étaient massés en arrière de l'Ouad-Roumman dans le Dahra, sous les ordres de Ben-el-Medjahed, lieutenant de Cherif, tourna leurs positions, les accula à la mer et en fit un véritable massacre. Ce résultat obtenu, le bey se porta du côté de Miliana ; puis, appelé par les Hachem de R'eris, il fondit sur les Derkaoua, qui avaient attaqué ces derniers, et les défit complètement, à Aïn-Sedra, malgré la présence de Cherif et celle de Ben-el-Ahrèche arrivé de l'Est. Trois nouveaux combats, livrés aux rebelles sur le Rihou et la Djedioua, leur furent encore plus défavorables. Selon certaines versions, Ben-el-Ahrèche y aurait trouvé la mort et son cadavre, réclamé par le sultan du Maroc, aurait été inhumé à Fès. Les Derkaoua paraissaient enfin détruits.

Le bey, qui avait été blessé dans le dernier combat, rentra à Oran et se livra dès lors à tous les écarts d'un caractère fantasque et luxurieux, ce qui souleva contre lui la réprobation générale. On savait en outre que, dans ses razzia et au cours de ses campagnes, il avait recueilli des sommes considérables ; ces deux raisons — la dernière plus peut-être que la première — décidèrent le dey d'Alger à le remplacer. L'aga, Omar-ed-Deldji, arriva à Oran, en l'absence du bey, alors du côté du Chelif. A son retour, Mohammed-el-Mekallech fut arrêté en vertu des ordres du dey et mis à la torture, afin de le forcer à avouer où il avait caché ses trésors ; mais il résista à toutes les souffrances ; on lui appliqua même une calotte de fer rouge sur la tête ; mais comme cela n'avait d'autre effet que de lui faire déclarer que l'argent avait été dissipé par lui, on finit par l'étrangler.

El-Hadj-Moustafa-el-Mamzali vint, pour la seconde fois, occuper le commandement d'Oran, que sa mauvaise administration avait si fort compromis, et qu'il retrouva en bien meilleure situation (1808)[1].

DERNIÈRES TENTATIVES DU CHERIF BEL-AHRÈCHE. RÉVOLTE DE LA PROVINCE DE TITERI. — Nous avons laissé, dans la province de l'Est, le cherif Bel-Ahrèche, se retirant après sa dernière défaite, chez

---

1. A. Delpech, *Résumé sur le soulèvement des Derkaoua* (Revue afric., n° 103, p. 38 et suiv.). — L. Fey, *Hist. d'Oran*, p. 292 et suiv. — Walsin Esterhazy, *Domination Turque*, p. 202 et suiv. — Abbé Bargès, *Complément de l'Hist. des Beni-Zeiyan*, p. 501 et suiv. — De Grammont, *Hist. d'Alger*, p. 365 et suiv. — *Et-Tordjeman*, p. 100 et suiv. du texte arabe, 185 et suiv. de la trad.

les Beni-Fergane. Il s'y tint quelque temps tranquille ; puis, au mois de février 1806, se porta inopinément sur Bougie qu'il essaya de surprendre. Ayant alors obtenu l'appui des Beni-Zoundaï, O. Salem, O. Salah et B. Aziz, il envahit la région fertile des Dehamcha, la mit au pillage et fit décapiter ses cheikhs ; mais les troupes de Constantine, accourues au secours de ces indigènes, surprirent le chérif dans son camp à Bou-Redine, chez les Rich'a, firent un grand massacre de ses partisans, et le forcèrent à se réfugier dans le massif du Babor. Ayant alors contracté alliance avec Ben-Burkate, marabout des Oulad-Derradj, il s'avança, soutenu par lui, dans la région de Sétif, mais fut mis en déroute à Mag'ris par les Mokrani de la Medjana, feudataires des Turcs ; peu après, il essuyait une seconde et décisive défaite aux Rabta et disparaissait de la scène. Il passa pour mort ; mais nous avons vu qu'il rejoignit Cherif le Derkaoui, dans la province d'Oran où, selon toutes les probabilités, il perdit la vie (1807).

Dans la province d'Alger, la révolte des Derkaoua s'était étendue jusqu'à Ténès et Miliana inclusivement. Encouragés par cet exemple, les Doui-Hocein, Matmata, Djendel et autres Arabes marchèrent contre Médéa, afin d'en expulser les Turcs. Ils furent repoussés par Dehilis-el-Mokhtari, que le bey avait appelé en toute hâte et qui couvrit la ville, au moyen de ses contingents. Mais la révolte se propagea dans le sud et atteignit la grande tribu des Oulad-Naïl. Ismaïl-bey, qui venait de prendre le commandement du Titeri, marcha contre eux avec le Makhezen : il essaya en vain d'atteindre ces nomades et dut se contenter d'aller, au retour, razier les Beni-Lent, qui dépendaient, en partie, du beylik de l'Ouest.

Les tribus de la région du Dira étaient aussi en luttes. Les Beni-Slimane et Arib, alliés, furent battus par les tribus de l'Ouad-el-Djenane. Un certain Rabah-ben-Talcb réunit alors les Arib, adressa des appels pressants à d'autres groupes indigènes et, à la tête de 8,000 cavaliers, fondit sur les tribus du Dira, commandées par un frère du bey de Titeri, nommé M'hammed, et les razia ; enflammé par ce succès, il attaqua le fort turc de Sour-el-R'ozlane, s'en rendit maître et en chassa la petite garnison. Entraînés par cet exemple, les Flissa se lancèrent de nouveau dans la révolte ; mais le dey fut assez habile pour arrêter ce mouvement, renouer de bonnes relations avec ces Kabiles et obtenir leur concours contre le chérif Bel-Ahrèche [1].

1. Féraud, *Hist. de Djidjeli*, p. 213 et suiv. — Le même, *Les Mokrani* (Soc. Arch., 1871-72, p. 273 et suiv.). — Federman et Aucapitaine,

Suite du règne de Hammouda-bey a Tunis. Sa rupture avec le dey d'Alger.

— A Tunis, Hammouda-bey continuait à régner, s'attachant à vivre en bons rapports avec les puissances européennes et à obtenir d'elles le plus possible comme tributs et cadeaux. Mais la France tenait toujours le premier rang et, au mois de septembre 1802, le bey envoya au premier consul un ambassadeur, Sid Moustafa-Arnaout, chargé de le féliciter de son élection à vie et de lui remettre des présents, parmi lesquels 10 chevaux, 3 lions, 3 autruches, des gazelles, etc. La réception, très cordiale, scella les bons rapports qui unissaient les deux nations. Cependant une difficulté restait pendante et avait trait aux malheureux esclaves, enlevés en 1798 à l'île Saint-Pierre, et aux captifs italiens dont la mise en liberté, moyennant rançon ou échange, était réclamée par la France, au nom de la République italienne.

Ce long règne, les difficultés avec les nations européennes et même avec les Etats-Unis, desquelles Hammouda s'était toujours tiré à son avantage, ses excellentes relations avec les puissants du jour, faisaient sentir, de plus en plus, au bey, l'humiliation du traité de 1756, qui le plaçait, vis-à-vis du dey d'Alger, dans une sorte de vasselage, en l'obligeant à servir une redevance en huile et un chargement de navire d'objets manufacturés, et à se conformer à diverses stipulations puériles, relatives à la hauteur des mâts de pavillon dans les villes, etc. Depuis longtemps il avait résolu d'en finir. Au printemps de l'année 1806, jugeant le moment venu, il prohiba l'envoi de la redevance et organisa une colonne prête à se mettre en route, dans la prévision d'une attaque du bey de Constantine. De part et d'autre on préluda aux hostilités en tourmentant les nationaux du pays avec lequel on allait rompre.

Sur ces entrefaites, des difficultés s'étaient produites entre l'empire français et la régence d'Alger. Le dey Ahmed, comme ses prédécesseurs, n'avait pas tardé à devenir d'une exigence incroyable, encouragé par la faiblesse des nations étrangères qui se prêtaient à toutes ses fantaisies avec l'espoir d'obtenir, non seulement la paix, mais la prépondérance. Il savait bien que le représentant de Napoléon ne se laisserait pas traiter de la sorte. Aussi se contenta-t-il, avec lui, de soulever des difficultés au sujet des navires portant le pavillon de Gênes et de Naples, dont la France exigeait le respect. Par ordre de l'empereur, on arrêta les Algériens se trouvant à Marseille et leurs marchandises furent saisies.

Beylik de Titeri (Revue afric., n° 52, p. 289 et suiv.). — Robin, *Les Oulad b. Zamoun* (Revue afric., n° 109, p. 45).

A titre de représailles, Ahmed-dey abandonna aux Anglais les concessions de La Calle, les comptoirs et les pêcheries de l'Est, qu'ils sollicitaient depuis longtemps. Mais les populations, très attachées aux Français, reçurent fort mal les Anglais et le bey de Constantine fut assailli de réclamations au sujet de cette mesure politique. Il eut le tort d'en transmettre l'expression au dey ; pour toute réponse, le tyran envoya à Constantine des chaouchs qui saisirent le malheureux bey et, après lui avoir administré deux mille coups de bâton, lui coupèrent la tête. Sa femme, Daïkha-ben-Hassen-Bey qui exerçait sur lui une grande et salutaire influence, fut horriblement torturée, puis mise à mort (déc. 1806). Hosseïn, un des fils de Salah-bey, né de son union avec une femme indigène, et, par conséquent, Koulour'li, le remplaça[1].

Siège de Constantine par l'armée Tunisienne. Défaite et fuite du bey de l'Est. — Ahmed-dey ayant exigé du bey de Tunis le versement du tribut et la renonciation à toute souveraineté sur l'île de Tabarka, la rupture devint complète. Deux frégates algériennes bloquèrent la Goulette et le bey de l'Est reçut l'ordre d'exécuter des razias sur les tribus tunisiennes. De nombreux troupeaux furent ainsi enlevés près de Kalaat-es-Senane (1807). Mais Hammouda était depuis longtemps préparé. Son armée régulière se mit en marche, soutenue par des contingents nombreux de troupes indigènes. Il en confia le commandement à son général Slimane-Kahia, dit El-Kebir, en le chargeant d'envahir la province de Constantine. L'effectif de cette armée atteignait, dit-on, 50,000 hommes ; elle était largement pourvue de munitions et de pièces de siège ; mais le manque de routes et la rigueur de l'hiver retardèrent sa marche. De plus, les tribus sur lesquelles on comptait se montrèrent hostiles et il en résulta que Slimane dut se mettre en retraite pour attendre le beau temps et des renforts.

Bientôt, l'armée envahissante reprit sa marche et franchit la frontière. Le bey de l'Est avait reçu d'Alger 3,000 ou 4,000 hommes de troupes régulières qui, joints à ceux dont il disposait, formaient à peine un effectif de 7,000 soldats. Il jugea ne pas devoir exposer, au loin, sa petite troupe, qui n'aurait pas manqué d'être enveloppée par la masse des Tunisiens, et se borna à occuper forte-

---

1. Rousseau, *Annales Tunisiennes*, p. 243 et suiv. — Vayssettes, *Hist. des Beys de Constantine*, p. 480 et suiv. — Féraud, *Les Harars* (Revue afric., n° 101, p. 358 et suiv.). — De Grammont, *Hist. d'Alger*, p. 365 et suiv. — Marcel, *Tunis*, loc. cit., p. 199 et suiv.

ment le plateau de Mansoura, au moyen de ses yoldachs et des contingents indigènes qu'il avait convoqués, sachant bien que l'envahisseur ne pouvait arriver par un autre côté.

Après quinze jours de marche, l'armée tunisienne se trouva en vue de Constantine. Slimane fit alors attaquer le plateau de Mansoura défendu avec la plus grande vigueur par les Algériens ; mais le général tunisien entraîna lui-même ses hommes à l'assaut et, après sept combats meurtriers, resta maître du plateau, qui domine la ville au sud-est. Hosseïn-Bey, jugeant la situation désespérée, se sauva du côté de Djemila (ou à Kçar-et-Têïr, selon certains auteurs), tandis que les débris de son armée rentraient à Constantine ou fuyaient dans toutes les directions. Personne, dans la ville, n'avait été chargé de la défense, mais ses habitants, confiants dans la force naturelle de la position, connaissaient par tradition la manière de la défendre et savaient qu'on ne tenait pas encore la ville si l'on n'était maître que du Mansoura ou du Koudiat.

On dit, cependant, que dans le désarroi du premier moment, Slimane aurait pu y entrer sans peine. Cela n'est pas sûr. Dans tous les cas, il jugea prudent de s'installer solidement sur le plateau, remettant au lendemain la prise de possession. Mais, durant la nuit, les Constantinois ayant reçu, paraît-il, l'avis qu'une armée algérienne venait à leur secours, murèrent soigneusement la porte d'El-Kantara, et se préparèrent à la résistance.

Le général tunisien se décida alors à investir Constantine et à établir ses batteries de siège. La principale batterie fut placée sur la pente du Mecid, en dessous de l'hôpital actuel. Pendant bien des jours le canon tonna et les projectiles tombèrent sur la ville, ou au delà, car la plupart des boulets la dépassaient. L'effort des assiégeants se porta ensuite contre Bab-el-Ouad et la partie du rempart qui regarde le nord-ouest. Une fois, on essaya un grand assaut, mais les assiégés accueillirent les colonnes par un feu si bien nourri que les plus braves reculèrent. Slimane écrivit alors à Tunis pour demander du renfort et Hammouda lui expédia une colonne sous le commandement de Moustafa-Engliz-bey qui vint s'établir sur le Koudiat-Ati. Loin de relever le courage des assiégeants, son arrivée eut un effet déplorable, car les chefs tunisiens se dirent, naturellement, qu'en cas de succès, Engliz-bey en retirerait le profit ; dès lors le siège n'avança guère.

ARRIVÉE DE L'ARMÉE DE SECOURS. RETRAITE DÉSASTREUSE DES TUNISIENS. LES ALGÉRIENS ENVAHISSENT LA TUNISIE ET SONT DÉFAITS A L'OUAD-SERATE. — Pendant ce temps, une armée envoyée d'Alger, sous le commandement du bach-ag'a, arrivait et établissait son camp sur le bord du Remel. Slimane fit attaquer les Algériens par la division de cavalerie de l'Arad, sous les ordres de Hameïda-ben-Aïad ; mais, après une brillante passe d'armes, les Tunisiens furent repoussés et durent rentrer dans leurs lignes. Peu après, arriva un autre corps turc, par Bône. La jonction se fit sur les pentes qui s'étendent au sud des Arcades romaines, et, après un nouvel engagement, le général tunisien, jugeant la partie perdue, ordonna la retraite, ce qui, dans les guerres d'Afrique, est toujours l'opération la plus difficile. A peine, en effet, le mouvement était-il commencé, que les ennemis se précipitaient sur les Tunisiens de tous les côtés, les forçaient à abandonner leur camp, leur artillerie, leur matériel, leurs bagages, et changeaient bientôt la retraite en déroute.

Constantine était débloqué. Quarante mulets chargés d'oreilles, d'autres, portant des trophées de toute sorte, furent expédiés à Alger, pendant que les débris de la brillante armée rentraient à Tunis, où le bey, au comble de la fureur, jurait de tirer une éclatante vengeance de cette injure, et réunissait, avec activité, de nouveaux contingents.

Hosseïn-bey était revenu à Constantine et s'y trouvait avec le bach-ag'a, qui proposait d'envahir la Tunisie. Le dey, consulté, ayant goûté cette proposition, l'armée algérienne quitta Constantine dans les premiers jours de juillet et se porta rapidement en Tunisie. Au delà du Kef, sur les bords de l'Ouad-Serate, était campée l'armée tunisienne forte de 18,000 hommes, sous le commandement de Youssof, *Sahab-et-Taba* (juillet 1807). Dès que les deux troupes se trouvèrent en présence, l'action fut engagée témérairement par les Algériens, confiants dans leur nombre. Ils s'emparèrent d'abord d'un premier campement ; mais, tandis qu'ils le mettaient au pillage, les Tunisiens revinrent en nombre et firent pleuvoir sur eux une masse de projectiles, ce qui eut pour effet de causer un désordre inexprimable. On vit alors plusieurs contingents de Constantine tourner bride, notamment celui du Ferdjioua, commandé par Moustafa-ben-Achour, et entraîner avec eux le bey démoralisé. Les Tunisiens redoublèrent d'efforts et, malgré la résistance désespérée du bach-ag'a et des Yoldachs, achevèrent la défaite de l'armée de l'Ouest, qui laissa sur le champ de bataille 600 à 700 morts et 10 pièces d'artillerie et, dans son camp, du matériel et des chameaux en grand nombre. Plus tard, des groupes entiers d'Algériens, qui avaient espéré trouver un refuge dans les montagnes, furent faits prisonniers et conduits à Tunis. Cette victoire y fut célébrée avec les plus grandes démonstrations d'allégresse. Pendant ce temps, le bey de Constantine était étranglé par ordre du dey, les rapports du bach-ag'a faisant retomber sur Hossein la responsabilité de la défaite de l'Ouad-Serate¹.

1. Rousseau, *Annales Tunisiennes*, p. 254 et suiv. — Vayssettes, *Hist. des Beys*, p. 483 et suiv. — De Grammont, *Hist. d'Alger*, p. 367 et suiv. — Féraud, *Un vœu d'Hussein-bey* (Revue afric., nᵒˢ 37, 38, p. 84 et suiv.).

CHAPITRE XXVIII

AFFAIBLISSEMENT DE L'AUTORITÉ TURQUE

1808-1815

Ali, bey de l'Est, prépare une expédition en Tunisie. Il est tué par Ahmed-Chaouch, qui usurpe le pouvoir, et est renversé après quinze jours de règne. — Révoltes à Alger. Le dey Ahmed est mis à mort. Son successeur Ali-el-R'assal subit le même sort. — Mohammed-Bou-Kabous, bey d'Oran, dompte la révolte des Derkaoua et celle des Arib de Sour-el-R'ozlane.— Violences du dey Hadj-Ali. Déclaration de guerre à la Tunisie. Révolte de Bou-Kabous, bey d'Oran. Il est mis à mort. — Grande révolte des Yoldachs à Tunis. Ils sont écrasés.— Nouvelles attaques des Algériens contre la Tunisie. Ils sont repoussés. Révolte générale du Hodna, de la Medjana et des Hauts-Plateaux. — Défaite du bey de Médéa par les O. Mâdi. Namane-bey est mis à mort à Mecila et remplacé par Tchaker-bey. — Anarchie générale à Alger et dans la province. Massacre des Mokrani par Tchaker-bey. Assassinat d'El-Hadj-Ali. Omar-Ag'a le remplace. — Mort de Hammouda-bey à Tunis. Court règne de son frère Othmane. Avènement de Si-Mahmoud, chef de la branche aînée. — Maroc : Suite du règne de Moulaï-Slimane.

Ali, bey de l'Est, prépare une expédition en Tunisie. Il est tué par Ahmed-Chaouch qui usurpe le pouvoir et est renversé après quinze jours de règne. — La défaite de l'armée algérienne à l'Ouad-Serate avait porté à son comble l'irritation du dey Ahmed. Non content d'ordonner le supplice d'Hosseïn-bey, il fit pendre, aux créneaux de Bab-Azzoun, un grand nombre de fuyards rentrés isolément. En même temps, il nommait bey de l'Est un brave janissaire turc, nommé Ali, en garnison à Constantine, et lui ordonnait de tirer une prompte et éclatante vengeance des Tunisiens (août 1807). Ali-Bey s'occupa activement de réunir les troupes, le matériel et les munitions nécessaires au camp de l'Ouad-Remel, où il convoqua les contingents indigènes de la province. Dans le courant du printemps de l'année 1808, tout était prêt, et le bey allait se mettre en route, lorsqu'il reçut la nouvelle que le bach-ag'a Hasseïn, était parti d'Alger, avec un corps d'armée destiné à se joindre au sien, et l'ordre d'attendre cet officier qui devait prendre le commandement de l'expédition.

Ce retard permit à un intrigant, du nom d'Ahmed-Chaouch, autrefois compromis dans la tentative d'assassinat du dey Moustafa à la mosquée, et réfugié, depuis peu de temps, à Constantine, d'ourdir une conspiration contre le bey et le bach-ag'a. Il détourna les Yoldachs de leur devoir au moyen de présents fournis sans doute par Tunis, ou en les effrayant par le récit de la trahison dont leurs collègues avaient été victimes à l'Ouad-Serate. Bientôt, l'insubordination fut complète au camp, et, tous les jours, les Yoldachs vinrent en ville, par bandes qui se répandaient dans les rues et pillaient les boutiques. Cependant, le bach-ag'a étant arrivé, le jour du départ fut fixé et Ahmed-Chaouch jugea le moment venu de frapper le grand coup.

Le vendredi, veille du départ, Ali-bey et le bach-ag'a s'étaient rendus à la mosquée de Souk-el-R'ezel (actuellement la cathédrale) pour y assister à la prière de midi et demander la bénédiction de Dieu sur leur entreprise. Tandis qu'ils remplissaient ce pieux devoir, les conjurés pénétrent dans la mosquée et font feu sur eux. Un tumulte se produit : le bach-ag'a, blessé, veut lutter contre ses assassins, mais il est bientôt achevé. Quant au bey, il s'est ouvert un passage le sabre à la main et a trouvé un refuge dans la maison de Si El-Abbadi (à l'angle de la place du palais et de la rue d'Orléans); mais il ne tarde pas à être dénoncé; on l'arrache de sa cachette et on le traîne, tout sanglant, devant Ahmed-Chaouch qui le fait décapiter.

Monté sur la jument d'Ali-bey, Ahmed-Chaouch se rendit alors à Dar-el-Bey, où il reçut le serment de l'armée. Pour célébrer son avènement, il distribua aux troupes l'argent de la caisse de la colonne et livra la ville à la soldatesque. Ce fut, pendant plusieurs jours, un odieux spectacle et les citadins durent s'organiser afin de résister par eux-mêmes aux violences de ces brigands. Le nouveau bey, tout en continuant ses prodigalités, songeait à organiser son makhezen et à se rendre, en personne, à Alger, auprès du dey. En même temps, il écrivait à Hammouda, de Tunis, pour lui offrir la paix et demander le concours de ses troupes, massées près de la frontière.

Cependant, le khalifa de l'ancien bey avait pu gagner Alger et y apporter la nouvelle de la révolte d'Ahmed-Chaouch; le dey en fut très effrayé, il prescrivit d'armer le fort Bab-Azzoun, craignant, non sans raison, une attaque de l'usurpateur. En même temps, le bey de Titeri recevait l'ordre de se rendre aux Portes-de-Fer, pour lui barrer le chemin; puis il dépêcha à Constantine un habile courrier, porteur de lettres pour les chefs des Yoldachs, auxquels il envoyait son pardon et qu'il conjurait de rentrer dans le devoir et d'obéir au nouveau bey Ahmed-Tobbal, et pour les gens influents et les principaux fonctionnaires, qu'il priait et sommait, tour à tour, d'arrêter le rebelle. Lorsque ces lettres parvinrent aux intéressés auxquels on les remit adroitement, Ahmed-Chaouch était en marche et se trouvait déjà à Bir-el-Beguirate, près de Mila, où il recevait des députations de tribus de la région.

Les missives du dey eurent un succès d'autant plus complet, que chacun était las des cruautés et des incartades d'Ahmed-Chaouch. Les goums, d'un côté, résolurent de le tuer et les Yoldachs, de l'autre, étaient décidés à en finir ; aussi, lorsqu'au point du jour, on se mit en route, au bruit des tambours et enseignes déployées, on put voir les cavaliers indigènes poussant des charges jusque sur le bey, sous le prétexte de lui faire honneur. Cependant, les goums ignoraient les dispositions des Turcs et étaient sur le point de les attaquer, lorsque ceux-ci leur députèrent quelques officiers pour s'entendre avec eux. Se convainquant alors des dispositions hostiles de ses auxiliaires, le bey se mit en retraite et vint camper à l'Ouad-Remel, d'où il aperçut les chefs des goums, conduits par l'ag'a, se portant sur Constantine, afin d'y faire reconnaître Ahmed-Tobbal ; aucun doute n'était plus permis ; sa perte était décidée et il alla se placer sous la *tente de refuge*[1].

Un des premiers actes du nouveau bey fut d'envoyer arrêter Ahmed-Chaouch. On le retira, non sans peine, de la tente de refuge ; puis il fut décapité et sa tête, envoyée à Constantine, fut promenée dans toutes les rues (octobre 1808). Il avait conservé le pouvoir pendant quinze jours. Malgré la satisfaction causée par cette nouvelle, le dey d'Alger frappa Constantine d'une amende, qu'il leva ensuite à la sollicitation de M'hammed-ben-el-Feggoun, cheikh-el-Blad ; mais il envoya au bey l'ordre de mettre à mort tous les soldats qui s'étaient compromis dans la révolte et cette rigueur souleva contre lui les Yoldachs[2].

RÉVOLTES A ALGER. LE DEY AHMED EST MIS A MORT. SON SUCCESSEUR ALI-EL-R'ASSAL SUBIT LE MÊME SORT. — Nous avons dit que le dey d'Alger avait été particulièrement satisfait de la chute d'Ahmed-Chaouch. Il avait eu, en effet, grand'peur, et, pour en

---

1. Dans tout campement de soldats turcs, il y avait la tente de refuge, asile inviolable, et la tente de perdition, où quiconque pénétrait était mis à mort. Rien ne distinguait l'une de l'autre.

2. Vayssettes, *Hist. des Beys de Constantine*, p. 490 et suiv. — A. Rousseau, *Annales Tunisiennes*, p. 263 et suiv. — De Grammont, *Hist. d'Alger*, p. 368 et suiv.

finir avec ces affaires de l'Est, où l'on n'éprouvait que déboires sur déboires, il envoya, au mois de septembre, une députation à Tunis, avec des paroles pacifiques. Une trêve fut alors conclue entre les deux régences.

Cependant, à Alger, la fermentation était grande parmi les Yoldachs, démoralisés par leurs dernières défaites et irrités des rigueurs exercées chaque jour contre leurs collègues. De plus, Ahmed avait dû céder, encore une fois, aux exigences de Napoléon, réclamant des captifs italiens, ce qui avait produit un effet déplorable. Bien décidé à en finir avec la régence et son pseudo-gouvernement, l'empereur avait envoyé, au printemps de l'année 1808, le colonel du génie Boutin, en le chargeant d'étudier avec le plus grand soin le meilleur point de débarquement et les conditions de l'attaque. Enfin le dey avait violé une coutume respectée jusqu'alors, en établissant sa femme dans une maison communiquant au palais de la Djenina. Une conspiration s'ourdit autour de lui et, le 7 novembre 1808, le palais fut envahi par une bande de 500 à 600 hommes armés; ayant voulu fuir par la terrasse de la maison de sa femme, Ahmed-Dey fut abattu d'un coup de feu tiré d'un toit voisin, puis décapité. Après avoir traîné son cadavre dans les rues, les conjurés songèrent à lui donner un successeur et leur choix se porta sur l'un d'eux, nommé Ali, qui avait été laveur de morts, d'où le nom d'*El-R'assal* lui était resté.

Le nouveau dey était fanatique, cruel et dépourvu de la moindre des qualités nécessaires pour un tel emploi. Il commença par faire mourir les ministres de son prédécesseur; on le pressait de demandes de toute sorte, notamment de l'autorisation de piller la ville; mais les Yoldachs mariés s'y opposèrent et menacèrent de s'unir avec les citadins contre les Zebantôte. On cria beaucoup, sans pouvoir s'entendre; on se menaça et chacun se prépara à la lutte. La situation ne pouvait se prolonger ainsi, car il n'y avait plus aucune autorité à Alger. Au commencement de février 1809, les Yoldachs, renforcés par le corps rentré d'Oran, décidèrent, réunis dans la *Caserne-Verte*, sous la présidence de l'ag'a Omar, qu'il y avait lieu de se défaire d'un dey aussi incapable. Le 7, ils envahirent la Djenina et, ayant entouré Ali-el-R'assal, voulurent le contraindre à s'empoisonner, mais comme il s'y refusait obstinément, ils l'étranglèrent.

Se débarrasser ainsi du dey n'était pas difficile; mais le remplacer était autre chose; Omar-ag'a, qui avait été l'âme du complot, ne voulut pas accepter ce poste périlleux. On élut alors le Khodjet-el-Kheil, Hadj-Ali, homme sombre et violent, adonné à l'opium, et l'on ne tarda pas à s'apercevoir que l'on avait plutôt perdu que gagné au change. Les supplices les plus atroces furent ordonnés journellement par lui ; et parmi ses premières victimes, tombèrent Bacri et Ben-Duran[1].

Mahommed-Bou-Kabous, bey d'Oran, dompte la révolte des Derkaoua et celle des Arib de Sour-el-R'ozlane. — Dans la province d'Oran, la faiblesse bien connue de Moustafa-el-Mamzali avait rendu aux Derkaoua la confiance : bientôt, on apprit qu'ils se préparaient à recourir aux armes. Le dey Ahmed se décida alors à remplacer Moustafa par Mohammed-Bou-Kabous, dit Er-Reguig (le Menu), second frère de Mohammed-el-Kebir. C'était un soldat vigoureux et énergique, mais trop porté aux violences inutiles[2]. Arrivé à Oran, dans l'automne de l'année 1808, il s'attacha à poursuivre les Derkaoua et fit périr dans les supplices tous ceux qui tombèrent entre ses mains. Cherif avait trouvé un refuge dans les Yakoub'ia ; le bey marcha contre ces tribus, les mit en déroute et contraignit le Derkaoui à fuir de nouveau en proscrit. Après avoir, en vain, demandé asile chez les Harar, à L'ar'ouate et à Aïn-Mâdi, Cherif gagna les Beni-Zenacen et, bien accueilli par eux, épousa la fille du Derkaoui Bou-Terfas, des Trara. Le bey essaya inutilement de se le faire livrer, allant jusqu'à offrir son poids en argent ; néanmoins, le mokaddem, mis au courant de ses tentatives, jugea prudent de décamper vers l'ouest (1809). On n'entendit plus parler de lui. Mais son beau-père, Bou-Terfas, ayant tenté de relever l'étendard de la secte dans le Djebel-Trara, se vit, tout à coup, attaqué par le bey Bou-Kabous, dont les soldats mirent la contrée au pillage. A son retour la colonne, assaillie par une tempête de neige, dut abandonner son butin ; elle se débanda et atteignit Tlemcen, après avoir perdu beaucoup de monde.

A peine rentré de cette expédition, le bey de l'Ouest reçut l'ordre d'aller châtier les Arib, toujours les maîtres de la région de Sour-el-R'ozlane. Il quitta Oran, à la tête d'une colonne légère de Zebantôte, montés sur des mulets. A ce noyau, fort de 800 hommes, il adjoignit à Miliana, les goum des tribus, au nombre de 4,000 cavaliers, et continua sa route par les hauts plateaux. « En traversant le territoire des Oulad-Allan, il fit couper les poignets à seize individus de cette tribu qui s'étaient nuitamment introduits dans son camp pour y voler. Enfin, il

---

1. De Grammont, *Hist. d'Alger*, p. 369 et suiv.
2. Un acte de violence, commis par lui sur un indigène, lui avait valu le surnom de Bou-Kabous (l'homme au pistolet).

fondit comme la foudre sur les Arib auxquels il tua beaucoup de monde, et fit un butin d'autant plus considérable que ceux-ci s'étaient enrichis dans les précédentes affaires. Puis il ramena à Médéa 200 femmes et 45 prisonniers qui furent décapités sur le marché et dont les têtes, suivant la coutume, ornèrent les remparts[1]. » Le bey reprit alors la route de l'ouest ; quant à Rabah-ben-Taleb, instigateur de la révolte, il avait pu fuir ; plus tard, Ismaïl, bey de Titeri, parvint à l'attirer en lui promettant l'aman, sur le marché de Sour-el-R'ozlane où il fut tué, atteint de cinq coups de feu tirés des créneaux du fort[2].

VIOLENCES DU BEY HADJ-ALI. DÉCLARATION DE GUERRE A LA TUNISIE ; RÉVOLTE DE BOU-KABOUS, BEY D'ORAN. IL EST MIS A MORT. — Hadj-Ali, dey d'Alger, continuait à terroriser le pays par ses violences. Après avoir assouvi sa colère contre les Bacri et Ben-Duran, il découvrit que le bey de Constantine, Ahmed-Tobbal, avait fourni à David Bacri trois chargements de blé. Il n'en fallut pas davantage pour entraîner la perte de cet officier, qui avait rétabli la paix dans sa province, l'administrait avec fermeté et intelligence et servait régulièrement les tributs à lui imposés. Ahmed-Tobbal périt étranglé et fut remplacé par Mohammed-Nâmane, homme intelligent, et connaissant bien les affaires de la province (février 1811).

Dès son avènement, le dey avait repris à sa manière la question de Tunis, sans tenir compte de la trêve consentie par son prédécesseur ; mais Hammouda était bien résolu à ne pas s'incliner devant les Algériens et, dès lors, on se prépara, de part et d'autre, à la lutte. Hadj-Ali convoqua à Alger toutes les forces du centre et de l'Ouest, pour rallier celles de Constantine, et envahir la Tunisie. En attendant, les navires des deux pays entreprirent des croisières contre les bateaux de commerce et les côtes de l'adversaire. Au mois de mai 1811, une flotte algérienne, se composant de six gros navires et quatre canonnières, sous le commandement du fameux Reïs Hamidou, rencontra dans les eaux de Souça l'escadre tunisienne, forte de 12 bâtiments de guerre, sous les ordres du reïs Mohammed-el-Mourâli. Le combat s'engagea

---

1. Federmann et Aucapitaine, *Notice sur le Beylik de Titeri* (Revue afric., n° 52, p. 291 et suiv.).

2. Delpech, *Révolte des Derkaoua* (Revue afric., n° 103, p. 56 et suiv.). — Walsin Esterhazy, *Domination Turque*, p. 210 et suiv. — L. Fey, *Hist. d'Oran*, p. 302 et suiv. — Federmann et Aucapitaine, *Notice sur le Beylik de Titeri* (loc. cit.).

aussitôt entre les deux frégates amirales et, après une lutte acharnée qui dura de midi à six heures du soir, se termina par la prise du vaisseau tunisien qui fut ramené triomphalement à Alger, tandis que les autres navires ennemis se réfugiaient à Monastir.

Cependant, le dey d'Alger avait à faire face à des difficultés de toute sorte. La Kabilie était en révolte ; le chemin de l'Est se trouvait coupé et les rebelles faisaient des incursions jusque dans la plaine. Mais il y avait un symptôme plus grave ; le bey de l'Ouest, après quelques tergiversations, avait refusé péremptoirement d'amener ses contingents pour la campagne de Tunisie. Il était donc en révolte ouverte et l'on prétendait qu'il avait contracté alliance avec le sultan du Maroc. Le dey jugea la situation assez grave pour suspendre l'expédition de Tunis et employer toutes ses forces contre le rebelle (1812).

Soutenu par les Douaïr et les Zemala, ainsi que par les contingents d'autres tribus, Mohammed-Bou-Kabous vint prendre position sur la Mina. Tout à coup on apprend que l'armée algérienne, forte de 9,000 hommes, s'avance avec rapidité sous le commandement du renégat grec Omar-ag'a. Aussitôt, les contingents du bey, pris d'une terreur irrésistible, s'enfuient de toutes leurs jambes et abandonnent Bou-Kabous, qui se replie presque seul sur Oran. Mais, pendant son absence, un représentant du dey, arrivé sur une frégate, avait pris possession de la ville. Ne sachant plus sur qui compter, Bou-Kabous se réfugia dans le donjon de Bordj-el-Ahmar et menaça de mettre le feu aux poudres que contenait l'arsenal.

Omar-ag'a n'avait pas tardé à arriver ; mais il n'osait agir par la violence contre le bey, afin de ne pas le pousser à réaliser sa menace : le Khodja Moustafa-ben-Djelloul, député vers le rebelle, le décida alors à se rendre. Mohammed-Bou-Kabous sortit de son refuge, demandant humblement pardon de sa révolte ; mais il fut aussitôt livré aux chaouchs, qui lui écorchèrent la figure, lui ouvrirent le ventre, et le suspendirent par le dos à un crochet en fer. On dit que, malgré cet horrible traitement, il vécut encore 36 heures, après quoi, Omar-Ag'a lui fit trancher la tête (fin 1812). Il fut remplacé par Ali-Kara-Bar'li, caïd de Tlemcen, gendre de Mohammed-el-Kebir, homme intelligent et énergique, qui eut fort à faire pour rétablir la paix dans la province de l'Ouest, si troublée grâce à la déplorable administration des dernières années [1].

---

1. Walsin Esterhazy, *Domination Turque*, p. 210 et suiv. — L. Fey,

GRANDE RÉVOLTE DES YOLDACHS A TUNIS. ILS SONT ÉCRASÉS. — A Tunis, le bey Hammouda, menacé sans cesse de l'agression des Algériens, avait augmenté, dans de grandes proportions, l'effectif de ses Yoldachs. Ce n'était pas, en effet, sur les seuls contingents des tribus indigènes qu'il pouvait compter pour se défendre, et il n'avait ni les Abid des souverains du Maroc, ni même la forte organisation des tribus Makezen de l'Algérie. Mais, si les janissaires étaient de bons soldats, on connaît leurs défauts: l'indiscipline, le désir du changement et la prétention de prendre une part directe à la direction gouvernementale, avec l'espoir de devenir le chef de l'odjak. Beaucoup d'entre eux, habitués à l'instabilité des beys et du dey d'Alger, ne pouvaient se faire à la régularité, à la monotonie du long règne de Hammouda. Devinant le danger, ce prince s'entoura d'affranchis et de Koulour'lis, dont il forma une garde particulière qu'on appela « les Mamlouks. » Cette mesure porta à son comble l'irritation des Yoldachs et une vaste conspiration fut ourdie par eux.

Le vendredi, 30 août 1811, avait été choisi pour la réalision du projet de révolte. On devait profiter de la présence du bey à la mosquée de Zitouna, pour l'entourer et le mettre à mort; mais Hammouda, au courant du complot, se dispensa de sortir du Bardo. Convaincus qu'ils étaient trahis, les conjurés, après de nombreux conciliabules, se décidèrent à lever le masque et, dès le même soir, procédèrent au pillage des boutiques dans le Souk, puis envahirent les maisons juives et y commirent tous les excès. Vers minuit, les rebelles, ivres de leur succès, se portèrent en foule à la Kasba, dont la garnison leur ouvrit la porte. De là, ils tirèrent le canon, signal convenu pour prévenir les postes des environs, et notamment de la Goulette.

Le lendemain matin, la population, revenue de sa stupeur, se joignit aux troupes envoyées du Bardo, par le bey, et ces forces enserrèrent les rebelles dans leur forteresse, d'où ils tiraient à coup sûr et sans danger sur quiconque se montrait. Il fallut recourir à l'artillerie des forts environnants et, grâce à des officiers anglais et français, fournis par les consuls de ces deux nations, l'attaque fut habilement et rapidement conduite. Pendant la nuit les canonniers français arrivés depuis peu de Malte, où ils étaient prisonniers, établirent, sous la direction de leurs officiers, une batterie au moyen de sacs à terre, à 150 mètres de la muraille; en

---

Hist. d'Oran, p. 302 et suiv. — De Grammont, *Hist. d'Alger*, p. 371 et suiv.

outre, des pièces furent braquées à l'entrée de toutes les rues donnant sur la Kasba, afin de repousser une sortie facile à prévoir. Les maisons consulaires reçurent non seulement la colonie de leurs nationaux, mais un grand nombre d'israélites, et les consuls furent autorisés à se garder militairement.

Le feu, ayant été ouvert, produisit bientôt des effets considérables, surtout celui de la batterie française qui fit dans le mur une large brèche. Peu à peu, le tir des assiégés s'éteignit et cessa complètement vers le soir. Dans la nuit du 31 août au 1ᵉʳ septembre, 1,200 rebelles, avec le bey qu'ils avaient élu, parvinrent à sortir de la Kasba et à gagner la campagne; d'autres se laissèrent glisser individuellement des remparts et cherchèrent un refuge en ville, ou dans les faubourgs. Au matin, il en restait dans la Kasba 1,300 environ, qui mirent bas les armes. La révolte était domptée. Mais le bey fut inexorable : les fugitifs furent recherchés dans leurs retraites et impitoyablement mis à mort, tandis qu'un corps de cavalerie était lancé à la poursuite des 1,200 Yoldach qui avaient gagné la campagne, espérant atteindre Tabarka et y prendre la mer. Rejoints par la cavalerie, ils combattirent avec l'énergie du désespoir en faisant supporter à leurs ennemis de dures pertes. Lorsque la moitié de l'effectif fut tué, le reste se rendit; mais, sur les ordres exprès du bey, ces malheureux furent massacrés. Dès lors, l'influence des Yoldach cessa d'être prépondérante et la dynastie beylicale régnante, un instant menacée dans son existence, vit sa situation raffermie par l'échec de ses adversaires [1].

Nouvelles attaques des Algériens contre la Tunisie. Révolte générale du Hodna, de la Medjana et des Hauts-Plateaux. — Cependant, les relations de Tunis avec Alger étaient toujours tendues et il est certain que, si le dey n'avait pas été absorbé par les difficultés auxquelles il avait à faire face, les hostilités auraient commencé déjà. Dans cette prévision, les troupes tunisiennes gardaient la frontière et on avait mis en état les défenses et fortifications du côté de la mer. Vers la fin de juillet 1812, l'escadre algérienne se présenta devant Tunis et l'amiral qui la commandait entra en pourparlers avec Hammouda, l'invitant à reconnaître la suzeraineté du dey d'Alger, s'il ne voulait voir établir un blocus rigoureux de sa capitale. Cette fois, le bey ne se montra pas intraitable et, tout en maintenant son indépendance, offrit d'envoyer à Alger un

---

1. Rousseau, *Annales Tunisiennes*, p. 271 et suiv. — Marcel, *Tunis* (loc. cit., p. 199 et suiv.).

bateau chargé d'huile, destinée, selon la demande de l'amiral, au services des mosquées de cette ville, ce qui changeait le caractère du tribut.

Il y eut donc tentative de rapprochement ; mais, vers la fin de l'année, la rupture éclata de nouveau, ce qui était à prévoir avec un esprit aussi fantasque que celui du dey, et l'on se prépara à la guerre pour le printemps. Cependant, tout se borna, en 1813, à une vaine démonstration de la flotte algérienne devant la Goulette, dans les premiers jours d'août. Accueillis par le feu des batteries formidables de la côte, les navires d'Alger s'empressèrent de prendre le large.

C'était un succès pour les Tunisiens ; afin de le compléter, le premier ministre du bey, Youssof, *garde du sceau*, alla prendre le commandement des troupes de la frontière, et envahit la province de Constantine. Aussitôt, Nâmane-bey accourut avec toutes les troupes disponibles et força les Tunisiens à rentrer dans leurs limites. Omar-ag'a arrivé d'Alger, sur ces entrefaites, prit le commandement des troupes et, de concert avec Nâmane, mit le siège devant le Kef. Mais il n'obtint aucun succès ; après avoir éprouvé des pertes sensibles, Omar se décida à lever le siège et à rentrer à Alger. Une mésintelligence profonde s'était manifestée entre lui et Nâmane-bey, pendant cette malheureuse campagne ; aussi, lorsque l'armée algérienne, au passage des Bibane, vit son arrière-garde attaquée traîtreusement par les Kabiles, l'ag'a n'hésita-t-il pas à accuser de ce guet-apens le bey de Constantine et les chefs arabes. Comme représailles, il fit décapiter un certain nombre de ces derniers, ainsi que 260 Kabiles dont il avait pu s'emparer.

Les Bou-Rennane, branche des Mokrani de la Medjana, paraissent avoir joué un vilain rôle dans cette affaire. Depuis quelques années, les haines séculaires qui divisaient les trois branches de cette famille avaient pris un caractère d'acuité extrême ; afin d'atténuer le manque de sécurité résultant de leurs luttes incessantes, les Turcs avaient rétabli le poste de Bordj-Medjana chargé de protéger la route. En 1808, les Ben-Guendouz, surpris par les deux autres branches, de connivence avec le commandant du fort turc, avaient été massacrés. Ben-Abd-Allah Mokrani, chef de la branche des Oulad-el-Hadj, garda alors le commandement de la tribu ; mais, à la fin du règne de Tobbal-bey, il était en révolte, et luttait avec succès contre les Turcs de Constantine, appuyés par les deux autres branches des Mokrani, les Bou-Rennane et Ben-Guendouz. Nâmane-bey, à son avènement (février 1811), conclut la paix avec Ben-Abd-Allah ; cela eut pour effet de lui aliéner les fractions rivales, qui se préparèrent à prendre leur revanche. Dans le courant de l'année 1812, elles vinrent, soutenues par les Hachem et les Mezita, attaquer les Turcs et les Oulad-el-Hadj, établis auprès d'eux à Medjana. Mais on les attendait de pied ferme et, après une lutte acharnée dont nous ne suivrons pas les péripéties, les assaillants furent définitivement repoussés. Ils durent même abandonner leur camp de Zenouna et laisser sur le terrain leurs plus braves guerriers.

Défaite du bey de Médéa par les O. Madi. Namane-bey est mis a mort a Mecila et remplacé par Tchaker-bey. — Quelque temps après, une colonne turque, envoyée par le bey de Constantine dans la vallée de l'Ouad-Sahel, afin de détruire une bande de brigands commandée par des Mokrani de la branche religieuse de Sidi-Betteka, se laissa entraîner dans une gorge où les Kabiles l'entourèrent et lui tuèrent 195 hommes. Vers le même temps (fin décembre 1813), Djafer[1], bey de Médéa, qui venait d'exécuter une expédition assez malheureuse contre L'Ar'ouate, pensa trouver une compensation en effectuant une razia sur les Oulad-Mâdi du Hodna ; mais, après avoir razié les Adaoura et Oulad-Selama, il fut complètement défait par les Oulad-Mâdi et rentra, presque seul, à Médéa, après avoir perdu 22 Zebantôte tués, sur les 50 qu'il avait emmenés ; les autres rentrèrent individuellement, dépouillés, même de leurs vêtements.

Dès lors, la révolte s'étendit de la vallée de l'Ouad-Sahel à Bou-Saada et de Bou-Aréridj à Médéa. L'ag'a Omar, bien résolu à perdre Nâmane-bey, en profita pour redoubler d'instances auprès du dey et parvint à lui arracher l'ordre fatal. A cet effet, le bey de l'Est fut invité à se porter au plus vite dans le Hodna, avec les forces qu'il pourrait réunir. Un corps, envoyé d'Alger, devait le rejoindre à Bou-Saada. Omar-ag'a commandait lui-même cette colonne, qui passa par le col des Beni-Aïcha et l'Isser ; mais son avant-garde, commandée par Mohammed-Ben-Kanoun, fut attaquée par les Flissa ; après une lutte acharnée et meurtrière, sur le territoire des Beni-Khalfoun, les survivants parvinrent à se réfugier à Bordj-Menaïel, où Ben-Kanoun groupa de nouveaux adhérents et parvint à repousser les Flissa qui l'y avaient suivi. Omar-ag'a vint le débloquer et put continuer sa route, par les Beni-Khalfoun.

Parti de Constantine en toute hâte, Nâmane ne tarda pas à

---

1. Ce bey est appelé Djellal dans certaines chroniques.

atteindre les environs de Mecila, d'où il envoya son fils, avec des présents, à la rencontre des troupes d'Alger. Mais le malheureux jeune homme tomba dans une embuscade des rebelles et périt avec toute son escorte. Cependant, les deux colonnes arrivèrent à Bou-Saada et commencèrent, chacune de son côté, les opérations, dans les montagnes environnantes, où elles furent assaillies par des tourmentes de neige. Le bey donna alors l'ordre de se replier sur Mecila ; mais, le lendemain de son arrivée, il fut arrêté et étranglé par ordre de l'ag'a. On l'enterra dans la mosquée de Bou-Djemline, à Mecila (mars 1814).

Un Turc ambitieux du nom de M'hammed-Tchaker, originaire de Smyrne, qui avait été l'âme de cette longue et ténébreuse intrigue, recueillit la succession du bey de l'Est. Omar-ag'a, son ami, le revêtit lui-même du Caftan d'honneur et Mecila fut le théâtre de fêtes données à cette occasion ; puis, l'armée algérienne prit la route du nord-ouest, tandis que Tchaker se rendait à Constantine, où son premier soin fut de placer sous séquestre tous les biens de la famille de Nâmane. Le nouveau bey, qui ne cachait pas ses sentiments de haine pour tout ce qui n'était pas turc, avait été reçu assez froidement par les Constantinois, dont Nâmane-bey mérita la reconnaissance et les regrets. C'était un homme de soixante ans, affectant une grande négligence de tenue, et paraissant n'avoir conservé qu'une passion, celle de verser le sang ; aussi préluda-t-il par des exécutions et des supplices qui terrifièrent le pays [1].

ANARCHIE GÉNÉRALE A ALGER ET DANS LA PROVINCE. MASSACRE DES MOKRANI PAR TCHAKER-BEY. ASSASSINAT D'EL-HADJ-ALI. OMAR AG'A LE REMPLACE. — Cependant, à Alger, le vieux dey Hadj-Ali achevait son règne dans les plus honteuses débauches, et l'on ne comprend pas que cet état ait pu être livré durant si longtemps aux caprices d'un tel fou. Ce furent, du reste, les excès de ces derniers représentants du gouvernement de l'Odjak, qui préparèrent et rendirent inévitable son renversement. La campagne de Russie, les dernières guerres de l'empire, et enfin la chute de Napoléon retardèrent de quelques années cette solution.

Vers 1813, le dey avait déclaré la guerre aux Etats-Unis d'Amérique et expulsé leur consul ; peu après, un capidji de la Porte,

1. Vayssettes, *Hist. des Beys*, p. 514 et suiv. — Feraud, *Les Oulad Mokrane*, p. 281 et suiv. — Federmann et Aucapitaine, *Beylik de Titeri* (Revue afric., n° 52, p. 293 et suiv.). — Rousseau, *Annales Tunisiennes*, p. 224 et suiv. — Marcel, *Tunis* (loc. cit.), p. 200 et suiv.

venu avec la mission spéciale d'obtenir la cessation des hostilités entre l'Algérie et la Tunisie, n'avait obtenu que cette réponse : « *Nous sommes les maîtres chez nous et nous n'avons d'ordres à recevoir de personne !* » Il avait dû se retirer, non sans avoir entendu force injures et menaces. La révolte continuait en Kabilie, et les Flissa ne cessaient de porter le ravage dans la plaine de la Mitidja. Les Oulad-Naïl et la partie sud du beylik de Titeri étaient toujours en insurrection, malgré la mise à mort du bey Djafer, et son remplacement par Ibrahim-Sahr. Sur ces entrefaites, on apprit la chute de Napoléon (6 juillet 1814), et un brick de guerre vint à Alger, notifier la restauration des Bourbons et demander la ratification des traités antérieurs. Les héritiers Bacri, alors en bonne intelligence avec le dey, meurtrier de leur chef, profitèrent de cette occasion pour réclamer le règlement de leur créance, et, comme Dubois-Thainville n'avait pas reçu d'instructions précises au sujet de cette réclamation, appuyée énergiquement par El-Hadj-Ali, le consul jugea nécessaire de se retirer ; il s'embarqua le 19 octobre.

La situation était, comme on le voit, fort précaire à Alger. De plus, on parlait toujours de reprendre les hostilités contre la Tunisie, car le bey Hammouda venait de mourir ; mais cela ne souriait nullement aux Yoldach. Ils étaient très décidés à se débarrasser du dey et sollicitaient en vain Omar-ag'a de prendre le pouvoir.

A Constantine, Tchaker-bey effectua sa première campagne à la fin de l'automne de cette même année 1814. Il s'avança jusque dans la Medjana, abandonnant à chacune de ses stations de malheureux indigènes le ventre ouvert et qu'on laissait mourir en cet état. Les Mokrani avaient été convoqués par lui près de Bou-Aréridj, sous le prétexte de régler les affaires du pays. La branche des Bou-Rennane, ses anciens complices qu'il avait revêtus du commandement, s'avança la première pour la cérémonie du baisemain. Aussitôt, sur un signe du bey, on les saisit et on les décapita. Un seul d'entre eux échappa à ce massacre en fuyant sur un cheval nu et sans bride ; huit têtes étaient tombées, elles furent expédiées à Constantine et promenées ignominieusement dans la ville. Tchaker voulut ensuite fondre sur le campement des autres Mokrani ; mais ceux-ci avaient eu le temps de se mettre en défense à Draa-el-Metnane, où ils luttèrent courageusement contre les Turcs, tandis que les femmes, les enfants et les troupeaux, trouvaient un refuge assuré dans les montagnes. Le bey ne retira donc pas de cette expédition les avantages matériels qu'il en attendait. Quant à la Medjana, elle demeura livrée à l'anarchie, comme la route d'Alger restait abandonnée aux brigands et aux caprices des populations voisines.

Ces nouvelles n'étaient pas faites pour calmer l'irritation à Alger. Enfermé dans son palais avec ses mignons, le dey semblait devenu insensible à tout ce qui se passait à l'extérieur. Enfin, le 22 mars 1815, on apprit qu'il venait d'être étranglé par un jeune nègre, son favori. L'assassin avait été tué sur place et un groupe s'était empressé de proclamer le Khaznadji Mohammed qui, peut-être, n'avait pas été étranger au meurtre d'El-Hadj-Ali. Le nouveau dey ayant eu la malencontreuse idée d'ordonner le recensement de la milice, très nombreuse sur les contrôles et les états de solde, mais dont la plupart des membres demeuraient introuvables lorsqu'il fallait partir en expédition, cette mesure provoqua une révolte immédiate des intéressés qui se saisirent du dey, le jetèrent en prison et l'étranglèrent le 7 avril. Il avait régné une quinzaine de jours. Omar-ag'a se décida enfin à accepter le pouvoir, qu'il refusait depuis si longtemps. Il se trouvait alors en Kabilie, occupé à châtier les Beni-Khalfoun qui l'avaient trahi, lors de son passage, et il faisait construire le pont de Ben-Henni sur l'Isser ; il partit pour Alger, afin de prendre en main la direction des affaires, sans avoir obtenu la soumission des Flissa[1].

MORT DE HAMMOUDA-BEY A TUNIS. COURT RÈGNE DE SON FRÈRE OTHMANE. AVÈNEMENT DE SI MAHMOUD, CHEF DE LA BRANCHE AÎNÉE. — Nous avons parlé plus haut de la mort de Hammouda bey. Cet événement survint à Tunis, le 15 septembre 1814, à la fin du jeûne du Ramadan, et alors que le bey, entouré de personnes de confiance, se reposait sur un divan, dans la salle de justice, en préparant la fête du lendemain. Après avoir demandé une pipe et une tasse de café, il mourut subitement et le public ne manqua pas d'attribuer son décès au poison. Il était âgé de 57 ans et régnait depuis 32 années. Bien que doué d'une intelligence médiocre, il rendit certainement des services appréciables à la Tunisie, pendant son long règne.

La mort du bey ouvrit la porte aux compétitions ; la branche aînée de la famille, écartée du trône par Ali-Bey, avait alors à sa tête les princes Mahmoud et Ismaïl, cousins de Hammouda. Chacun s'attendait à voir Mahmoud, précédemment frustré de ses

---

1. De Grammont, *Hist. d'Alger*, p. 372 et suiv. — Féraud, *Les Mokrani*, p. 287 et suiv. — Vayssettes, *Hist. des Beys*, p. 525 et suiv. — Robin, *Les Ben-Zâmoun* (Revue afric., n° 109, p. 32 et suiv.).

droits, s'emparer du pouvoir ; mais il s'en désista et pressa son cousin Othmane, frère du bey défunt, et plus jeune que celui-ci, de monter sur le trône ; ce ne fut pas sans peine qu'il l'y décida. L'enterrement de Hammouda eut lieu le 16, et la séance d'inauguration d'Othmane le lendemain. C'était un homme de 52 ans, de santé précaire, de caractère doux et son avènement paraît avoir été assez bien accueilli.

Or, le désistement de Mahmoud n'était qu'une feinte destinée à assurer la réussite de ses projets. Peut-être comptait-il sur la maladie pour le débarrasser de son cousin ; en tout cas, ses intentions ne tardèrent pas à être découvertes par les princes Salah et Ali, fils d'Othmane, qui, dès ce moment, cherchèrent un prétexte pour le perdre. Mahmoud se décida alors, de concert avec ses deux fils, Houssein et Moustafa, à employer la violence pour se rendre maître du trône. Dans la nuit du 20 au 21 décembre 1814, après avoir fait placer à tous les postes des Mamlouks dévoués, il pénétra dans l'appartement du vieux bey malade. Sur un signe, les assassins s'avancèrent et, après une courte résistance, le mirent à mort. Les officiers connus pour leur dévouement à Othmane subirent le même sort.

Un Napolitain du nom de Mariano Stinca, qui, d'esclave, était devenu le favori et, enfin, le ministre du bey Hammouda, auquel il avait donné de grandes preuves de dévouement, fut placé par Mahmoud à la garde du trésor ; mais, dans le trouble qui suivit ces événements, le garde du sceau, Youssof, qui nourrissait contre lui des sentiments de haine, poussa le prince Ismaïl, frère du bey, à le faire décapiter.

Cependant, Si Salah et Si Ali, fils du bey Othmane, s'étaient empressés, après le meurtre de leur père, de monter à cheval et de courir vers la Kasba, dans l'espoir d'y organiser la résistance ; mais, devant l'attitude de la population, ils abandonnèrent ce projet, se rendirent à la marine, détachèrent une barque et à force de rames, atteignirent la Goulette avant que les nouvelles y fussent parvenues. L'officier qui y commandait devina néanmoins ce qui s'était passé et, tout en paraissant entrer dans les vues des fugitifs, qui ne demandaient qu'à monter sur un bateau en partance, il sut les retenir, jusqu'à ce qu'il eût reçu des renseignements précis. Ce fut le prince Houssein qui les apporta en personne. A sa vue, les fils d'Othmane se jetèrent dans le canal ; mais on les en retira malgré leur résistance et on les décapita sous les yeux de leur cousin. Avec eux s'éteignit la branche cadette. Cependant, une femme d'Othmane, alors enceinte, devait mettre au monde un fils, qui fut détenu pendant de longues années au Bardo.

Sidi Mahmoud restait ainsi seul maître du pouvoir. C'était un grand ami de la France et son premier soin fut de demander le retour du consul Devoize[1].

MAROC : SUITE DU RÈGNE DE MOULAÏ-SLIMANE. — Nous avons, depuis bien longtemps, perdu de vue le Mag'reb, retenus par l'importance ininterrompue des faits dont l'Algérie et la Tunisie ont été le théâtre. Disons aussi que les documents précis et détaillés sur le Maroc nous manquent, car le Tordjeman s'arrête en 1811. Nous devrons, en conséquence, nous borner au simple résumé des événements principaux : trop heureux de pouvoir en donner une analyse et des dates exactes.

Resté seul maître du pouvoir, Moulaï-Slimane, qui était un véritable politique, s'attacha, ainsi que nous l'avons vu, au rétablissement de l'unité de l'empire. Les brigands infestaient les chemins, les tribus remuantes avaient recouvré leur indépendance : il les combattit, fit disparaître les coupeurs de route et contraignit les peuplades rebelles à la soumission. La haute vallée de la Moulouia demeurait livrée aux brigandages des Aït-Idracen. En 1803, le sultan y conduisit une expédition, enleva à ces indigènes leurs troupeaux, et les força à chercher un refuge chez leurs alliés les Beni-Meguellid. Puis, il confia au gouverneur du Sahara, Dahmane-es-Soueïdi, la mission de pacifier les provinces méridionales et, dans une brillante campagne, cet officier rétablit l'autorité du sultan sur Sidjilmassa, le Deràa et toutes les régions adjacentes. Le Sous et le Haha restaient à soumettre ; en 1805, Moulaï-Slimane se rendit à Maroc, d'où il lança deux colonnes dans ces provinces, puis il s'avança jusqu'à Mogador, où il passa quelque temps, recevant les députations et nommant partout des chefs éprouvés.

En 1806, un officier du sultan alla reprendre possession de l'oasis de Figuig, et y rétablit les Abid, dont la colonie avait été primitivement installée par Moulaï-Ismaïl. Deux ans plus tard, Slimane dirigea, lui-même, une expédition heureuse dans le Touat et le Gourara (1808). A son retour, il réduisit les Aït-Malou et Aït-Isri, ces indociles Berbères, toujours en état de révolte et impatients de tout joug. En 1810, le Rif fut enfin soumis ; mais l'année suivante, les Aït-Malou entrèrent, de nouveau, en lutte contre les Aït-Idracen et la révolte ne tarda pas à redevenir générale dans les

---

1. Rousseau, *Annales Tunisiennes*, p. 29 et suiv. — Marcel, *Tunis*, p. 201 et suiv.

régions de l'Est. Une première armée impériale envoyée contre eux fut défaite et le sultan, qui s'était avancé à son secours, se trouva dans une situation critique. Cependant il put se dégager ; mais la victoire resta aux rebelles et le Rif secoua de nouveau l'autorité de Moulaï-Slimane.

Au milieu de toutes ces guerres, le sultan entretenait de bonnes relations avec les nations européennes, surtout la France. Aussi, malgré les conséquences de la bataille de Trafalgar (1805), qui établit la prépondérance de l'Angleterre au Maroc, Moulaï-Slimane envoya, en 1807, un ambassadeur à Napoléon pour le féliciter de son avènement et, l'année suivante, le capitaine Burel fut chargé par l'empereur de complimenter le sultan et de tâcher d'obtenir de lui la fermeture de ses ports aux Anglais ; mais cette mission échoua par la faute du consul d'Ornano, dit-on.

En 1810, le Sous échappa encore au sultan; un chérif, Sidi Hecham-ben-Moussa, le constitua en royaume indépendant sous son autorité. Quant à Moulaï-Slimane, il luttait dans le Rif et parvint, non sans peine, à en obtenir la soumission (1812)[1].

---

1. *Tordjemane*, p. 103 et suiv. du texte arabe, p. 192 et suiv. de la trad. — Abbé Godard, *Maroc*, p. 576 et suiv.

CHAPITRE XXIX

LES NATIONS EUROPÉENNES S'ENTENDENT POUR METTRE FIN A LA PIRATERIE

1815-1820

Les États-Unis imposent à Alger un traité humiliant. Lord Exmouth contraint Alger, Tunis et Tripoli à accepter des conditions analogues. Révolte à Tunis. — Lord Exmouth est envoyé à Alger pour obtenir des satisfactions plus complètes. Une escadre hollandaise se joint à la sienne. — Attaque et destruction des batteries et de la flotte d'Alger par les forces combinées d'Angleterre et de Hollande. Soumission du dey. — Conséquences de la croisière de lord Exmouth. Cruautés de Tchaker-bey dans la province de Constantine. Kara-Bar'li est mis à mort et remplacé par Hassan comme bey d'Oran. — Assassinat du dey Omar. Il est remplacé par Ali-Khoudja. Destitution et mort de Tchaker, bey de Constantine. — Suppression de l'esclavage en Tunisie. Paix entre cette régence et l'Algérie. — Mort du dey Ali-Khoudja. Il est remplacé par Houssein. Situation de l'odjak d'Alger. — Luttes de Houssein-bey pour rétablir la paix. Événements de la Kabilie et de la province de Constantine. — Une escadre anglo-française vient signifier aux barbaresques la décision du congrès interdisant la course et l'esclavage.

Les États-Unis imposent a Alger un traité humiliant. Lord Exmouth contraint Alger, Tunis et Tripoli a accepter des conditions analogues. Révolte a Tunis. — A peine le nouveau dey, Omar, avait-il pris en main l'autorité, qu'on reçut, à Alger, la nouvelle de l'arrivée dans la Méditerranée d'une division navale des États-Unis, sous les ordres du commodore Decatur, chargé d'exiger toutes satisfactions pour les dernières insultes faites à sa nation et d'obtenir, en outre, la mise en liberté des prisonniers et la suppression du tribut et du droit de visite. Cette escadre rencontra, le 17 juin 1815, la flotille algérienne commandée par le reïs Hamidou, montant une frégate de 46 canons. Aussitôt on ouvrit le feu de part et d'autre ; mais le reïs Hamidou ayant été tué, la frégate tomba au pouvoir des Américains qui s'emparèrent, deux jours plus tard, d'un brick de 22 canons, et vinrent mouiller, le 24 juin, dans la rade d'Alger. La mort du vaillant reïs, la force des Américains, décidèrent le dey et le diwan à traiter ; ils accordèrent ce qu'on exigea d'eux, et signèrent le traité (7 juillet). Quelque temps auparavant, Dubois-Thainville était venu, afin de reprendre, pendant les Cent-Jours, le consulat pour le gouvernement de l'empereur ; mais le dey, exigeant le règlement préalable de la dette Bacri, avait refusé de le recevoir. Après la seconde restauration, M. Deval arriva à Alger, comme représentant du roi de France, et fut reçu sans difficultés.

L'abandon, si facilement consenti aux Américains, de privilèges que les Algériens se plaisaient à considérer comme des droits, avait profondément irrité les esprits contre le dey. Il fallait une revanche et Omar espéra en trouver les éléments en adressant au bey de Tunis un ultimatum. Ainsi, au moment où les relations entre les deux régences commençaient à reprendre un caractère pacifique, la Tunisie était sommée de reconnaître la suzeraineté d'Alger, de servir toutes les redevances, de payer les sommes dues de ce chef, et de détruire les fortifications du Kef. On devine facilement quel accueil fut fait par le nouveau bey à de semblables exigences. Il refusa fièrement de les examiner et fit dire au dey de se préparer à la guerre.

La flotte tunisienne était armée et en bon état. Mahmoud-bey confia le commandement de huit navires à des capitaines éprouvés, et, plaçant cette escadre sous la direction de Moustafa-Reïs, l'envoya opérer sur les côtes d'Italie, en attendant qu'elle pût se mesurer avec la flotte algérienne. Pendant plus d'un mois, Moustafa tint la mer, cherchant une occasion favorable ; enfin, il aborda dans la baie de Palma, en Sardaigne, débarqua son monde, et tenta de profiter de la terreur produite par cette surprise pour opérer une fructueuse r'azia sur l'île de Saint-Antioche; mais il rencontra une résistance acharnée et fut forcé de se rembarquer après avoir perdu environ 150 hommes. Comme compensation, les reïs emmenèrent 158 captifs et, parmi eux, la fille du commandant du fort, lequel avait été tué en luttant contre les pirates (octobre 1815).

Cette nouvelle violation du droit des gens eut, en Europe, un grand retentissement. Les puissances réunies au congrès de Vienne décidèrent qu'il y avait lieu d'en finir avec les incorrigibles corsaires de Berbérie et que l'esclavage chrétien ne devait plus être toléré sur cette rive de la Méditerranée. L'Angleterre se chargea d'exécuter cette décision et reçut comme récompense anticipée le protectorat des îles Ioniennes. Le cabinet de Saint-James donna à lord Exmouth la mission de conduire dans la Méditerranée la flotte anglaise, afin d'obtenir des puissances barbaresques la mise en liberté des esclaves ioniens, devenus sujets britanniques, de signer d'avantageux traités, et de régler les affaires de Sardaigne et de Naples, en stipulant au nom de ces royaumes. Les instructions, on le voit, ne visaient que l'intérêt de l'Angleterre ; de plus elles ne contenaient pas l'ordre formel d'attaquer, en cas de refus.

Au commencement de l'année 1816, lord Exmouth amena dans la Méditerranée une puissante flotte de guerre et, s'étant rendu à Livourne, envoya le capitaine Warde, avec le *Bauterer*, reconnaître soigneusement le port d'Alger et ses défenses. Muni de renseignements habilement obtenus par cet officier, il fit voile pour Mahon, où il arriva vers la fin de février. Mouillé devant Alger dans les premiers jours de mars, lord Exmouth obtint sans difficulté la libération des esclaves ioniens et la conclusion de la paix entre la Régence, Naples et la Sardaigne. Les esclaves de ces deux nations devaient être libérés à raison d'une rançon de 2,500 francs par tête, pour la première, et de 1,500, pour la seconde. De là, la flotte anglaise fit voile pour Tunis, où elle jeta l'ancre le 11 avril. Le 12, l'amiral fut reçu au Bardo par le bey ; il lui réclama la mise en liberté des captifs sardes et napolitains et ajouta, qu'en raison d'instructions nouvellement reçues d'Angleterre, il devait contraindre, même par la force, les puissances barbaresques à cesser toute participation à la course et à ses bénéfices.

Mahmoud-bey refusa d'abord de souscrire aux exigences de l'amiral anglais, mais, devant l'attitude énergique de celui-ci et les mesures prises pour le bombardement de la Goulette, il se résigna à céder ; le 17, lord Exmouth signa, au Bardo, le traité de paix au nom de Naples et de la Sardaigne, avec cette conséquence : la mise en liberté des captifs de ces nations, sans rançon pour ceux de la dernière. Il obtint en outre du bey l'engagement écrit de supprimer l'esclavage chrétien dans ses états. Le 23, la flotte anglaise leva l'ancre et se rendit à Tripoli où l'amiral arriva aux mêmes résultats.

Pendant ce temps, la révolte éclatait à Tunis, car, en pays musulman, des blessures d'amour-propre, comme celle que la Régence venait d'éprouver, sans parler des préjudices matériels en résultant, ne se pardonnent pas. Les promoteurs étaient encore des Turcs, au nombre de 200, qui voulaient remplacer Mahmoud par son frère Ismaïl. Chassés de Tunis, ils se rendirent, par ruse, maîtres de la Goulette, mirent en liberté les forçats et se préparèrent à une défense désespérée ou à une destruction complète de cette petite ville par le feu. Mais l'arrivée inopinée d'une frégate anglaise modifia leurs plans et ils allèrent s'embarquer sur cinq bateaux corsaires se trouvant dans le port, en emmenant avec eux quelques fonctionnaires comme otages (1 et 2 mai). Le bey ne tarda pas achever de dompter cette sédition, dont les fauteurs furent mis à mort. Peu après, il reçut de Constantinople, par un capidji qui avait été arrêté et retenu par les Napolitains dans le port de Syracuse, le Caftan d'honneur envoyé par le sultan. Le prince Houssein fut reconnu, en même temps, comme héritier présomptif, et le prince Moustafa, comme bey du camp[1].

LORD EXMOUTH EST RENVOYÉ A ALGER POUR OBTENIR DES SATISFACTIONS PLUS COMPLÈTES. UNE ESCADRE HOLLANDAISE SE JOINT A LA SIENNE. — A son retour de Tripoli, lord Exmouth s'arrêta à Alger et voulut compléter son œuvre, en obligeant le dey à accepter la clause relative à la cessation de la course et à l'interdiction de conserver des esclaves chrétiens. Mais Omar accueillit fort mal cette prétention et protesta qu'il lutterait jusqu'à la mort plutôt que de se soumettre à une humiliation semblable. La nouvelle, s'en étant répandue parmi la population, provoqua une émeute dans laquelle les officiers anglais alors à terre furent fortement malmenés. L'amiral avait menacé d'ouvrir le feu, mais il essaya encore de traiter et n'aboutit qu'à se faire berner ; puis, lorsqu'il voulut agir, le vent se trouva contraire, et il dut se décider à lever l'ancre, en se contentant de la promesse faite par le dey, d'envoyer à Constantinople un ambassadeur qui irait ensuite en Angleterre traiter la question.

L'opinion publique fut profondément émue, en Europe, des satisfactions dérisoires dont s'était contenté l'amiral Exmouth. Les puissances rappelèrent même à la Grande-Bretagne qu'elle avait accepté une tout autre mission. L'inefficacité en fut démontrée lorsqu'on apprit que, le 23 mai, jour de l'Ascension, les équipages des navires occupés à la pêche du corail, sous pavillon anglais, descendus à Bône pour remplir leurs devoirs religieux, avaient été attaqués par les soldats turcs et lâchement massacrés. En même temps, les établissements que les Anglais avaient établis depuis peu à Bône étaient pillés, leur personnel en partie massacré et les survivants, au nombre de 800 personnes, réduits en esclavage. Ajoutons que la compagnie française avait été autorisée à reprendre la direction des Etablissements, à charge

---

1. Rousseau, *Annales Tunisiennes*, p. 304 et suiv. — (Traités p. 438, 439). — R. L. Playfair, *Relations de la Grande-Bretagne* (Revue afric., n° 138, p. 461 et suiv.). — De Grammont, *Hist. d'Alger*, p. 375 et suiv. — Marcel, *Tunis* (loc. cit.), p. 202 et suiv.

de servir une redevance annuelle de 200,000 francs. Ces derniers motifs eurent peut-être autant de poids que les autres, dans la décision du gouvernement anglais; en tout cas, le cabinet de Saint-James résolut de renvoyer Exmouth à Alger, avec des instructions précises. Le 28 juillet 1816, l'amiral quitta Plymouth, avec une escadre composée de six vaisseaux, 4 frégates, 5 corvettes et 4 bombardes. Il montait la *Queen-Charlotte*, vaisseau de cent canons. Le 9 août suivant, il jetait l'ancre dans la baie de Gibraltar et y trouvait une escadre hollandaise de cinq frégates, une corvette et un brûlot, sous les ordres de l'amiral Van-Capellen. Cet officier, qui venait donner la chasse aux corsaires algériens, et même d'envoyer quelques boulets sur leur ville (le 3 juin), demanda et obtint l'honneur de prendre part à l'expédition.

A Alger, on attendait bravement l'ennemi, chacun étant plein de confiance dans le formidable armement des batteries de terre et le courage des nombreux corsaires et soldats réunis. De plus, on a fait appel aux défenseurs de l'Islam, et un grand nombre de cavaliers sont accourus de l'intérieur. Une batterie de 44 pièces, demi-circulaire et à trois étages, protège le môle nord; une autre, de même nature, armée de 48 pièces, entoure le phare. 66 pièces sont étagées sur la longue batterie dite de l'Est, qui, elle-même, est flanquée de quatre ouvrages armés de 60 canons. Enfin l'entrée du port est battue par deux énormes canons de 68. Au sud, plusieurs batteries, dont une armée de 15 canons sur trois rangs, croisent leurs feux et défendent l'approche de terre. Enfin, à l'ouest, 60 à 70 pièces sont en batterie et la face nord de la jetée est garnie d'une centaine de bouches à feu.

ATTAQUE ET DESTRUCTION DES BATTERIES ET DE LA FLOTTE D'ALGER PAR LES FORCES COMBINÉES D'ANGLETERRE ET DE HOLLANDE. SOUMISSION DU DEY. — Après que chacun eut reçu des instructions précises sur le rôle qu'il allait jouer dans le drame, la flotte mit à la voile, le 15 août. *Le Prometheus*, corvette anglaise, venant d'Alger, fut rencontré le 16 au soir, et son capitaine apporta la nouvelle que le consul anglais avait été mis aux fers et retenu, ainsi que plusieurs officiers de son navire, et que les Algériens se préparaient à une vigoureuse résistance. Contrariée par le vent, la flotte anglo-hollandaise n'arriva en vue d'Alger que le 26 au soir. Le lendemain elle s'avança en bon ordre et l'amiral envoya un canot, avec un de ses officiers, porter l'ultimatum exigeant la mise en liberté immédiate du consul et des officiers anglais, et l'acceptation des conditions édictées par le cabinet. A 11 heures, un bateau, venu du port, reçut la communication et invita le canot à attendre pendant deux heures la réponse. Sur ces entrefaites, la brise du large s'étant levée, la flotte continua lentement à s'approcher et comme, à deux heures de l'après-midi, aucune réponse n'était parvenue, l'amiral signala à tous les navires de se préparer et s'avança lui-même, avec son vaisseau, jusqu'à une demi-encablure du musoir du môle, où il jeta l'ancre.

Ici, il y a lieu de faire remarquer combien la tentative d'arrangement et le retard de la réponse, qui donnait sans doute lieu à une discussion orageuse dans le divan, favorisèrent la flotte alliée. Il semble même que, selon les lois de la guerre, elle aurait dû cesser tout mouvement en avant. En effet, les batteries turques, n'ayant pas encore reçu l'ordre de tirer, laissèrent les navires prendre leurs positions de combat, et les canonniers, grimpés sur les parapets, assistèrent à ce formidable déploiement, qui allait leur être si funeste, comme ils auraient regardé une revue. Combien, en effet, il eût été plus difficile aux navires de s'avancer en conservant leur ordre, aussi près de batteries hérissées de 500 bouches à feu ! Peut-être même le succès de l'opération eût-il été compromis. Les Algériens déclarèrent qu'ils ne s'attendaient pas à être attaqués, en raison des négociations pendantes, et il y eut peut-être du vrai dans ce grief ; mais leur duplicité antérieure empêche de les plaindre, et nous nous bornons à constater les faits. La *Queen-Charlotte*, ayant à sa droite quatre vaisseaux, doit former un front de bataille qui se prolongera, de la tête du môle vers le nord-est[1]. A sa gauche, dans la direction de la batterie dite du marché aux poisson, trois autres navires anglais doivent se placer ; enfin l'escadre hollandaise, encore plus à gauche, aura pour mission spéciale d'attaquer les ouvrages dans cette direction.

Dès que le vaisseau amiral fut placé, trois hourrahs des matelots annoncèrent l'attaque. On y répondit de terre par deux coups de canon à boulet, partis successivement de la batterie Est. Au moment où un troisième faisait feu, la *Queen-Charlotte* lança toute sa bordée et l'on dit que cette première salve mit 500 hommes hors de combat dans la batterie ; nul doute que le vaisseau amiral, si dangereusement exposé, ne dut son salut au trouble qui en résulta, ce qui lui permit de redoubler ses coups, sans beaucoup souffrir. Aussitôt, toutes les batteries de terre ouvrirent le feu, pendant que les vaisseaux achevaient de prendre leurs positions de combat. Des galiotes à bombes et des canonnières ou bombardes,

---

1. Il ne faut pas perdre de vue que la longue jetée actuelle n'existait pas.

formées par les embarcations, furent placées sur différents points et admirablement servies par les artilleurs de marine. En peu d'instants, la *Queen-Charlotte* détruisit la batterie du môle, car sa proximité et sa position rendaient son feu terrible. Elle dirigea ensuite son tir sur celle du phare; bientôt la tour s'écroula et cet ouvrage fut anéanti. C'est alors que les Algériens firent avancer leur flottille de canonnières, mais, malgré le courage de ceux qui la montaient, elle ne tarda pas à être détruite, trente-trois de ces chaloupes étant coulées par le feu des vaisseaux anglais. Il n'en resta que quatre fort endommagées, qui durent s'empresser de rentrer comme elles purent.

Pendant ce temps, un officier anglais parvenait à incendier une frégate algérienne, espérant qu'elle communiquerait le feu aux autres navires; mais elle coupa ses câbles, se laissa dériver dans la direction de la flotte alliée et faillit s'accrocher au vaisseau amiral. Les canonnières, plus heureuses, parvinrent à incendier la plus grosse frégate et, dès lors, presque toute la marine algérienne fut perdue. Enfin, à la tombée de la nuit, un sloop, contenant 150 barils de poudre, fut conduit sous la batterie nord du phare et incendié; mais son explosion ne produisit pas les effets attendus.

Avec la nuit le feu diminua de part et d'autre et l'amiral donna à tous les navires l'ordre de se rallier en dehors de la portée des canons. Quant à lui, il continua de tirer et ne coupa ses amarres qu'à dix heures et demie. Beaucoup d'entre eux avaient horriblement souffert et étaient à peu près incapables de manœuvrer. « L'*Impregnable*, » le plus maltraité de tous, avait 210 hommes hors de combat et était percé de 233 boulets reçus dans sa membrure; une bombarde avait en outre été coulée. La perte des Anglais était de 128 tués et 690 blessés et celle des Hollandais de 13 tués et 52 blessés. La consommation de projectiles et de munitions avait été considérable, mais le résultat atteint en quelques heures était complet, décisif et compensait les pertes éprouvées : les batteries du môle et du phare détruites, la flotte algérienne incendiée, environ 7.000 musulmans tués ou hors de combat, tel fut le bilan de cette journée.

Après un violent orage qui éclata pendant la nuit, le soleil se leva clair et brillant pour éclairer cette scène de désolation. Tout au matin lord Exmouth envoya à Alger le lieutenant Burgees en parlementaire, pour offrir au dey de cesser les hostilités, s'il acceptait les conditions de l'ultimatum. Trois coups de canon devaient annoncer une réponse affirmative, sinon l'attaque de la ville recommencerait. En même temps, les galiotes à bombes reprirent leurs positions. L'effet moral produit à Alger par le bombardement de la ville avait été complet ; personne ne pensait à résister encore et, bientôt, le capitaine du port, accompagné du consul de Suède, vint annoncer à l'amiral que toutes les conditions étaient acceptées. Le 30 août, une salve de 21 coups de canon annonça à la flotte que le traité était signé. En voici les traits principaux, tels que lord Exmouth les transmit au prince régent :

1° Abolition complète et perpétuelle de l'esclavage chrétien.

2° Remise, à l'amiral anglais, avant le lendemain midi, de tous les esclaves chrétiens, à quelque nationalité qu'ils appartinssent.

3° Remboursement, dans le même délai, de toutes les sommes reçues par le bey pour la rançon des esclaves, depuis le commencement de l'année.

4° Réparation de toutes les pertes éprouvées par le consul anglais.

5° Excuses publiques par le dey, devant ses ministres et ses officiers, selon la formule dictée par l'amiral anglais.

Toutes ces conditions furent strictement exécutées et, le 31, douze cents esclaves, de toute nationalité, furent livrés à lord Exmouth. En ajoutant ce chiffre à celui des esclaves libérés par lui dans son premier voyage, tant à Alger qu'à Tunis et à Tripoli, on constate que plus de 3,000 malheureux recouvrèrent ainsi la liberté.

Tels furent les résultats généraux obtenus par cet acte de vigueur. Lord Exmouth mérita, à cette occasion, la reconnaissance de l'humanité. La flotte alliée se conduisit admirablement, dans cette chaude affaire, et montra autant de discipline que de courage et d'abnégation. Le nom de Van-Capellen et de ses braves marins doit demeurer associé à ce beau fait d'armes. Si les nations européennes avaient su, plus tôt, combiner leurs efforts pour des actions aussi fermement conçues et exécutées, les prouesses des corsaires n'auraient pu, si longtemps, se perpétrer[1].

Conséquences de la croisière de lord Exmouth. Cruautés de Tchaker-bey dans la province de Constantine. Kara-Bar'li est mis a mort et remplacé par Hassan comme bey d'Oran. — Bien que l'interdiction de la course n'eût pas été exigée, par lord

---

1. Sir R. L. Playfair, *Episodes des relations*, etc. (Revue afric., n° 138, p. 466 et suiv., 139, p. 22 et suiv., 140, p. 147 et suiv.). — Chabaud-Arnault, *Attaque des batteries algériennes* (Revue afric., n° 111, p. 194 et suiv.). — De Grammont, *Hist. d'Alger*, p. 376 et suiv.

Exmouth, on peut dire que sa croisière de 1816, par la mise en liberté des captifs à Tripoli, à Tunis et à Alger, plus encore que par la rude leçon donnée à cette ville, porta un coup mortel à la puissance des Turcs d'Afrique. L'esclavage, conséquence de la course, entrait, en effet, dans les conditions mêmes d'existence de ces gouvernements. Après l'affaiblissement des Yoldachs, dont l'indiscipline avait détruit la forte organisation, frapper aussi durement les reïs et le gouvernement était mettre l'Odjak dans l'impossibilité de vivre. Certes, il allait essayer de se relever de ce coup, mais la blessure était mortelle.

On le sentit à Alger, et comme cela arrive trop souvent, on s'en prit à Omar : il devait porter la peine des fautes de ses prédécesseurs, lui qui avait toujours refusé de prendre le pouvoir et s'était vu en quelque sorte contraint de l'accepter. Il parvint cependant à apaiser une première révolte et s'appliqua de son mieux à réparer les dégâts du bombardement. La Porte, sentant aussi combien l'existence de sa colonie d'Afrique était menacée, envoya, en cadeau, au dey, une frégate, deux corvettes, de l'artillerie, des munitions et des canonniers. Vers la fin de cette année 1816, la révolte des Flissa fut enfin terminée ; leur chef, El-Hadj-Mohammed-ben-Zâmoun, conclut la paix avec les Turcs, qui avaient conduit en Kabilie une nouvelle colonne, et cette paix devait être plus durable que les précédentes. Les Flissa s'obligèrent à servir un tribut de 500 boudjous.

Dans la province de Constantine, le féroce Tchaker-bey qui, par sa rigueur et ses violences à Bône, avait fourni la raison déterminante du bombardement d'Alger, continuait à se livrer à ses caprices, en faisant tuer les personnages principaux de son beylik. Ammar-ben-el-Hamlaoui, caïd El-Djaberi de l'Ouest, Mohammed-Sassi, bach-Kateb, Ahmed-el-Euchi, Cadi-Hanafi, Moustafa-ben-Achour, caïd du Ferdjioua, périrent successivement, sous les yeux du bey, et ces exécutions furent suivies de la spoliation des biens des victimes. Le système des razias était pratiqué parallèlement par lui et la province tremblait sous sa tyrannie. Cependant, vers la fin de 1816, ayant conduit une expédition contre les Bou-Rennane et Ben-Guendouz, branches des Mokrani, rivales des Oulad-el-Hadj, qui jouissaient alors de la faveur du maître, il fut défait par eux dans un rude combat, chez les Oulad-Mâdi, et subit l'humiliation de laisser entre leurs mains tous ses bagages. Peu après, il essuyait un nouveau désastre, chez les Oulad-Sidi-Obeïd, des Nemamecha, dont il avait enlevé les troupeaux. Assailli par une tourmente de neige, il faillit périr, avec son armée, et dut s'estimer heureux de rentrer sain et sauf à Constantine. Enfin, au mois de février 1817, il fut encore défait par les Oulad-Derradj, qu'il avait voulu razier et se vit obligé d'accepter les conditions que ces indigènes lui imposèrent et dont la première était l'évacuation immédiate de leur pays. Décidément la fortune abandonnait Tchaker ; pour conjurer le mauvais sort, ce bey s'appliqua à faire des fondations pieuses, à distribuer des aumônes et à immoler, sur le Koudiat, des bœufs, dont la chair était distribuée aux pauvres et aux marabouts.

Dans cette même année 1817, Ali-Kara-Bar'li, bey de l'Ouest, qui administrait bien la province d'Oran et y avait rétabli la paix, fut invité par le dey à se rendre à Alger, pour verser le denouche. Parvenu au pont d'El-Kantara du Chelif, il rencontra des chaouchs venus d'Alger pour lui « rendre honneur ». Après avoir reçu d'eux la missive dont ils étaient porteurs, le bey tendit le cou, sans une parole, et les chaouchs l'étranglèrent. Hassan, gendre de Bou-K'abous, le remplaça[1].

ASSASSINAT DU DEY OMAR. IL EST REMPLACÉ PAR ALI-KHOUDJA. DESTITUTION ET MORT DE TCHAKER, BEY DE CONSTANTINE. — Cependant à Alger, la peste avait reparu, et les ennemis du dey allaient répétant que le malheur était attaché à lui. Le 8 octobre 1817, une bande d'assassins envahit le palais, se saisit d'Omar, qui ne fit aucune résistance, et l'étrangla. Son successeur, un certain Ali-Khoudja, instigateur du meurtre comme il l'avait été de celui du dey, en 1808, résolut, en prenant le pouvoir, de se soustraire aux caprices des Yoldachs. A cet effet, il quitta le palais de la Djenina, pour s'installer, avec tous les services, à la Kasba. Il s'entoura d'une garde de 2,000 Kabiles (Zouaoua), annonça aux Turcs son intention bien arrêtée de les soumettre à une obéissance absolue, fit exécuter ceux qui avaient pris part à la dernière révolte, permit aux autres de rentrer en Orient, chercha à gagner la confiance des Koulour'lis en les excitant contre les Turcs, fit fermer les tavernes où se débitaient des liqueurs fermentées et, enfin, chassa des casernes les femmes non mariées.

Ces mesures provoquèrent une nouvelle révolution que le dey réprima vigoureusement. Les Yoldachs prirent la route de l'Est, et ayant rencontré la colonne de Constantine, revinrent avec elle et se présentèrent en ennemis sous les murs d'Alger, le 29 novembre. Ils apprirent alors que la ville était défendue par six

---

1. Vayssettes, *Hist. des Beys*, p. 529 et suiv. — Féraud, *Les Mokrani*, p. 289 et suiv. — Grammont, *Hist. d'Alger*, p. 379 et suiv. — L. Fey, *Hist. d'Oran*.

mille Koulour'lis bien armés, en outre des Kabiles et des Turcs partisans du dey, et voulurent parlementer ; mais Yahïa-ag'a, qui commandait les troupes, ne se prêta à aucune transaction, et bientôt les forts ouvrirent le feu, tandis que l'ag'a effectuait une sortie furieuse contre les rebelles. En quelques instants 1,200 Yoldachs et 150 chefs furent couchés sur le carreau ; les autres prirent la fuite ou furent faits prisonniers. On procéda ensuite aux exécutions par la torture et le pal : enfin, le 2 décembre, Ali-Khoudja accorda l'aman aux survivants, dont la plupart demandèrent et obtinrent de rentrer en Orient. Trois jours de réjouissances célébrèrent le succès du dey.

La situation de l'intérieur, et surtout de la province de l'Est, avait été une des premières préoccupations d'Ali-Khoudja ; il fallait, à tout prix, se débarrasser de Tchaker, l'étrange protégé de son prédécesseur ; mais la difficulté était de le remplacer. Sur ces entrefaites, arriva à Alger un certain Kara-Moustafa, caïd de Mecila, lequel, après avoir peint au dey la situation faite à la province de l'Est, par Tchaker, raconta que celui-ci, dont l'esprit était en proie à l'inquiétude, avait voulu le faire arrêter à Constantine, parce que le bruit de sa nomination comme bey avait couru, mais qu'il avait échappé à ses sicaires, s'était lancé dans les montagnes de la Kabilie et avait pu atteindre Djidjeli, où il s'était embarqué. Par une inspiration toute spontanée, le dey lui proposa le beylik de l'Est, lui demandant s'il se sentait de force à le gérer et, sur sa réponse affirmative, il lui remit le caftan d'investiture et des lettres pour les principaux du pays, en lui enjoignant de partir sans retard.

Cependant, à Constantine, Tchaker-bey, qui avait écrit à tous les membres du diwan d'Alger et multiplié les démarches et les cadeaux, commençait à reprendre confiance, lorsque la nouvelle de la nomination de Kara-Moustafa lui parvint. Après quelque hésitation, il se décida à résister, s'enferma à Dar-el-Bey, avec les soldats de la garnison d'hiver, vivant avec eux en camarade et envoya son fils, Mahmoud, qu'il avait nommé caïd des Harakta, avec son goum, tendre une embuscade au bey, à Bir-el-Beguirate près de Mila. Mais Kara-Moustafa, arrivé au Ferdjioua, en passant par la Kabilie, avait adressé un appel à toutes les tribus, dont les goums étaient accourus autour de lui, et il s'avançait avec un appareil si formidable que Mahmoud, loin de songer à l'attaquer, s'empressa de fuir et de rejoindre son père à Dar-el-Bey.

Lorsque Kara-Moustafa se trouva en vue de Constantine, les soldats abandonnèrent Tchaker et allèrent se réfugier à la Kasba, tandis que toute la population se portait au devant du nouveau bey, pour l'acclamer et le soutenir. Tchaker, près duquel un seul serviteur était resté, implora alors la bienveillance de M'hammed-ben-el-Foggoun, cheikh-el-Islam, dont la maison jouissait du droit d'asile, et obtint la faveur de s'y rendre ; mais son hôte s'empressa d'avertir Kara-Moustafa qui vint prendre possession de Dar-el-Bey, tandis que Tchaker était livré à ses gardes. Dans la soirée, on l'étrangla, et ce fut une mort bien douce pour un homme qui avait tant fait souffrir ses semblables (janvier 1818).

Un soupir de soulagement avait accueilli la disparition de Tchaker, mais quelle ne fut pas la stupeur générale lorsqu'on s'aperçut que son successeur ne valait guère mieux. Entièrement livré aux passions les plus honteuses, entouré de gens vicieux, de juifs et de juives de la dernière immoralité, il scandalisa tout le monde. Bientôt, Si Mohammed-ben-Malek, beau-frère du dey, arriva, en compagnie du Bach-Ag'a, pour faire une enquête sur la question du trésor public trouvé absolument vide. Mahmoud, fils de Tchaker, ayant été arrêté, fut soumis à une bastonnade prolongée à la suite de laquelle il livra 12 jarres pleines de numéraire et fit ensuite retrouver un sac d'or et d'argent, caché dans un ravin. Pendant ce temps, le bey, enfermé dans son harem, ne s'occupait de rien ; mais on ne tarda pas à apprendre que le dey, mécontent des rapports qui lui avaient été adressés, venait de révoquer Kara-Moustafa et de le remplacer par un Mamlouk, d'origine italienne, nommé Ahmed. L'indigne bey fut arrêté dans les combles du palais où il s'était caché et on l'exécuta sur-le-champ. Il avait régné un mois.

Ahmed-Bey-el-Mamlouk vint ensuite prendre possession de son gouvernement (février). Un mois après, les envoyés d'Alger regagnèrent cette ville, apportant les fonds retrouvés par eux et emmenant 17 jeunes filles juives enlevées à la communauté de Constantine pour la punir de son ingérence dans les affaires du dernier bey. Elles furent offertes au dey et obtinrent leur liberté de son successeur [1].

Suppression de l'esclavage en Tunisie. Paix entre cette régence et l'Algérie. — Encouragées par le succès de lord Exmouth, les puissances européennes envoyèrent leurs flottes dans la Méditerranée pour obtenir des avantages de même nature. A Tunis, le chevalier de Pinto vint, en novembre 1816, conclure

---

1. Vayssettes, *Hist. des Beys*, p. 539 et suiv. — De Grammont, *Hist. d'Alger*, p. 382 et suiv. — Rousseau, *Annales Tunisiennes*, p. 327. — Berbrugger, *Époques militaires de la Grande-Kabilie*, p. 130.

un traité de paix et d'alliance, pour la nation portugaise. Au mois d'avril 1817, l'amiral hollandais Van-Capellen se présenta à la Goulette et, après l'échange de politesses sanctionnant les bons rapports antérieurs, leva l'ancre en mai et fut remplacé par une escadre espagnole ; puis ce fut une frégate anglaise venant intimer aux corsaires tunisiens défense de croiser dans l'Atlantique. Cette action combinée, concourant à la suppression de la course, consacrait l'abaissement des gouvernements turcs de l'Afrique septentrionale.

Frappé de cette entente des puissances chrétiennes, Mahmoud-bey voulut se rapprocher de l'Odjak d'Alger, jugeant, avec raison, qu'il était inopportun de diviser les forces musulmanes. Mais, au moment où une transaction semblait sur le point d'aboutir, Omar fut assassiné et remplacé par Ali-Khoudja-dey. Désireux de rétablir les bonnes relations avec Tunis, le nouveau dey envoya dans cette ville un chargé d'affaires qui, dans les dispositions d'esprit où se trouvait Mahmoud, réussit facilement à conclure avec lui un traité de paix plaçant les deux régences sur le pied d'égalité, et stipulant que le bey de Constantine ne pourrait plus agir de son autorité privée et ne serait jamais considéré que comme un agent du dey (octobre-novembre 1817). La situation économique de Tunis fut profondément troublée par la suppression de l'esclavage [1].

MORT DU DEY ALI-KHOUDJA. IL EST REMPLACÉ PAR HOUSSEÏN. SITUATION DE L'ODJAK D'ALGER. — Cependant, à Alger, Ali-Khoudja n'avait pas tardé à tomber dans les écarts auxquels les deys semblaient prédestinés après quelques mois d'exercice du pouvoir. En proie aux craintes les plus diverses, tantôt il taxait le blé à un prix déterminé, défendant, sous peine de mort, aux gens d'en acheter à un prix inférieur, et cela afin de prévenir la disette ; tantôt prescrivant des mesures diamétralement opposées. Il est resté célèbre par l'arrêté qu'il prit, ordonnant de jeter à la mer toutes les filles publiques. Ce fut à grand'peine qu'on le détourna d'en exiger l'exécution et qu'on le décida à transformer cette sentence en un exil à Cherchel. Enfin, dans les premiers jours de mars 1818, il fut frappé de la peste et ne tarda pas à expirer après avoir désigné pour son successeur le Khodjet-el-Kheïl, Housseïn, qui n'accepta le pouvoir qu'avec répugnance.

---

1. Rousseau, *Annales Tunisiennes*, p. 325 et suiv. — Marcel, *Tunis*, loc. cit., p. 203.

C'est que la situation, telle que l'acceptait le nouveau dey, n'était nullement satisfaisante. Le poste de Bordj-Bou-R'eni, dans la Kabilie méridionale, venait d'être attaqué par les Kabiles, Beni-Sedka et Guechtoula, et la garnison turque, manquant d'eau, avait dû capituler ; protégés par des marabouts, les Turcs eurent la vie sauve, mais le fort fut démantelé (1818). Dans le sud, Braham-Kocentini, nouveau bey de Titeri, luttait contre les Oulad-Naïl, toujours révoltés. Enfin la province d'Oran était le théâtre de tentatives d'insurrection de la part des marabouts ; mais le bey contenait énergiquement cette région. Bou-Dria dans le pays des Zedama, Hadj-Mohammed, à Tlemcen, et Abd-Allah-ben-Haoua, fauteurs de troubles, furent successivement vaincus et mis à mort ; mais le plus dangereux de tous, en raison de son influence dans la province, était le marabout des Hachem de R'eris, près de Mascara, Sid El-Hadj-Mohi-ed-Dine. Arrêté par les soldats du bey et conduit à Oran, il allait être mis à mort, comme les précédents, lorsque la femme de Hassan, fille de Bou-Kabous, intercéda avec tant d'ardeur pour lui, qu'elle arracha sa grâce. Il fut interné à Oran et n'obtint sa liberté qu'au bout d'un an. Un des fils de ce marabout, nommé El-Hadj-Abd-el-Kader, devait s'illustrer en défendant son pays contre les Français.

Dans le Sahara de la province d'Alger, un noyau de fermentation et de résistance à l'autorité turque s'était reformé, à Aïn-Mâdi. Si Ahmed-Tidjani, fondateur de la confrérie des Tidjania, ayant abandonné depuis quelque temps sa superbe habitation de Fès, était revenu dans les steppes sahariennes, afin de juger par lui-même de la situation de son ordre ; après avoir réchauffé le zèle de ses partisans, il rentra à Fès, et y mourut, le 19 septembre 1814. Il laissait deux fils, Mohammed-el-Kebir et Mohammed-es-Sr'eïr, fanatisés par leur éducation et se croyant appelés à une haute destinée. Aussi ne tardèrent-ils pas à renoncer à l'existence douce et fastueuse qu'ils menaient au Maroc, pour entreprendre la vie militante de l'apôtre. Ils secouèrent la poussière de leurs sandales à la porte des palais où ils avaient été élevés, gagnèrent Aïn-Mâdi et, profitant de l'affaiblissement de l'autorité turque, étendirent partout leurs relations, nouèrent des alliances et annoncèrent la chute du gouvernement de l'Odjak, dont les agents impies avaient osé attaquer la ville sainte de leur père et le chasser de son pays.

Dans la province de Constantine, le bey Ahmed-el-Mamlouk venait à peine de prendre le pouvoir. Il avait débuté, comme ses prédécesseurs, par des exécutions et se préparait à entreprendre une campagne contre les Beni-Ameur. Or, les grandes tribus et les chefs importants donnaient des signes non équivoques d'agitation ; de plus le dey tenait à avoir, dans cette région éloignée, un homme dont il fût sûr et, en attendant qu'il l'eût trouvé, il décida la destitution et l'éloignement des Ben-Zekri, Ben-Nâmoun et autres fonctionnaires, dont le bey s'était entouré. Dans le mois d'août, Ahmed-el-Mamlouk fut interné à Mazouna et remplacé par M'hammed-bey-el-Mili. C'était un Turc, grossier et brutal, qui ne se distingua de ses prédécesseurs que par l'invention d'un instrument pour couper les têtes, sorte de hachette en forme de houe. Le surnom de *Bou-Chettabïa* lui en est resté dans le peuple.

Ainsi, au moment où Housseïn, qui devait être le dernier dey d'Alger, acceptait le pouvoir, la situation s'offrait menaçante sur tous les points, à l'intérieur; de plus, les puissances chrétiennes semblaient bien décidées à empêcher la course et l'esclavage. Dès les premiers jours de son règne, le dey faillit tomber, deux fois de suite, sous le poignard des assassins. Il se cantonna, alors, à la Kasba et, de même que son prédécesseur, s'entoura particulièrement d'une garde de Kabiles (Zouaoua). Puis, il appela auprès de lui Yahïa-ag'a, alors caïd des Beni-Djâad, et lui confia la charge importante d'*Ag'a des Arabes,* dans laquelle cet officier devait lui rendre les plus signalés services [1].

LUTTES DE HOUSSEÏN-DEY POUR RÉTABLIR L'AUTORITÉ. ÉVÉNEMENTS DE LA KABILIE ET DE LA PROVINCE DE CONSTANTINE. — Housseïn-dey prit énergiquement le parti de lutter contre tous dans l'espoir de rétablir l'intégrité de la puissance de l'Odjak. Son premier acte fut de charger Yahïa-ag'a de combattre le marabout Tedjini, en allant attaquer Aïn-Mâdi. Pour effectuer cette expédition lointaine, l'ag'a fit appel aux cavaliers des tribus makhezen, voisines de la Kabilie ; mais ces Zemoul, particulièrement les Amraoua, prétendirent qu'ils ne devaient le service militaire que dans la région. Très peu d'entre eux répondirent à son appel et servirent mollement, tandis qu'une grande fermentation se répandait dans la Kabilie du sud-ouest. Nous manquons de renseignements précis sur l'expédition de Yahïa-ag'a dans le Sud, qui eut lieu dans l'hiver 1818-19, et à laquelle le bey d'Oran paraît avoir coopéré, mais il est certain que le résultat fut à peu près nul.

1. De Grammont, *Hist. d'Alger*, p. 382 et suiv. — Arnaud, *Hist. de Tedjani* (Revue afric., n° 30, p. 472 et suiv.). — Robin, *Note sur Yahia ag'a* (Revue afric., n° 103, p. 62 et suiv.). — Federmann et Aucapitaine, *Beylik de Titeri* (Revue afric., n° 280, p. 297 et suiv.). — Walsin Esterhazy, *Domination Turque*, p. 216 et suiv. — Vayssettes, *Hist. des Beys*. p. 551 et suiv.

Pendant ce temps, la révolte éclatait chez les Amraoua et s'étendait aux Beni-Ouaguennoun. Un certain M'hammed-ou-Kassi, des Zemoul-Cheraga, était à la tête d'une partie des rebelles, qui, du reste, luttaient entre eux. A peine de retour du Sud, Yahia-ag'a se porta à Dordj-Sebaou, surprit le village de Tamda, et vint camper à Zaouïa sur la rive droite du Sebaou, en face du village de Makouda des Beni-Ouaguennoun, qu'il attaqua ensuite. Le succès parut d'abord couronner les efforts des Turcs ; mais un retour offensif des Kabiles les chassa des positions conquises et les repoussa dans la plaine, après leur avoir infligé des pertes sérieuses. L'ag'a, n'ayant pas un effectif assez nombreux, se décida à rentrer à Alger. Peu après, M'hammed-ou-Kasi offrit sa soumission par l'intermédiaire de Ben-Zâmoun et de Ben-Kanoun. Tous les Zemoul rentrèrent dans le devoir et payèrent une amende. Les Beni-Ouaguennoun se soumirent également et livrèrent des otages (1819).

A Constantine, le nouveau bey, cédant à la pression de son khalifa, El-Hadj-Ahmed, petit-fils d'El-Kolli et allié, comme son aïeul, à la famille Ben-Gana, fit, vers la fin de l'année 1818, une expédition dans le Zab, contre Debbah-ben-Bou-Aokkaz, chef des Douaouida. Repoussé, une première fois, en attaquant l'oasis d'Ourlal, il recommença l'assaut, après avoir reçu des renforts et du canon, et resta maître de la position ; mais il payait fort cher ce succès. Des exécutions et la destruction des palmiers le consolèrent de ses pertes ; puis, il rentra à Constantine avec son Cheikh-El-Arab in partibus, Mohammed-bel-Hadj-ben-Gana. Au printemps de l'année 1819, il se rendit à Alger, pour y verser le denouche ; mais au moment du départ, il apprit sa destitution, fut arrêté et interné à Cherchel. Braham, ancien bey de Médéa, recueillit son héritage.

Pendant que le bey de l'Est était à Alger, Ben-Abd-Allah et Abd-es-Selam, chefs de la branche des Oulad-el-Hadj, des Mokrani, agissant, sans doute, d'après les conseils de M'hammed-Bey-El-Mili, convoquèrent les hommes des autres branches de leur famille à une réunion chez eux, près de Bou-Aréridj, et firent massacrer, autour du festin, les vingt-deux parents qui avaient répondu à l'appel du chef. Il ne resta que de jeunes enfants dans les autres branches. Quant au nouveau bey, il ne s'inquiéta pas autrement de l'affaire ; les assassins demeurèrent à la tête du commandement de la Medjana[1].

---

1. Robin. *Organisation des Turcs dans la Kabilie* (Revue afric.,

UNE ESCADRE ANGLO-FRANÇAISE VIENT SIGNIFIER AUX BARBARESQUES LA DÉCISION DU CONGRÈS INTERDISANT LA COURSE ET L'ESCLAVAGE. — Les décisions prises par les nations européennes au Congrès de Vienne, et que l'Angleterre s'était chargée de faire exécuter, indiquaient qu'enfin la chrétienté était décidée à en finir avec la piraterie barbaresque. Bien que le résultat obtenu par lord Exmouth, en 1816, fût d'une grande importance, surtout au point de vue de la libération des esclaves, il n'était pas complet, puisque la course n'avait pas été interdite. C'est pourquoi de nouvelles conférences furent tenues à Aix-la-Chapelle et aboutirent à un protocole, en date du 18 novembre 1818, où il est dit que toute atteinte portée au commerce de l'une des nations contractantes entraînerait une répression immédiate de la part des puissances coalisées. La France et l'Angleterre furent chargées de signifier cette décision.

Le 5 septembre 1819, arriva à Alger une division navale anglo-française, sous les ordres des amiraux Jurien et Freemantle. Reçus par le dey, ces officiers lui notifièrent le résultat des délibérations d'Aix-la-Chapelle, se résumant en ces deux termes : *suppression de la course, abolition de l'esclavage,* et l'invitèrent à y souscrire. Mais Housseïn, après une discussion oiseuse, finit par refuser de se soumettre à l'un et à l'autre, se basant, pour cela, sur la tradition et sur les prescriptions de la loi islamique. Il maintint même catégoriquement son droit de courir sus à tout navire appartenant à une nation non alliée avec lui. Les délégués y usèrent leur rhétorique et durent remettre à la voile, sans avoir obtenu aucun résultat.

A Tunis, l'amiral Van Braam était venu, dans le mois de juillet 1819, avec une escadre hollandaise, notifier au bey la résolution des Pays-Bas de ne plus servir de redevance fixe à la Régence, tout en protestant du désir de conserver de bonnes relations. Mahmoud était à peine remis de l'émotion causée par cette démarche, que, le 21 septembre, arriva à la Goulette la division anglo-française, venant d'Alger. Il en ignorait complètement le but, lorsque, dans l'audience officielle donnée le 27, aux envoyés de la France et de l'Angleterre, ceux-ci lui remirent une note collective relatant en substance la décision des puissances signataires ; ils ajoutèrent qu'ils « le priaient de l'examiner avec la plus

---

n° 98, p. 140, 99, p. 197 et suiv.). — Le même, *Notes sur Yahïa ag'a* (Revue afric., n° 103, p. 68 et suiv.). — Féraud, *Les Mokrani*, p. 206 et suiv. — Le même, *Les Ben-Djellab* (Revue afric., n° 161, p. 328 et suiv.). — Vayssettes, *Hist. des Beys*, p. 559 et suiv.

sérieuse attention, et de leur donner une réponse écrite qu'ils pussent transmettre à leurs gouvernements respectifs. » Le soir même, Mahmoud-bey leur accorda satisfaction; mais, dans la prévision d'une attaque des flottes combinées, il s'empressa de faire réparer l'accès du lac de Porto-Farina, pour y mettre ses navires de guerre, et d'organiser ses moyens de défense.

La division anglo-française leva l'ancre le 1ᵉʳ octobre et, le 8, elle arrivait à Tripoli. Le bey de cette ville s'inclina sans résister devant la décision des puissances.

Ainsi, Alger, seul, refusait de se soumettre, tandis que les beys de Tunis et de Tripoli courbés sous l'orage n'opposaient plus que la force d'inertie aux résolutions de la chrétienté. La résistance du dey le plaçait en état de rébellion, et allait fournir à la France une excellente raison pour intervenir et réaliser, à elle seule, le desiderium de l'Europe[1].

---

1. De Grammont, *Hist. d'Alger*, p. 384. 385. — Rousseau, *Annales Tunisiennes*, p. 336 et suiv. — Féraud, *Annales Tripolitaines* (Revue afric., n° 159, p. 219.)

CHAPITRE XXX

LE DERNIER DEY ET LES DERNIERS BEYS D'ALGÉRIE

1820-1827

Housseïn-dey relève l'autorité turque en Algérie. — Les Ben-Djellab à Toug-gourt. Expéditions d'Ahmed-Bey le mamlouk dans l'Ouad-Rir' et l'Ouad-Souf. Révolte de Farhate-ben-Saïd. — Intervention de la Porte pour la conclusion de la paix entre Tunis et Alger. Coopération de ces régences à la guerre contre les Grecs. — Maroc : Fin du règne de Moulaï-Slimane. Avènement de Moulaï Abd-er-Rahmane. — Braham-el-Greïtli, bey de Constantine. Ses expéditions dans la province. — Révolte générale de la Kabilie. Yahïa-Ag'a en triomphe, après deux années de luttes. — Rupture d'Alger avec l'Angleterre. Démonstration de Sir Harry-Neal. — Fin du règne de Mahmoud-bey à Tunis. Son fils Housseïn lui succède. — Manamanni, bey de Constantine. Il est remplacé par El-Hadj-Ahmed, que Yahïa-Ag'a vient installer. — El-Hadj-Ahmed-bey dompte les grands chefs et les tribus de la province de Constantine. — Attaque de Maskara par Mohammed-Tedjini. Il est défait et tué. — Le bey Bou-Mezrag à Médéa. Chute de Yahïa-Ag'a.

Housseïn-dey relève l'autorité turque en Algérie. — L'énergie d'Housseïn-dey, secondée par le courage et l'habileté de Yahïa-ag'a, ne tarda pas à porter ses fruits, en faisant rayonner, pour la dernière fois, l'autorité turque au loin. La province d'Oran était, sinon calme, du moins plus tranquille, sous la ferme autorité du bey Hassan. Mais le fils de Tedjini restait à réduire et Hassan-bey reçut l'ordre d'entreprendre une nouvelle expédition contre Aïn-Mâdi. Vers 1820, il se présenta, avec une colonne, devant cette oasis, reçut l'hommage et le tribut des habitants, mais ne put obtenir d'eux qu'ils lui livrassent les fils du Marabout. Ni la canonnade, ni le bombardement ne purent les contraindre à céder et le bey dut se résoudre à rentrer à Oran, chargé de butin, mais sans avoir rempli le but principal de l'expédition.

A Médéa, le beylik de Titeri était, depuis 1819, entre les mains de Moustafa-ben-Mezrag, soldat turc énergique et ne manquant pas d'habileté. Peu à peu, toutes les régions du Sud durent se courber sous son autorité et ce fut ainsi que les Oulad-Naïl et de nombreuses tribus, telles que les Bou-Aïche, Oulad-Chaïb et autres, depuis longtemps livrées à elles-mêmes, rentrèrent dans l'obéissance. Mais ce résultat ne devait être obtenu qu'après de longues années de luttes.

La région de la Kabilie du sud-ouest paraissait avoir recouvré sa tranquillité. Cédant alors à son ressentiment, Yahïa-ag'a fit assassiner M'hammed-Ou-Kassi, auquel il n'avait pas pardonné sa défaite de Makouda. Le caïd du Sebaou l'attira à son bordj, sous prétexte d'organiser une razia, et le fit massacrer ainsi que ses principaux adhérents dans la salle où ils se trouvaient réunis ; mais ces Kabiles se défendirent avec une grande énergie et firent mordre la poussière à plus d'un de leurs agresseurs. M'hammed-ou-Kassi eut même, avant de mourir, la consolation de tuer le caïd de sa propre main. Ce guet-apens devait être suivi de l'attaque de Tamda ; mais les conjurés négligèrent de donner le signal, tant ils étaient démoralisés par la résistance de leurs victimes et la mort du caïd, ce qui permit aux gens du village de gagner la montagne. Un certain Oubadji, qui avait été l'âme du complot, fut nommé caïd de Tamda et épousa la veuve de l'oncle de M'hammed-ou-Kassi qui devait devenir la femme de celui-ci avant l'assassinat. Il laissa cinq fils, parmi lesquels Bel-Kassem-ou-Kassi était appelé à jouer différents rôles sous notre domination. Ce crime odieux n'eut d'autre résultat que de troubler la paix maintenue précédemment par le chef kabile : ses assassins ne purent même défendre la Zemala de Mekla qui fut brûlée par les Beni-Djennad.

Le bey, Braham-el-R'arbi, qui avait été placé à la tête de la province de Constantine, était un homme faible et indolent. On en eut la preuve, lorsque son khalifa, ce Mahmoud, fils de Tchaker dont il a été parlé, vint, au printemps de l'année 1820, apporter le denouche. Les sommes réunies et les présents envoyés furent jugés tellement insuffisants que le dey révoqua aussitôt le bey et le remplaça par Ahmed-le-Mamlouk, ancien bey de l'Est, pour le moment interné à Mazouna.

Dans le mois d'août 1820, Braham-bey, qui se trouvait campé sur le territoire des Seguenïa, se vit arrêté et envoyé à Constantine. Peu après Ahmed-bey faisait pour la deuxième fois son entrée solennelle dans cette ville, et commençait par ordonner la mort de son prédécesseur. D'autres exécutions suivirent celle du maître[1].

---

1. Walsin Esterhazy, *Domination Turque*, p. 219 et suiv. — Federmann et Aucapitaine, *Beylik de Titeri* (loc. cit., p. 297 et suiv.). — Robin, *Notes sur Yahia ag'a* (loc. cit., p. 59 et suiv.). — Vayssettes, *Hist. des Beys*, p. 556 et suiv.

Les Ben-Djellab a Touggourt. Expéditions d'Ahmed-bey le Mamlouk dans l'Ouad-Rir' et l'Ouad-Souf. Révolte de Farhate-Ben-Saïd. — Le retour d'Ahmed-el-Mamlouk à Constantine devait avoir pour conséquence l'abaissement des Ben-Gana et le retour au pouvoir de leurs rivaux, les Bou-Aokkaz. Debbah était toujours à la tête de cette famille; mais, affaibli par l'âge, il n'allait pas tarder à laisser le pouvoir à son neveu, le bouillant Farhate-ben-Saïd[1]. Ce dernier venait de passer de longues années dans le Souf, au milieu des Troud, qui avaient recueilli le jeune El-Khazen et sa sœur Tata, enfants de l'ancien sultan Ben-Djellab, de Touggourt, empoisonné en 1790. Mariée à Othmane, chef des Harar-Henanecha, Tata était destinée à devenir l'épouse de Farhate-ben-Saïd.

Vers 1884, Touggourt, en la possession de Brahim-ben-Djellab, se trouvait en butte aux agressions de Mohammed, frère de ce dernier. Ce fut le moment choisi par El-Khazen pour s'emparer de cette ville, avec l'appui des Troud et de son beau-frère Farhate. On dit, qu'après y avoir introduit quelques partisans dévoués, il pénétra lui-même dans l'oasis en se faisant placer dans un sac, sur le dos d'un chameau. Une fois dans la place, il parvint, avec l'aide de ses amis, à chasser son parent et à se rendre maître de la Kasba et par suite de l'oasis. Mais bientôt, victime à son tour d'une fourberie de son cousin Mohammed, il lui ouvrait les portes de la ville, ainsi qu'aux Oulad-Moulat, ses adhérents, et était mis à mort par eux. Mohammed était resté maître de Touggourt; mais ses trois frères voulurent encore lui disputer le pouvoir. Après une série de combats, de trahisons et de meurtres, Mohammed, débarrassé de ses compétiteurs, conserva le trône des Ben-Djellab.

Cependant, Farhate-ben-Saïd, poussé sans doute par sa femme, et soutenu par les Troud, résolut de tirer vengeance de Mohammed-ben-Djellab. On était à la fin de l'année 1820. Ahmed-el-Mamlouk venait de reprendre le gouvernement du beylik de Constantine et, comme nous l'avons dit, avait écarté les Ben-Gana. Jugeant le moment favorable, Farhate se présenta au bey et lui exposa la situation du Souf et de l'Ouad-Rir' qui, en réalité, avaient échappé à l'action de ses prédécesseurs. Pour conclure, il lui demanda le gouvernement de Touggourt, offrant de lui verser 50,000 bacita (125,000 francs) pour sa coopération. Le bey Ahmed lui donna

---

1. Auquel nos soldats donnèrent plus tard le surnom de « serpent du désert ».

alors des lettres pour son oncle Debbah, Cheikh-el-Arab, et le Khalifa du Sahara, Abd-Allah-ben-Zekri, alors occupés, avec la colonne d'hiver, à faire rentrer les impôts, dans l'Ouad-Djedi. Farhate partit plein d'espoir pour le Sud ; mais il ne put réussir à entraîner les deux chefs à une expédition aussi difficile que celle de Touggourt, avec le peu de moyens matériels dont ils disposaient.

Sans se décourager, il revint à Constantine et décida le bey Ahmed-el-Mamlouk à conduire lui-même une colonne dans le Sud. Guidé par Debbah et Farhate, le bey atteignit sans encombre l'Ouad-Rir' et pénétra dans la région d'oasis de Touggourt. Mohammed-ben-Djellab avait fait le vide devant lui et s'était réfugié, avec toutes ses forces, derrière les murailles crénelées de la ville. En vain, on le somma de se rendre ; Ahmed-el-Mamlouk avait déjà fait commencer à abattre les palmiers, lorsqu'une transaction intervint entre lui et Ben-Djellab, par l'intermédiaire de Debbah et de sa femme. Une somme considérable (100,000 bacita, dit-on) lui fut versée ; il reçut, en outre, des présents de toute sorte, et rentra à Constantine fort content de son expédition.

Mais Farhate, qui voyait ainsi s'écrouler tous ses plans, rompit avec son oncle Debbah et, soutenu par ses fidèles Troud, tomba sur les alliés de celui-ci ou de Ben-Djellab, coupa les chemins et, en un mot, mit la région en feu. A cette nouvelle, Ahmed-el-Mamlouk n'hésita pas un instant : il réunit toutes ses forces, reprit la route du Sud, pénétra dans le Souf et entra en vainqueur à El-Oued. Quant à Farhate, trop faible pour lutter contre le bey, il s'était retiré à distance, du côté de R'adamès, afin de laisser passer l'orage. L'armée turque reprit alors la route de Constantine, en passant par Touggourt, où Mohammed-ben-Djellab renouvela son hommage de fidélité et offrit encore des présents.

Vers la fin de 1821, Ahmed-el-Mamlouk rentra triomphalement dans sa capitale, monté sur un mehari richement caparaçonné et rapportant un butin immense, des objets précieux de toute sorte et des animaux étranges qui excitèrent vivement la curiosité. Aussitôt après le départ de l'armée, Farhate avait reparu dans l'Ouad-Rir' et recommencé la guerre de partisans. En 1822, Mohammed-ben-Djellab cessa de vivre, laissant quatre fils, dont l'aîné Amer, jeune homme adonné à l'ivrognerie et à la débauche, lui succéda[1].

---

1. Féraud, *Les Ben-Djellab* (Revue afric., n°° 141, p. 184 et suiv., 142, p. 291 et suiv., et 162, p. 329). — Vayssettes, *Hist. des Beys*, p. 560 et suiv.

Intervention de la Porte pour la conclusion de la paix entre Tunis et Alger. Coopération de ces régences a la guerre contre les Grecs. — En 1820, la paix qui régnait entre la Tunisie et l'Algérie et n'était caractérisée que par l'absence d'hostilités, faillit être rompue. Ce fut d'abord une razia, exécutée par des cavaliers du bey de Constantine sur le territoire tunisien ; puis des hostilités maritimes de la part des corsaires d'Alger et notamment la prise de trois bâtiments de Tunis, entre la Sardaigne et Malte (juillet). Le bey Mahmoud se prépara donc à la guerre, renforça les garnisons de la frontière et fit mettre sur le chantier et activer la construction d'une escadre. Mais, cette fois encore, la Porte intervint pour empêcher la lutte entre les deux régences, et ses envoyés, porteurs d'ordres formels du sultan, finirent par amener le bey et le dey à signer une paix définitive (11 mars 1821.)

L'insurrection de Grèce, qui avait éclaté en 1820, et s'était rapidement généralisée, faisait prévoir que la coopération des forces barbaresques serait bientôt nécessaire. Mahmoud-bey se mit en devoir de répondre à l'attente du sultan et, comme dans le cours de l'hiver 1820-21 la plus grande partie de la flotte tunisienne avait été détruite par l'ouragan, il fit acheter des navires à Marseille et se prépara de son mieux. Le 15 avril 1821, le massacre général des Grecs avait été ordonné par la Porte ; mais cette mesure n'eut d'autre effet que de rendre la révolte plus active. Ce fut sur mer que les Grecs obtinrent quelques succès, et le sultan se vit dans la nécessité de faire appel à ses vassaux d'Afrique. Un envoyé turc vint à Tunis requérir l'envoi en Orient de toutes les forces disponibles, pour participer à la *Guerre Sainte* et, dans les premiers jours d'octobre, la flotte tunisienne, composée de trois corvettes, armées chacune de 20 pièces de canon, deux bricks de 10, deux goëlettes et une canonnière, le tout sous le commandement de Moustafa-Reïs, fit voile pour l'Archipel. L'année suivante, le bey expédia de nouveau en Orient deux frégates construites pour lui à Marseille.

Le dey d'Alger, qui avait reçu un appel analogue, paraît avoir expédié en Orient, dès 1821, des navires de guerre qui, unis à ceux de Tunis, de Tripoli et d'Egypte, furent d'un grand secours aux Turcs, pour leur guerre maritime et la poursuite des corsaires grecs [1].

---

1. Rousseau, *Annales Tunisiennes*, p. 338 et suiv. — De Voulx, *Coopération de la régence d'Alger à la Guerre de l'Indépendance grecque* (Revue afric., p. 132 et suiv.).

Maroc. Fin du règne de Moulaï-Slimane. Avènement de Moulaï-Abd-er-Rahmane. — Revenons au Maroc, où nous avons laissé Moulaï-Slimane continuant son règne long et réparateur. Il avait su éviter l'ingérence des nations chrétiennes au sujet de la course et de l'esclavage en adressant, par anticipation, au gouvernement de Louis XVIII, l'engagement de faire cesser la piraterie dans son empire et même de mettre en liberté les naufragés chrétiens recueillis sur son littoral. Il se conforma aux obligations par lui spontanément prises et alla, en 1817, jusqu'à faire désarmer sa marine de guerre. En outre, dans cette même année 1818, il favorisa l'exportation des blés pour conjurer la disette dont souffrait la France.

En 1818, la peste fit de nouveau son apparition au Maroc, apportée par des pèlerins à Tanger, d'où elle se répandit dans les régions de l'intérieur. Pendant deux longues années, le fléau sévit et fit un grand nombre de victimes. Pour compléter ces malheurs, la révolte éclata à la fin de 1818, chez les Haiaïna, au sud de Fès, et s'étendit aux provinces de Heskoura et de Tedla, et chez les Chaouïa. Un convoi d'argent, venant de Tafilala, fut enlevé par les rebelles. Le prince Moulaï-Brahim, héritier présomptif, ayant marché contre les rebelles, à la tête des Oudaïa, fut entièrement défait (printemps 1819). Le sultan s'étant mis alors à la tête des troupes, marcha sur Tedla. A ce moment, son fils, qui opérait dans la région du Haut-Moulouïa, eut la barbarie de faire massacrer des femmes et des enfants qui étaient venus auprès de lui, en suppliants, solliciter sa clémence. Transportés de rage, les cheikhs de ces tribus se mirent à la tête des meilleurs cavaliers, surprirent le camp impérial, tuèrent le prince Brahim et ne laissèrent la vie au sultan que par respect pour son caractère de chérif.

Retranché à Meknès où il avait pu se réfugier, Moulaï-Slimane fut assiégé par une foule de marabouts ayant à leur tête un certain Sidi-Mehaouche, des Chelha. Fès tomba en leur pouvoir et ils proclamèrent sultan Moulaï-Brahim, fils d'El-Yezid (1820). Le prétendant, ayant alors obtenu le concours de Sidi-el-Arbi, chérif d'Ouazzane, chef de la confrérie de Moulaï-Taïeb, vit toute la région littorale du R'arb, jusqu'à Tanger et Tétouane le reconnaître. Mais la mort le surprit dans cette dernière ville (1821); son frère, Moulaï-Saïd, le remplaça. Cependant, le sultan Slimane ayant pu réunir des forces suffisantes et rétablir son autorité sur les régions du sud-ouest, ne tarda pas à attaquer son neveu et à le mettre en déroute. Livré par ses anciens adhérents, Moulaï-Saïd fut exilé par son oncle à Tafilala (1822). Mais ces dernières luttes avaient épuisé l'énergie du sultan, qui voyait le pays de nouveau livré à l'anarchie. Accablé par le chagrin et l'inquiétude, Moulaï-Slimane mourut le 28 novembre 1822, et légua par testament le pouvoir à son neveu Aboul'Fadel Abd-er-Rahmane, fils de Moulaï-Hicham, alors gouverneur de Mogador, au détriment de ses propres fils, issus, dit-on, de son commerce avec des négresses non-affranchies[1].

BRAHAM-EL-GREÏTLI, BEY DE CONSTANTINE. SES EXPÉDITIONS DANS LA PROVINCE. — Pendant la dernière expédition d'Ahmed-bey le Mamlouk, dont nous avons raconté le retour triomphal à Constantine, Mahmoud, fils de Tchaker-bey, redevenu, on ne sait comment, khalifa du beylik, abusa de son pouvoir intérimaire en faisant décapiter sans raison plausible, au cours d'une promenade militaire, quarante malheureux indigènes des Beni-Brahim près de Semendou. Le dey, auquel il fut rendu compte de cette cruauté inutile, se contenta de destituer Mahmoud. Au printemps de l'année 1822, Ahmed-bey se mit en route pour aller porter lui-même le denouche à Alger, mais il fut surpris par une tempête de neige dans laquelle périrent presque toutes ses bêtes de somme ; puis il eut la main fracassée dans une fantasia. Enfin, il n'arriva à Alger que dans le courant de juin et, lorsqu'il voulut partir, après y avoir passé les huit jours réglementaires, on lui apprit qu'il était révoqué et interné de nouveau à Mazouna. Son successeur fut Braham-bey-El-Greïtli (le Crétois), ancien caïd des Harakta, qui se trouvait alors dans la Kabilie (juillet). Il vint à Alger recevoir son investiture ; puis, partit pour Constantine où il fut bien accueilli, car il y était connu et y avait contracté des alliances de famille. C'était, du reste, un homme doux et bienveillant.

Le vieux Debbah, cheik-el-Arab, était mort, quelque temps auparavant, et avait été remplacé par son neveu Farhate, qui avait abandonné l'existence de chef de partisans pour devenir le représentant officiel des Turcs, le Cheikh-el-Arab, chef des Daouaouïda.

Dans l'Est, le Cheikh Zeïn-ben-Younès, des Oulad-Yahïa-ben-Tâleb, bravait, depuis longtemps, les beys de Constantine ; à cheval sur la frontière, il se réclamait, tour à tour, de la Tunisie ou de l'Algérie. Plusieurs fois les troupes de Constantine l'avaient attaqué infructueusement dans la montagne du Dir, au delà de Tebessa. De même que ses prédécesseurs, Braham-bey, ayant

---

1. Abbé Godard, *Maroc*, p. 581 et suiv.

voulu le réduire, échoua dans ses tentatives. Il fut plus heureux avec les Harakta qu'il surprit, dans la montagne de Gheris, et força à la soumission. Les Amamra et Beni-Oudjana de l'Aourès subirent le même sort. Mais, quelque temps après, les troupes de Constantine, commandées par le Khalifa, éprouvèrent un véritable désastre, dans les montagnes des Oulad-Si-Ali-Tchammamet, de la région de Batna, où elles étaient en expédition (janvier 1823)[1].

RÉVOLTE GÉNÉRALE DE LA KABILIE. YAHÏA-AG'A EN TRIOMPHE, APRÈS DEUX ANNÉES DE LUTTES. — Vers 1823, Yahïa-ag'a voulant relever le fort de Bou-R'eni, détruit dans la précédente révolte, chargea Mohammed-ben-Kanoun de traiter avec les chefs des Guechtoula et des Beni-Sedka, afin d'arriver à une entente, promettant l'oubli du passé. Cette négociation réussit et l'ag'a arriva dans la contrée, avec une petite colonne : il fit élever un nouveau bordj, à quelque distance de l'ancien, avec le concours de ces tribus, et, lorsque le fort fut terminé, il y plaça une garnison et un caïd. Ce fut également vers cette époque, qu'ayant obtenu l'aman pour les fils d'Ou-Kassi, il adjoignit l'aîné, Bel-Kassem, à Oubadji, dans son commandement de Tamda : puis il le substitua aux cheiks de Mekla.

Dans l'été de l'année 1823, les Beni-Abbès se révoltèrent et occupèrent le passage des Bibane, interceptant la route de Constantine et empêchant la nouba de cette ville de continuer sa route, sous prétexte que le bey de l'Est ne leur avait pas servi la redevance de 500 moutons qu'il leur donnait habituellement. Mohammed-ben-Kanoun prit, à Hamza, le goum des Oulad-Bellil, se porta au secours des Turcs, en passant par l'Ouennour'a, et parvint à les dégager après un combat assez vif. Au mois d'août 1824, Yahïa marcha contre ces rebelles, avec une colonne de 1.000 soldats turcs et 8,000 cavaliers indigènes, leur brûla douze villages et leur enleva des prisonniers qu'il expédia à Alger où ils furent employés aux carrières. Les Beni-Abbès, qui avaient, en outre, été raziés par Mansour-el-Belili, s'empressèrent alors de se rendre et de fournir des otages. Mais la révolte s'était propagée dans la vallée de l'Ouad-Sahel ; les tribus rebelles s'étaient portées en armes contre Bougie et le commandant de cette ville, ayant été surpris par elles, avait été massacré avec son escorte.

Un certain Saïd-ou-Rabah était à la tête de ce mouvement.

---

1. Vayssettes, *Hist. des Beys*, p. 567 et suiv. — Féraud, *Les Harars* (Revue afric., n° 107, p. 361 et suiv.). — Le même, *Les Ben-Djellab* (Revue afric., n° 161, p. 331). — Le même, *Aïn-Beïda* (Revue afric., n° 96, p. 413).

L'infatigable ag'a descendit alors la vallée, campa à Timedita sur la limite des Beni-Mellikche, et soutenu par le marabout Ben-Ali-Cherif, qui lui fournit des mulets et des secours de toute sorte, continua sa route. Mais, avant d'aller plus loin, prenant avec lui quelques cavaliers, il se présenta audacieusement à Saïd-ou-Rabah, dans le village d'Ir'il-Alouanene et lui annonça que le dey lui accordait l'aman et comptait sur son concours. Séduit par ce trait de courage, le chef kabile déposa les armes. Les Beni-Mellikche et autres tribus rebelles offrirent aussi leur soumission à l'ag'a.

Après avoir, sur la demande de Ben-Ali Cherif, brûlé les villages des Souahelia et des Beni-Abbès, Yahïa-ag'a marcha contre les Mezzaïa, les surprit, leur tua beaucoup de monde, brûla leurs villages et alla camper sous les murs de Bougie. Toutes les tribus rebelles vinrent alors lui apporter leur soumission et il plaça à leur tête Saïd-ou-Rabah. Après avoir fait réparer les murailles de la ville, il rentra à Alger (fin septembre 1824). Enfin, au printemps suivant, Yahïa, parti d'Alger, à la tête d'une colonne de 500 à 600 janissaires avec du canon et de nombreux goums, attaqua les Beni-Ouaguennoun et Beni-Djennad dans leurs montagnes escarpées et boisées et, avec l'appui des Flisset-el-Behar, parvint à cerner les ennemis auxquels il coupa 300 têtes. Les pertes des Turcs étaient sensibles. Quelques jours plus tard, il attaqua les Oulad Aïssa-Meïmoun, mais, par suite de l'indiscipline des goum, il vit son succès se changer en défaite. Cependant, il reçut à Sikh-ou-Medour la soumission des Beni-Ouaguennoun. S'étant alors avancé contre le village d'Abizar des Beni-Djennad, il ouvrit le feu de son artillerie et lui lança des bombes, engin inconnu aux Kabiles. Dans le but de profiter de l'effet produit en exécutant une diversion sur un autre village, il confia le commandant de cette attaque à Ben-Kanoun. Mais ses troupes y éprouvèrent un sanglant échec et l'ag'a dut se contenter de canonner de loin les repaires inaccessibles des Kabiles. Cependant, après une razia heureuse de Ben-Kanoun, ceux-ci se décidèrent à traiter et Yahïa rentra à Alger ayant obtenu de précieux résultats[1].

RUPTURE D'ALGER AVEC L'ANGLETERRE. DÉMONSTRATION DE SIR HARRY NEAL. — La révolte de la Kabilie, si habilement réduite par Yahïa-ag'a, eut une conséquence bien inattendue pour les

---

1. Robin, *Note sur Yahia ag'a* (Revue afric., nos 103, p. 73 et suiv., et 104, p. 89 et suiv.). — Berbrugger, *Epoques militaires de la Grande-Kabilie*, p. 132 et suiv. — Féraud, *Hist. de Bougie*, p. 315 et suiv. — De Voulx, *Tachrifat*, p. 31 et suiv.

relations de la régence avec les puissances chrétiennes. Suivant un usage établi, le diwan avait ordonné, en octobre 1823, l'arrestation de tous les Kabiles alors à Alger appartenant aux tribus rebelles. Or, ils étaient fort nombreux et, pour la plupart, employés dans les consulats. M. Deval, consul de France, et son collègue de Hollande firent évader les Kabiles qu'ils occupaient ; ceux des autres nations les livrèrent, à l'exception de M. Mac-Donnel, consul d'Angleterre, qui, ayant voulu protéger ceux qui se trouvaient chez lui et résister aux sommations, vit sa maison envahie et ses serviteurs enlevés, malgré ses protestations. Il en résulta, entre le représentant de l'Angleterre et le dey, des discussions fort aigres et une rupture, à la suite de laquelle le consul s'embarqua (janvier 1824). Housseïn lui avait déclaré péremptoirement que le traité conclu avec lord Exmouth, ayant été fait pour trois ans, était périmé.

Le 23 février suivant, l'amiral anglais Sir Harry Neal arrivait à Alger, avec une escadre composée d'un vaisseau de ligne, cinq frégates, quatre bombardes et plusieurs autres navires, en tout vingt-trois voiles. Il signifia au dey qu'il venait exiger la réparation de l'insulte faite au consul et la reconnaissance de la suprématie de l'Angleterre sur les autres puissances, en outre d'une forte indemnité. Mais Housseïn repoussa toutes ces prétentions et l'amiral anglais dut mettre à la voile, sans avoir rien obtenu. Il alla croiser en attendant de nouvelles instructions de son roi, fit quelques prises et revint à Alger le 22 mars ; mais, ayant trouvé le dey encore plus intraitable, il leva l'ancre. Dès que Sir Neal eut reçu l'ordre précis d'attaquer, il revint à Alger et déploya dans la rade les seize navires qu'il commandait (12 juillet). Mais les corsaires algériens, instruits par l'expérience de 1816, sortirent à sa rencontre, appuyés par le feu terrible des batteries du môle et engagèrent le combat à distance. On se canonna ainsi, pendant plusieurs jours, sans se faire grand mal, de part ni d'autre. La flotte anglaise essaya, à plusieurs reprises, de lancer des bombes dans la direction de la ville ; mais elle était trop loin et les projectiles s'arrêtaient en chemin. Enfin, le 29, lord Neal se retira définitivement, et les Algériens célébrèrent ce qu'ils appelaient leur victoire, avec enthousiasme. Leurs nouvelles relations avec la Porte, quelques succès obtenus par les reïs en Orient, et dont le récit parvenait singulièrement embelli à Alger, avaient donné à tous, et particulièrement au dey, une arrogance extrême [1].

---

1. De Grammont, *Hist. d'Alger*, p. 385 et suiv. — Berbrugger,

Fin du règne de Mahmoud-bey a Tunis. Son fils Housseïn lui succède. — A Tunis, où la prudence était de tradition, le bey se laissait néanmoins entraîner par cet enthousiasme musulman qui faisait rêver aux moins fanatiques le retour des beaux temps de l'Islam. Le développement de la marine barbaresque consolait des humiliations subies et la course semblait sur le point de reprendre un nouvel essor. Les chrétiens eux-mêmes en donnaient l'exemple : par suite de l'état de guerre existant entre la France et l'Espagne, les corsaires espagnols croisaient sans cesse dans les eaux de Tunis ; plus loin, c'étaient des Grecs, venus des îles de l'Archipel, qui, en courant sus aux navires présumés musulmans, pénétraient jusque dans la Méditerranée antérieure. En 1823, la bombarde « *l'Alexandre* », enlevée aux Français, par des corsaires espagnols, fut amenée à Tunis et vendue, au mépris des traités et malgré les protestations de notre consul. Mahmoud-bey émit alors cette étrange théorie que la régence, étant alliée avec les deux nations, ne pouvait qu'ouvrir ses ports aux corsaires de l'une et de l'autre.

Dans le mois d'octobre de la même année, ce fut avec le consul anglais que le bey faillit rompre, à propos de deux captives grecques, achetées comme esclaves en Orient et amenées à Tunis. Bravant l'opposition de ce consul, Mahmoud les fit enlever du navire par la violence. Mais dès le 26 décembre, une division navale anglaise, sous les ordres du commodore Hamilton, jetait l'ancre à la Goulette et cet officier, parlant haut, obtenait toutes les satisfactions désirables. Un peu plus tard, le 15 janvier 1824, M. Guys, nouveau consul de France, arrivait à Tunis, avec une escadre commandée par l'amiral Drouault. Il avait pour mission de régler toutes les questions pendantes, et le bey, loin d'imiter l'entêtement du dey d'Alger, s'empressa de souscrire aux exigences du gouvernement français. La convention préliminaire fut signée le 20 janvier et ratifiée le 15 décembre suivant.

Le 28 mars 1824, Mahmoud-bey succomba à une maladie chronique. Son fils aîné, Sidi Housseïn, qui depuis longtemps participait à la direction des affaires, lui succéda. Si Moustafa, son frère, le remplaça comme bey du camp, et rien ne parut changé à Tunis. Vers la fin de cette même année 1824, une compagnie anglaise, représentée par un sieur Tchatcher, sollicita du nouveau bey la concession de la pêche du corail à Tabarka et sur les côtes,

Guerre de 1824 (Revue afric., n° 45, p. 202 et suiv.). — Shaler, *Esquisse de l'Etat d'Alger* (trad. Bianchi), 1830 pass.

pour dix années, offrant de lui servir, comme redevance annuelle, 10.000 piastres fortes, 100 livres de corail et divers autres cadeaux. Bien que la France eût un droit ancien sur ces pêcheries, droit consacré par l'usage et par des renouvellements partiels, Houssein-bey, tenant compte de l'énorme diminution des revenus du beylik, par suite de la suppression de la course, accorda le privilège demandé. Il offrit, il est vrai, au consul de France, de lui donner la préférence, s'il s'engageait à fournir à la régence des avantages égaux ; mais les obligations acceptées par la compagnie anglaise étaient trop lourdes pour qu'on pût songer à l'imiter.

Dans le mois de mars 1825, un capidji de la Porte vint à Tunis, remettre au bey le caftan d'honneur et le firman d'investiture. Peu après, on recevait d'Angleterre la ratification du traité conclu par le sieur Tchatcher[1].

MANAMANNI, BEY DE CONSTANTINE. IL EST REMPLACÉ PAR EL-HADJ-AHMED, QUE YAHIA-AG'A VIENT INSTALLER. — Cependant, à Alger, les intrigues se multipliaient dans l'entourage du dey. On lui insinuait, de divers côtés, que Yahïa-ag'a cherchait à tirer parti de ses succès pour le renverser, et il en résultait, qu'au lieu de la reconnaissance à laquelle il avait droit pour les immenses services rendus au beylik, cet officier dévoué était en butte à la méfiance du maître. Une autre action commençait à se faire sentir: c'était celle d'El-Hadj-Ahmed, petit-fils du bey El-Kolli, de Constantine, qui se trouvait alors à Blida et intriguait pour être placé à la tête de la province de l'Est. Or l'administration de Braham-bey ne laissait rien à désirer et c'était précisément ce qu'on ne voulait pas. Des agents habiles exploitèrent auprès du dey la défaite éprouvée par les troupes turques près de Batna, en l'exagérant, et obtinrent ainsi sa destitution ; mais, cette fois, la place ne fut pas pour El-Hadj-Ahmed.

Dans le mois de décembre 1824, deux envoyés du dey arrivèrent à Constantine et, ayant montré au caïd-ed-Dar et à l'ag'a de la garnison les ordres dont ils étaient porteurs, arrêtèrent Braham à la sortie de la mosquée, le garrottèrent et l'envoyèrent à la prison de la Kasba. Puis, ils se firent conduire chez un vieux Turc, nommé M'hammed-Manamanni, établi à Constantine depuis longtemps, lui annoncèrent qu'il était nommé bey de l'Est, le firent monter sur la jument de son prédécesseur, et le menèrent à

---

1. Rousseau, *Annales Tunisiennes*, p. 354 et suiv. — Marcel, *Tunis*, p. 203 et suiv.

Dar-el-Bey. Ce vieillard ignorant, pouvant à peine se faire comprendre en arabe, imbu des préjugés de sa race, ne s'entoura que de Turcs et se livra, aussitôt qu'il eut pris le pouvoir, aux fantaisies les plus ridicules, lorsqu'elles n'étaient pas sanguinaires. Aussi, en peu de mois, la province de l'Est, tranquille avant lui, se trouva de nouveau bouleversée. Fort malheureusement, il nomma Khalifa, ce Mahmoud-ben-Tchaker qui avait déjà joué un rôle si funeste sous ses prédécesseurs. Bientôt, les gens de Constantine, poussés à bout par de tels excès, envoyèrent à Alger une députation afin de se plaindre au dey; mais ils n'obtinrent que la destitution du Khalifa, sans parvenir même à l'éloigner du faible bey, qui le conserva comme conseiller intime.

Le 25 janvier 1825, eut lieu le tremblement de terre qui renversa Blida et ensevelit sous les ruines de la ville un grand nombre d'habitants. El-Hadj-Ahmed se trouvait dans une campagne aux environs; il accourut aussitôt et prodigua ses soins aux victimes; puis, Yahïa-ag'a arriva sur les lieux, par l'ordre du dey, et s'occupa de la construction d'une nouvelle ville à peu de distance des ruines de l'ancienne. El-Hadj-Ahmed, espérant gagner l'ag'a à sa cause, lui offrit son concours, mais ce dernier accueillit très froidement ses avances et, dès lors, le prince constantinois lui voua une haine ardente qu'il ne cessa de chercher à assouvir.

Sur ces entrefaites, Brahim, ami de ce dernier, ayant été nommé Khaznadji, s'appliqua à desservir, en toute occasion, Yahïa-ag'a, auprès du maître, triste tâche d'autant plus facile, que le général était presque toujours absent, en expédition, ou occupé à surveiller les fortifications que Houssein faisait élever sur différents points de la côte, notamment le bordj de l'Harrach (Maison-Carrée).

A Constantine, les choses allaient de mal en pis. Sur la frontière de l'Est, Zeïn continuait à braver toutes les forces du bey; le sud s'agitait. Manamanni avait destitué Bou-Rennane-ben-Achour, cheikh du Ferdjioua, et rendu l'autorité à Maggoura, son cousin. Enfin, au printemps de 1826, le moment de verser le denouche était arrivé; or les caisses étant vides Manamanni essaya de se dispenser de se rendre en personne à Alger; mais ordre formel lui fut adressé d'y venir et il se vit contraint de se présenter les mains à peu près vides. C'était un homme fini, et personne, à Alger, ne voulut lui avancer ce qui manquait. Cependant, bien que sa révocation fût arrêtée en principe, on le laissa repartir et ce ne fut qu'à Hamza, que les chaouchs le rejoignirent et l'arrêtèrent. Il fut ramené à Alger et interné à Koléa (fin juillet 1826).

Le choix de son successeur avait, seul, retardé le dey. Sur les conseils de Brahim-Khaznadji, devenu son gendre, il appela auprès de lui El-Hadj-Ahmed et le questionna sur la province de l'Est. Les détails qui lui furent donnés par le prince constantinois le satisfirent. Celui-ci lui promit notamment de commencer par s'emparer de Zeïn, et de rétablir son autorité sur les Henanecha. Dans le mois d'août, il fut nommé bey de l'Est ; mais, Housseïn, voulant avoir des renseignements précis sur ce beylik, chargea Yahïa-ag'a d'accompagner El-Hadj-Ahmed et de l'installer, après avoir fait avec lui une tournée dans l'intérieur. Tous deux partirent d'Alger, entrèrent dans les montagnes par l'Agbet-Ammal, passèrent à l'Ouad-Zeïtoun, Zemala des Koulour'li, et atteignirent la montagne du Ouennour'a à l'est de Sour-el-R'ozlane, limite extrême de la province de Constantine. Ils y passèrent plusieurs jours, puis visitèrent successivement Zammoura, les Righa de Sétif, les Abd-en-Nour ; ils se portèrent ensuite dans le Bellezma dont ils enlevèrent d'assaut les montagnes. Après avoir rétabli la paix sur tous ces points, ils s'avancèrent jusqu'à Bône et revinrent enfin à Constantine où le nouveau bey fit son entrée triomphale. Un certain nombre d'exécutions suivirent la prise de possession du pouvoir par El-Hadj-Ahmed. Yahïa-ag'a reprit alors la route d'Alger[1].

EL-HADJ-AHMED-BEY DOMPTE LES GRANDS CHEFS ET LES TRIBUS DE LA PROVINCE DE CONSTANTINE. — A peine El-Hadj-Ahmed eut-il pris la direction des affaires de la province de Constantine que tout changea. Doué d'une énergie allant facilement jusqu'à la violence et la cruauté, il ne manquait pas de qualités de gouvernement, mais il entendait que chacun pliât devant lui. Allié aux Ben-Gana et aux Mokrani, connaissant tous les grands chefs, il commença par confier les commandements importants à des hommes à lui dévoués, après s'être débarrassé des autres.

Deux Mokrani furent décapités à Constantine et Ben-Abd-Allah conserva le cheïkhat de la Medjana. Les deux branches des Guendouz et Bou-Rennane demeurèrent ainsi à l'écart, c'est-à-dire en état d'hostilité contre leur parent et contre le bey.

Les Ben-Gana avaient coopéré activement au succès des Turcs

---

1. Vayssettes, *Hist. des Beys*, p. 582 et suiv. — Robin, *Notes sur Yahïa ag'a* (Revue afric., n° 104, p. 112 et suiv.). — Féraud, *Ferdjioua et Zouar'a* (Revue afric., n° 125, p. 18). — Le même, *Lettres de Manamanni* (Revue afric., n° 108, p. 413 et suiv.).

lors de l'affaire du Bellezma et leur chef Mohammed-bel-Hadj était venu offrir à Yahia-Ag'a des chevaux, comme présents, et un grand nombre de têtes d'Oulad-Soultane. Il avait reçu de lui la confirmation du titre de Cheikh-el-Arab. Quant à Farhate-ben-Saïd, il se tenait à l'écart dans le Zab.

Avant l'entrée d'El-Hadj-Ahmed à Constantine, les Ben-Zekri, Ben-Nâmoun et Ben-L'Abiod, familles dont les membres étaient mêlés depuis longtemps à l'administration de la province, et contre lesquelles le nouveau bey avait des griefs plus ou moins justifiés, se réfugièrent à la Zaouïa du cheikh Zouaouï, dans le Chettaba, chapelle très vénérée et qui jouissait du droit d'asile. Maggoura-ben-Achour, cheikh du Ferdjioua, leur fit tenir des secours. Ce fut alors qu'Ahmed-bou-Aokkaz[1], fils de Moustafa autrefois mis à mort par Tchaker, se rendit auprès d'El-Hadj-Ahmed, dont il avait été le compagnon de jeunesse, et le décida à révoquer Maggoura, et à confier le commandement du Ferdjioua à Bou-Rennane-ben-Derradji, son cousin. Il le décida aussi, dans une réunion à laquelle Ben-Gana assistait, à préparer le massacre des réfugiés de la Zaouïa.

La première expédition d'El-Hadj-Ahmed fut faite contre Zeïn-ben-Younès, le rebelle du Dir. Il parvint par la ruse, et avec le concours de Rezgui-ben-Mansour, des Henanecha, à l'attirer à son camp de Medaourouche. Aussitôt, on le garrotta et on l'expédia au dey d'Alger, qui le fit pendre à un canon à la Kasba. Le commandement des Henanecha fut donné au traître Rezgui ; mais les Harars, frustrés, se lancèrent aussitôt dans la révolte et écrivirent au dey, en menaçant de passer sur le territoire tunisien. Dans le mois de février 1827, le bey, avec le concours de Rezgui, effectua sur les Henanecha rebelles une fructueuse razia, dans le Djebel-Frina. Au mois de septembre suivant, il les surprit encore, deux jours de suite, dans le Djebel-Mahmel, leur enleva une grande quantité de bestiaux et coupa un certain nombre de têtes. Enfin, en septembre 1828, il les atteignit, de nouveau, et les traita non moins durement. Cependant tous ces désastres ne paraissent pas avoir eu raison de leur entêtement, car ils continuèrent à repousser Rezgui.

Pendant que le bey partait vers l'est, pour sa première expédition, Ben-Gana, avec un contingent de nomades du sud, et le cheikh Ben-Achour, appuyés par des gens du Ferdjioua, se portèrent subitement à l'attaque du Djebel-Zouaoui, et arrachèrent de

---

1. Cet El-Hadj-Ahmed-Bou-Aokkaz devait jouer un grand rôle dans le pays, lors de la conquête française.

cette chapelle les réfugiés constantinois qui s'y défendirent désespérément. Un seul, Ben-el-Abiod, échappa ; tous les autres, au nombre de seize, furent décapités, et leurs têtes expédiées au camp du bey, qui se donna la triste satisfaction d'insulter ces débris muets.

L'ordre régnait enfin à Constantine et dans la province... En rendant compte au dey de ce qui précède, El-Hadj-Ahmed lui annonça que cette poignée de rebelles, ayant résisté à toutes ses instances et à l'offre de son pardon, avait attaqué les contingents de Ben-Gana et du cheikh du Ferdjioua et que ces derniers les avaient tous tués. En janvier 1828, il lui écrivait encore : « Le pays est tranquille, grâces en soient rendues à Dieu ! »

Étant allé, au mois de juin de l'année 1827, porter lui-même le denouche à Alger, le nouveau bey de l'Est, qui n'avait pas ménagé les cadeaux, fut reçu par tous avec un véritable enthousiasme. Le dey le proclama son fils adoptif. A son retour, il fut attaqué près de Sour-el-R'ozlane par des gens du beylik de Titeri. Un Mokrani, Ahmed-ben-Mohammed, neveu de Ben-Abd-Allah, lui rendit, à cette occasion, le plus grand service, en chargeant à la tête de sa cavalerie les agresseurs et, pour le récompenser, le bey le nomma caïd de l'Ouennour'a, au détriment d'Abd-es-Selam son cousin, auquel le poste était promis. Ce dernier, qui était l'ami de Yahïa-Ag'a, en tournée dans la région, revint alors avec lui dans la Medjana, et attaqua sans succès le campement d'Ahmed-ben-Mohammed, fait grave, qui caractérise bien l'état des relations entre l'ag'a et le bey de l'Est[1].

ATTAQUE DE MASKARA PAR MOHAMMED-TEDJINI. IL EST DÉFAIT ET TUÉ. — Après l'insuccès des expéditions effectuées contre Aïn-Mâdi par Yahïa-ag'a et par Hassan, bey de l'Ouest, la confiance et l'audace de Mohammed-Tedjini ne connurent plus de bornes. En relations avec les Hachem de R'eris, il prépara une levée de boucliers qui devait s'étendre à toute la province. Dès qu'il reçut cette nouvelle, le bey, alors en opérations du côté de Tlemcen, accourut chez les Hachem, arrêta leurs cheikhs et leur caïd, les fit décapiter et envoya leurs têtes à Maskara où elles furent exposées sur les remparts. Il espérait, par cet exemple, inspirer à tous une terreur salutaire. Mais, peu de temps après, sans doute vers la fin

---

1. Vayssettes, *Hist. des Beys*, p. 579 et suiv. — Féraud, *Les Harars* (Revue afric., n° 107, p. 362 et suiv.). — Le même, *Les Ben-Djellab* (Revue afric., n° 161, p. 331 et suiv.). — Le même, *Ferdjioua et Zouar'a* (Revue afric., n° 127, p. 19 et suiv.). — Le même, *Les Mokrani*, loc. cit. p. 301 et suiv.

de l'année 1826, deux collecteurs turcs, accompagnés de plusieurs auxiliaires Koulour'lis, étant arrivés chez les Hachem pour percevoir l'impôt dit « *de l'éperon* », seule redevance imposée aux tribus Makhezen, furent arrêtés et décapités. Puis, les Hachem, afin de décider Tedjini à prendre le commandement de la révolte, lui envoyèrent, à Aïn-Mâdi, ces deux têtes comme étant celles du bey et de son khalifa. Il fallut que les envoyés jurassent sur le Boukhari que ces têtes étaient bien celles de ces fonctionnaires.

Mohammed-el-Kebir-Tedjini se mit alors en route, suivi par des guerriers des Larbâa, des Kçouriens et quelques Oulad-Naïl, en tout 250 combattants, et rejoignit les Hachem. Il apprit alors la vérité et se convainquit que ces indigènes étaient seuls. Mais il était trop tard pour reculer et il alla, avec leur contingent de fantassins et de cavaliers, attaquer Maskara (1827). S'étant emparé du faubourg de Baba-Ali, il investit complètement la place. Dès que le bey eut connaissance de cette agression, il réunit ses troupes disponibles et se porta au secours de Maskara. Tedjini allait faire donner l'assaut, lorsque les Turcs parurent. A cette vue, les fantassins des Hachem prirent la fuite. Leurs cavaliers essayèrent de lutter avec courage ; mais une attaque de flanc les démoralisa, et ils rejoignirent les fantassins laissant Tedjini avec ses 250 Sahariens à Khecibia, près d'Aïn-Beida. Bientôt, les hommes qui entouraient le marabout furent tués ou mis en déroute, et lui-même, qui était fort gros, roula par terre et fut foulé aux pieds. On le retrouva encore vivant, sous les cadavres de ceux qui avaient donné leur vie pour le protéger. Adda-ben-Kaddour, caïd des Zemala, le tua d'un coup de pistolet et lui coupa la tête qui fut présentée au bey et envoyée à Alger, avec ses armes, le harnachement de son cheval et une belle esclave géorgienne qui l'accompagnait. Mohammed-Sréïr, deuxième fils du fondateur de la secte, devint ainsi cheikh des Tidjania et sembla renoncer à toute prétention politique, se bornant à s'occuper des intérêts religieux de la confrérie à Aïn-Mâdi.

Après ce succès, Hassan se porta chez les Hachem et reçut leur soumission. Cette tentative manquée produisit une scission complète, entre les Hachem et le chef des Tedjania, et l'on doit y voir l'explication de l'acharnement incroyable que l'Emir Abd-el-Kader devait apporter plus tard à la destruction d'Aïn-Mâdi. A peine de retour à Oran, le bey marcha contre un marabout des Derkaoua, nommé Sidi Ahmed, cheikh de la tribu des Mehaïa au sud-est de Tlemcen. Il lui livra une sanglante bataille à Sidi-Medjahed, s'empara de son campement et de ses trésors, et le contraignit à chercher un refuge au Maroc. Enfin, l'année suivante, une insurrection qui s'était produite chez les Oulhaça fut étouffée dans le sang[1].

Le dey Bou-Mezrag a Médéa. Chute de Yahïa-ag'a. — Dans le sud de la province d'Alger, le bey Moustafa-Bou-Mezrag avait successivement contraint toutes les tribus de son beylik à la soumission. Aïn-Riche, près de Bou-Çaada, le Hamma du Zahrez, Oum-Zebboudj, dans le Seressou, Aïn-Oussera, près de Djelfa, furent le théâtre de ses razias les plus importantes. Enfin, pour punir les Larbaa du concours qu'ils avaient prêté à Tedjini, il alla, à la tête de 4,500 cavaliers leur infliger une sévère leçon dans le Sahara et ramena des prisonniers qui furent expédiés à Alger et assujettis aux plus durs travaux.

Le dey s'occupait activement de compléter et d'améliorer les fortifications d'Alger et du littoral environnant. Cependant, la conspiration ourdie par le Khaznadji Brahim et El-Hadj-Ahmed-bey, contre Yahïa-ag'a, suivait son cours. Mais Housseïn, à défaut de reconnaissance, était lié à son général par une amitié antérieure à leur élévation à tous deux et consacrée par des serments solennels; aussi résistait-il à toutes les insinuations. Les ennemis de l'ag'a inventèrent alors un moyen, véritablement diabolique, pour le perdre : ils s'arrangèrent avec le caïd chargé des distributions de vivres aux divers corps stationnés dans l'intérieur, pour qu'il fournît des denrées mauvaises, nuisibles même ; puis, on les saisit et on les montra au dey. Cette fois le prétexte était trouvé et Yahïa-ag'a, invité à se justifier, refusa de répondre en voyant son ancien ami se laisser prendre à un piège aussi grossier. Il fut, d'abord, interné à Blida (février 1828); mais cela ne suffisait pas à ses ennemis, qui finirent par arracher au dey l'ordre de le mettre à mort. L'ancien ag'a se soumit avec beaucoup de dignité à cet arrêt. Ainsi le dey, justifiant une fois de plus l'axiome « *Quos vult perdere* », se privait des services de cet homme de guerre remarquable, au moment même où il allait en avoir le plus besoin[2].

---

1. Walsin Esterhazy, *Domination Turque*, p, 224 et suiv. — Arnaud, *Hist. de Tedjani* (Revue afric., n° 30, p. 473 et suiv.).

2. Robin, *Notes sur Yahia agha* (Revue afric., n° 104, p. 117 et suiv.). — Federmann et Aucapitaine, *Beylik de Titeri* (Revue afric., n° 52, p. 299 et suiv.).

CHAPITRE XXXI

CONQUÊTE D'ALGER PAR LA FRANCE. — ÉTAT DE L'AFRIQUE EN 1830

1827-1830

Difficultés entre la régence d'Alger et la France pour le règlement de la créance Bacri et Busnach. — Insulte faite par Hussein-dey au consul Deval. Rupture avec la France. — Destruction des établissements du Bastion. Blocus des côtes algériennes. — Dernières tentatives d'arrangement par M. de la Bretonnière. — Insulte à son vaisseau couvert du drapeau parlementaire. — La France organise l'expédition d'Alger. Composition de l'armée. — Voyage de la flotte. Débarquement à Sidi-Ferodj. — Bataille de Staouéli. Prise du fort l'Empereur. Capitulation du dey. Chute de l'Odjak d'Alger.
Appendice. État de l'Afrique Septentrionale en 1830. — Maroc. — Algérie : Provinces d'Oran, d'Alger, de Constantine. — Tunisie. — Tripolitaine.
Chronologies : Sultans Hassani du Maroc. — Beylarbeg, pachas et deys d'Alger. — Beys de Tunisie.

Difficultés entre la régence d'Alger et la France pour le règlement de la créance Bacri et Busnach. — Nous avons parlé plusieurs fois de la créance des Bacri et Busnach sur le gouvernement français, comme cessionnaires du prêt fait par le dey et pour fournitures de blé de 1793 à 1798. L'origine de la dette n'était pas contestable par la France et le chiffre en avait été formellement reconnu et arrêté ; mais différentes circonstances en avaient empêché le paiement. Sous le règne d'El-Hadj-Ali, les familles Bacri et Busnach obtinrent de ce dey qu'il se fit l'organe de leurs revendications ; l'odjak prétendait, du reste, avoir droit à une part dans la somme, et le consul Dubois-Thainville s'était vu repousser en 1814, parce qu'il n'apportait pas avec lui d'engagement précis à ce sujet. Las de ces réclamations incessantes, le gouvernement français chargea le consul d'Alger de régler le compte. Les créanciers demandaient 14,000,000 de francs, capital et intérêts, mais une transaction intervint et, par convention du 28 octobre 1819, le solde fut arrêté, net, à 7,000,000. Enfin, la Chambre des députés, par une délibération du 24 juillet 1820, ratifia ce règlement et autorisa le paiement ;

mais, par suite de diverses oppositions frappant cette créance, les ayants-droit Bacri et Busnach ne touchèrent que 4,500,000 francs. Quant au solde, il fut versé à la Caisse des Dépôts et Consignations jusqu'à obtention des main-levées régulières.

Ainsi, le gouvernement français pouvait considérer cette affaire comme réglée, puisque la majeure partie de la somme était versée et que les 1,500,000 francs de solde se trouvaient à la disposition des ayants-droit. Or, les Bacri et Busnach, après avoir touché en France l'importante somme sus-indiquée, avaient jugé prudent de ne pas rentrer à Alger. L'irritation causée au dey par la retenue des 1,500,000 francs ne connut plus de bornes, lorsqu'il apprit que les créanciers refusaient de rentrer. Il accusait la France et particulièrement Deval, son consul, de s'être entendus avec ses sujets pour le spolier, et ne cessait de réclamer l'extradition des Bacri et Busnach. Il alla même jusqu'à écrire au roi, dans des termes comminatoires, exigeant le rappel du consul et la remise, à ses agents, des juifs, qui, d'après lui, n'avaient agi que comme intermédiaires entre la régence d'Alger et la République Française pour des prêts d'argent et des livraisons de grains. On ne répondit pas à une réclamation revêtant une forme semblable; mais il semble que, dans une affaire dont le point de départ était une véritable dette d'honneur, le gouvernement français aurait pu se départir de certaines précautions et, aussi, ne pas régler avec une des parties intéressées, en l'absence de l'autre.

Au commencement de l'année 1827, la situation était fort tendue à Alger, et les ennemis de la France employaient tous les moyens pour augmenter l'irritation du dey. Or, depuis quelque temps, un négociant de Marseille avait obtenu l'autorisation de réparer le Bastion de La Calle, moyennant l'abandon, à son profit, du bénéfice des concessions pendant un certain temps. Il y avait dépensé 320,000 francs, et le Bastion se trouvait relevé et armé, ce qui avait provoqué chez certains rivaux une grande jalousie. De là, à accuser la France de vouloir préparer un point d'occupation il n'y avait qu'un pas. Sur ces entrefaites, Deval reçut du ministre des Affaires Étrangères l'ordre de prévenir le dey qu'on ne pouvait faire aucun droit à ses dernières réclamations.

INSULTE FAITE PAR HUSSEÏN-DEY AU CONSUL DEVAL. RUPTURE AVEC LA FRANCE. — Le 30 avril 1827, les réceptions ayant eu lieu à l'occasion de la fête de la rupture du jeûne du Ramadan, selon l'usage, M. Deval fut reçu à la Kasba par le dey, et comme la langue turque lui était familière, il causa avec lui, sans l'intermédiaire de l'interprète. Après lui avoir adressé ses félicitations, il l'entretint de la question d'un navire capturé récemment sous pavillon français. Dès les premiers mots, le dey s'emporte ; il reproche au consul les fortifications extraordinaires de la Calle et, comme il avait sans doute eu vent des nouvelles reçues de France, répète ses éternels griefs contre Deval, l'accusant de s'entendre avec les juifs pour le spolier et de lui cacher la réponse du gouvernement français. Deval avait été, jusque-là, d'une modération et d'une convenance parfaites, ce qui semblait augmenter l'exaspération du dey ; mais à cette insulte personnelle, il répond avec vivacité. Aussitôt Houssein, le repoussant avec un chasse-mouches en plumes qu'il tenait à la main, le menace grossièrement de le faire arrêter et jeter en prison. Deval se retire alors en protestant contre l'injure faite à la France en sa personne.

Dès que le récit de cette scène fut parvenu au gouvernement français, il envoya à Alger une division navale, sous les ordres du capitaine de vaisseau Collet, pour obtenir satisfaction, ou, à défaut, ramener le consul et les nationaux. Arrivé le 11 juin, Collet s'entendit avec le consul Deval et fit remettre au dey, par le consul de Sardaigne, une note résumant, comme suit, les exigences de la France : Une députation, ayant à sa tête l'Oukil-El-Hardj (ministre de la marine), se rendra à bord du vaisseau amiral et y fera des excuses publiques au consul, au nom du dey ; après quoi, le pavillon français sera arboré sur les forts d'Alger et salué de 101 coups de canon.

Cette note, remise le 14, comportait un délai de 24 heures, pour la réponse. Mais le dey qui ne voyait, dans son affaire avec Deval, qu'une querelle pour ainsi dire particulière, refusa toute satisfaction, considérant les prétentions de l'amiral comme excessives. Le 15, la rupture fut dénoncée, ainsi que le blocus des côtes, et, comme le consul avait eu la précaution de faire embarquer tout le personnel et les nationaux, y compris le directeur des établissements de La Calle que le dey voulait retenir en qualité d'ami, l'escadre leva l'ancre, laissant, dans la rade, les navires nécessaires au blocus. La gabarre « *Le Volcan* » quitta Bône le 20 juin, après avoir embarqué le personnel des établissements de cette région, et la corvette « *L'Etincelle* » alla à La Calle ramener les corailleurs et les employés du bastion. Tous ces gens eurent à peine le temps de s'embarquer.

Cette fois la rupture était définitive et, si réellement l'antipathie personnelle de deux hommes en était la seule cause, elle devait avoir, pour l'Algérie et pour la France, les conséquences les plus graves. Mais il ne faut pas ici donner à la cause occasionnelle plus de valeur qu'elle n'en a.

DESTRUCTION DES ÉTABLISSEMENTS DU BASTION. BLOCUS DES CÔTES ALGÉRIENNES. — Lorsque le dey fut bien convaincu qu'il n'y avait pas d'arrangement possible, il en prit son parti et s'organisa pour la lutte, à laquelle, du reste, il se préparait depuis longtemps. Sa première pensée fut pour les établissements français de La Calle ; il y dépêcha un de ses officiers, Si El-Hafsi-ben-Aoun, en le chargeant d'en surveiller la destruction complète. Le bey, El-Hadj-Ahmed, qui rentrait vers Constantine, après être allé porter le denouche à Alger, envoya, de son côté, des instructions très précis à ses agents de Bône ; mais, malgré toute sa diligence, El-Hafsi ne put arriver au terme de son voyage avant le départ des Français ; il s'empara de tout ce qu'ils avaient laissé ; puis, il emmena des maçons à La Calle, fit démolir les murailles à peine relevées, et incendia les charpentes et les constructions en planches. Le cheikh Mohammed-Bou-Methir, de la Mazoule, dut prêter son concours à cette belle besogne.

En même temps, tous les postes de la côte furent renforcés et armés et reçurent l'ordre de tirer sur les navires français qui s'approcheraient. Des goums furent, en outre, envoyés à Bône, car le bey de l'Est craignait une attaque des chrétiens contre cette ville.

Le 4 octobre 1827, la flottille algérienne, forte de onze voiles, sortit du port et essaya de forcer le blocus. Mais le capitaine Collet, dont la surveillance était stricte, l'attaqua vigoureusement et, bien que n'ayant à opposer aux Algériens que deux frégates, deux bricks et une canonnière, les força à rentrer, après trois heures de combat. On dit que le dey, très mortifié de cet échec, menaça les reïs de leur faire couper la tête. Peu après arriva la nouvelle du désastre de Navarin (20 octobre), où la flotte musulmane fut pour ainsi dire entièrement détruite. Plus heureux que les Tunisiens, les navires algériens, alors en Orient, avaient échappé en partie à ce désastre ; mais leur situation était fort triste : bloqués, battus isolément, il avaient horriblement souffert.

En 1828, le blocus continua sous l'habile direction de Collet et l'Algérie en éprouva de grandes pertes. Ce brave officier étant mort, le 20 octobre, fut remplacé par M. de la Bretonnière. La chasse aux corsaires n'en fut pas interrompue et, le 25 du même mois, quatre d'entre eux furent coulés par l'escadre, malgré le feu de la batterie du cap Caxime, sous laquelle ils étaient venus se réfugier. Malheureusement des opérations de ce genre, se prolongeant sur un littoral peu hospitalier, ne pouvaient manquer de causer des déboires. Quelques revers furent éprouvés dans des affaires secondaires. Le 17 juin 1829, trois chaloupes des frégates

« *Iphigénie* » et « *Duchesse de Berry* » furent capturées par les reïs ; et en juillet, le « *Silène* » et l' « *Aventure* », trompés par la brume, s'échouèrent près du cap Bengut ; leurs équipages furent faits prisonniers par les indigènes, qui mirent à mort plus de la moitié des captifs et vendirent leurs têtes au dey. Ces minces succès étaient odieusement exploités par Houssein : non content d'avoir provoqué ce massacre, il exposa, à Alger, les débris mutilés des marins français, et se fit gloire, aux yeux des nations européennes, des « trophées » recueillis dans ce naufrage.

Au printemps de 1829, deux envoyés de la Porte étaient arrivés à Alger avec mission d'insister auprès du dey pour l'amener à une transaction avec la France, en accordant les satisfactions compatibles avec la dignité et l'intérêt de la régence. Mais ils se heurtèrent à l'entêtement de Houssein, dont l'orgueil n'avait plus de bornes, car il était persuadé que la France reculerait. Les ambassadeurs rebutés, malmenés, chassés pour ainsi dire, reprirent le chemin de l'Orient et s'arrêtèrent à Tunis, où ils dirent, non sans amertume, au consul de France : « *Que voulez-vous attendre de gens, qui, de savetiers ou de cuisiniers qu'ils étaient la veille, sont le lendemain même élevés au pouvoir suprême ?* »

DERNIÈRE TENTATIVE D'ARRANGEMENT PAR M. DE LA BRETONNIÈRE. INSULTE A SON VAISSEAU COUVERT DU DRAPEAU PARLEMENTAIRE. — Le gouvernement de Charles X avait espéré que le blocus et la menace d'une expédition contre Alger décideraient le dey à traiter ; mais on avait affaire à un entêté qui reprenait plus de confiance à mesure que le temps s'écoulait. Il savait, en outre, que le parlement français ne paraissait pas disposé à se lancer dans une entreprise aussi hasardeuse ; enfin, le naufrage de nos deux navires acheva de porter à l'extrême son arrogance et son aveuglement.

Avant que ce fait eût été connu à Paris, de la Bretonnière avait reçu l'ordre de se rendre à Alger pour présenter au dey une dernière offre d'arrangement. Monté sur le vaisseau la « *Provence* » portant le pavillon parlementaire et accompagné du brick l' « *Alerte* », l'amiral arriva à Alger, le 30 juillet, dans l'après-midi, après avoir quitté la ligne de croisière le même jour. Il mouilla à environ une lieue de la ville, à peu de distance d'une corvette anglaise et d'une goelette espagnole. Aussitôt, l'amiral descendit à terre et fut reçu par le consul de Sardaigne, comte Datili, chargé, par intérim, des affaires de France, et eut une première conférence avec l'oukil-el-Hardj. Le lendemain, jour fixé pour la réception du dey, de la Bretonnière descendit de nouveau à Alger. Les malheureux captifs français avaient été conduits à la marine et des vauriens s'amusaient à les frapper de façon à offrir cet odieux spectacle à l'amiral et à son état-major. Parvenu à la Kasba, de la Bretonnière refusa péremptoirement de déposer son épée, comme on voulait l'y contraindre, et ce fut sans aucune concession humiliante qu'il se présenta devant le dey. Après une conférence de deux heures, Houssein renvoya, au surlendemain, 2 août, sa réponse définitive. Le 2 août, de la Bretonnière étant descendu à terre, se rendit à la Kasba, au milieu d'un grand concours de peuple inquiet, mais ne manifestant aucune hostilité. Il trouva le dey fort mal disposé et, malgré tout l'esprit de conciliation compatible avec la dignité de son caractère, l'amiral ne put rien obtenir. « *J'ai de la poudre et des canons.* » Telle fut la dernière déclaration de Houssein qui assura ensuite à de la Bretonnière qu'il pouvait se retirer, sous la garantie de son sauf-conduit, comme parlementaire.

Rentré à son bord, l'amiral fit ses préparatifs de départ pour le lendemain midi, dans le cas où il n'aurait reçu aucune communication du dey, ainsi qu'il l'avait déclaré à l'oukil-el-Hardj, en le quittant. Le 3, à l'heure fixée, le brick l'« *Alerte* » mit à la voile et prit le large, après avoir passé sous les batteries de la ville. A une heure, la « *Provence* » appareilla à son tour « portant le pavillon parlementaire au mât de misaine et le pavillon du roi à la corne ». Ce vaisseau avait dérivé et il en résultait, qu'en raison de la faiblesse du vent, sa sortie ne pouvait s'effectuer qu'avec lenteur, en demeurant exposé aux projectiles des batteries du port. Trois coups de canon à poudre furent alors tirés, successivement, de la batterie du fanal, et l'on put voir du vaisseau français les canonniers courant sur le môle et dans tous les forts à leurs postes. Peu après, ces batteries ouvrirent le feu à boulets sur la « *Provence* » et, pendant une demi-heure, 80 coups de canon lui furent tirés, ainsi que plusieurs bombes. Onze boulets atteignirent le bâtiment, dont sept dans sa coque, mais par bonheur son gréement ne fut pas endommagé. Enfin, les deux navires dont nous avons parlé (anglais et espagnol) protégèrent par leur situation, le vaisseau français, qui courut les plus grands dangers. Maîtrisant son indignation en présence d'une pareille violation du droit des gens, M. de la Bretonnière put empêcher son équipage de répondre à l'agression. Debout à son poste de commandement, entouré de ses officiers, l'amiral appliqua tous ses soins à ne pas exposer ses hommes et eut le bonheur de n'en perdre aucun. Les coups, quoique bien pointés, portèrent généralement trop haut.

Pour atténuer l'effet de cette insulte, le dey s'empressa de faire dire à l'escadre que c'était sans son ordre que l'oukil-el-Hardj avait fait ouvrir le feu, ajoutant qu'il l'avait destitué, pour l'en punir ; mais d'autres affirment que sa colère contre ce ministre provenait de ce qu'il n'avait pas coulé le vaisseau ; on prétend même qu'il voulait faire décapiter le malheureux officier [1].

LA FRANCE ORGANISE L'EXPÉDITION D'ALGER. COMPOSITION DE L'ARMÉE. — Pendant que ces tristes événements se produisaient à Alger, condamnant le système suivi depuis plus de deux ans, le ministère de Martignac tombait et était remplacé par celui de M. de Polignac. Cette fois, aucune transaction, aucun ajournement n'étaient possibles ; la guerre fut résolue et le ministère en prépara l'exécution. Cependant, pour bien établir que tous les moyens de conciliation avaient été épuisés, l'ambassadeur de France à Constantinople invita le sultan à agir sur le dey, son vassal, afin qu'il donnât toutes les satisfactions désirables. Après Navarin, l'expédition de Morée et l'appui prêté à la Grèce, nous étions, il faut le reconnaître, assez mal placés pour exiger quoi que ce fût du sultan, dans notre intérêt. Il ne fit à peu près rien et n'était en mesure de rien faire. On alla jusqu'à penser à Mehemet-Ali, pour obtenir la mise à la raison des Algériens ! Tout cela était inutile et, par délibération du conseil des ministres en date du 31 janvier 1830, l'expédition d'Alger fut décidée, en tant qu'opération militaire, car il ne paraît pas qu'on eût envisagé sérieusement les conséquences d'une entreprise pour la réussite de laquelle les dispositions avaient été parfaitement combinées.

Depuis longtemps, les conditions d'une attaque contre Alger avaient été étudiées. Dès 1808, ainsi que nous l'avons dit, Napoléon Ier avait chargé un officier du génie, M. Boutin, de préparer, au point de vue technique, cette entreprise. D'autres militaires et marins, notamment ceux qui avaient pris part au dernier blocus, fournirent d'utiles renseignements. Cette fois, on tint compte des leçons de l'histoire et, se rappelant les échecs éprouvés par les Espagnols à différentes époques en attaquant Alger par le front de mer, on adopta l'avis de Boutin, présenté et soutenu par

---

1. De Grammont, *Hist. d'Alger*, p. 389 et suiv. — Féraud, *Destruction des Etablissements de la Calle* (Revue afric., n° 102, p. 421 et suiv.). — Le même, *Affaire Bakri* (Revue afric., n° 73, p. 50 et suiv.). — Bianchi, *Relation de l'insulte faite à la « Provence »* (Revue afric., n° 126, p. 409 et suiv.). — Carette, *Algérie* (Univers pittoresque, t. VII, p. 256 et suiv.). — Rousseau, *Annales Tunisiennes*, p. 375 et suiv.

Dupetit-Thouars, et qui consistait à choisir la baie de Sidi-Feredj (Feruch) comme point de débarquement. Excellente résolution, car, si, d'une part, on était presque certain d'y descendre sans difficultés, de l'autre, on obtenait cet avantage d'arriver sur Alger par les hauteurs, mal défendues comme fortifications, et de rendre inutiles les batteries hérissées de canons, qui protégeaient le littoral, dans le golfe d'Alger.

Le général de Bourmont, ministre de la guerre, et M. D'Haussez, ministre de la marine, préparèrent avec autant d'intelligence que d'activité tous les détails de l'expédition. L'armée, dont de Bourmont s'était réservé le commandement, devait se composer de :

Trois divisions d'infanterie d'environ 10,000 hommes chacune.

Trois escadrons de chasseurs.

Et un effectif suffisant du génie, de l'artillerie et des services auxiliaires.

Le personnel combattant s'élevait à 34,124 hommes, y compris les officiers, et le personnel auxiliaire à 3,500 environ.

Tous ceux qui participèrent à cette expédition furent, autant que possible, choisis avec soin. Ils s'acheminèrent vers le midi et se concentrèrent à Toulon.

Le commandement de la flotte était donné à l'amiral Duperré, malgré le peu de confiance manifesté d'abord par lui. Elle se composait de cent navires de guerre et de 357 bateaux de commerce, nolisés dans différents ports ; car, en outre de l'effectif, il y avait à charger un matériel considérable, des vivres et des munitions et l'on a pu, avec raison, dire que rien n'avait été oublié.

Le 11 mai 1830, commença l'embarquement des troupes à Toulon et cette opération ne fut terminée que le 18. Mais le vent était contraire, et il fallut attendre jusqu'au 25, pour mettre à la voile. L'enthousiasme était grand chez tous ; aussi l'armée supporta-t-elle, sans plainte, ces retards si fâcheux pour le moral du soldat et les ennuis de l'encombrement sur des bateaux dont la plupart étaient mal aménagés.

L'Europe entière avait les yeux fixés sur cette grande entreprise. Les nations méditerranéennes en souhaitaient vivement la réussite. Les autres, à l'exception de l'Angleterre, tout en reconnaissant la nécessité de mettre fin à la situation faite à la chrétienté par les corsaires barbaresques, nécessité que les derniers congrès avaient proclamée, suivaient, avec plus de curiosité que de bienveillance réelle, les phases de cette affaire. Se rappelant les échecs éprouvés à Alger par toutes les tentatives antérieures, elles doutaient de la réussite, et ne songeaient certainement pas aux conséquences d'une victoire suivie de l'occupation ; mais, en France, les plus nobles sentiments s'étaient réveillés; chacun coopérait, pour ainsi dire, à la réussite, en communiquant cette force morale qui est le gage le plus certain du succès.

Au dernier moment, le cabinet de Saint-James avait voulu entraver l'entreprise en élevant la voix jusqu'à la menace ; mais par une note du 12 mars, le gouvernement de Charles X coupa court à ses bravades, en concluant par cette phrase: « Nous ne nous mêlons pas des affaires des Anglais ; qu'ils ne se mêlent pas des nôtres ! » Cette réponse provoqua, en Angleterre, des récriminations, résumées par l'ambassadeur britannique dans les termes suivants : « La France se moque de nous ! » .... et ce fut tout.

Voyage de la flotte. Débarquement à Sidi-Feredj. — Le 25 mai au soir, l'immense flotte avait quitté Toulon, au bruit des acclamations d'une foule considérable, venue pour assister à ce beau spectacle. Le lendemain, elle fut rejointe par une frégate, détachée de l'escadre de blocus, accompagnant un envoyé turc, venu sur une frégate ottomane, qu'elle avait empêchée d'entrer à Alger. Cet officier prétendit avoir reçu du sultan la mission de tout concilier. Malheureusement, il était trop tard et M. de Bourmont se borna à l'expédier en France, pour qu'il transmît son message au ministre compétent. Le 29, la flotte côtoya l'île Majorque et, dans la soirée du 30, elle était en vue de la terre d'Afrique. Le lendemain, les bateaux de débarquement n'étant pas encore arrivés et le vent fraîchissant, l'amiral fit mettre le cap sur Palma, ce qui provoqua dans toute l'armée une explosion de regrets, allant bientôt jusqu'à la colère, et qu'il fallut toute la force de la discipline pour calmer. Lorsqu'on atteignit la baie de Palma, les bateaux en retard venaient de la quitter et cinglaient vers l'Afrique. Ce ne fut que le 10 juin que l'amiral permit à ses navires de remettre à la voile. Le 13, au point du jour, on aperçut de nouveau la terre et, dans l'après-midi, toute la flotte se trouvait réunie dans la baie de Sidi-Feredj. Le lendemain, au point du jour, le débarquement commença par la première division et s'opéra sans difficulté ; on dit que le bey de Constantine voulait s'y opposer, mais que l'avis contraire de l'ag'a Ibrahim prévalut.

Au courant des immenses préparatifs faits contre lui, le dey n'avait rien négligé pour que la résistance fût sérieuse. Il avait même sollicité, mais sans succès, le concours du bey de Tunis : réduit à ses seules ressources, il avait puissamment armé tous ses forts et recruté de bons canonniers. La guerre sainte était proclamée dans toute l'Algérie, et les trois beys avaient amené de l'est, de l'ouest et du sud, les contingents de chaque tribu.

Mais Housseïn s'attendait à un débarquement dans le golfe d'Alger, et lorsqu'il sut que la flotte était à Sidi-Feredj, il fit aussitôt partir son gendre Ibrahim qui avait succédé à Yahïa-og'a, sans le remplacer, avec les troupes disponibles, les contingents de l'intérieur et de l'artillerie légère, en le chargeant d'arrêter l'armée française et de la jeter à la mer. Un vaste camp fortifié fut établi par Ibrahim sur le plateau de Staoueli et, grâce à la lenteur des opérations de l'armée, le général du dey se trouva bientôt à la tête d'un rassemblement considérable, dont le chiffre a été évalué à 60,000 hommes.

Bataille de Staouéli. Prise du fort l'Empereur. Capitulation du dey. Chute de l'odjak d'Alger. — Cependant, le débarquement avait continué et la première brigade, une fois à terre, s'était portée en avant et avait brillamment enlevé une ligne de redoutes où se trouvaient des canons et des mortiers. La presqu'île, protégée par des ouvrages établis par le génie, forma un camp retranché, où la troisième division demeura, tandis que les deux autres s'établissaient en avant.

Le 19, au point du jour, l'armée française fut attaquée de front et sur les flancs, par les indigènes, se croyant sûrs du succès en raison de leur grand nombre. Mais le sang-froid de nos soldats, leur courage bien dirigé par d'excellents chefs, eurent bientôt raison de cet assaut tumultueux, sauf sur la gauche, où les Turcs et les contingents de Titeri culbutèrent le 28e de ligne. Ce court succès n'eut aucune durée, car les Français reprirent l'offensive et chassèrent devant eux Turcs et Arabes. Sur le flanc droit, le bey de Constantine, qui avait mené l'attaque non sans vigueur, avait été repoussé au delà de l'Ouad-Bridja. Enfin, au centre, l'artillerie avait fait merveille. M. de Bourmont, qui s'était porté sur la ligne de bataille, voyant le désarroi de l'ennemi, jugea, avec beaucoup de raison, qu'il fallait en profiter, et donna l'ordre de se porter à l'assaut de son camp. Les soldats, pleins d'ardeur, enlevèrent au pas de course les ouvrages défensifs du camp et s'en rendirent maîtres ainsi que de tout ce qu'il renfermait : drapeaux, canons, vivres, munitions. Quant aux musulmans, si nombreux et si pleins de confiance, le matin même, ils avaient disparu dans les ravins et derrière les crêtes.

C'était un résultat inespéré, et, dès lors, on jugea la partie à moitié gagnée. Pendant ce temps, Alger était terrifié et le dey, au comble de la fureur, après avoir menacé Ibrahim de le faire périr, l'avait destitué et remplacé par Moustafa-Bou-Mezrag, bey de Titeri. Les fuyards furent ralliés et groupés autour du fort l'Empereur et, peu à peu, Bou-Mezrag les ramena à l'ennemi qui demeurait immobile, parce que le matériel de siège et les outils du génie n'étaient pas arrivés. Quelques engagements, plus ou moins importants, eurent lieu aux avant-postes. Enfin, on reçut le matériel, et le duc de Bourmont, — qui avait perdu un de ses fils dans ces stériles escarmouches, — donna l'ordre de marcher en avant. Le 29, au point du jour, l'armée s'ébranla et, chassant l'ennemi devant elle, couronna bientôt les hauteurs ; une division était déjà à El-Biar ; mais, par suite d'une erreur de l'état-major, on la fit rétrograder, et la journée fut perdue. Dans la nuit, chacun reprit ses positions, non sans peine, et, le 30 au matin, on commença les tranchées d'attaque contre le fort l'Empereur, malgré les sorties de l'ennemi et le feu terrible dont le fort s'entourait. Le 1er juillet, une première batterie de six canons battit une de ses faces ; deux autres furent successivement établies sur d'autres points, avec une activité merveilleuse et, le quatre au matin, l'attaque générale commença vigoureusement ; mais la riposte fut non moins énergique et le fort Bab-Azoun, ainsi que la Kasba, contribuèrent à la défense. Vers 10 heures, les pièces du fort étant presque toutes démontées, le commandant de l'artillerie venait de donner l'ordre de battre en brèche, lorsqu'une explosion épouvantable se produisit, couvrant tous les alentours de débris. C'était le Khaznadji, chargé du commandement du fort, qui, jugeant impossible la prolongation de la résistance, avait mis le feu aux poudres.

Dès que la fumée se fut dissipée et qu'on eut pu se rendre compte de la situation, un bataillon du 35e de ligne se précipita au milieu de ces débris fumants et branlants, et y arbora le drapeau français ; puis, une batterie fut installée dans le fort même, pour éteindre les feux de celui de Bab-Azoun.

On pouvait considérer la ville comme prise. Les auxiliaires fuyaient de tous les côtés, tandis que les soldats turcs, démoralisés, n'essayaient même plus de se défendre. Quant aux citadins, voulant à tout prix éviter le pillage de leur ville, ils délibéraient et se décidaient à la rendre. Le dey, dont toutes les espérances avaient été si vite déçues, était plongé dans la stupeur ; mais, en présence de la révolte des Algériens, il s'empressa de dépêcher au général français, son Khoudja Moustafa, chargé de lui donner toutes les satisfactions qu'il lui plairait d'exiger. En même temps, les délégués de la population venaient offrir à M. de Bourmont la tête du dey. Le général répondit, aux uns et aux autres, qu'il ne traiterait que dans la ville et, dès le lendemain matin, Housseïn-dey signait la capitulation qui consacrait la chute de l'odjak et livrait à la France le rempart de la puissance turque en Afrique[1].

Le 5 juillet 1830 marque le point de départ d'une ère nouvelle pour l'histoire de l'Afrique septentrionale. C'est à la France qu'est échu le rôle glorieux de mettre fin à une situation intolérable opprobre de l'humanité civilisée. Personne ne peut revendiquer avec elle cette gloire, car seule elle accepta les charges de l'entreprise. Amenée à occuper ce pays, elle a compris que son succès et l'avantage immense qui en est résulté pour elle lui ont créé de grands devoirs, et ces devoirs ont été aussi noblement acceptés que les périls et les sacrifices qu'ils comportaient. « Nulle conquête n'a été plus justifiée, nulle n'a été plus humaine », a dit un éminent écrivain étranger[2]. Et maintenant, il reste à notre patrie à couronner son œuvre, en faisant pour les pirates sahariens ce qu'elle a fait pour ceux de la Méditerranée, et en ouvrant à la civilisation le centre de l'Afrique, par la route la plus directe et la plus sûre, dont l'Algérie lui a donné la clé.

Coup d'œil rétrospectif. — Lorsque, au commencement du xvie siècle, la fondation de l'empire des Barberousse vint arrêter l'essor des conquêtes espagnoles dans l'Afrique septentrionale, en même temps que l'avènement des Cherifs saadiens mettait un terme à la colonisation portugaise au Maroc, la Berbérie était parvenue au dernier degré d'affaiblissement national et politique qu'un peuple peut atteindre. La lutte de l'élément et de l'esprit arabes contre la race et les traditions berbères avait, après huit siècles, produit cette situation. Certes, l'islamisme fut un progrès pour la masse de la nation berbère. Ce sont en effet des hommes profondément imbus de l'esprit de cette religion, les Ben-Tachefine et les Abd-el-Moumène, qui ont élevé leur race à son apogée, après lui avoir donné une unité qu'elle n'avait pas connue et qu'elle ne sut pas conserver. Malheureusement, la religion musulmane laisse chez ses adeptes peu de place à d'autres

---

1. De Grammont, *Hist. d'Alger* p. 400 et suiv. — Carette, *Algérie*, p. 262 et suiv. — Pellissier de Reynaud, *Annales algériennes*, t. I. — Federmann et Aucapitaine, *Notice sur le beylik de Titeri* (Revue afric., n° 52, p. 301 et suiv.). — Vayssettes, *Hist. des beys* (loc. cit.).

2. M. P. de Tchihatchef, dans son bel ouvrage, *Espagne, Algérie, Tunisie.*

sentiments, et ne fonde pas l'esprit national, sans lequel une nation ne peut vivre. En outre de l'effet de son exclusivisme propre, la lutte incessante, de près de huit siècles, que l'islamisme dut soutenir, en Espagne, contre le christianisme, avec le seul appui de la Berbérie, empêcha les souverains de ce pays de suivre la marche générale du progrès et d'y lier son sort. Enfin, la transformation opérée dans l'élément ethnique berbère par le mélange intime des Arabes hilaliens, le fractionnement, l'émiettement des vieilles tribus, l'arabisation, partout où il y avait contact, particulièrement dans les plaines, enlevèrent à la race autochtone toute individualité, toute faculté de commandement.

Les dynasties berbères qui régnaient sur l'Afrique septentrionale depuis près de trois siècles, avaient été amenées, de même que leurs prédécesseurs, les Almoravides et les Almohâdes, à renier, à écarter, sinon à détruire, les familles dont elles étaient sorties et qui s'étaient rendues insupportables par leurs prétentions et leurs exigences. Ces dynasties étaient caduques et se survivaient, dépourvues de valeur personnelle et n'ayant plus de racines dans le pays.

Les deux Barberousse parurent alors ; ils avaient, l'un et l'autre, des qualités remarquables ; mais le moment, il faut le reconnaître, était singulièrement propice. Alger, dont les Zeyanites n'avaient pas su tirer parti, ne voulant pas abandonner Tlemcen, berceau de leur famille, toujours menacée par leurs voisins de l'ouest; Alger, désignée naturellement pour devenir la capitale du centre du pays, et qui, alors, se trouvait abandonnée à un obscur cheikh arabe, n'était vraiment pas difficile à prendre, surtout pour un corsaire qu'aucun scrupule n'arrêtait. Lorsque Aroudj en fut maître, les Espagnols comprirent l'étendue de la faute qu'ils avaient faite en n'occupant pas ce point et, durant des siècles, ils s'épuisèrent en efforts inutiles pour la réparer. Une fois établis à Alger, les Barberousse se trouvèrent en mesure d'arrêter le développement de la conquête de la Berbérie par l'Espagne.

Chose digne de remarque, ils furent puissamment favorisés par l'extension énorme prise, sur ces entrefaites, par cet empire. En outre de ses conquêtes dans le nouveau monde, l'Espagne, en effet, eut alors à combattre dans les Pays-Bas, les Flandres, la Lorraine, l'Autriche, l'Italie, les îles de la Méditerranée, sur les frontières de France sans parler d'une autre lutte, celle contre la Réforme. Il était naturel que l'Afrique fût sacrifiée ou que les efforts tentés pour la conserver restassent isolés, alors qu'un système d'action logique et ininterrompue eût été indispensable. La rivalité séculaire de la France et de l'Espagne, son alliance avec la Porte, l'appui, direct ou indirect, qu'elle fournit aux Turcs de Berbérie, contribuèrent aussi à l'affermissement de leur puissance, qu'il lui était réservé de détruire trois siècles plus tard.

Les Barberousse s'appliquèrent naturellement à développer la course, devenue, depuis près de deux siècles, l'industrie principale de toutes les cités maritimes de la Berbérie. Ces petites républiques furent tout d'abord leurs plus fermes soutiens. Puis, lorsque Kheir-ed-Dine, après la mort de son frère et la défection de ses alliés, eut fait à la Porte cadeau de ses conquêtes, le sultan se rendit parfaitement compte des avantages qu'il pouvait en obtenir et, tout d'abord, il fit du second Barberousse son grand amiral et tira de l'Afrique une grande partie de sa marine et de ses marins. Comblé d'honneurs, Kheir-ed-Dine vit s'évanouir son rêve, car il avait certainement espéré devenir maître indépendant de la Berbérie. Ce pays, qui en aurait peut-être profité dans le sens de la civilisation et du progrès, resta ainsi sous le joug des Beylarbegs, soldats de fortune, renégats de toute origine, doués d'une grande énergie, et dont quelques-uns, les Salah-Reïs, les Hassan-Ag'a, les Euldj-Ali, ne manquaient pas de génie et d'ambition, ni même, comme ce dernier, de vues personnelles sur l'Afrique.

Lorsque l'Espagne eut définitivement renoncé à la conquête de la Berbérie, la Porte supprima le beylarbeg, et se borna à envoyer en Afrique des pachas, auxquels elle enleva tout moyen de se rendre indépendants, par la courte durée de leur commandement. Ces étrangers, ignorant tout dans leurs pachaliks et dépourvus de puissance effective, s'y trouvent en lutte contre deux forces, devant, en principe, être à leur service, mais qui, en réalité, détiennent le pouvoir: les Yoldachs et les Reïs. Aussi, sont-ils bientôt réduits au rôle de personnages muets, de gouverneurs en effigie. C'est alors que les Yodalchs organisent l'odjak, démocratie militaire, où le commandement appartient successivement à tous et n'a qu'une durée très restreinte et une puissance atténuée par l'ingérence de chacun, au moyen du diwan. La jalousie, la crainte des empiètements, l'espoir de contenir la force en la pondérant, sont les bases de cette organisation, à la tête de laquelle on place, comme un souverain, régnant sans gouverner, le plus vieux et le plus nul des compagnons, avec le titre de *dey*. Telle fut, à grands traits, la première organisation de la république des janissaires en Afrique.

Elle se trouva terminée dans les premières années du xvii⁰ siècle et ce fut à partir de ce moment que les Yoldachs s'occupèrent sérieusement de l'intérieur. Ils l'avaient, jusque-là, parcouru en vainqueurs, s'étaient alliés à des roitelets indigènes, avaient opposé ces chefs les uns aux autres, mais n'avaient pas occupé sérieusement le pays. Ce fut, pour eux, l'œuvre du xvii⁰ siècle. Ils trouvèrent, dans l'intérieur, de nouvelles et puissantes tribus, la plupart d'origine berbère, mais complètement arabisées, et, au milieu d'elles, des familles croisées, de sang berbère et arabe, où l'autorité s'était transmise depuis de longues années et qui avaient formé une véritable féodalité. Ils exigèrent l'obéissance des unes et des autres, brisèrent ce qui prétendit résister et posèrent comme règle que quiconque, parmi ces feudataires, levait trop la tête, devait être supprimé, sans tenir le moindre compte des services rendus.

Une autre influence avait pris dans l'intérieur une extension considérable. C'était celle des marabouts, répandus partout, et formant des centres religieux, au milieu des populations les plus diverses et les plus reculées. Leur action, complétée par celle des confréries de Khouan, acheva, à partir du xv⁰ siècle, de détruire tout lien national, en le remplaçant par le lien religieux. Et cela est si vrai, qu'il est beaucoup plus logique maintenant de désigner les indigènes du pays par le terme de : « musulmans d'Afrique », que sous le nom d'Arabes, de Berbères ou de Berbères-arabisés. Or, les Turcs se servirent, avec beaucoup d'adresse, de l'influence des marabouts en les favorisant de toutes les manières, non par sentiment religieux, mais par esprit politique.

Ce fut encore dans cette période que les Yoldachs organisèrent les Zemala et les tribus makhezen, au moyen d'éléments ramassés partout et qu'ils établirent dans les terrains domaniaux, sur les principales routes et aux gîtes d'étapes, assurant ainsi leurs communications. Quant aux régions éloignées ou d'accès difficile, ils ne s'en préoccupèrent pas, se réservant d'y exécuter des expéditions lorsqu'ils seraient en mesure de le faire.

Ainsi l'administration du pays se réduisait au strict nécessaire, tirait parti de toutes les ressources et ne demandait rien au gouvernement du sultan. Dans les villes du littoral, la course, élevée à l'état d'institution régalienne, compléta par ses produits l'alimentation du trésor.

Les lacunes, les vices d'un semblable régime, sans parler de l'immoralité absolue qui lui sert de base, frappent les yeux de tous. Comment expliquer alors qu'un tel gouvernement ait pu durer jusqu'en 1830 ? C'est dans l'absence d'entente entre les puissances européennes, dans les luttes et les jalousies les divisant, qu'il faut chercher l'explication de cette anomalie. Les haines, les ambitions personnelles des nations chrétiennes assurèrent la durée de ce monstrueux Odjak, non moins ridicule qu'odieux.

Cependant, il faut ajouter, à cette raison principale, un autre motif qui eut bien son poids : la méconnaissance absolue des conditions réelles du pays.

La constitution fondamentale de la république des Yoldachs ne tarda pas, dans la pratique, à subir des modifications profondes. A Tunis, d'abord, les beys, ayant le commandement des troupes, annihilèrent absolument l'autorité des deys, de même que ceux-ci l'avaient fait à l'égard des pachas, et, en 1705, Hosseïn-ben-Ali renversa ce qui restait de l'organisation primitive et fonda la dynastie des beys encore à la tête de la Tunisie. Ainsi, ce pays acquit un gouvernement quasi-régulier, ayant un lendemain assuré, et y trouva son profit ; d'autre part, les puissances européennes pouvaient enfin traiter avec une puissance dont l'éducation se forma dans les rapports internationaux, s'attachant à éviter les ruptures qui amenèrent les diverses attaques d'Alger par les chrétiens, avec leurs conséquences naturelles : pertes considérables pour le commerce et trouble fâcheux dans les relations. Quant aux Yoldachs, leur indiscipline les fit écarter peu à peu ; on diminua leur nombre et, à la suite d'une dernière révolte, ils finirent par être détruits ou exilés.

A Alger, il en alla tout autrement. En dépit des révoltes, des meurtres, des difficultés de toute sorte, le dey fut maintenu ; mais il prit insensiblement la direction de l'exécutif. Un fait très curieux se produisit alors : tandis que les deys avaient une existence précaire, une autorité contestée, les beys restaient de longues années à la tête de leurs provinces et pouvaient y faire de bonne administration. Ce fut ainsi que Salah-bey à Constantine et Mohammed-el-Kebir à Oran, dans la seconde moitié du siècle dernier, obtinrent des résultats remarquables.

Mais ces succès, qui faisaient d'autant mieux ressortir l'infériorité des deys, provoquèrent la jalousie de ces soldats vulgaires et ignorants. De plus, la continuité du pouvoir entre les mains du même n'était-elle pas en contradiction avec les principes de brutale égalité du gouvernement des Yoldachs ? Aussi, à partir de la fin du siècle dernier, s'attachèrent-ils à ne pas laisser trop longtemps en place leurs beys. Mieux ceux-ci administraient, et plus on jugeait, à Alger, qu'il était urgent de les supprimer. Le lacet de soie avait raison des beys intelligents aussi bien que des autres et la spoliation suivait l'exécution. C'était, pour l'odjak d'Alger, double avantage. Lorsqu'on voit le sort fatal qui attend invariablement ces malheureux beys, après deux ou trois ans d'exercice, souvent moins, on se demande comment il se trouvait encore des candidats pour ces postes.

Ainsi, les progrès réels obtenus par les beys amenèrent une réaction et, à partir du commencement du xix° siècle, un véritable retour à la barbarie. Il n'est pas surprenant qu'une telle absence de principes de gouvernement ait produit, dans l'esprit des deys, ce trouble et cet aveuglement qui ont enfin soulevé contre eux toute l'Europe et causé leur perte. Du jour où la course et l'esclavage furent effectivement supprimés, la puissance des Turcs d'Afrique fut frappée à mort, ce qui prouve qu'elle ne tirait pas sa force du pays, mais de la faiblesse des nations chrétiennes. De même qu'à Tunis, les Yoldachs avaient été une telle source de révoltes et de difficultés, que, tout naturellement, leur nombre et leur puissance n'avaient cessé d'être réduits, limités, au profit des Zouaoua et des Koulour'li.

Nous avons dit plus haut combien avait été grande l'ignorance des nations européennes au sujet de l'Afrique. On s'en rendit bien compte, le 5 juillet 1830, lorsqu'après la capitulation du dey, à la suite de la prise d'un fort, on s'aperçut que le gouvernement de l'odjak n'existait plus. Ces étrangers n'avaient su, dans le cours de trois siècles, se faire aucune racine dans le pays et cela s'explique, étant donné leur système d'administration. Le gouvernement des deys n'existait plus et la France s'appliqua pendant longtemps à chercher, ce qu'il n'y avait pas derrière lui : une nationalité avec des représentants officiels ; elle ne trouva que des musulmans de toute race et de toute couleur, et nos généraux de la province d'Oran n'eurent pas de cesse qu'ils ne fussent arrivés à former de toutes pièces un « roi des Arabes ». Mais, ni la bonne volonté de nos gouverneurs, ni le génie d'Abd-el-Kader ne purent faire revivre ce qui était mort, et la popularité de l'émir ne dépassa guère la province d'Oran.

Dans le Mag'reb extrême, les choses s'étaient passées différemment. Ce pays, demeuré, bien plus que le reste de l'Afrique, à l'abri de l'influence des Hilaliens, comme mélange de races, avait été envahi par des marabouts venus, en général, de la région de Saguiet-el-Hamra au delà du Grand-Atlas. Le littoral nord de l'Atlantique s'était laissé en partie arabiser par les tribus transportées par El-Mansour, qui s'y rencontrèrent avec d'autres étrangers, les Zenètes, venus à une époque antérieure, et appelés de nos jours, comme leurs frères de l'Aourès, *Chaouïa*. Partout, l'élément berbère dominait, fier, indépendant par tradition, maître du pays. Les conquêtes des Portugais et des Espagnols au Maroc, encouragées par la faiblesse des derniers Merinides, blessèrent à un tel point les sentiments religieux des Cherifs marabouts que, se mettant à la tête des populations fanatisées par eux, ils arrêtèrent, au nom de la religion, les progrès de l'infidèle ; bientôt, par une conséquence logique, ils montèrent sur le trône déshonoré par les derniers descendants de l'Abd-el-Hak. Les cherifs Saadiens, puis leurs successeurs les Hassani, luttèrent sans cesse jusqu'à ce qu'ils eurent à peu près chassé du Maroc Espagnols, Portugais et Anglais.

Mais, si le sol sacré de l'Islam était purgé de la présence de l'infidèle, le pays se trouvait en proie à l'anarchie la plus profonde, la plus difficile à réduire, tant l'impatience de tout joug, l'impossibilité de l'obéissance, étaient passées dans le sang des Magrebins. Cependant, Moulaï-Ismaïl essaya d'extirper du cœur de son peuple ces racines de révolte ; il s'y appliqua avec son énergie sauvage, pendant près de cinquante ans, et fit de véritables hécatombes des représentants de la plus pure race berbère. Mais, il ne tarda pas à se convaincre que cela était inutile et voulut essayer de la dompter par un autre moyen : en la fractionnant, en la sillonnant de routes et en plaçant, à chaque étape, une forteresse occupée par une colonie de nègres affranchis, obéissant à des chefs de même origine, préparés à leur rôle par une éducation spéciale. On ne peut s'empêcher d'admirer la puissance et même la justesse de cette conception, dont il dut croire la réussite assurée. Malheureusement, il avait compté en négligeant deux facteurs : l'impuissance de la race nègre à se diriger, lorsqu'elle est livrée à elle-même — nous disons la race dans son ensemble, sachant que les exceptions ne prouvent rien — et l'incapacité, la mollesse des successeurs du sultan. Entre les mains de Moulaï-Ismaïl, cette organisation aurait peut-être été perfectionnée et mise en état de rendre les services qu'on en attendait. Mais, lui mort, sa création subit le sort de bien des choses humaines, qui ne valent que gérées par ceux qui les ont créées. Bien plus, l'indiscipline des Abid devint une nouvelle cause de déchirement et d'anarchie. Quant aux fils des Cherifs, ces marabouts arrivés au pouvoir sous le manteau du puritanisme, ils sont de tristes débauchés, adonnés à tous les vices que le Koran réprouve. Beaucoup d'entre eux n'ont même plus le courage physique et ils ne peuvent supporter la vue du sang que s'il est versé par la main du bourreau.

Le long et sage règne de Moulaï-Mohammed, venant après trente années de désordres sans nom, fut réparateur ; mais il fallut néanmoins renoncer au concours des Abid et, par conséquent, ne plus prétendre exercer une action sérieuse sur un grand nombre de populations du Maroc, non plus que sur les conquêtes de l'extrême Sud, qui avaient donné un si grand lustre au règne d'El-Mansour.

Tel est actuellement l'état du Maroc. Ce vaste empire n'a aucune cohésion ; les prétendants sont prêts à surgir de tous les côtés et les luttes intimes peuvent recommencer à toute heure. Il est arrivé à ce point qu'il se trouve dans l'impossibilité de vivre selon les nécessités du temps. Et cependant, toute nation européenne qui voudrait en entreprendre la conquête se heurterait à de bien grandes difficultés en raison du caractère indépendant des populations et de l'âpreté des montagnes qui couvrent ce pays comme d'un réseau. Combien de déchirements intérieurs seront-ils encore nécessaires pour que la civilisation puisse y pénétrer et transformer cette riche et belle contrée, réservée indubitablement à un grand avenir ?

Examinons dans une rapide revue la situation de chaque contrée au point de vue politique et ethnographique en 1830.

MAROC.

Le Mag'reb-el-Akça ou *extrême,* devenu pour les Européens le *Maroc*, nom qui ne reproduit même pas exactement celui de l'une des capitales (*Marrakch*), a pour sultan en 1830, Moulaï-Abd-er-Rahmane, qui a succédé depuis 1822 à son oncle Moulaï-Slimane, au préjudice de ses cousins, enfants de ce dernier. Mais son pouvoir effectif n'est pas tel que le titre de sultan paraît le comporter. Il s'exerce sur toute la région du littoral océanien, depuis le cap Guer jusqu'au détroit de Gibraltar ; sur la région intérieure, de Maroc à Fès, et de cette ville à Oudjda et enfin sur la province de Tetouane.

A côté de ces régions, d'autres parties, tout en reconnaissant nominalement l'autorité du sultan de Fès, vivent, à peu près, dans l'indépendance. Ce sont :

Sur le littoral méditerranéen :

1° Le massif montagneux des Beni-Iznacen entre Oudjda et la mer.

2° Et le Rif, comprenant toutes les montagnes au nord de Taza et de Fès entre Tetouane et le cap Très-Forcas, au sud duquel se trouve le préside de Melila, seul point conservé par l'Espagne, en Afrique.

Les populations habitant ces régions sont purement berbères, arabisées seulement dans les points de contact avec les populations des plaines et près des villes.

Dans l'intérieur :

3° Tout le massif du Grand-Atlas marocain, de Debdou à

l'embouchure de l'Ouad-Noun, pays occupé par les vieilles tribus berbères, telles que les Heskoura et autres, descendants des Masmouda, qui ont formé de nouvelles peuplades, nombreuses et guerrières, parmi lesquelles nous citerons :

Les Aït-Youssi, Aït-Azdeg, Aït-Afelmane, Aït-Aïache, Aït-Ata, Aït-Bou-Dekhil, Aït-Bou-Delal et autres.

4° La région du Haut-Moulouïa, parcourue par des tribus arabes ou berbères-arabisées, telles que les Oulad-Nehar, Mohaïa, Angade, qui se réclament, tantôt du Maroc, tantôt de l'Algérie.

5° La région située au midi de la précédente, jusque vers les oasis de Figuig, parcourue par les Beni-Guil, Cheraga et R'araba (de l'est et de l'oue...

6° Les oasis du Touat et de diverses parties du Sahara.

Entre le cap Guer et l'Ouad-Noun, en remontant, de là, dans l'intérieur, un cherif, Moulaï-Hecham, a formé un royaume indépendant, qui comprend presque tout le Sous, avec Taroudent comme capitale.

Le Deraa supérieur et la province de Tafilala obéissent encore au sultan de Fès. Les tribus arabes mâkiliennes, qui l'ont envahi, se sont fondues dans la population ; mais ces régions demeurent, la plupart du temps, abandonnées à elles-mêmes, car les tribus berbères de l'Atlas tiennent le chemin et il faut, pour s'y rendre, faire de véritables expéditions qui ne sont pas toujours heureuses. Ces oasis se trouvent, du reste, remplies de descendants de Moulaï-Ismaïl et des autres cherifs.

Les marabouts et les chefs de confréries sont toujours nombreux au Maroc et forment des centres religieux que le sultan laisse absolument libres, tant que leurs chefs ou leurs adeptes ne se mettent pas en révolte ouverte. Le plus important est celui d'Ouezzan, au nord de Fès, au pied des montagnes qui bornent la province du R'arb ; son chef, un cherif, est le grand maître de la confrérie de Moulaï-Taieb, fort répandue dans tout le Mag'reb.

Abd-er-Rahmane, qui a lutté contre de nombreuses révoltes intérieures, s'est efforcé d'entretenir de bonnes relations avec les consuls européens de Tanger et a ouvert au commerce le port de Mazagan, à l'embouchure de l'Oum-er-Rebia près d'Azemmor. Mais, là se sont bornées ses avances et il a, pour le surplus, fermé absolument son empire à l'action des Européens.

ALGÉRIE.

Nous ne reviendrons pas sur la situation politique du pachalik d'Alger, puisqu'il cesse d'exister en 1830, et nous bornerons à passer en revue l'état des populations en continuant notre marche de l'ouest à l'est.

I. PROVINCE D'ORAN

Les plaines et plateaux de cette province, envahis, à une époque relativement récente, par les tribus hilaliennes, particulièrement de la branche des Zor'ba, sont habités par des populations de race arabe ou ayant absorbé dans leur sein les débris des anciens groupes berbères (Zenètes de la deuxième et de la troisième race), qui y étaient établis, eux-mêmes, sur les restes de peuplades primitives par rapport à eux.

L'organisation des Zemala, au moyen de cavaliers de toute origine et de nègres (Abid) et, enfin, le titre et les prérogatives des tribus makhezen accordés par les Turcs à leurs alliés, avaient donné à ces peuplades de l'intérieur un aspect uniforme arabe.

L'élément berbère était demeuré à peu près intact :

1° Dans les massifs montagneux situés au nord et à l'ouest de Tlemcen :

Beni-Senous, Oulhaça, Trara et autres.

2° A l'ouest de Mostaganem, dans les montagnes avoisinant Mazouna :

Beni-Zentis, Mazouna, Mediouna.

3° Sur le versant occidental de l'Ouarensenis et certaines régions du Djebel-Amour :

Beni-Bou-Rached, Matmata, B. Tig'rine, Chekkala, Besennas, etc...

On retrouve dans la province d'Oran un grand nombre d'autres tribus, absolument berbères d'origine, mais arabisées, entourant ou rejoignant les groupes qui précèdent, notamment :

    Les Botouïa (près Saint-Leu).
    Louata (au sud d'Orléansville).
    B. Lent (entre Teniet-el-Ahd et Tiharet).
    B. Ournid (sud de Tlemcen).
    B. Ouacine (près Nemours).
    B. Tig'rine (commune d'Ammi-Moussa).
    Zenata (près Tlemcen).
    B. Rached (près d'Orléansville), et autres.

Quant aux principales tribus arabes ou arabisées, ce sont les suivantes :

    Beni-Amer, entre Tlemcen et Oran (Tribus raïa).
    Douaïr, Zemala, Gharaba, environs d'Oran.
    Bordjia, au sud-est.

Hachem, à l'est de Maskara, tribus Makhezen.

Medjaher (Raïa), près Mostaganem et Sbih vers Orléansville.

Flitta (raïa), au sud des précédents.

Mehaïa, Djaafra, Beni-Mathar, Harar de l'ouest et de l'est, Khellafat, Oulad-Khaled, Oulad-Cherif et autres, formant les deux Yagoubïa, de l'est et de l'ouest, établies jusqu'au delà de Frenda et de Saïda.

Oulad-Farès, entre Tiaret et Orléansville.

Beni-Meslem, au sud-est des précédents.

Toutes ces tribus comprenaient un grand nombre de subdivisions, et il est facile de retrouver parmi elles nos familles hilaliennes.

Enfin, ajoutons, sur les Hauts-Plateaux, les Hameïane, Oulad-Sidi-Cheikh, etc...

Deux familles indigènes avaient acquis une importance considérable dans le pays ; mais leur influence avait un caractère plus religieux que celle des chefs féodaux de la province de Constantine. Nous citerons :

El-Hadj-Mohi-Ed-Dine, marabout des Hachem-Gheris, père d'El-Hadj-Abd-el-Kader.

Et Sidi-Bou-Beker Ould-Sidi-Cheikh, marabout d'El-Abiod, mosquée dont tous les indigènes des Hauts-Plateaux sont les Khoddam (serviteurs) et chef de la grande tribu des Oulad-Sidi-Cheikh, d'origine relativement nouvelle, formée d'éléments divers.

Et, comme chefs purement militaires :

Moustafa-ben-Ismaïl, Abd-Allah-ben-Cherif, aghas des Douairs.

Adda-ben-Kaddour, Mourseli, aghas des Zemala.

Kaddour-ben-el-Mokhfi, caïd des Bordjia.

Et Sidi-el-Aribi, caïd de la Mina.

II. PROVINCE D'ALGER

Cette province est demeurée beaucoup plus berbère que la précédente, bien que les Arabes Thaaleba aient pénétré dans la Mitidja et donné à Alger son dernier cheikh.

C'est d'abord tout le massif de la Grande Kabilie, absolument intact, avec sa confédération de tribus où nous retrouvons presque tous nos anciens noms :

Zouaoua, Flissa, Guechtoula, Zekhfaoua, Ouaguennoun, Fraoucene, Ratone, Batroun, Menguellate, Ameur, Yahïa, Hidjer, Fenaïa, et autres.

A l'ouest d'Alger, depuis Cherchel jusqu'au delà de Ténès, nous retrouvons un autre groupe compact. Ce sont des Zenètes et, en grande partie, des branches des Beni-Toudjine :

Beni-Menad, Zegzoug, Tig'rine, Zendak, Mag'raoua, Kadi, Mamet, et autres.

Dans l'Ouarensenis et ses abords, est le reste des Toudjine et, avec eux, d'autres tribus anciennes, telles que les Matmata, Louata, Rached, et autres.

Enfin, au sud de l'oasis de Lar'ouate, nous retrouvons les Beni-Mezab, absolument intacts, grâce à leur schisme qui les a isolés des autres indigènes.

Quant aux tribus berbères arabisées, elles sont nombreuses et nous citerons parmi elles :

Celle des Sanhadja, avec ses subdivisions, établie au sud de la Grande Kabilie, dans la région montagneuse qui s'étend de l'Ouad-Sahel à Médéa, d'Aumale à la Mitidja. Nous y retrouvons :

Les Metennane, Ouennour'a, Mezr'anna, Djaad, Telkata, Botouïa, Khelil, et autres, plus, de nouvelles tribus ayant agrégé des groupes arabes, notamment celle des Beni-Slimane, établie entre Aumale, Médéa et Blida.

Dans le beylik de Titeri, au sud de Médéa :

Les Lar'ouate, Larbâ, Sindjas, etc.

Les tribus arabes hilaliennes se sont insinuées au milieu des Sanhadja et occupent les environs d'Aumale et de Médéa ; d'autres ont pénétré dans la plaine du Chelif ; d'autres enfin sont restées dans le sud ; citons :

Les Oulad-Mâdi et Riah, au sud d'Aumale.

B. Mansour, Khachna, Moussa, Djouab, Merbaa, Yezid, et autres, à l'est, au nord et à l'ouest d'Aumale.

Braz, Attaf, Djendel, et autres, au sud de Miliana, et dans la plaine du Chelif.

Naïl, Sahari, Doui-Zïane, et autres, dans les régions sahariennes.

Autour de la Kabilie sont établies des tribus Makhezen et Abid, telles que les Nezlioua, Amraoua, Abid.

Le beylik de Titeri comprend également des tribus Makhezen, Zemala et Abid.

Comme chefs religieux influents, nous citerons :

    Sidi-Mohammed-Tedjini d'Aïn-Mâdi.

    Sidi-Embarek, de Koléa.

    Et Ben-Ali-Cherif, d'Illoula, près d'Akbou, dans l'Ouad-Sahel.

Les grands chefs indigènes appelés à jouer un rôle sont plus rares ; car les Turcs ont des agents de leur race partout.

Citons seulement :
> Si Ahmed-Taïeb-ben-Salem, des Beni-Djaad.
> Et les Ben-Zâmoun, les Ou-Kassi et les Ou-Rabah de la Kabilie.

III. PROVINCE DE CONSTANTINE

Cette province est certainement la plus curieuse à étudier, au point de vue ethnographique. Nous y retrouvons l'élément berbère intact :

1° Dans la vaste région montagneuse qui s'étend de Collo à Mila et de cette ville à Bougie, avec la plaine de la Medjana pour limite méridionale. Ces populations descendent des anciens Ketama, dont nous reconnaissons de nombreuses fractions intactes :

> Beni-Khattab et Beni Siline, près d'El-Milia.
> O. M'hammed, commun indigène de Djidjeli.
> Eiad ou Aïad, canton d'Akbou.
> Beni-Merouane, près Mila.
> Djimla entre Sétif et Djidjeli, et autres.

Dans les vallées de ce massif : Ouad-Guebli, Ouad-el-Kebir, Ouad-Bou-Slah et Ouad-Sahel, l'influence et l'élément arabes ont pénétré et arabisé, plus ou moins, les populations par le contact.

Nous retrouvons, en outre des groupes arabisés des Ketama, ou plutôt des Sedouikch, leurs descendants, de la plaine, savoir :

> Rig'a, Dehara et Guebala, (du nord et du sud), dans le massif du Bou-Taleb, au midi de Setif, et dans les régions adjacentes.
> Darsoun, près Constantine.
> Abd-en-Nour, Telar'ma et autres occupant les plaines entre Constantine et Sétif.

2° Dans la région montagneuse située entre la Medjana et l'Ouennour'a :

Mezita, Adjica et fractions Sanhadjiennes.

3° Dans l'Aourès :

Les Chaouia, berbères Zenètes de la famille d'Ouacine (troisième race), et quelques Beni-Ifrene.

En outre de ces groupes à peu près purs, on retrouve l'élément berbère, plus ou moins arabisé, dans les tribus suivantes :

> Zardeza, entre Jemmapes et El-Harrouche.
> Oulhaça et Sanhadja, près de Bône.
> Oulad-Soultan, à Negaous (sud-ouest de Batna).

Enfin, toutes les populations des montagnes du littoral, entre Philippeville et la Tunisie.

A cela il faut ajouter les grandes tribus berbères (Houara, Nefzaoua, Louata, Ketama), arabisées déjà à la fin du xiv° siècle, rénovées et ayant incorporé dans leur sein des groupes arabes, notamment :

    Les Henanecha, aux environs de Souk-Ahras.
    Nemamcha, près de Tébessa.
    Harakta, près d'Aïn-Beïda.
    B. Ouelbane, près de Semendou.
    Abd-en-Nour, Telar'ma déjà cités, et bien d'autres.

Quant à l'élément arabe il a été, dans toutes les vallées du Tel atteintes par lui depuis longtemps, entièrement absorbé, fondu au milieu de la race indigène, à ce point qu'il est impossible de le distinguer actuellement des Berbères arabisés avec lesquels il est en contact. Citons comme types :

    Les Beni-Merdès, près de Bône.
    Dreïd, fondus, partie dans la région de l'Ouad-Zenati et partie dans celle de Tébessa.
    Garfa (Guerfa ou Karfa), entre Aïn-Beïda et l'Ouad-Zenati.
    Atïa, près d'Aïn-Mokra, et peut-être jusqu'aux environs de Philippeville.
    Oulad-Mâdi, près de Bou-Aréridj.
    Oulad-Saoula, dans le Zab, près Biskra.
    Daouaouida, répandus dans le Zab et le Hodna.

Les tribus arabes restées pures se trouvent dans les Hauts-Plateaux et le Sahara. Ce sont :

    Les Oulad-Saïd, Mekhadma, Djelal, Farès, Amer, etc.

Enfin, les beys de Constantine, ayant eu le soin d'incorporer au domaine de nombreux territoires, y installèrent des tenanciers qui ont formé partout dans ces Azels de nouveaux groupes ; ils constituèrent en outre de toutes pièces des tribus entières pour le service des Makhezen, notamment les :

    Zemoul, Barranïa, Beni-Siline et autres.

En 1830, le bey El-Hadj-Ahmed règne en vrai despote à Constantine et, par suite de la chute du dey, il va prendre le titre de pacha, dans lequel il sera confirmé par la Porte. En attendant, il s'occupe avec activité et intelligence de la construction d'un palais digne de lui. Les matériaux qu'il a commandés en Italie par l'intermédiaire de son représentant de Bône, étant insuffisants, il se procure ce qui lui manque : plaques de marbre, colonnes, carreaux de faïence, etc..., en les enlevant, sans permission, aux demeures de ses administrés.

Dans toutes les directions, les marabouts sont nombreux ; mais on ne trouve pas, parmi eux, ces grandes figures qui s'imposent en dominant les autres, et nous nous dispenserons d'en citer.

Il en est autrement des familles féodales, dont nous avons suivi autant que possible le développement, et que nous allons passer en revue.

Celle des Bou-Aokkaz, à la tête des Daouaouida, et dont le chef, Farhate-ben-Saïd, a porté le titre de *Cheikh-el-Arab*. C'est le vrai maître du Zab, du Hodna et de la région qui confine au nord, à la plaine des Abd-en-Nour.

Celle des Ben-Gana, d'origine plus récente, que le bey Ahmed-el-Kolli a opposée à la précédente, et dont le chef, Mohammed-Bel-Hadj-ben-Gana, a reçu d'El-Hadj-Ahmed-bey, renouvelant ce qui avait été fait par son aïeul El-Kolli, le titre quelque peu honoraire de *Cheikh-el-Arab*.

Celle des Mokrani de la Medjana, bien réduite par ses luttes intestines. Son chef, reconnu par les Turcs, est alors le vieux Ben-Abd-Allah, de la branche des Oulad-el-Hadj. Mais Ahmed-ben-Mohammed et Abd-es-Selam, deux de ses parents, sont sur le point d'entrer en scène.

Celle des Oulad-Achour, dans le Ferdjioua, dont le chef est, alors, Bou-Rennane ; son cousin, Maggoura, tient la campagne contre lui et lui dispute le pouvoir. Mais c'est le jeune Ahmed-Bou-Aokkaz, neveu de Bou-Rennane, qui va, avant peu, s'en emparer, même par le meurtre de ses parents.

Celle des Harar, qui se trouve, pour le moment, écartée du commandement des Henanecha, par l'usurpateur Rezgui.

Celle des Ben-Merad de Garfa et celle des Bou-Dïaf de l'Aourès.

Enfin à Touggourt, règne toujours celle des Ben-Djellab. Le sultan Amer vient de mourir ou va mourir, laissant le pouvoir à son frère Brahim.

TUNISIE.

A Tunis, la cession de la pêche du corail à une compagnie anglaise, qui avait d'abord paru une opération si fructueuse, ne fut, en réalité, qu'une source d'ennuis pour la régence. Pressé par Thatcher, le bey s'était laissé entraîner à lui accorder un droit qu'il n'avait pas : celui de pêcher jusqu'à La Calle (1826) ; mais, devant l'opposition énergique du consul de France et le peu d'appui du gouvernement de son pays, le concessionnaire dut renoncer à son projet et résilier ses engagements avec le bey.

En 1827, l'Espagne faillit rompre avec la Tunisie et rappela son consul. Peu après, on reçut à Tunis la nouvelle du départ de

M. Deval, d'Alger, et du blocus des côtes par la France, à la suite de la déclaration de guerre. Le bey en témoigna hautement sa satisfaction et résista à toutes les tentatives d'un agent, envoyé auprès de lui par le dey, pour l'entraîner dans son parti. Les relations devinrent très tendues entre les deux régences, et Houssein-bey se prépara à la guerre, en organisant son armée et complétant sa marine. La nouvelle du désastre de Navarin, dans lequel presque tout le contingent tunisien fut détruit, détourna un peu le cours des sentiments d'amitié pour la France. Mais des préoccupations d'un autre ordre vinrent absorber le bey. Par suite des dépenses considérables faites dans les dernières années, de la diminution des recettes et de la mauvaise administration du premier ministre Moustafa, on s'aperçut, un jour, que le trésor était vide. En même temps, les réclamations des créanciers arrivaient de tous côtés. Envisageant avec virilité la situation, le bey destitua son ministre, le remplaça par un ancien esclave géorgien, nommé Chakir, homme énergique et habile, qui proposa immédiatement et fit accepter au bey un grand nombre d'économies, notamment la suppression d'emplois militaires et autres occupés par des Turcs et le licenciement d'une partie de la milice. Mais, en tout pays, ceux qui profitent des abus s'insurgent contre ceux qui veulent les supprimer, et ce fait se produisit à Tunis. Par bonheur, le consul de France put être mis au courant de la conspiration, en prévenir le bey qui se trouvait aux bains de Hammam-Lif, et l'aider à réprimer l'émeute avant la réalisation du plan, très habilement conçu par les conjurés.

Au commencement de 1830, lorsqu'arriva à Tunis la nouvelle de la préparation de l'expédition française contre Alger, il se produisit dans la population, et surtout parmi les Oulama, une certaine agitation. On ne comprenait pas que le bey refusât de prendre part à la *guerre sainte*. Mais Houssein résista fermement à toutes ces excitations, offrit et donna son concours effectif à la France ; puis, après la prise d'Alger, envoya, à M. de Bourmont, une députation pour le féliciter. On suppose, et nous ne serions pas éloigné de le croire, en raison des actes ultérieurs du général Clauzel, qu'il conçut, dès lors, la pensée de devenir le roi de la Berbérie, sous le protectorat de la France.

Nous ne nous étendrons pas sur la situation ethnographique de la Tunisie. Elle se rapproche de celle des plaines de la province de Constantine. Envahie depuis plus longtemps encore par l'élément hilalien, possédant moins de régions reculées ou d'accès difficile, elle est plus arabisée et les tribus berbères y ont encore moins conservé les caractères ethniques. Nous y trouvons :

Les Frachiche, Oulad-Saïd, Oulad-Amrane, O. Sidi-Bou-R'anem, O. Yakoub, Hemmama, et autres restes ou croisements des Hilaliens de la race de Soleïm, occupant les plaines de l'intérieur.

Les Nehed, Khoumir, et autres Berbères arabisés habitent les montagnes et les plaines au nord du coude de la Medjerda.

Les Ouarg'a, sans doute une branche arabisée des Ifrene, se tiennent sur la frontière tripolitaine.

Enfin, l'île de Djerba est occupée et ingénieusement exploitée, en grande partie, par des descendants des Louata, Nefzaoua et Houara, fermes soutiens du Kharedjisme, dont les débris, après la défaite définitive de leur secte, trouvèrent un refuge dans cette île, comme les Mezab, dans leur Chebka. Là, le Kharedjisme-El'bâdite (ou Abadite) est encore pratiqué.

TRIPOLITAINE.

Il n'y a rien à ajouter à ce que nous avons déjà dit sur l'ethnographie de la Tripolitaine, occupée, dans les plaines, par les Arabes de la tribu de Soleïm ; dans les montagnes, par des populations berbères et sur les points de contact par des tribus mixtes ou arabisées.

Quant au pachalik de Tripoli, il n'a, en 1830, qu'une importance très secondaire. C'est depuis l'extension de la France en Algérie et en Tunisie et en présence des convoitises de l'Italie, que la Porte a manifesté, par des précautions excessives, son intention bien arrêtée de conserver ce dernier fleuron des possessions turques en Berbérie.

Le pacha de Tripoli a, depuis lors, étendu son influence dans l'extrême-sud, occupé R'adamès, et placé un agent à R'at. Les Touaregs du Ahaggar, ne pouvant se présenter sur nos marchés sahariens, se sont, en quelque sorte, placés sous la protection des Turcs, entretiennent avec eux des relations amicales et peut-être reçoivent d'eux le mot d'ordre.

CHRONOLOGIES

I. MAROC

SOUVERAINS DE LA DYNASTIE HASSANIDE

	Date de l'avènement.
Moulaï-Cherif, fils d'Ali-el-Hassani, maître de Tafilala.	1633
M'hammed, son fils.	1637
Le même, à Fès, de mars à juillet.	1649
Er-Rachid, frère du précédent, lui succède.	3 août 1664
Le même, maître de Fès.	mai 1667
Le même, maître de tout l'empire.	1671
Abou-Nacer-Ismaïl, frère du précédent.	14 avril 1672
Ahmed-ed-Dehbi, fils du précédent.	mars 1727
Abd-el-Malek, frère du précédent.	avril 1728
Le même à Fès, seul.	
Ahmed-ed-Dehbi à Maroc.	1728
Ahmed-ed-Dehbi, seul.	1729
Abd-Allah, frère des précédents.	1729
Ali, — — à Meknès.	1735
Abd-Allah — — 2ᵉ fois.	mai 1736
Mohammed-ben-Ariba, frère des précédents.	oct. 1736
El-Mostadi, frère des précédents.	juin 1738
Abd-Allah, 3ᵉ fois.	1740
Zine-el-Abidine.	avril 1745
Abd-Allah, à Fès.	
El-Mostadi, à Maroc.	oct. 1745
Abd-Allah seul, 5ᵉ fois.	mai 1747
Mohammed, son fils, lui est associé.	1748
Le même, sultan.	oct. 1757
El-Yezid, fils du précédent.	avril 1789
Slimane, frère du précédent.	février 1792
Abd-er-Rahmane.	fin nov. 1822

II. ALGÉRIE

Aroudj, Barberousse I, roi d'Alger.	1515
Kheïr-Ed-Dine, Barberousse II, roi d'Alger.	de 1518 à 1519

BEYLARBEGS ET PACHAS DE LA PORTE

	Date de l'avènement.
Kheïr-ed-Dine.	1519
Hassan-Ag'a, intérimaire.	mai 1533
Le même, pacha.	fin 1541
El-Hadj-Bechir, pacha.	fin 1543
Hassan, fils de Kheïr-ed-Dine, pacha.	juin 1544
Le même, beylarbeg.	1547
Saffah-Khalifa, intérimaire.	sept. 1551
Salah-Reïs, beylarbeg.	avril 1552
Hassan-Corso, khalifa, intérimaire.	1556
Mohammed-Tekelerli, pacha.	sept. 1556
Hassan, fils de Kheïr-ed-Dine, 2ᵉ fois.	juin 1557
Hassan-Ag'a, indépendant.	juin 1561
Ahmed-pacha, capidji.	sept. 1561
Hassan, fils de Kheïr-ed-Dine, 3ᵉ fois.	août 1562
Mohammed, fils de Salah-Reïs, pacha.	commenc[1] 1567
Euldj-Ali, beylarbeg.	mars 1568
Arab-Ahmed, khalifa du précédent.	1570
Caïd-Ramdane, khalifa, rénégat sarde	fin 1574
Hassan-Veneziano, pacha.	avril 1577
Djafer-Pacha, rénégat hongrois.	1580
Ramdane-Pacha, 2ᵉ fois.	1582
Hassan Veneziano, 2ᵉ fois.	1582

PACHAS TRIENNAUX

Dali-Ahmed.	1587
Kheder.	1589
Chabane.	1592
Kheder, 2ᵉ fois.	1595
Moustafa.	1596
Hassan-Bou-Richa.	1599
Slimane, vénitien.	1600
Kheder, 3ᵉ fois.	mai 1604
M'hammed-Kouça.	mai 1605
Kouça-Moustafa.	août 1605
Redouane.	1607
Kouça-Moustafa, 2ᵉ fois.	1610
Housseïn-Cheikh.	1613
Kouça-Moustafa, 3ᵉ fois.	1617

	Date de l'avènement.
Slimane-Katania	1617
Houssein-Cheikh, 2° fois.	fin 1617
Kheder, 4° fois.	1620
Khosrou.	1623
Lacune.	
Houssein.	1633
Youssof.	1634
Ali.	1637
Cheikh-Houssein.	1639
Youssof (Abou-Djemal).	juillet 1640
Mohammed-Boursali.	1642
Ali-Bitchnine.	1645
Mahmoud-Boursali	1645
Youssouf, 2° fois.	1647
Othmane (?) vers.	1647
Mohammed.	1651
Ahmed, vers.	1653
Ibrahim, vers.	1655
Ahmed, 2° fois, vers.	1656
Ibrahim, 2° fois, vers	1658

AG'AS ET DIWAN

Khalil-Ag'a.	1659
Ramdane-Ag'a.	1660
Chabane-Ag'a	1661
Ali-Ag'a.	1665

DEYS ET PACHAS-DEYS

Hadj-Mohammed.	1671
Baba-Hassen, intérimaire.	1682
Hadj-Houssein-Mezzo-Morto.	1683
Hadj-Chabane.	fin 1688
Hadj-Ahmed.	août 1695
Hassan-Chaouch.	fin 1698
Hadj-Moustafa.	1700
Hassein-Khoudja.	oct. 1705
Mohammed-Baktache.	mars 1707
Dali-Brahim.	mars 1710
Ali-Chaouch.	1710
Mohammed-Efendi.	1718
Kourd-Abdi.	1724

	Date de l'avènement.
Ibrahim.	1732
Ibrahim-Koutchouk.	nov. 1745
M'hummed-ben-Beker.	fév. 1748
Baba-Ali-Nekcis, dit Bou-Seba.	déc. 1754
Mohammed-ben-Osmane.	fév. 1766
Hassan.	12 juillet 1791
Moustafa.	mai 1798
Ahmed.	30 juin 1805
Ali-el-R'assal.	7 nov. 1808
Hadj-Ali.	fév. 1809
Mohammed.	22 mars 1815
Omar-Ag'a.	7 avril 1815
Ali-Khoudja.	oct. 1817
Housseïn.	mars 1818
Chute de l'Odjak d'Alger.	5 juillet 1830

III. TUNISIE

Kheïr-Ed-Dine s'empare de Tunis.	août 1534
— évacue cette ville.	juillet 1535

OCCUPATION ESPAGNOLE

Sinane-Pacha s'empare de Tunis.	1573
Hider-Pacha y représente la Porte.	1573

DEYS

Ibrahim-Roudseli	1590
Moussa.	1592
Kara-Othman.	1593
Youssof.	1610
Mourad-Pacha.	nov. 1637
Ali-Khoudja, dit Ozene-Khoudja.	juin 1640
Hadj-Mohammed-Laz.	1647
Hadj-Moustafa-Laz.	1653
Hadj-Moustafa-Kara-Kouz.	21 juin 1665
Had-Mohammed-Our'li.	1667
Hadj-Châbane.	1669
Hadj-Mohammed-Mentchali.	mars 1671
Hadj-Ali-Laz.	1673
Hadj-Mami-Djemal.	1673
Hadj-Mohammed-Bechara.	1676

	Date de l'avènement.
Hadj-Mami-Djemal, 2ᵉ fois.	avril 1677
Mohammed-Tabak.	1677
Hasseïn-Sakseli.	1678
Mohammed-Tabak.	1678
Ahmed-Tchalabi.	oct. 1682
Hadj-Mohammed-Baktache.	juin 1686
Ali-er-Raïs.	1688
Ibrahim-Khoudja.	1694
Mohammed-Tabar.	1694
Mohammed-Khoudja.	1695
Dali-Mohammed	1699
Kara-Moustafa.	1702
Ibrahim, bey et dey.	1702

DYNASTIE DES BEYS DE TUNIS

Hossein-bey, fils de Ben-Ali-Turki, orig. de Candie.	10 juillet 1705
Ali-Pacha, neveu du précédent.	sept. 1735
Mohammed-bey, fils de Hosseïn	1756
Ali-Bey, frère du précédent.	fév. 1759
Hammouda-pacha, fils du précédent.	mars 1782
Othmane, frère du précédent.	sept. 1814
Mahmoud-bey, fils de Mohammed-bey.	21 déc. 1814
Hosseïn-bey, fils du précédent.	mars 1824

INDEX GÉOGRAPHIQUE

Nota. — Cet index ne comprend que les noms géographiques propres à la Berbérie, à l'Espagne et à la Sicile.

A

Abaritane, province formée par Genseric, roi des Vandales, à l'est de Tebessa, dans les hauts plateaux de la Tunisie, jusque vers Kapça (Gafça).

Abbassia (*El*) de Tunisie, appelée aussi El-Kçar-el-Kedim, place fortifiée, à environ cinq kilomètres au S.-O. de Kaïrouane.

Abbassia (*El*), château fortifié, auprès de Tiharet.

Abigas, la rivière de Khenchela, selon Ragot.

Abizar, village kabile chez les Beni-Djennad, au cœur de la Grande Kabilie.

Achir, appelée aussi *Achir de Ziri*, dans le Djebel-el-Akhdar (Titeri), entre Médéa et Aumale (Magreb central) ; entièrement ruinée.

Acila (*Asila* ou *Azila*, selon l'orthographe espagnole, *Azille* des Portulans), ville du Maroc, au sud de Tanger, sur le littoral de l'Océan.

Ades ou *Adis* (R'adès), au S.-E. de la Goulette, près du lac, au N.-E. de Tunis.

Adjebadin, ville de la Cyrénaïque, à environ 150 kilomètres au sud de Beng'azi (en ruines).

Aflou, Kçar au cœur du Djebel-Amour.

Afrag, faubourg ou ancienne citadelle dominant Ceuta (Maroc).

Africa, actuellement El-Mehdïa, ville sur une presqu'île de la partie inférieure du golfe de Hammamet (Tunisie).

Africa Nova, nom donné à la partie orientale de la Numidie, ayant formé avec la région adjacente de la Tunisie une province romaine après la chute de Jugurtha.

Afrique septentrionale ou *Berbérie*, partie de l'Afrique comprise entre l'Egypte à l'est, l'Océan Atlantique à l'ouest, la Méditerranée au nord, et le Soudan au sud.

Afrique (diocèse d') formé, sous Dioclétien, de l'Afrique du Nord, depuis la Cyrénaïque (exclus.) jusqu'à la Maurétanie Tingitane.

Afrique (préfecture d') (sous Constantin), formée du précédent, mais rattachée à la préfecture d'Italie.

Afrique propre, correspondant à peu près à la Tunisie actuelle, moins le Djerid et les Hauts-Plateaux de la région rejoignant Tebessa. Le nom de Frigula a été conservé à une partie de ce pays jusqu'à nos jours.

Afrique (province proconsulaire d'), comprenant la Tunisie et la Tripolitaine actuelles.

Afour'al, dans le Haha (Maroc).

Agadir, ou *Sainte-Croix*, au sud du cap d'Aguer, au nord de l'embouchure de l'Ouad-Sous (Maroc).

Agbet-Ammal, premières montagnes bordant la Mitidja, à l'est, près du Fondouk (Algérie).

Agbet-el-Djezzar, à 6 milles de Tunis.

Agg (ou Akka), au pied du massif central du Grand Atlas, sur un affluent de l'Ouad-Deraa.

Agisymba, probablement l'oasis d'Asben, dans le Soudan, au sud de Tripoli.

Agrigente (Akragas), ville de Sicile.

Ahmar-Kheddou (Djebel), partie méridion. du massif montagneux de l'Aourès.

Aïn-Beïda, ville dans les hauts plateaux au S.-E. de Constantine, au nord de l'Aourès.

Aïn-Bessem (*Castellum-Audiense* des Romains), dans la plaine des Arib, entre Aumale et Bouïra.

Aïn-Chabrou, près Tebessa (prov. de Constantine).

Aïn-el-Bordj (Ticisi des Romains), au delà de Sigus, au sud de Constantine.

Aïn-Fritissa, au confluent de l'Ouad-el-Abid et de la Mina (province d'Oran).

Aïn-Kerma (Tadjemoult), à 16 kilom. N.-E. de Constantine, en face des Beni-Ziyad.

Aïn-Mâdi, kçar et oasis au sud de L'Ar'ouate (prov. d'Alger).

Aïn-Melila, à 55 kilom. au sud de Constantine, dans la plaine au pied du Djebel Guerioun.

Aïn-Mokra, régulièrement *Aïn-Oum-er-Rekha*, à 30 kilom. à l'ouest de Bône, près des mines de Mokta-el-Hadid.

Aïn-Oussera, près Djelfa, au sud d'Alger.

Aïn-Riche, dans le Hodna, entre Mecila et Bou-Saada.

Aïn-Temouchent, près du rio Salado, entre Oran et Tlemcen.

Aïn-Trouk, au pied du cap Falcon, à l'ouest d'Oran.

Akbou (Tagraret), dans la vallée de l'Ouad-Sahel, au confluent de l'Ouad-Bou-Slah.

Akouba, entre Gabès et Sbaïtla (Tunisie méridionale).

Akragas, v. Agrigente.

Alarcos, forteresse entre Cordoue et Calatrava (Espagne).

Alcantara, ville d'Espagne, province de Caceres.

Alcazar-el-Kebir, v. El-Kçar-el-Kebir.

Alger (*El-Djezaïr* et *Djezaïr-beni-Mezr'anna*), l'antique Icosium, chef-lieu de la province de ce nom et de l'Algérie.

Algérie, partie de l'Afrique septentrionale comprenant les provinces de Constantine, d'Alger et d'Oran, entre la Tunisie et le Maroc.

Algésiras, port sur le détroit à 8 kilom. ouest de Gibraltar, prov. de Cadix (Espagne).

Alicante, port sur la Méditerranée, chef-lieu de la province de ce nom (Espagne).

Almeria, port sur la Méditerranée, au S.-O. de Grenade, chef-lieu de la prov. de ce nom.

Alpujarras, montagnes de la province de Grenade, ramific. méridionale de la Sierra-Nevada.

Amalfi, ou Melfi, ville et port sur la Méditerranée, à 14 kilom. de Salerne (Italie).

Ammon (Oasis d') appelée aujourd'hui Oudjela, au sud de la Cyrénaïque, à l'est de la Grande Syrte.

Amour, v. Djebel-Amour.

Amporia (Ampurias), colonie grecque d'Espagne, v. Emporia.

Amsaga ou Ampsagas, le Bou-Merzoug, uni ensuite à l'Ouad-Remel et formant la rivière de Constantine appelée Ouad-el-Kebir, en aval de cette ville.

Andalous (quartier des), un des quartiers de Fès, séparé par la rivière.

Andalousie, province du midi de l'Espagne.

Andujar, canton de la province de

INDEX GÉOGRAPHIQUE

Jaën, à 38 kilom. N.-O. de cette ville (Espagne).

Anfa, ou Dar-el-Beïda, Casablanca des Espagnols, sur le littoral de l'Atlantique, entre Rabat et Azemmor (Maroc).

Antis, v. Nefis.

Angad (plaine des), au sud d'Oudjda (Maroc).

Aoudag'ast, grande ville à l'ouest de Tenboktou, à moitié chemin de cette ville à la mer.

Aourès, v. Djebel-Aourès.

Aourir', chez les Beni-R'obri, au centre de la Grande Kabilie.

Apollon (promontoire d'), le cap Farina, au nord de Tunis (Ras-Sidi-Ali-el-Mokri).

Archgoul, ou Rachgoun, port à l'embouchure de la Tafna, au nord de Tlemcen.

Ar'mate ou Aghmate, à une dizaine de lieues au Maroc, dans le canton de Mestioua.

Arzeou (Arzeu), l'antique Portus-Magnus, dans le golfe de ce nom à l'est d'Oran.

Asila, v. Acila.

Asnam (El) (les idoles ou les pierres debout), station à cinq kilom. de Kaïrouan, sur la route de Djeloula. (Le même nom est très répandu en Afrique.)

Atlas, nom général des montagnes de la Berbérie.

Atlas (Grand). Les grandes chaînes de l'Idraren (pl. de Deren), au centre du Maroc, dont les plus hauts sommets atteignent près de 4,000 mètres.

Audjela, l'oasis d'Ammon, en Cyrénaïque.

Aumale, l'antique Auzia, Sour-el-R'ozlane des indigènes, au nord du Djebel-Dira, à 120 kilom. S.-E. d'Alger.

Autel des Philènes, au fond, un peu à l'ouest de la Grande-Syrte. Marquait anciennement la limite entre la Tripolitaine et la Cyrénaïque.

Auzia, v. Aumale.

Azemmor, ville à l'embouchure de l'Oum-er-Rebïa, au Maroc, chef-lieu de la province du même nom.

Azr'ar eu Azghar, canton au nord du Sebou, au sud de la province de Tétouane. On l'appelle maintenant le R'arb ou Gharb) au Maroc.

Azila, v. Acila.

B

Babor (montagnes), entre Djidjelli, Sétif et Bougie (Kabilie orientale).

Badajoz (en arabe Batlious), chef-lieu de la province de ce nom et autrefois de l'Extramadure (Espagne).

Badix, port au centre du Rif, sur la Méditerranée, appelée par les Portulans *Velez de Gomera* (Maroc).

Badis, oasis du Zab-Chergui (prov. de Constantine (antique Ad-Badias).

Badja ou Béja, l'antique Vacca, à environ 120 kilom. à l'ouest de Tunis, sur la route d'Alger.

Baëza, ville d'Espagne, dans la province de Jaën.

Baghaï ou Baghaïa, v. Bar'aï.

Bagradas, l'Ouad-Medjerda (Tunisie).

Bahïra (El), jardins près de Maroc.

Balbus (mont), près de Clypée (Tunisie, côte orientale).

Bantious, oasis du Zab (province de Constantine).

Bar'aï ou Baghaïa, au sud d'Aïn-Beïda, à 8 kilom. du lac du Tarf et égale distance des montagnes de l'Aourès, dans une plaine faisant suite à celle de l'Ouad-Nini.

Bari, port sur l'Adriatique, chef-lieu de la province de ce nom.

Barka, pays et ville de la Cyrénaïque. Les ruines de la ville se trouvent à environ 12 kilom. S.-E. de Ptolometa.

Basra (El), ville du Mag'reb à environ 20 kilom. S.-E. d'El-Kçar-el-Kebir.

Batcha (El), ville et canton sur la rive droite de la Mina, à environ 20 kilom. sud du Chelif.

Batn-el-Karn, près Kaïrouan.

Beau-promontoire, le cap Zebib, à l'est du cap Blanc (Tunisie).
Bedjaïa, v. Bougie.
Behloula, montagne à 20 kilom. environ au sud de Fès.
Beht (Ouad), rivière coulant à l'ouest de Meknès et allant se perdre dans les marais de Mammoura.
Beja, v. Badja.
Beja, ville de Portugal à 125 kilom. S.-O. de Lisbonne.
Bekka (Ouad), à une lieue au nord de l'embouchure du Barbate, près du cap Trafalgar, entre Vejer de la Frontera et Cornil.
Bellezma, ville et canton à l'ouest de l'Aourès, dominant à l'est le Hodna.
Ben-Henni, sur l'Isser, aujourd'hui Palestro (prov. d'Alger).
Ben-Ghazi, l'ancienne Bérénice, en Cyrénaïque, au N.-E. de la Grande Syrte.
Beni-Aïcha (col des), aujourd'hui Ménerville, département d'Alger.
Beni-Baourar (Taourirt), station entre Mila et le Ferdjioua (Constantine).
Beni-Djennad (Tizi-Ouzzou), dans la Grande Kabilie.
Beni-Khalil (montagne des), au sud de la Mitidja, derrière Blida (Alger).
Benzert, v. Bizerte.
Berbérie, v. Afrique septentrionale.
Bérénice, v. Benghazi.
Berounguïa, à l'est de Médéa, ancien poste turc.
Bessériani, à l'est de Souk-Ahras (proposé par certains auteurs comme emplacement du champ de bataille de Zama).
Bibane (El), *les portes de fer*, entre Mansoura et les Beni-Mansour, sur la ligne d'Alger à Constantine.
Bir-el-Beguirate (ou Bine-el-Beguirate), station turque sur la route de Constantine à Alger, près de Mila.
Biskra, chef-lieu du Zab, oasis au sud de l'Aourès (Constantine).
Bizerte (Benzert), port à 13 lieues au N.-O. de Tunis.
Blanc (Cap), au nord de la Tunisie, à l'ouest du cap Zebib.

Blanc (cap), au sud d'Azemmor, sur la côte marocaine de l'Océan.
Blida, ville à 40 kilom. au sud d'Alger, au fond de la Mitidja.
Bojador (cap), sur l'Océan, à environ trois degrés au sud de l'embouchure de l'O. Deraa.
Bon (cap) ou Ras Adar à l'extrémité N.-E. de la Tunisie.
Bône, l'ancienne Hippo-Regius, ou Hippône, port de la province de Constantine, à l'embouchure de la Seybouse.
Bordj-Bouira, à 120 kilom. est d'Alger, au sud de la chaîne du Djerdjera. Appelé aussi Hamza. Poste turc.
Bordj-Bou-R'eni, poste turc, près de Dra-el-Mizan, dans la Grande Kabilie, tribu des Guechtoula.
Bordj-Medjana, poste turc au nord de la plaine de ce nom, sur la limite des Beni-Abbès.
Bordj-Menaïel, poste turc dans la Kabilie occidentale.
Bordj-Sebaou, poste turc au nord de Tizi-Ouzzou.
Bornou, partie centrale du Soudan.
Bou-Agba, sur l'Ouad-el-Abid, près Fès (Maroc).
Bou-Chagroun, oasis du Zab (Constantine).
Bou-el-Adjeraf (Ouad), au nord de Taza (Maroc).
Bougaroune (ou Sebâ-Rous), cap entre Collo et Djidjeli (Constantine).
Bougie (Bedjaïa), l'antique Saldæ, dans le golfe de ce nom, près de l'embouchure de la Soumam (Constantine).
Beni-Haroun, station turque, après le col des Beni-Aïcha, sur la route d'Aumale.
Bouïra, v. Bordj-Bouira.
Bou-Kecéïba, sur l'Ouad-Keton, au N.-E. de Constantine, près d'Aïn-Kerma.
Bou-Merzoug (Ouad), l'ancien Amsaga, ou rivière de Constantine ; il se joint au Remel en amont de cette ville.
Bouni, village des Beni-Abbès, en face de la Kalâa.

Bou-R'anem (Djebel), près Tebessa.
Bou-Regreg, rivière du versant océanien du Maroc; prend naissance dans un rameau du Grand-Atlas et se jette dans l'Océan à Salé.
Bou-Saada, oasis à 30 lieues au sud d'Aumale (département d'Alger).
Bou-Semr'oun, k͟sar du Sahara, au sud de la province d'Oran.
Bou-Taleb, montagne au sud-ouest de Sétif.
Brechk, petit port entre Tenès et Cherchel (département d'Alger).
Bulla-Regia, ancienne capitale de la Numidie orientale, sur un affluent de la Medjerda, à 70 kilom. au sud de Tabarka, en Tunisie.
Byrs, la colline sur laquelle a été élevé le grand temple de Baal à Karthage.
Byzacène, Byzacium, partie orientale de la Tunisie, du golfe Hammamet à celui de Gabès.

C

Cadix, à l'embouchure du Guadalete, sur l'Océan, l'antique Gades.
Cagliari, ville forte, capitale de la Sardaigne, au sud de cette île sur le golfe de ce nom.
Caire (Le), *El Kahira* (la triomphante), ville fondée par les Fatemides, auprès du vieux Caire (Misr), pour leur servir de capitale après la conquête de l'Egypte.
Calabre, province à l'extrémité S.-O. de l'Italie; bornée à l'ouest par la mer Tirrhénienne, le détroit de Messine au sud et le golfe de Tarente à l'est.
Calama (Guelma), dans la province de Constantine, entre cette ville et Bône.
Calatrava, ancienne ville de la province de Ciudad-Real (Espagne).
Calle (La), Merça-el-Kharez, port à l'est de Bône, près de la frontière tunisienne.
Calpé (mont), Gibraltar.

Cantin (cap), sur le rivage de l'Atlantique, entre Azemmor et l'embouchure du Tensift.
Capoudia (Ras-), l'ancien Caput-Vada, au nord du golfe de Gabès (Tunisie orientale).
Capsa, v. Gafsa.
Caput-Vada, v. Capoudia.
Cap Caxime, à l'ouest d'Alger, près la baie de Sidi-Feredj.
Cap d'Aguer, ou mieux Cap Guer, sur l'Océan, au nord de l'embouchure de l'Ouad-Sous (Maroc).
Cap Falcon, à l'ouest du golfe d'Oran.
Cap Nègre ou Negro, au sud-est du golfe de Ceuta (Maroc).
Cap Rose, entre Bône et La Calle.
Cap Seba-Rous ou Bougarone, entre Collo et Djidjeli.
Cap Zebib, sur la frontière, entre Bône et Tabarka.
Carbon (cap), à l'extrémité ouest du golfe d'Arzeu.
Carmona, ville à 25 kilom. à l'est de Séville (Espagne).
Cartenna, v. Tenès.
Carthage, v. Karthage.
Carthagène, ville de la province de Murcie, port militaire sur la Méditerranée (Espagne).
Casabianca, v. Anfa.
Cases-Noires (les), localité de l'Aourès, sans doute vers Timgad.
Castellum-Audiense, v. Aïoun-Bessem.
Castrogiovanni, anc. Enna, ville de Sicile. Au centre de l'île, sur la plus haute montagne après l'Etna.
Catane, ville fortifiée de Sicile et port sur la côte est, au pied de l'Etna.
Cavallo (cap), à l'angle oriental du golfe de Bougie.
Cefalù, ville de Sicile, sur la côte nord de Sicile.
Césarée, v. Yol.
Ceuta, antique Septa ou Septum, ville sous le cap de ce nom, à l'extrémité orientale du détroit de Gibraltar (Maroc).
Chebka du Mezab, région au sud de L'Ar'ouate, dans le Sahara, sur la ligne de partage des eaux.

Chebrou, rivière et ville à peu de distance à l'ouest de Tebessa.

Chedioua, v. Djedioua.

Chefchaoua, canton voisin et au sud de Maroc, dans l'Atlas. Une rivière de ce nom en descend et se jette dans le Tensift.

Chekbenaria, l'ancienne Sicca Veneria, actuellement le Kef, en Tunisie, près de la frontière algérienne.

Chekli, îlot sur lequel est construit le fort Saint-Jacques, dans le lac de Tunis.

Chelala, kçar dans le Sahara de la province d'Oran.

Chelia (Djebel-), près Tebessa.

Chelif (Ouad), rivière du Mag'reb central. Prend sa source dans le Djebel-Amour, coule au nord jusqu'à Miliana, fait un coude à l'ouest et débouche à l'est de Mostaganem.

Chelif, ville sur la rive gauche de cette rivière, près de son confluent avec la Mina.

Chela, v. Salé.

Chenoua (mont), au sud-est de Cherchel.

Cherchel, ancienne Yol-Césarée ; petit port à l'ouest d'Alger, entre cette ville et Brechk.

Chergui (Chot-), dans les hauts plateaux de la province d'Oran, au sud de Daya.

Cherik (presqu'île de), formant l'angle nord-est de la Tunisie.

Chiadma, canton marocain au sud du Tensift.

Chullu, v. Collo.

Cintra, ville de Portugal (Estramadure), à 20 kilom. N.-O. de Lisbonne.

Cirta, v. Constantine.

Clypée, v. Klibiya ou Iklibiya.

Coïmbre, ville de Portugal, chef-lieu du Beïra central.

Col des Beni-Aïcha, actuellement Ménerville, dans le départ. d'Alger.

Collo (El Koll), l'antique Chullu ; port au nord de Constantine ; Chullu a formé avec Cirta, Milevum et Rusicada la *république des quatre colonies*.

Colonnes d'Hercule, le détroit de Gibraltar.

Constantine (Kosantina), l'antique Cirta. Ancienne capitale de la Numidie, puis centre de la *république des quatre colonies*, chef-lieu de la province de ce nom.

Consulaire, v. province proconsulaire.

Cordoue, première capitale de l'Espagne arabe (Andalousie), sur la rive droite du Guadalquivir.

Cosenza, ville et chef-lieu de la province de ce nom, au sud-est de Naples.

Cothon (Le), un des ports de Karthage.

Crotone, ville dans le Bruttium, à l'embouchure de l'Æsarus (Italie).

Cuicul, v. Djemila.

Cyclades (Iles) de l'Archipel.

Cyrénaïque (ou Kyrénaïque), appelé par les Arabes *Pays de Barka*. Partie orientale de l'Afrique septentrionale comprise entre la Marmarique à l'est, le golfe de la Grande-Syrte et la Tripolitaine à l'ouest, la Méditerranée au nord et le Désert au sud.

Cyrène (ou Kyrène), colonie grecque qui a donné son nom à la Cyrénaïque. Actuellement Krenna.

D

Dahra, région montagneuse entre Tenès et Mostaganem, appelée autrefois « Montagnes des Beni-bou-Saïd.

Daï, petite ville ancienne près de Maroc.

Daouara (Sebkha de), lac.

Dar Debibar', habitation des sultans Hassani, à quelques kilom. au sud-est de Fès (Maroc).

Dar-el-Beida (Casablanca), v. Anfa.

Dar-el-Hedjera, Guedjal à Djimela, dans les montagnes au nord de la plaine des Abd-en-Nour (Constantine).

Dar-Melloul, à une journée à l'est de Tobna (Constantine).

Debdaba, station au sud du Djebel-Amour.

Debdou, dans la vallée du Haut-Moulouïa, à l'est de Taza, au pied d'une des dernières ramifications du Grand-Atlas (Maroc).

Decimum, sans doute Ariana, au N.-E. de Tunis.

Dehous, canton et rivière au N.-E. d'Aumale, entre cette ville et Bouïra (département d'Alger).

Demona, canton de la Sicile, au centre de l'île renfermant l'Etna.

Demna (Ed-), à une journée au sud de Ceuta (Maroc).

Denia, province et ville sur la Méditerranée, à 80 kilom. nord d'Alicante (Espagne).

Deraa (Ouad-), vallée, fleuve et province, au sud de l'Atlas marocain, formant au sud la limite des régions sahariennes. Son embouchure est près du 28° de long. ouest, sur l'Océan.

Deren (montagne en berbère), nom spécial du grand Atlas marocain.

Dimas, v. Ras-Dimas.

Dir, montagne à l'est de Tebessa.

Dira (Djebel), massif montagneux à 6 kilom. au sud d'Aumale.

Djabate (El), station fortifiée au S.-E. de Tiaret, près des sources de la Mina.

Djebel (montagne ou monts).

Djebel-Amour, massif montagneux, au sud de la province d'Alger, dont les sommets atteignent 2,000 mètres d'altitude (Kinnaba mons).

Djebel-Aourès, massif montagneux au sud de la province de Constantine. Son plus haut sommet, le Djebel-Chelia, atteint 2,300 mètres. Nom antique: *Aurasius* ou *Audus mons.*

Djebel-ben-Aïache, dans le sud de l'Atlas marocain.

Djebel-Chechar, une des chaînes de l'Aourès.

Djebel-Djelez (ou Djillez, ou Guilez), montagnes derrière Maroc.

Djebel-el-Akhdar (le Titeri), à l'est de Médéa.

Djebel-er-Reças, près Tunis, au S.-E. du lac.

Djebel-Frina, près Tebessa.

Djebel-Mahmel, près Tebessa.

Djebel-Sahari, au sud de la province d'Alger.

Djedar (les), tombeaux antiques au sud de Tiaret.

Djedi (Ouad), rivière prenant sa source au sud du Djebel-Amour, coulant à l'est et allant se perdre aux environs du chot Melrir.

Djeloula, l'antique Uselitanum, à 25 kilom. à l'ouest de Kaïrouan.

Djem (El), amphithéâtre antique, sur le littoral est de la Tunisie, au S.-E. de Kaïrouan.

Djemila, ancienne Cuicul, près de Fedj-Mezala (Ferdjïoua).

Djerab ou Djerrah, localité dans la vallée de l'Ouad-Zehour, à l'ouest de Collo.

Djerba (île), l'antique Menix, ou île des Lotophages, à l'est du golfe de Gabès, près de la côte tripolitaine.

Djerdjera (Djebel), les montagnes de la Grande Kabilie entre Dellis, l'Ouad-Sahel et Bougie. Nom antique: Mons-Ferratus.

Djerid, région d'oasis au sud de la Tunisie, du lac Melrir au golfe de Gabès

Djerid (lac du), l'ancien lac Triton, dans le Djerid.

Djezaïr-Beni-Mezr'anna ou El Djezaïr, v. Alger.

Djeziret-el-Far, ancien nom d'El-Mehdïa (Tunisie).

Djidjel (Djidjeli), l'antique Igilgilis. Port entre Collo et Bougie, au nord de Sétif.

Doucen (Ed-), oasis du Zab R'arbi à 45 kilom. ouest de Biskra.

Drâa-el-Melenane, localité à l'extrémité N.-O. de la plaine de la Medjana.

Drépane, ancienne ville de Sicile au nord-ouest de l'île, aujourd'hui Trapani.

Duéro, fleuve d'Espagne et de Portugal, se jette dans l'Océan, au-dessous de Porto.

E

Ebre, fleuve d'Espagne; se jette dans la Méditerranée, au port des Alfaqueques.

Égates (Iles), petit archipel près de la côte ouest de la Sicile.

Eknone, montagne et promontoire de Sicile sur la côte sud.

El-Araïche ou Larache, port à l'embouchure de l'Ouad-el-Kous, sur l'Océan (Maroc).

El-Arrouche, ou mieux El Harrouche, village à 30 kilom. au sud de Philippeville, sur la rive gauche du Saf-Saf.

El-Bridja ou Mazagan, à l'ouest du golfe d'Azemmor, sur l'Océan (Maroc).

El-Djem ou Edjem, v. Djem.

El-Gâda, à l'extrémité sud du Djebel-Rached (Amour), lieu dit les Sept-Douars.

El-Khïer, au sommet du Djebel-Amour.

El-Milia, poste sur l'Ouad-el-Kebir, à 110 kilom. au nord de Constantine.

El Oued, chef-lieu des oasis de l'Ouad-Souf, dans le Sahara, au sud du Djerid.

Emporiæ, ancienne ville d'Espagne, v. Ampurias.

Enna, v. Castrogiovanni.

Ercté (mont Pellegrino), Etna (Sicile).

Er-Rokn, sur le territoire des Beni-Ouaretsin, près Fès.

Es-Sakhera (Djebel) ou Es-Sakheratine, montagne derrière Tlemcen.

Es-Settara, localité près du Kef (Tunisie).

Estramadure, vaste contrée du nord de l'Espagne s'étendant en partie en Portugal.

Ethiopie, Nigritie ou Soudan (Takrour), le centre de l'Afrique, pays des noirs.

Eviça ou Iviça, l'île la plus occidentale des Baléares.

Evora, ville forte du Portugal à 128 kilom. ouest de Lisbonne.

Ez-Zeitoun, station sur la route d'Oran à Maskara.

F

Falcon (cap), v. Cap.

Farina (port et cap), au nord de Tunis, à l'ouest de Karthage.

Fazuz, canton au S.-E. de Fès, entre Tedla et Safroua.

Fechtala, lieu et district près de l'Ouad-el-Abid, non loin de Fès.

Feddj-el-Akhtar, près de Guédjal, dans les montagnes bordant au nord la plaine des Abd-en-Nour (Constantine).

Feddj-el-Fers, col près de Tetouane (Maroc).

Feddj-En-Naam, col sur la route de Tunis à Kaïrouan, près de cette ville.

Fahs, canton au sud de Tetouane (Maroc).

Fendelaoua, château sur la route de Fès à Tanger, près du Sebou.

Fer (cap de), à l'est du golfe de Philippeville.

Ferdjioua, canton à l'ouest de Constantine, entre Mila et l'Ouad-Bou-Slah.

Ferratus-Mons, v. Djerdjera.

Fès, capitale du Maroc, bâtie à proximité des ruines d'Oulili (Volubilis). Divisée en trois quartiers: celui des *Andalous*, celui des *Kaïrouanides*, et celui de la *Ville-Neuve*, et établie sur une des branches supérieures de l'Ouad-Sebou.

Fezzane (antique Phazanie), région saharienne à 150 lieues au sud de Tripoli.

Figuig, réunion d'oasis au sud-ouest de la province d'Oran, sur l'Ouad-Saoura.

Fistel (ravin de), près d'Oran à l'Ouest.

Fondouk (le), poste dans la Mitidja orientale, près de l'Ouad Zitoun.

Frenda, dans les hauts plateaux de la province d'Oran, entre Tiaret et Saïda.

G

Gabès (ou Kâbès), port de Tunisie, au fond du golfe de ce nom.

Gabès (golfe de), ou Petite-Syrte, au sud de la Tunisie et à l'ouest de Tripoli.

Gadès (Cadix), à l'extrémité méridionale de l'Espagne, a donné son nom au détroit qui sépare ce pays de l'Afrique.

Gafsa (ou Kafça), oasis au sud de la Tunisie, dominant le Djerid. Nom ancien, Capsa.

Galice, province du nord de l'Espagne, entre l'Océan, le Portugal et la Vieille-Castille.

Gammouda, canton et ville à 80 kilom. environ au S.-O. de Kaïrouan, sur la route de Sfaks.

Garama, actuellement Djerma, oasis dans le Fezzane. Ancien chef-lieu du pays des Garamantes.

Garde (cap de), à l'angle occidental du golfe de Bône.

Gar'ou, ou Gaou, ou Kaghou, ancienne capitale du Soudan, sur la rive gauche du Niger, au S.-E. de Tenboktou.

Ger (fl.), actuellement le Guir, coulant au S.-E. du Maroc et allant se perdre dans la région d'oasis du Touate (Sahara).

Gerace, ville à 53 kilom. l'E.-N.-E. de Reggio (Italie).

Gétulie, la région saharienne qui rejoint les hauts-plateaux de l'Algérie.

Gheris, v. R'eris.

Girgenti, à 100 kilom. sud de Palerme, près le rivage méridional de la Sicile.

Goulette (La), Halk-el-Ouad, le port de Tunis, à l'entrée du lac.

Gouraïa, montagne qui domine Bougie au N.-O.

Gourara, région d'oasis et Sebkha, au centre du Sahara, au sud d'Oran.

Gozzo, petite île voisine de celle de Malte et faisant partie du groupe.

Grenade, ville et province au S.-E. de l'Espagne.

Guadara, fleuve du midi de l'Espagne, débouchant près de Malaga.

Guadalete, fleuve d'Andalousie; se jette dans l'Atlantique à 5 kilom. ouest de Cadix.

Guadalquivir, fleuve d'Espagne entre les provinces de Jaën et de Grenade, se jette à San-Lucar.

Guadiana, rivière d'Espagne et de Portugal, se jette dans l'Océan.

Guidra ou Guedara, mont près d'Oran.

Guédjal, chez les Djimla, dans les montagnes au nord de la plaine des Abd-en-Nour (Constantine).

Guelma, ou plutôt Galma (l'antique Calama), ville entre Constantine et Bône, dans la haute vallée de la Seybouse.

Guercif, ville à l'ouest de Taza, sur le haut Moulouïa.

Guelfa (El), localité dans les hauts plateaux, au sud de Titeri.

Guezoul (Djebel), près et à l'ouest de Tiharet, sur la rive droite de la branche orientale supérieure de la Mina.

Guiber, appelé aussi Feddj-el-Ousfane, au sud de Tebessa et d'Aïn-Beïda.

Guig, entre Ar'mat et Tinemellel (Maroc).

Guir (Ouad), v. Ger.

Guir (cap) ou d'Aguer, cap au midi de Mogador, à l'angle supérieur du golfe d'Agadir (Maroc).

H

Habra (Ouad), rivière et vallée orientale aboutissant au golfe d'Arzeou.

Hadjar-en-Necer, forteresse dans les montagnes au sud-est de Ceuta (Maroc).

Hadrumete, v. Souça.

Haha, province marocaine sur l'Océan, entre le cap Guir au sud, la ramification du Grand Atlas au S.-E. et le Chiadma, au nord.

Halderane, colline au N.-O. de Gabès à environ 20 kilom.

Hamma (El), oasis du Djerid tunisien.

Hamma (El), région de jardins à 7 kil. au nord de Constantine.

Hamma, ville d'Espagne.

Hamma (El) du Zarez, près de ce lac au nord de Djelfa (département d'Alger).

Hamma (El) de Gabès ou des Matmata, à environ 16 kilom. à l'ouest de Gabès.

Hammada, nom donné aux plateaux pierreux et secs du Sahara. Le principal s'étend au sud de la Tunisie et de la Tripolitaine.

Hammamet (golfe de), sur le littoral oriental de la Tunisie, au-dessus du golfe de Gabès.

Hamza (pays de), région qui s'étend au sud du Djerdjera jusque vers Aumale et le Ouennour'a.

Hamza, v. Bouira.

Harrach (Ouad), traverse la plaine de la Mitidja et débouche dans le golfe d'Alger, près de la Maison-Carrée.

Hebet (El), région au sud de Tetouane, entre El-Kçar-et-Kebir à l'ouest et le Rif à l'est (Maroc).

Hentata (Djebel), une des parties les plus élevées de l'Atlas marocain, au sud de Maroc.

Héraclée, ancienne ville d'Italie, près de Tarente.

Herg'a, région de l'Atlas marocain près de Tine-Mellel.

Hermione, ville de la Byzacène.

Hespérides (Hesperidum Horti) près de Bérénice dans la Cyrénaïque.

Hezerdja (mont), au centre du Grand Atlas marocain.

Hippone ou Hippo-Regius, v. Bône.

Hippo-Zarytos ou Diarrhytus, Bizerte au nord de Tunis.

Hirch (El), station au nord du coude de la Medjerda (Maroc).

Hisn-el-Ougab, localité d'Espagne, château dominant les plaines dites Las Navas de Tolosa, où a été livrée la bataille de ce nom.

Hodna, vaste plaine dans les Hauts-Plateaux de Constantine, entre le Bellezma à l'est, les montagnes du Ouennour'a au nord, la région des Oulad-Naïl, à l'ouest et les montagnes de la région de Bou-Saada, au sud.

Honeïne, appelée dans les portulans, One, petit port entre l'embouchure de la Tafna et Nemours, au nord de Tlemcen.

Horrea (Cœlia), actuellement Hergla, au fond du golfe de Hammamet (Tunisie).

Huelva, ville d'Andalousie à l'ouest de Séville, port sur l'Atlantique.

I

Iclibya (Klibiya), l'antique Clypée, petit port sur le littoral oriental de la presqu'île de Cherik (Tunisie).

Icosium, v. Alger.

Idraren, pl. de Deren, montagnes en berbère et particulièrement le Grand Atlas.

Ifgan ou Fekkan, ancienne ville dans les Hauts-Plateaux de la province d'Oran, vers Daya.

Ifrikiya, a désigné, dans l'origine, l'Afrique propre ou Tunisie orientale actuelle ; puis les Musulmans ont compris dans cette appellation la Tripolitaine et la province de Constantine ; c'est-à-dire le nord de l'Afrique, depuis la Cyrénaïque jusqu'à Bougie, limite du Mag'reb central.

Igilgelis, v. Djidjeli.

Igliz, colline à cinq kilom. N.-O. de Maroc.

Ile de Zimbre, près du cap Bon (Tunisie).

Imama, village à deux kilom. N.-O. de Tlemcen.

Ir'ar'ar, vallée partant du Djebel-Haggar au centre du Sahara et aboutissant au nord, à la région de l'ouad-Rir'.

Isli, rivière auprès d'Oudjda sur la limite entre l'Algérie et le Maroc.

Isser (Oued), rivière prenant naissance dans la Kabilie occidentale et débouchant à l'ouest de Dellis, après avoir arrosé de fertiles vallées.

Isser (Oued), rivière à l'est de Tlemcen.

Iznacen (montagne des Beni), au nord d'Oudjda sur la frontière de la province d'Oran.

J

Jaën, ville d'Andalousie, dans la province de ce nom, à 340 kilom. sud de Madrid.

Jemmapes, petite ville entre Guelma et Philippeville (province de Constantine).

Junonia, nom donné à Karthage après sa reconstruction par les Gracques.

Justiniana-Zabi (Mecila), dans le Hodna.

K

Kabilie (Grande), le pays compris entre Dellis, Bougie, l'Isser et l'Oued-Sahel.

Kaçabate, ville en ruines à l'est de Tlemcen.

Kaïrouan, ancienne capitale de la Tunisie, à trois journées au sud de Tunis et une forte journée à l'ouest du golfe de Hammamet. La construction de cette ville a absorbé les ruines de nombreuses cités romaines. A l'ouest s'élève le Djebel-Ouslate.

Kalâa, forteresse sur un pic ayant de plusieurs côtés des pentes abruptes.

Kalaa des Beni-Abbès (la), dans le douar de Bouni, commune de Takitount (Constantine).

Kalaa des Beni-Hammad (la), ancienne capitale de cette dynastie, dans les montagnes au nord de Mecila, commune indigène des Maadid (Constantine).

Kalaa des Beni-Rached (la), à l'est de Maskara, commune mixte de Relizane (Oran), appelée autrefois Kalaat-Houara.

Kalaat-ben-Slama ou Taour'zout, à neuf lieues S.-O. de Tiaret sur la rive gauche du Haut-Mina.

Kalaat-Mehdi, à deux fortes journées au sud de Fès, dans le pays de Fazaz.

Kalaat-Sinane, place forte sur une montagne escarpée à huit lieues à l'est de Tebessa, en Tunisie.

Kammouda, v. Gammouda.

Kanem, dans le Soudan, au nord du lac Tchad.

Kar'ou, v. Gar'ou.

Karn (El), dans le voisinage de Djeloula, entre cette ville et Kaïrouane.

Kartenna, v. Ténès.

Karthage, actuellement Karthadjina, au nord de Tunis, dans le golfe qui porte son nom.

Kastiliya, partie du Djerid tunisien comprenant les oasis de Touzer, El-Hamma et Nafta. Ce nom s'est étendu à la région tellienne située au nord de ces oasis.

Keçar, K'sar, ou Casr, château-fort.

Kçar de Zenina près l'oasis de L'ar'ouate.

Kçar-el-Ifriki, place forte à une journée à l'ouest de Tifech.

Kçar-el-Kahéna, un des noms d'El-Djem.

Kçar-el-Kebir (El), appelé aussi Kçar-Ketama et Kçar-Benhadja, sur l'Oued-el-Kous, au midi de Tetouane (Maroc).

Kçar-el-Kedim (El), appelé aussi El-Abassia, à cinq kilomètres au S. O. de Kaïrouan.

Kçar-es-Sréïr (El), appelé aussi Kçar-el-Medjaz et Kçar-Masmouda. Port et forteresse sur le détroit entre Tanger et Ceuta.

Kçar-el-Téïr, près Sétif.
Kef (le), l'antique Sicca-Veneria (Chekbenaria), ville tunisienne non loin de la frontière française.
Keloub (ou Kouloub)-et-Tirate sur la frontière tunisienne, au nord du coude de la Medjerda.
Kerkinna (Îles), au nord du golfe de Gabès, près de la côte tunisienne.
Khandek-er-Rihane, près de Cherrate, région de Salé (Maroc).
Kheneg-el-Melah, dans le Djebel-Amour occidental.
Khenchela, l'ant. Mascula, appelée au XIIIe siècle Tarf-Mascala, localité dans l'Aourès, au sud d'Aïn-Beïda.
Khenguet-Sidi-Nadji, localité de l'Aourès méridional.
Kherbet-el-Kelekh, plaine au N.-O. de Tunis.
Kiana, le Djebel-Mezita, à sept lieues au nord-est de Mecila, appelé aussi Djebel-Aïad.
Koçour-Hassan, localité de la Cirénaïque près de l'angle de la Grande Syrte.
Korrat (île de), en face de Porto-Farina, au nord de Tunis.
Koudiat-Ati, mamelon au sud-ouest de Constantine, entouré de faubourgs.
Koudiat-el-Araïs, près Fès.
Koudiat-es-Saboun, actuellement le fort l'Empereur ou Bordj-Moulaï-Hassan, près Alger.
Koukou, au cœur de la Grande Kabilie, chez les Zouaoua.
Kous (Ouad-el), l'ancien Loukkos, dans le nord du Maroc, se jette dans l'Océan à El-Araïche.

L

La Calle, Merça-el-Kharez. Ville et port à l'est de Bône, près de la frontière tunisienne.
Lambèse, l'antique Lamboesis, en arabe Tazzoulte, à 11 kilom. au S.-E. de Batna (Constantine).
La Mamoure, près d'El-Mehdïa, rive gauche de l'embouchure du Sebou sur l'Océan (Maroc).
Lamego, ville de Portugal (Beïra) sur le Balsamao.
Lamta, l'antique Leptis parva, à trois lieues de Monastir, sur la route d'El-Mehdïa (Tunisie).
Larache, v. El-Araiche.
Laribus (El-Orbos), ancienne localité, à l'est de la Tunisie.
L'at'ouate ou El-Ar'ouate, oasis au sud d'Alger, au pied du versant oriental du Djebel-Amour.
Las-Navas de Tolosa, v. Hisn-el-Ougab.
Lebida ou Lebda, l'antique Leptis Magna, sur le littoral de la Grande Syrte, à l'est de Tripoli.
Lebzou, montagne près d'Akbou, dans la vallée de l'Ouad-Sahel, au sud de Bougie.
Lemdia, v. Médéa.
Lemetti (Zembia), au S.-O. de la province de Constantine.
Leptis Magna, v. Lebida.
Leptis Parva, v. Lamta.
Libye, nom donné par les Grecs à l'Afrique septentrionale, restreint plus tard à la partie orientale de cette contrée.
Libye intérieure, les déserts de la Tripolitaine.
Libie pentapole, la Cyrénaïque.
Lichana, oasis du Zab.
Lipari (îles), archipel à 45 kilom. de la côte nord de Sicile.
Loja, ville d'Andalousie, près de la rive gauche du Jenil.
Lorca, ville d'Espagne à 80 kilom. S.-O. de Murcie.
Lucera, ville d'Italie, à 17 kilom. O.-N.-O. de Foggia.

M

Madaure, actuellement Medaourouch au S.-O. de Souk-Ahras (Constantine.)
Mag'reb (Occident), nom donné par les Arabes à la partie de l'Afrique

septentrionale située à l'ouest de l'Égypte. L'Espagne musulmane et la Sicile ont fait partie du Mag'reb. Le Mag'reb se divisait en :

1° Ifrikiya, v. à ce nom.

2° Mag'reb central (El-Aousot), depuis Bougie et son méridien jusqu'à la Moulouïa. Les provinces actuelles d'Alger et d'Oran.

3° Mag'reb extrême (El-Akça), de la Moulouïa à l'Océan. Le Maroc actuel.

4° et Sahara, les parties méridionales au sud des précédentes.

Mahnoun, près Médéa.

Mahon, chef-lieu des Baléares.

Majorque, une des îles Baléares.

Majores (ad). Point stratégique au sud de Négrine.

Makarmeda ou Karmeda, petite ville à six ou sept lieues à l'est de Fès.

Makta, rivière et marais, au fond du golfe d'Arzeou, entre cette ville et Mostaganem.

Malaga, ville d'Espagne, port fortifié sur la Méditerranée au sud.

Malliana, actuellement Miliana, dans le département d'Alger, sur le flanc du Zakkar.

Malte, groupe comprenant Gozzo, Comino et Cominatto, en outre de Malte la princip., à un degré environ au sud de la Sicile.

Malua, Malva, v. Moulouïa.

Mama ou Mumma, source, plaine et forteresse près et au S.-O. d'Oudja (Maroc).

Manche, province de la Nouvelle Castille, au nord de Madrid, sur les hauts plateaux.

Mansoura (El), ville et camp retranché fondés par les Merinides à l'ouest de Tlemcen en assiégeant cette ville.

Mansoura (plateau de), au sud de Constantine ; servant actuellement d'hippodrome.

Mansouria (El), faubourg à l'ouest de Kaïrouan, appelé aussi Sabra.

Marmarique, province entre l'Égypte et la Cyrénaïque.

Marrakch, v. Maroc.

Maroc (Marrakch), capitale des Almoravides, fondée par eux au nord du Djebel-Mesfioua, rameau du Deren, sur le cours supérieur du Tensift.

Maroc, le Mag'reb extrême.

Marsa (la), port au nord de Tunis, à l'ouest de Karthage.

Maskara, ville au sud d'Oran, dans la région montagneuse aboutissant aux hauts plateaux.

Massa (Ribat de), ville maritime sur l'Océan, au sud d'Agadir dans le Sous.

Matifou (cap), (régulièrement *Thamanetafoust*), le cap terminant le golfe d'Alger à l'est.

Maurétanie (ou Maurusie), nom donné à la partie du nord de l'Afrique à l'ouest de la Numidie ; elle fut d'abord divisée en :

Maurétanie Orientale, de la Numidie au Molochath (Moulouïa).

Et Maurétanie Occidentale ; de cette rivière à l'Océan.

Puis en :

Sitifienne,

Césarienne,

et Tingitane.

(Voir la notice géographique du 1ᵉʳ volume.)

Mazagan ou El-Bridja, ville maritime près d'Azemmor (Maroc).

Mazagrane (Thamazagrane), forteresse à trois kilom. à l'ouest de Mostag'anem.

Mazara (Sicile).

Mazouna, ville entre Mostaganem et Tenès, à trois lieues au nord du Chelif dans les montagnes des Beni-bou-Saïd.

Meçnab (Djebel), près du Djebel-Amour.

Mechra-er-Remel, colonie d'Abid sur l'Ouad-Felfela près Maroc.

Mecila (El), l'ancienne Justiniana-Zabi, chef-lieu du Hodna occidental, entre Bou-Aréridj et Bousaada.

Medaourouche (Madaure).

Media (El), Médéa, au sud d'Alger.

Medina-Celi, ville d'Espagne (Vieille Castille).

Medina-Sidonia, ville d'Andalousie à 31 kilom. est de Cadix.

Medjana (plaine de la), vaste plaine au sud et à l'est de Bou-Aréridj.

Medjana, ville à environ 35 kilom. au nord de Tebessa, appelée aussi Mermadjenna.

Medjdoul, localité près de Tunis.

Medjerda (Ouad), l'ancien Bagradas, prend sa source au nord et à l'est de Tebessa, coule d'abord au nord, puis tourne à l'est près de Souk-Ahras et se jette dans le golfe de Tunis.

Medjaz-el-Bab, station sur la Medjerda, près de la frontière.

Meggara, faubourg de Karthage.

Mehdia (El), l'ancienne Africa, ville maritime du golfe de Hammamet sur le littoral est de la Tunisie.

Mehdïa (el), appelé aussi la Mamoure ; port à l'embouchure du Sebou (Maroc).

Mekerra, rivière passant à Sidi-bel-Abès, province d'Oran, et se jetant dans le golfe d'Arzeu.

Mekla ; Zemala, près du Sebaou, (Kabilie occidentale).

Meknès, ville à neuf lieues à l'ouest de Fès, dont elle est séparée par le massif du Zerhoum ; sur un affluent supérieur du Sebou.

Melah, camp près Fès.

Melèta (plaine de), au sud de la Sebkha d'Oran.

Melila ou Melilia, préside espagnol, sur la côte du Rif marocain, à l'est du cap Tres-Forcas.

Melili, oasis du Zab, à 4 lieues S.-O. de Biskra.

Mellala, ancienne ville, au S.-O. de Bougie, sur la rive gauche de l'embouchure de la Soumam.

Melli, ville du Soudan à environ 160 lieues S.-O. de Tenboktou.

Melrir' (Chot.), vaste dépression saharienne au sud de la province de Constantine. La partie la plus basse atteint plus de 25 mètres au-dessous du niveau de la mer.

Membreza, v. Medjaz-el-Bab.

Mems, ancienne ville dans les hauts plateaux tunisiens ; près de la source de la branche orientale de la Medjerda.

Mendas, plateau sur la rive droite de la Mina (prov. d'Oran).

Meninx (l'île de Djerba).

Merga-el-Kharez, v. Calle (la).

Mercure promontoire de, le cap Bon ou Ras-Adar à l'est de Tunis.

Merida, l'antique Emerita-Augusta, ville d'Espagne à 11 kilom. est de Badajoz (Estramadure).

Mermadjenna, v. Medjana.

Mers-el-Kebir, port et forteresse à 4 kilom. à l'ouest d'Oran.

Mesioua, canton de, au sud de Maroc, entre cette ville et le Djebel-Hentata.

Meskiana (ouad) : prend sa source à Ras-Zelar, à 34 kilom. au S.-O. d'Aïn Beïda, coupe la route de Constantine à Tebessa et se jette dans l'O. Mellag, affluent de la Medjerda.

Mesrata, ville à 34 lieues à l'est de Tripoli sur le littoral de la Grande-Syrte.

Messine, port de Sicile, ville forte à la pointe N.-E. de cette île.

Messoun, plaine sur la rive gauche de la Moulouïa à l'est de Taza (Maroc).

Metahen (Ouad-el-) rivière près de Fès.

Mezab, v. Chebka.

Mïa (Ouad), rivière saharienne recueillant les eaux du Mezab et du plateau de Tadmaït et se jetant dans la vallée de l'Ouad-Rir'.

Miknaça de Taza, région près de cette ville (Maroc).

Mila, l'antique Milevum ou Milen, une des villes de la république des quatre colonies cirtéennes, à 45 k. à l'ouest de Constantine.

Miliana, l'antique Malliana, sur un contre-fort du Zakkar à l'ouest de Blida (Alger).

Mina (Ouad), rivière de la province d'Oran, prend sa source à l'ouest de Tiaret, et se jette dans le Chelif, après avoir traversé la plaine de la Mina.

Misserghine, village à 20 kilom. à l'ouest d'Oran.

Mitidja (plaine de la), vaste et riche plaine au sud et à l'est d'Alger.
Mohammedia, un des noms de Mecila.
Mohammedia, plaine à 20 kilom. au sud de Tunis.
Molochath, v. Moulouïa.
Monastir, petit port à l'extrémité méridionale du golfe de Hammamet.
Mondejo, fleuve de Portugal ; débouche dans l'Océan à Buarcos.
Mons-Ferratus, le Djerdjera.
Mont-Cassin, abbaye célèbre, au centre de l'Italie, à 80 kilom. N.-O. de Naples.
Moron, ville d'Andalousie à 40 kilom. O.S.-O. de Séville.
Morzouk, capitale du Fezzane, au sud de Tripoli.
Mostaganem, ville du littoral de la province d'Oran entre l'embouchure du Cherif et Arzeou.
Motya, ancienne ville de Sicile, sur la côte ouest, dans une île au sud du cap de Drepane.
Moulouïa, grand fleuve du Maroc, prenant naissance dans les hauts plateaux du versant oriental du Grand-Atlas et se jetant dans la Méditerranée, près de la limite algérienne, à l'ouest de Nemours. Noms antiques : Malva, Molochath.
Mouzaïa, massif montagneux entre Blida et Médéa (Alger).
Murcie, ville d'Espagne, capitale de la province de ce nom, à 410 kilom. S.-S.-O. de Madrid.

N

Naceria (En-), nom donné au XIᵉ siècle à Bougie.
Nador, montagne à l'est de Guelma.
Nador (En), l'*Observatoire*, montagne dans le massif de Kiana près Mecila.
Nafta (ou Nefta), oasis du Djerid, à l'ouest de Touzer.
Najira, ville d'Espagne, Vieille Castille, à 24 kilom. ouest de Logrono.

Naraggara, entre Souk-Ahras et le Kef.
Nebel, l'antique Néapolis, à l'est de Tunis.
Nedroma, ville au nord de Tlemcen, dans le cœur des montagnes, à 16 kilom. de la mer.
Nefis (Ouad), affluent du Tensift, prenant naissance dans la montagne de Tin-Mellel au sud de Maroc.
Nefis ou Anfis, ville située sur la rivière de ce nom.
Nefouça (Djebel), massif montagneux au sud de Tripoli.
Nefzaoua (territ. des), dans la partie occidentale du Djerid tunisien.
Nehar-Ouacel, affluent du Chelif, venant du plateau de Seressou.
Negaous, oasis des hauts plateaux à l'ouest de Batna, au sommet des montagnes bordant le Hodna à l'est.
Nepheris, ancienne ville à l'est du lac de Tunis.
Nicotera, ville d'Italie, province de Catanzara.
Niébla, ville d'Andalousie à 20 kilom. d'Huelva.
Niger, le grand fleuve du Soudan occidental.
Nigritie, le Soudan.
Nini (Ouad), vallée coulant de l'ouest à l'est et aboutissant au lac du Tarf au sud d'Aïn-Beïda.
Nokour, ville du Rif marocain, au nord de Taza, au S.-O. du cap Tres-Forcas.
Nokour, rivière passant auprès de la ville précédente et débouchant dans la Méditerranée près du port d'Alhucenas.
Nouba, ville du littoral oriental de la Tunisie entre Souça et Iclibiya.
Noun (Ouad et cap), au sud du Sous. L'Ouad-Noun débouche dans l'Océan auprès du cap du même nom, à un demi-degré au nord de l'embouchure de l'Ouad-Deraa.
Numance, ville de la Taraconaise.
Numidie, à peu près la province de Constantine actuelle. A subi diverses modifications comme étendue et limites à l'est et à l'ouest.

O

Obba, ville à environ 20 kilom. à l'ouest d'El-Orbos (Tunisie).

Obbad ou Eubbad (El-), près du cimetière de la Mosquée de Sidi-Bou-Medine à Tlemcen.

Œa, v. Tripoli.

Oporto, ville de Portugal, chef-lieu de la prov. du Minho sur la rive droite du Duero.

Oran, ville et port, chef-lieu de la province de ce nom. En arabe Ouahrane.

Orbos (El), v. Laribus.

Orèto, rivière de Sicile.

Otrante, ville d'Italie sur le détroit de son nom.

Ouad (rivière) régul. *Ouadi*.

Ouad-Ar'fou, affluent du Tensift, venant du Doukkala, Maroc.

Ouad-ben-Aïssi, affluent du Sebaou, près de Teizi-Ouzzou.

Ouad-Berber, au nord-ouest de la province d'Afrique (ancienne).

Ouad-bou-Slah, dans la partie occidentale du Ferdjioua, affluent de l'Ouad-Sahel.

Ouad-el-Abed, affluent de la Mina (Oran).

Ouad-el-Abid, branche supérieure de l'Oum-er-Rebia (Maroc).

Ouad-el-Kebir, nom de la rivière de Constantine, au nord de cette ville.

Ouad-el-Leham, entre Aumale et Mecila.

Ouad-el-Leben, affluent du Sebou, au nord de Fès.

Ouad-el-Mekhazen, en avant d'El-Ksar-el-Kebir; affluent de l'Ouad-el-Kous (Maroc).

Ouad-el-Malah, affluent de la Mina supérieure.

Ouad-en-Nadja, affluent du Sebou, entre Fès et Meknès.

Ouad-Felfela ou Tefelfelt, affluent de l'Ouad-Beht (Maroc).

Ouad-Guebli, au nord de Constantine, derrière Collo.

Ouad-Isli, près d'Oudjda (Maroc).

Ouad-Khenis, le « Ruisseau » près d'Alger, entre cette ville et le Hamma.

Ouad-Mellag, affluent ou branche supérieure de la Medjerda, sur la limite de la province de Constantine.

Ouad-Ouerg'a, dans le district de Fichtala (Maroc).

Ouad-Remel, ancien Amsaga, la rivière de Constantine, qui, unie au Bou-Merzoug, forme l'Ouad-el-Kebir.

Ouad-Roumane, dans le Dahra, entre Tenès et Mostaganem.

Ouad-Rir', vallée saharienne aboutissant au Melrir', au sud de la province de Constantin.

Ouad-Sahel : prend naissance à Aumale, passe à Bouïra, contourne le massif de la Kabilie, au sud, puis à l'est, et se jette dans le golfe de Bougie sous le nom de Soumam.

Ouad-Serate, au sud du Kef, Tunisie.

Ouad-Souf, vallée saharienne au sud de la Tunisie.

Ouad-Zehour, à l'ouest de Collo.

Ouad-Zenati, vallée à l'est de Constantine, entre cette ville et Guelma.

Ouad-Zitoun, station turque près du Fondouk, à l'est d'Alger. Occupée par une colonie de Koulour'li.

Ouad-Zitoun, près Djidjeli.

Ouad-Ziz, descend de l'Atlas marocain au sud, et arrose l'oasis de Tafilala.

Ouaddane, oasis au sud de l'Ouad-Deraa (Maroc).

Ouarensenis, massif montagneux atteignant deux mille mètres d'altitude, au sud-ouest de Miliana (province d'Alger).

Ouargla, oasis à l'extrémité de l'Ouad-Rir' (Sahara).

Ouazzane, au nord de Fès, au pied des montagnes qui bordent la province du R'arb (Maroc).

Oudjda, ville marocaine à l'ouest du poste français de Lalla-Marnïa.

Ouédjer, improprement Oued-Djer, vallée à l'extrémité ouest de la Mitidja. Affluent du Mazafran.

INDEX GÉOGRAPHIQUE

Oueddane, oasis du Fezzane (Sahara tripolitain).

Ouennour'a, massif montagneux au sud-est d'Aumale et se prolongeant jusqu'à Mansoura, au-dessus des Portes-de-fer(Bibane).

Ougab, v. Hisn-el-.

Ouks, station thermale près Tebessa.

Oulili (anciennement Volubilis) près Fès.

Oum-er-Rebia (Ouad), grand fleuve marocain, prenant naissance dans l'Atlas central et se jetant dans l'Océan à Azemmor.

Oum-er-Ridjeline, sur l'Oum-er-Rebia.

Oureg (Ouad), branche supérieure de Chelif. Venant du Djebel-Amour.

Ourlal, oasis du Zab à env. 30 kil. S.-O. de Biskra.

Oum-Zebboudj, dans la plaine du Seressou.

P

Padul, montagne près Grenade.

Palerme ou Panorme, capitale de la Sicile; sur le littoral nord.

Pampelune, capitale de la province de Navarre, nord de l'Espagne.

Pantellaria, île de la Méditerranée entre la Sicile et l'Afrique.

Peloriade (monts), en Sicile.

Peñon d'Alger, l'îlot qui a été relié à la terre par la jetée de Barberousse.

Peñon de Velez, forteresse espagnole en face de Velez sur la côte du Rif marocain.

Phazanie (le Fezzan).

Philènes, v. Autel-des-.

Philippeville, l'antique Rusicada, l'une des quatre colonies cirtéennes, au nord de Constantine.

Portes-de-Fer, v. Bibane.

Porto, v. Oporto.

Porto-Farina, au nord de Tunis.

Porto-Venere, ville d'Italie sur le golfe de Gênes.

Proconsulaire, v. Province d'Afrique.

R

Rabat, à l'embouchure du Bou-Regreg (rive gauche), en face de Salé (rive droite) (Maroc).

Rached (Djebel), nom ancien du Djebel-Amour.

Rachgoun, v. Archgoul.

R'adamès, oasis à l'est du Souf, au sud de la Tunisie.

Radès, v. Adis.

Rapidi, act' Sour-Djouab, à 30 kil. à l'ouest d'Aumale.

R'arbi (chot), au sud de Tlemcen, dans le Maroc.

R'arça (chot), au sud de la Tunisie, faisant suite à celui du Djerid.

R'ariane (Djebel), massif montagneux à une journée au sud de Tripoli.

Ras-Dimas, cap sur le littoral oriental de la Tunisie, près de l'antique Thapsus.

R'assaça, ville maritime à l'ouest du cap Tres-Forcas (Maroc).

Rebâ, oasis voisine de Bou-Semr'oun (Sahara).

Redjas, village à l'ouest de Mila.

R'eris ou Cheris, montagne et plaine au N.-E. de Maskara.

Rias, près de Mermadjenna, à l'est de Constantine.

Rif, ou pays des R'omara vaste contrée montagneuse au nord du Maroc, sur la Méditerranée.

Rihou (Ouad), affluent du Chelif (prov. d'Oran).

Rio-Salado, rivière à l'ouest d'Oran, près d'Aïn-Temouchent.

Rokkada ou Roggada, château à env. 5 kil. au S.-O. de Kaïrouane.

Rusicada, v. Philippeville.

Ruspina, sans doute Monastir en Tunisie.

Rusucurru, ville antique près de Dellis.

S

Sabra, v. El-Mansouria.

Sabrata, ville à environ 60 kil. à l'ouest de Tripoli.

Safraous, Sofrouï ou Safroï, ville à 40 kil. environ au S.-E. de Fès.

Safi, ou Asfi, ville au sud du cap Cantin, sur l'Océan, au nord de l'embouchure du Tensift (Maroc).

Safir (Ouad), aux environs de Fès.

Sagonte, ville de la Taraconaise (Espagne).

Saguiet-el-Hamra, vallée saharienne, au sud de l'Ouad-Deraa et parallèle à sa partie inférieure.

Saguiet-Mems, ville des hauts plateaux de la Tunisie sur la branche supérieure de la Medjerda.

Sahara, nom général de la région de plateaux, de dunes et d'oasis, appelée aussi Grand-Désert, entre le Soudan au Sud et les Hauts-Plateaux et le Tell de la Berbérie au nord.

Sainte-Croix du cap d'Aguer, v. Agadir.

Salamanque, ville de la Vieille-Castille à 54 kil. ouest de Madrid.

Salat (Djebel), montagne au N.-E. de Bousaada.

Saldé, v. Bougie.

Salé ou Sla, ville maritime du littoral de l'Océan, sur la rive droite de l'embouchure du Bou-Regreg, en face de Rabat (Maroc).

Salerne, ville d'Italie, port sur le golfe de ce nom à 57 kil. S.-E. de Naples.

Saniet-el-Annab, en avant de Tunis.

San Lucar, port à l'embouchure du Guadalquivir (Andalousie).

San Miguel de Ultramar (La Mamoure ou El-Mehdia).

Santarem, ville de Portugal (Estramadure) à 100 kil. N.-E. de Lisbonne.

Saragosse, en arabe Sarkoussa, capitale de l'Aragon, nord de l'Espagne, sur la rive droite de l'Ebre.

Sardenia, colonie sarde entre Djeloula et Kaïrouan.

Satfoura, région au sud de Benzert près Tunis.

Sebeïtla, l'antique Suffetula, à une centaine de kilomètres au S.-O. de Kaïrouan (Tunisie).

Sebaou, vallée et rivière de la Kabilie occidentale. Elle reçoit les eaux du versant nord du Djordjera et débouche un peu à l'ouest de Dellis.

Sebiba, l'antique Suffetibus à environ 100 kil. à l'ouest de Kaïrouan.

Sebkha (lac salé).

Sebkha d'Oran, à quelques lieues à l'ouest de cette ville.

Sebkha de Tunis, à l'est de cette ville.

Sebou (Ouad), fleuve du nord du Maroc. L'un de ses affluents passe à Fès, son embouchure est à la Mamoure.

Semindja, localité sur l'Ouad-Miliana, dans la Tunisie orientale.

Seressou (plateau de), entre l'Ouarensenis au nord, et le Djebel-Amour au sud.

Setif, l'antique Sitifis, capitale de la Maurétanie sétifienne, à 130 kilom. ouest de Constantine.

Séville, chef-lieu de la province de ce nom, ancienne capitale de l'Andalousie, sur la rive gauche du Guadalquivir.

Seybous (Ouad), rivière prenant naissance vers Guelma et dans le Nador et débouchant à Bône.

Sfaks, ville maritime de Tunisie au nord du golfe de Gabès.

Sicca-Veneria, v. Le Kef.

Sidi-Medjahed, localité à l'ouest de Tlemcen, entre cette ville et Mar'nia.

Sidi-Okba, oasis à 16 kil. de Biskra.

Sidjilmassa, v. Tafilala.

Sierra-Morena, montagnes d'Espagne s'étendant entre la Nouvelle-Castille, l'Andalousie et l'Algarb.

Sierra-Nevada, montagnes du S.-O. de l'Espagne.

Sig (Ouad), affluent occidental de l'Habra.

Siga, nom antique de la Tafna.

Siga, ancienne capitale de la Numidie occidentale, actuellement Beni-Saf, à 4 kil. de l'embouchure de la Tafna, au nord de Tlemcen.

Sigli (cap), entre Bougie et Zeffoun, sur la côte de la Grande-Kabilie.

Sigus, village près du lieu dit Dordj-ben-Zekri, à 40 kil. sud-est de Constantine.

Silves, ville d'Espagne.

Sirat, colline et plaine sur la rive droite de l'Habra (Oran).

Soléis (prom.), le cap Cantin sur l'Océan au sud du Maroc.

Sort, ancienne ville au fond du golfe de la Grande Syrte, vers la Cyrénaïque.

Souça ou Souse, ville et port à l'est de Tunis, dans le golfe de Hammamet.

Soudan ou Takrour, le pays des Noirs, au centre de l'Afrique.

Souf-Djimar, le nom berbère ancien de l'Ouad-Remel.

Souf-Djine (Ouad), débouche à l'est de Tripoli, dans la Grande-Syrte.

Souk-Ahras, l'antique Thagaste, à l'est de Constantine, sur la limite de la Tunisie.

Sour-Djouab, v. Rapidi.

Sour-el-R'ozlane, actuellement Aumale.

Sour-Souari, forteresse turque chez les Souari (Médéa).

Soumam (Ouad), v. O. Sahel.

Sous, province du Maroc sur l'Océan, ayant le Deraa au sud et le Djebel-Deren et le Haha au nord. Il se divise en :

Sous-el-Adna, partie nord, traversé par l'Ouad-Sous ;

Et Sous-el-Akça, au sud du précédent, jusqu'à l'Ouad-Noun.

Spartel (cap), à l'extrémité occidentale du détroit de Gibraltar.

Stora, golfe et port à 4 kil. de Philippeville, à l'ouest.

Sylectum (Selekta), au nord du golfe de Gabès (Tunisie).

Syracuse, ville maritime de la Sicile.

Syrtes (Grande et Petite), golfes sur le littoral de la Tripolitaine, le premier à l'est de Tripoli, et le second à Gabès dont il a pris le nom.

T

Tabarka, île et fort à l'extrémité occidentale de la Tunisie, à l'est de La Calle.

Tabouaçamte, un des kçours de l'oasis de Tafilala.

Tadjmout, kçar entre l'Arouate et Aïn-Mâdi.

Taferelte, ville marocaine à 80 kil. environ au nord de Taza, sur la Méditerranée.

Taferguinte, forteresse dans l'Ouarensenis.

Tafilala, appelée aussi Sidjilmassa ; région d'oasis dans le Sahara, au sud du Grand-Atlas marocain, dans la vallée de l'Ouad-Ziz inférieur.

Tafna, rivière qui prend naissance au sud de Tlemcen et débouche dans la Méditerranée, au nord de cette ville.

Tafrata, plaine sur la rive droite de la Mouloula entre Guercif et le Za.

Tage, fleuve de Portugal, débouchant dans l'Océan à 4 kil. au-dessous de Lisbonne.

Tagmadarete, district de la province de Deraa appelé aussi Fezouata, sur les deux rives de ce fleuve.

Tagliagozzo, ville d'Italie, province d'Aquila.

Tagraret ou Tagger, actuellement Akbou, dans la vallée de l'O.-Sahel, au confluent de Bou-Sellam.

Takbalet, sur la route de Fès à Maroc.

Takious, oasis du Djerid tunisien, à l'est de Touzer.

Tameskrout, le sommet le plus élevé des montagnes des Hentata au sud de Maroc.

Tamesna ou Temsna, province marocaine, entre l'ouad Oum-er-Rebia au sud et la chaîne de montagnes au sud du Bou-Regreg.

Tamzezdekt, forteresse à environ 20 kil. au sud d'Oudjda (Maroc).

Tamzezdekt, forteresse construite par les Zeyanites à Tiklat, dans la vallée de l'O.-Sahel.

Tanger (Tandja), à l'extrémité occidentale du détroit de Gibraltar.

Taormina, ville forte de Sicile sur la côte est, à 50 kil. S.-O. de Messine.

Taount, forteresse au S.-E. de Nemours (prov. d'Oran).

Tarf-Mascula, v. Khenchela.

Taourirt, à environ 12 kil. au sud d'Akbou, dans la vallée du Bou-Sellam.

Taourirt-sur-le-Za, poste appelé maintenant Kasbat Moulaï-Ismaïl sur cette rivière.

Taour'zout, château au S.-O. de Tiaret, sur la rive gauche du Haut-Mina.

Tarente, ville d'Italie, au fond du golfe de son nom.

Tarifa, ville d'Espagne sur le détroit de Gibraltar.

Taroudent, capitale du Sous, à une forte journée à l'est d'Agadir, sur l'O.-Sous.

Tastour, ville à l'ouest de Tunis.

Taza (ou Thaza), ville et province à l'est de Fès. La ville est à l'ouest de Moulouia. La province s'étend à l'est dans la grande boucle de cette rivière formée par le Za, son affluent oriental.

Tazrout, nom donné fréquemment aux montagnes berbères.

Tazrout, ville et montagne à environ 10 kil. sud de Mila.

Tazzoult, v. Lambèze.

Tebessa, l'antique Theveste, ville à l'E.-S.-E. de Constantine, sur la frontière tunisienne.

Teborsok, ville à l'ouest de Tunis, au nord du Kef.

Teçoul, place-forte et montagne à environ 45 kil. au N.-O. de Taza.

Tedsi, près Taroudent (Maroc).

Tedellès (Dellis).

Tedla, province et ville entre les deux branches supérieures de l'Oum-er-Rebia.

Telar', montagne près de Daya, au S.-E. de Tlemcen.

Tell, région moyenne de l'Afrique septentrionale, entre le littoral et les Hauts-Plateaux.

Tenboktou, grande ville du Soudan occidental sur le Niger.

Tenès (cap), le Cap de Tirar'nia, massif montagneux à l'est de la ville de Tenès.

Tenès, l'antique Cartenna, port de la province d'Alger, entre Cherchel et Mostaganem.

Tennouna, oasis du Zab-Chergui, près de Badis.

Tensift, rivière marocaine ; passe au nord de Maroc et se jette dans l'Atlantique à Safi.

Terga, port à l'E.-S.-E. de Tetouane.

Tessala, ville et montagne à env. 50 kil. au sud d'Oran.

Tétouane (Titaouïne), ville au sud de Ceuta.

Thagaste, v. Souk-Ahras.

Thala (fontaine en berbère), nom donné à diverses localités.

Thamugas, v. Timgad.

Thapsu-. v. Ras-Dimas.

Thenæ (Tina), sur le littoral nord du golfe de Gabès.

Thysdrus, El-Djem (Tunisie).

Tibda, poste sur l'Isser, à l'est de Tlemcen.

Ticisi ou Tidjist, actuellement Aïn-el-Bordj, au sud de Sigus (Constantine).

Tifech, l'ancienne Tipaza de l'est, à environ 80 kil. au sud de Bône.

Tiharet, actuellement Tiaret, ville des plateaux de la province d'Oran, au S.-E. de Mostaganem.

Tigourarine, partie occidentale des oasis du Touat dans le centre du Sahara.

Tiklat, bordj dans la vallée de l'Ouad-Sahel, à une forte journée au sud de Bougie (l'antique Tubusuptus).

Tine-Mellal, montagne du Grand-Atlas, au sud de Maroc.
Tingis, v. Tanger.
Tisekht, place forte dans le Sous, sur le mont Guedmioun, au sud de Taroudent.
Titeri (montagne de), le Djebel-el-Akhdar près Médéa.
Tizi-Ouzzou, ville de la Grande-Kabilie, au sud de Dellis, sur le cours supérieur du Sebaou.
Tlemcen, l'antique Pomaria, à l'ouest d'Oran, près de la frontière marocaine.
Tobna, ville du Hodna oriental, près du poste de Barika; ancienne Tubuna.
Tolède (Tlitla), capitale de la province de ce nom, sur la rive gauche du Tage, au S.-O. de Madrid.
Tolga, oasis à environ 35 kil. à l'ouest de Biskra.
Tonboda, château dans la Mohammedïa au sud de Tunis.
Touat, région d'oasis au cœur du Sahara, directement au sud d'Oran.
Touggourt, capitale de l'Ouad-Rir', à trois journées au sud de Biskra.
Toukal, forteresse dans l'Ouarsenis.
Touzer, oasis du Djerid tunisien.
Trajana, canton au nord de l'Etna (Sicile).
Trapani (Drepanum), port de Sicile à l'extrémité ouest de l'île.
Tris-Forcas (cap), sur la côte du Rif marocain, au nord de Melila; le Tarf-Herek des indigènes.
Tripoli, l'antique Oea, capitale de la Tripolitaine, entre les deux Syrtes.
Tripolitaine, région comprise entre la Cyrénaïque et la Tunisie.
Triton (lac), le lac du Djerid au fond du golfe de Gabès.
Troglodytique, région montagneuse au sud de Tripoli.
Tubusuptus, actuellement Tiklat.
Tunis, l'antique Tunes, capitale de la Tunisie, au fond du golfe de Karthage.
Tunisie, région comprise entre la Tripolitaine et la province de Constantine.

Tusca (fl.), l'O.-Zaïn ou Ouad-Berber, limite N.-O. de l'ancienne province d'Afrique.
Typaza, ville à l'ouest d'Alger, près Cherchel.
Typaza de l'est, v. Telfech.

U

Ubeda, ville d'Andalousie, à 45 kil. est de Jaën.
Utique, ville ancienne à peu de distance à l'ouest de Karthage, que celle-ci a supplantée comme métropole punique.

V

Vacca, actuellement Badja en Tunisie.
Val Demone, ancienne division de la Sicile. V. Demone.
Val di Nota, près de Syracuse en Sicile.
Valence, capitale de la province de ce nom, sur la rive droite du Guadaviar.
Valérie, nom de la Byracène.
Velez d'Espagne, ville d'Espagne à 24 kil. est de Malaga.
Velez du Rif, v. Peñon.
Viseu, ville du Portugal, chef-lieu du Haut-Beïra.

X

Xativa ou Jativa, ville d'Espagne, à 50 kil. au sud de Valence.
Xerès ou Jerès, ville d'Andalousie, au N.-E. de Cadix.

Y

Yabach (Ouad-), rivière à l'est de Fès, près Taza.

Yakouta (El), forteresse à l'embouchure de la Soumam.
Yol, v. Cherchel.

Z

Za (fleuve), affluent supérieur oriental de la Mouloula.
Zab, pl. Zibane, divisé en Chergui (de l'est) et Rar'bi (de l'ouest), région d'oasis au sud de la province de Constantine. Le Hodna et le Bellezma en ont fait partie.
Zabi, v. Mecila.
Zahara, ville d'Espagne dans la Sierra-Nevada.
Zaher, montagne des Beni-Iznacen.
Zama, Zama-Regia en Tunisie, actuellement Djama.
Zamora, ville d'Espagne sur la rive droite du Douro, au N.-E. de Madrid.
Zaouïa d'Abou-Chita, à Fechtala, près de l'Ouad-Ouerg'a.
Zar'ez (Sebkha de), dans les Hauts-Plateaux, au sud de Médéa.
Zeffoun ou Azeffoun, l'antique Rusubezer, entre Dellis et Bougie sur la côte de la Grande-Kabilie.
Zenbia, près de Setif.
Zeraïa, près de Tobna, dans le Hodna oriental.
Zerbula.
Zerhoum, montagnes entre Fès et Meknès.
Zeugitane, partie orientale de la Tunisie actuelle.
Zeribet-el-Ouad, oasis de l'Ouad-Rir' (Constantine).
Ziama, ville et port à l'ouest de Djidjeli.
Zouar'a (Djebel), à 45 kil. environ au S.-E. de Djidjeli.
Zouila du Fezzan, oasis à l'est de Morzouk.
Zouila, faubourg d'El-Mehdia (Tunisie).
Zouitna, colonie de Koulour'lis de l'O.-Zitoun, à l'est d'Alger.
Zucar (île de), sur la côte d'Espagne, non loin de Valence.

TABLE DES MATIÈRES

QUATRIÈME PARTIE

PÉRIODE TURQUE ET CHERIFIENNE
1515-1830

	Pages.
Chapitre I. — *État de l'Afrique septentrionale au commencement du XVIe siècle*	1
Sommaire :	
Affaiblissement des empires berbères	1
Formation de nouvelles provinces et de petites royautés indépendantes ; féodalité indigène et marabouts.	2
Puissance de l'empire turc.	3
Les cherifs marocains.	3
État de l'Espagne	4
État de l'Afrique Septentrionale.	5
Cyrénaïque et Tripolitaine..	5
Tunisie	5
Province de Constantine.	6
Province d'Alger	7
Province d'Oran.	8
Maroc (Mag'reb).	9
Notice sur les cherifs hassani et saadiens.	9
Résumé de la situation	11
Progrès de la science en Berbérie ; les grands docteurs ; le Souflsme ; les confréries de Khouan	12
Chapitre II. — *Établissement de l'autorité turque en Berbérie* (1515-1530).	15
Sommaire :	
Les Algériens appellent Aroudj.	15
Aroudj s'empare de Cherchel et d'Alger, où il met à mort le cheikh Salem	16
Expédition infructueuse de Diégo de Véra contre Alger. . .	17

	Pages.
Aroudj s'empare de Ténès et de tout le pays compris entre cette ville et Alger	18
Usurpation d'Abou-Hammou III à Tlemcen. Aroudj est appelé par les habitants de cette ville	18
Fuite d'Abou-Hammou. Aroudj est accueilli à Tlemcen comme un libérateur	19
Aroudj fait périr Abou-Zeyane et ses parents à Tlemcen. Les Espagnols s'emparent de la Kalâa des Beni-Rached	20
Les Espagnols attaquent Tlemcen. — Fuite et mort d'Aroudj. — Abou-Hammou est rétabli sur le trône de Tlemcen	21
Kheïr-ed-Dine fait hommage du royaume d'Alger à Selim I et reçoit de lui des secours	23
Expédition de Hugo de Moncade contre Alger; son désastre devant cette ville	25
Guerre entre Kheïr-ed-Dine et Ben-el-Kadi. Kheïr-ed-Dine, défait, se réfugie à Djidjeli	26
Les Kabiles et Ben-el-Kadi maîtres d'Alger	27
Kheïr-ed-Dine défait et tue Ben-el-Kadi, rentre en maître à Alger et rétablit son autorité dans la province	27
Révolte dans la province de Constantine contre les Turcs. Mort du Hafside Moulaï Mohammed. Usurpation de son fils Hassen.	28
Kheïr-ed-Dine s'empare du Peñon et crée le port d'Alger	29

CHAPITRE III. — *Conquêtes espagnoles en Berbérie.* — *Luttes contre les Turcs (1530-1541).* 32

Sommaire :

Charles V en Italie et en Allemagne; situation des Espagnols en Berbérie; descente infructueuse de Doria à Cherchel.	32
Kheïr-ed-Dine, capitan-pacha, vient avec une flotte turque attaquer Tunis et s'en rend maître. — Fuite de Moulaï-Hassen.	34
Charles-Quint prépare l'expédition de Tunis; Kheïr-ed-Dine y organise la résistance	36
Expédition de Charles V contre Tunis; il s'empare de cette ville et rétablit Moulaï-Hassen comme tributaire	37
Tunis se repeuple; occupation de Bône par les Espagnols.	40
Kheïr-ed-Dine saccage Port-Mahon, puis retourne en Orient, laissant Alger sous le commandement de Hassan-Ag'a.	42
Situation de la province d'Oran; luttes des Espagnols contre les indigènes	43
Campagnes de Moulaï-Hassen en Tunisie; affaire de Bône	44
Apogée de l'influence espagnole en Afrique	44

CHAPITRE IV. — *Déclin de l'occupation espagnole (1541-1550)* . . 49

Sommaire :

Charles V décide l'expédition d'Alger	49
Débarquement dans la baie d'Alger; la sommation est repoussée	50
L'armée enlève les hauteurs du Koudiat-es-Saboun; sortie des assiégés; horrible tempête	51

	Pages.
Désastre de l'armée et de la flotte espagnoles. Départ de Charles V	53
Hassan est nommé pacha. Il force Ben-el-Kadi à la soumission.	54
Le Hafside Moulaï-Hassen passe en Europe pour chercher du secours; son fils Ahmed-Soultan s'empare de l'autorité. Défaite de Moulaï-Hassen à Tunis	56
Expédition de Hassan Pacha à Tlemcen; il y rétablit Moulaï-Abou-Zeyane	57
Défaite des Espagnols au *défilé de la chair*. Le comte d'Alcaudète s'empare de Tlemcen et y rétablit Moulaï-Abd-Allah	58
Echecs des Espagnols dans la province d'Oran. Moulaï-Abou-Zeyane s'empare de Tlemcen. Mort d'Abd-Allah	60
Hassan Pacha est remplacé par El-Hadj-Bechir-Pacha. Révolte de Bou-Trik. Hassan, fils de Kheïr-ed-Dine, pacha d'Alger	60
Expédition du pacha Hassan-ben-Kheïr-ed-Dine à Tlemcen. Attaque infructueuse de Mostaganem par Alcaudète	62
Evénements de Mag'reb. Règne du cherif Abou-l'Abbas; ses succès; il partage le Mag'reb avec les Merinides. Son frère, Mohammed-el-Mehdi, usurpe l'autorité. Ses luttes contre le sultan merinide de Fès. Il s'empare de cette ville	63

CHAPITRE V. — *Luttes des Turcs, des Cherifs et des Espagnols. Extinction des dynasties Merinide et Zeyanite (1550-1557).* . . . 70

Sommaire :

Le cherif marocain s'empare de Tlemcen. Il est défait par les Turcs qui restent maîtres de Tlemcen.	70
Occupation d'El-Mehdïa par les Espagnols. Rappel du pacha Hassan; prise de Tripoli par Sinane-Pacha.	72
Salah-Reïs beylarbeg d'Afrique; son expédition à Touggourt et dans l'ouad Rir'. Guerre contre Abd-el-Aziz, roi des Beni-Abbès.	73
Salah-Reïs, après une course aux Baléares, marche contre le cherif de Fès, pour rétablir le merinide Abou-Hassoun.	74
Succès de l'armée algérienne; le cherif abandonne Fès. Rétablissement du merinide Abou-Hassoun	76
Les Turcs rentrent à Alger. Le cherif Mohammed-el-Medhi s'empare de Tafilala, défait et met à mort Abou-Hassoun et rentre en possession de Fès	78
Salah-Reïs enlève Bougie aux Espagnols	80
Mort de Salah-Reïs; Hassan-Corso conduit une expédition contre Oran, puis est rappelé par ordre de la Porte	81
Révolte de Hassan-Corso. Le pacha Mohammed-Tekelerli s'empare d'Alger. Il est assassiné par les Yoldach. Hassan, fils de Kheïr-ed-Dine, revient à Alger.	83
Le pacha Hassan fait assassiner Mohammed-el-Mehdi au Maroc. Règne du cherif Moulaï Abd-Allah.	84
Appréciation du caractère de Mohammed-el-Medhi, fondateur de l'empire des cherifs saadiens	86
Extinction des dynasties merinide et zeyanite	88
Appendice : Chronologie des souverains merinides et zeyanites.	88

	Pages.

Chapitre VI. — *Dernières luttes de la chrétienté contre les Turcs pour la possession de la Berbérie (1558-1570)* 92

Sommaire :

Expédition infructueuse du beylarbeg Hassan contre le Maroc. . 92
Attaque de Mostaganem par les Espagnols ; désastre de l'armée 93
Luttes du beylarbeg Hassan contre les Beni-Abbès ; mort d'Abd-el-Aziz ; son frère Amokrane lui succède 95
Le cherif Moulaï Abd-Allah, après avoir fait périr ses parents, propose une alliance à Philippe II 96
Expédition du duc de Médina-Céli contre Tripoli : il est défait par Piali-Pacha ; désastre de l'expédition 97
Le beylarbeg Hassan prépare une expédition contre le Mag'reb ; il est déposé par les Yoldachs ; puis revient, pour la troisième fois, à Alger 99
Expédition du beylarbeg Hassan contre Oran 100
Héroïque défense de Mers-el-Kebir par Martin de Cordova . . 101
Arrivée de la flotte chrétienne ; le Beylarbeg lève le siège . . . 102
Siège de Malte par les Turcs ; le beylarbeg Hassan est nommé capitan-pacha. 103
Gouvernement du pacha Mohammed, fils de Salah-Reïs. Révolte de Constantine ; le pacha y rétablit son autorité 104
Euldj-Ali, beylarbeg d'Alger. Il marche contre le hafside Ahmed et s'empare de Tunis 106
Révolte des Maures d'Espagne. Ils sont vaincus et dispersés. . 108

Chapitre VII. — *Les Turcs et les cherifs définitivement maitres de la Berbérie.* — *Extinction des hafsides (1570-1578)* 111

Sommaire :

Euldj-Ali organise la flotte algérienne et prend part à la bataille de Lépante 111
Euldj-Ali, nommé capitan-pacha, est remplacé à Alger par Arab-Ahmed 113
Révolte de Constantine ; les Beni Abd-el-Moumène sont écrasés et l'autorité turque définitivement rétablie 113
Don Juan d'Autriche s'empare de Tunis et place Moulaï-Mohammed sur le trône hafside 114
Les Turcs, sous le commandement de Sinane-Pacha, viennent attaquer Tunis ; dispositions des Espagnols 116
Siège et prise de la Goulette et de Tunis par les Turcs 117
Maroc : Mort du cherif Moulaï Abd-Allah ; son fils Mohammed lui succède ; Abd-el-Malek, oncle de celui-ci, obtient contre lui l'appui des Turcs 119
Abou-Merouane-Abd-el-Malek, soutenu par les Turcs, s'empare de Fès, puis il lutte contre son neveu Mohammed et le force à la fuite 120
Bataille de l'Ouad-el-Mekhazen (el-Keçar-el-Kebir). Mort du cherif Abd-el-Malek. Défaite et mort de Don Sébastien 122
Le cherif Abou-l'Abbas-Ahmed-el-Mansour souverain du Maroc. 124

TABLE DES MATIÈRES

Pages.

L'Espagne renonce aux grandes luttes pour la possession de
l'Afrique. Alger sous le pacha Hassan-Veneziano. 125
Appendice : Chronologie des souverains hafsides. 126

CHAPITRE VIII. — *Organisation politique des Turcs. — Situation
de l'Afrique en* 1578 128

Sommaire :

Examen des causes de la réussite des Turcs et de l'échec des
Espagnols en Afrique 128
Organisation et hiérarchie de la milice (ou des Yoldachs). . . 130
Les pachaliks d'Afrique 131
Service de la milice. 132
Forces auxiliaires 132
Algérie : le Pacha, les Kraça, le Diwan, les Reïs 134
Administration des villes : Hakem, Cheikh-el-Blad, Moufti, Cadi,
Cheikh-el-Islam ; Beït-el-Maldji. 135
Ressources financières du pachalik d'Alger 136
Beylik de l'Ouest ou d'Oran 137
Beylik de Titeri ou du Sud 138
Beylik de Constantine ou de l'Est. 141
Commandements relevant du pachalik d'Alger. 144
La marine du pachalik d'Alger ; la course et le partage des
prises maritimes. 145
Pachalik de Tunis 148
Pachalik de Tripoli. 149
Relations commerciales des puissances chrétiennes et particu-
lièrement de la France avec les Turcs de Berbérie ; privilèges
accordés. 149
L'esclavage en Berbérie ; voies et moyens du rachat des captifs. 151

CHAPITRE IX. — *Prépondérance de l'empire des cherifs Saadiens.
— Conquête du Soudan* (1578-1598) 154

Sommaire :

Règne du cherif El-Mansour ; il désigne son fils, El-Mamoun,
comme héritier présomptif 154
Hassan-Vénéziano, pacha d'Alger. Ses cruautés. Révoltes générales. Il est remplacé par Djafer-Pacha. 155
Conflit entre le sultan Mourad et le cherif El-Mansour. Il se
termine par une trêve et le rappel d'Euldj-Ali. 156
Le cherif El-Mansour soumet à son autorité le Touate et Tigourarine. Organisation de son armée 157
Alger de 1582 à 1588. Mort d'Euldj-Ali, dernier beylarbeg ; les
pachas triennaux. 159
Notice sur la dynastie des Sokya, rois du Soudan. El-Mansour
somme Ishak-Sokya de lui payer tribut. 161
El-Mansour prépare l'expédition du Soudan. Elle quitte Maroc
sous le commandement du pacha Djouder. 162
Défaite d'Ishak-Sokya par les Cherifiens ; prise de Tenboktou. . 163

	Pages.
Le pacha Mahmoud achève la conquête du Soudan. Mort d'Ishak-Sokya.	161
Construction de la Badiaa par El-Mansour. Révolte et chute de son neveu En-Nacer.	165
Révolte de Tripoli. Expédition de Kheder, pacha d'Alger, contre les Beni-Abbès.	166
Modifications dans le gouvernement de Tunis; les deys. Othmane-Dey rétablit l'autorité.	168
Les pachas triennaux à Alger; anarchie dans cette ville.	169
État de l'Afrique Septentrionale à la fin du XVIe siècle	170

Chapitre X. — *Domination turque. — Décadence de la dynastie saadienne* (1598-1610) 173

Sommaire :

Alger sous les pachas Hassan-Bou-Richa et Slimane-Vénitien. Révoltes kabiles.	173
Révolte d'El-Mamoun à Fès contre son père El-Mansour; il est vaincu et mis en prison.	174
Mort du sultan El-Mansour. Luttes entre ses fils. El-Mamoun s'empare de Fès.	177
El-Mamoun-Cheikh défait ses frères Zidane et Abou-Farès et reste seul maître de l'autorité.	179
Kheder, pacha d'Alger pour la troisième fois. Il est mis à mort par ordre de la Porte. Mission de M. De Brèves à Tunis et à Alger.	179
La Tunisie sous l'administration du dey Othmane; ses succès sur mer et dans la province; descente des Toscans à Bône.	181
Campagne infructueuse de Moustafa-Pacha contre les Espagnols d'Oran.	183
Expulsion des derniers Maures d'Espagne.	184
Guerres entre les fils du cherif El-Mansour. Anarchie générale au Maroc. El-Mamoun reste maître de Fès et Zidane de Maroc.	186

Chapitre XI. — *Luttes des puissances chrétiennes contre les corsaires. — Puissance des Marabouts au Maroc* (1610-1624). . . 189

Sommaire :

Affaire des canons du corsaire Dansa. Rupture des Turcs d'Alger et de Tunis avec la France. Mort du dey Othmane.	189
Maroc; assassinat du cheikh El-Mamoun.	191
Le marabout Abou-Mahalli prépare une révolte; il s'empare de Sidjilmassa; sa participation au meurtre d'El-Mamoun.	192
Tentatives infructueuses de Zidane pour reprendre Fès. Abou-Mahalli entre en maître à Maroc. Fuite de Zidane.	193
Le Marabout Yahia défait et tue Abou-Mahalli et remet Maroc à Zidane.	195
Anarchie à Fès. Abd-Allah reste maître du pouvoir. Les Espagnols occupent Mammoura.	195

Rapprochement des pachaliks d'Alger et de Tunis avec la France. Massacre des Turcs à Marseille. Nouvelle rupture; représailles. 197
Croisières des Anglais et des Hollandais. Ravages de la peste. . 200
Guerre civile au Maroc. Révolte de Mohammed-Zer'ouda. Il s'empare de Fès. Abd-Allah lui reprend cette ville. Luttes intestines à Fès. Mort d'Abd-Allah. 201
Zidane à Maroc. Puissance des Marabouts de Salé, de Dela et de Sidjilmassa. 202

Chapitre XII. — *Les grands chefs indigènes de la province de Constantine. — Mission de Sanson Napollon (1624-1633)* . . . 204

 Sommaire :

Les tribus de la province de Constantine. Formation des familles féodales. Extinction de la puissance des Chabbïa . . 204
Fractionnement des Henanecha; leurs chefs les Harars et les Ben-Chennouf. 205
Les Daouaouïda et leurs chefs les Bou-Aokkaz. Les Oulad-Mokrane de la Kalâa et de la Medjana 206
Expédition du pacha Khosrou contre Tlemcen et la Grande-Kabilie. Campagne contre les Tunisiens. Fixation de la frontière. 207
Mission de Sanson Napollon à Alger. Il obtient la paix avec la France et le rétablissement des établissements de la Calle dont il est nommé directeur. 209
Luttes de Napollon contre ses rivaux. Violation de la paix par les Français. 212
Représailles des Algériens. Napollon triomphe de ses accusateurs. Sa mort à l'attaque de Tabarca 213
Situation à Tunis. Insurrection des indigènes. Victoires de Hammouda-Bey. Disparition des Ben-Chennouf. Les Oulad-Saïd sont anéantis 216

Chapitre XIII. — *Abaissement de la dynastie Saadienne. — Puissance des Marabouts au Maroc. Révolte de Ben-Sakheri dans l'est (1627-1641)*. 218

 Sommaire :

Maroc: succès du marabout El-Aïachi. Mort d'Abd-el-Malek à Fès et de Zidane à Maroc. Règne d'Abd-el-Malek-ben-Zidane. . 218
Règne d'El-Oualid. Il est assassiné. Son frère Mohammed-Cheikh le jeune lui succède. 219
Prépondérance des marabouts de Dela. Le sultan de Maroc est défait par leur chef Mohammed-el-Hadj qui s'empare de Fès, de Meknès et de Tedla. Le marabout El-Aïachi est vaincu par lui ; sa mort. 220
Moulaï Cherif à Sidjilmassa. Il est fait prisonnier par Abou-Hassoun, marabout du Sous. Son fils, Moulaï-Mohammed, s'empare de l'autorité à Sidjilmassa. Ses conquêtes 222

	Pages.
Anarchie à Alger. Révolte des Koulour'lis. Mission de M. Le Page pour la France. Son insuccès	223
Démonstrations françaises devant Alger. Rupture définitive. Destruction des établissements de La Calle	226
Exécution du cheikh El-Arab à Constantine. Révolte générale de la province. Ben-Sakheri dévaste les environs de la ville	227
Défaite des Turcs d'Alger par Ben-Sakheri à Guédjal	228
Destruction de la flotte algérienne et tunisienne par les Vénitiens à Vélone	228
Nouvelle défaite des Turcs en Kabilie. Ils sont sauvés par un marabout qui leur impose l'obligation de rétablir le Bastion	230
Tunisie : mort du dey Youssof. Le pacha Osta-Mourad lui succède ; sa mort. Il est remplacé par Ozen-Khoudja. Coup de main des chevaliers de Malte	232

Chapitre XIV. — *Luttes des corsaires barbaresques contre les puissances chrétiennes. — Anarchie au Maroc (1641-1657)* . . 233

Sommaire :

Extinction de la puissance de Ben-el-Kadi de Koukou. Confédérations des tribus kabiles	233
Expédition de Youssof-Pacha dans l'Est. Il est renversé	234
Révoltes à Alger. Mort d'Ali-Bitchnine, grand amiral	235
Le Consulat d'Alger entre les mains des Lazaristes. Défaites maritimes des Algériens	237
Rétablissement de l'autorité turque à Constantine	238
Puissance de Hammouda-Bey en Tunisie. Ses victoires sur les indigènes	239
Maroc : le cherif Moulaï-M'hammed est défait par les marabouts de Dela, puis il traite avec eux	240
Moulaï-M'hammed, soutenu par les Arabes, s'empare d'Oudjda et fait des expéditions fructueuses dans la province d'Oran ; puis il conclut la paix avec les Turcs	241
Révolte de Fès. Ses habitants appellent Moulaï-M'hammed. Il est défait par Mohammed-el-Hadj et se confine à Sidjilmassa	243
Luttes des corsaires barbaresques contre les puissances chrétiennes. Etat de l'Europe vers 1649	244
Croisière de Robert Blake dans la Méditerranée. Les corsaires sont châtiés par les Vénitiens, les Français et les Hollandais	245

Chapitre XV. — *Luttes des puissances chrétiennes contre les corsaires. — Extinction de la dynastie des cherifs saadiens (1654-1664)* . . . 248

Sommaire :

Farhate-Bey et son fils Mohammed à Constantine	248
Abandon des Établissements par le directeur Picquet. Avanies faites au consul Barreau à Alger	249
Révolte contre le pacha Ibrahim. Les Yoldachs reprennent le pouvoir. Abaissement de la Taïffe. Khalil-Ag'a	250

Pages.

Alger sous le gouvernement du diwan et des ag'as. Croisières des Français, des Anglais, des Hollandais et des Italiens contre les reïs. Ceux-ci résistent et font subir des pertes considérables. 251
Tranquillité de la Tunisie. Ses traités avec l'Angleterre et la Hollande. Hammouda-pacha, partage son commandement entre ses fils. 254
Les Anglais prennent possession de Tanger à eux cédé par le Portugal. 255
Moulaï Ahmed-el-Abbas est assassiné par les Chebanate. Extinction de la dynastie saadienne 257
Mort de Moulaï-Cherif à Sidjilmassa. Son fils Rached se réfugie à Dela. Anarchie dans le Mag'reb 257
Moulaï-Rachid se fait proclamer sultan à Oudjda. Son frère Moulaï-M'hammed est défait et tué par lui. Il s'empare de Tafilala. 258
Appendice : Chronologie des Cherifs saadiens ayant régné . . 260

CHAPITRE XVI. — *Le Mag'reb soumis à la dynastie des cherifs Hassani. — Luttes des puissances chrétiennes contre les corsaires (1664-1672)*. 261

Sommaire :

Préparatifs de l'expédition française contre Djidjeli. Le duc de Beaufort en reçoit le commandement 261
L'expédition s'arrête devant Bougie, puis s'empare de Djidjeli. Inaction des Français. Arrivée de l'armée turque 263
Les Turcs attaquent Djidjeli. Résistance des Français. Le duc de Beaufort se retire 264
Abandon de Djidjeli par l'armée française. Désastre de l'expédition. 265
Nouvelles croisières du duc de Beaufort. Pertes des Algériens. Ils assassinent l'ag'a Châbane. 266
Traité de paix entre Tunis et la France (1666). Période de troubles. 296
Traité de paix entre Alger et la France (1666). 268
Le cherif Er-Rachid s'empare de Fès et asseoit son autorité sur l'est et sur le nord du Maroc 267
Er-Rachid marche sur la zaouïa de Dela. Défaite des marabouts à Baten-er-Roumane. Destruction de la zaouïa. Dispersion des marabouts. 270
Er-Rachid s'empare de Maroc et soumet les régions du sud-ouest. Ses campagnes dans le Sous. Soumission de tout le Mag'reb. Mort d'Er-Rachid. Règne de Moulaï-Ismaïl 271
Luttes des puissances chrétiennes contre les corsaires d'Alger. Révolte contre le pacha Ali ; il est mis à mort. Institution d'un dey nommé par les reïs. 273
État des provinces d'Oran et de Constantine. Événements de Tunis. 275

Chapitre XVII. — *Prépondérance du Mag'reb sous Moulaï-Ismaïl. — Luttes des Turcs contre les puissances chrétiennes* (1672-1682)   277

    Sommaire :

Règne de Moulaï-Ismaïl. Il lutte contre son neveu Ben-Mahrez et finit par triompher des révoltes et rester seul maître du pouvoir. 277
Alger sous les deys. Réclamations et négociations de la France. 280
Rivalité de Mourad-Bey et des deys de Tunis. Succès de Mourad ; sa puissance 281
Mort de Mourad-Bey. Luttes entre ses fils. Mohammed-Bey reste maître du pouvoir 283
Luttes entre Mohammed-Bey et Ali-Bey en Tunisie. Succès d'Ali-Bey. 283
Nouveaux excès des corsaires algériens. Rupture avec la France 285
Maroc : organisation des colonies nègres (Abid) par Moulaï-Ismaïl. La milice dite de Sidi-el-Boukhari. 287
Expédition de Moulaï-Ismaïl dans le sud-est jusqu'au Chelif ; il est abandonné par les Arabes et rentre en Mag'reb. . . . 289
Révolte des frères d'Ismaïl dans le Sahara. Il les disperse. Désastre de l'armée dans l'Atlas. Le sultan dompte les Beni-Iznacène et établit des postes depuis la plaine d'Angad jusqu'à Fès. 290
Siège des postes occupés par les chrétiens en Mag'reb. Prise d'El-Mehdia (la Mamoure) par Ismaïl. Révolte du Sous . . . 291

Chapitre XVIII. — *Bombardements d'Alger et de Tripoli par la France. — Expulsion des chrétiens du littoral de l'Océan* (1682-1690). 293

    Sommaire.

Premier bombardement d'Alger par Duquesne. 293
Deuxième bombardement d'Alger par Duquesne. Résistance des Algériens. Mort du consul Le Vacher. Conclusion de la paix . 295
Tunisie : luttes d'Ali-Bey contre son frère Mohammed. Intervention des Algériens. Triomphe d'Ali-Bey 297
Nouvelle rupture entre les deux frères, suivie d'une réconciliation. Soutenus par les Algériens, ils s'emparent de Tunis. Mort d'Ali-Bey. Mohammed-Bey reste seul maître du pouvoir. 299
Bombardement de Tripoli par d'Estrées. Satisfactions obtenues par lui à Tripoli et à Tunis. 302
État précaire d'Oran. Désastre de plusieurs expéditions espagnoles. 303
Bombardement d'Alger par d'Estrées. Atrocités commises par les Algériens. Hadj-Hassein-Mezzo-Morto est forcé de fuir. Hadj-Châbane-Bey le remplace. Traité avec la France. Le pacha turc est repoussé 304
Maroc : Moulaï-Ismaïl triomphe de la révolte de son neveu Ben-Mahrez et de son frère El-Harran. Evacuation de Tanger par les Anglais. Prise d'El-Araïch. Les chrétiens expulsés du littoral océanien. 307

TABLE DES MATIÈRES

Pages.

Chapitre XIX. — *Luttes entre l'Algérie et la Tunisie.* — *Établissement d'un Beylik héréditaire à Tunis* (1690-1705) 311

Sommaire :

Expédition des Algériens contre Mohammed-Bey à Tunis. . . 311
Moulaï-Ismaïl envahit la province d'Oran. Il est repoussé par les Turcs et achève la soumission des tribus berbères au Maroc. 312
Expédition de Hadj-Châbane-Dey à Tunis. Il renverse Mohammed-Bey et le remplace par Mohammed-Tchaker 313
Mohammed-Bey défait Ben-Tchaker et rentre en possession de Tunis. 314
Hadj-Châbane-Dey est assassiné à Alger et remplacé par El-Hadj-Ahmed 315
Mort de Mohammed-Bey à Tunis. Il est remplacé par son frère Ramdane. Mort de celui-ci. Mourad, fils d'Ali-Bey, prend le pouvoir. 319
Maroc : Moulaï-Ismaïl attaque infructueusement Oran et presse sans succès le siège de Ceuta et celui de Mellila. 317
Mourad-Bey envahit de nouveau la province de Constantine et assiège cette ville. 319
Hadj-Moustafa, dey d'Alger, marche contre Mourad-Bey, le défait près de Sétif et le force à évacuer la province. Excès de Mourad en Tunisie 320
Moulaï-Ismaïl envahit la province d'Oran. Il est complètement battu au Djedioua par le dey Hadj-Moustafa 321
Mourad-Bey marche contre les Algériens. Il est assassiné par Ibrahim-Cherif qui s'empare de l'autorité. 323
Rupture entre Tripoli, Alger et Tunis. Siège de Tripoli par Ibrahim-Bey. Rupture entre celui-ci et Moustafa, dey d'Alger. 324
Moustafa-Dey envahit la Tunisie, bat et fait prisonnier Ibrahim-Bey et vient mettre le siège devant Tunis ; il est repoussé par Hasseïn-ben-Ali, le nouveau bey 325
Révolte contre Moustafa-Dey. Sa mort à Collo. Il est remplacé par Hassan-Khoudja. Hasseïn-Bey reste seul maître du pouvoir à Tunis et fonde une dynastie héréditaire 327

Chapitre XX. — *Perte d'Oran par les Espagnols.* — *Puissance du Maroc* (1705-1727). 329

Sommaire :

Rapports amicaux entre le Maroc et la France. Ismaïl partage les grands commandements entre ses fils. Révoltes de plusieurs d'entre eux 329
Mohammed-Bou-Chlar'em, bey de Mascara, assiège Oran durant plusieurs années. Mohammed-Baktache, dey d'Alger, y envoie une armée 332
Grand siège d'Oran. Ozen-Hassan s'empare successivement des forts dominant la ville. 333
Prise d'Oran et de Mers-el-Kebir par les Musulmans. 335
Bou-Chlar'em, bey d'Oran. Révolte à Alger. Baktache et Ozen-

Hassan sont massacrés. Ali-Chaouch, dey d'Alger. La Porte renonce à y envoyer un pacha. 336
Grands tremblements de terre d'Alger. 338
Tranquillité de la Tunisie sous le règne de Hosseïn-Bey. Il fixe les règles de l'hérédité de son beylik et conclut des traités de paix avec les nations chrétiennes. 339
Kellane-Hosseïn, dit Bou-Kemla, bey de Constantine pendant 23 ans. Ses luttes contre les familles féodales. 341
Suite du règne de Moulaï-Ismaïl au Maroc. Les Espagnols font lever le siège de Ceuta. 343
Mort de Moulaï-Ismaïl; son œuvre; son caractère. 344

Chapitre XXI. — *Anarchie en Tunisie et au Maroc.* — *Reprise d'Oran par les Espagnols (1727-1735)* 346

Sommaire :

Nouvelles contestations entre Tunis, Tripoli et la France. Nouveaux traités. Ali-Pacha se révolte contre Hosseïn-Bey; longues luttes entre eux. 346
Kourd-Abdi, dey d'Alger. Il maintient l'indépendance de son commandement 349
Règne du sultan Ahmed-ed-Dehbi au Maroc. Il est renversé par son frère Abd-el-Malek. Ahmed-ed-Dehbi remonte sur le trône. Sa mort. Règne de Moulaï-Abd-Allah. 350
Philippe V, roi d'Espagne, prépare l'expédition d'Oran. . . . 353
Débarquement des Espagnols. Ils s'emparent des hauteurs. Prise d'Oran et de Mers-el-Kebir par le duc de Montémar. Rétablissement de l'occupation espagnole. 355
Mort du dey d'Alger Kourd-Abdi. Le bey Bou-Chlar'em, soutenu par les Algériens, attaque infructueusement Oran. 358
Maroc. Tyrannie du sultan Moulaï-Abd-Allah. Il est déposé. Moulaï-Ali le remplace. 360

Chapitre XXII. — *Luttes entre Alger et Tunis.* — *Le Mag'reb retombe dans l'anarchie (1735-1750)* 362

Sommaire :

Rupture entre Ibrahim, dey d'Alger, et Hosseïn, bey de Tunis. Une expédition part afin de rétablir Ali-Pacha 362
Hosseïn-Bey marche contre les Algériens. Il est défait à Semendja. Ali-Pacha entre à Tunis et s'empare de l'autorité.. 363
Siège de Kaïrouan par Ali-Pacha. Son fils Younos s'empare de cette ville et tue Hosseïn-Bey. Vengeances exercées par Ali-Pacha. 365
Rupture de la Tunisie avec la France. Ali-Pacha s'empare de Tabarka et détruit les établissements du cap Nègre 367
Tentative infructueuse de De Saurins pour occuper Tabarka. Rétablissement de la paix avec la France 368
Mort du dey Ibrahim à Alger. Il est remplacé par Ibrahim-Koutchouk. Rupture entre ce dernier et Ali-Pacha. Expédition de Tunisie, appelée *la Guerre feinte* 371

TABLE DES MATIÈRES

	Pages
Extension de l'autorité turque sur la Kabilie méridionale. Le bey Debbah. Avènement du dey Mohammed à Alger	373
Les Espagnols à Oran. Les beys, successeurs de Bou-Chlar'em..	375
Long règne de Moulaï-Abd-Allah au Maroc, interrompu par les révoltes de ses frères. Anarchie générale en Mag'reb.	376

CHAPITRE XXIII. — *Les cherifs Hassani au Maroc. — Les Turcs dans le reste de la Berbérie* (1750-1770). 382

Sommaire :

Tunisie : Révolte de Younos contre Ali-Pacha. Il est chassé de Tunis.	382
Alger : Événements divers. Assassinat du dey M'hammed. Il est remplacé par Baba-Ali-Nekcis	383
Expédition algérienne commandée par le bey de Constantine contre Tunis. Prise de cette ville. Mort d'Ali-Pacha. Mohammed, fils de Hossein, devient bey de Tunis.	385
Tyrannie de Baba-Ali dey à Alger. Révoltes kabiles	386
Règne de Mohammed-Bey à Tunis. Sa mort. Son frère Ali-Bey prend en main la direction des affaires.	387
Ahmed-el-Kolli, bey de Constantine. Les Ben-Gana.	388
Les beys d'Oran. Soumission de Tlemcen. Ibrahim, bey de l'Ouest.	389
Maroc : Fin du règne de Moulaï Abd-Allah.	390
Règne du sultan Moulaï-Mohammed. Il pacifie le Maroc et établit solidement son autorité	391
Fondation de Mogador. Le sultan conclut des traités de paix avec les nations européennes. Affaire de L'Arache.	393
Alger : Mort du dey Baba-Ali. Avènement de Mohammed-ben-Osmane. Révolte des Kabiles.	394
Alliance de Moulaï-Mohammed avec le grand cherif de La Mekke. Il s'empare de Mazagan et expulse les Portugais	397

CHAPITRE XXIV. — *Attaques des Danois et des Espagnols contre Alger, et des Français puis des Vénitiens contre la Tunisie* (1770-1786). 399

Sommaire :

Rupture entre la Tunisie et la France. Bombardement de différents points. Rétablissement de la paix.	399
Attaque infructueuse d'Alger par la flotte danoise. Révoltes indigènes	401
Attaque infructueuse de Melila par le sultan Moulaï-Mohammed	402
L'Espagne prépare une grande expédition contre Alger, sous le commandement du général O' Reilly. Sa flotte jette l'ancre dans la baie d'Alger.	403
Dispositions prises par le dey d'Alger pour la défense	404
Indécision des Espagnols. Préparatifs de débarquement à l'Harrach.	405

T. III.   38

Débarquement des Espagnols. Ils établissent un camp retranché. Rembarquement de l'armée. Echec de l'expédition. . . 406

Révolte des Abid au Maroc. Ils proclament le prince Yezid. Le sultan apaise la révolte et punit les Abid 409

Révolte des Derknoua à Tlemcen. Mohammed-ben-Osmane est nommé bey de l'Ouest. 410

Luttes des Algériens contre les puissances chrétiennes. Prépondérance de la France. 411

Bombardement d'Alger par les Espagnols en 1784 et 1787. Conclusion de la paix 412

Tunisie : Mort d'Ali-Bey. Avènement de son fils Hammouda . . 415

Rupture de la Tunisie avec Venise. Bombardement et blocus par l'amiral Emo en 1784 et 1785. 416

Chapitre XXV. — *Prépondérance des Beys de l'Ouest et de l'Est en Algérie.* — *Évacuation d'Oran par l'Espagne (1786-1792).* . 419

Sommaire :

Fin du règne de Moulaï-Mohammed au Maroc. Son fils El-Yezid est exclu par lui de sa succession. 418

Succès du bey de l'Ouest Mohammed. Il fait une expédition heureuse à l'Ar'ouate et Aïn-Mâdi 420

Succès de Salah-Bey dans la province de Constantine. Ses créations. 423

Notice sur les Ben-Djellab, sultans de Touggourt. 425

Expédition de Salah-Bey à Touggourt. Son échec. Les Ben-Gana y remplacent les Ben-Djellab. 427

Luttes de Salah-Bey contre les marabouts. 429

Situation d'Oran. Le bey de l'Ouest se prépare à l'attaquer . . 430

Grand tremblement de terre d'Oran. 431

Siège d'Oran par Mohammed, bey de l'Ouest. Héroïque défense des Espagnols. 432

Le roi d'Espagne traite avec le dey. Évacuation d'Oran. Mohammed-el-Kebir en prend possession. 434

Chapitre XXVI. — *Fin de la prépondérance des Beys algériens.* — *Le système des destitutions et des spoliations.* — *Evénements du Maroc et de la Tunisie (1792-1803)* 437

Sommaire :

Maroc : Règne de Moulaï-Yezid. Il assiège Ceuta inutilement. . 437

Révoltes contre El-Yezid. Sa mort. Règne de Moulaï-Slimane. . 438

Tunis : Suite du règne de Hammouda. Les Karamanli sont rétablis par lui à Tripoli 439

Ibrahim-Bou-Seba, nommé bey de Constantine, est assassiné par les partisans de Salah-bey. Révolte de celui-ci. . . . 440

Hassein, fils de Bou-Hanek, est nommé bey de l'Est. Salah-bey est arrêté, puis mis à mort à Constantine. 441

Mesures prises par Mohammed-el-Kebir pour le repeuplement d'Oran. Sa mort. Il est remplacé par son fils Osmane. . . . 443

	Pages.
Procédés de gouvernement du dey Hassan. Prépondérance de Bacri et de Busnach. Ils deviennent créanciers de la France. .	445
Destitution des beys de Titeri et de l'Est. Le dey s'empare de leurs richesses. Difficultés avec la France.	445
Règne du dey Moustafa à Alger. Prise de Malte par Bonaparte. Rupture des Turcs de Berbérie avec la France	447
Ahmed-Tidjani fonde la secte des Tidjanis. Expédition d'Osmane-bey à Aïn-Mâdi. Il est destitué.	450
Suite du règne de Moulaï-Slimane au Maroc. Il rétablit l'unité de l'empire.	451
Suite du règne de Moustafa-dey à Alger. Rétablissement de la paix avec la France.	452
Nouveaux exploits des corsaires barbaresques. Satisfactions obtenues par la France	453

CHAPITRE XXVII. — *Révoltes religieuses en Algérie. — Guerres entre Alger et Tunis* (1803-1808). 456

Sommaire :

Prodromes de la révolte de Bou-Dali-Bel-Ahrèche dans la province de Constantine	456
Attaque tumultueuse de Constantine par Bou-Dali et les Kabiles. Ils sont repoussés	458
Expédition d'Osmane-bey contre le Chérif. Il est défait et tué..	459
Émeutes à Alger. Massacre des Juifs. Le dey Moustafa est assassiné.	461
Révolte des Derkaoua dans la province d'Oran. Défaite des Turcs. Oran est assiégé.	462
Mohammed-el-Mekallech, bey d'Oran, défait les Derkaoua et rétablit l'autorité turque dans la province. Il est destitué et mis à mort.	464
Dernières tentatives du chérif Bel-Ahrèche. Révolte de la province de Titeri.	466
Suite du règne de Hammouda-bey à Tunis. Sa rupture avec le dey d'Alger	468
Siège de Constantine par l'armée tunisienne. Défaite et fuite du bey de l'Est	469
Arrivée de l'armée de secours. Retraite désastreuse des Tunisiens. Les Algériens envahissent la Tunisie et sont défaits à l'Ouad-Serate	470

CHAPITRE XXVIII. — *Affaiblissement de l'autorité turque* (1808-1815). 473

Sommaire :

Ali, bey de l'Est, prépare une expédition en Tunisie. Il est tué par Ahmed-Chaouch, qui usurpe le pouvoir, et est renversé après quinze jours de règne.	473
Révoltes à Alger. Le dey Ahmed est mis à mort. Son successeur Ali-el-R'assal subit le même sort	475

	Pages.
Mohammed-Bou-Kabous, bey d'Oran, dompte la révolte des Derkaoua et celle des Arib de Sour-el-R'ozlane	477
Violences du dey Hadj-Ali. Déclaration de guerre à la Tunisie. Révolte de Bou-Kabous, bey d'Oran. Il est mis à mort.	478
Grande révolte des Yoldachs à Tunis. Ils sont écrasés	480
Nouvelles attaques des Algériens contre la Tunisie. Ils sont repoussés. Révolte générale du Hodna, de la Medjana et des Hauts-Plateaux	481
Défaite du bey de Médéa par les O. Mâdi. Namane-bey est mis à mort à Mecila et remplacé par Tchaker-bey.	483
Anarchie générale à Alger et dans la province. Massacre des Mokrani par Tchaker-bey. Assassinat d'El-Hadj-Ali. Omar-Ag'a le remplace.	484
Mort de Hammouda-bey à Tunis. Court règne de son frère Othmane. Avènement de Si Mahmoud, chef de la branche aînée	486
Maroc : Suite du règne de Moulaï-Slimane	488

Chapitre XXIX. — *Les nations européennes s'entendent pour mettre fin à la piraterie* (1815-1820) 490

Sommaire :

Les États-Unis imposent à Alger un traité humiliant. Lord Exmouth contraint Alger, Tunis et Tripoli à accepter des conditions analogues. Révolte à Tunis.	490
Lord Exmouth est envoyé à Alger pour obtenir des satisfactions plus complètes. Une escadre hollandaise se joint à la sienne.	493
Attaque et destruction des batteries et de la flotte d'Alger par les forces combinées d'Angleterre et de Hollande. Soumission du dey.	495
Conséquences de la croisière de lord Exmouth. Cruautés de Tchaker-bey dans la province de Constantine. Kara-Bar'li est mis à mort et remplacé par Hassan comme bey d'Oran	497
Assassinat du dey Omar. Il est remplacé par Ali-Khoudja. Destitution et mort de Tchaker, bey de Constantine	499
Suppression de l'esclavage en Tunisie. Paix entre cette régence et l'Algérie.	501
Mort du dey Ali-Khoudja. Il est remplacé par Housseïn. Situation de l'odjak d'Alger.	502
Luttes de Housseïn-bey pour rétablir la paix. Événements de la Kabilie et de la province de Constantine	504
Une escadre anglo-française vient signifier aux barbaresques la décision du congrès interdisant la course et l'esclavage	506

Chapitre XXX. — *Le dernier dey et les derniers beys d'Algérie* (1820-1827) 508

Sommaire :

Housseïn-dey relève l'autorité turque en Algérie 508

Les Ben-Djellab à Touggourt. Expéditions d'Ahmed-Bey le mamlouk dans l'Ouad-Rir' et l'Ouad-Souf. Révolte de Farhate-ben-Saïd 510

Intervention de la Porte pour la conclusion de la paix entre Tunis et Alger. Coopération de ces régences à la guerre contre les Grecs 512

Maroc: Fin du règne de Moulaï-Slimane. Avènement de Moulaï Abd-er-Rahmane. 513

Braham-el-Greïtli, bey de Constantine. Ses expéditions dans la province. 514

Révolte générale de la Kabilie. Yahïa-Ag'a en triomphe, après deux années de luttes. 515

Rupture d'Alger avec l'Angleterre. Démonstration de Sir Harry-Neal 516

Fin du règne de Mahmoud-bey à Tunis. Son fils Houssein lui succède. 518

Manamanni, bey de Constantine. Il est remplacé par El-Hadj-Ahmed, que Yahïa-Ag'a vient installer. 519

El-Hadj-Ahmed-bey dompte les grands chefs et les tribus de la province de Constantine 521

Attaque de Maskara par Mohammed-Ted-jini. Il est défait et tué. 523

Le bey Bou-Mezrag à Médéa. Chute de Yahïa-Ag'a. 525

CHAPITRE XXXI. — *Conquête d'Alger par la France. — État de l'Afrique en 1830 (1827-1830)*. 526

Sommaire :

Difficultés entre la régence d'Alger et la France pour le règlement de la créance Bacri et Busnach. 526

Insulte faite par Hussein-dey au consul Deval. Rupture avec la France. 527

Destruction des établissements du Bastion. Blocus des côtes algériennes. 529

Dernières tentatives d'arrangement par M. de la Bretonnière. Insulte à son vaisseau couvert du drapeau parlementaire . . 530

La France organise l'expédition d'Alger. Composition de l'armée. 532

Voyage de la flotte. Débarquement à Sidi-Feredj 534

Bataille de Staouéli. Prise du fort l'Empereur. Capitulation du dey. Chute de l'Odjak d'Alger. 535

Appendice. État de l'Afrique Septentrionale en 1830. Maroc. Algérie : Provinces d'Oran, d'Alger, de Constantine. Tunisie. Tripolitaine. 537

Chronologies : Sultans Hassani du Maroc. — Beylarbeg, pachas et deys d'Alger. — Beys de Tunisie. 554

FIN DE LA TABLE DES MATIÈRES

TABLE DES NOMS PROPRES

CONTENUS DANS CE VOLUME

A

Aarns. 186.
Abaza (dey). 302 et s.
Abbès (Beni). 7, 8, 15, 28 et s., 71, 73 et s., 95 et s., 90, 101, 112 et s., 206 et s. Voir Beni-Abbès.
Abda. 438.
Abd - Allah - ben - Cherif (ag'a des Douair). 517.
Abd-Allah-ben-Haoua. 503.
Abd-Allah-ben-Hassoun Es-Selini. 202.
Abd-Allah-ben-Ismaïl. 461.
Abd-Allah-ben-Zekri. 511.
Abd-Allah Zebbouchi. 457 et s., 460 et s.
Abd-Allah, fils d'Abou-Saïd. 89.
Abd-Allah, fils de Mohammed-el-Hadj. 258.
Abd-Allah, fils de Moulaï-Ismaïl. 352, 360 et s., 376, 370 et s.
Abd-el-Aziz (des Beni-Abbès). 7, 15, 28, 29, 31, 71, et s., 89, 95 et s., 127.
Abd-el-Aziz-Thâalebi. 202.
Abd-el-Halim (sultan mérinide). 89.
Abd-el-Hak (fondateur de l'empire mérinide). 9.
Abd-el-Hamid (sultan). 420.
Abd-el-Kader-ben-Brahim-Ben-Djellab. 426.
Abd-el-Kader-ben-Cherif (ou Cherif le Derkaoui). 462 et s., 464, 477 et s.
Abd-el-Kader-ben-Omar-ben-Djellab. 427.
Abd-el-Kader-el-Djilani. 14, 440.

Abd-el-Kader (l'émir). Voir El-Hadj.
Abd-el-Malek. 40, 178.
Abd-el-Kerim-ben-el-Feggoun. 105, 114.
Abd-el-Malek, fils d'El-Mamoun. 219.
Abd-el-Malek, fils de Zidane. 219.
Abd-el-Malek, fils de Moulaï-Ismaïl. 351 et s.
Abd-el-Moumène (l'Almohade). 537.
Abd-el-Moumène (famille des Beni). 105.
Abd-en-Nour. 7, 143, 206, 521, 549, 550.
Abd-er-Rahmane Abou Zeid-et-Thâalebi. 13.
Abd-el-Kerim-ben-Abou-Beker, dit Kerroum-Le-Chabani. 257, 270 et s.
Abd-er-Rahmane-ben-el-Feggoun, cheikh El-Islam. 412.
Abd-er-Rahmane-ben-el-Khennoud. 196.
Abd-er-Rahmane-ben-Redouane. 43, 44.
Abd-er-Rahmane (confrérie de Sidi). 13 et s.
Abd-er-Rahmane (Dali-Bey). 284.
Abd-er-Rahmane-Ibn-Khaldoun. 12.
Abd-er-Rezzak-ben-Ichou. 353.
Abd-es-Samed (cheikh des Dreïd). 107, 204 et s.
Abd-es-Selam-ben-Mechiche. 201, 439.
Abd-es-Selam-Mokrani. 505, 523, 551.
Abid. 133, 137, 139, 291, 300 et s., 330, 350 et s., 360 et s., 376 et s., 379 et s., 391 et s., 409 et s., 437, 439, 488, 546, 548.

Abid-Zemala. 137.
Abizar. 516.
Abou-Abd-Allah-Abou-Farès, fils d'El-Mansour (dit El-Ouathek-b'Illah). 178, 187, 193 et s., 201 et s., 260.
Abou-Abd-Allah, dit El-Mostancer (souverain Hafside). 126.
Abou-Abd-Allah, dit El-Mostancer (cherif Saadien). 260.
Abou-Abd-Allah, dit El-Ouathek et Ibn-Khoula (Émir-Zeyanite). 90.
Abou-Abd-Allah-Mohammed. 5, 8, 10, 18, 58 et s., 90, 91, 119, 127.
Abou-Abd-Allah-el-Kaïm. 10, 11, 64.
Abou-Abd-Allah-Mohammed-Bey. 255.
Abou-Abd-Allah-Mohammed cheikh El-Mehdi. 64. Voir Mohammed-el-Mehdi.
Abou-Ali. 89.
Abou-Beker, dit Ech-Chekid. 126 et s.
Abou-Beker, dit Et-Tameli. 243.
Abou-Beker-le-Chebani. 270 et s.
Abou-Dorba, dit El-Mostancer, 127.
Abou-Eïnane. 89.
Abou-Farès (sultan merinide). 89.
Abou-Farès-Azzouz. 127, 178, 187.
Abou-Hafs, fils d'Abou-Zakaria I. 126.
Abou-Hafs-Omar. 127.
Abou-Hammou I. 90.
Abou-Hammou II. 8, 90.
Abou-Hammou III. 18 et s., 25 à 30, 43, 91.
Abou-Ishak I. 127.
Abou-Ishak II. 127.
Aboukir. 448.
Abou-l'Abbas-Ahmed, dit El-Mansour et Ed-Dehbi. 10, 11, 63, 66 et s., 78, 89, 94, 120 et s., 127, 154 et s., 260.
Abou-l'Abbas-Ahmed, fils de Zidane. 219.
Abou-l'Abbas-el-Aaradj. 64 et s., 86, 260.
Abou-l'Abbas-el-Houzali. 156 et s.
Abou-l'Abbas-el-Ghazzal. 394, 402.
Abou-l'Ala-Mahrez, fils de Moulaï-Ismaïl. 312.
Abou-l'Baka II. 127.
Abou-l'Baka-Khaled. 126.
Abou-l'Hadjadj. 90.
Abou-l'Hassen-Ali. 89.
Abou-l'Hassen-Semlali, dit Abou-Hassoun. 203, 222 et s., 240, 271.

Abou-Mahalli (Abou-l'Abbas-Ahmed-ben-Ab'-Allah dit). 192 et s.
Abou-Malek Abd-el-Ouahad. 90.
Abou-Mansour, fils de Moulaï-Ismaïl. 343.
Abou-Merouane-Abd-el-Malek. 120 et s., 154, 260.
Abou-Merouane, fils de Moulaï-Ismaïl. 343.
Abou-Mohammed-Abdallah. 30, 57 et s., 86, 90, 07.
Abou-Nacer, fils de Moulaï-Ismaïl. 343.
Abou-Omar (Khal-Hafside). 57.
Abou (ou Moulaï) Saïd. 89.
Abou-Rebid-Slimane. 89.
Abou-Saïd-Othmane (Zeyanite). 90.
Abou-Saïd-Othmane (Merinide). 89.
Abou-Salem-Ibrahim. 89
Abou-Selham (cheikh). 258.
Abou-Serhane-el-Messaoudi. 43.
Abou-Tachefine I. 90.
Abou-Tachefine II. 90.
Abou-Thabet I. 89.
Abou-Thabet-Amer. 89.
Abou-Thabet-Mohammed. 91.
Abou-Thabet-Youçof. 90.
Abou-Yahïa-Abou-Beker. 88, 126.
Abou-Yahïa-Zakaria-el-Libyani, 127.
Abou-Yakoub-Youssof, dit En-Nacer. 88.
Abou-Yezid (l'homme à l'Âne). 5.
Abou-Youssof-Yakoub. 88.
Abou-Zakaria I. 126.
Abou-Zakaria II. 126.
Abou-Zakaria-Yahïa, dit El-Ouathek et El-Makhloua. 126 et s.
Abou-Zeïd-ben-Abd-er-Rahmane. 127.
Abou-Zeyane, fils de Thabeti (Émir Zeyanite). 19, 20, 57 et s., 71, 89 à 91.
Achache (les). 367, 421.
Achour (impôt). 136.
Acila (Azila ou Arzille). 10, 123, 309, 380.
Adaoura. 483.
Adda-ben-Frih. 464.
Adda-ben-Kaddour. 524, 547.
Adjiça. 549.
Aflou (Kçar d'). 422.
Afour'al. 11, 64.
Africa (voir El-Mehdïa).

TABLE DES NOMS PROPRES

Afrique septentrionale, pass.
Ag'a (ou Bach-Ag'a). 130 et pass.
Agabachi. 130.
Agadir. 87.
Agbet-Ammal. 521.
Agbet-el-Djezzar. 282.
Agg. 10.
Aglaguel. 85.
Aguelmine (ou Mers-al-Merad). 179.
Agulo (A. de). 303 et s.
Agulo (don Alonzo-Martinez de). 58.
Ahlaf. 211, 291.
Ahmar-Kheddou. 101 et s., 127 et s.
Ahmed I. 180.
Ahmed (hafside). 106.
Ahmed-Amokrane. 143, 206 et s.
Ahmed-Ag'a. 373 et s.
Ahmed-ben-Abd-Allah (marabout de Dela). 279.
Ahmed-ben-Ali-Bou-Aokkaz. 207.
Ahmed-ben-Barka. 158.
Ahmed-ben-Brahim-ben-Djellab. 426 et s.
Ahmed-ben-Bou-Amara. 126.
Ahmed-ben-Dernali. 157.
Ahmed-ben-el-Kadi. 8, 15, 16, 21, 26 et s., 31, 41 et s., 54 et s., 75, 80, 95 et s., 133, 134.
Ahmed-ben-Haddad. 158.
Ahmed-ben-Mahrez. 277 et s., 308 et s.
Ahmed-ben-Merabot. 38.
Ahmed-ben-M'hammed-ben-Sakheri-Bou-Aokkaz. 227.
Ahmed-ben-Mohammed. 272.
Ahmed-ben-Mohammed-Mokrani. 523, 551.
Ahmed-ben-Omar-ben-Djellab. 427.
Ahmed-ben-Oudda (caïd). 156.
Ahmed-ben-Sakheri-ben-Bou-Aokkaz. 227 et s., 234, 230.
Ahmed-ben-Salem. 549.
Ahmed-ben-Tchaker. 324.
Ahmed-Bey (ben-Ali) El-Kolli. 386 et s., 401, 424, 427.
Ahmed-Bey-le-Mamlouk. 501, 503 et s., 509 et s., 511.
Ahmed-Bou-Aokkaz-ben-Achour. 522, 551.
Ahmed-Chaouch-Bey. 474 et s.
Ahmed-Dey. 402, 468 et s., 473 à 476.
Ahmed-ed-Dehbi, fils de Moulaï-Ismaïl. 330, 343, 350 et s.

Ahmed-Edris-el-Hassani. 188.
Ahmed-el-Euchi. 408.
Ahmed-et-Tidjani (ou Tedjini). 450, 503.
Ahmed-er-Rifi. 378.
Ahmed, fils d'Ali-Karamanli. 410.
Ahmed, fils de Slimane-ben-Djellab. 426.
Ahmed-Nekels. 101, 208, 270.
Ahmed-ou-Saadi. 396.
Ahmed-Musaraz (caïd). 376, 389.
Ahmed-Pacha. 90.
Ahmed-Soultane. 56 et s., 107, 127.
Ahmed-Sreïr-ben-Soultane. 317 et s.
Ahmed-Tchalabi. 300 et s.
Ahmed-Tobbal-bey. 475, 478.
Ahmed-Zouaoui. 120 et s.
Ahrar. 212.
Ahtchi. 412.
Aïnd (le Caïd). 165.
Aïad (ou Eïad), tribu. 549.
Aigle (De l'). 330 et s.
Aiguade (plage des). 355.
Aïn-Beïda (ville). 6, 143, 204, 205.
Aïn-Beïda (batterie de) 405 et s.
Aïn-Beïda (près Maskara). 524.
Aïn-Chabrou. 204, 385.
Aïn-El-Hout. 441.
Aïn-Fritissa. 463.
Aïn-Madi. 242 et s., 421 et s., 450, 477, 504 et s., 508 et s., 523 et s.
Aïn-Melila. 114.
Aïn-Oussera. 525.
Aïn-Rebot (l'Ag'a). 405.
Aïn-Riche. 525.
Aïn-Sedra. 146.
Aïn-Temouchent. 62.
Aïn-Trouk. 82.
Aix-La-Chapelle (congrès d'). 506.
Aït-Afelmane. 312 et s., 545.
Aït-Atach. 271, 545.
Aït-Ata. 419, 545.
Aït-Azdeg. 545.
Aït-Bou-Dekhil. 545.
Aït-Bou-Delal. 545.
Aït-Idracen (Voir (Beni-Aït-Isri). 312, 352, 488.
Aït-Malou. 212 et s., 352, 360 et s., 403, 438, 452, 484.
Aït-Oullal. 269.
Aït-Yemmour. 352.
Aït-Youssi. 545.

Akbou. 234.
Akdedj. 203.
Alasbi (rabbin). 55.
Alalema. 141.
Albe (duc d'). 50, 75.
Albret (Jean d'). 4.
Alcandète (Cordova, comte d'). 44, 47, 50 et s., 58 et s., 62 et s., 81, 85, 93 et s.
Alcandète (Martin d'). 94, 100, 102.
Alcazar-el-Keber. 124.
Alla (impôt). 139.
Algérie. 14 et passim.
Ali (Caccia-Diavolo). 36.
Ali-Ag'a. 226, 274.
Ali, Ag'a des Arabes. 405.
Ali-ben-Bou-Beker. 77, 79, 80, 97.
Ali-ben-Edris-el-Djouthi. 243.
Ali-ben-Farah. 29.
Ali-ben-Ichchou. 313.
Ali-Bey. 143.
Ali-Bey de Constantine. 473 et s.
Ali-Bey, fils de Hassein-Bey. 385 et s., 399 et s., 415.
Ali-Bitchenine (Piccinino). 224, 226, 229, 236.
Ali-Bou-Aokkar. 388 et 426.
Ali-Bourghoul. 440.
Ali-Bou-Zabia. 305.
Ali-Chaouch. 337 et s.
Ali-Chetli. 100.
Ali (dit El-R'assal) dey. 476 et s.
Ali-el-Hannachi. 216.
Ali, fils d'Engliz-bey. 455.
Ali, fils de Hossein-bey. 365, 366, 387.
Ali, fils de Moulaï-Ismaïl. 361, 376.
Ali, fils de Mourad-bey. 293 et s., 297 et s., 312.
Ali, fils d'Othmane-bey. 487.
Ali-Kara-Bar'li-bey. 479, 499.
Ali-Karamanli. 440.
Ali-Khoudja. 319, 321.
Ali-Koudja-dey. 499 à 502.
Ali-Nekcis (dit Baba-Ali et Bou-Sebâ) dey. 373, 384, 386, 395 et s.
Ali-Pacha (d'Alger). 225, 231.
Ali-Pacha (de Tunis). 347 et s., 350, 362 et s., 365 et s., 372 et s., 382, 385.
Ali-Pacha, grand amiral. 112.
Ali-Reïs. 312.
Ali-Reïs, amiral tunisien. 400, 417.

Ali-Sardou. 81, 83.
Ali-Temimi. 372.
Ali-Thabet. 216-232.
Albouzem (compagnie d'). 273.
Alger. 1, 7, 8, 14, 15 et s., 21, 23 et s., 31, 37, 41 et s., 46, 49, 50 et s., 61 et s., 70 et s., 80 et s., 92 et s., 99, 103 et s., 111 et s., 120, 125 et s., 129, 131, 138, 140 et s., 144 et s., 149 et s., 155 et s., 159 et s., 179 et s., 182 et s., 190, 197 et s., 207 et s., 221, 223 et s., 231 et s., 235 et s., 242, 244 et s., 248 et s., 256, 263, 266, 268 et s., 273, 277, 280 et s., 286 et s., 289 et s., 292 et s., 296 et s., 300 et s., 307, 312 et s., 318 et s., 321 et s., 332, 337 et s., 344, 349 et s., 358, 363, 364 et s., 371 et s., 374, 383 et s., 389, 391, 395 et s., 401, 403 et s., 412 et s., 424 et s., 433 et s., 440 et s., 444 et s., 452 et s., 459, 461, 464 et s., 468 et s., 471 et s., 481 et s., 485 et s., 490 et s., 495 et s., 499 et s., 506 et s., 514 et s., 517 et s., 520 et s., 526 et s., 537 et s., 540 et s., 545 et s., 547 et s.
Allama. 141.
Allen (le chevalier). 273 et s.
Alméras (d'). 251 et s., 280 et s.
Almohades. 1, 538.
Almoravides. 1, 538.
Aloui (Ahi-ben-Ali). 234.
Alphonse VI (de Portugal). 255.
Alpujarras. 108 et s.
Alvar-de-Bazan dit El-Zagal. 20, 35, 37, 41, 45, 72.
Amamra. 206, 515.
Amdoum. 239.
Amer. 550.
Amer-ben-Djellab. 511.
Amer-Cheraga. 144.
Ammar-ben-el-Hamiaoui. 498.
Amokrane. 95 et s., 99, 145.
Amor-ben-Haddou. 291 et s., 308 et s.
Amour (les). 289.
Amraoua. 107, 505, 518.
Andalous. 37, 201, 221 et s., 243, 256, 259, 259.
Andalousie. 186.
Angad (tribu). 59, 241 et s., 258 et s., 278, 291, 462, 545.

Angoulême (duc d'). 4.
Ani-Yoldach. 130.
Andrezel (vicomte d'). 311.
Aourès (Djebel). 114, 204 et s., 312.
Aourir. 234, 374.
Aoussellaoua. 422.
Arabes. 3, 6 et s., 11, 18 et s., 21 et s., 24, 29, 35, 38 et s., 41, 43, 45, 51, 57, 59, 63, 67, 76, 107, 109, 114, 130, 155, 158, 182 et s., 216, 221, 227 et s., 230, 242, 258, 281, 289 et s., 298, 300, 313, 318, 327, 389, 413, 451, 538.
Arabie. 3, 21.
Arab-Ahmed. 113, 116, 118.
Arache (L') (ou El) ou Araïche. 308, 393 et s., 410, 438.
Aramon (d'). 72.
Argote (Martin d'). 21.
Arib (tribu). 139, 477.
Arouararte. 187.
Aroudj. 6, 15 et s., 91, 538.
Arrès. 458.
Arnaud (Jacques). 268.
Arvieux (le chevalier d'). 281.
Arzéou. 63, 93 et s., 101.
Asfi (voir Safi).
Aski-Yoldach. 130.
Ataïde (Fernand d'). 11, 64.
Atia (Oulad). 550.
Atlas. 10, 75, 80, 121 et s.
Attaf. 548.
Avellaneda (don J. de). 370.
Avellaneda (Don Melchior de). 333 et s.
Azel. 139.
Azennor. 9, 11, 66, 202, 545.
Aziza-Bey. 276.
Azrar. 67, 622.
Azrou. 258.

B

Baba-Ali-dey (voir Nekcis).
Baba-Ali (faubourg de). 524.
Baba-Hassen-dey. 275, 286, 293 et s., 298 et s.
Bab-Azoun (fort de). 536 et s.
Bab-Azzoun (porte de). 52, 473 s.
Bab-el-Djabia. 116.
Bab-el-Kadra. 300.
Bab-Meroura. 269.

Bab-el-Ouad. 17, 24, 52, 116 et s., 405 et s., 442, 459.
Bab-es-Souika. 46, 383.
Babar, 407.
Bach-Kateb. 134, 443.
Bach-Selar. 134, 443.
Bach-Yoldach. 130.
Bacri David. 478.
Bacri (famille). 485 et s., 491, 526 et s.
Bacri (Joseph). 445 et s., 449, 454, 461 et s., 477 et s.
Badestan, 151.
Badiûn (de Maroc). 343.
Badis (ville Maroc). 10, 97, 188.
Badja. 35, 107, 240, 301.
Baïchi-el-Kelbi. 309.
Bakchiche. 121.
Baléares (îles). 263 et pass., 312.
Banel (le). 454.
Barberousse I (Aroudj). 16 à 22, 73, 129, 144 et s.
Barberousse II (Kheïr-ed-Dine). 24, 32, 34, 36, 41 et s., 73, 84, 129, 144 et s.
Barberousse (empire des). 144 et s., 537 et s.
Barcelo (don Antonio). 413 et s.
Barcelone. 213, 354, 403.
Bardo (de Tunis). 283, 385, 388, 405 et s., 480, 488, 492.
Barral (fort). 81.
Barrania. 550.
Barreau (consul). 237 et s., 239 et s., 251 et s.
Bartholoméo (don). 430.
Bastion de France. 150, 180 et s., 210 et s., 215 et s., 227 et s., 245, 249, 262 et s., 268 et s., 281, 297 et s., 368 et s., 446 et s.
Baïn-el-Karn. 45.
Batna. 234, 515, 519.
Bazan-el-Zagal (voir Don Alvar).
Beaufort (le duc de). 252 et s., 161 et s., 266 et s.
Beauregard (de). 394.
Beaussier (consul). 469.
Bedoua. 379.
Beït-el-Mal. 135.
Beït-el-Maldji. 134 et s.
Beldis. 295.
Bellassis (lord). 256.

Bellezma. 114, 551 et s.
Bellil (Oulad). 40.
Bel-Kaseem-ou-Kassi. 509, 515.
Ben-Abd-Allah-Mokrani. 482 et s., 505, 521, 523, 551.
Ben-Abd-el-Moumène (famille des). 113 et s., 235, 238.
Ben-Achour (famille des). 144.
Ben-Ali. 234 et s.
Ben-Ali-cherif. 516, 518.
Ben-Arous. 255.
Bec-Azz-ed-Dine. 144.
Ben-Baba-Ahmed (de Tombouktou). 11.
Ben-Baghriche. 450 et s.
Ben-Barkate. 467.
Ben-Chennouf. 143, 205 et s., 208, 216, 240.
Ben-Debiza (ag'a). 356.
Bed-Dernali. 461.
Ben-Djellab (les). 7, 13, 133, 143, 425 et s., 510 et s., 551.
Ben-Duran. 477 et s.
Ben-el-Abiod (caïd-ed-Dar). 458, 522 et s.
Ben-el-Djomli (ag'a). 451.
Ben-el-Feggoun (famille des). 105, 114, 235, 258.
Ben-el-Kadi (Voir Ahmed).
Ben-el-Kadi (Ahmed-Tounsi). 223 et s.
Ben-el-Medjahed. 466.
Ben-Fredj. 108.
Ben-Gana (famille des). 427, 447, 505, 510, 521, 551.
Ben-Guendouz (branche des Mokrani). 482 et s., 498, 521.
Ben-Henni (sur l'Isser). 486.
Ben-Mebarek (marabout). 10.
Ben-Mendjous. 326.
Ben-Merad (famille des). 205, 551.
Ben-Nâmoun (famille des). 504, 522 et s.
Ben-Sassi (le marabout). 235.
Ben-Tachefine. 537.
Ben-Zamar. 286.
Ben-Zamoun (les). 549.
Ben-Zegri. 13.
Ben-Zekri (famille des.) 449, 504, 522 et s.
Beni-Abbès. 515 et s.
Beni-Aïcha (col des). 28, 142, 144.

Beni-Amer. 33, 62, 71, 137, 183, 211, 289, 292, 304, 317, 359, 465, 516.
Beni-Ameur. 503, 547.
Beni-Amrane. 458.
Beni-Aziz. 467.
Beni-Batroun. 547.
Beni-Belaïd. 460.
Beni-Bou-Rached. 546.
Beni-Drahim. 514.
Beni-Djaad. 374, 504, 548.
Beni-Djennad. 149, 509, 516.
Beni-Fergane. 458, 400, 467.
Beni-Four'al. 145.
Beni-Fraoucen. 547.
Beni-Gouffi. 409.
Beni-Guil (Cheraga et Gharaba). 515.
Beni-Habibi. 460.
Beni-Hassan. 300, 379, 410.
Beni-Ilidjer. 547.
Beni (ou Aït) Idracen. 308, 318 et s., 392 et s., 410 et s., 488 et s.
Beni-Ifrene. 549.
Beni-Kadi. 548.
Beni-Khalfoun. 483, 486.
Bani-Khattab. 549.
Beni-Khelil. 548.
Beni-l'Ar'ouate. 422.
Beni-Lent. 467, 546.
Beni-Mamet. 548.
Beni-Mansour. 548.
Beni-Mathar. 547.
Benni-Mellikch. 546.
Beni-Meguellid. 488.
Beni-Menad. 435, 548.
Beni-Menguellat. 547.
Beni-Merdès. 550.
Beni-Merine. 61.
Beni-Merouane. 549.
Beni-Merzoug. 204.
Beni-Meslem. 547.
Beni-Messaoud. 139.
Beni-Mezab. 548.
Beni-Moussa. 548.
Beni-Moussa-ben-Abdallah. 58.
Beni-Ouacine. 546.
Beni-Ouaguennoun. 505, 516, 547.
Beni-Ouarthene. 121.
Beni Ouelbane. 550.
Beni-Ourar. 464.
Beni-Ournid. 546.
Beni-Rached. 19 à 21, 43, 50, 62, 137, 546, 548.

Beni Raten. 145, 374, 547.
Beni-Robri. 234.
Beni-Salah. 139.
Beni-Sebih. 450, 547.
Beni-Sedka. 503, 515.
Beni-Siline. 341, 519 et s.
Beni-Slimane. 139, 407, 518.
Beni-Snous. 13, 241.
Beni-Tighrine. 516, 518.
Beni-Toudjine. 518.
Beni-Yazer. 377.
Beni-Yezid. 548.
Beni-Zenassen. 22 et s., 241, 259, 270, 290 et s., 477, 516.
Beni-Zentis. 516.
Beni-Zeroual. 270, 462, 464.
Beni-Zoug-Zoug. 548.
Beni-Zounday. 407.
Benzert (ou Bizerte). 34, 35, 44, 180, 301, 382, 400 et s., 418.
Berabech. 289.
Berbérie et berbères, (pass.)
Bérenguer. 217.
Berrouaguoïa. 111.
Besennas. 516.
Bessibissa. 464.
Bethancourt (de). 202 et s.
Bey. 149.
Beylarbeg. 63, 73, 101, 132, 134, 159, 539.
Biak. 158 et s.
Bibane (les portes de fer). 230, 482, 515.
Bidé-de-Maurville. 394.
Bir-el-Beguirate. 475, 500.
Biskra. 55, 142 et s., 206, 235, 426 et s.
Bizerte (voir Benzert).
Blake (l'amiral). 252. (Voir Robert.)
Blanchard (consul). 214.
Blida. 134, 136, 144, 401 et s., 447, 455, 464, 519 et s., 525.
Bône. 6, 26, 34, 40 et s., 44, 45, 46 et s., 51, 56, 83, 116, 142, 150, 181, 185, 211, 225, 235, 261, 263, 312, 309, 424, 443, 446, 457, 471, 493, 498, 521, 528.
Bonnecorse (de). 302.
Bordj-ben-Zahoua. 333.
Bordj-Bouira (Hamza). 141, 145, 249, 387, 404 et s.
Bordj-bou-R'eni (voir Bou-R'eni). 145, 233, 386 et s., 453, 503.

Bordj-el-Acouin (fort Saint-Philippe). 422 et s.
Bordj-el-Ahmar (Château Neuf). 335, 470.
Bordjia (les). 444, 447, 464.
Bordj-Medjana. 482.
Bordj-Menaïe. 483.
Bordj-Moussa (fort Barral). 80.
Bordj-Sebaou. 505.
Botonia. 516, 518.
Bou-Arréridj (Bordj). 483, 485, 505.
Bou-Agba. 65, 221, 278.
Bou-Aïche (Oulad). 509.
Bou-Aokkaz (famille des). 7, 55, 113, 206, 308 et s., 427, 510 et s., 551.
Bou-Aziz-ben-Nacer. 347 et s., 302, 367.
Bou-Chagroun. 428.
Bou-Dali (voir El-Hadj-Mohammed).
Bou-Diaf (famille des). 551.
Bou-Dria. 503.
Bou Djemline (mosquée de). 484.
Bougie. 1, 6, 7, 12, 15, 33, 42, 46 et s., 53, 80 et s., 83, 95, 120, 141, 145, 253, 261, 263 et s., 274, 461, 467, 515.
Bou-Hanek (bey). 365 et s., 372 et s., 424.
Bou-Haroum. 42.
Bou-Kabous (Mohammed-Bey).
Bou-Kécelba. 459.
Bou-Kharis. 351.
Bou-Kettouche. 374.
Bou-Khedidja. 137.
Boulouk-Bachi. 130.
Bou-Medien-ben-Kaddour-ben-Ismaïl. 465.
Bouni. 74.
Bou-Rennane-ben-Achour. 520, 522 et s.
Bou-Rennane-ben-Zekri. 429, 443.
Bou-Rennane-Mokrani (famille des). 482 et s., 485 et s., 498, 521.
Bou-Rennane-Mokrani. 362.
Bou-Redine. 467.
Bou-R'eni (Bordj). 374, 345. (Voir Bordj-Bou-R'eni.)
Bourmont (le comte de). 533 et s., 552.
Bou-Saada. 425, 483.
Bou-Semroun. 450.
Bou-Terfas-le-Derkaoui. 477 et s.

Boutin (colonel). 476, 532.
Tou-Trik. 61.
Bou-Zaria. 405.
Bragance (Jean IV, duc de). 223.
Braham-bey-el-Greitli. 514 et s., 519.
Braham-Kocentini (ou El-R'arbi)-bey. 503, 505 et s., 509.
Brahim-ben-Djellab. 510, 551.
Brahim-bey (de Titeri). 417.
Brahim, fils de Slimane-ben-Djellab. 426.
Brahim-Khaznadji (Alger). 520 et s., 525 et s., 535 et s.
Braz (tribu). 548.
Brechk. 190.
Bretonnière (de la). 520 et s.
Breugmon (comte de). 394.
Brèves (de). 179, 180, 181.
Bridja (El). Voir Mazagan.
Broves (de). 400.
Bruces (James). 396.
Buchol. 447.
Burgees (le lieutenant). 496.
Burel (le capitaine). 489.
Busnach (Bou-Chenak) (Nephtali et famille). 445 et s., 448, 454 et. s., 461 et s., 526 et s.

C

Cadi. 135.
Cadillan (de). 464.
Cadix. 126, 354, 403.
Cagliari. 37.
Caïd-el-Marsa. 147.
Caïd-ez-Zebel. 140.
Caïd-Raïlane. 256 et s., 271, 278, 289 et s.
Caire (le). 419, 448, 450.
Calabre. 225.
Campo-Santo (marquis de). 430.
Campon (L.). 250.
Canaries (Iles). 260.
Candie (Ile). 237 et s., 280.
Cansino (Isaac). 275.
Cap Bengut. 530.
Cap Guer. 544.
Capello (amiral). 229.
Capidji. 209.
Capitan-Pacha. 238.
Capucins. 385.

Carlos, fils de Moulaï-Hassen. 88.
Caron. 245.
Carraſa (Carlos). 333.
Carthagène. 54, 286, 403, 413.
Caserne verte (la). 74. 405, 529.
Castellan (de). 204.
Castellane (de). 198.
Castijon (don Pedro de). 404 et s.
Castille. 4 et pass.
Catherine de Bragance. 255.
Caumont-La-Force (duc de). 185.
Caxime (cap). 84, 405, 529.
Centurione. 253.
Cervantès. 126.
Ceta. 12, 63, 308, 319, 343 et s., 392, 435, 438.
Chaabet-el-Leham. 58.
Chabane-Ag'a. 252, 266.
Chabba (ville). 6.
Chabbia ou Chabbīn. 6, 29, 35, 40, 45, 55 et s., 107, 114 et s., 143, 149, 182, 204 et s.
Chaffaut (du). 393.
Chaix (consul). 198.
Chakir (Georgien). 552.
Chaouia. 7, 271, 278, 454, 513, 542, 549.
Chaouch-el-Kourci. 134.
Chará (quartier de). 428.
Charkan-Ibrahim. 337.
Charles V (Charles-Quint). 4, 19, 20, 23, 27 et s., 31 et s., 36 et s., 39 et s., 46, 48, 49, 52, 61, 75, 88, 95, 108 et s., 122, 129.
Charles II d'Angleterre. 255.
Charles II d'Espagne. 274, 280.
Charles III d'Espagne. 394, 402, 412 et s., 430.
Charles IV d'Espagne. 430 et s., 438 et s.
Charles IX de France. 113, 129.
Charles X de France. 530.
Château-Neuf (le). 335 et s.
Château-Renaud (de). 226.
Chateluz (commandeur de). 226.
Chebanate. 244, 257, 271, 278, 289 et s.
Chebka du Mezab. 421.
Chefchaoua. 166.
Cheikh des Arabes. 7, 55, 142.
Cheikh-el-Blad. 135.
Cheikh-el-Islam. 114, 135.

Cheikh-Zouaoui. 322.
Chekkala. 546.
Chekli (fort et îlot de). 107, 110 et s.
Cholha. 513.
Chellala du Nord. 421.
Chélif (le). 8, 71, 137, 289, 322, 406.
Chemorra. 342, 421.
Chénier (consul). 394, 420.
Cheraga. 137, 150, 187, 190, 258, 270.
Cherchel. 10, 17, 21, 27, 28, 32, 33, 44, 144 et s., 190, 206, 291, 502, 505.
Chérifs (de Maroc). 3, 9, 128, 157, 512.
Chérifs Hassani. 157 et s., 513.
Chérifs saadiens. 9, 128, 537, 543.
Chérif-Ag'a. 387.
Chérif le Derkaoui. 420 à 467. (Voir Abd-el-Kader-ben-Chérif).
Cherrate. 121.
Chettaba (Djebel). 421, 429 et s., 522.
Chevaliers de Malte (ou ordre de Saint-Jean-de-Jérusalem). 46, 51 et s., 73, 197, 209, 225, 232, 235 et s., 245 à 251 et s., 262 à 267 et s., 358 et s., 448.
Choiseul (le duc de). 393 et s.
Chouafs. 138.
Clerville (le chev. de). 252, 260 et s.
Cléry (de). 294.
Cochupari. 100, 102.
Col des Beni-Aïcha (Ménerville). 483.
Colbert. 252, 261 et s., 268.
Collet (capitaine). 528.
Colliotes (les). 446.
Collo. 6, 26, 142, 150, 184, 252, 337, 448, 457.
Colonna (C). 51 et s.
Colonna (Vespasien). 171.
Comarès (marquis de). 20, 21, 30, 33, 135.
Combes. 295.
Communéros (révolte des). 27.
Constantine (ville et province). 2, 6, 7, 12, 26, 28 et s., 34 et s., 41, 43, 55, 57, 95 et s., 101 et s., 105 et s., 113 et s., 132, 134, 141 et s., 144, 149 et s., 227 et s., 235, 238, 240, 248 et s., 275 et s., 284, 319, 321, 324, 341 et s., 362 et s., 365 et s., 371, 385 et s., 395 et s., 402 et s., 416 et s., 424 et s., 450, 445, 447 et s., 454, 456 et s., 460 et s., 467 et s., 470 et s., 474 et s., 478 et s., 482, 498 et s., 501 et s., 505 et s., 509 et s., 514 et s., 520 et s., 529 et s., 541 et s., 549 et s., 552.
Constantinople. 3, 24 et s., 34 et s., 34 et s., 42 et s., 62, 80, 113, 120, 150, 156, 209 et s., 229, 230, 249, 282 et s., 319, 412, 493, 532 et s.
Conti (princesse de). 329.
Coquiel (du). 231.
Cordova (don Martin de). 100 et s.
Cordova (don Diego de). 125 et s.
Cordova (don C. de). 390.
Cornéjo (don F.). 354.
Coron. 34.
Corse (île de). Pass. 399.
Cortez (Fernand). 51, 53, 97, 108.
Cosson. 412.
Cyrénaïque. 5, 132, 217.

D

Dahmane-es-Sou'cidi. 488.
Dahra. 137, 446.
Daikha-bent-Hassen-bey. 469.
Daïra. (Voir Douair.)
Dakhila. 212.
Dali-Ahmed. 160, 166.
Dali-Braham. 387.
Damas. 24.
Danser (Simon) (ou Dansa), 146, 189 et s., 197 et s., 210.
Daouaoulda. 7, 55, 114, 143, 204 et s., 227, 240, 284, 349, 388, 420, 425 et s., 447, 514, 550.
Dar-ben-Mechaal. 259.
Dar-Debibar'. 378, 380, 392,
Dar-el-Abbas. 379.
Dar-el-bey. 143, 144 et s., 474 et s.
Darmouth (lord). 308.
Darsoun. 549.
Debbah (Mohammed-ben-Ali-ed) (le bey). 374 et s., 386.
Debbah (cheikh des Daouaoulda). 420, 427, 457, 505, 510 et s., 514.
Debdaba. 422.
Debdou. 22, 79, 545.
Décatur (le Commodore). 490.
Dchamcha. 467.
Dehilis-el-Mokhtari. 467.
Dekhiça et Dekhiçane. 289, 452.

Dela (Zaouïa de). 220 et s., 240 et s., 257 et s., 269 à 279.
Dellis (ou Tedelles). 4, 18, 144, 235, 396.
Demnate. 257.
Denid. 185.
Denouche. 136 et pass.
Derâa (ouad et province de). 10, 11, 64, 66, 97, 186, 194, 240, 271, 331, 343, 452, 488, 545.
Derâa-el-Methmane. 185.
Deren. (Voir Djebel-.)
Derkaoua. 411, 461, 463 et s., 467, 477 et s., 524.
Deval (consul). 491, 517, 526 et s., 552.
Devoize (consul). 449 et s., 488.
Dey. 148 et pass.
Diarbekir. 3.
Difa. 139.
Dir (montagne). 144, 391, 514, 522.
Dira (Djebel). 139, 467 et s.
Directoire (le). 445.
Djaafra. 547.
Djaber (plaine de). 318.
Djafer (ou Djelal)-bey. 483.
Djafer-Pacha. 155 à 159.
Djama-Saharidj. 183.
Djebel-Amour. 8, 289, 421, 546.
Djebel-Aourès. 6, 515.
Djebel-Beni-Aïacha. 240.
Djebel-Chechar. 505.
Djebel-Deren. 85, 195, 300.
Djebel-Djeliz ou Guilez. 187, 196.
Djebel-er-Reças. 39. 115.
Djebel-Frina. 522.
Djebel-Mahmel. 522.
Djebel-Nefouça. 5.
Djebel-Ouslate. 282, 285, 290, 317, 347 et s.
Djebel-Rached. 422.
Djebel-Sahari. 139.
Djebel-Zouaouï. 522.
Djedioua. 322.
Djelfa. 525.
Djellab. 7 et pass. (Voir Ben-.)
Djemaa. 144.
Djemila. 470.
Djendel. 139, 548.
Djenane-el-bey. 144.
Djenina (palais de la). 413, 476, 499.
Djerara. 378.

Djerab. 457, 459.
Djerba (île de). 5, 17, 27, 46, 73, 98, 119, 217, 232, 298, 303, 440, 553.
Djerid. 6, 112, 282, 284, 297, 299, 305, 416.
Djerdjera-Djebel. 8, 26, 27, 95, 144, 144, 230, 233, 374, 380, 388.
Djerrah. 457.
Djerrar 289.
Djezira (El). 35, 36.
Djidjelli. 6, 7, 12, 15, 16 et s., 26 et s., 27, 142, 145, 190, 207, 361 et s., 206, 396, 457, 461, 500.
Djimla (tribu). 549.
Djouab (tribu). 518.
Djouad. 139.
Djouder-Pacha. 178.
Djoumana-ei-Eulma. 320.
Domingo de Canal (don). 318.
Dona Mariana de Guzman. 503.
Douair (pluriel de Daïra). 133, 137, 139, 144, 401 et s., 422 et s., 444, 463 et s., 479, 540.
Doui-Hocein. 467.
Doui-Menia. 289.
Doui-Yahia. 241.
Doui-Ziane. 528.
Doukkala. 380, 391, 438.
Doria (André). 32 à 53, 56, 73. 82.
Doria (Giov.). 112, 129, 180.
Dragut (reis, puis pacha) 45, 56 et s., 72 et s., 97 et s., 103, 106 et s., 151, 155.
Dr'eïd. 6, 35, 107, 114, 204 et s., 239, 258, 325, 304, 550.
Dubois-Thainville. 452 et s., 462, 485, 491, 526.
Dubourdieu (consul). 254, 266 et s., 281.
Dugay-Trouin. 347.
Duperré (amiral). 533 et s.
Dupetit-Thouars. 533.
Duquesne, 262 et s., 285 et s., 292 à 302.
Durand (consul). 322.
Dussault (Denis). 286 et s., 297, 403 et s.

E

Ech-Cheikh (des Abid). 410.

TABLE DES NOMS PROPRES

Ed-Dir. (Voir Dir.)
Edricides, 243, 301, 411.
Égypte, 3, 21 et pass., 420.
El-Abbadi (si). 175.
El-Ahrar (des Abid). 110.
El-Ayachi, 218, 220 et s., 291.
El-Alam. 305.
El-Arbi-el-Djemel. 402.
El-Araïche (ou Laraïche). 10, 79, 123, 187 et s., 191 à 196, 203, 218, 292, 300.
El-Batcha. 463.
El-Biar. 536.
El-Djarni. 188.
El-Djiça. 200.
El-Fadel, fils d'Abou-Yahia-Abou-Beker. 127.
El-Faïdja. 452.
El-Fartas. 100.
El-Gada. 422.
El Gara. 240.
El-Gazzal. (Voir Abou-l'Abbas.)
El-Guidoum (frère d'Ahmed-es-Sakheri). 284.
El-Habib-Pacha (Maroc). 392.
El-Hacen (cherif Hassani). 419.
El-Hadj-Abd-Allah (dey). 303.
El-Hadj-Abd-el-Kader-ben-Mohi-ed-Dine. 137, 503, 521, 542, 547.
El-Hadj-Ahmed-bey (de Constantine). 505 et s., 510 et s., 525 et s., 529 et s., 550.
El-Hadj-Bechir (général, puis pacha). 62, 60 et s.
El-Hadj-ben-Achour (du Ferdjioua). 311.
El-Hadj-ben-Gana. 388, 427.
El-Hadj-Brahim-Boursali (bey). 445.
El-Hadj-Chabane-dey (Tunis). 276, 281.
El-Hadj-Chabane-dey (Alger). Voir Hadj.
El-Hadj-el-Merdaci. 283 et s.
El-Hadj-el-Mir. 193.
El-Hadj-Hameida-el-Fekhar. 447.
El-Hadj-Karkouch. 157.
El-Hadj-Koulder-ben-Sahnoun. 451, 455.
El-Hadj-Mami (ou Mami-Djelal). 282, 285.
El-Hadj-Messaoud-ben-Zekri. 428.
El-Hadj-Mohammed-Bechara. 284 et s., 293.

El-Hadj-Mohammed-ben-el-Ahreche (Bou-Dali). 456, 457 et s., 460 et s., 400.
El-Hadj-Mohammed-Laz (dey de Tunis). 289 et s., 251, 207, 280.
El-Hadj-Mohammed-ben-Zamoun. 449, 498, 505.
El-Hadj-Mohi-ed-Dine. 503, 547.
El-Hadj-Moustafa (caïd de Tlemcen). 541.
El-Hadj-Temim (ambassadeur Maroc). 292.
El-Hadjeb (Maroc). 377.
El-Hafsi-ben-Aoun. 529.
El-Hakmaoui (caïd). 452.
El-Haïk-el-Kobra. 218.
El-Hamma (oasis). 217, 348.
El-Hassen-ben-Reïssoum. 201.
El-Hucemas. 273.
El-Kaïm-bi-Amr-Allah. 10.
El-Kantara (Constantine). 430.
El-Kantara, du Chelif. 499.
El-Karouïne (Fès). 196.
El-Kçar-el-Kebir (ou Kaçar-Ketama). 122 et s., 154, 187, 258, 269, 279, 291, 379.
El-Kebilate. 309.
El-Khadir-R'aïlane. 277 et s.
El-Khammar (marabout d'). 420.
El-Khazen-ben-Djellab. 510.
El-Khemis. 272.
El-Kheneg. 313.
El-Khier. 422.
El-Kirech. 209.
El-Mamoun. 260.
El-Mansour (l'almohâde). 542.
El-Matr'ari. 290.
El-Mechta (Maroc). 410.
El-Mehdïa. 291 et s.
El-Mehras. 352.
El-Mekallech. (Voir Mohammed-.)
El-Melaab. 319.
El-Mellacine. 282.
El-Menia. 228.
El-Merbouc-le-Lamti. 196.
El-Mesreb. 272.
El-Metaoukkel (El-Mesloukh). 90, 91, 119.
El-Mezemma. 377.
El-Milia. 459 et s.
El-Moatacem (El-R'azi-fi-Sebil-Allah). 121.

El-Mohtedi, fils de Moulaï-Ismaïl. 376.
El-Mostadi (ou Moustedi) fils de Moulaï-Ismaïl. 360, 377, 379.
El-Oualid, fils de Moulaï-Ismaïl. 377.
El-Oualid, fils de Zidane. 219 et s., 260.
El-Ouathek. 89.
El-Oued. 426, 511 et s.
Emir-er-Rekeb. 9, 105, 114.
Emo (amiral vénitien). 416 et s., 439.
Enmaï. 65.
Engliz-bey. (Voir Moustafa-.) 470.
El-R'aleb-b'Illah. 86.
El-Reyezuelo (Mohammed). 109.
El-Yezid, fils de Moulaï-Mohammed. 409, 419 et s.
Er-Rachid, fils de Moulaï-Cherif. 257, 259, 268 et s., 290.
Er-Recif. 271.
Er-Riad. 360.
Er-Rifi. 379.
Er Rokn. 121.
Espagne. 4 et pass.
Espinosa de los Monteros (don). 333.
Es-Saïd-ben-Abou-Temam. 89.
Es-Saïd. 11, 80.
Es-Settara. 209.
Estramadure. 109.
Estrées (maréchal d'). 202 et s., 305 et s.
Etablissements français (les). 220, 286 et pass., 493.
Etoile (poudrière de l'). 384.
Euldj-Ali. 92, 94, 103 et s., 111 et s., 118, 120, 125, 132, 155 et s., 159 et s., 539.
Evans (d'). 371.
Exmouth (lord). 491 et s., 501, 506.

F

Fabry (de). 395.
Fadel (El). 64.
Fahs (Maroc). 379.
Fajardo (don Luis). 196.
Falcon (cap). 82.
Farhate-ben-bou-Aokkaz. 426.
Farhate-ben-Omar-ben-Djellab. 427.
Farhate-ben-Saïd. 510 et s., 514, 522, 554.

Farhate, fils d'Ahmed-ben-Sakkeri. 319.
Farhate, fils de Mourad-bey. 238, 248 et s.
Farhate, fils de Slimane-ben-Djellab. 426.
Fatemides. 14.
Fazaz, 308 et s., 312.
Fechtala. 67.
Feddj-el-Fers. 191.
Fehas (Maroc). 191, 202, 258.
Fenaïa. 517.
Fennich. 392.
Ferdinand (infant). 4.
Ferdinand (le roi catholique.) 68.
Ferdinand VI. 370.
Ferdjioua. 114, 341 et s., 425, 471, 498, 500, 520, 522 et s.
Fernando (Moulaï-Abd-Allah). 42.
Fès. 0, 20 et s., 63 et s., 67 et s., 70 et s., 92, 97, 100, 119 et s., 154 et s., 159, 177 et s., 186 et s., 191 et s., 201 et s., 219 et s., 240, 243, 258 et s., 268 et s., 272, 278, 290, 292, 309, 312, 317, 343, 351 et s., 360, 376 et s., 380, 391, 393 et s., 437, 439, 443, 450, 465, 503, 513 et s., 544 et s.
Fezzan. 132.
Figuier (Messouliane). 433.
Figuig. 433, 488, 545.
Fistel. 0.
Flissa. 306, 401 et s., 449, 467 et s., 483 et s., 486, 498, 547.
Flisset-el-Behar. 516.
Flisset-Oum-el-Léïl. 27.
Flitta. 421, 446, 465, 547.
Florida-Blanca. 430.
Foix (Gaston de). 4.
Fondouk. 230, 459.
Fort (père et fils). 370 et s.
Fort-Charles. 308.
Fort-l'Empereur (Bordj Moulaï-Hassen). 51 et s., 536 et s.
Fougasse (de). 371.
Foum-Tanoute. 195.
Frachiche. 553.
France. 4 et pass.
Francillon (le père). 306.
Francisco de Tavar (don) 56 et s.
François I. 4, 32, 46, 61, 139, 150, 153.
Fray de Bracamonte (don). 304.

Freemantle (amiral). 506.
Fréjus (les frères). 212.
Fréjus (Rolland). 273.

G

Gabès, 149.
Gada. 110.
Gadagne (comte de). 262 et s.
Gafsa. 149, 348.
Galice. 109.
Garcia Fernandez de la Plaza. 22.
Garde (de la). 75.
Garfa (Guerfa ou Kerfa). 107, 205, 550.
Gar'ou. 164.
Gascon (don Basilio). 430 et s.
Gascon (Juan). 105.
Gassem (cheikh). 233.
Gauthier (consul). 368.
Gautier (maison). 303.
Gênes et Génois. 197, 212 et s., 247, 253, 399, 468.
Gharaba. 463 et s.
Gharama. 136, 139.
Gheris (voir R'eris).
Gibraltar 247, 330, 353, 491, 544.
Girardin de Vauvré. 306.
Gondi (amiral de). 200.
Gondinez. 81.
Gonzague (Fernand de). 51.
Gordon (Charles). 346.
Goulaa (sur le Chélif). 289.
Goulette (La). 35 et s., 40, 46, 56 et s., 107, 111, 115 et s., 130, 149, 180 et s., 232, 240, 276, 301, 382, 388, 400 et s., 416 et s., 469 et s., 487, 492 et s., 502, 506, 518.
Goum. 133.
Gourara. 157 et s., 488.
Gozzo (île de). 98.
Grand Atlas. 542, 544 et s. (Voir Atlas maroc.).
Grandpré (de). 346.
Grenade. 16, 68, 106, 108 et s., 184 et s.
Grimaldi. 403.
Grimani. 253.
Guast (marquis de). 37.
Guechtoula. 14, 145, 233 et s., 374, 503, 515, 547.
Guedjal. 228, 230.

Guelfi (don P.). 421.
Guelma. 143, 205.
Guérin (le père). 237.
Guerouane. 378, 392, 410.
Guerrara. 122.
Guetna des O. Khouldem. 444.
Guiber. 205.
Guicho (de la). 181.
Guillermy (de). 199, 201.
Guillottière (de la). 262 et s.
Guise (duc de). 198 et s., 244 et s.
Guys (consul). 518.
Guzman (don Pedro de). 303.
Guzman (don Ramirez de). 183.

H

Hâchem (de Gheris). 137, 206, 289, 322, 444, 465, 503, 523 et s., 547.
Hâchem (de la Medjana). 242, 488.
Hadars. 465.
Hadj-Ali (el), Khodjet-el-Keïl, puis dey. 476 et s., 484, 485.
Hadj-Ali-Laz. 282.
Hadj-Chabane, dey d'Alger. 307, 312 et s.
Hadj-Djafer-Ag'a. 297.
Hadj-Hasseïn-Mezzo-Morto. 295 et s., 300, 304 et s.
Hadj-Khelil-bey (de l'ouest). 411.
Hadj-Mohammed (rebelle). 503.
Hadj-Mohammed-Our'li. 267, 276.
Hadj-Mohammed-Mentchali. 282.
Hadj-Mohammed-Reïs. 275.
Hadj-Moustafa-ben-Engliz-bey, 447, 453 et s.
Hadj-Moustafa-Kara-Kouz. 267, 321 et s.
Hafsi (El), frère de Mourad-bey. 283, 298 et s., 303.
Hafsides. 1 et passim.
Haha (province de). 11, 166, 278, 391, 488.
Haïks. 142.
Hak-ech-Chebir. 133.
Hakem. 135 et passim.
Hamdoun-ben-Roussi. 153.
Hamed-el-Abdi. 62, 375.
Hamelane (tribu). 242, 289, 547.
Hameïda (le hafside), 107.
Hameïda-ben-Aïad. 470.

Hamidou (le Reïs). 454, 461, 478, 490.
Hamilton (le commodore). 518.
Hamis. 53, 104.
Hamma (de Constantine). 228, 339.
Hamma (du Zarès). 525.
Hammadi (frère de Moulaï-Ismaïl). 279.
Hammam-Lif. 552.
Hammamet. 182.
Hammoud (Sidi). 263.
Hammouda-bey, fils d'Ali-bey. 400, 415, 424, 439 et s., 449, 408 et s. à 480.
Hamza (ou Bordj-Bouira). 142, 145, 249, 442, 515, 520.
Hamza-Koudja. 231.
Hanafi (rite). 135.
Hanba (les). 285, 442.
Haoussine-ben-el-Kadi. 28.
Harakta. 6, 107, 143, 205, 424, 500, 514, 550.
Harar des Henanecha (les). 6, 15, 114, 143, 205 et s., 216, 230, 240, 284, 345, 348, 367, 372, 510, 521, 551.
Harar (d'Oran) de l'Est et de l'Ouest. 421 et s., 477 et s., 517.
Harrach (Oued). 26, 51, 53, 404 et s., 520.
Harry-Neal (sir). 517.
Hassan-Ag'a. 34, 37, 40, 42 et s., 50 et s., 60 et s., 72, 84, 92 et s., 97, 99, 101 et s., 539.
Hassan-bey (d'Oran). 499, 508, 523 et s.
Hassan (El) ben-Hassen, 9.
Hassan-ben-Kheïr-ed-Dine. 61 et s., 83 et s., 95, 99 et s., 100, 139, 145.
Hassan-Chaouch. 319.
Hassan-Corso. 71 et s., 74, 81 et s.
Hassan, Khaznadji, puis dey. 405 et s., 434, 440 à 448.
Hassan-Veneziano. 125 et s., 155 et s., 160.
Hasseïn-bach-ag'a. 473.
Hasseïn-Khoudja. 327, 332 et s.
Hasseïn-Sakseli. 297 et s.
Hassen-bey, fils de Bou-Hanek. 425, 442 et s., 446, 453.
Hassen, caïd des Beni-Slimane. 447.
Hassen-ben-Rissoum. 361.
Haussez (d'). 433 et s.

Hayaïna. 258 et s., 379, 393, 420, 439, 513.
Hayet. 205.
Hebet. 135.
Hechtouka. 272.
Hedjaoua (tribu). 360.
Hedjaz. 120.
Heïder (ou Kheïder) pacha. 116 et s.
Homamma. 107, 553.
Henanecha. 6, 35, 55, 107, 143, 204 et s., 227, 240, 283 et s., 319, 324, 342, 347 et s., 362, 365, 367, 372, 383, 424, 522, 550, 551.
Hençala (Khouan). 429.
Henri II. 72, 129.
Henri IV. 180, 185.
Henri (le cardinal, Don). 124.
Hentata. 7, 84.
Herculais. 447.
Herrandura. 100.
Heskoura. 66, 513, 545.
Hider-Khoudja. 372.
Hilaliens. 538, 542, 546, 553.
Hocéïne (tribu). 242.
Hodna. 7, 55, 73 et s., 143, 207, 483 et s.
Hokor. 136, 139.
Honéïne. 33, 46.
Hosseïn-ben-Ali (bey de Tunis). 325 et s., 347 et s., 350, 541.
Hosseïn-bey, dit Azreg-Aïnou. 373, 385.
Hosseïn, fils de Salah-Bey. 469 à 472.
Houara. 6, 205, 550, 553.
Houareth (tribu). 242.
Housseïn-bey (de Tunis). 487, 493, 548 et s., 552.
Housseïn-Chaouch (bey). 337, 362 et s., 365, 382.
Housseïn, dey d'Alger. 502 et s., 508 et s., 517 et s., 520 à 537.
Housseïn-Pacha. 197 et s., 224.
Houz (ou Haouz). 259, 391, 410, 438.
Hulin. 454 et s.
Hugo de Moncade. 25, 26.

I

Ibn-Abbou. 109.
Ibn-Konfoud. 12.
Ibn-Merzoug. 13.

Ibn-Salah. 269.
Ibn-Sr'eïr. 269.
Ibrahim (sultan). 235, 250.
Ibrahim-ben-Ahmed-ben-Djellab. 428 et s.
Ibrahim-ben-bou-Aziz. 429.
Ibrahim-bey. 390.
Ibrahim-bey (de l'ouest). 404 à 411.
Ibrahim-bou-Seba. 410 et s.
Ibrahim-Cherif-Ag'a. 321 à 328.
Ibrahim-et-Tarzi. 13.
Ibrahim-Khaznadar, dey. 362, 371 et s., 374.
Ibrahim-Khaznadji. (Voir Brahim).
Ibrahim-Khoudja, dey. 300 à 313.
Ibrahim-Koutchouk. 363, 372 et s.
Ibrahim-Sarh-bey. 485.
Idracen. (Voir Beni-).
Iemen. 9.
Ifri. 433.
Ifrikya (passim).
Inigo de Toledo (don). 286.
Irak. 420.
Ir'il-Anouanène. 516.
Isabelle-la-Catholique.
Ishak (frère des Barberousse). 18 à 21.
Ishak-Sokya. 162 et s.
Iskander. 21.
Isle (de l'). 214.
Ismaïl. (Voir Moulaï).
Ismaïl-ben-Djellab. 428.
Ismaïl (bey). 467 à 478.
Ismaïl (de Tunis). 486, 492.
Ismaïl, fils de Mohammed-bey. 387.
Ismaïl-Kahia (de Tunis). 451 et s.
Ismaïl-Pacha. 251.
Israélites. (Voir Juifs).
Isser (Ouad). 43, 59, 230, 401 et s. 483, 486.
Italie. 3 et pass.

J

Jacques I (d'Angleterre). 200.
Janissaire (Yenitcheri ou Yoldach). 130 et s.
Jean IV (de Portugal). 223, 255.
Jean Bon Saint-André. 448.
Jean d'Albret. 4.
Jeanne (la folle). 6.

Jerusalem. 21, 28.
Jimenès (le cardinal). 4, 17.
Juan (chef des auxiliaires à Tunis). 57.
Juan (d'Autriche, Don). 118 et s.
Judas Cohen. 340 et s.
Juifs. 8, 39, 55, 236, 266, 275, 311, 408, 422, 426, 437, 444, 453, 461 et s.
Jurien (amiral). 506.

K

Kans (comte de). 401.
Kabiles. 15, 27 et s., 42, 71 et s., 96, 99, 107, 129, 133, 142, 145, 190, 224, 233 et s., 254, 263 et s., 312 et s., 373, 387, 404 et s., 458 et s., 467 et s., 485 et s., 500 et s., 503 et s., 509, 517.
Kabilie. 24, 27 et s., 55, 57, 80, 95, 133, 136, 144 et s., 183, 207, 216, 225, 234 et s., 333, 373, 388, 397, 401 et s., 427, 479 et s., 485 et s., 498, 503 et s., 509 et s., 514 et s., 516 et s.,
Kabilie (Grande). 2, 8, 14, 26 et s., 145, 230, 233, 433.
Kacherou. 421.
Kaddour-ben-el-Mokhfi. 517.
Kadria (secte des Khouane). 3, 450.
Kahéna (la). 312.
Kahïa. 131 et s.
Kaïrouan. 2, 6, 20, 35, 40 à 45, 56, 107, 115 et s., 140, 240, 255, 278 et s., 314, 321, 348, 364 et s.
Kalâa des Beni-Abbès (la). 7, 8, 19, 20, 21, 28, 59, 95 et s., 137, 206 et s., 223.
Kalâat-el-Kebira. 366.
Kalâat-es-Senane. 206, 216, 324, 469.
Kalaçadi. 12.
Kallo (de). 370.
Kanater (cap). 405.
Kara-Hassen. 16, 26.
Kara-Moustafa. 120.
Kara Moustafa. 500 et s.
Karguenta. 444.
Karrasta. 145.
Karthage. 37, 40, 116 et s.
Kçar-et-Téïr. 144, 470.
Kef (le). 206, 208, 240, 283 et s., 298

et s., 301, 312, 321, 325 et s., 347, 366, 372 et s., 471 et s., 482, 491.
Keliane-Houssein dit Bou-Kemia. 341, 317 et s., 363 et s., 565.
Keloub-el-Tirane. 209.
Kenatria. 318.
Keppel (amiral). 382 et s.
Kercy (de). 411.
Ketama. 550.
Khaled-ben-Mohammed-ben-el-Akehal. 426 et s.
Khaled-ben-Nacer. 283.
Khaled-es-Srétr. 227, 240.
Khalifa. 72, 134 et pass.
Khalil-Ag'a. 250 et s.
Khalil-bey. 319 et s., 321 et s.
Khandek-er-Rihane. 121.
Kharedjisme-Elbadite. 553.
Kharedjites (les). 5, 149, 553.
Khaznadji ou Khaznadar. 134 et pass.
Khebba. 130.
Khecibia. 524.
Kheder-Pacha. 170 et s., 200.
Kheider (le). 121 et s.
Kheïr-ed-Dine (Barberousse II). 15, 18 et s., 23, 26 et s., 27 et s., 33 et s., 40, 42, 48 et s., 50 et s., 61, 72 et s., 129, 145, 539.
Khellafate. 547.
Kheneg. 460.
Kheneg-el-Melah. 422.
Khenguet-Sidi-Nadji. 205, 307.
Kherbet-el-Kelekh. 38, 56.
Khezour. 132.
Khodjet-el-Bandjek (ou El-R'enaïm). 146.
Khodjet-el-Kheïl. 134, 138 et pass.
Kholt (Arabes). 221, 379 et s., 410.
Khosrou-Pacha. 200 et s.
Khoudja. 145 et pass.
Khouane. 14, 193, 345, 457, 540.
Khoumir. 205, 447, 553.
Kinessa. 463.
Klibia. 45.
Kobdjia. 158.
Koléa. 529.
Koléï (El). 29.
Koptane. 145.
Koréïchites. 162.
Konak. 138 et pass.
Koubba de ben-Aouda. 465.
Koubba de Sidi-Yakoub. 84.

Koubba de Mazra. 465.
Kouça-Mouxtafa. 180 et s., 190, 198.
Koudiat-Ati. 470.
Koudiat-es-Saboun. 20, 51 et s., 72.
Koukou. 2, 8, 15, 28, 55, 75, 95, 111, 190, 207 et s., 224, 233 et s., 333.
Koulour'li. 90, 131 et s., 139, 213, 233 et s., 230, 371, 465, 480, 490 et s., 521, 542.
Kourd-Abdi. 349 et s., 358.

L

La Calle (ou Merça-el-Kharez). 134, 136, 143, 150, 181, 205, 211 et s. 226 et s., 249, 297, 308 et s., 395 et s., 400 et s., 457, 460, 469 et s., 527 et s., 551.
La Canée. 273.
La Ciotat. 213.
Ladron (officier espagnol). 356 et s., 359.
La Goulette (voir Goulette).
Lambert-Verhoër (le capitaine). 200, 210.
La Mekke (voir Mekke).
La Mina (général marquis de). 357 et s.
La Mota (de). 356 et s., 376.
La Moune (fort de). 334 et s.
Lamta. 259, 269, 376.
Larbaa (les). 525, 548.
L'Ar'ouate (oasis et tribu). 130, 242, 421 et s., 477 et s., 483, 548.
Las-Casas (général de). 430.
Lawson (sir). 253, 256 et s.
Lebrija. 33.
Lemaire (consul). 386 et s.
Lemtouna. 20, 192, 272.
Le Page (Sanson). 225 et s.
Lépante. 73, 111 et s., 130.
Le Roux (lieutenant). 264.
Le Vacher (consul). 281, 286 et s., 293 et s., 297.
Levès (marquis de). 344.
Lezma. 136 à 148.
Liban. 24.
Librano. 80.
Lichana (oasis de). 428.
Lisbonne. 256, 386, 397.
Livourne. 249, 416, 492.

TABLE DES NOMS PROPRES

Lofredo. 56.
Lomellini (les). 151, 212.
Lomellini (Jacques de). 308.
Lope Barriga. 61 et s.
Louata. 548 à 553.
Louis IX de France. 38.
Louis XIII de France. 209, 217, 244.
Louis XIV de France. 244, 250, 254, 261 et s., 268 et s., 302 et s., 304, 307, 322, 329 à 340.
Louis XVI de France. 420.
Louis XVIII de France. 513.

M

Maafra. 289.
Maakil (ou Mâkil). 241, 257.
Maatka, 396, 401 et s.
Mac-Donnel (consul). 517.
Magdelaine (de la). 332.
Magellanès (amiral). 285.
Maggourn-ben-Achour. 510, 522 et s., 551.
Maggourn-bou-Tar'ane. 425.
Mag'raoua. 8, 192.
Mag'reb (central et El-Akça). 3, 9 et s., 63 et suiv., 75, 86 et s., 93 et s., 119 et s., 126, 155 et s., 177, 188, 191 et s., 202, 221 et s., 240 et s., 269, 272 et s., 287 et s., 307, 313, 318, 329, 343, 376, 380, 391, 428, 452, 457, 488 et s., 542.
Mag'ris. 467.
Mahalla. 132 et pass.
Mahmed-Khodja. 213.
Mahmoud-bey (branche aînée de Tunisie). 486 et s., 491 et s., 502, 506 et s., 512 à 519.
Mahmoud-el-Kourdi (Sidi). 550.
Mahmoud, fils de Tchaker-bey. 500 et s., 509, 514 et s., 520.
Mahmoud, fils de Hosseïn-bey, 364 et s., 372 et s.
Mahmoud, petit-fils de Hosseïn-bey. 387.
Mahmoud (caïd, puis pacha marocain). 159, 164 et s.
Mahomet III. 180.
Mahon. 492 (voir Port- et Baléares).
Maison-Carrée (Bordj-el-Harrach). 520.

Maissiac (de). 369 et suiv.
Majorque. 46, 71, 534 et suiv.
Makhezen. 133 et suiv.
Makiliens (arabes). 545.
Makouda. 505, 509.
Makta. 93, 101.
Malaga. 93, 100 et suiv.
Mala Mujer (baie de la). 406.
Mala-ou-Mecif. 402.
Malborough (lord). 286.
Malek (Beni-). 410.
Maltais. 51.
Malte. 98 et s., 103 et s., 235 et s., 274, 367, 448, 480, 512.
Mami-Arnaute. 160.
Mami-Corso. 111.
Mamlouks. 24, 124, 354, 480.
Mammoura (El-Mehdia). 195 et s., 203.
Mamoun (el) Mohammed-Cheïkh. 154 et s., 177 et s., 186 et s., 191 et s., 330.
Mani (officier tunisien). 232.
Mansel (amiral). 200.
Mansoulaga. 131 et s.
Mansour (Ismaïl-el-). 154 et s., 157, 162 et s., 177 et s., 186 et s., 202.
Mansour-el-Bellili. 545.
Mansour (le caïd). 84 et s., 93 et s.
Mansour (le caïd de Tiemcen). 59, 62.
Mantin (le commandeur). 226.
Mansoura (plateau de). 472 et s.
Mansour-er-Rami. 291.
Marabouts. 11, 22 et pass.
Marcel. 307.
Marcillac (de). 355.
Mariano Stinca. 487.
Maroc (ville et contrée de). 3, 9 et s., 61 et s., 71, 77 et s., 92 et s., 119 et s., 128, 154, 158, 177 et s., 186 et s., 191 et s., 202 et s., 218 et s., 244, 257, 269 et s., 288 et s., 307, 315 et s., 322, 329 et s., 342, 350 et s., 360 et s., 376 et s., 390 et s., 409 et s., 420 et s., 433 à 451 et s., 462 et s., 488 et s., 503, 516 et s., 524, 537, 544 et s.
Marocains. 70 et pass.
Marrakch (voir Maroc).
Marsa (la). 40, 283.
Marseille. 61, 188, 197 et s., 210 et s., 225 et s., 237, 249 et s., 251 et s.,

202 et s., 273 et s., 303 et s., 468, 512, 527.
Martel (de). 264 et s., 273 à 276.
Martignac (de). 532 et s.
Martin (consul). 237.
Mascara. 19, 60, 137 et s., 242, 280, 322, 331, 385, 389, 411, 420 et s., 432 et s., 443, 463 et s., 523.
Masmouda. 10, 545.
Matifou (Thamantafoust Cap-). 53, 82, 225, 350, 401 et s.
Matmata. 239, 467, 548.
Matmour. 375.
Maures. 5, 16, 37 et s., 51, 61, 106 et s., 121, 158 et s., 184 et s., 203, 219, 221 et s., 232.
Maximilien. 4.
Mazagan (El-Bridja). 397 et s., 402 et s., 545.
Mazagrane. 60, 62, 93.
Mazarin (le card.). 255.
Mazarredo (amiral). 414.
Mazoul (renégat). 316.
Mazoule (la). 448, 529.
Mazouna. 10, 106, 137, 242, 322, 432, 464, 504, 509, 514, 546.
Mechate. 459.
Mechiche (rabbin). 55.
Mechouar (de Tlemcen). 20, 23, 85, 93.
Mechra-er-Remel. 288, 351, 377 et s., 391.
Mecid (Mont-). 470.
Mecila. 74, 143, 206, 484, 500.
Medaourouche. 522.
Medéa. 139, 141, 387, 405, 413, 435, 440, 443, 446, 467, 478, 483, 508.
Medina-Celi (Juan de la Cerda, duc de). 97 et suiv.
Medine. 24, 419.
Mediouna. 546.
Medjaher, 464 et s., 547.
Medjana. 7, 73, 95, 142 et s., 206 et s., 342, 362, 467, 485, 505, 521, 523.
Medjate. 203.
Medjerda (voy. Ouàd).
Medjelès. 135.
Medraça de Sidi-El-Kettani. 443.
Medraça de Kheneg-en-Netah. 444.
Meggarine. 428.
Mehadjerine. 426.
Mehala (tribu). 242, 291, 421, 524 et s., 527.

Mehal. 389.
Mehdîa (el-). 10, 41 et s., 56, 72.
Mehemet-Ali. 532.
Melfrun. 446 et s.
Maimoun (cheïkh marocain). 11.
Mekahelis. 111.
Mekhadma. 550.
Mekhaznis. 133.
Mekke (la). 10, 24, 419, 450.
Mekla (Zemala de). 509, 515.
Meknès (Mequinez). 67 et s., 97, 176, 178, 201, 220 et s., 258, 280, 287, 309, 313, 331, 342 et s., 350 et s., 361, 376 et s., 391 et s., 409 et s., 438, 513.
Mellikch. 7.
Mellila (ou Melïla). 308 et s., 318, 402 et s., 544.
Menâcer (beni-). 306.
Menaïel (voir Bordj-).
Mencia de Monroy (d°°). 65 à 67.
Mendil (famille de). 8.
Mendoza (Bernardino de). 40, 45, 63.
Mendoza (J. de). 100 et s.
Mendoza (F. de). 102.
Menedja. 374.
Menzel (ou Menzel-el-Belda). 422.
Merbà (beni). 548.
Merça-el-Halk. 203.
Merça-el-Kharez (voir La Calle).
Mercadier. 306 et s.
Mercœur (le duc de). 250.
Merdas (beni). 41.
Meredj-Souher. 458.
Merinides. 1, 63, 188, 257, 512.
Mermadjenna. 348.
Mers-el-Kebir. 8, 44, 63, 100 et s., 125, 303, 334 et s., 350, 433 et s., 451.
Mesfioua. 170, 380.
Messaouda (mère de Moulaï-Abd-el Malek). 125.
Messellema. 79.
Messine. 41, 112, 225, 289.
Metalits. 282.
Metennane. 548.
Meyronnet (de). 370.
Mezab (chebka du). 421.
Mezab (beni). 553.
Mezila. 483, 549.
Mezr'anna (beni). 548.
Mezzala. 516.

M'hammed-ben-Beker. 374, 383 et s.
M'hammed-ben-Sakheri. 227.
M'hammed-ben-Moulaï-Cherif. 203 et suiv.
M'hammed-bey-el-Mili (dit Bou-Chettabia). 504 et s.
M'hammed-el-Feggoun. 458, 475, 501.
M'hammed-Manamanni (bey). 519 et suiv.
M'hammed-Kouça. 180, 183.
M'hammed-ou-Kassi. 505 à 509.
M'hammed-Tchaker-bey. 484 et s., 498 à 501.
Mila. 142 et s., 228, 341, 457, 475, 500.
Miliana. 61, 63, 137 à 144, 387, 443, 464 et s., 477.
Mina (la). 137, 463, 465, 479.
Minorque. 380, 412.
Miromesnil (de). 449.
Mitidja. 7 et s., 16 et s., 27 et s., 61, 144, 190, 270, 485 et s.
Mogador (Souéïra). 393 et s., 402 et s., 452, 488, 514.
Mohammed I. 3.
Mohammed II. 3.
Mohammed III. 180.
Mohammed-Aderg'al. 88.
Mohammed-Ag'a. 282.
Mohammed-ben-Ali-Derkaoui. 411.
Mohammed-Baktache. 301 et s., 332 à 336.
Mohammed-bel-Hadj-ben-Gana. 505, 525 et s., 551.
Mohammed-ben-Ariba. 377.
Mohammed-ben-Brahim. 432.
Mohammed-ben-bou-el-Lif. 191.
Mohammed-ben-Djellab. 426, 510.
Mohammed-ben-Farhate. 183.
Mohammed-ben-el-Hadj-ben-Gana. 388, 401 et s., 427.
Mohammed-ben-Hassan (ou Efendi). 339.
Mohammed-ben-Ichou. 351.
Mohammed-ben Kanoun. 449, 483, 505, 515.
Mohammed-ben-Malek. 501.
Mohammed-ben-Mebarek-ez-Zaari. 192 et s.
Mohammed-ben-Osmane-dey. 306, 404 et s., 412 et s.
Mohammed-ben-Tchakir (dit Tcherkès). 311 et s.

Mohammed, bey, puis pacha (Hammouda). 216 et s., 232 et s., 246, 254 et s., 270 et s., 297 et s., 316.
Mohammed-bou-Kabous-bey (dit er-Reguig). 477 à 480.
Mohammed-bou-Methir. 529.
Mohammed-Bourvali. 235 et s.
Mohammed-Cheïr'oum-ben-Achour. 425.
Mohammed-Cherif, fils d'Ahmed-el-Kolli. 446.
Mohammed-Cheïkh I (Moulaï). 214.
Mohammed-Cheïkh II, fils de Zidane. 219 et s., 244.
Mohammed-Cherif (dey de Tripoli). 217.
Mohammed-ed-Debbah. 440, 445.
Mohammed-el-Aalem (fils de Moula.-Ismaïl). 330 et s.
Mohammed-el-Alachi. 202, 203.
Mohammed-el-Akehal. 390, 426.
Mohammed-el-Adjem. 376, 389.
Mohammed-el-Hadj (de Dela). 221 et s., 240 et s., 258, 269.
Mohammed-el-Harrane. 66, 67, 71.
Mohammed-el-Kebir-bey. 404 et s., 411 et s., 420 et s., 430 et s., 433, 443, 541.
Mokammed-el-Kebir-Tedjini. 450, 503, 508, 523 et s.
Mohammed-el-Mehdi (Moulaï-). 10 et s., 63 et s., 70, 75 et s., 84 à 90.
Mohammed-el-Mekalleche-bey. 444, 464 à 466.
Mohammed-el-Mourali (Reïs). 478.
Mohammed-el-Ouznadji-bey. 403 et s., 440 et s., 463.
Mohammed-es-Senoussi. 13.
Mohammed-es-Sreïr-Tedjini. 503, 524, 548.
Mohammed, fils d'Abou-Beker-ben-Amor. 203, 220.
Mohammed, fils d'Abou-Eïnane. 89.
Mohammed, fils d'Abou-Hammou III. 43.
Mohammed, fils d'Ali-pacha. 385.
Mohammed, fils de Farhate-bey. 249, 275.
Mohammed, fils de Hossein-bey. 364 à 367.

Mohammed, fils de Moulaï-Abd-Allah. 119.
Mohammed, fils de Moulaï-Ismaïl. 377.
Mohammed, fils de Mourad-bey. 283 et s., 312 et s.
Mohammed, fils de M. M'hammed. 259.
Mohammed, fils d'Omar-ben-Djellab. 427.
Mohammed, fils de Sidi-Nacer-Mokrani. 207.
Mohammed, fils de Slimane-ben-Djellab. 426.
Mohammed (levantin) de Tripoli. 217.
Mohammed-Khaznadji, puis dey. 486.
Mohammed-Manayout. 300.
Mohammed (Moulaï), fils de Moulaï-Abd-Allah. 377 et s., 390 et s., 402 et s., 419 et s., 437, 549.
Mohammed-ou-Aziz (des Idracen). 378, 380 et s.
Mohammed-pacha. 104 et s.
Mohammed-Sassi. 498.
Mohammed-Tabak. 285.
Mohammed-Tabar. 315.
Mohammed-Taïeb. 107.
Mohammed-Tekelerli. 83 et s.
Mohammed-Tobdji-bey. 453.
Mohammed-Zer'ouda. 201, 219.
Mohammed-Zemmouri. 360.
Mohelbel (tribu ar.). 6.
Mohi-ed-Dine-Mesrati. 375.
Mokrani (famille des). 7, 206 et s., 467, 482, 485 et s., 498, 505, 521 et s., 551.
Mollah. 119.
Moltedo (de). 449.
Molin (du). 217.
Monastir. 44, 45, 255, 298, 366, 368, 400 et s., 479 et s.
Moncenigo (amiral). 215.
Mondéjar (marquis de). 37, 41.
Monroy (Guttierez de). 65, 67.
Monroy (Luys de). 65.
Montaçar (el-), fils d'Abou-l'Abbas. 89.
Montague (comte de Sandwish). 252 et s.
Montemar (comte de). 354 et s., 357 et s.
Montheux (le père de). 306.
Montmasson (le père). 303.

Moreno (F.). 310.
Mores de paix (Moros-Mogataces). 332, 375.
Morisques. 5, 100, 108 et s., 160, 184 et s.
Morosini (amiral). 215 et s.
Mostaganem. 1, 17, 29, 58, 60 et s., 71, 78, 82, 93 et s., 101, 106, 137, 257, 303, 375, 403 et s., 420, 432, 444, 464, 546.
Motha. 289.
Mouça, fils d'Abou-Eïnane. 89.
Mouette. 278.
Moufti. 135.
Moulaï-Abd-Allah (de Tenès). 8, 18, 42.
Moulaï-Abd-Allah (zeyanite). 43.
Moulaï-Abd-Allah (dit El-R'aleb). 71 et s., 75, 77 et s., 84 et s., 90 et s., 110 et s., 127.
Moulaï-Abd-el-Kader. 67, 71.
Moulaï-Abd-el-Malek. 57, 119, 123 et s.
Moulaï-Abd-el-Moumène. 76 et s., 80 et s., 92, 97, 100.
Moulaï-Abd-er-Rahmane. 80.
Moulaï-Abd-er-Rahmane (sultan marocain). 514, 544, 545.
Moulaï-Abd-er-Ramane. 438.
Moulaï-Abd-es-Selam (sanctuaire de). 437.
Moulaï-Abou-Hassoun. 67 et s., 75 et s., 87 à 91.
Moulaï-Abou-Nacer (voir M. Ismaïl).
Moulaï-Ahmed-el-Abbas. 244, 257, 260, 290.
Moulaï-Ahmed (hafside). 115.
Moulaï-Ali. 203.
Moulaï-Ali, fils de Moulaï-Mohammed. 397, 419.
Moulaï-Brahim, prince maroc. 513.
Moulaï-Cherif. 203, 222 et s., 257.
Moulaï-Cheïkh. 309.
Moulaï-Edris. 64, 334, 380.
Moulaï-el-Harrane, frère de M. Ismaïl. 277, 279, 290.
Moulaï-Ismaïl. 223, 271, 277 et s., 287 et s., 304 et s., 308, 312 et s., 321 et s., 329 et s., 343. 344, 381, 543.
Moulaï-Hassen (de Tunis). 29 et s., 35 à 39, 40 à 45, 56, 127.
Moulaï-Hassen Zeyanite. 88.
Moulaï-Hecham. 438 et s., 451.
Moulaï-Hecham (Etat de). 545.

TABLE DES NOMS PROPRES   619

Moulaï-M'hammed, fils de M. Cherif. 223, 240 et s., 246, 257 et s.
Moulaï-Mohammed (Abou-Serhane, de Tlemcen). 43 et s., 46, 80.
Moulaï-Mohammed-Abd-Allah, dit El-R'aleb. 260.
Moulaï-Mohammed (de Tunis). 28 et s., 31, 115, 120, 127.
Moulaï-Mohammed, fils d'Abd-el-Moumène. 187.
Moulaï-Mohammed (merinide). 64 et suiv.
Moulaï-Mouslama, frère d'El-Yézid. 439.
Moulaï-Nacer-ben-Chantouf. 9, 64, 80.
Moulaï-Rachid (cherif). 257, 259, 269 et s.
Moulaï-Saïd, fils d'El-Yézid. 513.
Moulaï-Slimane (voir Slimane).
Moulaï-Taïeb (confrérie de). 513, 545.
Moulaï-Zidane. 60, 79.
Mouloula. 72, 221, 241, 271, 308, 312, et s., 377, 452, 488, 513, 545.
Moumen-ben-R'azi (le caïd). 135.
Mourad II. 3.
Mourad III. 120, 156 et s.
Mourad IV. 229, 235.
Mourad-Ag'a. 73.
Mourad-bey (de Tunis). 216, 227 et s., 255, 270, 281, 283, 286.
Mourad-bey, fils d'Ali bey. 316 et s., 319, 321 et s.
Mourad-pacha. 232.
Mourad-Reïs. 180 et s., 208.
Mourseli (Ag'a des Zemula). 547.
Moustafa II. 321.
Moustafa-Arnaout. 468.
Moustafa-ben-Achour. 471, 498.
Moustafa-ben-Ismaïl (Ag'a des Douairs). 547.
Moustafa-bey. 159.
Moustafa-bou-Chlar'em-bey. 322, 331 et s., 336, 354, 356 et s., 375.
Moustafa-bou-Mezrag-bey. 508 et s., 525 et s., 536 et s.
Moustafa-dey. 326.
Moustafa-Engliz-bey. 470.
Moustafa-el-Ahmar. 375.
Moustafa-el-Manızali (El-Hadj). 462 et s., 466 et s., 477 et s.
Moustafa, khaznadar, puis dey. 448, 464, 474.

Moustafa-Khoudja. 405 et s., 415.
Moustafa-Khoudja (d'Alger). 536.
Moustafa-Laz, dey. 267.
Moustafa (ministre tunisien). 552.
Moustafa-pacha (d'Alger). 181, 183, 190.
Moustafa (pacha marocain). 186 et s.
Moustafa-Piali-Pacha. 103 et s.
Moustafa (prince tunisien). 487, 493, 518.
Moustafa (Reïs), de Tunis. 491 et s., 502.
Moustiers (de). 198.
Mouzaïa. 130, 435.
Mozarabes. 87.
Murcie. 186.

N

Nâmane-bey (M'hammed). 478 et s., 482 et s.
Naples. 4, 244 et pass., 468, 492.
Napoléon Bonaparte. 448 à 454, 476, 489.
Napollon (Sanson de). 200 et s., 224 et s., 231.
Navarin. 236, 529.
Navarro (Pietro). 5.
Nedròma. 444.
Nefouça. 149.
Nefzaoua. 205, 550, 553.
Negaous. 142.
Nehed (les). 205, 447, 553.
Nelson (l'amiral). 454.
Nemamcha. 6, 107, 205, 366 et s., 424, 456, 498, 550.
Nezlioua. 548.
Nice. 61.
Nieto de Silva (don F.). 304.
Nigritie. 161 et s.

O

Odjak (voir Oudjak).
Odobachi. 130 à 148.
Okba. 45, 321.
Omar-Ag'a, puis dey. 476 et s., 482 à 485, 490 à 493 et s., 498 à 502.
Omar-ben-Djellab. 426.
Omar-ed-Deldji, l'ag'a. 466.

Omar-el-Djeballi. 56.
Omar, fils de Mohammed-ben-Djellab. 427.
Oméyades. 109.
Oran. 1, 8 et s., 17, 19 et s., 20, 22 et s., 23, 25, 27, 30, 33, 43 et s., 46 et s., 57 et s., 63, 71, 81 et s., 84, 88, 92 et s., 98 et s., 103, 106, 111, 125, 128 et s., 131 et s., 134, 137, 140, 183, 207, 211, 212, 275, 286, 289, 292, 303 et s., 310, 312, 317, 319, 322, 331 et s., 337, 341, 354 et s., 362 et s., 375, 389 et s., 411, 414, 421 et s., 430 et s., 433 et s., 443 et s., 449 et s., 461, 463 et s., 466 et s., 477 et s., 499, 503 et s., 508 et s., 523, 541, 545 et suiv.
O'Reilly. 403 et s., 412.
Ornano (d'), consul. 489.
Osia (landgrave d'). 232.
Osman-bey (surnommé le borgne), fils de Mohammed-el-Kebir. 432, 444, 450 et s., 455 et s.
Osmane le Kurde. 390.
Osmanlis. 22, 128.
Othmane I. 90.
Othmane-Aderg'al. 88.
Othmane-bey (de Tunis). 487 et s.
Othmane (cheikh des Harar). 510.
Othmane-dey. 180 et s., 191.
Ottomans. 21 et pass.
Ouacine (beni). 549.
Ouad-Beht. 288.
Ouad-Beni-Aissa. 374.
Ouad-Bougdoura. 28, 374.
Ouad-Bou-Merzoug. 143.
Ouad-Bou-Regreg. 187.
Ouad-Bou-Slah. 144.
Ouad-Bridja. 535.
Ouad-Chabrou. 348.
Ouad-Deraa. 9 et s., 289 et s., 488, 545 et s.
Ouad-Djedi. 427 et s. 511 et s.
Ouad-el-Abid. 65, 67, 221, 436.
Ouad-el-Djenane. 467.
Ouad-el-Kebir. 458.
Ouad-el-Kous. 121, 393.
Ouad-el-Leben. 92.
Ouad-el-Leham. 74.
Ouad-el-Mekhazen. 122 à 128.
Ouad-el-Tine. 326.
Ouad-Fas. 193.
Ouad-Felfela. 288.
Ouad-Guir. 271.
Ouad-Khenis (le ruisseau). 53, 401 et suiv.
Ouad-Kotone. 450.
Ouad-Loukkos. 379, 464.
Ouad-Mellag. 209.
Ouad-Noun. 272, 376, 545.
Ouad-Oum-er-Rebia. 9, 87, 178, 271, 451, 545.
Ouad-Remel. 227, 441, 471, 473 et s.
Ouad-Rir'. 7, 73, 111, 125 et s., 510 et suiv.
Ouad-Roumano. 460.
Ouad-Sahel. 80, 483 et s., 515.
Ouad-Saoura. 193.
Ouad-Sebou. 379.
Ouad-Serate. 209, 471 et s.
Ouad-Souf. 367, 510.
Ouad-Sous. 65, 426.
Ouad-Taza. 145.
Ouad-Tefelfet. 186.
Ouad-Tensift. 439.
Ouad-Zehour. 457 et s.
Ouad-Zenati. 141, 341.
Ouad-Zerga. 323.
Ouad-Zitoun (Zemala). 142, 145, 230, 521.
Ouali (Si). 396.
Ouali-Khoudja. 452.
Ouardia. 191.
Ouarensenis. 8.
Ouarg'a. 553.
Ouargla. 74.
Ouattas (beni). 9.
Ouazr'ar. 420.
Ouazzane. 513. 545.
Oubadji. 509, 515.
Oudaia. 313, 350 et s., 373 et s., 380, 392 et s., 409 et s., 438 et s., 513 et s.
Ouddi. 289.
Oudjak ou Odjak. 131 et pass.
Oudjda. 22, 178, 241 et s., 259, 291 et s., 312, 452, 464, 514.
Oudjeh-el-Arous. 288.
Ouédjer. 18.
Ouennour'a. 139 et s., 515, 521 et s.
Ouerd. 450.
Oukilhardji (ou Oukil-el-Hardj). 130 à 147.
Ouks. 205, 348.

TABLE DES NOMS PROPRES

Oulad-Achour. 341 et s., 424 et s., 551.
Oulad-Aïdoun. 459.
Oulad-Aïssa-Meïmoun. 516.
Oulad-Ali-ben-Taleha. 241, 421.
Oulad-Allan. 477.
Oulad-Amrane. 553.
Oulad-Atya. 460, 550.
Oulad-Belgassem. 342.
Oulad-bou-Aokkaz. 342.
Oulad-Belill. 239, 515.
Oulad-bou-Khellouche. 234.
Oulad-Braham. 144.
Oulad-Chaïb. 509.
Oulad-Cherif. 547.
Oulad-Delim. 289.
Oulad-Derradj. 144, 467, 499.
Oulad-Djelal. 550.
Oulad-Djerir. 289.
Oulad-el-Hadj (des Mokrani). 182 et s., 498, 505, 551.
Oulad-el-Kossir. 464.
Oulad-Farès. 547, 550.
Oulad-Hamza. 239.
Oulad-Khaled. 547.
Oulad-Khelif. 422.
Oulad-Khelil. 139.
Oulad-Khelouf. 465.
Oulad-Khiar. 309.
Oulad-Mâdi. 349, 483, 498, 548, 550.
Oulad-Mana. 107.
Oulad-Mohammed. 549.
Oulad-Mokrane. 206 et s., 342.
Oulad-Moulate. 425 et s., 510.
Oulad-Naïl. 143, 401 et s., 485 et s., 503 et s., 508 et s., 548, 547 et s.
Oulad-Nehar. 545.
Oulad-ou-Kassi. 549.
Oulad-Rechache. 205.
Oulad-Rezeg. 107.
Oulad-Riah. 548.
Oulad-Saïd. 6, 57, 107, 149, 208, 216 et s., 239, 282, 298 et s., 325, 354, 550, 553.
Oulad-Salah. 422, 467.
Oulad-Salem. 467.
Oulad-Saouln. 7, 15, 114, 204, 206, 230, 550.
Oulad-Selama. 483.
Oulad-Sidi-Ali-Tehammamet. 514.
Oulad-Sidi-Belgassem. 442, 424.
Oulad-Sidi-bou-R'anem. 553.
Oulad-Sidi-Cheïkh. 137, 547.
Oulad-Sidi-Obeïd. 498.
Oulad-Soultane. 552, 549.
Oulad-Yahïa-b.-Taleb. 348, 514.
Oulad-Yakoub. 348, 422, 553.
Oulad-Zaïr. 465.
Oulad-Zebboudj. 525.
Oulad-Zekri. 241.
Oulad-Zerara. 291.
Ouldjet-el-Kadi. 458.
Oulhaçn. 546, 549.
Oum-Hani (fille de Redjeb-bey). 284 et s., 349, 425 et s.
Ourcifen (beni). 341.
Ourta. 130.
Ouslate. 284.
Ouzir-el-Karrasta. 145.
Ozen-Ali. 381.
Ozen (ou Ali-Khoudja). 232, 239.
Ozen-Hassan. 333 et s., 336 et s.

P

Pacha. 24 et pass., 134 et pass.
Palestine. 24.
Palma (Baléares). 534.
Palma (en Sardaigne). 491.
Patino. 354.
Paul (le commandeur). 252 et s.
Pedro de Souça. 11, 81.
Peïron. 448.
Peñon d'Alger. 7, 16, 17, 29, 30, 32, 68, 103 (voir Velez).
Perafin de Ribera. 47.
Peralta (Luis de). 80 et s.
Peterboroug (le comte de). 256.
Philippe II (d'Espagne). 82, 93, 96 et s., 107, 115 et s., 122 à 125, 128, 130, 157.
Philippe III (d'Espagne). 171, 185.
Philippe IV. 245, 274.
Philippe V. 319, 344 et s., 353 et s., 357, 376.
Piali-Pacha. 97 et s., 104.
Picard. 412.
Picolomini (le connétable). 412.
Pie VI. 412.
Picquet (consul). 231, 250.
Pietra-Buéna (marquis de). 37.
Pinacker (Cornélis). 212.
Pino (P. del). 278.
Pinto (le chevalier de). 501.

Piolle (consul). 305 et s.
Piou (consul). 226 et s.
Pointe-Pescade. 105.
Polignac (de). 532 et s.
Ponce de Balaguer. 52.
Port-Mahon. 42, 49, 50, 75.
Porte (la). 24 et passim.
Portes-de-Fer (Bibane). 174.
Porto-Farina. 383, 507.
Porto-Carrero. 115, 117 et s.
Portugais, 3, 9 et pass.
Prépaud (le capitaine). 384.
Procureur des esclaves. 216.

Q

Quirini (le chevalier). 410.

R

Rabat. 391 et s., 410.
Rabah-ben-Taleb. 467, 478.
Rabta. 467.
Rached (prince hafside). 29, 34, 35.
R'adamès. 427, 511.
R'adès. 40, 107, 117.
Rahmaniens (Khouan). 192.
Ramdane-Ag'a. 250.
Ramdane-bey, dit Techoulak. 106, 159 et s.
Ramdane (le caïd). 107, 114, 119.
Ramdane (fils de Mourad-bey). 283, 316 et s.
Ramdane-pacha. 115, 120, 125.
Ramirès de Guzman. 183.
R'araba. 137, 414.
R'ar-el-Melah (Porto-Farina). 232, 300 et s., 328.
R'arb (province du-Maroc) 258, 269, 380, 391, 513, 545.
Ras-Djebel-el-Hafa. 209.
Ras-el-Aïn. 82, 187, 356, 435
Ras-el-Ma. 194, 318.
Rassaça. 69, 75, 92.
Razilly (chev.). 213.
Rebadi (Rebatines). 36.
Redana. 330 et s.
Redjas. 338, 457.
Redjeb-Ag'a. 417.
Redjeb-bey. 139.

Redjeb-bey (le Turc). 275. 284, 425.
Redjeb-Reïs. 198 et s.
Redjem-el-Bedjaoui. 389.
Redouane (renégat). 121.
Reïs-el-Trik. 110.
Rehama. 301.
Remel (voir Ound). 548.
Renaud d'Elicagaray. 203.
R'eris (ou Gheris). 137, 446, 503, 515, 523 et s.
Ressal (localité au Maroc). 378.
Reynaud. 328.
Rezgui-ben-Mansour. 522, 551.
Rhodes. 3, 28.
Riah' (Oulad-.) 548.
Riatha (pays des). 398.
Ribera (amiral). 213.
Richelieu (le card. de). 214 et s., 231.
Richia. 467.
Ricou (consul). 213 et s.
Rif. 269 et s., 277, 308, 313, 377, 452, 488, 544.
Rifins (les). 69, 300, 380.
Rig'a (ou Rir'a) de Setif. (Dehara et Guebala). 61, 84, 458, 521, 549.
Riperda (baron de). 352, 354 et s.
Rio-Salado. 22.
Riva (amiral). 244.
Robert Blake (amiral). 246 e. s., 252 et s.
R'ocel (tribu). 241.
Romana (le major). 405 et s.
R'omara (tribu et pays des). 157, 301 et s.
Rominbac. 250.
Rupert (le frère). 334.
Ruyter (amiral). 247 et s., 263 et s., 286.

S

Saadiens (cherifs) 10 et pass.
Saffah (le caïd). 72, 84.
Safi (ou Asfi). 11, 65, 194, 219, 391, 393 et s.
Safrou (Safraoua ou Sofrol). 377.
Safta (bey-). 387, 401.
Sag'rou. 290.
Saguiet-el-Hamra. 542.
Sahara. 2, 139, 149, 157, 201 et s.,

TABLE DES NOMS PROPRES

279, 290, 318, 365, 433, 450, 488, 503, 525, 545 et s.
Sahari (tribu). 548.
Sahel. 272, 318.
Saïd-et-Dor'ali. 121.
Saïd ou Rabah. 515.
Saïda. 242.
Saints (château des). 82, 101.
Saint-André (fort). 358, 390.
Saint-Antioche (île de). 491.
Saint-Augustin (église de). 224.
Saint-Elme. 103.
Saint-Etienne (chevaliers de). 103.
Saint-Ferdinand (fort de). 334 et s., 134.
Saint-Grégoire (fort). 336 et s.
Saint-Michel (fort de). 135.
Saint-Philippe (fort). 334, 358, 435.
Saint-Pierre (San-Pietro, île de). 308, 453, 468.
Saint-Vincent de Paul. 237 et s., 249 à 251.
Sainte-Croix, du cap d'Aguer. 65 et s., 420.
Sainte-Foi. 68.
Salah-bey (de Constantine). 401 et s., 416 et s., 424 et s., 428 et s., 440 à 445, 540.
Salah-el-Antri. 275.
Salah, fils d'Othman-bey. 487.
Salah-Kahya. 85 et s.
Salah-Reïs. 73 et s., 80 et s., 104, 123, 145, 539.
Saldanha (A. de). 37.
Salé. 121, 196, 202 et s., 213, 219 et s., 258, 292, 330, 390, 393 et s., 452.
Salem-et-Toumi. 8, 16.
Salva. 393.
Samuel (le capitaine). 66.
Sande (don Alvar de) 98.
Sanhadja. 584 et s.
Sanhaga. 203.
Saolet-el-Annab. 56.
San-Miguel de Ultramar. 197.
Santa-Cruz (fort de). 344 et s., 358 et s.. 434 et s.
Santa-Cruz (marquis de). 322, 335, 357 et s.
Santon (plateau du). 82, 331 et s., 355, 432 et s.
Sardaigne. 198, 225, 453, 542.
Sarfati (rabbin). 55.

Sartines (de). 415.
Saurins (de). 369 et s.
Scarmaci. 148.
Sebâ-Rous (cap). 457.
Sebaou (Bordj-). 134 à 141.
Sebaou (Ouad). 374, 387, 401, 440, 445 et s., 505, 509.
Sebastien (don). 119, 121 et s.
Sebeïtla. 281.
Sebih (beni). 444 et s.
Sebou (Ouad). 70, 121, 260, 271.
Sedada. 182.
Sedira, fils de Bou-Aziz. 372.
Sedouikch. 7, 144.
Seffara. 130 et s.
Segouna. 241, 278, 289.
Seguenia. 500.
Seïar et Lach-Seïar. 138 et s.
Seignelay. 307.
Selim I. 3, 23 et s., 28.
Selim II. 104, 112 et s.
Selim III. 448.
Semendja. 364 et s.
Semendou, 514.
Sendjas. 461, 518.
Senoussi (Sidi). 13 et s.
Senoussiya (confrérie des). 13 et s.
Sera. 144.
Serbelloni (le comte de). 115 et s.
Seressou (plateau du). 525.
Serour (le sultan). 396.
Sers. 298.
Setif. 228, 230, 320, 341, 396, 458, 467, 521.
Setti-Meriem. 122.
Seybouse. 424.
Sfaks. 44 et s., 149, 297 et s., 385, 416.
Sherlok. 402.
Sicile. 5, 25, 40, 45, 72, 98, 104, 114, 118, 129, 182, 225, 274, 285 et s., 340.
Siciliens. 51 et pass.
Sid-el-Arbi (cherif). 513.
Sidjilmassa. (Tafilala). 9, 86, 120, 178, 186, 192 et s., 208, 222 et s., 257 et s., 290, 330, 351 et s., 397, 452, 488.
Sidi-Abd-el-Kader el Djilani. 345.
Sidi-Abd-es-Selam (Mausolée de). 420.
Sidi-Ahmed-Derkaoui. 524.

Sidi-Ali-el-Hattab. 107.
Sidi-Arfa. 45, 56, 107.
Sidi-Darkate. 10.
Sidi-Betteka, 157, 200 et s., 483.
Sidi Bou-Beker-ben-Cheikh. 517.
Sidi-Edris. 377.
Sidi-Embarek de Koléa. 518.
Sidi-el-Aribi. 517.
Sidi-el-Boukhari. 288.
Sidi-el-Kettani (mosquée de). 424.
Sidi-Feredj (ou Feruch). 405, 533 et s.
Sidi-Hecham-ben-Moussa. 480.
Sidi-L'Akhdar (mosquée). 424.
Sidi-L'aribi. 137.
Sidi-Medjahed. 524.
Sidi-Mehaouche. 513.
Sidi-M'hammed-el-Rorab. 424, 429, 458.
Sidi-Mor'fer. 241.
Sidi-Moussa. 23.
Sidi-Nacer. 206 et s.
Sidi-Obéïd (Zaoulade). 429.
Sidi-Rahhal. 290.
Sidi-Senoussi. 13 et s., 271.
Sidi-Zitouni. 457.
Sidjouni. 301.
Sig. 433, 464.
Sikh-ou-Medour. 516.
Simancas. 57.
Sinane le Juif (ou Sinane-Reïs, puis pacha). 36, 72 et s., 116 et s., 118.
Skikda. 144.
Slag. 158.
Slimane-ben-Djellab. 426.
Slimane-ez-Zerhouni. 196.
Slimane-Kahïa dit El-Kebir. 160.
Slimane-Katania. 198.
Slimane (Moulaï-) fils de Moulaï-Mohammed. 438 et s., 450 et s., 465, 488 et s., 513 et s., 544.
Sofiane. (tribu). 410.
Soldachi. 120.
Soléïm (tribu). 5, 253.
Soliman I, 28, 31 et s., 43, 47 et s., 53, 61, 67, 99, 103 et s., 129, 150.
Sonnites. 13.
Souahelia. 516.
Souassi. 364.
Souça (ou Sousa). 24, 44 et s., 225, 289, 314, 317, 365 et s., 400 et s., 416 et s.
Soudan. 12, 177, 203, 291, 301 et pass.

Souéïd (tribu). 242.
Souéïra (voir Mogador).
Souf (voir Ouad).
Soufi et Soufisme. 13 et pass.
Souk-Ahras. 143.
Souk-el-Ahd. 405.
Souk-el-Arbâ (du Maroc.) 410.
Souk-el-R'ezel (mosquée de). 474.
Soultane-ben-Menasser. 281.
Soumam. 80.
Soumata. 435.
Sour-el-R'ozlane (Aumale). 74, 139, 141 et s., 319, 467 et s., 477 et s., 521 à 523.
Sour-Souari. 111.
Sourdis (de). 225.
Sous. 9 et s., 61 et s., 87, 122, 159, 190, 195, 203, 223, 240, 257, 271 et s., 289 et s., 308, 338 et s., 343, 351, 361, 368, 397, 451, 488 et s., 545.
Sous-el-Akça. 10.
Spahis. 133 et pass.
Spragg (E.). 274.
Stah-beni-Ouarthene. 187.
Staouéli. 525 et s.
Stora. 150, 184, 252, 261.
Syracuse. 98, 493.
Syrie. 3, 24, 420.
Syrtes. 5.

T

Tabak-dey. 297 et s.
Tabarka (Tabarca ou Tabarque). 151, 212, 368 et s., 382 et s., 415, 469, 481, 518.
Tabouacamte. 222 et s.
Tafilala (Sidjilmassa). 9, 60 et s., 87, 222, 257 et s., 272, 277 et s., 352, 361, 397, 419, 438, 513 et s., 545.
Tadjemout. 422.
Tafna. 242, 290.
Tagmadarete. 10.
Tahdarte. 123.
Taleb-ben-Chennouf. 208, 216.
Taleb-ben-Djelloul. 353.
Taleb, fils de Moulaï-Mohammed. 439, 451.
Taïffe (des Reïs). 111, 135 et pass.
Tamda. 505, 509, 515.

TABLE DES NOMS PROPRES

Tamesna. 203, 391.
Tanger. 10, 63, 191, 219 et s., 258, 269, 278 et s., 291 et s., 308, 377 et s., 390 et s., 402, 409 et s., 437 et s., 452, 513.
Taouila. 422.
Taroudent. 10 et s., 65 et s., 71 et s., 85 et s., 97, 203, 272, 308 et s., 331, 351, 515.
Tastour. 321.
Tasvah. 55.
Tata-bent-ben-Djellab. 510.
Taza. 75 et s., 205, 258, 269, 291, 293, 514.
Tchaker-bey (voir Mohammed-).
Tchatcher. 516 et s., 551.
Tebessa. 6, 112 et s., 204 et s., 318, 383, 514.
Teboursok. 321, 364.
Tedei. 10.
Tedjini. 504, 525.
Tedla (ou Tadla). 65 et s., 220 et s., 278 et s., 330, 376, 403, 513.
Tedra. 257.
Tel'arma. 7, 144, 549.
Tel. 3, 7 et pass.
Telik. 379, 410.
Telkata. 548.
Tenboktou. 12.
Tenès. 1, 8, 12 et s., 24 et s., 42, 62, 78, 125, 144, 190, 386, 454, 467.
Tendillo (comte de). 109.
Tensi (el). 12.
Tensift (Ouad). 155.
Tessala. 58, 465.
Tetouane. 103, 123, 156, 191, 197. 202, 270, 330, 392, 137.
Teviot (le comte de). 256.
Teznine. 330.
Thâaleba. 7, 14, 17, 547.
Thabeti (Zeyanite). 18.
Thenlet-el-Guellaoui. 290.
Tibda. 43, 59.
Tifech. 366.
Tidjania (confrérie des). 451, 503.
Tigourarine. 157.
Timedite. 516.
Timour. 3.
Tir'zert. 374.
Titeri. 132 et s., 374, 390, 396, 401 et s., 410, 445 et s., 467, 485, 503, 508, 523, 535 et s.

Tizi Ouzzou. 145.
Tlemcen. 1, 8 et s., 13 et s. à 29, 34 et s. à 62 et s., 70, 78 et s., 85, 93, 97 et s., 120, 125, 137 et s., 178, 190, 207 et s., 211 et s., 272, 285, 293, 308, 312, 374 et s, 389, 411, 443, et s., 447, 465, 477, 503, 523 et s., 538, 546.
Tobbal-bey. 482.
Tolède (Garcia de). 120.
Tolga. 428.
Tombeau d'Edris. 410, 450.
Toscane. 189, 216, 301.
Toscans (les). 181.
Touareg. 553.
Touate, 157 et s., 450, 488, 515.
Toudjine. 8.
Touggourt. 2, 7, 73 et s., 133, 143, 425 et s., 510 et s.
Touiza. 139.
Toulon. 226, 251 et s., 263, 295, 553 et s.
Touman-bey. 24.
Tourville (de). 285 et s., 297 et s., 304 à 307.
Trafalgar. 489.
Trara. 465, 477, 546.
Très-Forcas (cap de). 544.
Trinitaires. 385.
Tripoli. 1, 5, 46, 72 et s., 97 et s., 103, 106, 116, 129, 132, 149, 217, 245 et s., 254, 282 et s., 287, 293, 302, 304, 312 et s., 321, 324 et s., 333, 347, 372, 412, 415, 440, 449, 492, 507, 512, 553.
Tripolitaine. 155 et pass.
Tromp (cornil). 253.
Troud. 149, 426, 510.
Trubert. 268.
Tunis. 1, 2, 5, 6, 24, 26, 29, 32, 34 et s., 44 et s., 47 et s., 51 et s., 56 et s., 106, 125 et s., 132 et s., 111, 114, 126, 179 et s., 190 et s., 197, 201, 217, 232, 236, 246, 252, 254, 266, 268, 273, 275 et s., 281 et s., 297 et s., 307, 312 et s., 315, 317, 319, 321 et s., 338 et s., 347 et s., 362 et s., 366 et s., 372, 382 et s., 385, 387, 399 et s., 412, 415 et s., 424 et s., 439 et s., 449, 452 et s., 457, 465 et s., 474 et s., 478 et s., 480 et s., 486 et s., 491 et s., 498 et s., 501 et s.,

506 et s., 512 et s., 518 et s., 529 et s., 542 et s., 551 et s.
Tunisie. 5 et pass.
Turcs (les). 3, 6, 11, 14, 16 et s., 21 et s., 26 et s., 32 et s., 35 et s., 40 et s., 43, 45 et s., 50, 55 et s., 59 et s., 70 et s., 76 et s., 80 et s., 85, 92 et s., 99 et s., 111 et s., 119 et s., 125, 128 et s., 131 et s., 137, 139, 142, 149 et s., 157, 177, 182 et s., 197, 199 et s., 205, 207 et s., 217, 221, 227, et s., 233 et s., 241 et s., 245, 250, 264 et s., 268 et s., 276, 278, 289 et s., 295, 312, 318, 321 et s., 350, 373 et s., 389, 396 et s., 420 et s., 448 et s., 452, 460, 463, 498 et s., 512 et s., 529 et s., 535 et s., 541 et s. 546.
Turquey Company. 184.
Tursit (le duc de). 253.

U

Urbain VIII. 216.
Utrecht (Adrien d'). 4.

V

Valbelle (le chev. de). 251 et s.
Valence. 16, 27, 108, 184 et s.
Valette (de la). 103 et s.
Valladolid. 81.
Valléjo (don J). 359, 375.
Vallier (Gaspard de). 73.
Vallière (consul). 395.
Van-Braam (amiral). 506.
Van-Capellen (amiral). 191 et s., 502.
Vargas (Martin de). 30.
Varona (don F.). 318.
Velez. 68 et s., 76, 78, 103, 120, 122.
Velone. 229, 232, 236.
Vega (don Juan de). 66 et s., 72, 75, 102.
Venise et Vénitiens. 42 et s., 112, 229, 245, 273, 307, 388, 393, 416 et s., 438 et s.
Vera (Diego de). 7.
Verue (le comte de). 252.
Vias (de). 180, 237.
Vienne (congrès de). 491, 506.

Vilalba (b. de). 335, 376.
Villadaria (marquis de). 359.
Villeneuve (de). 370.
Villiers de l'Ile-Adam. 28.
Vincheguerre ou Vinciguerra (le chevalier de). 197.
Visconti (comte Bolagnino). 390.
Vivonne (comte de). 262 et s., 271, 285.

W

Warde (capitaine anglais). 492.
Winchelsea (le comte de). 252.

X

Ximenès (Francisco). 340.
Ximenès (le cardinal), voir Jimenès.

Y

Yahia (beni). 547.
Yahia-Ag'a. 504 et s., 508 et s., 515 et s., 519 à 525.
Yahia-ben-Salem. 305.
Yahia-ben-Tafout. 11, 64, 84.
Yahia-Ibn-Khaldoun. 12.
Yahia-ben-Abd-el-Mounaam (le marabout). 195, 203.
Yakoub-ben-Ali. 206.
Yakoubia (la). 465, 477. 547.
Yala (beni). 272.
Yamena. 457.
Yar'moracene. 9, 88, 90.
Yenboue. 9.
Yezid, fils de Moulai-Mohammed. 437 et s.
Yoldach. 24 et pass., 130 et pass.
Younès (ou Younos), fils d'Ali-pacha. 348, 362, 365 et s., 382 et s., 387, 395.
Younos (caïd). 191.
Youssof (caïd). 86.
Youssof (dey). 191, 197, 209, 213, 216, 232.
Youssof, fils d'Ali-Karamanli. 440, 449.
Youssof, fils de Moustafa-ben-Chiarem. 375.

TABLE DES NOMS PROPRES

Youssof (pacha). 225, 231, 234 et s., 245.
Youssof (Sahab-Taba). 471 et s., 482, 487.

Z

Zab (pl. Zibane). Chergui et Guebli. 7, 55, 73, 143, 206 et s., 240, 365, 367, 427, 505, 522.
Zammora. 95, 142 et s.
Zamoguerra (don J. de). 116, 118.
Zaouïa (de Dela). 240, 255, 257, 270.
Zaouïa de Zerhoum. 410.
Zaouïa de Sebaou. 505.
Zardeza. 144, 549.
Zar'ouane. 39, 304.
Zebantote. 141.
Zebib (cap). 369.
Zedama. 503.
Zeïn-ben-Younès. 514, 520 à 522.
Zeïtoun (Ez-). 60.
Zegris (les). 278.
Zekhfaoua. 547.
Zekkat. 136, 230.
Zemala (pl. Zemoul). 133, 137 et s., 144 et s., 239 et s., 298, 374, 422 et s., 444, 463 et s., 504, 524, 540, 546, 550.
Zemasnia. 57, 107, 133.
Zemmour. 378.
Zemmoura. 521.
Zemoul-Cheraga. 505.
Zenaga. 66.
Zenata. 546, 549.
Zemboudj-el-Oust. 331.
Zenètes. 6, 18, 149, 542, 546.
Zenina (Kçar de). 422.
Zenouna. 483.
Zerhoum (le mont). 196, 331.
Zeribet-el-Ouad. 428.
Zerizer. 424.
Zeyanites (beni-Zeyane). 11, 538.
Ziama. 145.
Zibane (voir Zab).
Zidane, fils d'El-Mansour. 177 et s., 186 et s., 193 et s., 202, 260.
Zidane, fils de Moulaï-Ismaïl. 317, 330 et s.
Zine-el-Abidine, fils de Moulaï-Ismaïl. 377 et s.
Zitouna (mosquée de). 180.
Zouaoua. 372, 441 et s., 459, 499, 501, 504, 547.
Zouar'a. 144.
Zouidja. 136.
Zouitna. 230, 374.
Zor'ba. 241, 546.

Chartres. — Imprimerie DURAND, rue Fulbert.

ERNEST LEROUX, ÉDITEUR
Rue Bonaparte, 28

LA FRANCE DANS LE SAHARA ET AU SOUDAN
Par Ernest MERCIER

Broch. in-8 . . . . 1 fr. 25

LA CONQUÊTE PACIFIQUE DE L'INTÉRIEUR AFRICAIN
Par le Général PHILEBERT

Un volume in-8 avec illustrations et cartes . . . . . . 12 fr.

LÉGISLATION DE LA TUNISIE
Recueil des lois, décrets et règlements en vigueur dans la Régence de Tunis
AU 1ᵉʳ JANVIER 1888
Par Maurice BOMPARD
SECRÉTAIRE D'AMBASSADE, ANCIEN SECRÉTAIRE GÉNÉRAL DU GOUVERNEMENT TUNISIEN

Un fort volume grand in-8 à 2 colonnes . . . . 20 fr.

MUSÉES DE L'ALGÉRIE
ET COLLECTIONS ARCHÉOLOGIQUES
Publiés par ordre de M. le Ministre de l'Instruction Publique et des Beaux-Arts
SOUS LA DIRECTION DE
M. R. DE LA BLANCHÈRE
1ʳᵉ LIVRAISON : MUSÉE D'ALGER, PAR GEORGES DOUBLET

In-4, avec 17 planches en un carton . . . . 12 fr.

TRAITÉ DES SUCCESSIONS MUSULMANES
(AB INTESTAT)
Extrait du Commentaire de la Rahbia, par Chenchouri,
de la Glose d'El Badjouri et des autres auteurs arabes avec la
jurisprudence de la Cour d'Alger
Par J.-D. LUCIANI
Licencié en droit, ancien Administrateur de Commune mixte, sous-chef de bureau
au Gouvernement général de l'Algérie

Un fort volume in-8 . . . . 10 fr.

RECHERCHE DES ANTIQUITÉS DANS LE NORD DE L'AFRIQUE
Conseils aux Archéologues et aux Voyageurs
par MM. les Membres de la Commission de Publication des documents
archéologiques d'Algérie et de Tunisie

In-16 richement illustré . . . . 4 fr.

Chartres. — Imprimerie Durand, rue Fulbert.

www.ingramcontent.com/pod-product-compliance
Lightning Source LLC
Chambersburg PA
CBHW051317230426
43668CB00010B/1055